Guido Franke (Hrsg.)

Strategisches Handeln im Arbeitsprozeß

Mit einer empirischen Studie zum Komplexitätsmanagement
von Fach- und Führungskräften
im Tätigkeitsfeld Absatzwirtschaft/Marketing

Herausgeber: Bundesinstitut für Berufsbildung · Der Generalsekretär

Die Deutsche Bibliothek – CIP-Einheitsaufnahme

Strategisches Handeln im Arbeitsprozeß: mit einer empirischen Studie zum Komplexitätsmanagement von Fach- und Führungskräften im Tätigkeitsfeld Absatzwirtschaft/Marketing / Hrsg.: Bundesinstitut für Berufsbildung, Der Generalsekretär. Guido Franke (Hrsg.). - Bielefeld: Bertelsmann, 1999
ISBN 3-7639-0888-9

Vertriebsadresse:
W. Bertelsmann Verlag GmbH & Co KG
Postfach 10 06 33
33506 Bielefeld
Telefon: (0521) 9 11 01-0
Telefax: (0521) 9 11 01-79
Bestell-Nr.: 110.371

Copyright 1999 by Bundesinstitut für Berufsbildung, Berlin und Bonn
Herausgeber: Bundesinstitut für Berufsbildung Der Generalsekretär
10702 Berlin
Textbearbeitung: Monika Decker
Umschlagsgestaltung: Hoch Drei, Berlin
Druck: Köllen Druck & Verlag GmbH, Bonn
Verlag: W. Bertelsmann Verlag, Bielefeld

ISBN 3-7639-0888-9

Vorwort

Das vorliegende Werk beschäftigt sich mit der Organisation komplexer Handlungsprozesse im Berufsalltag.

Als Tätigkeitsfeld mit komplexen Arbeitstätigkeiten, das ein breites Spektrum verschiedenartiger Strategien erfordert bzw. ermöglicht, wurde für die Empirie der Bereich Absatzwirtschaft/Marketing ausgewählt.

Die empirische Projektarbeit wurde ermöglicht durch 70 Unternehmen, die Fach- und Führungskräfte mit unterschiedlichem Expertisegrad für die Teilnahme an den jeweils zweitägigen Untersuchungen freistellten.

Fruchtbar für die Projektarbeit war die Kooperation mit Prof. Dr. Dietrich Dörner und seinen Mitarbeitern vom Lehrstuhl für Psychologie II der Otto-Friedrich-Universität Bamberg, insbesondere mit Herrn Cornelius Buerschaper, Frau Kerstin Endres und Herrn Dr. Rüdiger von der Weth, die ihre profunden Erfahrungen auf dem Gebiet der Computersimulation und Modellbildung einbrachten und engagiert bei der Gewinnung des empirischen Datenmaterials mitwirkten.

Wichtige Impulse für die Anlage der Untersuchungen kamen aus einigen BIBB-Projekten; erwähnt seien die Analysen der Entwicklungstrends und Qualifikationsanforderungen in verschiedenen kaufmännischen Tätigkeitsfeldern von Henrik Schwarz.

Substantielle Beiträge leisteten auch Herr Robert Müller (Universität Bamberg) und Herr Markus Schöbel (TU Berlin) im Rahmen ihrer Diplomarbeiten.

Studentinnen und Studenten der Berliner Universitäten waren tätig bei der Literaturbeschaffung, bei der Akquisition von Untersuchungsteilnehmern, der Durchführung der Untersuchungen im Rahmen von Laborseminaren, der Datenaufbereitung und Datenauswertung. Der Dank gilt Herrn Klaus Gomila, Frau Karin Hellriegel, Frau Bettina Kanzlivius, Herrn Klaus Oberauer, Herrn Rainer Schmidt und Frau Christine Steiner.

Die Anfertigung von Tabellen und Grafiken sowie das Textmanagement wurden von Frau Gabriele Haferburg und von Frau Sandra Romey übernommen.

Guido Franke

Inhalt

Einführung
(Guido Franke) — 13

1 Forschungsperspektive und Fragestellung — 14
2 Zur Gliederung des Buches — 19

Teil I: Fragen und Grundlagen der Strategieforschung

1 Was sind individuelle Handlungsstrategien?
(Guido Franke) — 23

1.1 Der weite Strategiebegriff — 23
1.2 Engere Strategiebegriffe — 26
1.2.1 Strategien als Regeln für umfassende Denk- und Handlungsabläufe — 26
1.2.2 Strategien als allgemeine Regeln — 28
1.2.3 Strategien als bewußtseinsfähige Regeln und Programme — 30
1.3 Ein Vorschlag zur Begriffsbestimmung — 31
1.4 Verortung des Strategiebegriffs in einem Kompetenzmodell — 34

2 Welches sind die Konstituenten der strategischen Handlungsflexibilität?
(Cornelius Buerschaper) — 39

2.1 Einleitung — 39
2.2 Beispiele für strategische Handlungsflexibilität — 41
2.3 Strukturelle und funktionelle Komponenten der strategischen Handlungsflexibilität — 46

3 Welche Bedeutung hat das strategische Denken im Berufsalltag? — 56

3.1 **Anforderungen komplexer Problemsituationen an das strategische Denken und Handeln von Fach- und Führungskräften**
(Kerstin Endres & Rüdiger von der Weth) — 56

3.2	Entwicklungstrends und Qualifikationsanforderungen im Tätigkeitsfeld Absatzwirtschaft *(Henrik Schwarz und Karl-Heinz Neumann)*	61
4	Schwierigkeiten, Fehler und Dysfunktionalitäten beim strategischen Denken *(Rüdiger von der Weth)*	79
4.1	Einleitung	79
4.2	Business as usual	80
4.3	Falsche Abbildung der jetzigen und zukünftigen Realität	85
4.4	Zu einfache Ziele – ungenaue Anforderungsanalyse	89
4.5	Zu einfache Pläne und Handlungen	92
4.6	Einfaches und komplexes Planen	96
4.7	Psychologische Ursachen für Planungsfehler	99
5	Wichtige Fragen der Strategieforschung *(Guido Franke)*	105
5.1	Merkmale zur Unterscheidung von Strategien	105
5.2	Bewußtheit und Verbalisierbarkeit von Strategien	109
5.3	Zur Universalität von Strategien	111
5.4	Strategiewechsel und strategische Flexibilität	117
5.5	Methoden der Erforschung von Strategien	119

Teil II: Empirische Studien im Tätigkeitsfeld Absatzwirtschaft

6	Überblick über das Untersuchungsprogramm im Tätigkeitsfeld Absatzwirtschaft *(Guido Franke)*	131
6.1	Forschungsziele	131
6.2	Forschungsstrategie	134
6.3	Akquisition der Untersuchungsteilnehmer	138
6.4	Untersuchungsablauf	142

7	**Das strategische Handlungsrepertoire im Bewußtsein der Praktiker** *(Guido Franke)*	144
7.1	Fragestellung	144
7.2	Zur Methode	149
7.3	Ergebnisse der explorativen Analyse	161
7.3.1	Die Zielbildungsprozesse	161
7.3.2	Entwicklung von Handlungskonzepten	179
7.3.2.1	Die Planungsprozesse	179
7.3.2.2	Die Entscheidungsprozesse	199
7.3.3	Stützprozesse der Innovation und Reorganisation des Handelns.	216
7.3.3.1	Das Finden neuer Ideen	216
7.3.3.2	Selbstreflexion	228
7.3.4	Flexibilitätsreserven	237
7.3.5	Handlungstypen und strategische Handlungsmuster	238
7.4	Zusammenfassung und Diskussion der Ergebnisse	250
8	**Strategien beim Umgang mit komplexen Problemen**	254
8.1	**Gundlegende Vorüberlegungen und Forschungsfragen** *(Rüdiger von der Weth)*	254
8.1.1	Beschreibungsebenen für das strategische Handeln	255
8.1.2	Die individuellen psychologischen Voraussetzungen des strategischen Handelns	259
8.1.2.1	Ansätze für die Suche nach Invarianten des strategischen Handelns	259
8.1.2.2	Handlungsstile und Handlungsflexibilität	263
8.1.3	Forschungsfragen und Forschungshypothesen	265
8.2	**Die Untersuchungsinstrumente** *(Kerstin Endres & Rüdiger von der Weth)*	268
8.2.1	Allgemeine Überlegungen zum Einsatz von Computersimulationen	269
8.2.2	Das Planspiel Markstrat	269
8.2.2.1	Die Anforderungen	269
8.2.2.2	Die Durchführung des Planspiels	274
8.2.3	Das Planspiel SchokoFin	275

8.2.3.1	Die Anforderungen	275
8.2.3.2	Die Durchführung des Planspiels	284
8.2.4	Unterschiede in der Problemcharakteristik der Planspiele	285
8.3	**Identifikation von Marketingstrategien** **(Kerstin Endres)**	286
8.3.1	Die Fragestellung der ersten Untersuchung	286
8.3.2	Der Handlungsspielraum in der ersten Untersuchung: Überblick über die in Markstrat realisierbaren Marketingstrategien	287
8.3.3	Operationalisierung der in Markstrat realisierbaren Marketingsstrategien	296
8.3.4	Empirische Befunde der ersten Untersuchung mit Markstrat	301
8.3.4.1	Einzelfallbetrachtungen	301
8.3.4.2	Die Bedeutung von Marketingstrategien bei der individuellen Handlungsorganisation	306
8.3.5	Die Fragestellung der zweiten Untersuchung	310
3.5.6	Empirische Befunde der zweiten Untersuchung	311
8.3.7	Zusammenfassung und Diskussion der Ergebnisse	316
8.4	**Komplexe Prozeßstrategien mit unterschiedlichen Rationalitätskonzepten** **(Robert Müller & Kerstin Endres)**	317
8.4.1	Fragestellung und Vorüberlegungen	317
8.4.2	Das Vorgehen in Anlehnung an die klassischen Entscheidungstheorien	320
8.4.2.1	Die grundlegenden Annahmen	320
8.4.2.2	Erkennungsmerkmale der Strategie in Markstrat	328
8.4.3	Das Vorgehen in Anlehnung an die Theorie des „Muddling through"	331
8.4.3.1	Das grundlegenden Annahmen	332
8.4.3.2	Erkennungsmerkmale der Strategie in Markstrat	338
8.4.4	Einzelfallbetrachtungen	342
8.4.5	Schlußfolgerungen	345
8.5	**Identifikation strategiebildender Handlungsmomente: „Strategeme"** **(Rüdiger von der Weth)**	346
8.5.1	Vorüberlegungen	346

8.5.2	Ein Modell der Bildung und Umsetzung von Handlungsstrategien	347
8.5.3	Quantitative Belege für das Modell aus der ersten Simualationsuntersuchung	351
8.5.4	Methode zur induktiven Erfassung der Strategeme	356
8.5.5	Quantifizierung der Strategeme	360
8.5.6	Beschreibung der Strategeme	362
8.5.7	Das Auftreten bestimmter Vorgehenseigenschaften in der Computersimulation Markstrat: Hinweise auf den Effekt von Strategemen	376
8.5.8	Hypothesen für die zweite Untersuchung	378
8.5.9	Ergebnisse	379
8.5.10	Zusammenfassung und Diskussion	384
8.5.11	Eine fiktive Illustration: Handlungsregulation durch Strategeme bei einem komplexen Praxisproblem	385

9	**Flexibilität bei der Entwicklung von Handlungskonzepten in unterschiedlichen fachlichen Problemkonstellationen** *(Rüdiger von der Weth, Kerstin Endres & Franz Burgner)*	**388**
9.1	Fragestellung	388
9.2	Beschreibung des Untersuchungsinstruments	389
9.3	Die Anfangsphase der Strategieentwicklung	393
9.3.1	Protokollierung und Operationalisierung von Strategemen	393
9.3.2	Auswertung des Datenmaterials	394
9.4	Aspekte flexibler Handlungsorganisation	397
9.4.1	Operationalisierung flexiblen Handelns	397
9.4.2	Ergebnisse: Prozeßbezogene, fachliche und soziale Orientierungsmuster bei unterschiedlich flexiblen Personengruppen	405
9.5	Zusammenfassung und Diskussion	415

10	**Strategisches Handeln und Handlungserfolg** *(Kerstin Endres & Rüdiger von der Weth)*	**418**
10.1	Welche Zusammenhänge bestehen zwischen den strategischen Grundausrichtungen und der Handlungseffektivität bei der Planspielbearbeitung?	418

10.1.1	Fragestellung und Vorüberlegung	418
10.1.2	Die Ergebnisse der Untersuchung mit Markstrat	418
10.1.3	Die Ergebnisse der Untersuchung mit SchokoFin	421
10.1.4	Zusammenfassung und Diskussion der Ergebnisse	423
10.2	Welche Zusammenhänge bestehen zwischen der Handlungseffektivität in den Planspielen und der Konzeptbildung in den Szenarien?	425
10.2.1	Fragestellung und Vorüberlegung	425
10.2.2	Die Ergebnisse der ersten Untersuchung	425
10.2.3	Die Ergebnisse der zweiten Untersuchung	426
10.2.4	Zusammenfassung und Diskussion der Ergebnisse	428

11 Zur Generalität und Spezifität von Strategien (Rüdiger von der Weth) 429

11.1	Fragestellung und Operationalisierung	429
11.2	Korrelationsstatistische Befunde aus den Untersuchungen	430
11.3	Zusammenhänge zwischen verschiedenen Indikatoren flexiblen Handelns	432
11.4	Zusammenfassung und Diskussion der Ergebnisse	433

12 Wissen und strategisches Handeln (Kerstin Endres & Rüdiger von der Weth) 435

12.1	Fragestellung und Hypothesen	435
12.2	Die Bedeutung von Wissensstrukturen bei der Bearbeitung des Planspiels Markstrat in der ersten Untersuchung	436
12.2.1	Das Vorgehen bei der Wissensstrukturerfassung	436
12.2.2	Die Zusammenhänge zwischen den Wissensmerkmalen und dem Problemlöseerfolg	438
12.3	Die Bedeutung von Wissensstrukturen bei der Bearbeitung des Planspiels SchokoFin in der zweiten Untersuchung	439
12.3.1	Das Vorgehen bei der Wissensstrukturerfassung	439
12.3.2	Die Zusammenhänge zwischen den Wissensmerkmalen und dem Problemlöseerfolg	443

13	**Erfahrung und strategisches Handeln**	**445**
13.1	**Der Einfluß von Erfahrung auf die strategische Flexibilität bei der Entwicklung von Handlungsplänen (*Markus Schöbel*)**	**445**
13.1.1	Planen aus handlungstheoretischer Sicht	446
13.1.2	Zum Begriff der strategischen Planungsflexibilität	449
13.1.3	Hypothesen	450
13.1.4	Methode	453
13.1.4.1	Stichprobe	453
13.1.4.2	Untersuchungsinstrumente	454
13.1.4.3	Entwicklung eines Kodierungssystems in Anlehnung an Design rationale Konzeptionen	455
13.1.4.4	Reliabilitätsuntersuchung zum Kodierungsverfahren	462
13.1.5	Überprüfung der Hypothesen	463
13.1.5.1	Ergebnisse der strukturellen Analyse der Handlungsplanung	463
13.1.5.2	Ergebnisse der inhaltlichen Analyse der Handlungsplanung	470
13.1.6	Zusammenfassung und Diskussion	483
13.2	**Auswirkungen der Erfahrung auf die Herausbildung strategischer Handlungspotentiale (*Guido Franke*)**	**488**
13.2.1	Zur Bestimmung des Begriffs Erfahrung	488
13.2.2	Lerntheoretische Modellierung des Erfahrungslernens	489
13.2.3	Die Bedeutung der Arbeitserfahrung für die Kompetenzentwicklung	490
13.2.4	Das Konzept der „progressiven" Erfahrung	492
13.2.5	Auswirkungen progressiver Erfahrung auf die Architektur der Wissensbasis	498
13.2.6	Hypothesen für die Untersuchung der Zusammenhänge zwischen Erfahrungsmerkmalen und Aspekten strategischen Handelns	500
13.2.7	Untersuchungsmethode	504
13.2.8	Ergebnisse	508
13.2.8.1	Zusammenhänge zwischen Erfahrungsmerkmalen und Basisstrategien	508

13.2.8.2	Zusammenhänge zwischen Erfahrungsmerkmalen und Prozeßstrategien	516
13.2.9	Zusammenfassung und Diskussion der Ergebnisse	525
14	**Resümee und Ausblick** (*Guido Franke*)	527
14.1	Ertrag der Forschungsarbeit	527
14.2	Perspektiven für die künftige Forschungsarbeit	540

Literatur 546

Anhang

Anhang 1:	Handlungskonzepte und Erfahrungen im absatzwirtschaftlichen Bereich (Interviewleitfaden zur Erfassung des beruflichen Erfahrungshintergrundes)	571
Anhang 2:	Das Planspiel SchokoFin	578
Anhang 3:	Die Szenarien	591
Anhang 4:	Bewertung der Güte der Lösungsvorschläge in den Szenarien	629
Anhang 5:	Operationalisierung der Strategeme	641

GUIDO FRANKE

Einführung

Der rasche wirtschaftliche, gesellschaftliche und technologische Wandel hat zu einem Anstieg der Komplexität der Probleme geführt, denen sich Unternehmen gegenübersehen. Führungskräfte und Mitarbeiter von Unternehmen werden immer häufiger mit komplexen Situationen konfrontiert, die sie nicht mehr mit Routinen und ihnen bekannten Methoden bewältigen können. Konstitutiv für Komplexität sind beispielsweise uneindeutige Zielvorgaben und unklare Zielkriterien, die Bedeutsamkeit von Neben- und Fernwirkungen, Eigendynamik von Entwicklungen, Zeitdruck, Vernetztheit der Teilprobleme, Intransparenz der Zusammenhänge, unbekannte Handlungsmöglichkeiten; ferner die Notwendigkeit, einen Sachverhalt aus verschiedenen Perspektiven zu betrachten und die verschiedenen Sichtweisen zu einem Gesamtbild zu integrieren. Mit der Enthierarchisierung der Unternehmen kommt ein Kommunikationsproblem zwischen bisher auf verschiedenen Ebenen getrennt agierenden Personen hinzu, die nunmehr in einer stärker team- und prozeßorientierten Kooperationsstruktur schnell und unzweideutig miteinander kommunizieren müssen.

Im Hinblick auf die Bewältigung derartiger Anforderungen der „modernen Gesellschaft" werden in den letzten 25 Jahren zahlreiche „Schlüsselqualifikationen" bzw. synonyme Termini wie „extrafunktionale", „berufsübergreifende" Qualifikationen, „Langzeitqualifikationen" usw. als zukunftsweisende Zielkategorien beruflicher Bildung diskutiert.

In der Diskussion werden oft unbekümmert heterogene Eigenschaften aneinandergereiht: Planung (als Teilfunktion bzw. Teilprozeß der Handlung) steht neben Flexibilität (als einer qualitativen Bestimmung, als Güteattribut der Erfüllung einer Handlungsfunktion); Handlungsvoraussetzungen (also qualifikatorische Eigenschaften wie z.B. Intelligenz oder Fachwissen) stehen neben Resultaten/Produkten des Handelns und deren Eigenschaften (wie z.B. Präzision). Es fehlt meist eine Operationalisierung der Handlungseigenschaften, d.h. es fehlen Regeln, auf welche Weise sie objektiv, zuverlässig und gültig erfaßt werden können. Ein theoretisch begründeter tieferer Zusammenhang zwischen den jeweils genannten Schlüsselqualifikationen wird nicht sichtbar.

In einer Expertise für das Bundesinstitut für Berufsbildung stellten Didi et al. (1993) nach Durchsicht der (deutschsprachigen) berufspädagogischen Literatur eine Liste mit 654 (!) verschiedenartigen Schlüsselqualifikations-Bezeichnungen zusammen – beginnend mit 'Abstraktionsfähigkeit' und endend mit 'Zuverlässigkeit'.

Die Unschärfe des Begriffs Schlüsselqualifikation und die inflationäre Verwendung des Begriffs, vor allem aber die mangelhafte Systematisierung der Schlüsselqualifikationen fördert die Unsicherheit derjenigen, die in der Bildungspraxis verantwortlich handeln müssen.

Systematisierungsansätze der Schlüsselqualifikationen nach der Unterscheidung von Kompetenzbereichen wie Sach-, (Fach-), Methoden-, Sozial-, Human-, Lern- oder personale Kompetenz, die einigen Autoren auch als Gliederungsraster für das übergeordnete Ziel der „beruflichen Handlungskompetenz" dienen, überwinden das enumerativ-additive Qualifikationsverständnis jedoch nicht.

Es werden Perspektiven und Modelle zur Strukturierung und Verknüpfung der Schlüsselqualifikationen benötigt. Anders gesagt: Es werden Partialtheorien des beruflichen Handelns benötigt, die zumindest eine Teilmenge der Schlüsselqualifikationen im dynamischen Handlungsgeschehen der Fach- und Führungskräfte verorten.

1 Forschungsperspektive und Fragestellung

Im Hinblick auf die Bewältigung komplexer Situationen wird in dieser Arbeit das Konzept der strategischen Handlungsflexibilität entwickelt und erprobt – nicht im Sinne einer neuen Schlüsselqualifikation oder eines psychometrischen Konstrukts, sondern im Sinne einer Partialtheorie des beruflichen Handelns.

Strategisches Denken ist beispielsweise erforderlich, um vage und konfligierende Ziele beim Handeln zu berücksichtigen, um die Handlungspläne den jeweiligen situativen Kontexten anzupassen, um komplexe Handlungsabläufe zu organisieren und um die Einzelhandlung in situationsübergreifende Zusammenhänge einzubinden. Schließlich gewinnt strategisches Denken zunehmend an Bedeutung im Prozeß betrieblicher Organisationsentwicklung, bei dem es darauf ankommt, in unbestimmten und komplexen Situationen Innovationsfähigkeit sicherzustellen.

Gegenwärtig wissen wir nur wenig darüber, welche Handlungsstrategien Fachkräfte in einem beruflichen Tätigkeitsbereich bei der Steuerung der Teilprozesse des Handelns (z.B. der Zielbildung, Planung, Entscheidung) und bei der Strukturierung und Koordinierung der Einzelhandlungen nutzen. Unklar ist auch, wie sich die Handlungsstrategien entwickeln, welche Rolle die Erfahrung und das Wissen bei der Herausbildung der Handlungsstrategien spielen und wie die Entwicklung der Handlungsstrategien in betrieblichen Arbeits- und Lernprozessen gefördert werden kann.

Der Strategiebegriff ist unscharf. Es soll an dieser Stelle nicht im einzelnen auf die Begriffsgeschichte und Begriffsdefinitionen eingegangen werden. Für eine erste Orientierung werden hier lediglich einige strukturelle und funktionelle Komponenten der strategischen Flexibilität hervorgehoben, zwischen denen vielfältige Wechselwirkungen bestehen:

1. Da komplexe Situationen vom Akteur nicht hinreichend überschaut werden können – sei es, daß zu viele Einflußfaktoren zu berücksichtigen sind, daß die Wirkungen, Nebenwirkungen und Fernwirkungen von Maßnahmen unsicher sind oder daß die optimale Verknüpfung und Koordinierung von Maßnahmen zu Aktionsprogrammen unbekannt sind oder die Ziele vage und widersprüchlich sind –, kann der Handelnde nicht fertige Handlungsprogramme abrufen; es ist notwendig, daß der Handelnde innehält, gleichsam im Sinne der stoischen Philosophie *epoché* walten läßt und sein Handlungsprogramm in „Geduld und Gelassenheit" (vgl. Claxton 1998) konstruiert.

2. Voraussetzung für die Konzeption des Handlungsprogramms ist die Entwicklung eines Zielsystems, welches das Handeln ausrichtet. Damit das Zielsystem eine steuernde und regulierende Funktion bei der Organisation von Handlungsprozessen in komplexen Arbeitsumwelten übernehmen kann, sollte der Kern des Zielsystems aus langfristigen Zielen bestehen, die mit mittel- und kurzfristigen Zielen verknüpft sind. Das Zielsystem sollte stabil-flexibel sein, d.h., der Kern des Zielsystems sollte bei auftretenden Schwierigkeiten und Problemen nicht sofort aufgegeben werden, sondern der Akteur sollte hartnäckig versuchen, auf neuen Wegen seine Ziele zu erreichen.

3. Um bei der Zielverfolgung auf wechselnde Anforderungen und neue Situationen adäquat reagieren zu können oder auch selbst aktiv Veränderungen herbeizuführen, ist ein umfangreiches Handlungsrepertoire für die geistige Beweglichkeit beim Planen und Entscheiden erforderlich – was differenziertes bereichsspezifisches Sach- und Handlungswissen voraussetzt.

4. Wesentlich ist die Bereitschaft zur Aufnahme neuer Informationen und die Offenheit für neue Erfahrungen, um unter sich verändernden Bedingungen umplanen zu können. Hierzu gehört auch die Bereitschaft, bestimmte Lösungschemata oder Sequenzen von Problemlösungsphasen zu verlassen und z.B. während des Planens zu der Phase der Zielfindung zurückzukehren, wenn sich die Voraussetzungen für die Planerstellung verändert haben. Oft werden die unter Unsicherheit getroffenen Entscheidungen nur ungern aufgegeben. Entsprechend wird neue Information, die dies erforderlich machen könnte, abgewehrt oder zumindest nicht aufgesucht (Gollwitzer 1991).

5. Eine wichtige Methode für die Reorganisation des Handelns und zum Erwerb neuer Handlungsmuster ist die Selbstreflexion. Bei der Selbstreflexion wird das Denken und Handeln selbst zum Denkgegenstand gemacht (Vgl. Reichert & Dörner, 1988; Reither, 1979). Die Selbstreflexion hat für das Handeln verschiedene Funktionen: Die Unterbrechung aktueller Problemlöseaktivitäten, um die Angemessenheit und Erfolgsaussichten bisheriger Bemühungen zu beurteilen; das gedankliche Durchspielen alternativer Handlungspläne, um die Konsequenzen möglicher Handlungen sich vor Augen zu führen („inneres Probehandeln'); die (selbstkritische) Analyse abgeschlossener Handlungs- und/oder Problemlöseepisoden, um die dabei gemachten Erfahrungen auszuwerten und um vergleichbaren Anforderungen künftig besser gerecht werden zu können.

6. Bei der Entwicklung der Handlungskonzepte ist eine fortlaufende „rekursive Modellierung" angezeigt. Hierbei wird die Problemsituation in Handlungskomponenten zerlegt (also in Ziele und Präferenzen, Umwelteinflüsse, Handlungsalternativen, mögliche Handlungsergebnisse und Handlungsfolgen usw.); die einzelnen Komponenten werden (unter der Prädominanz der Ziele) sukzessiv ausgearbeitet und dabei immer wieder wechselseitig aufeinander bezogen. Auf diese Weise führt eine Veränderung in einer Komponenten zu einer Revision in einer anderen Komponente: Neue Alternativen sensibilisieren für neue Ziele, neue Ziele lenken die Aufmerksamkeit auf andere Umweltbedingungen usw.. So gelangt man mit hoher Wahrscheinlichkeit zu in sich stimmigen, konsistenten Handlungskonzepten (vgl. Eisenführ & Weber, 1994, S. 32 ff.).

7. Um die Organisation von Handlungsprozessen in komplexen Situationen befriedigend beschreiben und erklären zu können, müssen verschiedene

Arten von Strategien und verschiedene Analyseebenen in Betracht gezogen werden. In der vorliegenden Arbeit orientierte sich die Suche nach Strategien an einem Mehrebenenmodell des strategischen Handelns:
(1) Die *Primärstrategien* steuern direkt die eigentlichen transformationalen Aktivitäten, die für die Erreichung der jeweiligen Handlungsziele erforderlich sind. Sie beschreiben die inhaltlichen Entscheidungen zur Bewältigung einer bestimmten Situation. Es geht hier z.B. um bestimmte Marketingstrategien oder Führungsstrategien. Auch die sogenannten Stützstrategien können dieser Ebene zugeordnet werden; Stützstrategien beziehen sich auf die Selbstmanagement-Aktivitäten. Sie zielen auf die Beeinflussung jener emotionalen, motivationalen und volitionalen Faktoren, die auf den Prozeß der Zielerreichung indirekt einwirken, indem sie ihn in Gang setzen und aufrechterhalten. Beispiele für Stützstrategien sind Strategien der Aufmerksamkeitssteuerung oder der Abschirmung willentlicher Vornahmen gegen konkurrierende Handlungstendenzen (vgl. Friedrich & Mandl 1992, S. 8f).
(2) *Prozeßstrategien* steuern die notwendigen Teilprozesse des Handelns, z.B. die Zielbildung, das Planen, das Entscheiden, die Verknüpfung des präferierten Handlungskonzepts mit der Tätigkeit, die Reflexion und die Evaluation. Wir können demnach Planungsstrategien, Entscheidungsstrategien, Umsetzungsstrategien usw. unterscheiden.
An verschiedenen Stellen des Handlungsprozesses kann eine Stocksituation eintreten. Eine Stocksituation („impasse", van Lehn (1988, 1991) ist eine Situation, in der der Akteur nicht weiter weiß: Z.B. fehlt Information zur Auswahl eines Ziels oder zur Bildung eines Plans, oder der Plan ist nicht durchführbar, oder es liegen keine Bewertungskriterien vor, oder das Problemlöseergebnis ist unbefriedigend. In diesen Fällen sind Problemlösestrategien erforderlich. Als Reaktion auf die Stocksituation kann der Akteur „schwache" Heuristiken zu ihrer Überwindung einsetzen. Häufig werden aber auch die von Dörner (z.B. 1989) herausgearbeiteten „Handlungsfehler" auftreten, die nicht selten dysfunktionale Strategien sein dürften.
Auch Lernstrategien können den Problemlösestrategien zuge-rechnet werden.Sie beziehen sich auf die Formen der Exploration von Systemen und auf die Reorganisation des Entscheidungsverhaltens aufgrund von Erfahrung. Erwähnt sei der „spezific learning mode" und der „global

learning mode" (Putz-Osterloh et al. 1990); die erste Strategie bezieht sich auf die Systemanalyse, die zweite Strategie auf die Systemkontrolle.

(3) *Basisstrategien*: Während die Primärstrategien die Konstruktion oder Umformung eines „Gegenstandes" zum Ziel haben, haben die Basisstrategien eine regulative Funktion bei der Auswahl, Gewichtung, Elaboration und Verknüpfung der o.a. Prozeßstrategien im Zuge der Konstruktion eines Programmes für das Erreichen bestimmter Ziele. Basisstrategien sind zum einen Makrostrategien für die Organisation ganzer Handlungsabläufe. Ihre psychischen Korrelate sind bestimmte Haltungen, Einstellungen oder Überzeugungssysteme. Beispiele für Basisstrategien sind die Rationale Entscheidungstheorie der Betriebswirtschaftslehre (z.B. Kahle 1981) oder die pragmatische Strategie des „Durchwurstelns" (sensu Lindblohm, 1975).

Zum anderen lassen sich auf dieser Analyseebene neben den Makrostrategien auch elementare strategiebildende Handlungsmomente identifizieren, die in dieser Arbeit Strategeme genannt werden. Beispiele für Strategeme sind die Präferenz für Breitbandoperatoren, die Konzentration auf Kernbereiche eines Problems oder eine bestimmte Form der Systematik beim Vorgehen.

Die Strategieforschung geht in ihrem Anspruch über herkömmliche Forschungsfragen hinaus. Herkömmliche Projekte in der Berufsbildungsforschung thematisieren meist partikuläre Bildungsmomente. Beispiele:

Welche Werthaltungen sind charakteristisch für die Auszubildenden?
Wie zufrieden sind die Auszubildenden mit ihren Lern- und Arbeitsbedingungen?
Welche Informationsquellen nutzen Jugendliche bei ihrer Berufsentscheidung?
Welche sozialen Qualifikationen werden im Berufsleben benötigt?
Welche kognitiven und motivationalen Faktoren sind charakteristisch für Hochbegabung?
Welche Kenntnisse und Fertigkeiten werden im Bereich der Instandhaltung benötigt?

Charakteristisch für die Strategieforschung ist die *integrative Sichtweise:*
Es wird untersucht, wie bestimmte situative Kontexte (Anforderungen und Chancen) mit bestimmten Vorgehensweisen bei bestimmten Handlungsvoraussetzungen und Zielen des Individuums verknüpft werden.

Diese Arbeit orientiert sich an diesem Forschungsparadigma und versucht, exemplarisch in einem beruflichen Tätigkeitsbereich (Marketing) Instrumente und Verfahren für die Strategieforschung zu entwickeln und zu erproben.

2 Zur Gliederung des Buches

Die vorliegende Arbeit befaßt sich im *ersten Teil* mit den Grundlagen und der Bedeutung der Strategieforschung. Im ersten Kapitel wird versucht, den schillernden Strategiebegriff zu präzisieren und in einen Kompetenzmodell zu verorten. In Kapitel 2 werden einige strukturelle und funktionelle Komponenten der strategischen Handlungsflexibilität herausgearbeitet. Auf die Facetten der Komplexität – als einer vorgängigen Bedingung der Möglichkeit für strategisches Denken und Handeln – wird in Kapitel 3 eingegangen. In Abschnitt 3.2 wird exemplarisch für das Tätigkeitsfeld Absatzwirtschaft aufgezeigt, welche Bedeutung der strategischen Flexibilität bei der Bewältigung komplexer beruflicher Situationen zukommt. Kapitel 4 beschreibt Probleme, Fehler und Dysfunktionalitäten beim strategischen Denken aufgrund vorliegender empirischer Befunde. Im fünften Kapitel wird auf aktuelle methodische und methodologische Fragen der Strategieforschung eingegangen.

Im *zweiten Teil* dieser Arbeit werden empirische Studien zur Identifikation und Analyse von Primärstrategien, Prozeßstrategien und Basisstrategien im beruflichen Arbeitsprozeß dargestellt. Ausgewählt für die Untersuchungen wurde das strategieträchtige und volkswirtschaftlich wichtige Tätigkeitsfeld Absatzwirtschaft/Marketing.

Die Akquisition von Untersuchungsteilnehmern in Unternehmen, das Untersuchungsdesign und der Untersuchungsablauf werden in Kapitel 6 beschrieben.

Das Kapitel 7 beschäftigt sich mit den Prozeß- und Basisstrategien von Fachkräften aus dem Bereich Absatzwirtschaft. Auf der Basis strukturierter retrospektiver Selbstbeschreibungen des Arbeitshandelns wird untersucht, welche strategisch relevanten Handlungsmomente thematisiert werden, welche Handlungsoptionen den Fachkräften zur Verfügung stehen, wie Handlungsspielräume gestaltet werden, wo Schwierigkeiten und Probleme beim Handeln auftreten.

In Kapitel 8 wird ein (quasi-)experimenteller Ansatz gewählt zur Präzisierung und Prüfung der Hypothesen zum strategischen Denken und Handeln. Mit Hilfe computersimulierter Planspiele werden Verhaltensdaten generiert, die dann durch hypothetische Strategien erklärt werden. Die theoretisch postulierten Strategien werden operationalisiert und in einer zweiten Untersuchung geprüft. Abschnitt 8.3 ist der Identifikation von Marketingstrategien gewidmet. Abschnitt 8.4 beschreibt komplexe Prozeßstrategien mit unterschiedlichen Rationalitätskonzepten. Das Verfahren der Extraktion von Strategemen aus den Verhaltensprotokollen wird in Abschnitt 8.5 skizziert; hier findet sich auch eine detaillierte Beschreibung der entdeckten strategiebildenden Handlungsmomente.

Drei Kapitel beziehen sich auf Eigenschaften des strategischen Denkens und Handelns: Die strategische Flexibilität bei der Entwicklung von Handlungskonzepten steht im Mittelpunkt von Kapitel 9.

Zusammenhänge zwischen den Strategemen und der Effektivität und Effizienz des Handelns werden in Kapitel 10 untersucht.

Korrelationsstatistische Befunde zur Frage nach der Generalität bzw. Spezifität von Strategien werden in Kapitel 11 präsentiert und diskutiert.

Auf zwei Gruppen von Determinanten des strategischen Denkens und Handelns wird in den folgenden beiden Kapiteln eingegangen – ohne freilich die Thematik erschöpfend behandeln zu können:

Die Bedeutung der Architektur der Wissensbasis für das Vorgehen in den computersimulierten Planspielen wird in Kapitel 12 untersucht.

In Kapitel 13 werden verschiedene Dimensionen und Facetten der Erfahrung in Beziehung gesetzt zum strategischen Handeln: Der Einfluß der Erfahrungsdauer auf die strategische Flexibilität bei der Entwicklung von Handlungsplänen ist Gegenstand von Abschnitt 13.1.

Im Abschnitt 13.2 werden hypothetisch relevante Zusammenhänge zwischen Erfahrungsniveau, Erfahrungsbreite sowie Erfahrungsqualität der Arbeit und der Differenziertheit und dem Umfang des strategischen Handlungsrepertoires untersucht.

Abschließend (Kapitel 14) werden der Ertrag des Buches skizziert und einige Desiderate für die künftige Forschungsarbeit auf dem Gebiet der Strategieforschung thematisiert.

Teil I

Fragen und Grundlagen der Strategieforschung

GUIDO FRANKE

1 Was sind individuelle Handlungsstrategien?

Der Begriff der Strategie wird in der Literatur in vielfältiger Weise verwendet und dabei nur selten explizit definiert.[*] Bisanz & LeFevre (1990) charakterisieren den Stand der konzeptuellen Bemühungen: „First, definitions of strategy vary widely (...). In many studies and reviews, strategy is not defined at all, as if the meaning were self-evident. In others, strategy refers to any procedure or series of operations used to accomplish a task. In still others, strategy is defined in terms that are ambiguous, difficult to operationalize, or contentious. The result is semantic chaos" (213 f).

Um ein wenig Ordnung in dieses Chaos zu bringen, wird zunächst kurz ein weiter Strategiebegriff diskutiert, daran anschließend drei engere Strategiebegriffe, die sich aus bestimmten Einschränkungen des weiten Begriffs ergeben. Die Verwendungsweisen des Strategiebegriffs in der Literatur lassen sich in ihrer Mehrzahl einer dieser vier Definitionen zuordnen.

In Abschnitt 1.3 wird dann ein eigener Vorschlag zur Begriffsbestimmung gemacht. Abschließend (Abschnitt 1.4) wird der Strategiebegriff in einem Kompetenzmodell verortet.

1.1 Der weite Strategiebegriff

Eine *Strategie* im weiten Sinne ist jede *Beschreibung* eines zielgerichteten Denk- oder Handlungsablaufs als eine Sequenz einzelner Schritte; sie kann im Extremfall auch aus einem Schritt bestehen. Die Beschreibung ist eine Abstraktion, sie erfaßt das, was einer Menge von Fällen derselben Denk- oder Handlungssequenz in verschiedenen Situationen gemeinsam ist. Die Beschreibung eines kognitiven Prozesses als Sequenz von Schritten kann auch als *Programm* bezeichnet werden.

Die als Programm beschriebenen Prozesse können *erklärt* werden durch ein System von *Regeln*. Regeln verknüpfen Beschreibungen von Situationen

---

[*] Ich danke Herrn Klaus Oberauer für die Literaturanalyse und die Mitarbeit bei der Abfassung der Abschnitte 1.1 und 1.2

mit Beschreibungen von Aktionen. In der „Wenn-Dann"-Struktur von Regeln stehen Strategien bzw. ihre Teilschritte für die „Dann"-Komponenten. Regeln geben an, unter welchen Umständen welche Strategie ausgeführt wird, und können daher die Rolle von Universalaussagen in wissenschaftlichen Erklärungen von Gedankenabläufen und Handlungen spielen. Zusammen mit ihren Anwendungsbedingungen (der „Wenn"-Komponente) läßt sich eine Strategie daher explizieren als ein System von Regeln, die das zielgerichtete Denken oder Handeln einer Person bei der Bewältigung einer Aufgabe erklären. Das Spektrum der Aufgaben kann dabei prinzipiell vom Lernen einer Liste sinnarmer Silben bis zur Steuerung eines Atomkraftwerks reichen.

Programme des Denkens und Handelns beschreiben kognitive Tätigkeiten, die auf Ziele gerichtet sind. Sie stehen daher immer im Zusammenhang mit bestimmten Bedingungen. Die vollständige Explikation einer Strategie ist daher ihre Explikation als *Regel* mit Bedingungs- und Aktionskomponente. Die Bedingungskomponente muß dabei mindestens das Ziel und die Ausgangssituation enthalten.

Der weite Strategiebegriff leitet sich aus dem klassischen Modell des kognitiven Systems im Informationsverarbeitungs-Ansatz her. Dieses Modell besteht im Kern aus einem Kurzzeitgedächtnis, das zugleich als Arbeitsspeicher dient, einem Langzeitspeicher und einem zentralen Prozessor. Der Prozessor führt sogenannte „Kontrollprozesse" über die aktuellen Inhalte des Arbeitsspeichers aus. Die Kontrollprozesse folgen einem Programm, das als Strategie bezeichnet wird (vgl. Baron, 1985). Im Informationsverarbeitungsmodell werden Strategien nicht nur als Abstraktionen des wissenschaftlichen Beobachters begriffen, die zur Beschreibung und Erklärung von Verhalten dienen, sondern als Vorschriften, die die kognitive Aktivität einer Person anleiten. Sie sind nicht nur Ausdrücke in der Theoriesprache des Beobachters, sondern auch Ausdrücke in der „language of thought" (Fodor, 1975) des beobachteten kognitiven Systems. Sie sind nicht nur im Kopf des Wissenschaftlers, sondern auch im Kopf der beobachteten Person.

Das klassische Modell der Informationsverarbeitung begreift Kognition in Analogie zu Rechenprozessen in einem Computer. Ein zentraler Prozessor manipuliert Repräsentationen nach einem System von Regeln. Die Repräsentationen und die Regeln zu ihrer Manipulation machen zusammen das Wissen des Systems aus, das sich in seinem Langzeitspeicher befindet. Die Repräsentationen können beispielsweise als semantisches Netz, die Regeln als Produktionen organisiert sein (Anderson, 1983). Zu jedem Zeitpunkt befindet sich ein Teil der Repräsentationen im Arbeitsgedächtnis und kann nach Produktionen, die auf sie anwendbar sind, bearbeitet werden. Die Produktionen bestehen aus einer Bedingungs- und einer Aktionskomponente. Sie lassen sich daher als „Wenn-Dann"-Ausdrücke schreiben. Die Bedingungskomponente beschreibt die Repräsentationen, auf welche die Aktionskomponmente anwendbar ist. Meistens gehört dazu mindestens eine Repräsentation des aktuellen Zustands und eine Repräsentation des Ziels. Die Aktionskomponente beschreibt die auszuführenden Informationsverarbeitungsprozeduren. In dieser Architektur kann jede einzelne Produktion (allgemeiner: jede Regel) bereits als Strategie im weiten Sinne aufgefaßt werden.

Der Informationsverarbeitungs-Ansatz geht davon aus, daß die Regeln, nach denen Repräsentationen der Welt manipuliert werden, selbst als symbolische Ausdrücke im Langzeitgedächtnis gespeichert sind. Diese Regeln determinieren die Operationen des Zentralprozessors. Sie erzeugen dadurch – zusammen mit den Repräsentationen – das Verhalten des Systems. Regeln sind demnach Objekte, die im kognitiven System existieren und kausal wirksam sind (beispielsweise als Produktionen).

Demgegenüber wird hier die Auffassung vertreten, daß Regeln den logischen Status von Erklärungen haben. Regeln sind demnach hypothetische Universalaussagen eines Beobachters, die die Redundanzen des beobachteten Verhaltens einer Person erklären können. Sie sind keine kausal wirksamen Entitäten, sondern Gesetzeshypothesen. Sie sind Elemente einer Theorie, nicht Elemente des Gegenstands, den die Theorie erklärt. Diese Sichtweise macht weniger starke ontologische Annahmen und ist daher theoretisch neutraler als die Sichtweise des Informationsverarbeitungs-Ansatzes. Die oben vorgeschlagene Definition des weiten Strategiebegriffs bezeichnet daher Strategien als Regeln, die Denk- und Handlungsabläufe beschreiben und erklären, nicht als solche, die sie erzeugen.

Gleichwohl gilt auch für die theorieneutrale Version des weiten Strategiebegriffs, daß er notwendig *jedes* zielgerichtete Denken und Handeln umfaßt. Denn es ist das Ziel wissenschaftlicher Beobachtung, Regeln zu formulieren, die das beobachtete Denken und Handeln abstrahierend beschreiben und erklären. Die Möglichkeit, solche Regeln für jedes beobachtete Phänomen zu formulieren, ist eine notwendige Unterstellung wissenschaftlicher Bemühungen. Eine zielgerichtete Handlung als „strategisch" zu bezeichnen, ist nach dem weiten Strategiebegriff daher eine Aussage ohne empirischen Gehalt.

Das ist in jüngster Zeit von einigen Autoren als Mangel des weiten Strategiebegriffs erkannt worden, die daher verschiedene Einschränkungen vorschlagen (Bjorklund, Muir-Broaddus & Schneider, 1990, Bisanz & LeFevre, 1990). Damit kommen wir zu der Gruppe der engeren Strategiebegriffe.

1.2 Engere Strategiebegriffe

Engere Strategiebegriffe beziehen sich auf Teilmengen dessen, was der weite Begriff umfaßt. Drei von ihnen werden hier diskutiert:

1) Strategien sind Regeln, die Denk- und Handlungsabläufe *über längere Zeiträume* organisieren. In einer Hierarchie von Prozessen und darin eingebetteten Teilprozessen, die einen komplexen Denk- oder Handlungsablauf ausmachen, regeln Strategien die Auswahl und Anordnung der umfassenderen Prozeßabschnitte. Die etwas vagen Ausführungen von Dörner können in diesem Sinne verstanden werden. Dörner (1989) setzt Strategien mit dem von ihm geprägten Begriff der „operativen Intelligenz" gleich.

„Operative Intelligenz" wiederum bedeutet die Fähigkeit, kognitive Routinen, wie sie bei der Lösung von Intelligenztestaufgaben verwendet werden, zu übergreifenden Denk- und Handlungsprozessen beim Umgang mit komplexen Problemen zu organisieren (Dörner, 1986).

2) Strategien sind *allgemeine Regeln*, d.h. Regeln, die über einen weiten Bereich verschiedener Gegenstände aus verschiedenen Wissensdomänen angewandt werden können (Chi, 1984; Hacker, 1986).

3) Strategien sind Programme für *bewußtseinsfähige* kognitive Prozesse, d.h. für Prozesse, die „kontrolliert" im Sinne von Schneider & Shiffrin (1977) sind, und die von der Person bewußt aus einer Menge möglicher Programme ausgewählt werden (Garner, 1990, Bjorklund & Harnishfeger, 1990).

1.2.1 Strategien als Regeln für umfassende Denk- und Handlungsabläufe

Regeln unterscheiden sich nach dem Zeithorizont der von ihnen regulierten Tätigkeiten. Die hier angesprochene Hierarchie ineinander verschachtelter Tätigkeiten wird am besten im hierarchisch-sequentiellen Handlungsmodell der Handlungsregulationstheorie beschrieben (Hacker, 1986; Oesterreich, 1981). Jede Tätigkeit läßt sich demnach beschreiben als eine Hierarchie von „Regulationseinheiten" (Oesterreich) bzw. „Vergleichs-Veränderungs-Rückkopplungs-Einheiten" (VVR-Einheiten) nach Hacker. Eine Regulationseinheit besteht aus einem Ziel und einer Reihe von Handlungsschritten, die dazu dienen, dieses

Ziel zu erreichen. Die einzelnen Handlungsschritte sollen Subziele erreichen. Jedes dieser Subziele bildet wiederum das Ziel einer neuen, untergeordneten Regulationseinheit. Diese Einheit reguliert die Ausführung eines Teilschritts der höhergeordneten Einheit. Der Teilschritt wird dabei wiederum in kleinere Teilschritte zerlegt, denen wiederum Subziele zugeordnet werden. Es ergibt sich eine Hierarchie ineinander geschachtelter Handlungsschritte und ihnen zugeordneter (Sub-)Ziele. Die Basis der Hierarchie bildet eine Sequenz elementarer Handlungsschritte, die in einer zeitlichen Abfolge ausgeführt werden. Der Handelnde führt höhergeordnete Teiltätigkeiten durch die ihnen untergeordneten Schritte aus, indem er nacheinander die dazu erforderlichen Subziele erreicht. Die hierarchisch-sequentielle Beschreibung von Handlungsverläufen kann analog auch auf Denkabläufe angewandt werden (siehe z.B. Anderson, 1983).

Die hierarchisch-sequentielle Handlungsbeschreibung, die die Handlungsregulationstheorie vorschlägt, kann einerseits als wissenschaftliche Rekonstruktion der „Tiefenstruktur" einer beobachteten Handlungssequenz gelesen werden. Die zweite Interpretation setzt – im Gegensatz zur ersten – voraus, daß der Handelnde selbst über eine hierarchisch-sequentielle Beschreibung seiner Handlung verfügt, die er für sich als Vorschrift verwendet. Das gilt unabhängig davon, ob er die gesamte Struktur vor Beginn der praktischen Tätigkeit entwirft (komplette Vorausplanung) oder sukzessive während ihrer Ausführung. Die beiden Lesarten der Handlungsregulationstheorie sind analog den beiden oben diskutierten Interpretationen des weiten Strategiebegriffs: In einem Fall wird die Beschreibung einer Tätigkeit (durch eine Regel oder eine hierarchische Struktur) dem Subjekt selbst zugeschrieben, im anderen Fall wird sie nur als wissenschaftliche Beschreibung des Beobachters begriffen.

Das hierarchisch-sequentielle Handlungsmodell beschreibt Handlungen (und Denkabläufe) in einer *Teil-Ganzes-Hierarchie*. Elementare Schritte sind Teile übergeordneter Schritte. Diese Hierarchie wird zunächst über der Zeitdimension errichtet – die untergeordneten Einheiten bilden die höheren Einheiten durch ihre sequentielle Kombination in der Zeit. Wenn mehrere Personen zusammen eine Handlung ausführen, kann die Teil-Ganzes-Hierarchie auch über der sozialen Dimension aufgebaut werden. Das heißt, daß Teiltätigkeiten, die sich nicht auf verschiedene Zeiträume, sondern auf verschiedene Personen verteilen, zusammen ein Ganzes ergeben.

Als Strategien können im Rahmen einer solchen Beschreibung von Denk- und Handlungssequenzen diejenigen Regeln bezeichnet werden, die die Auswahl der *höhergeordneten* Einheiten und ihre Kombination auf der zeitlichen und sozialen Dimension bestimmen. Die Regulation der untergeordneten Einheiten könnte demgegenüber als „operativ" oder „taktisch" bezeichnet werden (Friedrich & Mandl, 1992; Dörner & Pfeifer, 1992).

1.2.2 Strategien als allgemeine Regeln

Regeln unterscheiden sich in der Weite ihres Anwendungsbereichs, d.h. im Ausmaß ihrer Generalisierbarkeit. Regeln mit weiterem Anwendungsbereich haben allgemeinere, abstrakter formulierte Bedingungs-Komponenten, sie stehen daher höher in der *Abstraktions-Hierarchie*. Am einen Ende des Kontinuums von spezifischen zu allgemeinen Regeln stehen beispielsweise memotechnische Strategien, die nur für das Auswendiglernen von Paarassoziationen anwendbar sind (etwa die „pegword"-Strategie, bei der eine visuelle Vorstellung der Interaktion der durch das Wortpaar bezeichneten Gegenständen aufgebaut wird). Am anderen Ende stehen universale Regeln, beispielsweise die „means ends analysis" nach Nevell & Simon (1972). Eine weitere universale Vorgehensweise ist natürlich auch „trial & error" (vgl. Dörner, 1976). Die Bedeutung derart allgemeiner Strategien für menschliches Handeln ist allerdings umstritten.

Auch die Unterscheidung zwischen allgemeineren und spezifischeren Regeln läßt sich auf das Handlungsregulationsmodell von Hacker (1986) beziehen. Hacker unterscheidet drei Ebenen der Handlungsregulation; eine analoge Dreiteilung schlägt – unabhängig von Hacker – Rasmussen (1986) im Rahmen eines Informationsverarbeitungsmodells vor:

1) *Die sensumotorische Ebene*
   (Rasmussens „automatische" oder „signalverarbeitende" Ebene):

   Wahrgenommene Reizkonfigurationen („Signale") aktivieren direkt feststehende Bewegungsabläufe („Stereotypien" oder „Routinen" bei Hacker). Ihre Regulation ist nicht bewußtseinsfähig, bewußt wird dem Handelnden nur der Ausgangszustand und das Ergebnis. Ein Beispiel wäre das Tippen des Wortes „Beispiel" durch einen geübten Texterfasser oder das Einlegen des dritten Ganges durch eine routinierte Autofahrerin.

2) *Die perzeptiv-begriffliche Ebene*
   (Rasmussens „regelgeleitete" Ebene):

   Begrifflich identifizierte Situationen aktivieren bekannte Handlungsschemata, deren Ausführung bewußtseinsfähig, aber nicht bewußtseinspflichtig ist. Die Tätigkeit dieser Ebene kann beschrieben werden als

Was sind individuelle Handlungsstrategien?

Anwendung von Regeln, deren Bedingungskomponenten mit der begrifflichen Beschreibung der Situation übereinstimmen und deren Aktionskomponenten eine vertraute Sequenz von direkt ausführbaren Handlungsschritten beschreiben. Diese Regeln sind auf die besondere Situation zugeschnitten und können daher die notwendigen Aktionen detailliert genug beschreiben, um direkt umgesetzt zu werden.

3) *Die intellektuelle Ebene*
(Rasmussens „wissensbasierte" Ebene):

Die begriffliche Beschreibung der Situation aktiviert kein Handlungsschema. Die Situation ist für die Person daher ein *Problem* im Sinne von Dörner (1976); denn die Person hat zunächst kein Aktionsprogramm, um sie im Sinne seiner Ziele zu bewältigen. Eine Sequenz ausführbarer Schritte muß erst konstruiert werden. Das geschieht nach Hacker einerseits durch die gedankliche Analyse der Situation, andererseits durch die Anwendung von Plänen, Strategien und Heuristiken. Rasmussen beschreibt die kognitiven Prozesse dieser Ebene als mental simuliertes „trial & error" auf der Basis von mentalen Modellen des Handlungsgegenstandes.

Strategien als relativ allgemeine Regeln wären nach dieser Dreiteilung – bei Hacker (1986, S. 159f) explizit – auf der intellektuellen Ebene anzusiedeln. Handlungen werden auf der intellektuellen Ebene reguliert, wenn stereotype Routinen und spezielle Regeln für die Situation nicht verfügbar sind – kurz: wenn das Handeln (oder Denken) zum *Problem* wird. Wenn spezielle Regeln für die Situation nicht vorliegen, muß die Person auf allgemeine Regeln zurückgreifen, die konkretisiert werden müssen, um ausführbar zu sein: „Pläne, Strategien und heuristische Regelsysteme haben gegenüber den Handlungsschemata eine rahmenhafte, für konkrete Ausführungsformen disponible Struktur (...)" (Hacker, 1986, S. 159). Hacker definiert Pläne als „Festlegung von abzuarbeitenden konkreten Teilzielen", Strategien als „allgemeinere Pläne" zur Konstruktion von Teilzielsequenzen und Heurismen als „Meta-Pläne" zur „Erzeugung von neuen Strategien oder von neuen Plänen" (Hacker, 1986, S. 159). Diese eher vagen Abgrenzungen der drei Begriffe gegeneinander lassen sich vielleicht am besten folgendermaßen rekonstruieren:

* *Strategien* sind Denk- und Handlungsregeln von relativ hohem Allgemeinheitsgrad
* *Pläne* sind Regeln, die weitreichende Denk- und Handlungszusammenhänge mit vielen Teilkomponenten organisieren (Hacker schreibt an

anderer Stelle: „Planen ist umfassender als das soeben behandelte Festlegen einzelner Verfahrensweisen ..."; Hacker, 1986, S. 328). Pläne in diesem Sinne entsprechen dem oben diskutierten Begriff von Strategien als Regeln für umfassendere Gedanken- und Handlungsabläufe am oberen Ende einer Teil-Ganzes-Hierarchie.

* *Heurismen* (oder Heuristiken) sind Meta-Strategien. Das sind Programme, die dem Ziel dienen, ein Programm für das Erreichen eines bestimmten Ziels zu konstruieren. Während Strategien die Konstruktion oder Umformung eines Gegenstandes zum Ziel haben – beispielsweise eines Werkstücks oder einer mathematischen Formel – zielen Meta-Strategien auf die Konstruktion oder Umformung von Strategien selbst.

Die Abstraktionshierarchie, die dem hier diskutierten Strategiebegriff zugrundeliegt, darf nicht mit der oben besprochenen Teil-Ganzes-Hierarchie verwechselt werden. Das bedeutet auch, daß die Einteilung der Handlungsregulation in drei Ebenen, wie sie Hacker vornimmt, nicht gleichzusetzen ist mit den Hierarchieebenen der verschachtelten Regulationseinheiten. Eine zeitlich sehr kurze, aus wenigen elementaren Schritten bestehende Handlung kann Regulation auf der intellektuellen Ebene erfordern, weil keine Regel oder Routine für sie zur Verfügung steht. Ein Beispiel ist die Entscheidung eines Wechselwählers in der Wahlkabine, wo er sein Kreuz plazieren soll. Andererseits können zeitlich sehr umfassende Handlungssequenzen fast ausschließlich sensumotorisch reguliert werden – wenn beispielsweise ein Skifahrer zum 500ten Mal dieselbe Piste hinunterfährt. In der Regel werden jedoch umfassendere Handlungsabläufe eher intellektuelle Regulation erfordern, einfach weil sie selten mehrfach in gleicher Weise wiederholt werden, so daß wir eine spezifische Regel oder gar eine automatische Routine für sie nicht so leicht ausbilden können. Routinen sind meist recht kurze Bewegungssequenzen, spezielle Regeln legen meist nur einige wenige Handgriffe fest. Eben dadurch können sie als Bausteine umfassender Handlungen flexibel kombiniert werden.

1.2.3 Strategien als bewußtseinsfähige Regeln und Programme

Viele Autoren im Kontext des Informationsverarbeitungs-Ansatzes definieren Strategien als kontrollierte Prozesse im Sinne von Schneider & Shiffrin (1977). Diese Prozesse bezeichnen sie zugleich als „potentiell bewußt" (Pressley, Forrest-Pressley, Elliot-Faust & Miller, 1985, 4). Manche gehen noch einen Schritt weiter und verbinden mit dem Strategiebegriff eine bewußte Entscheidung der Person zwischen mehreren Alternativen, die Auswahl einer Strategie aus einem Repertoire (Garner, 1990). Damit werden Strategien nicht nur als *bewußtseinsfähig*, sondern als *bewußtseinspflichtig* im Sinne von Hacker (1986) definiert.

Die Eingrenzung des Strategiebegriffs durch Bezugnahme auf Bewußtheit und willentliche Kontrolle findet besonders bei Autoren Verwendung, die Strategien im engen Zusammenhang mit Metakognition sehen. Nach ihrem Verständnis benötigt eine Person, die eine Strategie aus einem Inventar möglicher Denk- und Handlungsprogramme auswählt, metakognitives Wissen über die Anforderungen der Aufgabe, ihre eigenen Fähigkeiten und über die dazu passenden Strategien (Flavell, 1984). Eine metakognitive Auswahl aus einem Inventar möglicher Strategien impliziert natürlich auch, daß die Person ihre eigenen Denk- und Handlungsabläufe sich selbst als Gegenstand ihres Denkens bewußtmacht. In Kapitel 5 wird noch ausführlicher auf den Themenkreis der Metakognition eingegangen.

1.3 Ein Vorschlag zur Begriffsbestimmung

Der engere Strategiebegriff – in den hier diskutierten und auch in anderen möglichen Varianten – hat gegenüber dem weiten Strategiebegriff den Vorzug, daß die Bezeichnung eines zielgerichteten kognitiven Prozesses als „strategisch" einen empirischen Gehalt hat. Nach dem engeren Strategiebegriff ist nicht jeder zielgerichtete Denk- oder Handlungsablauf strategisch. Nach einem engeren Strategiebegriff zeichnen sich strategische Prozesse durch bestimmte Merkmale aus, die zur empirischen Operationalisierung des Strategiebegriffs dienen können.

Wenn Regeln für *umfassendere* Denk- und Handlungszusammenhänge als Strategien bezeichnet werden sollen, unterscheiden sich strategische von nicht strategischen Prozessen vor allem durch ihre *Systematizität*. Strategische Prozesse in diesem Sinne müßten sich dadurch auszeichnen, daß einzelne, zeitlich relativ weit auseinanderliegende Teilprozesse in hohem Maße aufeinander aufbauen bzw. voneinander abhängen.

Wenn andererseits Strategien als Regeln von hohem *Allgemeinheitsgrad* expliziert werden, müßten sich strategische Prozesse durch hohe *intersituative Konsistenz* auszeichnen. Die als strategisch bezeichnete Abfolge von Schritten sollte sich in vielen verschiedenen Situationen nachweisen lassen. Wenn eine neue Strategie erworben wird, sollte sie auf eine große Menge unterschiedlicher Situationen *transferierbar* sein. Durch das Merkmal transsituativer Konsistenz gerät der hier angesprochene Strategiebegriff in die Nähe des Begriffs kognitiver Stile (vgl. Baron, 1985). Strategien beschreiben die Invarianten von Denk- und Handlungsabläufen als Programme bzw. unter Einbezug ihrer Anwendungs-bedingungen als Regelsysteme. Stile beschreiben diese Invarianten als Persönlichkeitseigenschaften. Sofern dabei nicht ausgeschlossen wird, daß Persönlichkeitseigenschaften veränderlich sind, erscheinen beide Sichtweisen durchaus kompatibel.

Die Diskussion um die *Bewußtseinsfähigkeit* oder *Bewußtseinspflichtigkeit* von Strategien übersieht häufig das Phänomen der *Automatisierung* von Regulationsprozessen des Handelns:

Nach Ulich et al. (1980, S. 66) läßt sich der zeitliche Verlauf der psychischen Regulation von Arbeitstätigkeiten u.a. dadurch charakterisieren, daß der Arbeitende zunächst Freiheitsgrade nutzt und aufgrund von Rückkoppelungseffekten die Zahl der Freiheitsgrade schließlich immer mehr reduziert – bis hin zu einem subjektiven „one best way".

Die fortdauernde Erfüllung einer bestimmten Arbeitsaufgabe führt zu einer Geübtheit im Arbeitsvollzug, die mindestens partiell eine hochgradige Automatisierung nicht nur sensumotorischer, sondern auch intellektueller Regulationsprozesse bedeutet. Dadurch kann beispielsweise der Entscheidungsspielraum eine massive Dequalifizierung erfahren, d.h., ursprünglich echte Entscheidungsleistungen werden ersetzt durch reine Abruffunktionen.

Die bisherigen Begriffsbestimmungen sind aus meiner Sicht teils zu eng, teils artifiziell. Ich schlage deshalb eine Neufassung des Strategiebegriffs vor:
1. Die Dichotomisierungen „bewußt – unbewußt", „spezifisch – allgemein", „große – geringe Reichweite" sollten durch quantitative Begriffe ersetzt werden: Strategien können danach eine mehr oder weniger große Reichweite haben, sie können mehr oder weniger allgemeine Regeln sein usw.
2. Die drei Beschreibungsdimensionen Bewußtheit, Reichweite, Allgemeinheitsgrad müssen integriert werden. So gibt es beispielsweise bewußte Strategien großer Reichweite und Allgemeinheit oder unbewußte Strategien mit geringer Reichweite und hohem Allgemeinheitsgrad.
3. Strategien sind Handlungskonzepte, die im Handlungsprozeß elaboriert werden. Die Handlungskonzepte sind multirelationale Verknüpfungsstrukturen verschiedener Komponenten: von Zielen, Bedingungen, Aktionen/

Was sind individuelle Handlungsstrategien? 33

Operationen, Erwartungen, Ursachen, Effekten usw. Der Strategiekern besteht aus einer Regel, die Ziele und Bedingungen mit Aktionen verknüpft. Regeln haben die Form von Wenn-Dann-Anweisungen. Den Wenn-Teil nennt man die Bedingung, den Dann-Teil die Aktion. Die Bedingungskomponente ist zweigliedrig: Sie spezifiziert Merkmale der Ausgangssituation und Ziele; die Aktionskomponente enthält die Beschreibung der einzelnen Schritte (das Programm) zur Bewältigung einer Aufgabe (vgl. Chi 1984, S. 217).

4. Die Handlungskonzepte unterscheiden sich in ihrer Komplexität. Der Strategiekern mit seinen o.a. obligatorischen Komponenten kann eingebunden sein in situationsübergreifende Zusammenhänge: in biographische und geschichtliche Verläufe, in normative, nomologische und axiologische Strukturen – in Form von Begründungen und Erklärungen des Tuns. Derartige fakultative Strukturen haben möglicherweise eine Stützfunktion fürs Handeln und beeinflussen vielleicht die Stabilität und Plastizität der Handlungsorganisation.

Einen Grenzfall stellen Strategiekerne dar, bei denen eine Komponente nicht spezifiziert ist. So könnte eine Regel lauten: „Wenn die Lage unüberschaubar ist, sei vorsichtig". In dieser Regel wird die Zielkomponente nicht und die Aktionskomponente nur sehr abstrakt thematisiert.

Derartige rudimentäre Strategiekerne finden sich auch in vielen Sprichwörtern (vgl. Detje 1993): „Erst wägen, dann wagen!" – „Wer wagt, gewinnt!" Oder:"Denke, bevor du handelst!" – Wie kommt man am besten den Berg hinan? „Steig nur hinauf und denk nicht dran!" Bei den Maximen, die in den Sprichwörtern niedergelegt sind, fehlen häufig die Konditionen (vgl. Dörner & Tisdale 1994, S. 221). Statt von Strategien sollte man in solchen Fällen vielleicht von „Strategemen" sprechen.

Als Strategeme wurden zunächst bestimmte chinesische Redewendungen bezeichnet, die auf klassischen Kriegsregeln dieses Landes beruhen. In einem Buch von Harro v. Senger (1988) werden diese Redewendungen, Kriegsregeln und die Beispiele auf denen sie beruhen, vorgestellt.

Gao Yuan (1995) beschreibt die sechsunddreißig Strategeme („Weisheiten", „Listen") aus dem alten China und deutet sie für Manager von heute. Die Strategeme sind in sechs Gruppen aufgeteilt. Die ersten sind für starke Ausgangspositionen ausgelegt (Beispiel: „Schlage das Gras, um die Schlange aufzuscheuchen"), die letzten drei für schwache (Beispiel: „Spiele den Dummen und bleibe schlau").

Im Zuge der Mikroanalyse des strategischen Denkens auf der Prozeßebene versucht von der Weth in diesem Band (vgl. Kapitel 8.5), das Verhalten von Fachkräften aus dem Marketing bei der Bearbeitung von Planspielen mit Hilfe von Strategemen zu erklären.

5. Strategien sind Erklärungen für die Organisation von Handlungsprozessen. Für einen Handlungsprozeß gibt es im Prinzip verschiedene Erklärungen, die sich in ihrer Erklärungstiefe unterscheiden können.

1.4 Verortung des Strategiebegriffs in einem Kompetenzmodell

In diesem Abschnitt wird zunächst der Versuch unternommen, den Forschungsgegenstand ‚Handlungsstrategien' – verstanden als Regeln zur Steuerung und Kontrolle von ‚Metaprozessen' des Handelns – in einem Kompetenzmodell zu verorten. Anschließend wird kurz der Stand der Kompetenzforschung skizziert.

Kompetenzmodell

Bei der Bewältigung von Arbeitsaufgaben muß der Handelnde eine Reihe von Funktionen – mit unterschiedlicher Bewußtseinsintensität – erfüllen. Bei grober Betrachtung lassen sich vier Grundfunktionen des Handelns unterscheiden: Orientierung, Planung, Tätigkeit, Evaluation.

Die Orientierung ist darauf gerichtet, die Ziele des Handelns festzulegen, den Handlungszweck zu bestimmen und die zu bewältigenden Aufgaben zu spezifizieren.

Die Planung besteht in der Entwicklung eines Aktionsprogrammes mit Teilzielen und Zwischenzielen zur Realisierung der Ziele.

Die Tätigkeit besteht in der Umsetzung des Plans in konkretes Tun, in der zielgerichteten Veränderung der Wirklichkeit (ggf. nach Korrektur oder Komplettierung des Plans).

Die Evaluation umfaßt die Kontrolle und Bewertung der Handlungseffekte und des Handlungsverlaufs im Hinblick auf Zielvorgaben und persönliche Wertvorstellungen, die Erfolgseinschätzung, die Festlegung von Aufwandsgrenzen und Abbruchkriterien für die Handlung sowie Vornahmen für künftiges Handeln.

Diese Funktionskomplexe lassen sich in Teilfunktionen ausdifferenzieren – bis hin zu Mikrofunktionen wie z.B. Kodierung und Dekodierung, Erinnerung oder Speicherung von Informationen, die nicht bewußtseinsfähig sind.

Bei der Erfüllung der einzelnen Handlungsfunktionen müssen Prozesse verschiedener Handlungsebenen ineinandergreifen. Hervorzuheben sind die Arbeitsprozesse, die Mikroprozesse und die Metaprozesse:

Arbeitsprozesse sind durch die Ablauflogik der Tätigkeitsklasse präformiert; sie repräsentieren die für eine bestimmte berufliche Tätigkeitsklasse (z.B. die Reparatur- oder Montagearbeit) charakteristische Vorgehensweise. Arbeitsprozesse bezeichnen das Minimum an Operationen, um die Anforderungen einer Tätigkeit in Standardsituationen erfüllen zu können.

In die Arbeitsprozesse eingebettet sind die *Mikroprozesse* der Informationsverarbeitung. Hierzu können erstens die Prozesse der Kontrolle und Steuerung des Arbeitsgedächtnisses gerechnet werden. Diese Prozesse leisten die Bereitstellung des zu einem Zeitpunkt benötigten Wissens für ein zielgerichtetes Verhalten: sie sorgen für die Aktivation geeigneten Wissens und die Abschirmung vor Wissen, das für die aktuelle Frage nicht wichtig ist.

Zweitens zählen hierzu die Inferenzprozesse: Inferenzprozesse werden die Informationsverarbeitungsprozesse genannt, die bei der Ableitung von neuem Wissen aus dem vorrätigen Wissen eine Rolle spielen (z.B. bei der Deduktion, Induktion oder bei Analogieschlüssen).

Metaprozesse sind auf die Arbeitsprozesse selbst gerichtet, um sie in Form von Direktiven in einer Weise zu kontrollieren oder zu korrigieren, die deren Wirkungsgrad zu verbessern geeignet ist. Sie treten vor allem dann auf, wenn „kritische Zustände" bei den Arbeitsprozessen zu erwarten bzw. aktuell zu überwinden sind; oder wenn der Akteur Handlungsspielräume bei der Arbeit gestalten und Freiheitsgrade sinnvoll nutzen will.

Kritische Zustände sind Störungen bzw. Schwierigkeiten beim Ablauf der Arbeitsprozesse. Es sind unerwünschte Zustände, die zu keiner Verringerung oder gar zu einer Vergrößerung der Zieldistanz führen.

Die Prozesse der drei hier unterschiedenen Handlungsebenen können mit Hilfe von Regeln beschrieben und erklärt werden. Die Bedingungskomponenten der Regeln sind zweigliedrig: Sie spezifizieren Situationsmerkmale und Ziele; die Aktionskomponente konstituiert Prozeduren, welche die semantische Wissensstruktur des Akteurs entweder ändern oder ihr etwas hinzufügen oder die externe Umgebung manipulieren (vgl. 1.3). Die Bedingungskomponente einer vollständigen Regel ist abhängig vom Sachwissen und vom motivatorischen Wissen der Person: das Sachwissen enthält das begriffliche Wissen über Fakten, Sachverhalte und Ereignisse in den einzelnen Realitätsbereichen; das motivatorische Wissen ist das Wissen des Individuums um seine Verhaltenstendenzen; seine Bedürfnisse, Interessen, Absichten und Wertvorstellungen.

Das Insgesamt der handlungswirksamen Regeln ist Teil des explizierbaren Handlungswissens der Person. Ein weiterer, sicher nicht unwichtiger Teil des Handlungswissens ergibt sich aus der „Kontextualisierung" der Regeln, d.h. aus der Integration von spezifischen situativen Erfahrungen in die semantischen Kerne der Regeln; dieses schwer diagnostizierbare Wissen („tacit knowledge") wird hier nicht weiter behandelt.

Forschungsgegenstand in diesem Buch sind die Regeln, die sich auf die Steuerung und Kontrolle der Metaprozesse beziehen. Diese Art von Regeln werden hier „Strategien" genannt. Es werden hypothetisch drei Gruppen von Strategien unterschieden (vgl. auch Einführungskapitel):

(a) *Primärstrategien* steuern die inhaltlichen Entscheidungen, die notwendig sind, um eine bestimmte Situation zu bewältigen und die Handlungsziele zu erreichen.

(b) *Prozeßstrategien* steuern die notwendigen Teilprozesse des Handelns. Es lassen sich funktionsspezifische Strategien (z.B Planungsstrategien) und globale Strategien, welche die Organisation ganzer Handlungsabläufe steuern, unterscheiden.

(c) *Basisstrategien* haben eine strukturgenetische Funktion; sie sind notwendig für die Konstruktion neuer Strategien.

Stand der Kompetenzforschung

Vor dem Hintergrund dieser Skizze eines Kompetenzmodells wird der Stand der Kompetenzforschung thesenartig dargestellt. Dabei wird lediglich auf die Komponenten der Kompetenz eingegangen, die durch Lehr-/Lernprozesse entwickelt werden können; instruktionsresistente Eigenschaften wie Merkfähigkeit oder Perseverationstendenz werden ausgeklammert.

(1) Die Bestimmung der Kenntnisse und Fertigkeiten als Elemente von Regeln zur Steuerung der Arbeitsprozesse, die für die Ausübung einer beruflichen Tätigkeit wichtig sind, gehört seit eh und je zum Kernbestand der Berufsbildungsforschung.

Was sind individuelle Handlungsstrategien? 37

(2) Die Verknüpfung einzelner Regeln zu Regelsystemen oder zu „Operationsprogrammen" (Franke 1989), welche die Arbeitsprozesse der Bewältigung von Aufgaben einer Tätigkeitsklasse beschreiben, ist erst ansatzweise für einige Tätigkeitsklassen in der Berufsbildungsforschung versucht worden. Erwähnt seien die Operationsprogramme für die Bewältigung von Fertigungs-, Montage- und Reparaturaufgaben im Bereich der Metalltechnik, die im Rahmen eines Forschungsprojekts des BIBB zur Intensivierung arbeitsintegrierter Lehr-/Lernprozesse entwickelt worden sind (Franke/Kleinschmitt 1987).

(3) Die Qualität von Sachwissen, das in die Bedingungskomponenten der Regeln des Handlungswissens einfließt, wurde in der Berufsbildungsforschung bisher nur wenig untersucht. Hinweise auf beträchtliche interindividuelle Qualitätsunterschiede lieferten Untersuchungen, die Anfänger und Spitzenkönner verglichen. Die Vergleiche bezogen sich allerdings häufig auf relativ eng definierte Leistungen (z.B. Schachspiel; vgl. Chi/Glaser/Farr 1988). Es fehlen gegenwärtig wissensdiagnostische Instrumente zur Erfassung von Qualitätsmerkmalen wie Komplexität, Vagheit, Präzision, Integrationsgrad oder emotionale Färbung (Valenz); vor allem fehlt aber ein theoretischer Brückenschlag zwischen den Qualitätsmerkmalen und der Handlungsstruktur.

(4) Das motivatorische Wissen, das für die Antriebsregulation notwendig ist und das ebenfalls in der Bedingungskomponente der Regeln steckt, wurde in der Berufsbildungsforschung bisher nicht mit der erforderlichen Gründlichkeit untersucht. Abfragen einzelner Einstellungen oder Interessen oder Wertvorstellungen können eine systematische Analyse der Binnenstruktur dieser Wissenskomponente nicht ersetzen.

(5) Die Schichtenstruktur professionellen Wissens ist ebenso wie die Art der semantischen Verknüpfung der Wissenseinheiten innerhalb und zwischen den Schichten unzureichend erforscht. Es gibt Hinweise, daß das Abstraktionsniveau des Wissens (mit dem episodischen Wissen auf der unteren und dem nomologischen Wissen auf der oberen Ebene) und die Verknüpfungsformen zwischen den Begriffen der einzelnen Schichten die Wissensnutzung wesentlich beeinflussen (vgl. van der Meer 1991).

(6) Funktionsspezifische Strategien wurden bisher hauptsächlich bei Führungskräften untersucht, nur wenige Untersuchungen beziehen sich auf Facharbeiter (z.B. Triebe 1978; Konradt/Zimolong 1990; Schelten/Kofer 1990). Impulse für die empirische Forschung auf diesem Gebiet können

gewonnen werden u.a. aus der normativen Entscheidungstheorie, der Methodologie der Planung (z.B. Braun 1977) und der psychologischen Heurismusforschung.

(7) Globale Strategien wurden in der Berufsbildungsforschung bisher wenig untersucht. Impulse für die Erforschung von Regelsystemen, die über die Ordnung einer einzelnen Arbeitshandlung hinausgehen und sich auf die Strukturierung ganzer Lebensabschnitte sowie die Integration verschiedener Lebensbereiche (Beruf – Familie – Freizeit) beziehen, können von der in Entwicklung befindlichen Weisheitstheorie (vgl. Baltes/Smith 1990) erwartet werden.

(8) Die Mikroprozesse sind von seiten der Intelligenzforschung, der Denkpsychologie und in letzter Zeit auch von der KI-Forschung relativ gut erforscht worden.

(9) Über die Wechselwirkung zwischen den Regelsystemen der drei Handlungsebenen gibt es bisher keine gesicherten Erkenntnisse. Beispielsweise wäre zu untersuchen, ob und ggf. wie Defizite im Bereich der Mikroprozesse durch Strategien kompensiert werden können.

CORNELIUS BUERSCHAPER

2 Welches sind die Konstituenten der strategischen Handlungsflexibilität?

2.1 Einleitung

Die Komplexität unserer Umwelt wird zunehmend im öffentlichen und bildungspolitischen Bewußtsein als eine zentrale Herausforderung reflektiert. Das Interesse an komplexen Zusammenhängen der wirtschaftlichen und ökologischen Sphäre verlangt nach entsprechenden Qualifikationen für erfolgreiches berufliches Handeln. Am Wandel von Berufsbildern läßt sich verdeutlichen, wie die Auswirkungen zunehmender Komplexität Menschen persönlich erreichen: Die Arbeitsaufträge werden umfassender, die Verantwortung für weitreichende Planungs- und Entscheidungsprozesse geht an Einzelpersonen oder Gruppen über. Die wirtschaftliche, ökologische und soziale Kontinuität wird in Zukunft verstärkt davon abhängen, wie wir die Hürde „Komplexität" meistern können.

Komplexität erscheint uns zunächst als etwas Äußerliches, als eine Eigenschaft vernetzter Systeme oder neuartiger und unbekannter Sachverhalte, denen wir gegenüber stehen und die wir mehr oder weniger gut bewältigen können. Dabei kündigt sich auch im öffentlichen Bewußtsein ein Perspektivwechsel an, der das handelnde Subjekt aus der passiv-rezeptiven Position *gegenüber* komplexen Anforderungen herauslöst und auf die verantwortungsbewußte Position des aktiven *Konstrukteurs* komplexer Systeme plaziert. Komplexität ist eine subjektive Kategorie, die durch das Denken und Handeln des Menschen entsteht.

Die zu Beginn der 80er Jahre ins Leben gerufene Forschung über die Ursachen von Denk- und Handlungsfehlern beim Umgang mit komplexen simulierten Systemen (Dörner et al., 1983) hat zu diesem Perspektivenwechsel beigetragen. Die an linearen und meist sehr einfachen Alltagskonstrukten geschulten Denkwerkzeuge sind häufig überfordert, wenn es darum geht, vernetzte Systeme zu erfinden oder mit den Anforderungen dynamischer Realitätsbereiche zurechtzukommen. Daß der menschliche Denkapparat ein phylogenetisches Erbe hat und durch kulturelle Einflüsse geprägt ist, soll nicht heißen, daß Wandel und Änderung unmöglich sind. Die typischen Defizite, die in diesem Zusammenhang genannt werden (Dörner, 1989, S. 288 ff.), können auch zum Ausgangspunkt einer ressourcenorientierten Bestandsaufnahme menschlicher Denk- und Handlungsfähigkeiten werden. Zu den Potentialen zählen wir generell die Plastizität des Denkens, die Fähigkeit zur Bildung allgemein anwendbarer Regeln, das schnelle Erfassen einfacher Ursache-Wirkungs-Beziehungen, die Fähigkeit zur Antizipation zukünftiger Entwicklungen sowie die Toleranz für unbestimmte und ambigue Informationen (Strohschneider, 1996). Auf der Handlungsseite bestehen besondere Fähigkeiten in der strategischen Handlungsorganisation, d.h., der ganzheitlichen Gestaltung von Zielbildungs-, Planungs- und Entscheidungsprozessen unter Berücksichtigung der eigenen Kompetenzen. Schließlich ist mit der Möglichkeit zur Selbstreflexion ein individuell wirksames Instrument der Beeinflussung von Denk- und Handlungsprozessen gegeben.

Das Anliegen dieses Beitrags ist eine Nachforschung zu solchen kognitiven, motivationalen und emotionalen Faktoren, die bei der Bewältigung komplexer Umweltanforderungen erfolgversprechend eingesetzt werden können. Wir stellen das Konstrukt *Strategische Handlungsflexibilität* vor und erläutern seine Konstituenten. Wir beschreiben notwendige Komponenten für strategische Denk- und Handlungsprozesse und zeigen die Interaktionen auf, die zu situativer Flexibilität und langfristiger Stabilität in Entscheidungssituationen beitragen. Strategische Handlungsflexibilität beruht im wesentlichen auf dem Zusammenwirken von generellem Strategiewissen, heuristischer Kompetenz und der Fähigkeit zur Selbststeuerung und Überwachung des eigenen Denkens.

Strategische Handlungsflexibilität vereint verschiedene kognitive, motivationale und emotionale Aspekte der Handlungsregulation, darüber hinaus auch Persönlichkeitseigenschaften und soziale Fähigkeiten zu einem Fähigkeitsbündel, das sich unter komplexen und dynamischen (Umwelt-)Bedingungen als nützliches Instrumentarium erweisen sollte. Zum einen sehen wir in bezug auf gegenständliche Handlungsanforderungen einen Vorteil für die Organisation von Problemlöseschritten in komplexen Umwelten. Wenn man zunächst eine (Vor-)Auswahl nützlicher Handlungsschritte trifft, Wissen über den Gegenstandsbereich aktiviert und gesetzte Teilziele sowie Anforderungen untersucht, organisiert man ein strategisches Verhalten. Zum anderen gibt es in bezug auf die interne Handlungsregulation Möglichkeiten zur Verbesserung des „Selbstmanagements", worin wir einen wichtigen Zugang zur Flexibilisierung der Verhaltensorganisation sehen. Beiden Aspekten schenken wir unsere Aufmerksamkeit und wollen aufzeigen, inwiefern strategische Handlungsflexibilität einen nützlichen Beitrag für die gezielte Entwicklung von Problemlösefähigkeiten in dynamischen und vernetzten Realitätsbereichen liefern kann.

2.2. Beispiele für strategische Handlungsflexibilität

Die Kunst des Feldherrn

In komplexen, unüberschaubaren und einmaligen Situationen ist man mit dem „gesunden Menschenverstand" allemal besser beraten als mit diversen Empfehlungen und lehrbuchhaften Vorsätzen! Die Erfahrungen des Feldherrn von Moltke lauten sinngemäß, Strategie sei mehr als Wissenschaft, sie habe viel mit der Kunst zu tun, unter den wechselnden Bedingungen des Alltages Wissen und Erfahrungen ‚richtig' einzusetzen. Wer im regellosen Kriegsgewirr „aus dem Moment heraus" richtig entscheiden kann und dabei „an der Fortbildung des ursprünglich leitenden Gedankens entsprechend den sich ständig ändernden Verhältnissen" (von Moltke, nach v. Schmerfeld, 1925, S. 241) arbeitet, der verfügt über die Fähigkeit des strategischen Denkens. Wir wollen am Einzelfall des erfolgreichen Strategen Napoleon Bonaparte einige Bedingungen näher betrachten, die in die Handlungsorganisation eines Menschen eingehen, der unter dynamischen, unwägbaren und einmaligen Konstellationen zu entscheiden hatte. Anschließend untersuchen wir eine Lehrmeinung über die richtige Art strategischer Unternehmensführung und gewinnen einen Einblick in notwendige Denk- und Handlungsqualitäten von Führungskräften.

Napoleon I bezeichnete die Strategie als „la partie sublime de l' art de la guerre" (Brockhaus´ Conversationslexikon, 1884) und ließ keineswegs offen, worin das ‚Erhabene' seiner strategischen Meisterschaft bestand. In den Schlachten des ersten italienischen Feldzuges (1796-1797) zeigte er sich als „moderner" Feldherr, der zur gleichen Zeit einen Truppenkörper befehligte, dessen Einheiten mehrere hundert Kilometer voneinander entfernt waren. Rein rechnerisch galten seine Truppen als unterlegen, konnten aber durch Gewaltmärsche immer so verlagert werden, daß Napoleon dem Gegner die Brennpunkte des Geschehens diktierte. Die gelungenen taktischen Manöver beruhten auf einer strategischen Prämisse: Hohe Beweglichkeit und überraschende Kräftekonzentration an unerwarteten Orten. Damit war Napoleon für die österreichischen Truppen schlecht ausrechenbar, bezog jedoch die politischen Verpflichtungen der gegnerischen Partei in seine Planungen für die Nachkriegsära bereits ein. In gewissem Grade trägt diese zeitweilige Perspektivübernahme dazu bei, die Aktionen des Gegners vorauszusehen und die Unbestimmtheit der Konfrontationssituationen zu reduzieren.

Napoleon verfügte über das in der damaligen Kriegskunst übliche Fachwissen mitsamt den gültigen „Regeln"; er beherrschte vor allem die Artillerie. Darüber hinaus zeichneten sich seine Aktionen durch Originalität und „Regelbrüche" aus. Sobald er eine österreichische Schwachstelle entdeckte, ergriff er die Initiative. Hätte sich Napoleon an die ‚stillschweigende Übereinkunft' gehalten, wie eine richtige Schlachtordnung auszusehen hat, wären seine schlecht ausgerüsteten Verbände unterlegen gewesen. Napoleon löste sich mit seiner Einschätzung der Situation und der anschließenden Planung von allgemein gültigen Regeln und achtete auf eine besondere Konstellation von Bedingungen. Seine häufig wiederkehrenden einfachen Manöver und Taktiken, wie z.B. Flankenbewegungen, sorgten im direkten Kontakt für Irritationen des Gegners.

Schließlich ist überliefert, daß er von seinen Generalen höchste Präzision im Zusammenspiel der einzelnen Divisionen verlangte. Marschbefehle und Depechen sollten nicht nur mit dem Datum, sondern auch mit der Uhrzeit versehen sein. Vom exakten ‚timing' der taktischen Details hingen die Erfolge in den oberitalienischen Schlachten ebenso ab wie von den ausgezeichneten topologischen Kenntnissen. Das Wissen um die lokalen Besonderheiten und der Überblick über größere Regionen waren von unschätzbarem Vorteil – sie bildeten das Hintergrundwissen, um die aktuellen Konstellationen in einer Schlacht umfassender zu beurteilen und wichtige Geländeabschnitte zur richtigen Zeit okkupieren zu können.

Wie der Biograph Cronin (1971) schreibt, beruhten Napolenons militärische und außenpolitische Erfolge in einem gewissen Grade auf seiner Ausbildung in einer Kadettenschule in Brienne, die übrigens von Angehörigen des Franziskanerordens geführt wurde. Aus seiner Herkunftsfamilie sind Werte und Einstellungen überliefert wie Disziplin, Tapferkeit, Sinn für Gesetz und Ordnung, ‚korsisches Ehrgefühl' und ein unbeugsamer Wille (Cronin, 1971), wobei letzterer schon in den italienischen Feldzügen in starres Durchsetzungsvermögen und Rigidität umschlägt.

Welche Merkmale Napoleonischen Denkens lassen sich biographischen Schilderungen entnehmen?

Erstens einmal befaßte sich Napoleon mit vielen verschiedenen Informationen, arbeitete selbst an sehr unterschiedlichen Themen, verschaffte sich breites Hintergrundwissen, das fallweise auch stark in die „Tiefe" reichte (bspw.

plante er Verpflegung und Ausrüstung der Soldaten). Auch sein Spezialisten-Wissen als Artillerist zählt hierzu. Napoleon machte es sich zur Pflicht, mit äußerst verschiedenen Problemstellungen konfrontiert zu sein, was in der Konsequenz zu reichhaltigen Erfahrungen mit gelungenen und mißlungenen Problemlösungen führte. Zweitens fällt die ‚Originalität' seiner (für den Gegner überraschenden) Aktionen auf: Das ist die Anwendung allgemeiner Regeln auf den besonderen Fall. Oder anders gesagt: Auf die gegebenen Umstände werden nur bestimmte, ‚passende' Regeln angewendet. Passen die bekannten Regeln nicht, werden neue Regeln erfunden, was dann unter den „Mitspielern" Überraschung und Verwirrung stiftete. Als originell oder kreativ gelten ja meist solche Entscheidungen, die ungewöhnliche Aspekte einer Situation geschickt verknüpfen. Die strategisch wirksame Überraschung besteht also „nur" in der Denkleistung einer Abschirmung gegen die „gewöhnlichen" Regeln und einer neuartigen, integrativen Sichtweise auf offenliegende Aspekte. Drittens finden sich in den Kriegsplänen Napoleons bereits Optionen für die Nachkriegszeit, was Auskunft über die zeitliche Erstreckung seines Planungshorizontes gibt. So war z.B. das mittelfristige Ziel, die Truppen des Vatikans zu besiegen und den Papst gefangen zu nehmen, in den langfristigen Plan integriert, später einmal für ganz Italien die Herrschaft zu übernehmen. Daher konnte Napoleon das aktuelle Zwischenziel verändern und abweichend vom ursprünglichen Auftrag eine Modifikation der französischen Italienpolitik vornehmen – 1797 wurde Papst Pius VI. nicht ‚entthront'.

Schließlich ist die „Willensstärke" eine herausragende Napoleonische Eigenschaft. Cronin (1971) berichtet von Situationen, wo das strikte Festhalten an einem gefaßten Entschluß sehr erfolgreich war, in anderen hingegen erwies sich rechtzeitiges Aufgeben und erneute Orientierung als Methode der Wahl. Auf der einen Seite wissen wir über Napoleon, daß er über die Fähigkeit verfügte, klare Ziele mit einfachen Mitteln zu verfolgen und dadurch eine enorme Mobilisierung psychischer „Kräfte" bei sich und anderen Menschen erreichte. Auf der anderen Seite sind Episoden überliefert, an denen man das gegenteilige, opportunistische Handeln erkennen kann. Die entscheidende Komponente strategischer Handlungsflexibilität liegt hier im Zusammenspiel von Informationssammlung, Wahrnehmung aktueller und Antizipation zukünftiger Bedürfnislagen. Herrscht Klarheit hinsichtlich der Motive, sind die daraus erzeugten Ziele sicherlich prägnant – was nicht uneingeschränkt positiv zu werten ist (siehe Dörner, 1989, S. 78; Überwertigkeit des aktuellen Motivs). Dazu muß also noch die Fähigkeit zur Selbstkontrolle und zur Auswahl handlungsleitender Motive hinzutreten.

Strategisches Denken im Unternehmen

Gewissermaßen als Pendant zum historischen Einzelfall soll nun aus dem Konzept der strategischen Unternehmensführung (Hinterhuber, 1989) ermittelt werden, über welche kognitiven Qualitäten strategische Unternehmenslenker verfügen sollten.

Tabelle 2-1: Merkmale strategischer Führungskompetenz
(nach: Hinterhuber, 1989, S. 252)

- Visionsfähigkeit,
- Kommunikations- und Motivationsfähigkeit nach innen und außen durch ein überzeugendes Leitbild,
- strategisches, ganzheitliches Denken,...
- Einbeziehung der Mitarbeiter in den strategischen Entscheidungsprozeß,...
- Verkörperung von Weisheit (Gelassenheit, Belastbarkeit, persönliche Glaubwürdigkeit, Lernfähigkeit und Bescheidenheit) und Personifizierung einer Gemeinschaft
---

In Unternehmen werden Strategien für den Fortbestand innerhalb der (Welt-) Wirtschaftsdynamik formuliert. „Die Strategien legen die wesentlichen Entwicklungslinien der Unternehmung als Ganzes und ihrer strategischen Geschäftseinheiten fest" (Hinterhuber, 1989, S. 243). Solche Unternehmensstrategien haben mehrere Funktionen, sie halten die Balance zwischen innerbetrieblichen Innovationen und der Kontinuität der Organisation, sie helfen, dem außerbetrieblichen Wandel und den sich ändernden Anforderungen gerecht zu werden, und schließlich stellen sie sicher, daß das Unternehmen einen unverwechselbaren Beitrag zur gesellschaftlichen Entwicklung erbringt. Die strategische Unternehmensführung, das läßt sich als abstraktes Konzept und als konkreter Personenkreis verstehen, muß also das leisten, was von Moltke als Essenz jeder Strategie formulierte – die paradoxe Aufgabe, einen Leitgedanken an die flüchtigen Verhältnisse dynamischer Situationen anzupassen!

Hinterhuber (1989) stellt eine Reihe von Merkmalen zusammen, an denen man strategisch denkende Führungskräfte erkennt (Tabelle 2-1). Diese Merkmale strategischer Führungskompetenz lassen sich hinsichtlich der besonderen psychologischen Komponenten beschreiben, die gewissermaßen das intellektuelle Credo ‚guter Strategen' ausmachen. Welche Denk- und Verhaltensweisen sind charakteristisch? In der Tabelle 2-2 zeigt die linke Spalte

Welches sind die Konstituenten der strategischen Handlungsflexibilität? 45

Merkmale strategischer Führungskompetenz nach Hinterhuber (1989), und die rechte Spalte enthält einen Übersetzungsversuch in die psychologische Begrifflichkeit strategischen Denkens.

Tabelle 2-2: Psychologische Anorderungen strategischen Denkens.

Merkmale strategischer Führungskompetenz	Anforderungen an das strategischen Denkens
eine unternehmerische Vision formulieren	wesentliche Ziele und Entwicklungslinien festlegen, Globalziele definieren, abstraktes Denken, Zeithorizont weit in die Zukunft projizieren
einfache Leitsätze aufstellen, Kommunikations- und Motivationsfähigkeit	Sachverhalte einfach, prägnant und klar formulieren, widerspruchsfreie Ziele und Zielhierarchien aufstellen, eigene und fremde Bedürfnislagen antizipieren
Freiheitsgrade für die Interpretation von Zielen schaffen	andere Menschen motivieren und stimulieren, Unbestimmtheitstoleranz, ungewöhnliche Mittel und Maßnahmen akzeptieren – aber kritische Prüfung auf Fern- und Nebenwirkungen
Einzigartigkeit des Unternehmens herausstellen	Originalität, Kreativität des Denkens, analytisches und synthetisches Denken
Richtlinien für Geschäftseinheiten festlegen	Teilziele bilden, Zielsystem koordinieren, Zielelaboration, Zielbalancierung – Übergang zum Planen
Organisation aufbauen	verzweigtes, komplexes Planen, Planungs- und Koordinationsfähigkeit
Elastizität in die Organisation einführen	Unbestimmtheits- und Ambiguitätstoleranz, soziale Kompetenz
strategische Analyse der Geschäftsfelder	analytisches Denken, Informationen sammeln, diversive Exploration, Modellbildung, Zukunft antizipieren
zukünftige Aktivitäten anderer Personen initiieren	Prognosen und ‚Fein'-Planungen machen, Klarheit in der Planung, Zielkriterien festlegen
andere Menschen führen	eigene und fremde Affiliationsbedürfnisse regulieren, Effektkontrolle, Offenheit für Fehler
Gesamtzusammenhänge erfassen	ganzheitliches Denken, vernetzte Handlungsbereiche erkennen, vernetztes Modell bilden, „Helikopterfähigkeit"
Distanz wahren	Überblick bewahren, groben Auflösungsgrad wählen
Glück beim Schopfe packen	situative Konstellationen erkennen, Entscheidungsfreudigkeit, opportunistisch handeln

2.3 Strukturelle und funktionelle Komponenten der strategischen Handlungsflexibilität

Der Exkurs in die individuellen Besonderheiten und kollektiven Anforderungen an strategisches Denken hat gezeigt, welche Charakteristika der Handlungsorganisation und -regulation ins Gewicht fallen für Denk- und Handlungsprozesse in komplexen Systemen. Wir wollen nun kognitive, motivationale und emotionale Komponenten zusammentragen, aus deren Interaktion wir strategische Handlungsflexibilität begründet erwarten.

Ganzheitlichkeit und Situationswahrnehmung

„Strategische Situationen" mit ihren wechselnden Anforderungen verlangen nach ganzheitlicher Wahrnehmung von Konstellationen. Man sollte also nicht an Einzelheiten „herumdoktern" oder einzelne Bedingungen nacheinander, isoliert in Betracht ziehen, sondern größere Einheiten überblicken, so daß die Auswahl von Maßnahmen untereinander abgestimmt erfolgt. Damit diese Ganzheitlichkeit in der Wahrnehmung einer Situation zustande kommt, muß man gewissermaßen das Auge schweifen lassen und mit der „Schärfe" des Bildes spielen. Wahrnehmungsprozesse sind häufig Mustervergleiche zwischen aktuellen Bildern und gespeicherten Schemata. Kann man nun die „Korngröße" der Situationswahrnehmung variieren, erlaubt das gegebenenfalls eine detailgetreue Untersuchung von Dingen, oder man betrachtet aus Ökonomiegründen eine Situation eher grob und holzschnittartig und filtert so die zentralen Variablen heraus. Die Einstellung der Genauigkeit von Mustervergleichen nennt Dörner „Auflösungsgrad" (1993, S. 188). „Der Auflösungsgrad bestimmt den Detailreichtum des Umgebungsbildes und außerdem die Anzahl der beim Denken in Betracht gezogenen Konditionen" (Dörner, 1993, S. 189). Ein hoher oder niedriger Auflösungsgrad haben unterschiedliche Konsequenzen. Der Vorteil eines hohen Auflösungsgrades wäre z.B. die Präzision des Bildes, das ich mir von einem Sachverhalt mache; das hat einen weiteren Vorteil für das Handeln, denn man kann nun mit hoher Sicherheit sagen, welche Maßnahme wie und wann angesetzt werden muß, um zielführend zu sein. Dieser Prozeß beansprucht viel Zeit und Gedächtniskapazität, steht also im Widerspruch zu Zeitdruck und kognitiven Vereinfachungstendenzen. Der Vorteil eines groben Auflösungsgrades besteht eher darin, Situationen recht schnell und ‚wie im Fluge' zu überblicken, rasch ein Bild von der Sache zu bekommen und eine halbwegs passende Maßnahme einzuleiten. Bei oberflächlicher Betrachtung von Zusammenhängen besteht aber die Gefahr, allzu einfache Pläne zu machen und Systemveränderungen nicht rechtzeitig zu bemerken.

Im Sinne einer ganzheitlichen Organisation der Wahrnehmung von Konstellationen wollen wir die Fähigkeit zum Wechsel des Auflösungsgrades hervorheben. Eine ständige Variation des Auflösungsgrades ist eine Voraussetzung vernünftigen, strategischen Handelns.

Zielbildung und Planen

Zielbildungsprozesse sind wesentlicher Kern strategischen Denkens; ihre Bedeutung für die Handlungsflexibilität liegt nun darin, mehrere zukünftige Situationen vorweg zu nehmen und somit verschiedene Motive in den Handlungsablauf einzubeziehen. Bestimmte Zielbildungsprozesse finden unabhängig von konkreten Situationen statt. Die situationsabhängige Zielabarbeitung kann aber nur funktionieren, wenn ein stabiles Zielsystem mit klar formulierten Oberzielen und einer möglichst widerspruchsfreien Hierarchie von Teil- und Zwischenzielen gebildet wurde. Was also grob erstellt und mental repräsentiert sein muß, ist eine Handlungssequenz aus den wichtigsten „Meilensteinen". Der Übergang zu Plänen ist damit bereits angedeutet, wenngleich das Planen konkreter Maßnahmen zur Umsetzung einzelner Schritte der Handlungssequenz nicht mehr zwingend in den Aufgabenbereich strategischen Denkens eingeordnet werden muß. An komplexen Plänen erkennt man aber ein wichtiges Merkmal strategischer Handlungsflexibilität: Sie enthalten Alternativen und Verzweigungen. Eine Strategie steht und fällt mit der Operationalisierbarkeit der verzweigten Zwischenziele. Gute strategische Verhaltensorganisation beruht daher zum Teil auf einem hierarchisch-sequentiellen Zielsystem (Hacker, 1986), umfaßt aber mehr als die bewußte, selbst kontrollierte Zielabarbeitung im Sinne einer „planenden Strategie" (Greif, 1994). Strategisches Denken muß gewisse opportunistische Züge haben, d.h., Abweichungen vom handlungstheoretischen Modell der Zielhierarchien zulassen, deren Vorgaben man fast sklavisch unterworfen ist, denn in dynamischen und komplexen Umgebungen ist es „prinzipiell unmöglich, im voraus rational hinreichend begründete Zielhierarchien zu erstellen und Sequenzen von Aktionsprogrammen zu planen" (Greif, 1994, S. 103). Man muß sich also auf eine einfache Ordnung von Zwischenzielen, sparsame Handlungspläne *und* situativ hervorgerufene Absichtswechsel einstellen (es gibt noch anderweitig beeinflußte Absichtswechsel, z.B. anhaltender Mißerfolg bei der Ausführung einer Absicht). Um Absichtswechsel nicht als überraschendes Umschwenken oder planloses „Vagabundieren" zu erleben, braucht es eine vorher entwickelte Zielfigur, bei der sich die handelnde Person Klarheit über die Zwischenziele und die aktuellen sowie zukünftigen Motivlagen verschaffen sollte. Das kann man sich als eine Art „Vorbahnung" oder Voraktivierung von potentiellen Absichten vorstellen. Jede Absicht oder Motivlage ist ja wiederum in sich ein strukturiertes Gebilde mit spezifischen Ziel-Mittel-Relationen.

Wissen und Informationssammlung

Eine weitere psychologische Komponente, die in das Konstrukt Handlungsflexibilität eingeht, ist das Wissen. Wir wollen verschiedene Aspekte von Wissen aufführen. Für die Durchführung bestimmter Handlungsvollzüge spielt – stark vereinfacht – das Erwartungs * Wert-Prinzip eine Rolle. Handlungen werden dann ausgeführt, wenn man eine hohe Erfolgsaussicht hat und wenn das angestrebte Ziel wichtig (also wertvoll) für die Person ist. In die Abschätzung des Erfolgs gehen zwei „Wissenskomponenten" ein. Zum einen verfügen wir über Wissen bezüglich der Anwendung von Operatoren, die in solchen oder ähnlichen Situationen erfolgreich eingesetzt wurden. Dieses Handlungswissen läßt sich meist aus dem Gedächtnis abrufen. Die erprobten und sicher zielführenden Operatoren werden schon mit dem sensumotorischen Schema aktiviert, das der Situationswahrnehmung zugrunde liegt. So kann man sich die Aktivierung des Operator- oder Handlungswissens vorstellen. Sind nun aufgrund vielfältiger Erfahrungen im Umgang mit einer Klasse von Situationen die sensorischen Schemata stark ausdifferenziert, können weitere Operatoren aktiviert werden, die vielleicht spezifischer oder seltener im Einsatz sind, aber die Erfolgsaussichten erhöhen. In einem solchen Fall sprechen wir von einer differenzierten *epistemische Wissensbasis*. Dörner (1993, S. 181) spricht hier auch von einer „epistemischen Kompetenz" zur Absichtserledigung. Neben der epistemischen Wissenskomponente muß man auch über *Strukturwissen* verfügen, also ein Modell von den Beziehungen, Strukturen und Veränderungsmöglichkeiten einer Situation haben. Solches Wissen wird über aktive Exploration erworben, vermengt sich aber immer mit bereits gespeicherten „Fragmenten" der Erfahrung mit diesen oder ähnlichen Situationen. Wenn man also weiß, was in einem Realitätsausschnitt vorkommt oder passieren kann, was sich darin für gewöhnlich ereignet und wie man dabei vorgehen sollte, dann ist das ein Indikator reichen Sach- und Handlungswissens.

Was noch im Sinne der Aufrechterhaltung von Handlungsflexibilität als Wissenskomponente eingeht, ist die Problemtypanalyse (Strohschneider & Schaub, 1995), worunter eine generelle Analyse von Merkmalen eines Handlungsbereichs verstanden wird. Es handelt sich um einen Meta-Prozeß der Modellbildung und Informationssammlung, dessen Ergebnis eine Beschreibung der Situation anhand von Kategorien (z.B. Dynamik, Grad der Vernetztheit, Stabilitäts-Instabilitätsparameter, Intransparenz...) sein könnte. Der Vorteil für die Flexibilisierung von Handlungen liegt dann in der Vorauswahl von „Strategiekernen", die für die jeweilige Klasse von Situationen geeignet oder ungeeignet sind. Das heißt, man kann aus der Problemtypanalyse bereits Informationen gewinnen, welche Kennzeichen das individuelle Handeln haben sollte (z.B. konzentriert, gering dosiert, offensiv...). Ein Verfahrensvorschlag zur Problemtypanalyse in der Unternehmensberatung findet sich bei Gester (1992, S. 160 ff.).

Komplexe und dynamische Situationen sind meist neu und überraschend, d.h., hier fehlt uns offenbar Wissen darüber, was bei einer Konstellation von Elementen innerhalb eines Realitätsbereichs zu tun ist. Trotzdem besitzen wir ja eine Meisterschaft in der Bewältigung neuartiger, unbekannter Probleme. Diese Fähigkeit beruht auf einem bereichsunabhängigen, allgemein verwendbaren und transferierbaren Wissen, WIE Probleme im allgemeinen zu lösen sind, welche Mittel und Methoden dafür eingesetzt werden können und WIE man gegebenenfalls neue Lösungsinstrumente erfindet. Wir sprechen hier vom *Heuristischen Wissen* oder von einer „Findekompetenz" für neue Problemlösungen (Dörner, 1993, S. 181).

Generell läßt sich über den Zusammenhang von Wissen und strategischer Handlungsflexibilität sagen, daß es offenbar einer besonderen Art der Verarbeitung von Erfahrungen bedarf, um einen epistemisch breiten Wissenshintergrund zu schaffen und einen hohen Allgemeinheitsgrad des Wissens zu erreichen. Allgemeines Wissen wäre dann als abstrakt zu bezeichnen und enthielte unspezifische Heurismen und Konzepte (Süß et al, 1993). Nicht alle Menschen, die viele Erfahrungen mit Problemlösungen unterschiedlichster Couleur gemacht haben, gehen daraus ‚weise' und ‚strategisch' geschult hervor. Was man im Verhalten von Problemlöseexperten beobachtet hat, ist z.B. das vermehrte Fragen nach kausalen Relationen von Elementen eines Systems und ein thematisch breiteres Explorieren (Dörner et al., 1983). Experten verfügen über qualitativ anders organisiertes Handlungswissen als Novizen (von der Weth, 1994; Putz-Osterloh, 1993). So konnte beobachtet werden (von der Weth, 1994), daß Experten durch den Einsatz von problemangemessenen Verfahren (hier: Analyse und Auftragsklärung) andere Schwerpunkte einer Problemlage definieren und in Folge auch wirkungsvollere Planungen machen können.

Da die Praxis der Wissenspsychologie viele inkommensurable Wissenskonzepte hervorbringt und unterschiedliche Methodenstandards bei der Wissensdiagnose angelegt werden (Süß et al, 1993), ist es bei der Formulierung der Einflußgröße „Wissen" besonders schwierig, die für strategisches Denken relevanten Eigenschaften von Wissen „herauszufiltern". Zudem ist die empirische Befundlage konträr oder nicht vorhanden. Was sich unter Vorbehalt zusammenfassen läßt, sind Befunde über den positiven Einfluß von explorativ erworbenem Systemwissen, allgemeinem systemtheoretischem Wissen und der Aktivierung von problembezogenem Vorwissen auf die Steuerung komplexer Systeme.

Für strategische Denkprozesse postulieren wir, Wissen muß einen hohen Allgemeinheitsgrad und geringe Kontextgebundenheit haben. Es muß enge Beziehungen zwischen bereichsspezifischem Sach- und Handlungswissen sowie abstrahiertem und heuristischem Wissen geben.

Kompetenz und Kontrolle

Die epistemische und heuristische Kompetenz, genauer gesagt die subjektive Einschätzung derselben, ergänzen sich zur allgemeinen Kompetenz (Dörner, 1993). Epistemische und heuristische Kompetenz gehen dabei kompensatorisch in die allgemeine Kompetenzeinschätzung ein. Da es sich um eine individuelle Beurteilung der Wissenskomponenten handelt, spricht Dörner auch von „Kompetenzempfinden" (1993, S. 181) und weist auf die Differenzen hin, die man zwischen beobachtbaren Handlungsfähigkeiten und subjektiver Einschätzung des Könnens feststellen kann.

Was hat Kompetenzempfinden mit strategischer Handlungsflexibilität zu tun? In der Psychologie wird angenommen, daß es neben anderen zentralen Motiven ein Kontrollmotiv gibt, von dem die menschliche Verhaltenssteuerung in starkem Maße beeinflußt wird. In unübersichtlichen Situationen sind wir bestrebt, Wissen über Beschaffenheit und Handlungsmöglichkeiten eines Realitätsbereichs zu erwerben. Wir versuchen also, Kontrolle zu erlangen, indem wir Unbestimmtheit reduzieren. Auf der Ebene des individuellen Erlebens ist uns das Kontrollmotiv als Empfinden der eigenen Handlungskompetenz zugänglich. Die Aufrechterhaltung von Handlungskompetenz ist eines der Ziele, das wir immer bei der Bearbeitung von Sachzielen mitverfolgen. In „strategischen Situationen" ist die Absicherung des Kompetenzgefühls ein wichtiges Handlungsziel (Strohschneider, 1993), manchmal sogar das einzige, das überhaupt verfolgt wird. Was genau tut man dafür? Man kapselt sich ein, d.h., man befaßt sich mit gut überschaubaren Dingen, oder man springt von einem Teilproblem zum nächsten, „vagabundiert" gewissermaßen an der Oberfläche der Probleme (Dörner, 1989). Das Umdeuten von Mißerfolgen in Erfolge oder die Unrevidierbarkeit von Annahmen sind ebenso kompetenzschützende Verfahren wie ein „methodistischer" Einsatz immer gleicher Operatoren. Fluchtverhalten, regressiver Rückzug vom Problem und aggressive Attacken sind Beispiele, wo nur noch der Schutz der eigenen Kompetenz alleiniges Handlungsziel ist.

Kompetenzerhaltende Schutzmaßnahmen helfen oftmals in gewissem Umfang über die Hürden unwägbarer Konstellationen hinweg; insofern sind auch die dysfunktional erscheinenden Aktionen (Flucht, Aggression, Regression) proaktiv nützlich.

Prognose und Extrapolation

Eine auf die Zukunft gerichtete Funktion strategischen Denkens besteht in der vorausschauenden Handlungsorganisation. Die psychologischen Leistungen werden einmal als Pläne für konkrete Handlungssequenzen realisiert, zum anderen schreiben Prognosen und Extrapolationen das aktuelle Geschehen hypothetisch in die Zukunft fort. Die Fähigkeit, in der Zeit voraus zu denken und die momentane Situation in die Zukunft weiterzuentwickeln, kann man auch als hypothetisches Denken bezeichnen. Eine besonders weit von vorstellbaren Realitäten abgehobene Extrapolation sind die „Visionen". Wie wir bei Hinterhuber (1989) gesehen haben, spielt ein visionärer Zukunftsentwurf für die strategische Führungskompetenz eine erstrangige Rolle. Das Aufstellen von Hypothesen und die Extrapolation von Entwicklungen haben für die strategische Handlungsflexibilität die Funktion, intransparente Erwartungsbilder zu strukturieren und die ‚Schwachstellen' des eigenen Handelns oder der beteiligten Personen zu ermitteln. Schließlich reduzieren Hypothesen auch Unbestimmtheit, indem sie vorstellungsmäßig erst einmal Realitäten schaffen, wo vordem „Nebel" war. Hypothetisieren ist z.B. für Psychotherapeuten eine Arbeitsmethode, um den Erwartungshorizont ihrer Klienten „aufzuweichen", d.h. zunächst einmal durch hypothetische Veränderungen die gewohnten Handlungsabläufe um Alternativen zu bereichern (Cecchin, 1988).

Angemessene Maßnahmen-Dosierung

Zum erfolgreichen Umgang mit komplexen Situationen gehört ein angemessener Einsatz von Maßnahmen. Welche Maßnahmenstärke nun ‚angemessen' ist, hängt von vielen Merkmalen ab. Manchmal muß massiv und konzentriert

„draufgehauen" werden, während ein andermal seichtes, aber zeitlich gestaffeltes Operieren angezeigt ist. Die angemessene Maßnahmenstärke ist als Bestandteil des Handlungswissens gespeichert und beruht auf Erfahrungen im Einsatz von Operatoren unter verschiedenen Bedingungen. Richtige Dosierung von Maßnahmen zum richtigen Zeitpunkt wird auch in strategischen „Prinzipien" festgehalten (z.B. „Getrennt marschieren – gemeinsam schlagen"). Handlungsflexibilität bewahrt man, wenn vor der Entscheidung über die Maßnahmendosierung eine Fern- und Nebenwirkungsanalyse stattfindet. So kann man sich z.b. den wiederkehrenden Einsatz einer Taktik (also eines relativ fixen Teilplans) in der Napoleonischen Angriffsstrategie erklären; das allgemeine Prinzip könnte lauten: Irritiere den Gegner durch eine heftige Bewegung! Die konkrete Dosierung dieser Maßnahme reicht dann von einem Flankenangriff einiger Kavalleristen bis hin zur „überdosierten" Besatzung einer unbedeutenden Schanze mit 1200 Mann.

Unbestimmtheits- und Ambiguitätstoleranz

Schließlich soll noch auf den Zusammenhang von strategischem Denken und der Unbestimmtheit komplexer Ereignisse eingegangen werden. Strategen zeichnen sich durch „kluge" Unbestimmtheitstoleranz aus, d.h., sie kommen mit ambigen Informationen, intransparenten Realitätsbereichen und unkontrollierbaren Ereignisklassen gut zurecht, wissen aber auch, wann es gilt die eignen Haut zu retten. Die Gründe für höhere Unbestimmtheitstoleranz liegen zum einen in der passiven Kontrolle begründet, die ein Individuum über eine Situation haben kann. Unter passiver Kontrolle versteht man die Möglichkeit zur Vorhersage der Entwicklung innerhalb eines Realitätsbereichs. Im Unterschied dazu heißt aktive Kontrolle, über Operatoren zur zielgerichteten Beeinflussung einer Situation zu verfügen. Die subjektive Unbestimmtheitstoleranz wird also davon abhängen, inwieweit man Kontrollaktivitäten entfaltet. Wer z.B. in einer dramatischen Situation keine aktiven Handlungsmöglichkeiten zur Verfügung hat, kann trotzdem in gewissem Ausmaß seine Unbestimmtheitstoleranz erweitern, indem Erwartungen und Prognosen gebildet werden.

Selbstmanagement

Die Selbstmanagementaktivitäten wollen wir in zwei Klassen bezüglich ihrer Bedeutung für Handlungsflexibilität einteilen. Zum einen können sich Strategien des Selbstmanagements auf die regulatorischen Prozesse während des

Problemlösens richten (Kompetenzdynamik, Aufmerksamkeit, Informationsdichte), auf der anderen Seite betrifft Selbstmanagement die Organisation „äußerer" Handlungsbedingungen. Die nach außen gerichteten Maßnahmen, die strategische Handlungsflexibilität unterstützen, können z.B. in der formalen Planung von Abläufen und Randbedingungen bestehen. Wichtig sind eher Aktivitäten, die sich auf die realistische Einschätzung der eigenen Ressourcen beziehen, die aktuelle Bedürfnislage und das Kompetenzempfinden überwachen, Aufmerksamkeit steuern und die Informationsselektion im Blick haben. Durch die Überwachung der Kompetenzdynamik während des Problemlösens hat man auch eine aktive Kontrolle über Emotionen und motivationale Automatismen, wie z.B. das Handeln nach dem aktuell dringendsten Motiv, welches aber nicht das wichtigste sein muß. Emotionale Signale sind „kluge Ratgeber", um bei der Handlungsauswahl ressourcenschonend vorzugehen. Problemlöseprozesse können aufgrund starker Verunsicherung durch Unbestimmtheit „entarten". Emotionen zeigen solche beginnende Entartung an. Etwa im Falle unübersichtlicher Situationen mit hohem Entscheidungsdruck, für die aktuell kein adäqutes Handlungswissen zur Verfügung steht, kann das Aufkommen des eigenen Warnsignals „Zögerlichkeit" mit einer kompetenzrettenden Eröffnung eines Nebenschauplatzes abgefangen werden. Die Kompetenzdemonstration führt meist zum Rückzug in ein nebensächliches Detailproblem und zum Verlust des Überblicks. Solche Warnsignale zeigen allgemein an, daß die Ressourcen für die Mobilisierung problembezogener Bearbeitungs- und Lösungsstrategien aufgebraucht sind und z.B. Fluchtverhalten, Aggression oder Regression als „Notfallreaktion des kognitiven Systems" (Dörner et al., 1983) das Kommando übernehmen. Handlungsflexibilität steht und fällt in starkem Maße durch Selbstmanagementfähigkeiten.

Selbstreflexion

Selbstreflexion wird als metakognitive Fähigkeit verstanden, die in zweierlei Richtungen eigenes Denken und Handeln zum Gegenstand von Denkprozessen macht. Der Begriff Metakognition bezieht sich auf die Bewußtheit der eigenen kognitiven Fähigkeiten und Prozesse sowie auf die Kontrolle und Steuerung der eigenen kognitiven Tätigkeit (Lauth, 1988, S. 34). Dem inneren Sprechen zuzuhören verbessert die Identifikation mit einem Gegenstand, erhöht die Kontrolle, Vorausschau und Kapazitätseinteilung.

Erstens kann Selbstreflexion retrospektiv bisherige Aktionen beleuchten und somit eine Art Vorgehens- und Fehleranalyse bewirken. Man untersucht auf verschiedenen Ebenen die Bedingungen, die zu Fehlern oder kritischen Zuständen in der Problembearbeitung geführt haben. Das können sowohl motivatorische, emotionale als auch kognitive Bedingungen sein. Entscheidend ist der Prozeß der Bewußtmachung unproduktiven und kontraindizierten Denkens und Verhaltens.

Zweitens dient Selbstreflexion der Entwicklung von Plänen und Denkabläufen in der Zukunft. Selbstreflexion stimuliert das Probehandeln, indem aus Einsichten in den bisherigen Prozeß, bereits bekannte Erfahrungen und Regeln neue Handlungsweisen erschlossen werden können. Es wird also durch eine bewußte Prozeßanalyse eine fehlerkorrigierte "Projektion" zukünftigen Verhalten hergestellt. Selbstreflexion bedeutet, daß Heurismen zur Überprüfung eigenen Verhaltens bewußt angewendet werden, um Planungen für zukünftige Problemlösungsschritte zu verbessern. So kann man z.B. durch Selbstreflexionsfragen bestimmte Heurismen aktivieren, von denen die wichtigsten hier genannt sein sollen: Situationsanalyse, Zielelaboration, Fern- und Nebenwirkungsanalyse, Suchraumerweiterung. Durch Selbstreflexion können aber auch motivationale und emotionale Bedingungen des Handelns zum Gegenstand bewußter Veränderungen werden, so z.B. im Falle der Vornahmen, die eigenen Anstrengungen zu steigern oder auf unsachliche Attacken eines Gesprächspartners ruhig statt ärgerlich zu reagieren.

Eventuell treten Schwierigkeiten für Personen auf, die wenig Erfahrungen mit selbstkritischer Distanzierung haben. Das für wirkungsvolle Selbstreflexion erforderliche Distanzierungsvermögen von den Ergebnissen des eigenen Tuns kann aus Gründen des Kompetenzschutzes häufig nicht vorausgesetzt werden.

Werte und Werthaltungen

Individuelle Wertstrukturen haben Orientierungs- und Steuerungsfunktion für das Verhalten, die Auswahl, Begründung und die Bewertung von Zielen und Handlungen. Wertstrukturen als überdauernde Verhaltensdispositionen spielen also immer in Situationen eine Rolle, in denen es z.B. um die Bestimmung wichtiger Handlungsziele geht. Werthierarchien erweisen sich einerseits als individuell stabil, jedoch gibt es situationale Dissoziationen von Werten und ausgewählten Handlungsweisen, was aber in der Literatur eher als Ausnahme beschrieben ist. Reither (1985) fand aber, daß in komplexen Entscheidungssituationen sogar häufig „die aktuellen Verhaltensweisen der Probanden ihren geäußerten Absichten und auch den dahinterstehenden Wertvorstellungen kei-

Welches sind die Konstituenten der strategischen Handlungsflexibilität?

neswegs zu entsprechen schienen" (Reither, 1985, S. 21). Ist die Formulierung von Absichten und Zielen meist konform mit ethischen Kategorien und individuellen Wertvorstellungen, so ereignen sich Brüche mit der Werthierarchie häufig erst bei der Umsetzung in Entscheidungen und Maßnahmen. Die Rolle individuell verankerter Wertvorstellungen im Prozeß strategischen Denkens bezieht sich zunächst einmal auf Zielbildungsprozesse, darüber hinaus aber auf Situationen mit Mißerfolgserlebnissen. Die Fähigkeit zu einer strategischen Handlungsorganisation beruht auf langfristig stabilen Wertorientierungen (z.B. wie in Firmenleitbildern) und der Bereitschaft, im Sinne kurzfristiger Wiederherstellung der vollen Handlungsfähigkeit und Kontrolle auf festgefügte Werthierarchien zu verzichten.

Die geschilderten psychologischen Komponenten und Prozesse zum Konstrukt strategische Handlungsflexibilität sind in der Übersicht noch einmal zusammengetragen (Tabelle 2-3). In der Instruktions- und Trainingsforschung lassen sich einzelne Komponenten dieses Konstrukts als Zielgrößen für verschiedener Lehr- oder Trainingsprogramme definieren.

Tabelle 2-3: Strukturelle und funktionelle Komponenten der strategischen Handlungsflexibilität

Anpassung des Auflösungsgrades (situative Flexibilität)
Konstellationen betrachten – nicht isolierte Bedingungen (ganzheitliches Denken)
Ziele setzen, Teilziele bilden und grobe Planungen machen (Zielbildung und Planung)
breite Wissensbasis (epistemisches und heuristisches Wissen)
Originalität in der Auswahl und Kombination der Mittel („laterales Denken")
Unbestimmtheits- und Ambiguitätstoleranz
Entschlußfreudigkeit (geplantes und opportunistisches Handeln)
vorausschauendes, antizipatives Denken (Prognosen- und Hypothesenbildung)
umsichtiges Handeln (angemessene Maßnahmen-Dosierung)
Selbstmanagement und Selbstreflexion
Werthaltungen

3 Welche Bedeutung hat das strategische Denken im Berufsalltag?

KERSTIN ENDRES & RÜDIGER VON DER WETH

3.1 Anforderungen komplexer Problemsituationen an das strategische Denken und Handeln von Fach- und Führungskräften

Der rasche gesellschaftliche, wirtschaftliche und technologische Wandel hat zu einem dramatischen Anstieg der Komplexität der Probleme geführt, denen sich Unternehmen gegenübersehen. Zu den Faktoren, die diese Entwicklung begünstigen, gehören die zunehmende Internationalisierung und die Instabilität der Märkte, die Veränderung der Wirtschaftsprozesse durch neue Kommunikations- und Informationssysteme, immer kürzer werdende Produktlebenszyklen, aber auch bedeutende demographische Veränderungen und neue Werthaltungen im Umfeld der Unternehmen. Von vielen Unternehmen wird daher die „Komplexitätshandhabung" oder die „Komplexitätsreduktion" als Schlüssel für den Unternehmenserfolg angesehen. In der Betriebswirtschaftslehre dominiert dabei die Vorstellung, die gestiegene Komplexität durch den Einsatz von Management- und Organisationskonzepten bewältigen zu können. Lean Management, Prozeßmanagement, Speed-Management und Chaosmanagement sind allesamt aktuelle Managementkonzepte, die sich mit der Komplexitätshandhabung beschäftigen (Reiß, 1993). Als Beispiele für organisatorische Maßnahmen zur Komplexitätsreduktion lassen sich schließlich der Abbau von Hierarchieebenen, eine verstärkte Dezentralisierung von Entscheidungsbefugnissen und die damit einhergehende Delegation von Verantwortung nennen.

Es wird jedoch weitgehend vernachlässigt, daß sich *die gestiegene Umwelt- und Unternehmenskomplexität auch auf das Tätigkeitsfeld des einzelnen auswirkt.* So werden Führungskräfte und Mitarbeiter von Unternehmen immer häufiger mit Situationen konfrontiert, die sie nicht mehr mit Routinen und ihnen bekannten Methoden bewältigen können: Sie stehen vor *komplexen Problemen.*

Wie aber sehen solche komplexen Probleme aus? Sie lassen sich am besten mit Hilfe bestimmter formaler Merkmale beschreiben (Dörner, 1989; Strohschneider & Schaub, 1995):

Komplexe Probleme sind *umfangreich*, d.h., viele Variablen und ihre Zustände sind bei der Problembearbeitung zu berücksichtigen.

Sie zeichnen sich durch eine *Vernetzheit* des Realitätsbereiches aus, d.h. die Variablen stehen hier nicht isoliert nebeneinander, sondern sie beeinflussen sich gegenseitig, wobei man die Beziehungen hinsichtlich ihrer Intensität und ihrer Verlaufsformen noch näher charakterisieren kann. Verändert man in einer stark vernetzten Problemsituation eine Einflußgröße, wirkt sich dies immer auch auf die anderen Systemgrößen aus. Es wird daher notwendig, *Neben-* (unbeabsichtigte Veränderungen anderer Variablen der Problemsituation) *und Fernwirkungen* (unbeabsichtigt langfristige Auswirkungen) von Eingriffen zu berücksichtigen.

Liegen in einer Situation sehr viele, voneinander abhängige Variablen vor, so spricht man von Komplexität. Der Komplexitätsgrad eines Problems ergibt sich demnach aus der Anzahl der Situationsvariablen, der Menge der Beziehungen und der Art dieser Beziehungen.

Eng verbunden mit der Komplexität eines Problems ist seine *Intransparenz*. Ist ein bestimmter Realitätsbereich durch sehr viele, stark miteinander vernetzte Variablen gekennzeichnet, verfügt der Entscheidungsträger in der Regel nicht über sämtliche für die Problemlösung relevanten Informationen, da ihm viele Problemmerkmale nicht oder nicht unmittelbar zugänglich sind. Die Intransparenz kann sich beispielsweise auf die Situationsvariablen beziehen, d.h. der Problemlöser weiß nicht, welche Variablen Bestandteil des Problems sind und welche nicht (*Variablenintransparenz*). Es kann sich aber auch um eine *Strukturintransparenz* handeln, so daß die Zusammenhänge zwischen den Variablen unbekannt sind. Außerdem kann der momentane Zustand der Variablen unklar sein. In einem solchen Fall spricht man dann von *Zustandsintransparenz*. Unabhängig davon, welche Form der Intransparenz vorliegt, bewirkt diese immer, daß der Problemlöser, da er nicht über alle notwendigen Informationen verfügt, unter *Unsicherheit* handeln muß. Diese Unsicherheit kann er nur durch gezielte Informationssuche und Wissenserwerb verringern.

Eine weitere Eigenschaft, die zu Problemen führen kann, ist die *Eigendynamik*. Eine Situation bezeichnet man dann als dynamisch, wenn sie sich auch ohne Eingriffe eines Entscheidungsträgers ändert. Hierbei können sowohl einzelne Variablen (*Zustandsdynamik*) als auch Beziehungen zwischen Variablen (*Strukturdynamik*) dynamische Eigenschaften aufweisen.

Aufgrund der Tatsache, daß sich eine bestimmte Situation ohne das Zutun des Handelnden weiterentwickelt, hat dieser auch nicht unbegrenzt Zeit, um seine Maßnahmen zu planen und durchzuführen: Es entsteht *Zeitdruck*. Dieser macht es jedoch unmöglich, sich ein vollständiges und detailliertes Bild vom betreffenden Realitätsbereich zu machen, was wiederum die *Unsicherheit* und *Unbestimmtheit* für den Entscheidungsträger erhöht.

Weitere Aspekte komplexer Problemsituationen sind die *Zielpluralität* und die *Zieloffenheit*. In den meisten Fällen sollen die Entscheidungsträger mehrere Ziele verfolgen, die außerdem auch widersprüchlich (kontradiktorisch) sein können. Als Beispiel für kontradiktorische Zielbeziehungen läßt sich das Bestreben vieler Unternehmen nennen, gleichzeitig die Kosten zu minimieren und den Nutzen zu maximieren. Zur Zielpluralität kommt als weiteres Merkmal oft auch die Zieloffenheit hinzu. In einem solchen Fall sind die vorliegenden Ziele nur vage formuliert. So soll man beispielsweise den Umsatz steigern. Um wieviel Prozent, in welchem Zeitraum und mit welchen Mitteln dies zu geschehen hat, wird nicht gesagt. Zielpluralität und Zieloffenheit stellen bestimmte Anforderungen an den Problembearbeiter: er muß *Ziele konkretisieren*, sie *aufeinander abstimmen* und gegebenenfalls *gewichten*.

Schließlich zeichnen sich komplexe Situationen durch viele *Handlungsmöglichkeiten* aus. Allerdings verfügt der Entscheidungsträger in der Regel nicht über die Kenntnisse sämtlicher Handlungsalternativen, ihrer Anwendungsbedingungen und ihrer Konsequenzen.

Daß auch Führungskräfte und Mitarbeiter aus dem Marketing Aufgaben mit den Merkmalen komplexer Probleme haben, zeigen die folgenden Beispiele:

Viele Einflußfaktoren

Ein Großkundenbetreuer (key account manager) muß viele Aspekte im Auge behalten: die Eigenschaften seiner Produkte, die Produktpreise, mögliche Preisspielräume, die Eigenschaften der Konkurrenzprodukte, die Aktivitäten der Konkurrenz, die Situation der Kunden, die Persönlichkeit seiner Gesprächspartner etc.

Vernetztheit

Produktmanager müssen bei der Neueinführung eines Produkts eine Fülle stark voneinander abhängiger Faktoren berücksichtigen: die Kundenstruktur, aktuelle und zukünftige Kundenbedürfnisse und die Werthaltungen (z.B. das Umweltbewußtsein) hängen zusammen; das Verhalten der Konkurrenz und ihrer Produkte wird ebenfalls von den Kunden bestimmt und wirkt auf diese zurück; das Kundenverhalten hängt auch von der allgemeinen wirtschaftlichen Entwicklung ab; ebenso die technischen und wirtschaftlichen Ressourcen des eigenen Unternehmens;...

Intransparenz

Jedem Außendienstmitarbeiter, der Preisverhandlungen zu führen hat, ist die Position seines Gegenübers zunächst unklar. Wo liegen seine Limits, welche Konkurrenzangebote bestehen, welche Verhandlungsstrategie verfolgt der Kunde?

Eigendynamik

Wird ein Mitarbeiter einer Werbeagentur mit einem plötzlichen, drastischen Imageverlust eines Kunden konfrontiert, der in einen Umweltskandal verwickelt ist, hat dies nicht nur zur Folge, daß die Wirkung aller aktuellen Werbemaßnahmen außer Kraft gesetzt wird, sondern auch gänzlich neue Werbestrategien zur Rückgewinnung des Kundenvertrauens nötig werden.

Zeitdruck

Ein Innendienstmitarbeiter eines Automobilzulieferers gerät in Zeitdruck, wenn sein Unternehmen Lieferschwierigkeiten bekommt und der Verlust wichtiger Kunden droht.

Zielpluralität

Alle Mitarbeiter in der Absatzwirtschaft haben das Problem, daß wichtige Ziele ihrer Tätigkeit in Konflikt geraten können: Die optimale Erfüllung von Kundenwünschen (erstklassiges Produkt zu günstigem Preis) kann zu hohe Kosten bewirken und so der Wettbewerbsfähigkeit des Unternehmens schaden.

Viele Handlungsmöglichkeiten

Ein Vertriebsleiter soll einen neuen Außendienst aufbauen. Dies erfordert Entscheidungen über die Anzahl der Mitarbeiter, den Aufbau des Vertriebes (z.B. nach Regionen oder Produkten), den Status der Mitarbeiter (freie Handelsvertreter, festes Gehalt plus Provisionen, nur festes Gehalt), die Wahl der Vertriebskanäle, der Besuchsintensität, Methoden der Verhandlungsführung, Programme zur Schulung der Mitarbeiter, etc.

Um jedoch zu wissen, wie komplex die Situation für den einzelnen Entscheidungsträger ist, muß man auch seine individuellen Voraussetzungen kennen. Denn inwieweit eine Aufgabe zum „Problem" wird, hängt im wesentlichen von seiner Vorerfahrung und seinem Vorwissen ab. Des weiteren spielen hier aber auch emotionale und motivationale Prozesse eine Rolle. So kann man davon ausgehen, daß jemand, der in seinem beruflichen Alltag immer wieder mit komplexen Situationen konfrontiert wird, ein anderes Vorgehen bei der Problembearbeitung an den Tag legen wird, als jemand, der sich zum ersten Mal mit einer solchen Aufgabe auseinander setzen muß. Wer Erfahrung im Umgang mit komplexen Situationen hat, wird hierfür bestimmte Handlungsstrategien entwickelt haben. So verfügt er beispielsweise über geeignete Strategien zur Informationssuche und Modellbildung. er weiß, was er in einer solchen Situation zu tun hat und wird daher auch nicht unter Streß und Zeitdruck geraten. Dies macht deutlich, daß es *keine personenunabhängige Beschreibungsmöglichkeiten* für Problemsituationen gibt. Die *Problemwahrnehmung und -analyse* hängt immer vom *Problemlöser* selbst ab: sie ist also *individuumspezifisch* (von der Weth & Strohschneider, 1994, S. 17).

HENRIK SCHWARZ & KARL-HEINZ NEUMANN

3.2 Entwicklungstrends und Qualifikationsanforderungen im Tätigkeitsfeld Absatzwirtschaft

Der folgende Abschnitt beschäftigt sich mit den wichtigsten Merkmalen und den derzeit erkennbaren Entwicklungstrends im betrieblichen Funktionsbereich Absatzwirtschaft/Marketing innerhalb der Industrieproduktion. Ausgangspunkt bilden zunächst jeweils die übergreifenden Entwicklungslinien, die mit den Ergebnissen aus einzelbetrieblichen Befragungen unter dem Aspekt typischer Tätigkeitsmerkmale und Qualifikationsanforderungen rückgekoppelt werden.

Das Informationsmaterial wurde gewonnen im Rahmen des BIBB-Forschungsprojekts 3.927, das sich mit den Grundlagen für die Neuordnung des Ausbildungsberufs Industriekaufmann/-frau beschäftigte.

Entwicklungstrends

Der nachfolgende Abschnitt beschäftigt sich mit den Austauschbeziehungen zwischen den Unternehmen und ihrer Umwelt, die der Verwirklichung von Unternehmenszielen durch die Befriedigung von Kundenbedürfnissen dienen. Absatz und Marketing werden dabei als Begriffspaar verwandt, um einerseits zu verdeutlichen, daß die Planung und Organisation dieser Austauschbeziehungen mehr umfaßt als die physische Distribution von Produkten und Dienstleistungen im Sinne eines traditionellen Verständnisses des Begriffs Absatz bzw. Absatzwirtschaft. Andererseits soll dieses Begriffspaar auf eben jenen Prozeß des Übergangs von einer produktionsorientierten zu einer umfassenden marktorientierten Betrachtungsweise dieser Austauschbeziehungen hinweisen, in dem sich auch die untersuchten Unternehmen in einem mehr oder weniger großen Realisierungsgrad befinden.

Produktionsorientierung bezeichnet dabei eine Sichtweise der Austauschbeziehungen zwischen Unternehmen und Umwelt, die weniger auf den Markt ausgerichtet ist als auf die physische Produktion, den technischen Fortschritt und eher geringe Variantentiefe (Busch 1995). Marketing soll demgegenüber nach Kotler in einem umfassenden Sinne verstanden werden als ein „Planungs- und Durchführungsprozeß der Konzeption, der Preisgestaltung, der Promotion und Distribution von Ideen, Produkten und Dienstleistungen, um

Austauschbeziehungen zu erzielen, die individuelle und unternehmensspezifische Ziele befriedigen" (Kotler 1988).

Stark vereinfacht lassen sich die folgenden Entwicklungsstufen des Marketing unterscheiden (Meffert 1994, vgl. auch Abbildung 3-1):

Bis in die 60er Jahre herrschte in den Unternehmen die oben erwähnte Produktionsorientierung vor. Es wurde hauptsächlich für ungesättigte Märkte produziert. Die Produktionsprogramme wurden weitgehend durch die Produzenten und kaum durch die Kunden bestimmt. Marketing wurde seinerzeit vor allem als „Distributionsfunktion" interpretiert.

Abbildung 3-1: Entwicklungsstufen des Marketing (Quelle: Meffert 1994)[1]

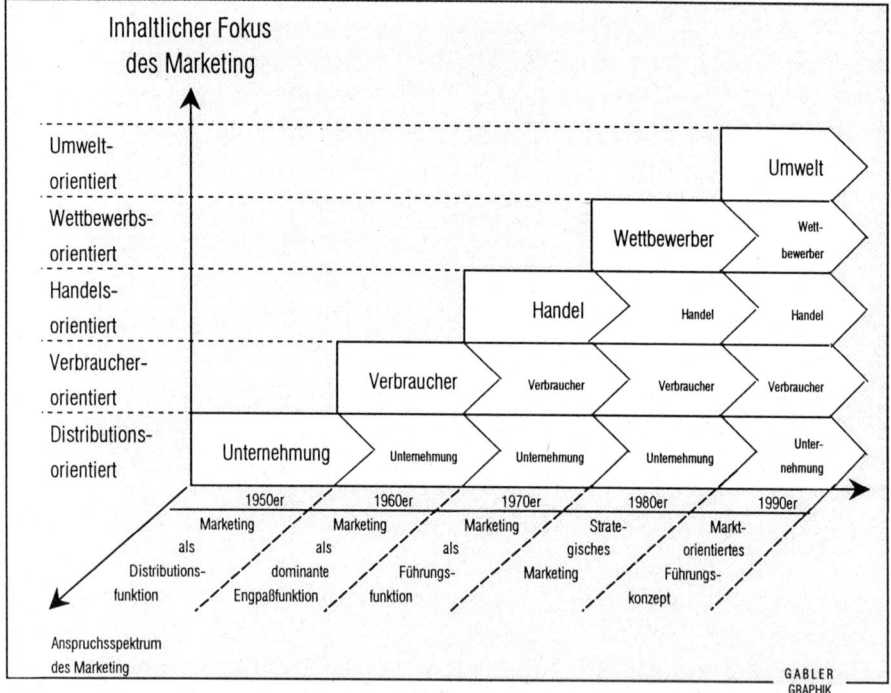

Mit zunehmender Sättigung der Märkte war ein Wandel vom Verkäufer- zu Käufermärkten zu beobachten. Marketing wurde verstärkt als dominante Eng-

---

1 Die Abbildungen 3-1 und 3-2 sind dem Buch von Heribert Meffert: Marketing-Management: Analyse, Strategie, Implementation, Wiesbaden: Gabler 1994, Seite 3 bzw. Seite 8 entnommen.
Der Abdruck erfolgt mit freundlicher Genehmigung des Betriebswirtschaftlichen Verlags Dr. Th. Gabler GmbH, Wiesbaden.

paßfunktion verstanden und ließ sich vor allem als eine operative Beeinflussungstechnik bezeichnen. Im Mittelpunkt standen die Instrumente des Marketing-Mix.

Die 70er Jahre lenkten schließlich bei wachsender Nachfragemacht des Handels das Interesse verstärkt auf handelsgerichtete Instrumente des Marketing. Hinzu kam der verstärkte Einsatz von Techniken zur Analyse der Unternehmens-Marktbeziehungen sowie der Übergang zu einer Langfristorientierung im Marketing.

Spätestens mit dem ersten Ölschock und der darauf folgenden Rezession führten zu Beginn der 80er Jahre Aspekte wie Rohstoffverknappung, Zunahme der Sättigung von Märkten und beobachtbare Phänomene des Verdrängungswettbewerbs zu einer stärker kompetitiven Ausrichtung des Marketing.

Anfang der 90er Jahre beginnt sich das Anspruchsspektrum des Marketing bei zunehmender Umweltorientierung abermals zu erweitern. Es erfolgt eine ganzheitliche Interpretation des Marketing als marktorientiertes Führungskonzept.

Die Herausforderungen an die marktorientierte Unternehmensführung in den 90er Jahren sind in Abb.3-2 dargestellt.

Die Unternehmensführung muß sich in einer durch Gegensätze gekennzeichneten Marketingwelt behaupten, die sich durch vier zentrale Spannungsfelder charakterisieren läßt (Meffert 1994):

- So stehen den Konsumwünschen einer materialistischen Anspruchsgesellschaft zunehmend die durch die verschiedenen Anspruchsgruppen gesetzten Rahmenbedingungen einer sozial-ökologischen Gesellschaft gegenüber.

- Der selbstverständliche Umgang mit weltweit vernetzten neuen Technologien in der High-Tech-Gesellschaft ist in Einklang mit der Suche nach Individualität und emotionalem Erlebnis der High-touch-Gesellschaft zu bringen.

- Umgekehrt führen in einer durch sinkende Arbeitszeiten gekennzeichneten Freizeitgesellschaft die Vorabforderungen der „Instant-Gesellschaft" die Unternehmen in Zugzwang, Produkte zukünftig verstärkt mit eindeutigem Zeitvorteil zu realisieren.

- Alle Trends spielen sich weiterhin im Spannungsfeld zwischen der globalen „Cosmo"-Gesellschaft und einer nach regionaler Identität suchenden lokalen Gesellschaft ab.

Abbildung 3-2: Herausforderungen an die marktorientierte Unternehmensführung in den 90er Jahren (Quelle: Meffert 1994)

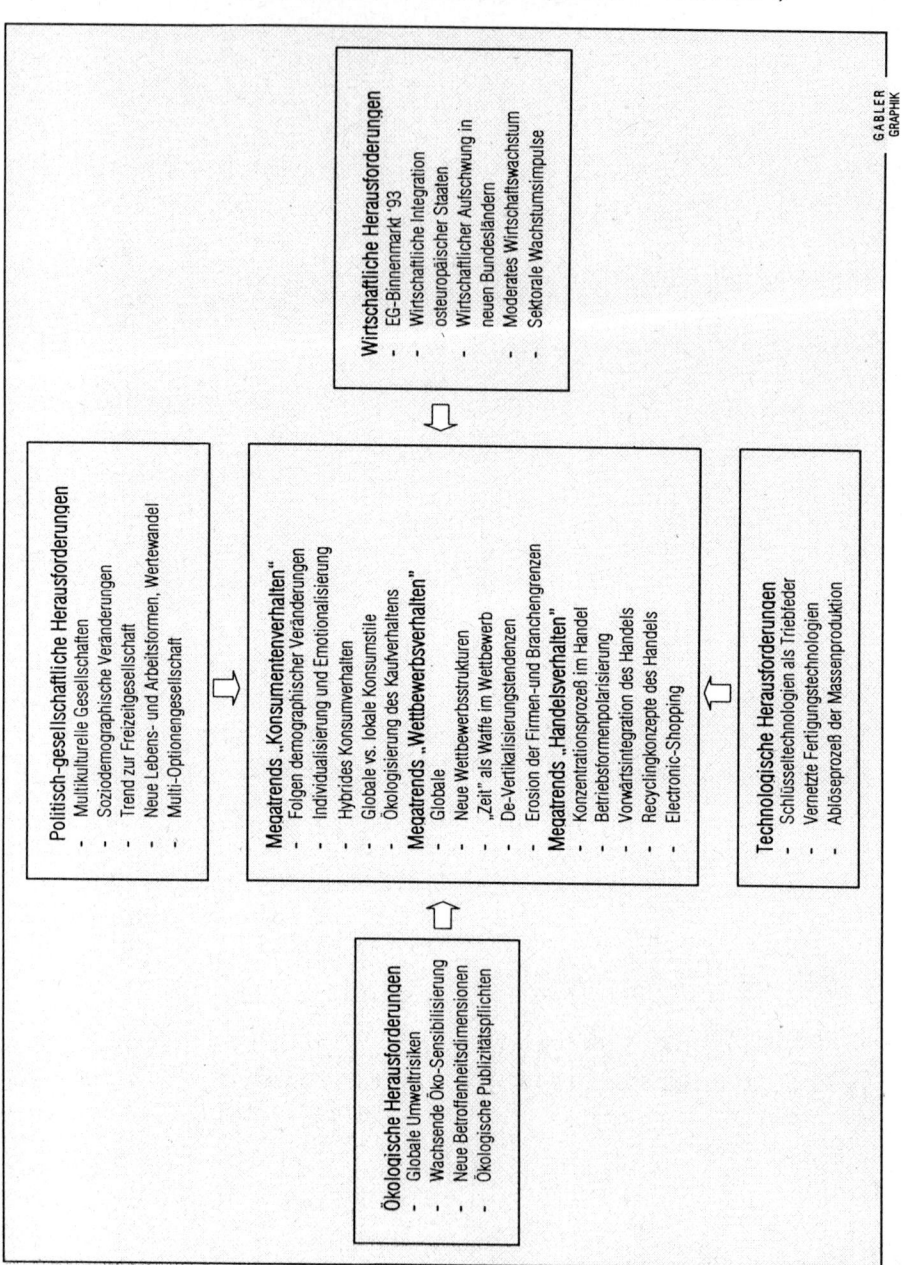

Wirtschaftliche Herausforderungen
- EG-Binnenmarkt '93
- Wirtschaftliche Integration osteuropäischer Staaten
- Wirtschaftlicher Aufschwung in neuen Bundesländern
- Moderates Wirtschaftswachstum
- Sektorale Wachstumsimpulse

Politisch-gesellschaftliche Herausforderungen
- Multikulturelle Gesellschaften
- Soziodemographische Veränderungen
- Trend zur Freizeitgesellschaft
- Neue Lebens- und Arbeitsformen, Wertewandel
- Multi-Optionengesellschaft

Megatrends „Konsumentenverhalten"
- Folgen demographischer Veränderungen
- Individualisierung und Emotionalisierung
- Hybrides Konsumverhalten
- Globale vs. lokale Konsumstile
- Ökologisierung des Kaufverhaltens

Megatrends „Wettbewerbsverhalten"
- Globale
- Neue Wettbewerbsstrukturen
- „Zeit" als Waffe im Wettbewerb
- De-Vertikalisierungstendenzen
- Erosion der Firmen- und Branchengrenzen

Megatrends „Handelsverhalten"
- Konzentrationsprozeß im Handel
- Betriebsformenpolarisierung
- Vorwärtsintegration des Handels
- Recyclingkonzepte des Handels
- Electronic-Shopping

Technologische Herausforderungen
- Schlüsseltechnologien als Triebfeder
- Vernetzte Fertigungstechnologien
- Ablöseprozeß der Massenproduktion

Ökologische Herausforderungen
- Globale Umweltrisiken
- Wachsende Öko-Sensibilisierung
- Neue Betroffenheitsdimensionen
- Ökologische Publizitätspflichten

GABLER GRAPHIK

Wettbewerbsstrategien im einzelnen

Dominiert wird das Marketing durch die Kundenorientierung. Diese wird konkret durch abnehmergerichtete, absatzmittlergerichtete und konkurrenzgerichtete Wettbewerbstrategien.

a) Abnehmergerichtete Wettbewerbsstrategien

Angesichts von Käufermärkten müssen sich die Unternehmen verstärkt um ihre Kunden bemühen, auf individuelle Wünsche eingehen, Marktnischen ausfindig machen und besetzen, Produkte diversifizieren oder Varianten anbieten. Eine innovative Produktpolitik wird sich auch zukünftig als der zentrale instrumentelle Erfolgsfaktor des Marketing erweisen. Dabei ist eine verstärkte Hinwendung vom Einzelprodukt zu Systempaketen festzustellen. Es erfolgt eine Verknüpfung von Hard- und Softwarebestandteilen zu kundenindividuellen Systemlösungen.

„ Die wichtigsten Veränderungen der letzten Jahre sind bei uns die neuen Produkte und die neuen Leistungsmerkmale unserer Produkte: eine Waage, die eine Wiegewaage ist, können wir keinem Kunden mehr verkaufen, der erfolgreich wirtschaften will. Über das reine Abwiegen sind wir längst hinweg, das nimmt man uns eh ab, das ist klar und verständlich, das ist präzise genug, das ist unsere Kompetenz, die der Markt auch kennt. Er kauft bei uns aber auch die Zusatzfunktionen und diese Zusatzfunktionen sind total neu. Denn eine Ladenwaage, wie Sie sie kennen, wenn Sie zum Metzger gehen, die hat heute die Intelligenz eines PCs vom Typ 486, das muß man sich mal vorstellen. Da ist es nicht mehr getan mit Argumenten von genauem Wiegen und was weiß ich, sondern das betriebswirtschaftliche Moment, das Warenwirtschaftssystem, kommt hinzu, und das hat unsere Arbeit auch ganz gravierend verändert" (Leiterin Werbung, Presse, Public Relation).

„ Über 20 Prozent unserer Produkte entfallen auf solche, mit denen wir vor 5 Jahren noch nicht am Markt vertreten waren. Zwar liefern wir nach wie vor konventionelle Chirurgie-Instrumente, verstärkt hinzu kommen aber etwa Systemeinheiten für die Mikrogefäßchirurgie und die Hochfrequenzchirurgie. Da ist auch Optik dabei, da braucht man eine Kamera und einen Monitor. Dann die Orthopädie, Traumatologie, also alles, was mit Motoren zu tun hat. Unsere Angebotspalette ist sehr viel komplexer geworden" (Leiter Technischer Service).

Insgesamt müssen die Anbieter den Übergang von der Produkt- zur Problemlösungskompetenz leisten. Dabei werden Sachleistungen verstärkt durch Dienstleistungsbestandteile ergänzt, wie etwa Serviceleistungen der Beratung und Betreuung, des Kundendienstes, der Behandlung von Reklamationen, der präventiven Wartung u.a. Allerdings sind die Verhältnisse differenziert zu sehen:

> *„In bestimmten Bereichen, bei bestimmten Produkten (z.B. PVC) können Sie mit dem Kunden drei Stunden essen gehen, aber wenn Sie dem nicht einen guten Preis machen, 10 Pfennig billiger, dann war's das. In solchen Bereichen können Sie das genauso am Telefon machen.*
>
> *In solchen Bereichen, wo ein Risiko, eine Technik dahintersteht, wie jetzt in meinem Bereich Industrielacke, sieht das anders aus. Unsere Philosophie ist, daß man nicht das Produkt zu einem Preis X und das möglichst billig verkauft, sondern daß wir immer eine Problemlösung verkaufen und technischen Service und und und" (Vertriebsleiter).*

Im Marketing vollzog sich eine Evolution vom Massen- zum Zielgruppenmarketing, und die Entwicklung wird zukünftig in Richtung individualisiertes Marketing gehen. Individualisiertes Marketing setzt dabei den verstärkten Kunden-Dialog voraus. Bedingt durch die Entwicklung der Kommunikationstechnologie tritt damit an die Stelle linearer Kommunikations- und Beeinflussungskonzepte ein vernetztes Beziehungsmarketing. Dem Aspekt der Individualisierung im Sinne von Customization und der – derzeit im Verdrängungswettbewerb besonders aktuellen – Aufgabe der Kundenbindung wird dabei ein besonderer Stellenwert zugewiesen.

> *„Die Zielgruppen sind immer kleiner geworden, man kann sie gar nicht alle erfassen. Heute kauft ja ein 60jähriger ein junges Wohnmodell. Es wird wahrscheinlich so sein, daß eine noch stärkere Individualisierung kommen wird. Wir müssen praktisch mit dem Händler zusammen was tun, die müssen sich praktisch individuell um den Menschen kümmern vor Ort, also um den Endverbraucher, damit der beim Händler bleibt und auch bei uns. Und das wird das Ziel der kommenden Jahre sein, daß man das alles sehr individualisiert, so richtig ein Erlebnis mit den beiden Hauptkommunikatoren aufbaut. Es gibt zwar den kurzfristigen Preisvorteil, aber das Drumherum fehlt, und das Drumherum wollen wir ihm geben. Sie müssen Beziehungskisten mit den Leuten aufbauen, persönliche Bindungen schaffen, um später auch diesen Erfolg zu kriegen, den Sie wollen" (Werbeleiter).*

Eine weitere zentrale Dimension der Kundenorientierung ist der Qualitätsgedanke. Dabei stellt die objektive oder technische Qualität vor allem auf anbieterbezogene Aspekte wie Qualitätskontrolle, Übereinstimmung mit bestimmten Spezifikationen, Ausschußquoten etc. ab. Demgegenüber ist die subjektive, abnehmerbezogene Qualität als Ergebnis eines Bewertungsvorgangs auf Kundenseite anzusehen.

Qualitätsstrategien werden durch die Etablierung eines Total Quality Managements (TQM) umgesetzt. Grundüberlegung des TQM ist es, in allen Bereichen der Unternehmung ein hohes Qualitätsbewußtsein zu entwickeln und umzusetzen. Dabei wird ein Qualitätsdenken nicht nur externen Abnehmern entgegengebracht, sondern es werden auch interne Beziehungen unter dem Aspekt des Kunden-Lieferanten-Verhältnisses betrachtet („Interne Kunden"). Einbezogen ist der gesamte Prozeß der innerbetrieblichen Leistungserstellung. In dieser erweiterten Fassung des klassischen Begriffs des Kunden hat jeder Mitarbeiter Kunden und Lieferanten und ist somit selbst ebenso Kunde und Lieferant. Dies beinhaltet eine nicht zu unterschätzende Perspektiverweiterung, da beide Rollen in die tägliche Arbeit einfließen und mitbedacht werden müssen. Für den Lieferanten, der bemüht sein muß, eine möglichst optimale Problemlösung für seinen Kunden zu finden, bedeutet dies, daß für die in Abstimmung mit dem Kunden angestrebte Leistung innerhalb der eigenen Prozeßstufe die Voraussetzungen geschaffen werden müssen. Umgekehrt ist der Mitarbeiter Kunde, der etwa in Zusammenarbeit mit dem Einkauf und der Fertigung und auf der Basis der Fertigungsauslastung und Arbeitsplanung, der besonderen Materialanforderungen und Komponentenbeschaffung mit den internen Stellen verhandelt.

„ Um so besser wir einen Auftrag abwickeln, desto eher kauft der Kunde das nächste Mal wieder bei uns. Das wird bei uns in den letzten zwei Jahren auch von der Geschäftsleitung und dem Vorstand verstärkt unterstützt. Wir haben also eine Orientierung, die heißt Total Quality Management, und da ist die ganze Aussage: Top Nr. 1 ist der Kunde, alles andere ist uninteressant. In der heutigen Zeit, wo die Firmen auf dem sachlich-fachlichen Felde nicht mehr allzuweit auseinanderliegen – auch die Konkurrenz hat prima Produkte, genauso wie wir – muß man auf diese Faktoren verstärkt achten, um konkurrenzfähig zu bleiben. Ich glaube, das ist auch der Grund, warum wir die Rezession der letzten Jahre ziemlich unbeschadet überstanden haben" (Mitarbeiter in der Auftragsabwicklung).

Dabei zählt die explizite Berücksichtigung der Problemlösungsfähigkeiten der Mitarbeiter zu den Grundprinzipien des TQM-Ansatzes. Dem einzelnen Mitarbeiter wird möglichst viel Verantwortung übertragen, während der Vorgesetzte eher unterstützende und moderierende Funktionen übernimmt.

Hinzu kommt eine Zeitkomponente in Form des Time Based Managements (TBM) (Orths 1995). Ein zeitorientiertes Unternehmen ist pünktlich und zuverlässig. Zeit – oder besser: Schnelligkeit – ist in vielen Abläufen als entscheidender Faktor zu finden. Stichworte sind Entwicklungszeit, Lieferzeit, Durchlaufzeit, Reaktionszeit, Termintreue u.a. So entscheidet z.B. die Kooperation der Abteilungen Einkauf, Auftragsbearbeitung, Produktionsplanung oder interne Logistik in erheblichem Maße über die Durchlaufzeit, in der ein Auftrag erfüllt wird, und damit eben über die Zufriedenheit des Abnehmers.

„ Wir haben in unserem Bereich Dämmstoffe einen absoluten Verdrängungswettbewerb. Wenn der Händler heute kommt und sagt' 100 qm und der Disponent antwortet' ich weiß gar nicht, ob ich Ihnen die bis morgen liefern kann' , dann ist der Händler sofort bereit, beim nächsten anzurufen und wenn der schneller ist, hat der den Auftrag' (Leiter Innendienst im Zentralvertrieb).

b) Absatzmittlergerichtete Strategien

Spätestens seit Beginn der 80er Jahre kündigte sich in vielen Märkten eine Situation an, in der aus Herstellersicht nicht nur die Akzeptanz auf der Endverbraucherstufe, sondern bereits auf der zwischengelagerten Stufe des Handels über den Markterfolg entscheidet. Drei Entwicklungstendenzen sind hierfür maßgeblich (Meffert 1994):

❑ Sowohl auf Einzel- als auch auf Großhandelsstufe ist eine fortschreitende Konzentration zu beobachten. In ihrer Folge gerät der Hersteller in eine Abhängigkeit von wenigen Einkaufentscheidern. Zunehmend größere Handelsunternehmen emanzipieren sich gleichzeitig sukzessive von der Einflußnahme der Hersteller und entwickeln ein eigenständiges Handelsmarketing. Hierdurch wird der Aktionsraum des klassischen Herstellermarketings eingeschränkt.

❑ Veränderungen im Konsumentenverhalten wirken sich – nicht zuletzt durch das vielzitierte „hybride" Einkaufsverhalten – auf die Absatzkanalwahl der Hersteller aus (u.a. zunehmende Bedeutung des Franchising und Direktvertriebs- sowie neue Vertriebswege getragen durch neue elektronische Medien). Die Realisierung langfristiger Konzepte wird dabei angesichts zunehmend instabiler Käufergewohnheiten (sowohl sinkende Marken- als auch Einkaufsstättentreue) erschwert.

❏ Schließlich begleiten politisch-rechtliche Maßnahmen den handelsgerichteten Gestaltungsbereich der Hersteller. International führt vor allem die Ausgestaltung des EG-Binnenmarktes zu einer Strukturveränderung in zahlreichen Absatzsystemen. National müssen ökologische Anforderungen des Gesetzgebers (Duales System, Rücknahmeverpflichtung des Handels etc.) zwangsläufig zu einer Neudefinition der Arbeitsteilung im Absatzkanal führen.

Zwar bemühen sich Hersteller und Handel um den gleichen Konsumenten, in ihren Zielsystemen tragen sie aber systemimmanente Zielkonflikte aus. Hersteller verfolgen primär produktbezogene Zielsetzungen, während der Händler geschäftsstätten- bzw. sortimentsbezogene Sollzustände anstrebt. „Marketingaktive" Absatzmittler stellen zunehmend die Funktionsverteilung zwischen Hersteller und Handel in Frage. Die wachsende Nachfragemacht des Handels hat dabei zu einer Situation geführt, in der Hersteller durch Übernahme von ursprünglichen Handelsfunktionen (Beratungsleistungen, Preisauszeichnung am Point of Sale, Erstellung von Werbematerial u.a.) Absatzmittler von distributionsspezifischen Kosten entlasten.

„*Generell kann man vielleicht sagen: wir merken vom Handel her, daß immer mehr Forderungen an uns gestellt werden: z.B. früher haben wir unsere Preislisten gedruckt, die haben die Handelspartner gekriegt, dann haben ein paar Sonderpreise bekommen, denen haben wir dann eine Sonderpreisliste gemacht. Heute kommen die Partner und sagen, also das reicht mir nicht mit den Sonderpreisen, ich weiß ja, was ich bei euch bezahle, ich möchte, daß ihr mir Preislisten erstellt, die ich gleich meinen Verkäufern geben kann, daß die gleich den Verkaufspreis haben, daß ich mir nicht mehr die Arbeit mache wie in früheren Jahren: daß ich meine Marge draufschlage und mir das errechne. Das wird auf uns zurückverlagert. Solche Forderungen kommen immer mehr, die wissen, daß sie es kriegen. Am Anfang wehrt man sich und dann irgendwann wird es doch gemacht*" (Assistent der Verkaufsleitung).

„*Auch die Anforderungen, daß sie das geeignete Werbematerial zur Verfügung gestellt bekommen. Wenn ein Händler eine Werbung macht: wir haben so viele Modelle, wir können nicht jedes Modell in jeder Ausführung und Zusammenstellung fotografieren. Früher haben wir gesagt, gut, dieses Schlafzimmer, Sie wollen es zwar in Eiche hell, aber wir haben es nur in Esche weiß fotografiert, nehmen Sie halt das. In den meisten Fällen hat der Händ-*

ler sich damit zufrieden gegeben, aber heute sagen sie nein, so möchte ich es haben . Also machen wir auch da wieder mehr Aufwand. Wir haben extra eine Technik entwickelt oder gekauft: wenn das in einer Holzart fotografiert ist, können wir das auf dem Computer in einer anderen Holzart produzieren. Das sind Anforderungen, die einfach erfüllt werden müssen, sonst hat man keine Chance" (Länderreferentin).

c) Konkurrenzgerichtete Wettbewerbsstrategien

Das Verhalten von Unternehmen hängt nicht nur vom Verhalten der Nachfrager und Absatzmittler ab, sondern auch von den Konkurrenten. Stagnierende Märkte sind dabei durch einen besonders ausgeprägten Verdrängungswettbewerb gekennzeichnet. Dieser resultiert vor allem aus Überkapazitäten, die zur Rationalisierung zwingen. Der Kampf um Marktanteile im Verdrängungswettbewerb mündet oft in agressive Preisauseinandersetzungen. Gelingt es den Unternehmen jedoch nicht, größere Marktanteilsgewinne zu realisieren, führt die geringe Preiselastizität der Nachfrage zu einem erheblichen Gewinnrückgang. Da deutliche Vorteile gegenüber Konkurrenzprodukten in dieser Phase kaum noch zu realisieren sind, ist die Reifephase eher durch Marketing als durch Produktinnovationen gekennzeichnet.

„ Es wird ja ausschließlich über den Preis vermarktet, d.h., Sie können heute das ganze Spektrum durchgehen in der ganzen deutschen Möbelindustrie, die schlagen sich ja die Preise um die Ohren. Da ist ein Preiskampf entstanden. Das einzige Argument, das der Handel bei seiner Kontrahierungspolitik hat, ist der Preis. Zunehmend kommt auch Druck aus dem Osten und aus anderen Länder, diese Hersteller gehen mit Billigware schnell in den Markt und setzen sie dort ab. Unser Ziel ist es deshalb, unsere Dienstleistungen und unseren Service auszubauen, um mal aus der Preisschere herauszukommen in ein paar Jahren. Das heißt, daß man hier eine Bindung aufbaut, um den Handelspartner so optimal zu betreuen, daß er nicht mehr zu anderen Leuten will. Und da bedarf es einer bestimmten Schnelligkeit, daß man auf Wünsche schnell reagiert und ihn packt, daß er das Gefühl hat, bei uns ist er gut aufgehoben, und dann vielleicht auf das etwas preisgünstigere Produkt des Konkurrenten verzichtet. Das ist so der Hintergrund, die Strategie unserer ganzen Werbung. Es wird so sein, daß Produktvorteile von allen sehr schnell aufgeholt werden können, d.h., wenn heute eine neue Entwicklung kommt, ruckzuck wird der Vorteil von anderen aufgeholt. Deswegen versuchen wir über den Servicebereich mehr Leistung zu bieten. Das

bedarf natürlich einer cleveren Mannschaft, die immer hellwach ist. Wenn man Leute hat, die da nicht flexibel sind, und wenn es da an Know-how fehlt, dann werden die Mitanbieter Vorteile haben" (Leiter der Werbeabteilung).

Deutliche Veränderungen zeigen sich in den Phasen der Stagnation und der Schrumpfung in den Zielsetzungen der Unternehmen. Die Unternehmensführungsphilosophie sowie das Wertesystem der Manager orientieren sich immer weniger an Umsatz- und Marktanteilszielen, sondern zunehmend an guten Unternehmensergebnissen. Anstelle von Wachstum streben Unternehmen die Absicherung, Verteidigung und Konsolidierung der betroffenen Geschäftsfelder an (Meffert 1994).

Dabei gewinnen Konkurrentenanalysen verstärkt an Bedeutung, sie zielen auf die Charakterisierung und Beurteilung der wichtigsten Bewerber ab und zwar im Hinblick auf Gemeinsamkeiten und Unterschiede in der Marktposition und dem Verhalten sowie in den Zielen, Voraussetzungen und Fähigkeiten. Als erweiterte Form der Konkurrentenanalyse ist das sich zunehmend mehr durchsetzende Benchmarking zu sehen. Im Rahmen des Benchmarking werden die Ausprägung der Produkt- und Prozeßparameter des jeweils besten Wettbewerbers mit dem eigenen Unternehmen verglichen und als Ziel- und Orientierungsgröße genutzt.

„Kundenorientierung auch über die Marktforschung, wo wir alle Informationen über unsere Wettbewerber sammeln. Alles, was wir finden in Fachzeitschriften, egal wo, in anderen Zeitungen und und und. Wir legen das beim Wettbewerber im Ordner ab. Wir wollen ja dem seine Umsatzkurven anschauen, wir wollen sehen, wie entwickelt er sich vom Personal her, weil sich hinter den ganzen Zahlen, die da existieren, viele Dinge abzeichnen. Da ist es also sehr wichtig, immer wieder diese Stärken-/Schwächenanalysen durchzuführen. Wir brauchen Ansatzpunkte, um an den einen oder anderen ranzukommen. Und wir müssen erkennen können, wo wird gebluff, wo wird nicht gebluff. All diese Dinge müssen wir zusammentragen" (Leiter Vertriebsmarketing).

Ein Verkaufsleiter aus der Chemie kommt zu folgendem Resümee: „Die Unternehmen müssen bei Käufermärkten immer mehr ganz gezielt vom Markt her geführt werden. Das zeigt sich in fast allen Unternehmen ganz deutlich. Das wird sich meines Erachtens auch weiter fortsetzen, weil eine Überproduktion eher ansteht als eine Mangelproduktion, zumindest in den westlichen Industrieländern. Früher war das produktorientierte Denken und Organisieren gang und gäbe, heute ist das alles marktbereichsorientiert zu sehen, bis hin zur Produktion".

Veränderungen in der Sachbearbeitung/Qualifikationsanforderungen an Nachwuchskräfte

Aufgabenspektrum

Nach wie vor sind Aufgaben der Angebotserstellung, der Auftragsbearbeitung, Korrespondenz, Reklamations-, Gutschriftenbearbeitung u.a. typisch für die Arbeit der Sachbearbeiter. Und rein von der Abwicklung her hat sich dabei nicht so viel verändert:

„Es ist nach wie vor so, daß der Auftrag kommen muß, ich muß den Auftrag annehmen, eine Auftragsbestätigung muß gemacht werden, die Lieferbedingungen sind abzuklären, dann die Rechnung, die Zahlung abklären. Einfach diese typischen Dinge in der Vertriebsabteilung: so viel hat sich hier nicht verändert" (Stellvertretender Leiter Vertrieb Ausland).

Indes hat sich das Maß an Arbeitsteilung – wie in anderen Abteilungen auch – reduziert, die Aufgaben sind komplexer geworden:

„Also ich meine, daß das Aufgabenspektrum umfassender geworden ist, denn, weil mit dem Computer eigentlich viel mehr Wissen eingegeben wird, gibt es viel mehr Möglichkeiten, selber Dinge zu erledigen, die früher andere erledigt haben. Heute kann ich selber schauen, ist es auf Lager oder nicht. Bei Fragen nach den Kosten: das ging früher alles an die Betriebswirtschaft, und man hat dann von denen einen Preis gekriegt. Heute kalkulieren wir selber. Wir können auch die Zusammenhänge viel besser erfassen. Jeder hat mehr Einsicht, damit sind auch die Anforderungen anders geworden" (Leiterin Vertrieb Deutschland).

Durch die verstärkte Kundenorientierung kommen jedoch auch neue Aufgaben hinzu etwa im Bereich des „After-Sales-Service".

„Für Frau A. ist es z.B. jetzt so ein Projekt, sämtliche Kunden eines bestimmten Produkts EDV-mäßig zu erfassen und für diese Kunden so etwas wie ein Kundenbindungsprogramm zu erstellen, die regelmäßig mit Informationen zu versorgen" (Leiter Marketing, Kommunikation).

Die Notwendigkeit intensiver Marktbeobachtung führt zu Aufgaben der Ermittlung und Aufbereitung von Marktdaten, um
- Marktpotentiale zu erfassen und zu überprüfen,
- Veränderungen zu beobachten und zu dokumentieren,
- Wettbewerbsanalysen zu betreiben.

„Frau W. ist Anlaufstelle für den Verkauf und das Referat Public Relations, wenn es um Fragen geht, die unseren Markt betreffen. Sie macht die Wettbewerbsbeobachtung, schaut die Zeitungen durch nach Informationen über die Konkurrenten, hat einige Instrumente, um regionale Marktanteile der verschiedenen Anbieter zu ermitteln, oder recherchiert nach Antworten auf spezielle Fragen wie, wann wurde diese oder jene Marke eingeführt ,, was hat diese Marke vor 2 Jahren gekostet " (Assistent der Verkaufsleitung).

Qualifikationsanforderungen infolge erhöhter Individualisierung und Flexibilisierung von Problemlösungen

Angesichts der verstärkten Hinwendung von Einzelprodukten zu Systempaketen bei gleichzeitig erhöhter Individualisierung und Flexibilisierung von Problemlösungen für den Kunden erhöhen sich die Anforderungen an das Technikwissen der Industriekaufleute, zumal dann, wenn es sich, wie im Maschinen- und Anlagenbau, um technisch komplexe, durch viele Spezifikationen gekennzeichnete, einzelgefertigte Aggregate handelt. Die Sachbearbeiter müssen Technikfragen beantworten können u.a. bezogen auf Produktvarianten, Leistungsmerkmale, Zubehörteile, Ergänzungsausrüstungen, Nachrüstungsmöglichkeiten, Zukunftsoptionen.

„Die Aufgaben in unserem Vertrieb sind viel technischer geworden, weil einfach durch die Weiterentwicklung gerade der Software in unseren Produkten sind die Leistungsmerkmale so enorm, und da muß ich mich dann schon ein bißchen damit auskennen.
Beinahe alle Waagen sehen von außen gleich aus, anderes Design zwar, ein Drucker oder zwei Drucker, aber eigentlich das Hirn der Waage, das muß ich kennen. Früher, da hat es eine 3,6,15 Kilo-Waage gegeben, Schluß, und dann die verschiedenen Ländervarianten. Und heute ist es eben doch ganz anders" (Stellvertretender Leiter Vertrieb Ausland).

Notwendig wird dies im Zuge der erhöhten Kundenorientierung, „denn wenn ich weiß, über was der Kunde redet, bin ich ein viel kompetenterer Gesprächspartner als wenn ich immer sagen muß ‚das muß ich erst nachfragen' ". Dabei geht es um Grund-, nicht Spezialkenntnisse:

„Ich würde sagen, Grundkenntnisse bezogen auf die Produkte müssen sie haben. Ich stelle aber fest, daß das häufig nicht der Fall ist. Man braucht keine Spezialkenntnisse, aber Grundkenntnisse müssen da sein. Ich würde jetzt nie sagen, daß sie bestimmte Typen von Prothesen kennen müssen, aber man muß wissen, ist es eine Hüftprothese, ist es eine Knieprothese. Ich stelle bei Kaufleuten hier schon manchmal ein kleines Defizit fest" (Leiter Technischer Service).

„Heute würde ich eher sagen, daß der Verkauf mit der Zeit mehr die Ausbildung zum Techniker erforderlich macht. Auf der Gegenseite steht nämlich nicht nur der Einkäufer, sondern es stehen auch Techniker da: Ingenieure, Diplom-Ingenieure. Und als Gesprächspartner stehen sie vor dem Handicap, wenn sie‚ nur Industriekaufmann sind, daß die Leute einfach ein Fachgespräch erwarten, und dann muß ich sagen, wie ich den Dämmstoff einsetze oder wie ich ihn gestalte. Ich muß also Produktionskenntnisse haben, was können wir machen und was braucht der Kunde, diese Interessen muß ich zusammenbringen können.

Festzustellen ist: Für unseren Zentralvertrieb, wo wir direkten Kontakt haben zur Industrie, da haben sich die Anforderungen an technische Kenntnisse verstärkt. Und die werden im Profil des Industriekaufmanns nicht genügend vermittelt" (Leiter Innendienst Zentralvertrieb).

Die Individualisierung und Flexibilisierung betrifft nicht nur Problemlösungen, sondern auch die (Kauf-)Vertragsgestaltung mit der Folge komplexer rechtlicher Implikationen. Auch hier werden von einigen Gesprächspartnern erhöhte Anforderungen festgestellt:

„Ich glaube, das rein Kaufmännische wird in der Ausbildung genügend abgedeckt, das Rechtliche nicht so sehr. Was Rechtsgeschäfte angeht, das ist eigentlich so eine Grauzone. Da hat man als Industriekaufmann mal etwas darüber gehört, z.B. über die verschiedenen Kaufmannsformen, dann weiß man noch ein bißchen über Kaufverträge, aber damit ist es schon fast getan. Das müßte eigentlich mehr forciert werden, damit die Leute etwas sattelfester werden, damit die wissen, was zu machen oder zu erreichen ist, wenn irgend ein Fall eintritt. Gerade der Rechtsbereich wird immer komplizierter" (Sachbearbeiter Kaufm. Vertrieb und Abwicklung Ersatzteile).

Individualisierung und Flexibilisierung von Problemlösungen fordern den Mitarbeitern viel Kreativität und eben auch Flexibilität ab. Verlangt sind „mitdenkende" Mitarbeiter, die nicht mehr durch Organisationsvorgaben, Dienstanweisungen und Vorgesetzte „gesteuert" werden müssen, sondern die Probleme selbständig erkennen und sachgemäß aus eigenem Verständnis und eigener Orientierung behandeln können.

„ *Die Leute müssen eigene Entscheidungen treffen. Wenn jetzt beispielsweise bei uns ein Auftrag verkehrt eingegeben wurde, dann steht der LKW mit 10 Kubikmetern Möbel bei dem Kunden. Der sagt, ich hab die Ware erst für in 4 Wochen bestellt, ich nehme das jetzt nicht ab . Dann muß derjenige, der am Telefon ist, der mit dem Problem betraut wurde, der muß sagen können , gut, ich biete Ihnen 10% Rabatt, wenn Sie das jetzt abnehmen . Das verstehe ich unter Eigenständigkeit, eigene Entscheidungen treffen. Die Sachbearbeiter sind eigentlich dazu gezwungen, ständig irgendwelche Entscheidungen selbständig zu treffen, selbständig zu sein, und sie müssen es natürlich verantworten können*" (Länderreferentin).

Um solchen Anforderungen gerecht werden zu können, benötigen die Sachbearbeiter entsprechende Handlungsfreiräume.

„ *Eins hat sich auch verändert, daß jeder viel verantwortlicher mit dem Käufer reden darf und muß, was die Lieferterminierung anbetrifft. Da gab es vieles, was früher der Verkäufer gemacht hat. Der Disponent hat zum Verkäufer gesagt, ich schaff es terminlich nicht , und der hat das dann mit dem Kunden geklärt. Diese Stufe hat der Disponent inzwischen übernommen. Heute werden wir bei den Kunden auch mehr akzeptiert, denn unser Wort hat Gewicht. Früher haben wir gesagt, es geht nicht und dann ging das über den Chef und dann ging es auf einmal doch, das war für uns ein Autoritätsverlust. Darüber haben wir uns oft genug geärgert als Sachbearbeiterin. Heute hat meine Antwort Gewicht. Wenn es heißt, es geht nicht , dann kann auch der Vorstand nichts mehr machen. Zum Kunden hin haben wir einen besseren Stand, der Kunde akzeptiert uns mehr. Unser Freiraum ist größer als früher*" (Sachbearbeiterin Liefertermin-Disposition).

Die Sachbearbeiter benötigen ebenfalls den Überblick über die Gesamtzusammenhang, und sie müssen nicht nur wissen, wie die Dinge im Prinzip funktionieren, sondern auch die konkreten Arbeitsbedingungen und neuralgischen Bereiche kennen (Brater 1993).

Qualifikationsanforderungen aus erhöhtem Konkurrenzdruck

Der hohe Konkurrenzdruck am Markt führt zu relativ geringen Gewinnspannen. Dadurch entsteht intern ein erheblicher Druck auf Kostensenkung und Produktivitätsteigerung, dieser hat auch in der Absatzwirtschaft hohe Relevanz. „Aus betriebswirtschaftlicher Sicht sind Kenntnis und Verständnis von Kostenrechnung wichtig, nicht nur Kostenrechnung im Sinne der Buchhaltung, sondern Kostenrechnung im Sinne der Kalkulation bis hin zur Kostendeckungsbeitragsrechnung".

„*Wenn ich also mit einem Mitarbeiter spreche und frage wie bieten wir das an , dann muß der Mitarbeiter wissen, das sind die Kosten, das sind die Erlöse, das sind die Kosten proportional und voll. Da gibt es verschiedene Kosten, da gibt es einen Deckungsbeitrag 1 und einen Kostendeckungsbeitrag 2. Und solche Deckungsbeitragsprinzipien und Definitionen, die sollte er kennen. Deckungsbeitragsrechnung ist für uns der Schwerpunkt Nr. 1. Alles denkt hier in Deckungsbeiträgen, das ist ein Thema, das ist wichtig*' (Leiter Vertrieb Übersee).

Qualifikationsanforderungen aus erhöhter Kundenorientierung

Die Kundenorientierung auf der einen und insbesondere der Kostendruck auf der anderen Seite verpflichten den Mitarbeiter zu anspruchsvollen Vermittleraufgaben. Er muß auf den Kunden eingehen, dessen Wünsche und Anforderungen erfassen und ernstnehmen. Damit übernimmt und vertritt er Perspektiven der Kunden, was bedeutet, daß sich seine Position dem eigenen Unternehmen gegenüber distanziert und verselbständigt und in entsprechenden eigeninitiierten Aktivitäten zum Ausdruck kommen muß.

„ *Ich denke an folgendes Beispiel: wir kriegen z.B. jeden Tag eine Sperrliste von der Technik, wo drauf steht, welche Aufträge nicht bearbeitet werden aus irgendwelchen Gründen: entweder wir haben ein Teil selber nicht oder wir warten auf ein Zulieferteil u.a. Da kann man natürlich die Sperrliste auf die Seite legen und warten bis der Kunde erbost anruft und fragt* ' *wo ist denn mein Auftrag, er war für die 40. Woche bestätigt, heute ist die 45*' . *Ich kann mich nach der Devise verhalten*' *ach ja, steht schon wochenlang auf der Sperrliste, aber ich kümmere mich nicht drum* . *Oder aber ich gucke mir die Liste , gleich wenn ich sie kriege, an und sehe*' *oh, das könnte kritisch sein*' , *rufe dann gleich im Einkauf an und spreche mit denen*' *könnt ihr das nicht doch freigeben, vielleicht nur einen Teil, weil mein Kunde gerade so drauf wartet* . *Es kann sein, daß es nicht generell freigegeben werden kann für alle Aufträge, aber bitte, diese eine Kommission würde ich gerne frei ha-*

ben. *Wenn ich weiß, der Kunde will in der 47. Woche sein neues Möbelhaus eröffnen, dann muß ich das einfach mit dem Lieferwesen abklären. Im Computer steht es drin, der Kunde will das in der 47. Woche haben, aber die im Lieferwesen könnten das ja übersehen. Mit denen ist das also zu besprechen: Bitte nehmt das mit, daß der Kunde das dann rechtzeitig hat. Das, glaub ich, ist sehr viel wichtiger geworden, und nicht: es läuft ja alles seinen Gang, was kümmert es mich"* (Länderreferentin).

Das heißt u.U. sogar, daß der Sachbearbeiter bestimmte Positionen und Interessen des Unternehmens nicht vertritt oder aus sachlichen Erwägungen heraus ein Geschäft nicht abschließt, weil deutlich geworden ist, daß der Kunde damit eigentlich nicht befriedigt werden kann.

„Ich muß dem Kunden auch mal sagen' wieso brauchen Sie das, das andere Produkt ist günstiger oder genauso gut . Oder ihn auch mal fragen ' wieso kaufen Sie da jetzt 10, die brauchen Sie in 10 Jahren nicht, da tut es auch eins und, und, und' (Leiterin Vertrieb Inland).

Mit dieser neuen „Dienstleisterethik" (Brater 1993) zieht ein neues Bild der Zusammenarbeit auf, bei der es nicht um Macht und Interessendurchsetzung geht, sondern um Verantwortung, wechselseitige Sorge und Vertrauen. Dabei ist der Mitarbeiter aus dem Bereich der Absatzwirtschaft aber nicht nur Anwalt des Kunden, er muß auch gleichzeitig Anwalt des Unternehmens sein, wenn es etwa um Fragen der Wirtschaftlichkeit , insbesondere um Kosten geht. Hier ergeben sich Grenzen der Kundenorientierung. Manches Kundenwollen und Kundenverhalten ist einfach „unbillig" und ihm sollte begegnet werden.

„ Einen Großteil unserer Fachhändler beliefern wir frei Haus. Wenn jetzt ein Händler ständig eine Schere oder Pinzette per Eildienst bestellt, dann muß ich als Sachbearbeiter auch mal sagen können' nein, so ist dieses frei Haus nicht gedacht gewesen .
Oder schauen Sie, es gibt immer wieder Krankenhäuser, die was zurückgeben wollen, was sie aber schon gebraucht haben. Da muß ich einem Krankenhaus auch mal sagen können' wenn du was zurückgibst, dann kannst du dafür nicht den gleichen Wert erwarten, sondern das muß angeschaut werden, das muß aufgearbeitet werden, das muß ich noch verkaufen können . Wenn der Kunde mir noch so lieb ist und ich auch Angst habe, er springt mir ab: ich muß es rüberbringen, weil vom Drauflegen können wir alle hier nicht leben. Und vor allen Dingen, ich sage immer, wir haben keinen Gebrauchtwarenhandel, und wir sind auch nicht verpflichtet dazu. Das ist alles Kulanz, wenn wir das zurücknehmen, und dann kostet das eben was, weil wir kosten eben auch' (Leiterin Vertrieb Inland).

Dieselbe Gesprächspartnerin zieht folgendes Resümee: „Ja schon, der Kunde ist König. Aber nicht um jeden Preis. Ich kann auch in einer Beziehung nicht immer nur Ja sagen. Ich muß auch mal sagen: hier sind die Grenzen und dann funktioniert eine Beziehung. Es kann nicht immer nur ein Nehmen, es muß auch ein Geben sein. Das muß man schon lernen".

Sozial verlangt die Aufgabe des Vermittelns, sich auf den anderen einlassen zu können, seine Bedürfnisse ernstzunehmen, sie im Bezugsrahmen der betrieblichen Möglichkeiten zu interpretieren. Der Industriekaufmann muß Inkongruenzen und Vereinbarkeiten von Bedürfnissen und möglichen Leistungen des Unternehmens nüchtern zur Kenntnis nehmen, sich davon nicht entmutigen lassen und auf beiden Seiten – beim Kunden wie im Unternehmen – zäh und geduldig nach Möglichkeiten der Bewegung, der Annäherung suchen. Er ist derjenige, der Verbindungen herstellt, nicht selbst in Verbindungen steht. Das heißt, er gerät häufig in die Gefahr „zwischen den Stühlen zu sitzen". Dies auszuhalten, verlangt ein recht großes Maß an Ich-Stärke und moralischer Integrität, aber auch die Fähigkeit, sich gegen Enttäuschungen zu schützen.

„Man muß versuchen, nicht alles persönlich zu nehmen. Also, wenn wir das nicht machen würden, würden wir uns aufarbeiten, weil in der jetzigen Situation gibt es wirklich mehr Frust als Freude, weil wir nicht mehr so viel Autos verkaufen und die Kunden quasi erwarten, daß man ihnen das Auto schenkt. Die Kunden stellen oft die unmöglichsten Forderungen, nur weil die jetzige Situation so schlecht ist im Unternehmen. Und man kann beim besten Willen die Autos trotz allem nicht verschenken. Dann ist irgendwann schon mal bei uns der große Frust da" (Sachbearbeiterin Vertrieb Inland).

Erlernt werden muß, die Balance zwischen Nähe und Distanz zu halten. Dabei ist zu erkennen, daß sich hier zwischen Beruf und Persönlichkeit, zwischen Arbeit und eigenem Gewissen keine Trennlinie ziehen läßt. Motivation, Identifikation mit dem Unternehmen, Übersicht und Verständnis werden im Unternehmen sehr konkrete Anforderungen, und es kommt nicht mehr nur darauf an, was der Mitarbeiter kann, sondern eben auch darauf, was er für ein Mensch ist (Brater 1993).

„Ich glaube, daß das Persönliche in Zukunft die größte Rolle spielt, daß immer mehr die ' weichen' Anforderungen eine Rolle spielen werden. Das ist das, was man nicht niederschreiben kann in einem Ausbildungsplan, sondern das ist das, was man mitbringen muß: Verantwortungsbewußtsein, Ehrlichkeit, Selbstbewußtsein, Dynamik, Flexibilität, Kontaktfähigkeit, Kommunikationsfähigkeit, Ausdrucksfähigkeit" (Leiter Technischer Service).

RÜDIGER VON DER WETH

4 Schwierigkeiten, Fehler und Dysfunktionalitäten beim strategischen Denken

4.1 Einleitung

Bei der Planung technischer Großanlagen, langfristiger Verkehrs- und Bebauungskonzepte oder der Entstehung wissenschaftlicher Neuerungen wird immer wieder die Frage aufgeworfen, ob Menschen überhaupt in der Lage sind, die komplizierten Konsequenzen der damit verbundenen Entscheidungen richtig zu prognostizieren. Diese Frage ist berechtigt. So scheint es immer wieder zu Fahrlässigkeiten zu kommen, die die Konstrukteure von technischen Anlagen trotz größter Sorgfalt nicht einkalkuliert haben, und die dann zu Katastrophen führen. Schreckliche Beispiele dafür sind der Supergau von Tschernobyl oder das Fährunglück, bei dem ca. 900 Passagiere der Fähre *Estonia* ertranken.

Aber nicht nur bei technisch-wirtschaftlichen Großprojekten, sondern auch beim Planen und Handeln jedes einzelnen treten oft katastrophale Fehlleistungen auf. Immer wieder kommt es z.B. vor, daß sich Personen für den Bau oder Kauf von Häusern hochgradig verschulden, ohne zu bedenken, daß sich ihre wirtschaftliche Situation möglicherweise langfristig verschlechtern könnte und so notwendige Zahlungen nicht mehr geleistet werden können. Solche Fehler treten vor allem bei komplexen Problemen auf (vgl. 3.1).

Warum es bei komplexen Problemen zu solchen Fehlplanungen kommt, ist eine entscheidende Frage. Eine Hypothese, die zur Zeit ins Feld geführt wird, will ich einmal die „verhaltensbiologische" nennen. Sie lautet, vereinfacht und sicher etwas überspitzt formuliert, folgendermaßen:

Die biologische Entwicklung des Menschen ist seit der Steinzeit abgeschlossen. Somit besitzt der Mensch Verhaltensmechanismen, die ihn für die Anforderungen eines steinzeitlichen Lebens geeignet machen. Zu diesen Anforderungen gehören z.B. nicht die Planung einer chemischen Fabrik oder die eines nationalen Verkehrswegenetzes jeweils unter Berücksichtigung aller ökonomischen, ökologischen und sozialen Folgen. Auch die oben erwähnte Planung eines Hausbaus mit allen bürokratischen, rechtlichen und technischen Fallstricken übertrifft dieses Niveau bei weitem.

Dieses Argument wirkt einleuchtend, aber bei näherer Betrachtung schleichen sich Zweifel ein. Der erste ist recht subjektiver Natur: der Autor fühlt sich intuitiv dem Leben in der heutigen Zeit wesentlich besser angepaßt, als dem der Steinzeit. Zudem ist es sicherlich auch so. Dies mag man daran ermessen, welches unendliche Leid Menschen widerfährt, die von einer sogenannten „primitiven" Kulturstufe in das moderne Leben gerissen werden. Vermutlich liegt das nicht daran, daß sich diese Menschen in ihrer Fähigkeit zu einfachen und komplizierten Gedankengängen von uns unterscheiden, sondern es ist durch die Andersartigkeit der Anforderungen, der kulturellen und technischen Hilfsmittel und der sozialen Beziehungen bedingt.

Vor diesem Hintergrund erscheint die Diskussion, ob der Mensch ein nackter Affe oder das Ebenbild Gottes ist, für die angeschnittenen praktischen Fragen fruchtlos. Man kann sie weiterführen, wenn man vorher einiges andere geklärt hat. Wir sollten zunächst feststellen, *welche Fehler* überhaupt gemacht werden und *welche psychologischen Mechanismen* dahinterstehen. Dann kann man, wenn man will, darüber diskutieren, ob diese Mechanismen auf unser steinzeitliches Erbe zurückzuführen sind.

4.2 Business as usual

Vor der Beschreibung der Fehler in komplexen Situationen sollte man sich zunächst ins Gedächtnis rufen, daß diese *relativ selten* sind. Auch Personen, die im Rahmen ihrer Tätigkeit mit komplizierten Aufgaben konfrontiert werden, haben es meistens mit Routineanforderungen und überschaubaren Problemen zu tun. Dies führt zur ersten These und zum Ausgangspunkt der weiteren Überlegungen:

Die Denk- und Verhaltensweisen, die zu katastrophalen Fehlentscheidungen führen, sind in den allermeisten Fällen – nämlich bei einfachen Problemen – zielführend und richtig.

Für jede noch so einfache Vorausplanung ist die Auswahl der relevanten Informationen das Entscheidende. Dies ist bedingt durch die exponentielle Vervielfachung von Entscheidungsmöglichkeiten bei längeren Planungsketten.

Mit einem solchen großen Verzweigungsgrad haben künstliche Intelligenzen sehr große Probleme, wenn sie sich nicht auf komplette Vorgehensprogramme verlassen können. Schachcomputer haben z.B. für die Anfangsphase des Spiels eine Fülle vorprogrammierter Eröffnungsalternativen zur Verfügung.

Sie haben für diese Phase dadurch zu fast allen sinnvollen Eröffnungsvarianten erfolgversprechende Züge parat. Im Endspiel werden sie hingegen mit den größten Schwierigkeiten konfrontiert. Hier ist zwar die Situation hinsichtlich der Menge und der Unterschiedlichkeit der Figuren wesentlich einfacher als am Anfang, weil meistens nur noch der jeweilige König und einige Bauern auf dem Feld stehen, es existieren aber nur wenige vorgefertigte Zugfolgen, aus denen der Computer eine auswählen kann. Versucht er jedoch alle möglichen Zugfolgen systematisch auf ihre Erfolgschancen hin zu überprüfen, stößt er sehr schnell an seine Grenzen, da bei nur wenigen Zügen Vorausplanung eine unüberblickbare Fülle von Möglichkeiten existieren.

Menschen tun sich scheinbar leichter als Computer, aus vielfältigen Handlungsalternativen eine geeignete auszuwählen. Offenbar verfügen sie im Normalfall über Mechanismen, die es ihnen erlauben, die *relevanten Handlungsmöglichkeiten schnell zu erkennen*. Zweifellos ist eine derartige Fähigkeit für den Menschen wichtig und unerläßlich. Dies führt uns zu folgenden Thesen.

Diese Verhaltensweisen beruhen auf notwendigen Mechanismen, die dazu da sind
- die Informationsflut zu reduzieren,
- die Handlungsfähigkeit aufrechtzuerhalten,
- die (Arbeits-)beziehungen zu steuern.

Beim Lösen von Problemen scheint schnelles Erkennen und Auswählen von Möglichkeiten also eine Stärke des Menschen zu sein. Wie ein solcher möglichst *einfacher* Problemlöseprozeß aussehen kann, verdeutlicht die folgende Abbildung (Abb. 4-1). Wir sehen auf der *linken* Seite geistige Prozesse, die für das Planen notwendig sind.

Abbildung 4-1:   Einfaches und effizientes Planen bei Routineaufgaben

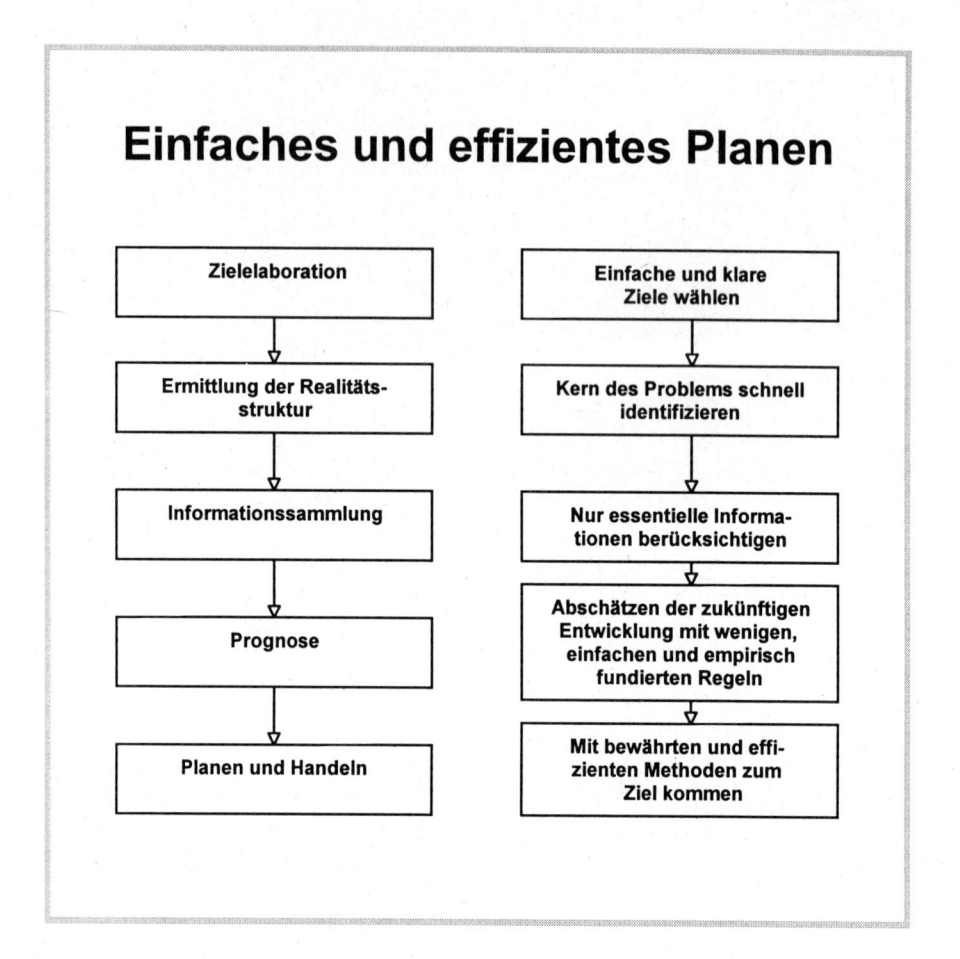

Einfaches und effizientes Planen

Zielelaboration	Einfache und klare Ziele wählen
Ermittlung der Realitätsstruktur	Kern des Problems schnell identifizieren
Informationssammlung	Nur essentielle Informationen berücksichtigen
Prognose	Abschätzen der zukünftigen Entwicklung mit wenigen, einfachen und empirisch fundierten Regeln
Planen und Handeln	Mit bewährten und effizienten Methoden zum Ziel kommen

Zielelaboration

Zunächst ist beim Planen wichtig, daß man sich darüber klar wird, was man überhaupt will. Diesen Prozeß nennt man Zielelaboration. Die Zielelaboration ist etwas, was in unserem Kopf ständig und häufig auch unterbewußt vor sich geht. Wir haben z.B. das *Bedürfnis* „Hunger". Daraus ergeben sich dann die *möglichen Ziele* „Kühlschrank", „Restaurant" oder „Imbißbude". In einer bestimmten Situation wird auf Grund einer bestimmten Konstellation äußerer und innerer Größen (z.B. Inhalt des Kühlschranks, Inhalt des Geldbeutels, Motivation, das Haus zu verlassen, Appetit auf ganz bestimmte Speisen) ein *endgülti-*

ges Ziel ausgewählt, das man dann anstrebt (z.B. ein italienisches Restaurant, in dem man gut Pizza essen kann).

Ermittlung der Realitätsstruktur

Wenn dem Entschluß Taten folgen sollen, muß man sich über diejenigen Aspekte der derzeitigen Situation klar werden, die man kennen muß, damit man das Ziel in erfolgversprechender Weise anstreben kann. Nehmen wir an, man befindet sich gerade in einer fremden Stadt. Ermittlung der Realitätsstruktur bedeutet sozusagen, daß man *erkennt, was man wissen sollte*. Das sind in diesem Fall Qualität der Speisen, Öffnungszeiten, Preisniveau, Platzangebot und der Weg zu den in Frage kommenden Pizzerias.

Informationssammlung

Die Ermittlung der Realitätsstruktur ist Voraussetzung für die gezielte Suche nach Informationen. Bei uns wären dies eben Informationen über die bereits genannten relevanten Größen: Qualität der Speisen, Öffnungszeiten, Preisniveau, Platzangebot und Entfernung. Man kann auf sehr unterschiedliche Weise nach Informationen suchen und diese Informationssuche kann unterschiedlich schwierig sein. In Wanne-Eickel findet ein deutscher Tourist leichter heraus, wo er am besten Pizza essen geht als in Peking.

Prognose

Wenn man sich nun über die möglichen Wege zu interessanten Pizzerias klar geworden ist, kann man sich überlegen, ob man seinen Plan erfolgversprechend durchführen kann. Die Qualität der Prognose hängt von der Qualität der vorher gesammelten Informationen ab. Wenn ich mich über alle relevanten Aspekte informiert habe, dürfte ich in der Lage sein, den Ablauf des geplanten Restaurantbesuchs richtig vorherzusagen. Sollte ich vergessen haben, mich über die Öffnungszeiten zu informieren, könnte ich eine böse Überraschung erleben.

Planen und Handeln

Ist alles bis zu diesem Punkt gediehen, bleibt bei unserem Beispiel nur noch wenig zu tun. Man kann *planen*, welches Verkehrsmittel man wählt und abhängig davon welchen Weg. Bleibt dann nur noch das *Handeln*, also hingehen und Pizza essen.

Man kann diesen Ablauf als eine Folge aufeinander aufbauender Stufen auffassen, da Informationen aus den in Abb. 4-1 weiter oben angesiedelten Prozessen für die darunterliegenden notwendig sind. Wir haben es bei diesen Schritten jedoch nicht mit einer zwingenden Reihenfolge zu tun: Es kann zwischen diesen Stufen Vorgriffe und Rücksprünge geben. Wenn man z.B. feststellt, daß das Geld für einen Restaurantbesuch nicht ausreicht, muß man sich möglicherweise ein neues Ziel wählen.

Auf der rechten Seite von Abb. 4-1 findet man Vorgehensvorschläge für die einzelnen Stufen des Prozesses. Sie zielen darauf ab, das Planen und Handeln möglichst *einfach* und *ohne Aufwand* zu gestalten. Die Aussagen erinnern nicht zufällig an gewisse Tugenden, die man guten Managern und Politikern zuschreibt (oder die sich die letzeren in Wahlkämpfen selbst zuschreiben). Es handelt sich also um Vorgehensvorschläge für den *schnellen* und *effizienten* Umgang mit Problemen.

Bei der Zielelaboration empfiehlt es sich, *klare und einfache Ziele* zu wählen, um das Problem auf diese Weise überschaubar zu halten und *schnell dessen Kern entdecken* zu können. Hat man diesen Kern entdeckt, sollte man umgehend die *essentiellen Informationen* herausfiltern und Unwichtiges beiseitelassen. Auf dieser Basis sollte man versuchen, *weitere Entwicklungen mit bewährten Methoden abzuschätzen*. Darauf aufbauend sollte man dann die Problemlösung mit möglichst *einfachen und sicheren Verfahren* anstreben.

Ein solcher Vorgehensstil ist nicht immer umsetzbar und unseres Erachtens auch *nur bei einfachen Problemen und Routineaufgaben* zielführend. In komplexen und neuartigen Situationen sind diese Mechanismen aus mehreren Gründen nicht sinnvoll:
- Sie führen dazu, daß die aktuelle Situation und zukünftige Entwicklungen nicht richtig erfaßt werden
- Sie führen zu Fehlern im Umgang mit Zielen
- Sie führen zu unrealistischen Plänen und ungeplanten Effekten von Handlungen

Im folgenden wollen wir verdeutlichen, daß diese Planungsform bei komplizierten Problemen zu Denkfehlern führen kann, die Fehlentscheidungen und vielleicht sogar Katastrophen verursachen können. Um dies näher zu erläutern, wollen wir diese Denkfehler in drei Gruppen unterteilen, je nachdem, welchen Aspekt des Problemlöseprozesses sie betreffen:
- Das oben beschriebene Vorgehen kann in komplexen Problemsituationen bewirken, daß *aktuelle und mögliche zukünftige Situationen nicht ange-*

messen im Denken *abgebildet* sind. Das kann bedeuten, daß man auf Grund von Fehlern beim Sammeln von Informationen wichtige Eigenschaften der momentanen Lage nicht kennt, weil man sich zu sehr auf wenige, vermeintlich ausschließlich wichtige Sachverhalte konzentriert hat. Der Handelnde riskiert bei diesem Vorgehen auch, falsche Annahmen über Zusammenhänge zu machen, weil er es mit einem Problem zu tun hat, das sich möglicherweise gar nicht auf einen zentralen Kern reduzieren läßt. Geht man dann von einem unzulässig vereinfachten Bild der Realität aus, sind auch die Prognosemethoden über zukünftige Entwicklungen, die sich im Normalfall als richtig bewähren, irreführend.

- In so einem Fall werden auch die Ziele, die der Handelnde sich setzt, nicht geeignet sein, den Anforderungen einer komplizierten Situation zu begegnen. Auch *im Umgang mit Zielen* existiert eine Reihe von *typischen und immer wiederkehrenden Fehlern*.
- Eine dritte Gruppe von Fehlern schließlich betrifft das *Planen und Handeln*: Verhaltensregeln, die sich beim Lösen einfacher Probleme bewähren, stehen bei komplizierten Problemen *oft nicht in Einklang mit den* dort *gegebenen Handlungsmöglichkeiten*.

Im folgenden will ich diese drei Fehlerarten durch typische Beispiele erläutern. Diese sind in den allermeisten Fällen dem Buch „Die Logik des Mißlingens" von Dietrich Dörner (1989) entnommen. Die Aufzählung beansprucht nicht, vollständig zu sein. Es soll aber deutlich werden, an welchen Stellen des Problemlöseprozesses bestimmte Fehlentwicklungen einsetzen.

4.3   Falsche Abbildung der jetzigen und zukünftigen Realität

Mögliche Fehler, die in diesen Bereich gehören, sind in Tabelle 4-1 aufgelistet. Falsches Vorgehen bei der Sammlung und Auswertung von Informationen und falsche Annahmen über Zusammenhänge und Hintergründe spielen dabei sowohl für falsche Analysen des Ist-Zustandes als auch für falsche Prognosen eine wichtige Rolle. Diese Vorgehensfehler können, wie gesagt, dadurch entstehen, daß man die Schwierigkeit eines Problems unterschätzt. Diese Tendenzen haben aber in vielen Fällen auch ganz andere, psychologische Gründe. Auf diese werden wir später noch eingehen. Es sei nur kurz darauf hingewiesen, daß Informationen oft auch deswegen nicht berücksichtigt werden, weil, wie es so schön heißt, nicht sein kann, was nicht sein darf. Dies kann sich besonders auf das Vorgehen bei der *Suche nach Informationen* auswirken: *„Einkapselung"* stellt die Tendenz dar, die Informationssuche und das Handeln auf solche Bereiche zu konzentrieren, in denen man sich gut auszukennen glaubt und sich Erfolgserlebnisse erhofft. Man tut also das, was man kann, und nicht das, was notwendig ist. Ein typisches Beispiel für Einkapselung stellen beruflich erfolgreiche Leute dar, die die privaten Probleme, die sich durch ihr großes Engagement entwickeln, nicht in den Griff bekommen und sich dadurch noch tiefer in ihre fachlichen Aufgaben vergraben. Ein weiteres Beispiel für Einkapselung sind die „Hacker", die v.a. in den frühen 80er Jahren Furore machten. Hier war der Computer der Fluchtpunkt vor anderen privaten und beruflichen Problemen.

Tabelle 4-1: Denkfehler durch unangemessenen Umgang mit Informationen

Fehlerrisiken	*Beispiele (vgl. Text)*
♦ Falsche Informationssammlung	
Einkapselung	„Fachidioten", „Hacker" und „Workaholics"
Thematisches Vagabundieren	Vorgesetzte als „Überflieger"
♦ Falsches Wissen und ungeeignete Hypothesen über Zusammenhänge	
Zentralreduktion	„Die Ausländer sind an allem schuld"; Kostensenkung als Allheilmittel
Mandalismus	Gestaltung von Strategiepapieren
♦ Falsche Prognosen	
Lineare Extrapolation	Strombedarfsprognosen aus den 70er Jahren
Strukturextrapolation	„Weltraumpiraten", frühe Automobile

„Thematisches Vagabundieren" bezeichnet ein Verhalten, bei dem man die relevanten Problembereiche nur streift, um sich neben einer aufwendigen, tiefergehenden Analyse von Problemen auch die Schwierigkeiten zu ersparen, die man dann erkennen müßte. Besonders Vorgesetzte, die sich nur kurz mit einzelnen Vorgängen befassen und die Umsetzung ihrer Ideen an Mitarbeiter delegieren, sind von diesem Fehler häufig betroffen. Oftmals analysieren sie unter Zeitdruck die Probleme nur unzureichend und machen ihren Mitarbeitern

wenig durchdachte Vorgaben. Dieser Fehler hat vor allem dann schlimme Konsequenzen, wenn die Probleme, die sich aus der oberflächlichen Analyse der Informationen ergeben, von Mitarbeitern möglicherweise aus Furcht, selbst als Versager dazustehen, nicht an den Vorgesetzten rückgemeldet bzw. absichtlich vertuscht werden. Der Vorgesetzte kann dann sein fehlerhaftes Vorgehen häufig nicht erkennen und wird sein falsches Verhalten nicht ändern.

Kommen wir zu den *falschen Annahmen über Zusammenhänge* bei einem Problem. Ich will zwei typische Tendenzen zur Vereinfachung von Zusammenhängen vorstellen: die „Zentralreduktion" und den „Mandalismus". Die *„Zentralreduktion"* läßt sich an einem schlimmen Beispiel aus der politischen Entwicklung der letzten Jahre erläutern, der Ausländerfeindlichkeit. Fragt man Personen, die gegen Ausländer eingestellt sind, bekommt man zu hören, daß „die Ausländer" fast alle aktuellen Probleme verursachen.

Es gibt aber auch Beispiele für die Zentralreduktion aus dem Bereich der Wirtschaft: Die Überzeugung, daß Kostensenkung wirklich alle Probleme eines Unternehmens löst, gehört ebenfalls in diese Kategorie von Denkfehlern.

„Mandalismus" stellt eine weitere Form der Vereinfachung von Wirkungszusammenhängen dar. Der Begriff lehnt sich an das Wort Mandala an: eine abstrakte Gestalt, meist in Form eines Schmuckstückes, das bei fernöstlichen Meditationspraktiken (oder dem, was hierzulande darunter verstanden wird) zur Versenkung dient. Durch das Mandala soll das Denken nach und nach ausgeschaltet werden, um zu esoterischen Gewißheiten zu gelangen.

Mandalahaftes begegnet uns auch oft in Darstellungen wissenschaftlicher Bücher, in Strategiepapieren oder Seminarunterlagen. Gemeint sind damit Darstellungen, die meist symmetrisch oder auf sonstige Art wohlgeformt sind und aus einer begrenzten Zahl von Elementen bestehen.

Es ist unwahrscheinlich, daß sich komplizierte Zusammenhänge immer in dieser Weise abbilden lassen. Vielmehr scheint es sich auch hier um eine Methode der Selektion von Informationen und der Bildung einfacher Hypothesen zu handeln. Wenn es schon nicht möglich ist, die *eine* entscheidende Ursache zu entdecken, so kann man das Problem auf diese Weise in einer Form darstellen, die dem ästhetischen Empfinden des Menschen entgegenkommt. Eine derartige Abbildung wirkt sehr einleuchtend für den Betrachter, auch wenn vielleicht ein wildes Gewirr von Pfeilen und Kästchen den tatsächlichen Verhältnissen näher käme.

In Tabelle 4-1 ist als letztes das Problem der *falschen Prognosen bei komplizierten Problemen* angeschnitten. Auch hier gilt, daß die beiden angesprochenen Formen der Prognose (Strukturextrapolation und lineare Extrapolation) für die meisten Alltagsprobleme ausreichen. Schwierigkeiten tauchen meist erst bei bestimmten Formen komplizierter Probleme auf:

„ *Lineare Extrapolation*" bezeichnet die Fortschreibung linearer Trends und dient oft als Planungsgrundlage. Die Atomkraftwerksplanung der siebziger Jahre ging zum Beispiel von einer linearen Steigerung des Stromverbrauches aus. Eine derartige Steigerung ist ausgeblieben. Es gab viele Sachverhalte, die bei dieser linearen Prognose nicht berücksichtigt wurden. So wurde der Trend zum Stromsparen stärker und die Katastrophe von Tschernobyl verzögerte den Bau weiterer Atomkraftwerke bis heute.

Auch die *„Strukturextrapolation"*, also die Übernahme von Struktureigenschaften von derzeitigen Situationen für zukünftige oder andere noch unbekannte, ist ein typischer Fehler der Prognostik. Ein gutes Beispiel für diesen Denkfehler sieht man bei der Darstellung der Raumfahrt in älteren Science Fiction-Romanen und -filmen: die Handlung spielt zwar meistens in den unendlichen Weiten des Weltraumes, erinnert in der Beschreibung der Schriftsteller und Drehbuchautoren aber oft sehr an die christliche Seefahrt zur Zeit Sir Francis Drakes, wenn z.B. „Schlachtschiffe" durch das All eilen, sich mit „Bordgeschützen" beschießen und sogar – was im Weltraum bei genauerem Nachdenken doch sehr unwahrscheinlich ist – Enterkommandos auftreten und Kämpfe mit (Licht-)Schwertern führen.

Auch in der Technik spielt die Strukturextrapolation eine große Rolle. Die ersten Automobile waren noch weitgehend analog zu Pferdekutschen konstruiert, einfach deshalb, weil die Phantasie der Konstrukteure von diesen Gefährten noch stark vorgeprägt war. Die Folge war, daß Autos noch lange danach funktionslose Teile besaßen, die aus dieser frühen Strukturähnlichkeit herrührten. Ein Beispiel dafür sind die Trittbretter, mit denen ein VW-Käfer noch in den 50er Jahren ausgerüstet war.

Natürlich gibt es noch weitere Fehler beim Umgang mit komplexen Problemen, die mit ungenügender Informationssuche zusammenhängen. Festzuhalten bleibt, daß solche unangemessenen Verhaltensweisen bereits den Keim für weitere Fehler in späteren Phasen des Problemlöseprozesses in sich tragen.

4.4 Zu einfache Ziele – ungenaue Anforderungsanalyse

Besitzt man nur holzschnittartige Informationen über die Handlungsbereiche, in denen man agiert, so erhöht sich auch die Wahrscheinlichkeit, daß man sich dementsprechend einfache Ziele setzt. Aber es kann natürlich auch trotz einer genauen und richtigen Exploration der Zusammenhänge zu Zielvorstellungen kommen, die für eine wirksame Planung nicht angemessen sind. In Tabelle 4-2 sind wichtige Fehler bei der Bildung von Zielen im Planungsprozeß angesprochen.

Ziele können für eine Planungsaufgabe *zu undifferenziert* sein. Politiker haben in unserem Lande die Aufgabe, die Interessen der Bürger zu wahren. Um eine derartige Anforderung in die Tat umsetzen zu können, bedarf es genauerer Teil- und Zwischenziele: der Wohlstand und die Qualität der Umwelt muß gesichert werden, der Schutz der Bürger vor kriminellen und mafiosen Umtrieben muß gewährleistet sein und vieles mehr. Selbst auf dieser Ebene bedürfen die Ziele eines Politikers einer weiteren *Zerlegung*. Die einzelnen konkreten Anforderungen, die mit solchen Aufgaben im Zusammenhang stehen, müssen so genau herausgearbeitet werden, daß die Ziele des Handelnden als Wegweiser für das weitere Vorgehen geeignet sind.

Die Zerlegung von Zielen ist auch notwendig, um *widersprüchliche Ziele* zu erkennen. Die Parole „Freiheit, Gleichheit, Brüderlichkeit" umfaßt drei sehr lobenswerte Ziele. Denkt man jedoch über konkrete Teil- und Zwischenziele auf dem Weg zu einem optimalen Staat nach, der alle drei Forderungen erfüllt, so bemerkt man, daß sie nicht auf einmal zu haben sind: Freiheit (v.a. ökonomische) führt auf Dauer zur Abnahme der Gleichheit und ist auch nicht unbedingt förderlich für die Brüderlichkeit. Gleichheit wiederum führt auch nicht automatisch zu Brüderlichkeit und läßt sich in vielen Punkten nur auf Kosten der Freiheit durchsetzen usw.

Erscheinen Ziele widersprüchlich, muß dies nicht automatisch dazu führen, daß man ein Ziel zugunsten des anderen aufgeben muß. Beim Umgang mit komplizierten Problemen ist es vielmehr wichtig, die gleichzeitige Verfolgung mehrerer Ziele koordinieren zu können, auch wenn sie zunächst unvereinbar wirken. Wirtschaftlicher Wohlstand und Umweltschutz schienen noch vor wenigen Jahren Dinge zu sein, die beide gleichzeitig nicht zu haben sind. Diese Sichtweise engt jedoch ein. In der Praxis zeigte sich vielmehr, daß man ständig nach praktikablen Kompromissen zwischen Ökonomie und Ökologie suchen muß. Diesen Prozeß nennt man *„Zielbalancierung"*. Bei der beschriebenen

Aufgabe, ökonomische und ökologische Ziele gleichzeitig zu verfolgen, kann gelungene und kreative Zielbalancierung sogar dazu führen, daß man Strategien entwickelt, die scheinbare Widersprüche an bestimmten Punkten aufheben können (indem man z.B. Möglichkeiten entdeckt, mit sinnvollen Umweltschutzmaßnahmen und -techniken gute Geschäfte zu machen). Ungenügende Zielbalancierung ist oft ein Grund für schlechte Zeitplanung und weitere Fehler, die beim Umgang mit Zielen auftreten können.

Tabelle 4-2: Fehler bei der Zielbildung

Fehlerrisiken	*Beispiele (vgl. Text)*
Keine Zielzerlegung	Ziele in der Wahlwerbung
Nichtberücksichtigung von Widersprüchen	„Freiheit, Gleichheit, Brüderlichkeit"
Keine Zielbalancierung	Wirtschaftlichkeit und Umweltschutz
Abbruch der Ziel- und Anforderungsanalyse wegen erster Lösungsideen	Als Folge: Technisch hochwertige Geräte (z.B. Videorecorder), deren Bedienung zu kompliziert ist
Nichtberücksichtigung von Neben- und Fernwirkungen	Das Ziel „Wohlstand für alle" und seine ökologischen Konsequenzen
Übergewicht des aktuellen Motivs	...wenn die Lust auf eine Zigarette wichtiger ist als die Angst vor dem Raucherbein

Eine weitere Form des unzureichenden Umgangs mit Zielen ist die mangelnde Bereitschaft, ein einmal gesetztes Ziel zu ändern, obwohl man Ziele bei komplexen Problemen eigentlich noch einmal kritisch auf Möglichkeiten zu ihrer Realisierung untersuchen und sich zudem überlegen sollte, welche Konsequenzen diese Ziele haben könnten. Man spricht in diesem Fall von *mangelnder bzw. ungenauer Zielanalyse*. Dieses Problem taucht z.B. beim Konstruieren im Maschinenbau immer wieder auf. Bei der Untersuchung des Verhaltens von Ingenieuren ist festgestellt worden, daß erste Ideen zur Lösung eines Konstruktionsproblems viel zu selten auf ihre Stärken und Schwächen geprüft werden und die Ingenieure keine alternativen Zielvorstellungen, wie man das Problem noch lösen könnte, entwickeln (Dylla, 1991). Je konkreter der erste Lösungsansatz wird, je mehr Arbeit hineingesteckt wird, um so unwahrscheinlicher wird es dann, daß man von dieser Ausgangsidee noch abweicht, auch wenn nach und nach ihre Schwächen immer deutlicher werden sollten. Da

Konstrukteure beim Nachdenken häufig zunächst auf die Funktion des Gerätes fixiert sind (und nicht auf andere Faktoren wie Kosten, Ökologie oder leichte Bedienbarkeit), kann diese Konzentration auf die erste Lösungsidee z.B. zu technisch sehr raffinierten Lösungen führen, die aus anderen Gründen nicht befriedigend sind. Wer kennt nicht Videorekorder und CD-Player mit einer Fülle von technischen Funktionen, deren Bedienung aber kaum verständlich ist?

Ein wichtiger Effekt eines solchen undurchdachten Umgangs mit Zielen ist häufig die *Nichtberücksichtigung von Neben- und Fernwirkungen*. Hat man die Ziele anfangs nicht in ausreichender Weise entwickelt, konkretisiert und ihre Stärken und Schwächen analysiert, dann passiert es gerade bei komplexen Problemen, daß Effekte auftreten, „an die man doch eigentlich hätte denken müssen", die doch eigentlich „auf der Hand liegen", die aber bei der Planung nie jemand berücksichtigt hat. Gerade in der Politik und der Stadt- und Regionalplanung passiert derartiges häufig und wirkt auf einen Außenstehenden befremdlich. Man denke an Brücken, die in der Landschaft stehen und zu Straßen gehören, die niemals gebaut werden oder an die langfristigen ökologischen Probleme, die es verursachen würde, wenn, wie angeblich allseits angestrebt, alle Menschen auf der Welt den gleichen Wohlstand wie die heutigen Bewohner der westlichen Welt hätten.

Auch bei den Fehlern im Umgang mit Zielen gilt, daß sie auf psychischen Prozessen beruhen, die bei den üblichen Handlungsanforderungen von elementarer Bedeutung sind. Dies soll am Beispiel eines weiteren typischen Fehlers, der *„Überwertigkeit des aktuellen Motivs"* erläutert werden.

Hier ist die Gefahr angesprochen, daß der Handelnde all jene Sachverhalte zu wenig beachtet, die nichts mit dem Ziel zu tun haben, das er momentan verfolgt und deren Konsequenzen auch nicht unmittelbar spürbar sind. Ein gutes Beispiel dafür bietet der Raucher, der von seiner Leidenschaft nicht lassen kann. Aktuell drängt ihn sein starkes Bedürfnis nach einer Zigarette; langfristige, nicht unmittelbar spürbare, aber einschneidende Schwierigkeiten wie Raucherbeine und Lungenkrebs fließen jedoch in die Entscheidung für oder gegen das Rauchen nicht in rationaler Weise mit ein.

Nun ist andererseits die Fähigkeit, sich auf die Verfolgung eines aktuellen Zieles zu konzentrieren, nach den meisten gängigen psychologischen Theorien eine der wichtigsten Voraussetzungen für menschliche Handlungsfähigkeit, die es überhaupt gibt (z.B. Atkinson & Birch, 1970; Heckhausen & Kuhl, 1985). Wer diese Fähigkeit nicht in ausreichendem Maße besitzt, ist nicht in der Lage, längere Zeit bei einer Sache zu bleiben und größere Aufgaben ohne ständige innere Konflikte darüber, was als nächstes zu tun ist, zu bewältigen. Solchen

Personen fallen Entscheidungen sehr schwer. Es gibt sogar die Hypothese, daß die mangelnde Fähigkeit, sich auf aktuelle Ziele zu konzentrieren, ein wichiges Merkmal des Krankheitsbildes der Depression ist. Wir sehen also auch hier, daß der Umgang mit komplizierten Problemen Verhaltensweisen erfordert, die der normalen Lebenserfahrung, die sich am Umgang mit Routineaufgaben orientiert, widersprechen können.

Angemessener Umgang mit Zielen erfordert im Gegensatz zur Korrektur der Fehler, die durch ungenaue und widersprüchliche Ziele auftreten können, relativ wenig Aufwand. Gründlicher Umgang mit ihnen lohnt sich also. *Konkretisierung von Zielen, Überprüfung auf Widersprüchlichkeiten, das Abschätzen der Möglichkeit, diese Ziele auch umzusetzen, und das Überdenken langfristiger Effekte und Wirkungen auf andere Arbeits- und Lebensbereiche* sind die wesentlichen Bestandteile eines solchen Umgangs mit Zielen. Dieser gründliche Umgang birgt aber auch gewisse Risiken: Man muß bei der genauen Überprüfung der eigenen Ziele möglicherweise erkennen, daß das, was man sich wünscht, nicht möglich ist oder daß man diese Ziele nur unter Aufgabe anderer Ziele erreichen kann (wenn man z.B. erkennt, daß zwischen Karrierewunsch und intaktem Familienleben in der eigenen Lebenssituation ein Widerspruch besteht). Das kann bitter sein und hält viele Menschen vom Nachdenken über Ziele ab.

4.5 Zu einfache Pläne und Handlungen

Dieser Abschnitt befaßt sich mit der Umsetzung von Zielen. Er behandelt das Planen (die Auswahl und die Verknüpfung von Schritten, die zu den angestrebten Zielen führen sollen) und das Handeln (die Realisierung dieser Pläne).

Planen

Auch beim Planen gibt es wieder eine Reihe von Fehlern, die derjenige begeht, der sich allzu sehr auf seine Routine verläßt. Sie sind zusammen mit den Fehlern, die bei dem Ausführen von Handlungen passieren können, in Tabelle 4-3 zusammengestellt.

Tabelle 4-3: Fehler bei der Planung, Ausführung und Überprüfung von Handlungen

Fehlerrisiken	Beispiele (vgl. Text)
♦ **Fehler beim Planen**	
Dekonditionalisierung und somit lineares Planen	der „Rumpelstilzcheneffekt"
Ziele statt Maßnahmen	die „27,8%ige Umsatzsteigerung"
Nichtberücksichtigung von Neben- und Fernwirkungen	Hochwasser u.a. durch die Begradigung von Flüssen und Bächen
♦ **Fehler beim Handeln**	
Ballistisches Handeln	„Faustschlag"
„Immunisierende Marginalkonditionalisierung"	der „Torfdoktor"

Dekonditionalisierung oder lineares Planen ist ein solcher typischer Fehler. Ein Handlungsschritt wird an den anderen gereiht ohne Berücksichtigung von einschränkenden Bedingungen oder möglichen Alternativen, falls etwas schief geht. Die Märchenfigur Rumpelstilzchen stellt ein typisches Beispiel für diese Art des Planungsverhaltens dar. Der Plan „Heute back´ ich, morgen brau ich, übermorgen hol´ ich der Königin ihr Kind" ist linear. Er besteht aus einer Folge von drei Schritten (=Operationen) für die keine Alternativen existieren, falls einer der Schritte nicht zu dem gewünschten Ergebnis führt. Erst recht wurden keine Bedingungen angegeben, unter denen man eventuell ganz anders vorgehen sollte. Dieses Fehlen von Planungsalternativen und ihren Bedingungen nennen wir Dekonditionalisierung. (Der Plan wurde zudem nicht in der notwendigen Weise geheimgehalten.)

Warum ist Dekonditionalisierung so häufig? Der Mensch berechnet die Erfolgswahrscheinlichkeit in seinem Kopf nicht wie ein Computer. Belege dafür gibt es viele (Dörner, 1989; Resch & Oesterreich, 1986). So wird eine 95%ige oder auch schon eine 90%-ige Wahrscheinlichkeit für das Gelingen als völlig sicher wahrgenommen. Dies ist bei einer einzelnen Handlung, die man nur einmal durchführt, meist auch eine ausreichende Sicherheit. Gefährlich ist diese ungenaue Wahrscheinlichkeitsschätzung bei der Dekonditionalisierung, also der Aneinanderreihung von Schritten, die auf jeden Fall gelingen müssen. Besteht ein Plan aus zehn notwendigen Operationen mit 90%iger Erfolgswahrscheinlichkeit, dann ist die Wahrscheinlichkeit für das Gelingen des gesamten Plans nur ... ca. 35%.

Während die Dekonditionalisierung zu einer falschen Aneinanderreihung von Maßnahmen führt, beruht der Denkfehler, der *„Ziele statt Maßnahmen"* genannt wird, darauf, daß in Plänen oft lediglich angegeben wird, was erreicht werden soll, aber nicht wie dies geschehen könnte. So werden z.B. im Vertriebsbereich häufig lediglich Vorgaben für den Umsatz des nächsten Jahres gemacht („ Wir wollen eine 27,8%ige Umsatzsteigerung"), aber keine Aussagen darüber, wie dies erreicht werden soll. Die Gefahr, daß auf diese Weise geplant wird, ist immer dann besonders groß, wenn nicht die gleiche Person plant, die die Vorgaben auch umsetzen muß. Der Planende wird das Scheitern dann häufig eher den mangelnden Fähigkeiten des Handelnden zuschreiben als den Ungenauigkeiten im eigenen Plan.

Auch beim Planen kann die *Nichtbeachtung von Neben- und Fernwirkungen* negative Konsequenzen mit sich bringen. Man kann dies daran sehen, daß bei Maßnahmen wie der Gestaltung von Schiffahrtswegen oder der Begradigung von Bächen und Flußläufen das Hochwasserrisiko nicht beachtet wurde. Auch zusätzliche Faktoren, wie globale Klimaveränderungen wurden, bei solchen Planungen nicht berücksichtigt. Dies führte letztendlich zu den Überschwemmungskatastrophen der letzten Zeit.

Handeln

Der Begriff *„ballistisches Handeln"* ist von der „ballistischen Bewegung" aus der Medizin abgeleitet. Als ballistisch werden Bewegungen bezeichnet, die sich – einmal ausgelöst – der bewußten Kontrolle entziehen, etwa ein Faustschlag. Unter ballistischem Handeln kann man sich in größerem Maßstab etwas Ähnliches vorstellen. Es handelt sich um Handlungen, die ohne weitere Anpassung an die konkreten Gegebenheiten der Situation nach einem vorgefertigten Programm abgewickelt werden und nicht mehr gestoppt werden können. Ballistisches Handeln ist meist ein Effekt der bereits beschriebenen Dekonditionalisierung beim Planen. Wer sich über Handlungsalternativen keine Gedanken gemacht hat und einen „linearen Plan" entwickelt hat, wird unter Druck von Mißerfolgen bei der Handlungsausführung erst recht keine anderen Möglichkeiten entdecken, um zu seinen Zielen zu kommen.

Bei der Ausführung von Handlungen müßten Unzulänglichkeiten in den vorherigen Planungsschritten (z.B. falsche Hypothesen, kontradiktorische Ziele) durch die negativen Effekte, die sie auslösen, offensichtlich werden. Solche Warnzeichen könnten eigentlich Korrekturen ermöglichen, werden aber oft ignoriert. Einen Mechanismus zur Aufrechterhaltung falscher Hypothesen, obwohl ganz offensichtliche Sachverhalte dagegen sprechen, beschreibt der – zugegebenermaßen etwas klobige – Begriff *„immunisierende Marginalkonditionalisierung"* (Strohschneider, persönliche Mitteilung nach Dörner, 1989). Hier handelt es sich um eine Form des Denkens, die man oft nach Mißerfolgen bei der Anwendung einfacher Regeln findet. Nehmen wir an, ein Arzt glaubt, entdeckt zu haben, jedwede Hautkrankheit durch die Auflage bestimmter Torfpackungen heilen zu können. Bald werden sich sicher die ersten Mißerfolge einstellen. Tritt in so einem Fall der Prozeß der immunisierenden Marginalkonditionalisierung auf, wird die Torfhypothese nicht etwa verworfen. Der Arzt wird statt dessen glauben, daß es bestimmte Anwendungsregeln gibt, die bei der Torfkur eingehalten werden müssen, um zum Erfolg zu kommen (etwa: der Torf darf nicht bei direktem Sonnenlicht aufgetragen werden). Dieser Prozeß kann sich fast beliebig lange fortsetzen, so daß immer weitere Einschränkungen für die Ausgangshypothese gefunden werden. Betreibt man derartige Überlegungen lange genug, lassen sich immer Erklärungen für Mißerfolge finden, ohne daß man an der falschen Ausgangshypothese kratzen muß. Solche Erklärungen können ganze wissenschaftliche Bücher füllen und beeindrucken durch ihre Komplexität und ihren Umfang. Weil auf diese Weise zwar ein imposantes Schrifttum entsteht, aber niemand mehr einen Überblick hat, wird grundsätzlicher Zweifel immer unwahrscheinlicher („Ich verstehe das zwar nicht, aber so viele kluge Köpfe können sich nicht irren"). Das Denkgebäude ist irgendwann durch die Einführung immer neuer Randbedingungen („Marginalkonditionen") gegen Beweise gesichert („immunisiert").

Auch der geistige Prozeß, der zur immunisierenden Marginalkonditionalisierung führt, beruht im Grunde genommen auf einem sinnvollen Mechanismus, nämlich dem Streben nach Differenzierung des eigenen Wissens.

4.6 Einfaches und komplexes Planen

Fassen wir zusammen: Bei komplizierten Planungsprozessen führen solche Planungs- und Handlungsmechanismen zu Fehlern, die bei einfachen Problemen und Routineanforderungen notwendige Voraussetzungen des Handelns sind. Verglichen mit den Anforderungen einfacher Probleme, ergeben sich bei komplizierten Problemen teilweise völlig andere Notwendigkeiten für das Vorgehen, weil wesentlich mehr Problemaspekte und Risiken beachtet werden müssen. Andererseits sind die Informationen über das Problem und mögliche Lösungwege wesentlich umfangreicher, aber möglicherweise unvollständig.

Die Teilschritte des Vorgehens bei komplexen Problemen sind in Abbildung 4-2 rechts aufgeführt, links stehen noch einmal die Teilaspekte und Fehlerrisiken aus dem bisherigen Text, die besondere Beachtung verdienen.

Abbildung 4-2:   Planungsschritte bei komplexen Problemen

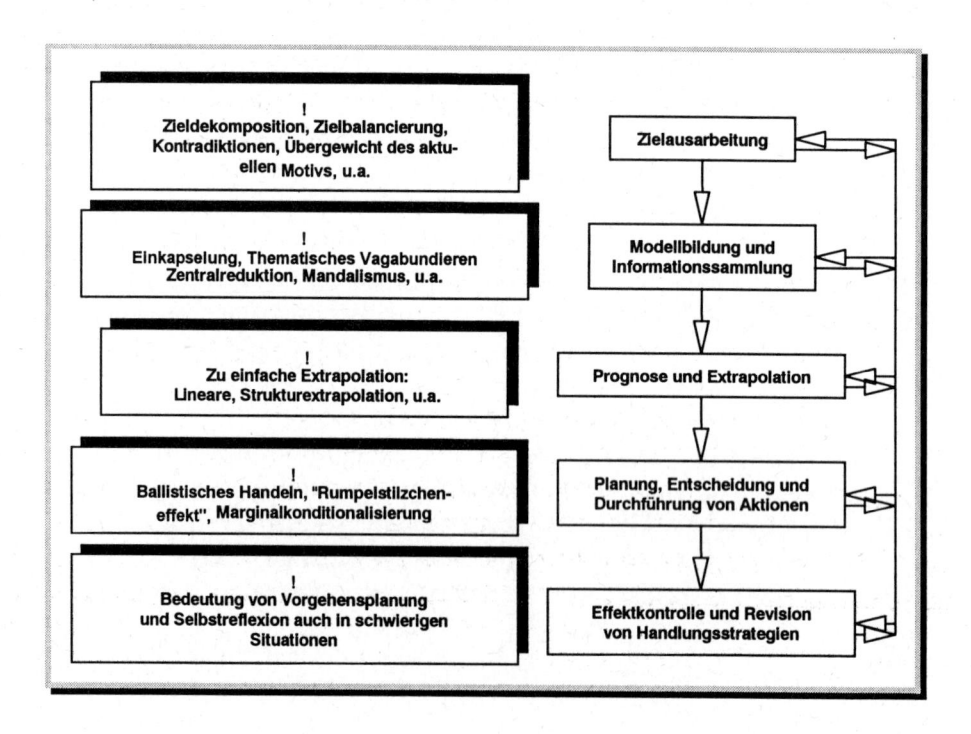

Neben der Aufzählung der Fehlerrisiken links sind zwei weitere Aspekte der Abb. 4-2 zu beachten. Zum einen kommt ein wichtiger Schritt gegenüber dem in Abb. 4-1 gezeigten Schema hinzu: *Effektkontrolle und die Revision von Handlungsstrategien* ist gerade beim Umgang mit komplexen Problemlösesituationen von entscheidender Bedeutung. Mit Effektkontrolle ist nicht nur die dauernde Überwachung ganz bestimmter Erfolgsgrößen gemeint. Es geht bei komplexen Problemen auch darum, fortlaufend zu überlegen, *wie* man den *Erfolg* überhaupt *messen* kann. Dazu ein Beispiel: In einem Unternehmen sind harte Zahlen über Umsätze, verkaufte Stückzahlen etc. leicht zu beschaffen. Wichtig sind jedoch auch Größen wie z.B. die Bereitschaft des Managements zu sinnvollen Neuerungen. Wie „sinnvoll" und „neu" etwas ist, läßt sich nicht leicht in Mark und Pfennig ausrechnen und muß wahrscheinlich sogar von Fall zu Fall neu entschieden werden. Es müssen also immer wieder die *Kriterien für die Erfolgskontrolle* geprüft werden. Gerade weil man sich bei komplexen und neuartigen Problemen so leicht irren kann, muß man auch immer wieder generell überdenken, ob man auf dem richtigen Weg ist. Im Ernstfall sollte man dann bereit sein, das eigene Vorgehen grundlegend zu ändern (*Revision von Handlungsstrategien*).

Was den Arbeitsaufwand beim Umgang mit komplexen Problemen außerdem erhöht, ist die Tatsache, daß die einzelnen Schritte des oben beschriebenen Ablaufs in viel stärkerem Maße miteinander vernetzt sind und nicht einfach Schritt für Schritt abgewickelt werden können. Zusätzliche Informationen und ein besseres Modell sind wesentliche Voraussetzungen für gute Prognosen. Diese Prognosen können jedoch die Notwendigkeit weiterer Informationen deutlich machen und auch eine Änderung der bisherigen Zielsetzungen mit sich bringen. *Es ist also bei jedem der beschriebenen Schritte so weit wie möglich zu beachten, welche Auswirkungen sich auf die anderen Teilprozesse des Planens und Handelns ergeben.*

Dies alles ist sehr aufwendig und in der Praxis nicht immer durchführbar. Man sollte es dennoch versuchen. Geht man nämlich ein komplexes Problem so wie ein einfaches an, erhöht sich die Wahrscheinlichkeit für die beschriebenen Fehler beim Planen und Handeln immens. Wissenschaftliche Untersuchungen haben gezeigt, daß gerade die Tatsache, daß bei Projekten oder in Krisensituationen nicht erkannt wurde, daß Routineverhalten hier unangebracht ist, Katastrophen und Mißerfolge ausgelöst hat.

Leider ist es aber auch nicht richtig, einfach immer mit dem schlimmsten zu rechnen und alle Probleme so anzugehen, als ob sie kompliziert wären – dann ginge man ja sozusagen auf Nummer Sicher. Dies würde jedoch zu einer *er-*

heblichen Verschwendung von Zeit und Ressourcen führen. Würde man jedesmal bei einfachen Tätigkeiten, wie dem Zubinden eines Schnürsenkels, über den Sinn und Unsinn der Bindemethode, über die Notwendigkeit von Schnürsenkeln überhaupt und andere ähnliche Aspekte seines Tuns nachdenken, würde dies die Handlungsfähigkeit des Menschen lähmen. Dieses Beispiel ist sicher überspitzt, aber es zeigt, daß nicht einfach jedes Routineproblem wie ein komplexes behandelt werden kann. Tabelle 4-4 zeigt zwei weitere Fehler, die sich aus dieser Form unangemessenen Vorgehens ergeben.

Tabildung 4-4: Zu komplizierte Pläne bei einfachen Problemen

Fehlerrisiken	*Beispiele (vgl. Text)*
Vergeudung von Zeit und Ressourcen	Schnürsenkelzubinden als „komplexes Problem"
Überplanung	Fünf-Jahres-Pläne im „real existierenden" Sozialismus
Methodismus	„Projektplanung ist nach Formblatt 5 abzuwickeln"

Falsch ist es sicher auch, Unwägbarkeiten in der Planung dann ausschalten zu wollen, wenn dies gar nicht möglich ist. Manchmal erlaubt es der Gegenstand der Planung gar nicht, alles genau festzulegen. Der Bauer muß sein Heu ernten, wenn die Sonne scheint und kann daher seine Arbeit in einem Terminplan nicht monatelang im Voraus festlegen. Ein derartiges Verhalten würde man als *Überplanung* bezeichnen. Ein weiteres Beispiel dafür sind die Fünf-Jahres-Pläne, die die Führungsmannschaften der ehemaligen sozialistischen Volkswirtschaften erlassen haben. Sie waren der Komplexität des gesamten Systems und der Dynamik der Wünsche der Bürger nicht angepaßt.

Hand in Hand mit der Überplanung geht meistens der sogenannte *Methodismus*. Methodismus führt dazu, daß alle Planungen, Projekte und Arbeitsabläufe nach festen, aber auch starren Regeln abgewickelt werden. Ein Beispiel dafür sind sehr umfangreiche Leitlinien zur Projektplanung, die in manchen Unternehmen existieren. Solche Regeln entstehen oft zunächst aus dem vernünftigen Bemühen heraus, Stärken des eigenen Vorgehens auch bei neuen Projekten wieder ins Spiel bringen zu können. Sie entwickeln sich aber sehr schnell zu einem engen Korsett und behindern manchmal die Flexibilität des Handelns. Gerade in unwägbaren Situationen neigen die Beteiligten dazu, sich an solche Regeln zu halten, auch wenn es im speziellen Fall offensichtlich unsinnig ist. Man ist dann bei Pannen wenigstens nicht selbst verantwortlich, sondern die unangemessenen Vorgaben. Die Regeln dienen dann nicht als Leitfaden zum richtigen Handeln, sondern als Rechtfertigung.

Das wichtigste Problem beim zu aufwendigen Planen und Handeln ist sicher, daß man nicht jedes Problem in gleich detaillierter Weise bearbeiten kann. Es gilt also, die komplizierten Fälle möglichst bald und möglichst gut zu identifizieren, um eine angemessene Strategie anwenden zu können. Diese Überlegungen sind nicht neu. Der Konstruktionsmethodiker Johannes Müller unterscheidet z.B. den „Normalbetrieb" und den „Notfallbetrieb" (Müller, 1990), wobei letzterer in schwierigen Situationen und bei komplexen Problemen einen höheren Planungsaufwand und rationale Analysen erfordert. Die Benennung verrät bereits, wo hier die Schwierigkeiten sind. Liegt der *Notfall* schon vor, sind die Fehler bereits gemacht, Gelegenheiten zur Vorsorge bereits verschenkt worden. Es ist daher notwendig, zu versuchen, komplexe Probleme und mögliche Fehler möglichst *frühzeitig* zu erkennen. Warum dies nicht gelingt, hat häufig psychologische Ursachen. Im nächsten Absatz sollen wichtige dieser Ursachen dargestellt werden. Wer sie kennt und bei sich und anderen erkennen kann, ist möglicherweise in der Lage, Abwege beim Umgang mit komplexen Problemen zu vermeiden.

4.7 Psychologische Ursachen für Planungsfehler

Ist der Mensch zu dumm?

Bereits unter 4.2 sind wir auf eine der wichtigsten Hypothesen für die Ursache von Denkfehler eingegangen. Sie heißt: Die geistigen Möglichkeiten des Menschen sind einfach nicht ausreichend, da sie sozusagen aus der Steinzeit stammen. Wir haben dort bereits gegen diese Position Einwände erhoben. Der aktuelle Stand der Forschung widerspricht dem auch (Jansen, 1994; Strohschneider, 1993). Es hat sich gezeigt, daß die beschriebenen Fehler nicht geschehen *müssen*. Es gibt durchaus Prognostiker, die nicht immer linear extrapolieren, es gibt Politiker, die auch über die Neben- und Fernwirkungen ihres Tuns nachdenken, und es gibt Unternehmenslenker, die nicht nur Ziele, sondern auch handfeste Maßnahmen vorgeben. Es ist nur so, daß man dies in komplexen Situationen nicht *automatisch* tut, sondern solche *Fehler nur durch bewußtes Nachdenken über das eigene Vorgehen* vermeiden kann. Der Mensch hat allerdings seine Gedanken nicht immer unter Kontrolle. Wenn man z.B. grübelt, kreisen sie um nutzlose Dinge und werden nicht zielführend eingesetzt.

Ein schweres Problem in komplexen Situationen liegt darin, daß v.a. in sehr bedeutsamen Situationen seelische Prozesse beim einzelnen und Kommunikationsprozesse in der Gruppe stattfinden, die ein realistisches Nachdenken über das eigene Vorgehen behindern. Wir wollen zwei derartige Prozesse vorstellen, die auf Überlegungen von Dörner (1989) und Strohschneider (1993) beruhen.

Sicherung des Kompetenzempfindens durch Vermeidung unangenehmer Informationen und Handlungen

Ein wichtiges Motiv für menschliches Handeln liegt darin, daß man seine eigene langfristige Handlungsfähigkeit sichern will, um auch zukünftigen Schwierigkeiten begegnen zu können. Dieses Motiv kann zu ganz unterschiedlichen Aktivitäten führen, wie dem Streben nach Geld, nach Wissen oder auch zum Erwerb bestimmter Fertigkeiten. Diese langfristige Handlungsfähigkeit wird in der Psychologie, wie so viele Dinge, unterschiedlich benannt, ein Name dafür ist *„Kompetenz"*. Wenn der Mensch bestrebt ist, daß seine Kompetenz möglich hoch ist, muß er zunächst einen Gradmesser dafür besitzen, wie es um seine Kompetenz bestellt ist. Da er die langfristige Zukunft nicht kennt, gibt es *keinen objektiven Gradmesser* für die Kompetenz. Es existiert also immer nur eine Art *subjektiven Schätzwert* für die Kompetenz, er heißt *Kompetenzempfinden*. Dieser Schätzwert beruht auf der einen Seite auf dem Vorwissen, den Fähigkeiten und den Gewohnheiten einer Person und auf der anderen Seite auf den Merkmalen bestimmter Situationen.

Das Kompetenzempfinden eines Menschen ist dann hoch, wenn er das Gefühl hat, daß er die Situationen, mit denen er zu tun hat und haben wird, gut bewältigen kann. Wie das im einzelnen funktioniert, wollen wir an dieser Stelle nicht erörtern. Für Interessierte sei auch hier auf den Literaturtip verwiesen. Der Mensch kann sich also im Grunde genommen nur auf diesen subjektiven Gradmesser verlassen. Im Alltag, bei vertrauten Problemen und in Routinesituationen stimmt das Kompetenzempfinden mit der tatsächlichen Lage sehr gut überein.

Die Vielfältigkeit menschlichen Handelns rührt u.a. daher, daß es sehr *unterschiedliche Wege* gibt, zu einem stärkeren Kompetenzempfinden zu gelangen, zwei sehr wichtige und häufige seien kurz beschrieben:

Der erste Weg hängt eng mit der Neigung zur Neugier zusammen. Neugier ist das Motiv, Wissen und Können zu erwerben. Gelingt dies und macht es Spaß, ist man darin bestärkt, seinen Horizont systematisch zu erweitern. Man wird sich immer neuen Situationen stellen und versuchen, auch diese zu meistern. Führt dies weiterhin zu neuen Kenntnissen und Fertigkeiten, steigert es das Kompetenzempfinden. Dadurch wird man in seinem Tun bestätigt und sucht weiter nach neuen Herausforderungen, usw.. Scheitert man auf diesem Weg nicht (was durch widrige äußere Umstände durchaus geschehen kann), erwirbt man zudem immer mehr Wissen und Können im Umgang mit neuartigen Situationen, z.B. Regeln dafür, wie man sich schnell einen Überblick über einen Sachverhalt verschafft, wie man in unklaren Situationen plant, etc. Wer aufgrund eines solchen „heuristischen Wissens" gut mit neuartigen Situationen umgehen kann, den bezeichnet man als *heuristisch kompetent*.

Völlig anders ist der zweite Weg. Man kann sein Kompetenzempfinden auch dadurch steigern, daß man sich in einem ganz bestimmten Bereich immer bessere Sachkenntnisse verschafft. Wenn dies gelingt, ist man in diesem Bereich (z.B. in einem bestimmten Beruf) sehr vielen anderen überlegen. Dieses bereichsspezifische Wissen und Können bezeichnet man auch als *epistemische Kompetenz*. Vorausgesetzt, man kann in diesem Bereich bleiben, hat man ebenfalls ein hohes Kompetenzempfinden, z.B. als Spezialist und Fachmann für ein bestimmtes, eng umgrenztes Gebiet. Abb. 4-3 stellt die beschriebenen Prozesse noch einmal in ihrem Zusammenhang dar.

Abbildung 4-3: Die Entstehung des Kompetenzempfindens
(aus Strohschneider, 1993, S.39)

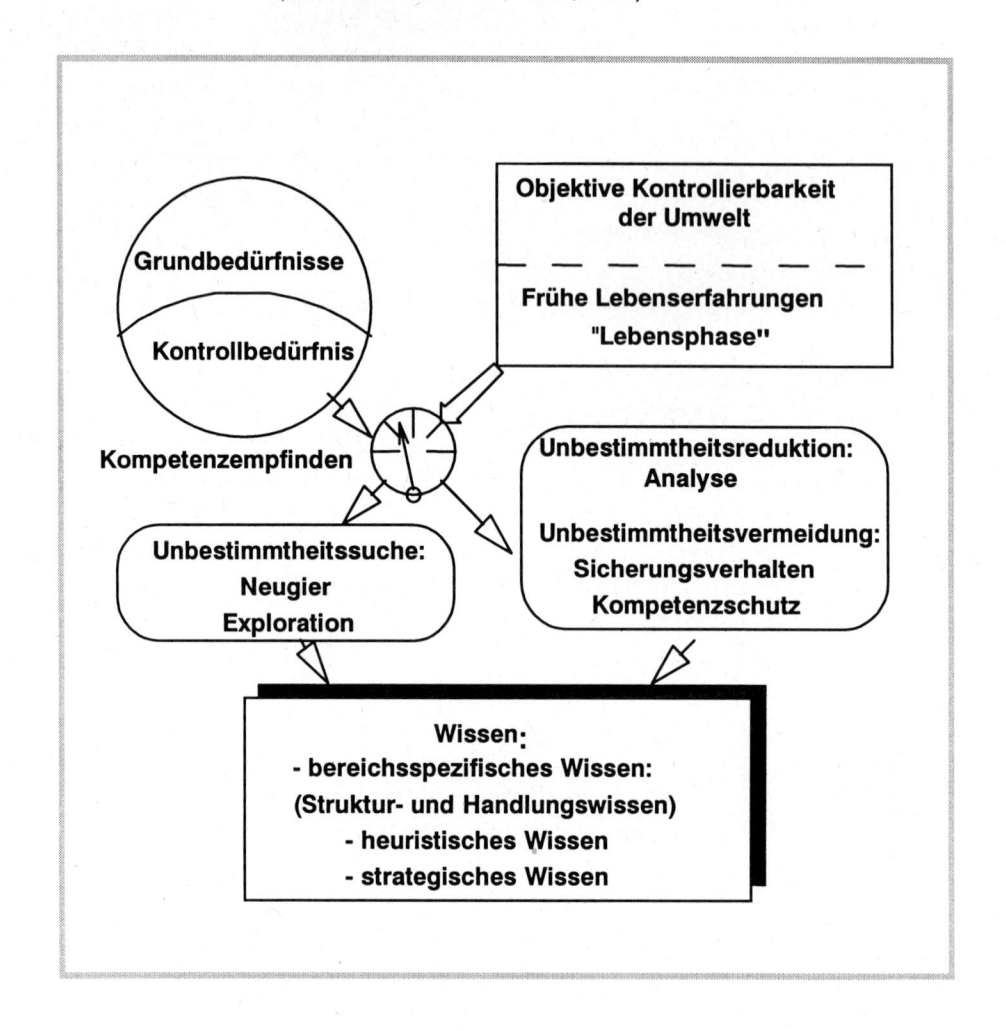

- **Grundbedürfnisse**
- **Kontrollbedürfnis**
- **Kompetenzempfinden**
- **Objektive Kontrollierbarkeit der Umwelt**
- **Frühe Lebenserfahrungen "Lebensphase"**
- **Unbestimmtheitsreduktion: Analyse**
- **Unbestimmtheitsvermeidung: Sicherungsverhalten Kompetenzschutz**
- **Unbestimmtheitssuche: Neugier Exploration**
- **Wissen:**
  - bereichsspezifisches Wissen: (Struktur- und Handlungswissen)
  - heuristisches Wissen
  - strategisches Wissen

Erläuterungen:

Das Ausmaß des Kompetenzempfindens in einer bestimmten Situation ist für unterschiedliche Menschen verschieden. Jeder Mensch hat das Motiv, in den Situationen, mit denen er sich auseinandersetzen muß, ein möglichst hohes Kompetenzempfinden zu erreichen (= Kontrollbedürfnis). Je nach persönlichem Erfahrungshintergrund (der z.B. durch die Handlungsmöglichkeiten bei bisherigen Lebensereignissen geprägt ist) ergeben sich ganz unterschiedliche Herangehensweisen. Man versucht entweder durch Erwerb von Wissen und Können in ganz eng umgrenzten Bereichen ein stärkeres Kompetenzempfinden zu bekommen oder es sich durch die von Neugier getriebene Erforschung der Umwelt zu verschaffen. Je nachdem, welchen Weg man geht, erwirbt man unterschiedliches Wissen: bereichsspezifisches, heuristisches und strategisches Wissen.

Jeder Mensch besitzt sowohl heuristische als auch epistemische Kompetenz, die Anteile sind bei unterschiedlichen Menschen jedoch unterschiedlich ausgeprägt. In einer neuartigen und komplexen Situation sind heuristisch kompetente Personen sicher im Vorteil. Sie werden eher in der Lage zu sein, in der Weise zu planen und zu handeln, wie es in solchen Situationen erfolgversprechend ist. Was geschieht jedoch, wenn weder die epistemische noch die heuristische Kompetenz ausreicht, eine komplexe Situation zu bewältigen? In diesem Fall rächt es sich, daß man sich im Grunde nur auf das Kompetenzempfinden verlassen kann, denn dann kommen sogenannte *Kompetenzschutzmechanismen* ins Spiel. Dies sind Verhaltensweisen, die bewirken, daß man sich kompetent fühlt, ohne es wirklich zu sein. Wie kann man dies in einer komplexen Situation erreichen? Man kann

- unangenehme Informationen, die das Kompetenzemfinden beeinträchtigen, nicht zur Kenntnis nehmen
- Situationen und Personen meiden, die solche unangenehmen Informationen bereithalten
- vermeiden, den Erfolg der eigenen Handlungen zu überprüfen
- überhaupt wenig über „Risiken und Nebenwirkungen" des eigenen Tuns nachdenken.

Es ist leicht ersichtlich, daß viele der oben beschriebenen Denkfehler genau in dieses Schema passen. Es sind Verhaltensweisen, die unser Kompetenzempfinden hoch halten, ohne daß wir die Situation wirklich im Griff haben. Wer sich z.B. einkapselt, kann auf diese Weise unangenehmen Wahrheiten lange aus dem Weg gehen. Wer es vermeidet, über Neben- und Fernwirkungen der eigenen Handlungen nachzudenken, muß sich nicht durch mögliche Risiken beunruhigen lassen. Weil Kompetenzschutzmechanismen diesen Effekt haben, sind Personen, die einmal in diesen Verhaltensweisen verfangen sind, nur schwer wieder davon abzubringen: Eine Person, die sich einkapselt, um Katastrophennachrichten zu entgehen, wird dies um so stärker tun, je schwieriger die Lage ist. Viele Denk- und Handlungsfehler werden so lange beibehalten, bis die Situation so katastrophal geworden ist, daß man sie nicht mehr ignorieren kann. Ein typisches Beispiel dafür war Erich Honecker, der isoliert von der Realität bis zuletzt glaubte, daß die meisten Menschen in der DDR frohgemut an der Zukunft des Sozialismus bauen.

Fassen wir zusammen: Viele Denk- und Handlungsfehler basieren auf sogenannten Kompetenzschutzmechanismen. Sie treten häufig dann auf, wenn die Lage so schwierig geworden ist, daß man sie mit den normalen Mitteln nicht mehr bewältigen kann. Kompetenzschutzmechanismen behindern das Erkennen von Fehlern und sorgen bei Verschlechterung der Lage dafür, daß sie in immer stärkerem Maße auftreten und die Lage noch weiter verschlechtern. Auf diese Weise wird ein verhängnisvoller Kreislauf in Gang gesetzt.

GUIDO FRANKE

5 Wichtige Fragen der Strategieforschung[1]

5.1 Merkmale zur Unterscheidung von Strategien

Eine ausgearbeitete und allgemein anerkannte Taxonomie für die Klassifikation von Strategien liegt gegenwärtig noch nicht vor. In diesem Abschnitt wird auf einige Merkmalsdimensionen eingegangen, die zur Binnendifferenzierung der globalen Kategorie des Handlungswissens und der darin enthaltenen Teilmenge der Strategien dienen kann. Die einzelnen Dimensionen sind nicht unbedingt unabhängig voneinander; ihre Brauchbarkeit im Kontext empirischer Forschung muß überprüft werden.

Auf zwei Beschreibungsebenen für das strategische Handeln (die inhaltliche Ebene und die Prozeßebene), die für unsere Arbeit besonders wichtig sind, wird in Kapitel 8.1 noch näher eingegangen.

Denkstrategien vs. Handlungsstrategien

Strategien können unterschieden werden in Programme, die das Denken organisieren und solche, die das Handeln im Sinne körperlicher Tätigkeit regulieren. *Denkstrategien* haben den Erwerb bzw. die Konstruktion von Wissen zum Ziel. Zur Erzeugung von Sachwissen dienen beispielsweise Strategien der Diagnose von Störungen in Produktionsanlagen oder Strategien der Prognose künftiger Zustände solcher Anlagen. Auch Strategien des Lernens gehören zu dieser Kategorie, zum Beispiel die systematische Exploration eines unbekannten Gerätes durch aufeinanderfolgende Zyklen des Generierens und Prüfens von Hypothesen (vgl. Shrager & Klahr, 1986) oder das ausführliche Studium eines Bedienerhandbuchs. Auf die Gewinnung von Handlungswissen zielen z.B. Strategien des Planens oder Entscheidungsstrategien ab. *Handlungsstrategien* zielen demgegenüber auf Veränderungen in der Umwelt. Dazu gehört beispielsweise die Steuerung eines dynamischen Systems, die Reparatur eines Geräts, die Konstruktion einer Schaltung etc. Natürlich umfassen Handlungsstrategien auch gedankliche Tätigkeiten, sofern das Handeln nicht völlig

---

[1] Ich danke Herrn Klaus Oberauer für die Sichtung von Fachliteratur und die anregende Diskussion zu diesem Thema.

"gedankenlos" abläuft, und Denkstrategien umfassen manuelle Schritte, beispielsweise das Durchführen diagnostischer Tests. Diese Schritte sind jedoch jeweils nur untergeordnete Mittel. Aufgrund der hierarchischen Verschachtelung von Denk- und Handlungssequenzen kann jede Denkstrategie als Teil einer übergeordneten Handlungsstrategie und umgekehrt gesehen werden. Die Klassifikation von Strategien auf dieser Dimension hängt also wesentlich vom Analyseniveau ab.

Algorithmische vs. heuristische Strategien

Mit Bezug auf Newell & Simon (1972) wird gelegentlich zwischen "algorithmischen" und "heuristischen" Strategien unterschieden. Mit "heuristischen" Strategien sind dabei Regeln gemeint, die – im Gegensatz zu "algorithmischen" – nicht mit Sicherheit zum Erfolg führen, sondern nur die Erfolgswahrscheinlichkeit erhöhen. Die Erfolgssicherheit von Strategien dürfte mit ihrem Allgemeinheitsgrad kovariieren. Friedrich & Mandl (1992) sprechen von einem "Bandbreiten-Genauigkeits-Dilemma": "Allgemeine Strategien tragen zur Lösung eines konkreten Problems zumeist nur wenig bei; jene Strategien, die einen großen Beitrag leisten, sind selten allgemein" (S. 18). Mit Sicherheit erfolgreich sind vermutlich nur hochgradig spezifische Regeln, die nach der hier vorgeschlagenen Begriffsbestimmung nicht mehr als Strategien bezeichnet werden können (beispielsweise die drei "Strategien" des Addierens bei Siegler, 1990).

Restringierte vs. elaborierte Strategien

Strategien können mehr oder weniger ausgearbeitet sein. Auf der einen Seite dieser Unterscheidungsdimension stehen einfache Faustregeln. Am anderen Ende des Kontinuums stehen Regelsysteme, die viele Bedingungsmerkmale berücksichtigen und komplexe Aktionsprogramme vorschreiben. Solche Regelsysteme werden in der Kognitionspsychologie meist in Anlehnung an Computerprogramme durch Flußdiagramme dargestellt. So hat beispielsweise Bainbridge (1974) aus Verbalprotokollen die Strategien von Operateuren einer Stahlschmelzanlage als Flußdiagramm rekonstruiert. Andere Beispiele von elaborierten Strategien sind Entscheidungsbäume, wie sie sich in manchen Diagnose-Handbüchern finden. Der Elaboriertheitsgrad einer Strategie läßt sich auf drei Aspekte beziehen:

a) Die *Bedingungskomponenten* einzelner Regeln können mehr oder weniger einzelne Elemente (meist Situationsmerkmale) enthalten. Eine Regel könnte einfach lauten: „Wenn die Maschine kaputt ist, sofort abschalten". Sie könnte aber auch lauten: „Wenn die Maschine kaputt ist und nicht schnell repariert werden kann oder kein Meister in der Nähe ist, dann... „. Das Beispiel zeigt auch, daß größere Elaboriertheit der Bedingungskomponente einer Regel notwendig ihre Allgemeinheit einschränkt. Das kann dadurch kompensiert werden, daß eine Strategie – als System von Regeln – für jeden der unterschiedenen Fälle einer Klasse ein eigenes Programm enthält.

b) Die *Aktionskomponenten* einzelner Regeln können mehr oder weniger elementare Schritte enthalten – von einfachen Anweisungen wie „Wenn es brennt, rette sich, wer kann" bis hin zu detaillierten Evakuierungsplänen.

c) Die Strategie kann aus mehr oder weniger vielen einzelnen Regeln bestehen, die aufeinander verweisen. Komplexe Strategien enthalten viele Regeln, deren Aktionskomponenten keine Handlungsvorschriften sind, sondern Verweise auf andere Regeln: „Wenn die Maschine kaputt ist, dann sind die Regeln aus dem Reparaturhandbuch anzuwenden". Die Aktionskomponente einer solchen Regel etabliert also ein Subziel. Regeln, die auf andere Regeln verweisen, dienen daher zum Aufbau hierarchischer Ziel-Mittel-Strukturen des Denkens und Handelns.

Analytische vs. intuitive Strategien

Eine wichtige Unterscheidungsdimension für Strategien der Urteilsbildung und Entscheidung ist das von Hammond postulierte Kontinuum zwischen analytischen und intuitiven Strategien (Hammond, Hamm, Grassia & Pearson, 1987). Die beiden Pole dieses Kontinuums lassen sich anhand folgender Merkmale unterscheiden:

d) Analytische Strategien sind in hohem Maße bewußt und von der Person kontrollierbar, intuitive Strategien nur in geringem Maße.

e) Die Anwendung analytischer Strategien ist kognitiv aufwendig und erfordert viel Zeit, während intuitive Urteile und Entscheidungen sehr schnell getroffen werden.

f) Intuitive Strategien integrieren Information nach dem Prinzip einer gewichteten Summenbildung. In eine intuitiven Diagnose gehen beispielsweise die Ausprägungsgrade verschiedener Symptome mit unterschiedlichen Gewichten ein. Natürlich werden bei intuitiven Denkprozessen keine linearen Gleichungen gelöst, die Informationsintegration läßt sich jedoch mit linearen Gleichungen gut modellieren. Analytische Strategien verwenden je nach Aufgabe verschiedene Prinzipien der Informationsintegration. Man könnte beispielsweise die Ausprägungsgrade verschiedener Symptome multiplizieren oder mit verschiedenen logischen Operatoren ("und", „oder") kombinieren. Bei idealtypisch analytischen Strategien ist das Vorgehen der Person nicht nur durch mathematische oder logische Modelle beschreibbar, die Person löst tatsächlich mathematische oder logische Gleichungen.

g) Fehler bei intuitiven Urteilen sind meist normalverteilt – die Urteile von Personen streuen wie Schätzfehler um den wahren Wert der zu beurteilenden Größe. Fehler bei der Anwendung analytischer Strategien sind dagegen selten, aber drastisch: Wer sich bei einer Gleichung verrechnet, wird mit seinem Ergebnis gründlich danebenliegen.

Diese Präzisierung des Begriffspaars expliziert viele eher intuitive Annahmen über „intuitives" versus „analytisches" Denken, die in der abendländischen Kultur eine lange Tradition haben und sich in jüngster Zeit in den Debatten um die Überlegenheit von Mensch oder Computer widerspiegeln.

Analytische Strategien sind eine Form von deklarativem Handlungswissen, intuitive Strategien lassen sich eher als eine Form von prozeduralem Handlungswissen auffassen:

Die Unterscheidung von deklarativem und prozeduralem Wissen geht zurück auf Ryle (1969) und wurde unter anderem von Anderson (1983) in seiner ACT*-Theorie aufgegriffen – Ryle unterscheidet Wissen, das bewußtseinsfähig ist und in symbolischer Form (verbal, grafisch) ausgedrückt werden kann ("knowing that"), von Wissen, das nicht bewußtseinsfähig ist und sich nur in der Ausführung einer Handlung zeigt ("knowing how"). Deklaratives Wissen kann – in Anlehnung an Klix (1984) – begriffen werden als die Kompetenz, Fragen zu beantworten. Prozedurales Wissen ist konzeptualisiert als die Kompetenz, eine kognitive und/oder motorische Operation ausführen zu können. In der Alltagssprache entspricht dieser Differenzierung im wesentlichen die zwischen Wissen und Können.

Die Unterscheidung von deklarativem und prozeduralem Wissen bezeichnet unterschiedliche Wissensformen, wobei die beiden Formen durchaus ineinander überführbar sind. Prozedurales Wissen ist in dem Maße deklarierbar, in dem der Informationsgehalt einer Prozedur auch als deklaratives Wissen repräsentiert ist. Dies ist etwa möglich, wenn eine Person deklaratives Wissen, das die Basis für den Erwerb prozeduralen Wissens bildete, noch erinnern kann (Präskriptives Handlungswissen bei Oswald & Gadenne, 1984) oder indem die durch Selbstbeobachtung bei der Ausführung einer Prozedur den Informationsgehalt in deklaratives Wissen transformiert (hypothetisches Handlungswissen bei Oswald & Gedenne).

Hammond et al (1987) postulieren, daß es von mehreren Aufgabenmerkmalen abhängt, ob Menschen eine eher analytische oder eine eher intuitive Strategie anwenden, und auch, ob sie mit einer analytischeren oder einer intuitiveren Strategie bessere Resultate erzielen: Intuitive Strategien werden bevorzugt angewandt und sind auch erfolgversprechender als analytische, wenn die zu verarbeitende Information aus vielen, gleichzeitig präsentierten, kontinuierlich variierenden, redundanten (d.h. miteinander korrelierenden) Variablen besteht. Ein Beispiel dafür ist eine Fotografie oder ein Film. Analytische Strategien werden häufiger verwandt und sind erfolgversprechender, wenn wenige Variablen in diskreter Form und separat präsentiert werden, die gering interkorrelieren. Ideal für analytische Strategien sind beispielsweise Tabellen. Mit einer empirischen Untersuchung, bei der 21 Straßenbauingenieure die Qualität von Autobahnen beurteilen sollten, konnten Hammond et al (1987) erste Belege für diese Annahmen schaffen.

5.2 Bewußtheit und Verbalisierbarkeit von Strategien

„Bewußtheit" ist ein erläuterungsbedürftiger Begriff. Wenn wir sagen, daß sich eine Person ihrer Strategie bewußt ist, kann das nach der hier zugrunde gelegten Konzeption so expliziert werden, daß wir meinen: Die Person kann ihre eigenen Aktivitäten als Programme beschreiben und durch Regeln erklären. Bewußtheit von Strategien in diesem Sinne läßt sich daher operationalisieren durch die Verbalisierbarkeit der eigenen Tätigkeit in Begriffen, die sich auf die Tätigkeit selbst – und nicht nur auf ihren Gegenstand – beziehen. Die Gegenstände unseres Denkens und Handelns sind uns meistens, wenn nicht sogar immer bewußt. Bewußtheit der Strategien unserer kognitiven Aktivität bedeutet jedoch Bewußtheit der Prozesse, mit denen wir diese Gegenstände geistig oder physisch behandeln, und diese Bewußtheit ist nicht selbstverständlich (Ericsson & Simon, 1984). Wenn beispielsweise Kinder Zahlen addieren, sind sie sich sicher der Zahlen bewußt, die sie addieren, aber sie können nicht unbedingt die Strategie des Aufwärtszählens verbalisieren. Ein Mechaniker, der eine Fehlerdiagnose vornimmt, kann sicherlich die Symptome benennen, die er gerade beobachtet, und schließlich auch die diagnostizierte Fehlerursache.

Er kann deshalb noch nicht die – möglicherweise „intuitive" – Strategie erläutern, nach der er die Information aus den verschiedenen Symptomen integriert.

Hacker (1986) postuliert, daß die Programme der perzeptiv-begrifflichen Ebene „*bewußtseinsfähig*" sind. Das kann man so interpretieren, daß eine Person die Regeln, die Denken und Handeln auf der perzeptiv-begrifflichen Ebene regulieren, beschreiben kann, daß sie aber regelgemäß handeln kann, ohne dabei an die entsprechende Regel zu denken. In der hier vorgeschlagenen Terminologie: Regeln der perzeptiv-begrifflichen Ebene sind prozedurales Handlungswissen; die Person kann jedoch durch Selbstreflexion zusätzlich auch entsprechendes deklaratives Handlungswissen generieren.

Die Strategien der intellektuellen Ebene dagegen sind nach Hacker „*bewußtseinspflichtig*". Das könnten wir so verstehen, daß eine Person sich nur dann entsprechend diesen Regeln verhalten kann, wenn sie dabei bewußt an die Regeln denkt. Regeln der intellektuellen Ebene existieren nur in der Form deklarativen Handlungswissens. Intellektuelle Regulation wäre demnach nicht ohne Selbstreflexion möglich: Die Person muß ihre eigene Tätigkeit beobachten und mit den Vorschriften der Regel vergleichen. Wenn Strategien als allgemeine Regeln verstanden werden, die Tätigkeiten auf der intellektuellen Regulationsebene regulieren, würde das implizieren, daß es unbewußte Strategien nicht geben kann. Ob diese Annahme zutrifft, ist im Prinzip eine empirische Frage. Es dürfte allerdings methodisch sehr schwer sein, nachzuweisen, daß eine Person die Regel, die ihr Handeln am besten erklärt, *nicht* verbalisieren *kann*.

Das Kontinuum von „analytischen" zu „intuitiven" Strategien nach Hammond et al. (1987) enthält als ein definierendes Kriterium das Ausmaß der Bewußtseinsfähigkeit einer Strategie. Es wäre empirisch zu prüfen, ob dieses Kriterium, wie Hammond und seine Mitarbeiter/-innen offenbar annehmen, eng mit den anderen Kriterien ihrer Unterscheidungsdimension kovariiert. Wenn das zuverlässig gezeigt werden kann, könnte die Frage nach der Bewußtseinsfähigkeit von kognitiven Prozessen in einen breiteren theoretischen Rahmen gestellt werden. Das könnte die empirische Arbeit erleichtern, weil sich dann mehrere konvergierende Kriterien für die Lokalisierung einer Strategie auf dem postulierten Kontinuum anbieten.

5.3 Zur Universalität von Strategien

Am oberen Ende des postulierten Kontinuums der Allgemeinheit stehen *universale* Regeln des Denkens und Handelns. Unter universalen Regeln sollen hier Strategien verstanden werden, die nicht auf eine Wissensdomäne oder eine Aufgabenklasse beschränkt sind. Darunter fallen vor allem Strategien des Problemlösens – beispielsweise die Faustregeln in dem Lehrprogramm „The complete problem solver" von Hayes (1981) oder einige der Heurismen, die Polya für mathematisches Problemlösen vorschlägt (siehe Schoenfeld, 1979) – und Kreativitätsstrategien – beispielsweise das bekannte „brainstorming".

Die Bedeutung universaler Regeln für kognitive Prozesse ist umstritten. Dazu tragen zum einen Befunde bei, nach denen menschliche Expertise auf spezifische Domänen begrenzt ist (siehe Glaser & Chi, 1988). Expertise scheint demnach im wesentlichen auf bereichsspezifischem Wissen zu beruhen; universale Problemlösestrategien spielen keine herausragende Rolle. Die universale Strategie der „means ends analysis" wird zum Lösen physikalischer Textaufgaben beispielsweise nur von Novizen angewandt, denen das fachliche Wissen fehlt, nicht jedoch von Experten (Larkin, McDermott, Simon & Simon, 1980; siehe auch Krems & Bachmaier, 1991). Zum anderen waren Versuche, universale Strategien per Instruktion und Training zu vermitteln und dadurch die intellektuellen Fähigkeiten von Personen zu steigern, bisher wenig erfolgreich (Perkins, 1985; Friedrich & Mandl, 1992; Klauer, 1992). Das könnte allerdings auch daran liegen, daß die richtigen Strategien noch nicht gefunden worden sind.

Die Annahme, daß universelle Strategien für die Steuerung des Denkens und Handelns von Bedeutung sind, spielt – neben den Bemühungen um ein Training allgemeiner kognitiver Fähigkeiten – in drei verschiedenen Forschungsrichtungen eine Rolle, die für berufliche Arbeit von besonderer Relevanz sind:

1. Der Erfolg beim Umgang mit komplexen, intransparenten Systemen wird häufig auf eine umfangreiche „heuristische Wissensbasis" im Sinne von Dörner (1976) zurückgeführt. Erfolgreiche Problemlöser verfügen demnach über allgemein anwendbare Regeln für das Handeln in Problemsituationen, für deren Bewältigung spezifisches Wissen nur begrenzt zur Verfügung steht. Das Postulat, daß diese Regeln universell sind, spiegelt sich auch im Begriff der „operativen Intelligenz" (Dörner, 1986) wider. Diese Annahme impliziert, daß Personen, die in einem komplexen Problem erfolgreich sind, tendenziell auch

in anderen komplexen Realitätsbereichen gute Problemlöser sind. Die empirische Evidenz spricht eher gegen diese Hypothese:

Putz-Osterloh (1987) ging in einer Untersuchung der Frage nach, ob es „Experten für komplexe Probleme" gibt. Sie ließ 35 Student/-innen und 7 Professoren der Wirtschaftswissenschaften zwei computersimulierte Problemszenarien bearbeiten. Das System „Taylorshop" simuliert einen mittelständischen Betrieb. Bei dem System „Moro" müssen die Proband/-innen die Rolle eines Entwicklungshelfers übernehmen. Die 7 Professoren galten als potentielle Experten nicht nur für das Betriebsmanagement, sondern auch allgemein für den Umgang mit komplexen, vernetzten Systemen. Erwartungsgemäß steuerten die Professoren das System „Taylorshop" besser als die studentische Gruppe. Sie waren jedoch mit „Moro" nicht erfolgreicher. Die Korrelationen zwischen verschiedenen Problemlösegütemaße der beiden Szenarien lagen zwischen $r = -.40$ und $r = .45$. Die Untersuchung wird dennoch häufig als Beleg *für* universelle Expertise zitiert, weil die „Experten" beim System „Moro" im „lauten Denken" mehr richtige Zusammenhänge zwischen Variablen verbalisierten. Da sie aber auch insgesamt mehr Zusammenhangshypothesen verbalisieren, dürfte dieser Befund ein Artefakt sein.

Schaub & Strohschneider (1989) verglichen je 45 Wirtschaftsmanager und Student/-innen bei der Steuerung des Systems „Moro". Die Autoren vermuten, daß sich die Manager nur hinsichtlich ihrer allgemeinen Problemlöseheurismen von den Student/-innen unterscheiden, während beide Gruppen gleich wenig Vorwissen über das System haben sollten. Die Manager steuerten das System im Schnitt etwas besser als die Studierenden (je nach gewähltem Test erwiesen sich die Unterschiede der Leistungsparameter als signifikant oder nicht signifikant). Die Interpretation der Befunde im Sinne universeller Problemlösestrategien hängt jedoch wesentlich von der Annahme ab, daß das vermutlich größere wirtschaftswissenschaftliche Fachwissen der Manager beim Umgang „Moro" keine Rolle spielt. Diese Annahme ist fragwürdig, weil die „Entwicklungshelfer" in dem Szenario unter anderem das für Maßnahmen verfügbare Kapital sichern müssen.

Schaub (1988) ließ 30 Pbn. die beiden Systeme „Maschine" und „Simutanien" bearbeiten, die verschiedene Realitätsbereiche simulieren. Er korrelierte ein ganzes Bündel von Problemlösegüte- und Verhaltensindizes für beide Systeme miteinander. Von mehr als hundert Korrelationskoeffizienten erreichten nur 12 das Signifikanzniveau.

Schoppek (1991) hat mehrere Strategie-Indizes sowohl für das Handeln beim Umgang mit dem computersimulierten Problem „Feuer" als auch für die

Prüfungsvorbereitung von Student/-innen operationalisiert. Nur für einen dieser Indizes („Operatorvielfalt") ergab sich eine signifikante positive Korrelation der Maße in den beiden Problemdomänen.

In jüngster Zeit hat Dörner (1989; Dörner & Pfeifer, 1992) betont, daß Regeln für den Umgang mit komplexen Situationen hochgradig „konditionalisiert" sind. Die Anwendbarkeit einer Maßnahme hängt von einer Konstellation vieler Bedingungen ab. Der Stratege müsse daher „aus dem 'Augenblick heraus'" entscheiden und „ganzheitlich" denken, also „sehr viele Merkmale der Situation zugleich" betrachten (Dörner & Pfeifer, 1992, S. 76). Die Annahme, es gäbe universell einsetzbares „heuristisches Wissen" für komplexe Probleme, wird damit tendenziell zurückgenommen.

2. Im Rahmen der Handlungsregulationstheorie wurden Versuche unternommen, das selbständige Planen und Problemlösen von Auszubildenden durch Training mit allgemeinen sogenannten „Heurismen" zu fördern. Den Proband/-innen wurde dabei eine geringe Anzahl sehr allgemeiner Regeln vermittelt. Die Vermittlung universaler Strategien erwies sich insgesamt als wirksam:

Höpfner (1983) trainierte zwei Gruppen von Lehrlingen aus dem Bereich der Elektrotechnik mit universellen Regeln, die zum Teil in Form von Fragen formuliert waren, die der Handelnde an sich selbst stellen soll (beispielsweise: „Welche Teilziele sind zu verfolgen?" „Nutzen Sie alle Informationen, z.B. aus der Umwelt, von Kollegen, in Arbeitsunterlagen!"). Eine der Gruppen lernte die Regeln mit, die andere ohne Anleitung zur Selbstinstruktion. Eine Kontrollgruppe erhielt stattdessen „die kognitiven Regulationsgrundlagen 'direkt' vermittelt" (S. 30), was wohl so zu verstehen ist, daß die Kontrollgruppe spezifische Anweisungen für die zu bearbeitenden Aufgaben bekam. Bei der anschließenden Lösung von zwei Instandsetzungsaufgaben gingen die mit „Heurismen" trainierten Probanden „genauso optimal vor wie die Kontrollgruppe" (S. 30). Bei einer Montageaufgabe brauchten ,die mit universalen Strategien trainierten Probanden weniger Zeit als die der Kontrollgruppe. Die Probanden mit und ohne Selbstinstruktionstraining unterschieden sich nicht.

Volpert, Frommann & Munzert (1984) führten zwei Untersuchungen durch, bei denen die Proband/-innen eine simulierte Brotfabrik steuern mußten. Die Aufgabe erforderte sowohl sensumotorische als auch intellektuelle Regulation. Jeweils die Hälfte der 20 Student/-innen bzw. der 28 Auszubildenden metallverarbeitender Berufe wurde mit drei universellen Regeln bekannt gemacht: „Informiere Dich über die Anlage!", „Überlege immer, was geschehen wird!" und „Greife ein, bevor etwas passiert!" Die Regeln wurden kurz erläutert – die

Intervention dauerte nicht länger als 6 Minuten. In beiden Untersuchungen waren die mit Regeln instruierten Versuchsteilnehmer der Kontrollgruppe überlegen. Das galt für die Leistung bei der sensumotorischen ebenso wie bei der intellektuellen Teilaufgabe. Es ist schwer zu verstehen, was die drei genannten Regeln zur Leistung bei einer sensumotorischen „Tracking-Aufgabe" beitragen sollen. Die Autoren vermuten, daß die Anwendung der Regeln die Proband/-innen bei der intellektuellen Teilaufgabe entlastet hat, so daß sie mehr Aufmerksamkeit auf die sensumotorische Aufgabe richten konnten.

In einer Untersuchung mit 22 Kfz-Lehrlingen (Sonntag & Schaper, 1988) erhielt eine Versuchsgruppe zusätzlich zu einem Pneumatik-Lehrgang ein Training mit universellen Handlungsregeln. Die Kontrollgruppe absolvierte nur den Lehrgang. Bei einer anschließenden Testaufgabe – Aufbau einer pneumatischen Schaltung – machten die Probanden der Versuchsgruppe weniger Fehler, führten systematischere Konstruktionen aus und zeigten weniger Korrekturhandlungen als die Kontrollgruppe.

3. In neuerer Zeit wird häufig postuliert, daß *metakognitive* Regeln bzw. Strategien universellen Charakter haben und daher auch verantwortlich sein können für die hochgradig generellen intersubjektiven Differenzen, die sich in Intelligenztestwerten niederschlagen (Borkowski & Turner, 1990). Tatsächlich sprechen einige empirische Befunde – meist indirekt – dafür, daß Metakognition bzw. Selbstreflexion problemlösendes Denken und Handeln verbessert. Strategien, die Programme für metakognitive Aktivitäten enthalten, beispielsweise Wilenskis „Meta-Pläne", sind daher aussichtsreiche Kandidaten für universell anwendbare Regeln des Problemlösens:

Die Aufforderung, Handlungsschritte zu begründen, verbesserte in mehreren Untersuchungen die Leistung beim Lösen des „Turm von Hanoi"-Problems. Der Effekt tritt auch dann auf, wenn die Proband/-innen sich ihre Schritte nur im Stillen selbst begründen sollten (Wilder & Harvey, 1971).

Bei einem Experiment von Reither (referiert in Dörner, 1978) sollten Proband/-innen einen komplexen finiten Automaten von einem Ausgangs- in einen Zielzustand steuern. Die Pbn. lösten 10 Probleme dieses Typs. Eine Gruppe wurde nach jedem Problem aufgefordert, auf das eigene Handeln zu reflektieren, während die andere Gruppe instruiert wurde, ihre Hypothesen über die Funktionsweise des Apparats zu durchdenken. Ab dem dritten Problem waren die zur Selbstreflexion aufgeforderten Proband/-innen signifikant besser als die Kontrollgruppe. Dörner (1978) berichtet kurz zwei weitere Experimente, in denen die Aufforderung zu Selbstreflexion die Problemlöseleistung auch bei Transfer-Tests verbessert. Hesse (1982) hat ein Training mit einer speziellen

Strategie verglichen mit einem Training, bei dem die Versuchspersonen zur Selbstevaluation ihres Vorgehens aufgefordert wurden. Die Pbn. wurden mit induktiven Aufgaben aus einem Intelligenztest trainiert und anschließend mit Aufgaben aus den „Raven"-Matrizen getestet. Die beiden Trainingsgruppen lösten gleich viele „Raven"-Aufgaben, mehr als eine Kontrollgruppe, die nur Gelegenheit zur Übung ohne Instruktion erhalten hatte. Die Kontrollgruppe bearbeitete die Aufgaben allerdings schneller.

Bei zwei Experimenten mit computersimulierten vernetzten Systemen fanden sich allerdings keine Leistungsunterschiede zwischen den Proband/innen, die zur Selbstreflexion aufgefordert wurden, und denen der Kontrollgruppe (Putz Osterloh, 1983, 1985). Möglicherweise genügt es in Problemsituationen, die einen relativ großen Handlungsspielraum eröffnen, nicht mehr, Personen pauschal zur Selbstreflexion anzuhalten, ohne ihnen Regeln dafür zu vermitteln, worauf sie bei der Beobachtung ihrer eigenen Aktivität achten und wie sie diese Beobachtungen verarbeiten sollen. Eine andere Interpretation wäre, daß die Problemlösegütemaße, die Putz-Osterloh verwendet hat, nicht valide sind.

Ein reflexiver kognitiver Stil scheint den Erfolg bei der Fehlersuche in technischen Systemen zu erhöhen. Morris & Rouse (1985a) referieren in ihrem Übersichtsartikel mehrere Untersuchungen, in denen Tests für die Dimension „Impulsivität-Reflexivität" mit dem Erfolg bei Fehlersuch-Aufgaben korrelierten. Eine neuere Arbeit von Morrison & Duncan (1988) replizierte noch einmal diesen Befund. Hussy & Granzow (1987) fanden eine positive Korrelation zwischen „Reflexivität" und dem Erfolg bei der Steuerung eines kleinen computersimulierten Systems. Es ist allerdings zu klären, ob ein „reflexiver" kognitiver Stil mit „Selbstreflexion" im hier gemeinten Sinne mehr als nur den Namen gemeinsam hat. „Reflexivität" wird operationalisiert als relativ lange Bearbeitungszeit bei geringer Fehlerzahl. Sie könnte daher einfach Ausdruck einer Tendenz zu größerer Genauigkeit beim „speed accuracy trade-off" sein. Das impliziert noch keine Reflexion auf die eigenen kognitiven Aktivitäten. Korrelative Befunde können außerdem keinen Aufschluß über die kausale Wirksamkeit von „Reflexivität" geben.

Erfolgreiche Problemlöser zeichnen sich in mehreren Untersuchungen gegenüber erfolglosen Problemlösern dadurch aus, daß sie sich zu Beginn ihrer Tätigkeit mehr Zeit nehmen und mehr Fragen stellen. In der erwähnten Untersuchung von Schaub & Strohschneider (1989) unterschied sich die Gruppe der Manager von der studentischen Gruppe durch längere Bearbeitungszeiten und mehr Fragen im ersten Simulationstakt. Wiesner (1992) ließ 20 Student/-

innen eine Version des „Turm von Hanoi" mit vier Scheiben lösen. Die 7 Proband/-innen, die auf Anhieb die optimale Lösung fanden, verwandten 60 Prozent ihrer gesamten Bearbeitungszeit vor Beginn des ersten manuellen Zuges. Die übrigen Proband/-innen begannen im Schnitt schon nach 33 % ihrer Zeit mit dem ersten Zug. Die Differenz war, vermutlich aufgrund der geringen Stichprobengröße, nicht signifikant. Die Befunde könnten dahingehend interpretiert werden, daß erfolgreiche Problemlöser ihre Handlungen ausführlicher vorab planen und dabei metakognitive Heurismen verwenden. Sie könnten allerdings auch als Indiz für eine sorgfältigere Aufgabenanalyse interpretiert werden (vgl. Glaser & Chi, 1988). Aufgabenanalyse ist jedoch nicht als solche bereits ein selbstreflexiver Prozeß.

Probanden, die mit universellen Strategien trainiert wurden, nehmen sich vor Beginn ihrer manuellen Tätigkeit mehr Zeit (Höpfner & Skell, 1983, Sonntag & Schaper, 1988). Auch bei Volpert et al. (1984) nutzten die Proband/-innen der Instruktionsgruppe die ihnen zur Verfügung stehende Zeit zur Systemerkundung ausgiebiger. Das könnte ein Indiz für ausführlichere selbstreflexive Handlungsplanung sein, es könnte allerdings auch Ausdruck einer intensiveren Aufgabenanalyse sein. Die vermittelten Regeln sind auf beides gerichtet.

Trainingsmethoden, die Elemente der Selbstreflexion induzieren, haben sich als erfolgreich erwiesen. In einer Studie beispielsweise von Rühle, Matern & Skell (1980) erbrachten Proband/-innen, die während des Trainings zu Selbstprotokollierung und Selbstevaluation angeleitet worden waren, höhere Arbeitsleistungen als eine nach „herkömmlichen Methoden" ausgebildete Kontrollgruppe. In der Untersuchung von Höpfner (1983) ergab sich allerdings kein Unterschied zwischen den Gruppen mit und ohne Selbstinstruktions-Anleitung.

Die empirische Evidenz für nützliche universelle metakognitive Strategien ist keineswegs schlüssig. Es sind wohl eher theoretische Argumente, die für die Hypothese sprechen, daß Selbstreflexion sich auf problemlösendes Denken positiv auswirkt. Selbstreflexion macht es möglich, eine abstrakte Beschreibung der eigenen Tätigkeit anzufertigen – ein Schema der Art, wie es für den Transfer einer Problemlösung in andere Domänen notwendig erscheint (Gick & Holyoak, 1987). Selbstbeobachtung und Selbstkontrolle dürften auch eine wesentliche Rolle für die Flexibilität des Denkens und Handelns spielen (siehe 5.4.).

Indizien in den hier referierten Untersuchungen deuten darauf hin, daß nicht oder nicht nur Selbstreflexion, sondern (auch) eine gründliche und genaue Aufgabenanalyse eine Determinante des Problemlöseerfolgs ist. Regeln wie:

„Bevor Sie an die Lösung der Aufgabe herangehen, machen Sie sich mit der Ausgangssituation vertraut und beachten Sie die gegebene Zielstellung!" (Höpfner, 1983) sind daher ebenso aussichtsreiche Kandidaten für gute universelle Strategien wie Regeln, die zur Selbstreflexion auffordern.

Zusammengenommen ergeben die Befunde kein eindeutiges Bild. Einige Befunde sprechen dafür, daß universelle Strategien einen Einfluß auf den Erfolg beim Lösen von Problemen haben, aber die meisten Studien haben methodische Mängel oder erlauben alternative Interpretationen.

5.4 Strategiewechsel und strategische Flexibilität

Unterschiedliche Umstände erfordern unterschiedliche Strategien. Eine wichtige Bedingung des Erfolgs zielgerichteter kognitiver Tätigkeit ist die Anpassung der Denk- und Handlungsprogramme an relevante Faktoren der Situation. Menschen sind in der Lage, die eigene Strategie zu wechseln, wenn eine Änderung der situativen Erfordernisse diesen Wechsel notwendig macht oder anbietet und auch, wenn sich der zunächst eingeschlagene Lösungsweg als ineffizient erweist. Diese „Beweglichkeit des Denkens" ist bereits in der gestaltpsychologischen Problemlöseforschung als wichtiger Faktor erkannt worden (vgl. Kluwe, 1983) und wird in neuerer Zeit wieder als Bedingung des erfolgreichen Umgangs mit komplexen Problemen diskutiert (Dörner, 1986, 1989; Schmuck, 1991). In der Entscheidungstheorie wird schon länger postuliert, daß Menschen in durchaus rationaler Weise von sog. optimalen Entscheidungsalgorithmen abweichen. Wenn der kognitive oder zeitliche Aufwand für den „optimalen" Algorithmus in keinem angemessenen Verhältnis zum erwarteten Ertrag seiner Anwendung steht, werden Entscheidungen nach einfacheren Strategien getroffen. Payne, Bettmann & Johnson (1988) konnten auch empirisch nachweisen, daß Menschen ihre Entscheidungsstrategien adäquat an Faktoren wie Zeitdruck oder die Wahrscheinlichkeitsverteilung der zu erwartenden Erträge verschiedener Alternativen anpassen.

Die adäquate Wahl einer effektiven und effizienten Strategie hängt nicht notwendig von der Funktion einer exekutiven Kontrolle der eigenen Aktivität ab. Es liegt jedoch nahe anzunehmen, daß selbstreflexive Beobachtung und Kontrolle die eigenen Kognitionen flexibler, „beweglicher" macht (Kluwe, 1983; Schmuck, Klein, Strohschneider & Dubrowsky, 1992). Besonders in neuartigen Situationen, für die eine Person noch keine über lange Erfahrung optimierte

Routine hat, sondern ein Handlungsprogramm erst durch Planung entwerfen muß, eröffnet Selbstreflexion die Perspektive auf die eigenen Handlungsoptionen als alternative „Operatoren", die bezüglich verschiedener Kriterien verglichen, ausgewählt und systematisch zu Plänen kombiniert werden können. Selbstreflexion dürfte auch bei der Überwindung von „Einstellungs"-Effekten eine Rolle spielen: Wenn eine Person ihre eigene Vorgehensweise kritisch beobachtet und mit Alternativen vergleicht, kann sie eine zunächst naheliegende Routine-Strategie aktiv unterdrücken und statt dessen einen anderen Weg einschlagen.

Einen Versuch, „strategische Flexibilität" zu messen, hat Schmuck (1991, Schmuck et al., 1992) vorgenommen. Er stellte Versuchspersonen eine lange Serie gleichartiger einfacher Aufgaben und legte ihnen dazu einen relativ aufwendigen Lösungsalgorithmus nahe. Einige Proband/-innen wechseln im Verlauf des Versuchs zu einem einfacheren Vorgehen. Die Aufgaben sind so entworfen, daß der Wechsel zu einem vereinfachenden Lösungsweg an Prozeßparametern leicht zu erkennen ist. Dadurch können die Proband/-innen in „strategisch Flexible" und „strategisch Rigide" unterschieden (Schmuck, 1991) oder ein kontinuierlicher „Flexibilitätsindex" definiert werden (Schmuck et al., 1992). Die „strategische Flexibilität" wurde bisher immer nur mit einer einzelnen Aufgabe gemessen, und auch Meßwiederholungen stehen noch aus. Die Generalität des Konstrukts „Flexibilität" über verschiedene Aufgabentypen und seine Stabilität sind daher nicht belegt. In ersten Validierungsversuchen konnte Schmuck (1991) zeigen, daß die Bearbeitungszeit für das dynamische computersimulierte System „Feuer" in den ersten beiden Bearbeitungsdurchgängen bei „strategisch Flexiblen" signifikant geringer korreliert als bei „Rigiden". Die Bearbeitungszeit soll ein Indikator für die gewählte Strategie sein; es wird allerdings nicht klar, warum gerade dieser Parameter gewählt wurde. In einem anderen Experiment (Schmuck et al, 1992) zeigten „Flexible" bessere Leistungen bei der Steuerung des simulierten Systems „Kühlhaus" als „rigide" Proband/-innen. Das System „Kühlhaus" hat eine Rückkopplungsschleife mit Zeitverzögerung. Eine gute Strategie ist daher, das System zunächst ohne Eingriffe eine Zeitlang zu beobachten, um die oszillierende Eigendynamik zu erkennen. Möglicherweise gelingt es „flexiblen" Proband/-innen eher, die zunächst dominierende Tendenz zu sofortigem Handeln zu unterdrücken.

Im arbeitspsychologischen Kontext ist die flexible Anpassung von Strategien bisher nur am Rande diskutiert worden. Bei sogenannten „scheduling"-Aufgaben, bei denen eine möglichst effiziente Zuordnung von Arbeitsgängen zu Maschinen vorgenommen werden muß, waren Entscheidungen von Menschen in mehreren Fällen besser als automatisierte Entscheidungen anhand einfacher Algorithmen. Sanderson (1989) attribuiert in ihrem Überblicksartikel diese Überlegenheit auf die größere Flexibilität von Menschen. Wenn die automatisierte Aufgabenlösung auf der Grundlage kombinierter Regeln vorgenommen wird, die in Abhängigkeit von bestimmten Bedingungen verschiedene Algorithmen vorschreiben, sind sie Entscheidungen von Menschen mindestens gleichwertig. Morris & Rouse (1985a) kommen zu dem Schluß, daß sich erfolgreiche Reparateure gegenüber weniger erfolgreichen durch höhere „strategische Flexibilität" auszeichnen. Es wird jedoch nicht klar, auf welche der referierten empirischen Befunde dieses Fazit sich gründet.

Möglicherweise geht der Effekt des Trainings mit universellen Strategien (siehe 5.3.) auch auf die Förderung flexibleren Denkens und Handelns zurück. Eine der Regeln, mit denen Höpfner seine Versuchsgruppe instruierte, lautete: „Denken Sie noch einmal nach: Sind dies alle Lösungsmöglichkeiten?" (Höpfner, 1983, S. 29).

5.5 Methoden der Erforschung von Strategien

Strategien sind Programme zur Beschreibung und Regeln zur Erklärung von Denk- und Handlungsabläufen. Strategien haben demnach den Status wissenschaftlicher Aussagen, nicht den Status von Objekten. Die Formulierung einer Strategie, die das Denken und Handeln einer Person erklären soll, ist daher die Formulierung einer Hypothese. Methoden der „Identifikation" von Strategien müssen sich daher an allgemeinen Methoden des Generierens und Prüfens wissenschaftlicher Hypothesen orientieren. Daraus ergeben sich zunächst zwei Konsequenzen: Eine Strategie als Hypothese kann zwar widerlegt werden, aber nicht bewiesen werden. Jeder Datensatz kann durch mehr als eine Strategie erklärt werden. Und: Die wissenschaftliche Methodologie hat hochgradig sophistizierte Verfahren zur Hypothesenprüfung entwickelt, während die Konstruktion von Hypothesen weitgehend der Intuition des Wissenschaftlers überlassen bleibt.

Strategien sind Beschreibungen und Erklärungen für Sequenzen kognitiver Aktivität. Nur in Grenzfällen haben solche Sequenzen die Länge 1. Die Daten, zu deren Beschreibung und Erklärung Strategien formuliert werden, sind daher Protokolle. Wir können zwei Klassen von Protokollen des Denkens und Handelns unterscheiden: Verhaltensprotokolle und Verbalprotokolle.

Verbalprotokolle können in vieler Hinsicht wie Verhaltensprotokolle behandelt werden (vgl. Ericsson & Simon, 1984). Sie werden hier dennoch gesondert behandelt, weil Verbalprotokolle darüber hinaus weitere Möglichkeiten eröffnen. Diese Möglichkeiten beruhen darauf, daß Menschen als Gegenstand der Forschung selbst „reflexive Subjekte" sind (Groeben, 1986). Das heißt, daß nicht nur wissenschaftliche Beobachter, sondern auch ihre Versuchspersonen ihr eigenes Denken und Handeln beobachten, beschreiben und erklären können. Verbalprotokolle können solche Selbstbeschreibungen und -erklärungen enthalten. Wir können sie daher hermeneutisch auswerten, indem wir die Äußerungen der Versuchspersonen nicht nur als Verhaltenselemente auffassen, sondern ihre Bedeutung ernst nehmen. Selbstreflexive Äußerungen der Probanden müssen dann als Hypothesen über die eigene kognitive Aktivität aufgefaßt werden. Das heißt allerdings nicht, daß wir Menschen nur nach ihren Strategien fragen müssen, um die Regeln zu identifizieren, die ihr Denken und Handeln leiten. Die Äußerungen von Probanden sind Hypothesen, die genauso empirisch geprüft werden müssen wie Hypothesen, die wissenschaftliche Beobachter selbst aufstellen (Groeben, Wahl, Schlee & Scheele, 1988).

(1) Erschließen von Strategien aus Verhaltensprotokollen

In diesem Abschnitt werden Methoden zur Ermittlung von Strategien auf der Grundlage von Verhaltensprotokollen und von Verbalprotokollen diskutiert, sofern sie nur wie Verhaltensprotokolle ausgewertet werden.

Erhebung von Protokolldaten

Die zunächst einfachste Variante des Generierens von Verhaltensprotokollen besteht darin, den Handelnden ohne jegliche Restriktionen zu beobachten. Die moderne Technik stellt dazu Aufnahmegeräte (Tonband, Video) zur Verfügung, mit deren Hilfe die Auswertungsobjektivität deutlich verbessert werden kann.

Ein Spezialfall der freien Beobachtung ist die Methode des „lauten Denkens". Protokolle des „lauten Denkens" werden heute fast ausnahmslos entsprechend der Theorie von Ericsson & Simon (1984) interpretiert. Demnach verbalisieren Probanden, die zum „lauten Denken" aufgefordert werden, die jeweils aktuellen Inhalte ihres „Kurzzeitgedächtnisses" bzw. ihres „Aufmerksamkeitsfocus" (die Autoren unterscheiden nicht konsequent zwischen diesen Begriffen). Der Prozeß der Verbalisierung selbst beeinflußt den kognitiven Prozeß, den er begleitet, nicht, er kann ihn nur unter Umständen verlangsamen. „Lautes Denken" erfordert nur die Verbalisierung von Informationen, die im

Laufe des Denkens und Handelns ohnehin in den Focus der Aufmerksamkeit geraten. Dem stehen Methoden gegenüber, die von den Probanden zusätzliche Denkprozesse verlangen, beispielsweise die Frage nach Begründungen des eigenen Denkens und Handelns. Fragen nach Gründen sind Fragen nach Erklärungen, und Erklärungen nehmen oft Bezug auf allgemeine Beschreibungen und Regeln. Ähnliches gilt für nachträgliche Verbalisierungen. Wenn eine Person nach der Lösung eines Problems gefragt wird, wie sie das Problem gelöst hat, muß sie sich an ihren eigenen Denkprozeß erinnern und eine zusammenfassende Beschreibung davon geben. Diese zusätzlichen kognitiven Prozesse können nach Ericsson & Simon (1984) einerseits den zu beschreibenden Prozeß selbst beeinflussen, sie können andererseits fehlerbehaftet sein, so daß die Validität von Begründungen und retrospektiven Verbalisierungen fraglich ist.

So einfach die Erhebung der Daten durch freie Beobachtung ist, so schwierig ist jedoch die Auswertung. Der kontinuierliche Fluß des Verhaltens muß in Segmente zerlegt und die Segmente Kategorien zugeordnet werden. Dabei bestehen viele Freiheitsgrade, die potentiell die Objektivität der Auswertung beeinträchtigen. Bei der Auswertung von Tonband- und Videoaufnahmen muß daher immer die Objektivität durch Vergleich zweier unabhängiger Auswerter geprüft werden. Je präziser die Regeln für die Segmentierung und die Zuordnung zu Kategorien formuliert sind, desto höher dürfte die Auswertungsobjektivität sein. Für die Auswertung von Protokollen des „lauten Denkens" stehen inzwischen unterstützende Computerprogramme zur Verfügung (Sanderson, James & Seidler, 1989).

Der „freien" Beobachtung lassen sich Verfahren der „restringierten" Erhebung von Verhaltensprotokollen gegenüberstellen. Dabei wird der Handlungsspielraum der Probanden durch die Untersuchungsmethode auf einen klar abgegrenzten Möglichkeitsraum eingeschränkt. Damit werden praktisch die Kategorien bereits vor der Datenerhebung definiert. Ein Beispiel dafür ist die „withheld"-Technik von Marshall et al (1981): Die Probanden bekommen bestimmte zur Problemlösung notwendige Informationen nur durch bestimmte beobachtbare Handgriffe oder Fragen an den Versuchsleiter. Dadurch kann sehr einfach ein Protokoll der Informationsaufnahme erstellt werden. Die konsequenteste Anwendung „restringierter" Protokollierungstechniken ergibt sich gleichsam automatisch aus der Anwendung von computersimulierten Aufgaben. Die Computersimulation stellt eine wohldefinierte Menge von Informationen und Eingriffsmöglichkeiten zur Verfügung und kann die vom Probanden ausgewählten Informationen und Eingriffe automatisch aufzeichnen.

Auswertung von Protokolldaten

Eine ideale empirische Untersuchung von Strategien müßte meiner Ansicht nach folgende fünf Schritte umfassen:
1) Theoretische Definition idealtypischer Strategien als Hypothesen. Die theoretisch postulierten Strategien können stammen aus:
   a) Aufgabenanalyse (z.B. die analytisch gewonnenen Regeln für das „scheduling" oder die Regeln der Entscheidungstheorie, die „half split"-Strategie des Hypothesentestens bei der Fehlerdiagnose, u.a.). Aufgabenanalysen ermitteln in der Regel eine oder mehrere Optimalstrategien.
   b) Freie Beobachtung von Pbn. oder auch Selbstbeobachtung bei der Bearbeitung der in Frage stehenden Aufgabe. Die empirische Prüfung der hypothetischen Strategien muß dann an davon unabhängigen Daten erfolgen.
   c) Auswertung von Protokollen mit statistischen Verfahren. Solche Verfahren können einfach an den Häufigkeitsverteilungen einzelner Kategorien ansetzen. Sie können aber auch die zeitliche Relation zwischen Protokollsegmenten berücksichtigen. Einen Überblick über das Inventar von Methoden, die Sequenz-Informationen verarbeiten, gibt van Hoof (1982). Der wohl gängigste methodische Schritt ist die Recodierung des Protokolls als Matrix der Übergangswahrscheinlichkeiten zwischen den Kategorien. Schmid & Meseke (1991) haben so beispielsweise die Verhaltensprotokolle von Personen, die mit CAD-Systemen gearbeitet haben, ausgewertet. Anschließend haben sie die individuellen Übergangsmatrizen der Proband/-innen mit Hilfe der Multidimensionalen Skalierung (MDS) nach zwei Dimensionen klassifiziert. Sie konnten zeigen, daß die Koordinatenwerte, die nun jedem Probanden in dem zweidimensionalen Ordnungssystem zugewiesen werden konnten, bessere Prädiktoren für Leistungsindizes der CAD-Arbeit waren als Verhaltensmaße, die nur auf die einfachen Häufigkeiten von Verhaltenskategorien zurückgehen. Ein generelles Problem mit statistischer Auswertung von Protokollen ist, daß dazu relativ große Häufigkeiten in den einzelnen Kategorien erforderlich sind. Je differenzierter das Kategoriensystem angelegt wird, desto mehr Daten, d.h. längere Protokolle müssen für jede Person erhoben werden. Dabei muß sichergestellt werden, daß die Aufgabe über die Zeit nicht für die Person ihren Charakter wesentlich ändert, da sonst eine statistische Aggregation der Daten über einen längeren Zeitraum nicht zulässig ist. Auch die durch statistische Auswertung ermittelten Strategien können zunächst nur als Hypothesen

gelten, die an einem unabhängigen Datensatz geprüft werden müssen. Denn diese Verfahren haben viele Freiheitsgrade, und es gibt kaum Methoden, ihre Ergebnisse zufallskritisch abzusichern.
d) verbalen Äußerungen von Pbn. während der Aufgabenbearbeitung, nach der Bearbeitung, oder unabhängig davon (z.B. Expertenäußerungen). Diese Quelle für Hypothesen wird im nächsten Abschnitt (2) näher erörtert.
2) Aus den postulierten Strategien müssen empirisch prüfbare Hypothesen abgeleitet werden. Dabei muß auch das Sachwissen der Person berücksichtigt werden. Dieselbe Strategie kann sich bei unterschiedlichem Sachwissen in unterschiedlichem Handeln äußern. Die „topografische Suche" bei der Fehlerdiagnose wird beispielsweise bei verschiedenen Mechanikern unterschiedlich aussehen, wenn sie verschiedene Vorstellungen vom Signal- und Kraftfluß im System haben.

Die empirisch prüfbaren Hypothesen sind quasi Operationalisierungen der theoretisch definierten Strategien. Sie können sich beziehen auf:
a) Verhaltens-Indizes: relative und absolute Häufigkeiten von Verhaltenskategorien, ihre Verteilung, ihre Veränderung über die Zeit, ihre Übergangswahrscheinlichkeiten und alle weiteren daraus berechenbaren Variablen.
b) Sequenzen von Verhaltenskategorien, die eine bestimmte zeitliche Struktur von kognitiven Tätigkeiten widerspiegeln.

Während die Ableitung von Indizes, die auf Häufigkeiten und Übergangswahrscheinlichkeiten einzelner Kategorien beruhen, noch „per Hand" möglich ist, erfordert die Ableitung von Sequenzen in der Regel eine Computersimulation. Dazu wird die hypothetische Strategie als Programm geschrieben, dem das hypothetische Sachwissen einer Person zusammen mit den wahrnehmbaren Aspekten der Aufgabe als Datenbasis zugeordnet wird.

Viele Autoren, besonders im Kontext der neueren deutschen Problemlöseforschung, extrahieren aus Verhaltensprotokollen sogenannte „Strategie-" oder „Verhaltensparameter". Dörner (1986) schlägt beispielsweise zur Operationalisierung der „operativen Intelligenz" unter anderem folgende Indizes vor: Art und Gegenstand der Fragen, Häufigkeit von Fragen, Gegenstand der Entscheidungen, Dosierung der Entscheidungen, Bündelung von Fragen und Entscheidungen, Stabilität des Gegenstands von Fragen und Entscheidungen über mehrere Simulationstakte. Putz-Osterloh (1989) operationalisiert „Entscheidungsfähigkeit", „Auffassungsgabe", „Urteilsvermögen" und „Organisationsvermögen" als „Strategievariablen" anhand von

Protokolldaten. Funke (1991) mißt als „Strategiemerkmale" unter anderem die Häufigkeit der Informationsabfrage, die Anzahl explorierender Tests, die Anzahl falscher Hypothesen. Bei diesem Vorgehen werden bestimmte Variablen, die sich aus den Verhaltensprotokollen extrahieren lassen, nicht zur Operationalisierung von unabhängig davon formulierten Strategien verwendet. Sie werden vielmehr ohne nähere Begründung als „Strategievariablen" bezeichnet. Die Auswahl solcher Maße geschieht meist theorielos und ist damit beliebig. Verhaltensprotokolle sind komplexe Datensätze, aus denen sich im Prinzip unendlich viele Indizes berechnen lassen, die man dann „Strategievariablen" nennen kann. Eine einzelne Variable oder auch ein Bündel von Variablen kann nach der hier vorgenommenen Begriffsbestimmung nicht als „Strategie" bezeichnet werden.

3) Definition eines Kategoriensystems, das diejenigen Kategorien enthält, auf die sich die empirischen Hypothesen beziehen. Wenn die Datenerhebung nach einer „restringierten" Methode erfolgen soll, muß dieser Schritt schon vor der Datenerhebung liegen.

Zusätzlich muß das aufgabenrelevante Sachwissen der Probanden erhoben und nach Kategorien ausgewertet werden, die mit der Formulierung der hypothetischen Strategien kompatibel sind. Das bedeutet, daß das Sachwissen in den Begriffen ausgedrückt werden muß, die in den Bedingungskomponenten der Regeln vorkommen. Wenn eine hypothetische Strategie der Fehlerdiagnose beispielsweise die mentale Simulation auf Grundlage von funktionalem Wissen ist, muß das Sachwissen in funktionalen Begriffen wie „Verstärker" oder „Transistor" ausgedruckt werden, nicht in physikalischen Termini wie „Spannung" oder „Stromstärke".

4) Statistische Prüfung der Passung zwischen empirischen Hypothesen und Daten. Wenn Strategien durch Häufigkeitsverteilungen operationalisiert werden, kann das mit Hilfe der klassischen Inferenzstatistik geschehen. Bei der Prüfung der Übereinstimmung zwischen Computermodellen und Daten ist das nicht ohne weiteres möglich. Dazu kann an dieser Stelle nur ein Vorschlag grob umrissen werden.

Das von Knaeuper & Morris (1985) angewandte Verfahren prüft für jeden abgrenzbaren Zwischenzustand im Verlauf einer Handlung, ob der nächste Teilschritt der Person mit dem, den das Modell vorhersagt, übereinstimmt. Daraus läßt sich die relative Häufigkeit von Übereinstimmungen berechnen. Mit Hilfe von Chi2-Tests könnte nun zunächst gesichert werden, daß die Häufigkeit von Übereinstimmungen von der nach Zufall zu erwartenden Häufigkeit signifikant abweicht. Damit könnte der Effekt unterschiedlich strenger Übereinstimmungskriterien ausgeglichen werden: Strengere Kriterien führen zu einer größeren Anzahl von Kategorien. Die Wahrscheinlichkeit einer zufälligen Übereinstimmung zwischen Modell und Proband ist 1 geteilt durch die Anzahl der Kategorien. Bei 6 Kategorien (Kriterium (3) bei Knaeuper & Rouse) sind nach Zufall etwa 17 % „Treffer" zu erwarten. Die 53 % Übereinstimmung bei Knaeuper & Rouse für Kriterium (3) liegen mit Sicherheit signifikant über dieser Basisrate. Das wird vermutlich für die meisten Computermodelle der Fall sein, in die auch nur eine Spur psychologischer Sachverstand einfließt. Daher müßte der nächste Schritt sein, mehrere konkurrierende Modelle am gleichen Datensatz zu prüfen und hinsichtlich ihrer Anpassungsgüte zu vergleichen. Erst wenn wir viel Erfahrung mit der statistischen Prüfung der Passungsgüte von Computermodellen haben, können wir eventuell allgemeine Standards dafür entwickeln, was eine gute und was eine schlechte Passung ist.

5) Übergang von idiografischer zu nomothetischer Auswertung: Strategien sind zunächst idiografische Hypothesen: Annahmen über die Regeln, die das Denken und Handeln einer einzelnen Person regulieren. Die ersten vier Schritte resultieren demnach zunächst nur darin, daß einer Person eine Strategie zugeordnet werden kann. Im fünften Schritt können nun Personen nach ihren Strategien klassifiziert werden. Voraussetzung dafür ist, daß die theoretische Formulierung von Strategien in Schritt 1 nicht nur eine einzelne Strategie, sondern eine Menge alternativer Strategien zum Ergebnis hat, die nach Möglichkeit die systematische Struktur einer Taxonomie haben sollte.

Auch für die Zuordnung von Personen zu einer von mehreren alternativen Strategien als Klassen gibt es verschiedene methodische Möglichkeiten. Wenn die Strategien als Computermodelle formuliert worden sind, kann jede Person dem Modell zugeordnet werden, das die besten Anpassungswerte (im oben beschriebenen Sinne) für die Daten der Person ergibt. Wenn die Strategien über Verhaltensindizes operationalisiert werden, kann man jeder Person ein Profil ihrer Index-Werte zuordnen. Danach können Distanzen zwischen den individuellen Profilen und den idealtypischen Profilen der theoretisch definierten Strategien berechnet werden. Die Person wird derjenigen Klasse zugeordnet, zu der ihr Profil die geringste Distanz hat. Auf der Grundlage von Distanzen zwischen Profilen können schließlich auch Methoden wie Multidimensionale Skalierung (MDS) und Clusteranalyse angewandt werden, um eine postulierte Taxonomie von Strategien empirisch zu prüfen.

Das hier skizzierte Fünf-Schritte-Programm stellt ein ideales Vorgehen dar, das aus der allgemeinen normativen Wissenschaftstheorie und Methodologie abgeleitet ist. Es wurde bisher in dieser Form leider selten durchgeführt.

(2) Erschließen von Strategien aus Verbalprotokollen

Verbalprotokolle ermöglichen – neben einer Auswertung analog Verhaltensprotokollen – eine hermeneutische Auswertung. Groeben (1986) unterscheidet monologische von dialogischen hermeneutischen Verfahren. Bei monologischen Verfahren interpretiert der Wissenschaftler auf sich allein gestellt die Äußerungen eines Probanden. Bei dialogischen Verfahren wird die Interpretation zusammen mit dem Probanden vorgenommen. Es wird also ein Schritt der „kommunikativen Validierung" eingeführt. Die kommunikative Validierung dient dazu, die Validität der Interpretation zu erhöhen. Sie soll sichern, daß die wissenschaftliche Rekonstruktion einer Äußerung mit dem übereinstimmt, was die Person gemeint hat. Die Interpretations-Validität ist zu unterscheiden von der Validität der Äußerung selbst: Die Person kann sich nach wie vor irren, wenn sie ihr eigenes Denken und Handeln beschreibt und erklärt. Die Hypothesen, die eine Person über sich selbst aufstellt, müssen daher auch am Verhalten der Person validiert werden, bevor sie als wissenschaftlich begründete Hypothesen übernommen werden. Kommunikative Validierung bezieht sich darauf, ob der Wissenschaftler die Äußerungen des Probanden richtig verstanden hat. Validierung am Verhalten bezieht sich darauf, ob die Äußerungen wahr sind.

Ein dialog-hermeneutisches Verfahren zur Ermittlung von Handlungswissen haben Scheele & Groeben (1988) entworfen. Es umfaßt drei Schritte:
1) In einem freien Interview wird die Person gebeten, ausgehend von einem geschilderten Problem zu erläutern, welche Handlungsmöglichkeiten zur Lösung des Problems bestehen. Das Problem wird anhand eines oder mehrerer konkreter Beispiele dargestellt. Der Interviewer stellt im wesentlichen Fragen der Art: „Was kann man tun?" und „Wie geht es dann weiter?". Er achtet außerdem darauf, daß die Ausführungen des Interviewpartners möglichst konkret sind, daß jeder angedeutete Handlungsstrang zu Ende expliziert wird, und daß das Differenzierungsniveau der Handlungsbeschreibungen nicht zu sehr schwankt.
2) Der Interviewpartner wird in ein Verfahren zur Darstellung von Handlungen mit Hilfe von Flußdiagrammen eingeführt. Das Darstellungssystem besteht aus sieben Symbolen, die sich an der Notation für Computerprogramme

orientieren (z.B. Rechtecke für Handlungsschritte, Rauten für Verzweigungen des Handlungswegs in Abhängigkeit von Bedingungen, Pfeile für die Verbindung der Schritte zu Sequenzen etc.). Der Proband bekommt Kärtchen mit den Symbolen und legt daraus ein Strukturbild zur Repräsentation seines Handlungswissens. Das gleiche tut unabhängig davon der Versuchsleiter anhand des Interviews.

3) Versuchsleiter und Interviewpartner vergleichen ihre Flußdiagramme. Eventuelle Diskrepanzen werden im Dialog ausgeräumt. Dieser Schritt dient der kommunikativen Validierung. Wenn die Proband/-innen in die Lage versetzt werden, die Rekonstruktion ihrer Äußerung in wissenschaftlicher Sprache (z.B. Flußdiagramme) zu verstehen und selbst vorzunehmen, können sie beurteilen, ob ihr Wissen angemessen rekonstruiert worden ist, und Mißverständnisse ausräumen.

Die Rekonstruktion von Handlungswissen als Flußdiagramm ist eine Darstellung in Form eines elaborierten Systems von Regeln. Die Probanden formulieren also selbst Hypothesen über ihre Denk und Handlungsabläufe in einer vorgestellten Problemsituation. Dadurch unterscheidet sich jedes Interview-Verfahren von prozeßbegleitendem „lautem Denken". Die im Dialog-Konsens hergestellten Flußdiagramme können daher als theoretisch postulierte Strategien im ersten der oben skizzierten fünf Schritte eingeführt werden. Sie können allerdings auch als Ergebnis für sich genommen werden, wenn das Forschungsinteresse sich allein auf deklaratives Handlungswissen konzentriert – unabhängig davon, ob es tatsächlich handlungsleitend ist. Ericsson & Simon (1984) referieren zwei Untersuchungen, in denen retrospektive Verbalisierungen von Strategien erfolgreich an Verhaltensdaten validiert werden konnten. Die Strategien wurden allerdings nicht mit dem Strukturlegeverfahren erhoben.

(3) Instruktionsexperimente

Regeln des Denkens und Handelns können nicht nur deskriptiv, sondern auch präskriptiv verwendet werden. Diesen Sachverhalt kann die Strategieforschung methodologisch nutzen. Die Logik von Instruktionsexperimenten haben Belmont & Butterfield (1977) dargelegt: Wenn eine Strategie X als Erklärung für eine kognitive Leistung Y postuliert wird, sollte es möglich sein, Personen, die die Leistung Y bisher nicht erreicht haben, durch eine Instruktion mit Strategie X dazu zu befähigen. Das gilt im Prinzip nicht nur für kognitive Leistungen, sondern für alle kognitiven Phänomene, also auch Fehler, Reaktionszeiten etc. Die Logik von Instruktionsexperimenten folgt damit der Computersimulation kognitiver Prozesse: Wenn ein System von Regeln ein kognitives Phänomen erzeugen kann, ist es eine gute Erklärung dieses Phänomens.

Instruktionsexperimente gehen jedoch insofern über die Computersimulation hinaus, als sie nicht Maschinen, sondern Menschen mit der postulierten Strategie „programmieren". Damit kann gezeigt werden, daß eine hypothetische Strategie nicht nur auf einem Computer „lauffähig" ist, sondern auch von Menschen angewandt werden kann. Viele komplizierte Strategien, die ein kognitives Phänomen erzeugen können, mögen sich als Computerprogramm leicht schreiben lassen, während Menschen sie aufgrund begrenzter Kapazität ihres „working memory" oder ihrer Prozeßgeschwindigkeit nicht anwenden können. Bei dieser Argumentation muß allerdings beachtet werden, daß Experten eventuell relativ komplexe Strategien allmählich erwerben und dabei Subroutinen automatisieren, so daß ihre „working memory"-Belastung deutlich geringer ist als die eines Novizen, der mit der gleichen Strategie instruiert wird.

Untersuchungen zur Ermittlung von Strategien aus Protokolldaten sollten durch Instruktionsexperimente ergänzt werden, die sich daher auch als 6. Schritt an das Fünf-Schritte-Programm anschließen können. Dabei genügt nicht der Nachweis, daß eine bestimmte Vorgehensweise erlernt werden kann. Zu zeigen ist außerdem, daß die Trainingseffekte stabil bleiben und daß – evtl. mit zusätzlichen Hilfen – ein relativ weiter Transfer stattfinden kann. Nur dann können wir von allgemeinem, d.h. strategischem Handlungswissen sprechen. Instruktionsexperimente stellen darüber hinaus eine Brücke zur praktischen Anwendung der Strategieforschung her.

Teil II

Empirische Studien im Tätigkeitsfeld Absatzwirtschaft

GUIDO FRANKE

6 Überblick über das Untersuchungsprogramm im Tätigkeitsfeld Absatzwirtschaft

6.1 Forschungsziele

Die Forschungsarbeit, über die hier berichtet wird, war Teil eines im Bundesinstituts für Berufsbildung durchgeführten Projekts mit dem Titel „Identifikation, Analyse und Entwicklung beruflicher Handlungsstrategien".

Das Projekt sollte einen Beitrag leisten zur Förderung des strategischen Denkens und Handelns im Rahmen der beruflichen Bildung. Hierzu mußten erstens die von Fachkräften favorisierten Handlungsstrategien untersucht werden, um durch die Beschreibung unterschiedlicher Vorgehensweisen bei der Bewältigung von Problemen Lerninhalte sichtbar zu machen, die bisher meist nur implizit in der Bildungspraxis vermittelt werden.

Zweitens mußten die Bedingungsfaktoren untersucht werden, von denen angenommen werden kann, daß sie bei der Genese von Handlungsstrategien von Bedeutung sind.

Im Projekt sollten Erkenntnisse gewonnen werden über die Zusammenhänge zwischen bestimmten Anforderungen, Situationsbedingungen, individuellen Voraussetzungen und typischen Vorgehensweisen bei der Bewältigung beruflicher Aufgaben. Von den individuellen Handlungsvoraussetzungen wurden im Projekt vor allem die Qualität des für das berufliche Tätigkeitsfeld relevanten (deklarativen) Sachwissens und Handlungswissens sowie der Erfahrungshintergrund der Fachkräfte und Führungskräfte berücksichtigt.

Auf dieser Basis wurden Trainingskonzepte zur Förderung des strategischen Denken und Handelns entwickelt und erprobt.

In der vorliegenden Publikation wird auf acht Forschungsfragen eingegangen:
1. Wie organisieren Fachkräfte aus den Bereichen Absatzwirtschaft/Marketing ihr Handeln bei komplexen Aufgabenstellungen?
2. Lassen sich typische Organisationsformen des Handelns unterscheiden?
3. Welche Zusammenhänge bestehen zwischen den eingesetzten Strategien und der Handlungseffektivität?

4. Welche Defizite gibt es im strategischen Bereich?
5. Wie flexibel sind die Fachkräfte in ihrer Handlungsorganisation?
6. Welche Faktoren erleichtern oder erschweren die strategische Flexibilität?
7. Welche Rolle spielen die Struktur und die Qualität des Fachwissens bei der Handlungsorganisation und wie wirken sich Wissensmerkmale auf das Handeln aus?
8. Wie wirkt sich die Erfahrung auf die Handlungsorganisation und Handlungsflexibilität aus?

Der Forschungsrahmen für die Projektarbeit ist in Abbildung 6-1 dargestellt.

Die einzelnen Forschungsziele und die entsprechenden Hypothesen werden ebenso wie die einzelnen Datengewinnungs- und Auswertungsprozeduren im folgenden jeweils in den einleitenden Abschnitten der einzelnen Kapitel beschrieben.

Überblick über das Untersuchungsprogramm ... 133

Abbildung 6-1: Forschungsrahmen zur Untersuchung der strategischen Handlungsorganisation

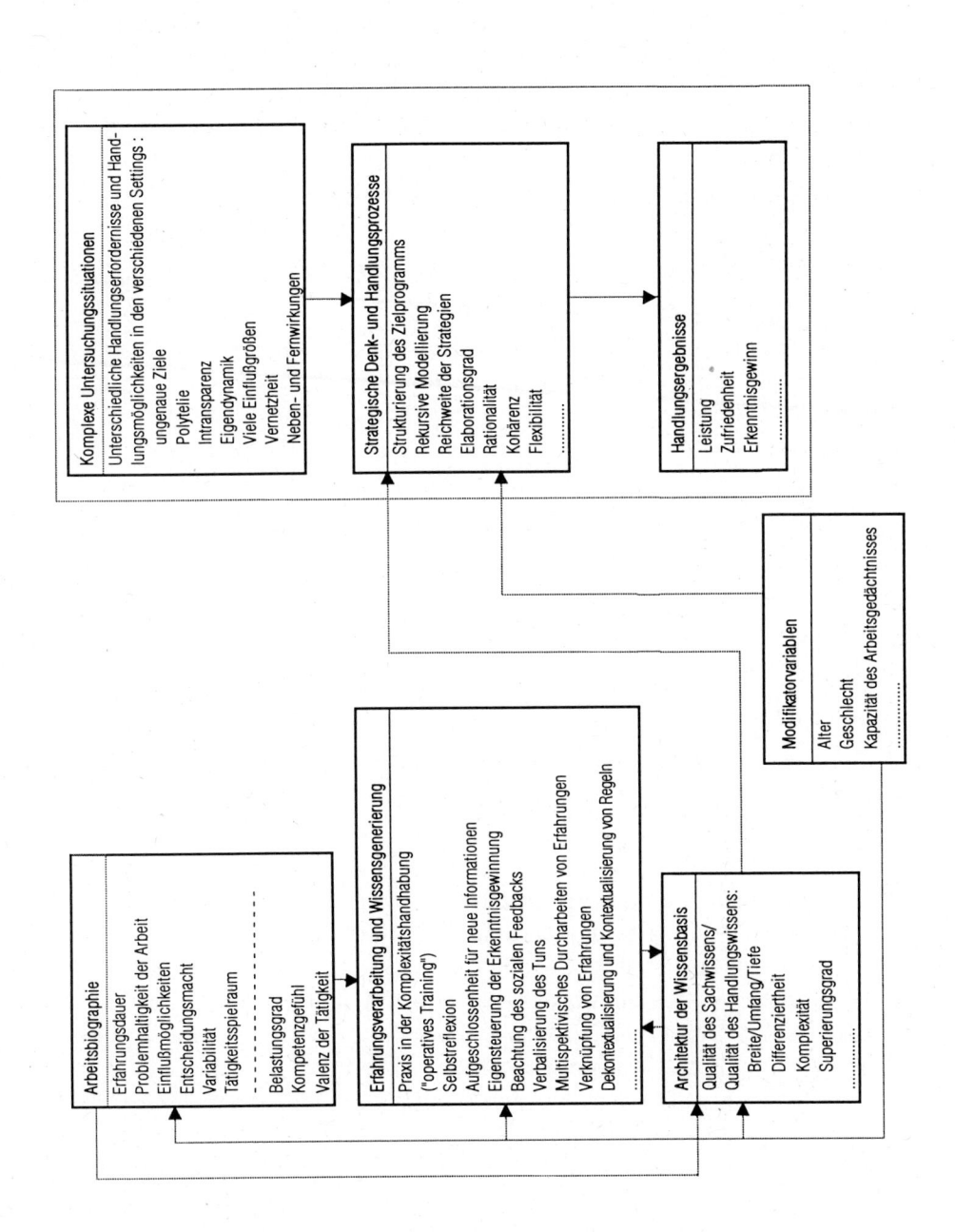

Komplexe Untersuchungssituationen
Unterschiedliche Handlungserfordernisse und Handlungsmöglichkeiten in den verschiedenen Settings:
- ungenaue Ziele
- Polytelie
- Intransparenz
- Eigendynamik
- Viele Einflußgrößen
- Vernetztheit
- Neben- und Fernwirkungen

Strategische Denk- und Handlungsprozesse
- Strukturierung des Zielprogramms
- Rekursive Modellierung
- Reichweite der Strategien
- Elaborationsgrad
- Rationalität
- Kohärenz
- Flexibilität

Handlungsergebnisse
- Leistung
- Zufriedenheit
- Erkenntnisgewinn

Modifikatorvariablen
- Alter
- Geschlecht
- Kapazität des Arbeitsgedächtnisses

Arbeitsbiographie
- Erfahrungsdauer
- Problemhaltigkeit der Arbeit
- Einflußmöglichkeiten
- Entscheidungsmacht
- Variabilität
- Tätigkeitsspielraum
- Belastungsgrad
- Kompetenzgefühl
- Valenz der Tätigkeit

Erfahrungsverarbeitung und Wissensgenerierung
- Praxis in der Komplexitätshandhabung ("operatives Training")
- Selbstreflexion
- Aufgeschlossenheit für neue Informationen
- Eigensteuerung der Erkenntnisgewinnung
- Beachtung des sozialen Feedbacks
- Verbalisierung des Tuns
- Multispektivisches Durcharbeiten von Erfahrungen
- Verknüpfung von Erfahrungen
- Dekontextualisierung und Kontextualisierung von Regeln

Architektur der Wissensbasis
- Qualität des Sachwissens/
- Qualität des Handlungswissens:
  - Breite/Umfang/Tiefe
  - Differenziertheit
  - Komplexität
  - Superierungsgrad

6.2 Forschungsstrategie

Im folgenden werden die Schwerpunkte und Arbeitsschritte der Forschungsarbeit skizziert:

(1) Erarbeitung der theoretischen Grundlagen der Strategieforschung

Neben der Präzisierung des Strategiebegriffes mußten Forschungsstränge zusammengeführt werden, die eine Affinität zur Strategieforschung haben: Handlungstheorie, Problemlösetheorie, Wissenstheorie und Expertiseforschung.

(2) Beschreibung strategisch relevanter Anforderungen im Tätigkeitsfeld Absatzwirtschaft/Marketing

Der Tätigkeitsbereich Absatzwirtschaft/Marketing wurde mit Hilfe verschiedener Methoden (rationale Aufgabenanalysen, Expertenbefragungen, Gruppendiskussion, Best-/Worst-Case Studies) hinsichtlich strategisch relevanter Anforderungen analysiert. Die Anforderungsanalyse ist eine Voraussetzung für die Auswahl oder Konstruktion von Verfahren zur Identifizierung von Strategien.

(3) Schaffung der instrumentellen und methodischen Voraussetzungen für das Erschließen von Strategien aus Verhaltens- und Verbaldaten

Es wurden drei Untersuchungsansätze gewählt, die sich in den Handlungsmöglichkeiten für die Untersuchungsteilnehmer und demzufolge im Spektrum der diagnostizierbaren Strategien unterscheiden:

(A) Computersimulation

Hierfür war ein computergestütztes Planspiel für den Bereich Marketing auszuwählen, zu erproben und hinsichtlich seiner fachlichen Validität zu überprüfen.

Die Computersimulation vermag im Gegensatz zur „freien" Beobachtung eine wohldefinierte Menge von Informationen und Eingriffsmöglichkeiten zur Verfügung zu stellen und kann die vom Probanden ausgewählten Informationen und Eingriffe automatisch aufzeichnen; eine Vielzahl von strategisch relevanten Variablenwerten läßt sich auf diese Weise schnell ermitteln.

Die Computersimulation erscheint besonders geeignet für die Untersuchung der Strategien der Informationssuche, der Modellbildung, der Entscheidung und des Umgangs mit Feedback in komplexen Problemsituationen.

(B) Szenarien

Es wurden Problemsituationen („Szenarien") konzipiert, die verschiedenartige Strategien herausfordern bzw. ermöglichen. Dabei wurden auch unterschiedliche Problemtypen berücksichtigt: Probleme können z.B. entstehen durch unklare, vage oder konfligierende Ziele; durch lückenhafte Kenntnisse zielrelevanter Maßnahmen, durch fehlenden Überblick über die aktuelle situative Lage; aber auch durch den Wunsch, eine Situation aus einer neuen Perspektive zu sehen.

Die Probanden sollten bei der Bearbeitung der Problemstellungen laut denken. Die aus den Tonbandprotokollen extrahierten Strategien wurden nach folgenden Kriterien bewertet: Effizienz, Differenziertheit, Elaboriertheit, Konditionalisierungsgrad, Generalität, Rationalität, Flexibilität.

Szenarien erscheinen besonders geeignet für die Untersuchung der Flexibilität beim Verfertigen von Strategien.

(C) Retrospektive Beschreibung des Handelns im Berufsalltag

Es wurde ein Interviewleitfaden erarbeitet, der die Probleme, Handlungsspielräume und Vorgehensweisen von Fach- und Führungskräften bei der Erfüllung bestimmter Teilfunktionen des Handelns (Zielbildung, Planung, Entscheidung usw.) thematisiert.

Diese Handlungsbeschreibungen erscheinen besonders geeignet für die Untersuchung der bewußten professionellen Konzepte, Denkschemata und Perspektiven.

(4) Entwicklung eines wissensdiagnostischen Instrumentariums

Um herauszufinden, wie sich die individuelle Wissensbasis auf Situationserfassung und Programmgestaltung im strategischen Denken und Handeln auswirkt, ist es erforderlich, strategisch relevante Wissensmerkmale zu erfassen. Folgende hypothetisch relevante Wissensmerkmale wurden bei der Wissensdiagnostik berücksichtigt: Umfang, Präzision, Tiefe, Differenziertheit, Komplexität (d.h. das Ausmaß der relationalen Verknüpfung der Wissenselemente), Abstraktionsniveau des (deklarativen) Sachwissens; das Ausmaß und die Art der Verknüpfung des Sachwissens mit dem (strategischen) Handlungswissens; schließlich die Qualität des metakognitiven Wissens über Aufwand und Ertrag von Handlungsstrategien und über die persönlichen Ressourcen.

Der Zugang zur Wissensbasis erfolgte kontextualisiert und dekontextualisiert. Im ersten Fall wurde z.B. das entscheidungsrelevante Wissen für ein bestimmtes Szenario ermittelt. Im zweiten Fall wurde allgemein zum einen nach bereichsbezogenem Handlungswissen gefragt („Was ist in einem Betrieb alles zu bedenken und zu tun, um im absatzwirtschaftlichen Bereich dauerhaft erfolgreich zu sein?"); zum andern nach Sachwissen (in Form von Begriffsanalysen, z.B. „Welches sind die Gründe, Ursachen und Bedingungen von Marktführerschaft?")

Bei der Erfassung und Darstellung der Wissenstrukturen wurde u.a. das Programm RelaNet (Dörner & Detje, 1993) genutzt. Bei diesem Programm handelt es sich um einen Editor zur Abbildung fast beliebiger Systeme aus Variablen und Relationen. Zudem kann das Verhalten dieser Systeme bei der Eingabe beliebiger Eingangswerte für Variablen und beliebiger Parameter simuliert werden. Die Eingaben in das System werden zudem automatisch in einem Protokoll niedergelegt. Somit kann das Programm sowohl zur Generierung von hypothetischen Systemen und der Überprüfung der Plausibilität dieser Annahmen als auch als Hilfsmittel zur Erfassung von Wissensstrukturen genutzt werden.

Eine wichtige Voraussetzung für die Wissensdiagnostik war die Entwicklung von (fragenspezifischen) Kategoriensystemen, mit deren Hilfe die Antworten der Probanden in puncto Umfang/Vollständigkeit, Differenziertheit, Abstraktionsniveau und Komplexität des Wissens beurteilt werden können.

(5) Durchführung einer explorativen Studie (= erste Untersuchung)

Zur Präzisierung und Konkretisierung der Hypothesen zum strategischen Denken und Handeln im Bereich Absatzwirtschaft/Marketing wurden die Instrumente / Methoden zur Erfassung der Handlungsstrategien und deren Korrelate im Wissenssystem der Person im Rahmen einer explorativen Studie eingesetzt. Die Untersuchung wurde mit 27 Fachkräften aus dem kaufmännischen Bereich durchgeführt: mit Berufsanfängern, Fortgeschrittenen und Experten mit mindestens 10 Jahren Berufserfahrung sowie mit Unternehmensberatern, die mindestens 10 Jahre im kaufmännischen Bereich in irgendeiner Funktion tätig waren.

Die Heterogenität der Pbn-Gruppen sollte sicherstellen, daß bei der Hypothesenbildung unterschiedliche Handlungspotentiale und die Tatsache der Expertise-Entwicklung berücksichtigt wurden.

Den Kern der Untersuchung bildete das absatzwirtschaftliche Planspiel „MARKSTRAT". In diesem Planspiel mußten die Versuchsteilnehmer als Produktmanager für Elektrogeräte in einem Unternehmen tätig werden und sollten in 8 Spieljahren die Stellung des Unternehmens am Markt ausbauen und verbessern. Für den Produktmanager war dies keine leichte Aufgabe, da am

Markt auch verschiedene Konkurrenzfirmen agierten, die mit dem eigenen Unternehmen um Gewinn und Marktanteile kämpften.

Einen weiteren wichtigen Bestandteil der Untersuchung stellten 24 absatzwirtschaftliche Szenarien dar, die zur Hälfte aus dem Marketing und zur anderen Hälfte aus dem Vertrieb stammten. Neben der Berücksichtigung möglichst vieler verschiedener absatzwirtschaftlicher Funktionen (z.B. Produktmanagement, Marktforschung, Marketingcontrolling, Vertriebsinnendienst etc.) wurden bei der Konzeption der Aufgaben weitere Problemaspekte eingebaut, die den Umgang mit sozialen Problemen, Zeitdruck und unzureichenden Informationen über die Ausgangssituation, die Zielsituation oder die Handlungsmöglichkeiten zum Inhalt hatten. Diese verschiedenen Problemeigenschaften wurden systematisch miteinander kombiniert.

Eine wichtige Funktion dieser ersten Untersuchung bestand auch darin, die Erhebungsinstrumente zur erproben und weiterzuentwickeln

(6) Durchführung einer empirischen Untersuchung zur Hypothesenprüfung (= zweite Untersuchung)

Zur Prüfung der aufgestellten Hypothesen wurden zweitägige Untersuchungen (in Form eines „Laborseminars") mit 43 Personen durchgeführt, die sich in ihrem Expertisegrad unterschieden. Alle Versuchsteilnehmer waren im Bereich Absatzwirtschaft tätig. Um „Verklumpungseffekte" zu vermeiden, durften aus einem Unternehmen nicht mehr als zwei Fachkräfte teilnehmen.

Am Ablauf des Laborseminars wurden im Vergleich zur Voruntersuchung keine grundlegenden Änderungen vorgenommen. Allerdings wurden Modifikationen bei einigen Untersuchungsinstrumenten vorgenommen. So wurde beispielsweise anstelle der Computersimulation MARKSTRAT die am Lehrstuhl Psychologie II der Universität Bamberg entwickelte Simulation SchokoFin eingesetzt. Für den Einsatz von SchokoFin sprach vor allem, daß der Versuchsteilnehmer nach einer kurzen Instruktionsphase seine Maßnahmen selbst tätigen konnte, also kein Versuchsleiter zwischen Versuchsteilnehmer und Rechner geschaltet war. Außerdem legt SchokoFin über sämtliche Eingriffe des Probanden ein Protokoll an, was vor allem für die Auswertung der Daten eine Erleichterung bedeutete.

6.3 Akquisition der Untersuchungsteilnehmer

Bei der Gewinnung der Versuchsteilnehmer wurden die Kriterien Berufserfahrung und Geschlecht systematisch berücksichtigt. Es wurden die Geschäftsführungen von Industrie- und Handelsunternehmen aus dem süddeutschen Raum und dem Berliner Raum angeschrieben und gebeten, einen Berufsanfänger, eine Fach- oder Führungskraft mit drei- bis zehnjähriger Berufserfahrung oder einen Experten mit mehr als zehnjähriger Berufserfahrung für das zweitägige Laborseminar in Bamberg bzw. Berlin zu gewinnen und für die Untersuchung freizustellen. Pro Betrieb sollte nicht mehr als ein Sachbearbeiter und/oder ein Gruppenleiter/Abteilungsleiter ausgewählt werden. Die Untersuchungsteilnehmer sollten eine kaufmännische Ausbildung absolviert haben und im Bereich Absatzwirtschaft/Marketing tätig sein. Sofern eine Antwort der angeschriebenen Unternehmen ausblieb erfolgte eine telefonische Nachfaßaktion.

Für die Teilnahme an der Untersuchung wurde ein Honorar gezahlt. Außerdem erhielt jeder Teilnehmer eine individuelle Rückmeldung der persönlichen Ergebnisse (Stärken, Schwächen im Wissensbereich, Stärken im Vorgehen bei der Computersimulation, strategische Defizite, typische Denkfehler und Planungsfallen). Außer diesen individuellen Coachingmaßnahmen bestand ein weiterer konkreter Nutzen für die teilnehmenden Unternehmen darin, daß auf der Basis der empirischen Untersuchungsergebnisse ein Trainingsprogramm zur Förderung der strategischen Flexibilität entwickelt wurde, das den Unternehmen später zur Verfügung gestellt wurde.

Die Aufschlüsselung der Untersuchungsteilnehmer der beiden Untersuchungen nach Position, Geschlecht und Erfahrung im absatzwirtschaftlichen Tätigkeitsbereich findet sich in den Tabellen 6.1 und 6.2.

Die Bildungsbiographie der Untersuchungsteilnehmer wird in Tabelle 6.3 skizziert. Die aktuellen beruflichen Tätigkeiten im Bereich der Absatzwirtschaft der Untersuchungsteilnehmer können den Boxplots der Abbildungen 6-2 und 6-3 entnommen werden. Aus Abbildung 6-3 geht hervor, wie sich die Arbeitszeit auf die Funktionen operative (ausführende) Tätigkeit, Führung, Koordination, Kooperation und Innovation verteilt.

Das Spektrum der von den Versuchteilnehmern ausgeübten Tätigkeiten war in beiden Untersuchungen sehr groß. In der ersten Untersuchung fanden sich 19, in der zweiten Untersuchung 36 unterschiedliche Stellen- bzw. Tätigkeitsbezeichnungen (z.B. Key-Account-Manager, Produktmanager, Vertriebsinnendienstleiter....)

Überblick über das Untersuchungsprogramm ...

Hinsichtlich der Wirtschaftsbereiche, in denen die Probanden arbeiteten, waren die Untersuchungsgruppen nicht homogen. Die folgenden Prozentangaben in Klammern beziehen sich jeweils auf die zweite Untersuchung: 20% (31%) waren in der Konsumgüterindustrie, 12% (47,6%) in der Investitionsgüterindustrie tätig; 32 % (4,8%) kamen aus dem Bereich Handel und 28% (11,9%) aus dem Dienstleistungsbereich.

Tabelle 6-1: Die Untersuchungsteilnehmer der ersten Untersuchung – aufgeschlüsselt nach Position, Geschlecht und Erfahrung im absatzwirtschaftlichen Tätigkeitsbereich

Untersuchungsteilnehmer		N	Erfahrung im absatzw. Bereich (Monate)	
			Mittelwert	Std. abweichung
Fachkräfte	männlich	4	38	40
	weiblich	6	31	23
Führungskräfte	männlich	6	143	105
	weiblich	4	119	76
Unternehmensberater	männlich	7	194	199
Tabellen-Gesamtwert		27	108	116

Tabelle 6-2: Die Untersuchungsteilnehmer der zweiten Untersuchung – aufgeschlüsselt nach Position, Geschlecht und Erfahrung im absatzwirtschaftlichen Tätigkeitsbereich

Untersuchungsteilnehmer			Erfahrung im absatzw. Bereich (Monate)	
		N	Mittelwert	Std. abweichung
Fachkräfte	männlich	9	70	40
	weiblich	8	78	96
Führungskräfte	männlich	17	165	112
	weiblich	9	148	96
Tabellen-Gesamtwert		43	125	101

Tabelle 6-3: Daten zur Bildungsbiographie der Untersuchungsteilnehmer

Bildungsbereich	Abschlüsse/ Bildungsaktivitäten	1. Untersuchung Anzahl	1. Untersuchung Prozent	2 Untersuchung Anzahl	2 Untersuchung Prozent
Schulbildung	Hauptschulabschluß	1	3,7	1	2,3
	Realschulabschluß	6	22,2	10	23,3
	Fachhochschulreife	4	14,8	7	16,3
	Hochschulreife	16	59,3	25	58,1
Berufsausbildung	keine Berufsausbildung	7	25,9	17	41,5
	kaufmännische Lehre	15	55,6	19	46,3
	Ausbildung in einem nichtkaufmännischen Beruf	3	11,1	3	7,3
	Ausbildung in einem kaufmännischen und in einem nichtkaufmännischen Beruf	2	7,4	2	4,9
Fortbildung	Abschluß in einem kaufmännischen Fortbildungsberuf	1	3,7	6	15,0
	kein Abschluß	26	96,3	34	85,0
Studium	kein Studienabschluß	17	63,0	20	46,5
	Abschluß an Berufsakademie	0	0,0	2	4,7
	Abschluß an Fachhochschule	3	11,1	5	11,6
	Abschluß an Universität	7	25,9	16	37,2
Berufsbegleitendes Studium (zum Zeitpunkt der Untersuchung	kein berufsbegleitendes Studium	26	96,3	36	83,7
	an einer Berufsakademie	0	0,0	1	2,3
	an einer Fachhochschule	0	0,0	1	2,3
	an einer Universität	1	3,7	0	0,0
	an einer anderen Bildungseinrichtung	0	0,0	5	11,6
Kaufmännische Weiterbildung (in den letzten fünf Jahren)	ja	17	65,4	39	90,7
	nein	9	34,6	4	9,3

Überblick über das Untersuchungsprogramm ... 141

Abbildung 6-2: Die Tätigkeiten der Probanden im absatzwirtschaftlichen Bereich (2. Untersuchung)

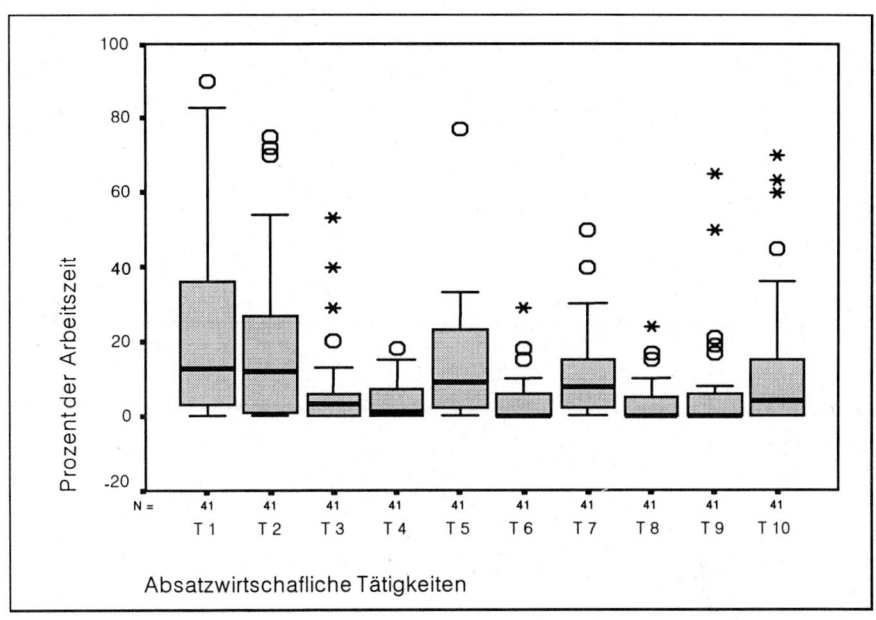

Legende:

In den einzelnen Boxen gibt der schwarze Strich jeweils den Median (50%- Perzentil) der Gruppen an. Die untere Grenze einer grauen Box kennzeichnet das 25%-Perzentil, die obere Grenze das 75%-Perzentil. Die dünnen Querstriche ober- und unterhalb der Boxen geben den größten bzw. den kleinsten Gruppenwert an, der nicht als Ausreißer oder extremer Wert bezeichnet wird. „Ausreißer" (in der Grafik durch einen kleinen Kreis dargestellt) liegen zwischen 1,5 und 3 Boxlängen über dem 75%- oder unter dem 25%-Perzentil. „Extreme Werte" (in der Grafik durch ein Sternchen dargestellt) liegen mehr als 3 Boxlängen von der Box entfernt.

T1 = Vertriebsaufgaben im Innendienst
T2 = Vertriebsaufgaben im Außendienst
T3 = Werbung
T4 = Produktentwicklung
T5 = Preisgestaltende Aufgaben
T6 = Verteilungs- und Logistikaufgaben
T7 = Marktbeobachtung und Marktforschung
T8 = Controlling
T9 = Mitarbeiterschulung
T10 = Andere Aufgaben

Abbildung 6-3: Die Tätigkeitsfunktionen der Probanden (2. Untersuchung)

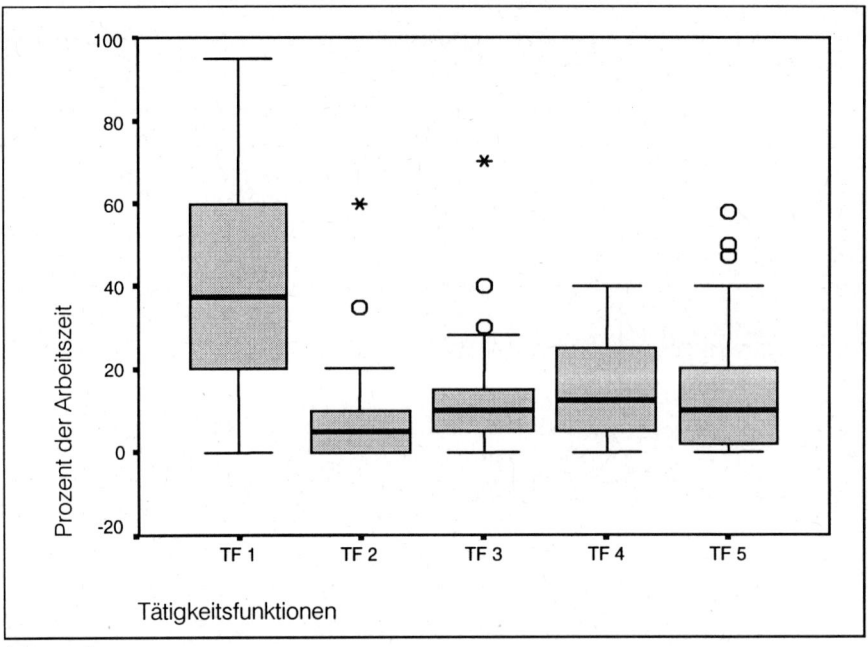

Legende:

TF 1: Ausführung konkreter absatzwirtschaftlicher Tätigkeiten (z.B. Angebote erstellen, Kunden besuchen, Festlegen des Verkaufspreises)
TF 2: Führungsaufgaben (z.B. Personaleinstellung, Lösung von Konflikten zwischen Mitarbeitern)
TF 3: Koordinierung der Arbeit verschiedener Fachkräfte im absatzwirtschaftlichen Bereich
TF 4: Kooperation mit anderen betrieblichen Funktionsbereichen (z.B. Einkauf, Produktion)
TF 5: Mitarbeit an Konzepten für Innovationen im absatzwirtschaftlichen Bereich

6.4 Untersuchungsablauf

Die Durchführung der Untersuchungen erfolgte in mehreren Untersuchungsstaffeln mit jeweils bis zu sechs Untersuchungsteilnehmern pro Termin. Die erste Untersuchung erfolgte im Herbst 1994, die zweite Untersuchung wurde in der ersten Hälfte des Jahres 1995 durchgeführt. Ein Beispiel für die Ablauforganisation des zweitägigen Laborseminars findet sich in Tabelle 6.4.

Tabelle 6-4: Ablauforganisation des Laborseminars (Beispiel aus der zweiten Untersuchung)

Uhrzeit	Untersuchungsblock	Erfaßte Variablen
1. Tag		
9.00 – 9.15	1. Einführung	
9.15 – 9.30	2. Instruktion und Übung zum „Lautem Denken"	
9.30 – 13.30	3. Computergestütztes Marketingplanspiel	Primär-, Prozeß- und Basisstrategien
13.30 – 15.00	Mittagessen	
15.00 – 15.30	4. Modellbildung mit Hilfe von RelaNet	Qualität des Sachwissens (Kontextualisierte Fragestellung)
15.30 – 16.15	5. Idealtypisches Handeln im Bereich Absatzwirtschaft	Qualität des Handlungswissens (Abstrakte Fragestellung)
16.15 – 17.00	6. Fragebogen zum Erfahrungshintergrund	Biographische Daten Arbeitserfahrung
17.00 – 17.15	7. Zufallsexperiment nach Baddley	Kapazität des Arbeitsgedächtnisses
19.30 –	Gemeinsames Abendessen	
2. Tag		
8.00 – 10.00	8. Bearbeitung absatzwirtschaftlicher Problemszenarien I	Planungsflexibilität
10.00 – 11.00	9. Interviews über Probleme und Handlungsstrategien im Berufsalltag	Erfassung des strategischen Handlungsrepertoires im Berufsalltag
11.00 – 12.00	10. Erläuterung von Fachbegriffen	Qualität des Sachwissens (Abstrakte Fragestellung)
12.00 – 13.30	Mittagessen	
13.30 – 15.00	11. Problemszenarien II (mit Nachfragen zur Elaboration der Problemlösungen)	Planungsqualität
15.00 – 15.30	12. Entwicklung eines detaillierten Handlungsplans zu einem Szenario	Qualität des Handlungswissen (Kontextualisierte Fragestellung)
15.30 – 16.30	13. Vortrag mit Diskussion zum Thema Handlungsfehler und Handlungsstrategien	
16.30 – 17.00	14. Individuelle Rückmeldung	

GUIDO FRANKE

7 Das strategische Handlungsrepertoire im Bewußtsein der Praktiker

7.1 Fragestellung

Der Handlungserfolg in komplexen Arbeitsumwelten hängt sicher zu einem nicht geringen Teil von der Kompetenz der Fachkräfte ab. In diesem Kapitel wird versucht, einen Beitrag zu leisten zur Erhellung einer Kompetenzfacette, die für die Bewältigung von Komplexität wichtig ist: der „strategischen Handlungsflexibilität". Vor dem Hintergrund theoretischer Annahmen über die Komponenten dieses Konstrukts (vgl. Kapitel 2) werden Umfang, Differenziertheit und Struktur des strategischen Handlungsrepertoires, die Handlungsspielräume und die Flexibilität bei der Arbeit sowie die Schwierigkeiten und Probleme bei der Organisation der Handlungsprozesse im Berufsalltag untersucht.

Um komplexe Situationen im Berufsalltag – die mit Stichworten „wechselnde Anforderungen", „Entscheidungen unter Unsicherheit", „Unklarheit von Zielen", „Unterschiedlichkeit von Interessen" oder „Planen und Entscheiden unter Zeitdruck" beschrieben werden können – erfolgreich bewältigen zu können, ist ein routinemäßiges Vorgehen häufig nicht möglich oder nicht von Vorteil: Es ist strategisches, flexibles Handeln gefordert. Das Ensemble von Operationen, die Einzelpersonen oder Organisationen dabei helfen, neuartige oder problematische Situationen und wechselnde Anforderungen zu bewältigen, wird als *strategische Handlungsflexibilität* bezeichnet. Wir nehmen an, daß die strategische Handlungsflexibilität wesentliche Voraussetzungen erfolgreichen Handelns in solchen Situationen umfaßt.

Die Handlungsprozesse von Fach- und Führungskräften werden vor dem Hintergrund der hypothetischen Komponenten der strategischen Handlungsflexibilität in diesem Kapitel beschrieben und analysiert. Die Komponenten werden im folgenden zunächst grob skizziert; anschließend wird der Auflösungsgrad verfeinert, und es wird auf die für die Untersuchung wichtige Analyseebene der „strategischen Handlungsmomente" gewechselt.

Wichtige Komponenten der strategischen Flexibilität sind folgende:
1.) die Fähigkeit zur Entwicklung eines stabil-flexiblen Zielsystems
2.) die Fähigkeit zur Entwicklung von Handlungskonzepten.

Hierfür sind Planungs- und Entscheidungsprozesse erforderlich, die ebenso wie die Zielbildungsprozesse umfangreiches bereichsspezifisches und heuristisches Handlungswissen voraussetzen:

Um auf wechselnde Anforderungen und neue Situationen adäquat reagieren zu können oder auch selbst aktiv Veränderungen herbeizuführen, sind bereichsspezifisches Wissen (z.B. über den Markt, über betriebswirtschaftliche Zusammenhänge, über Konsumverhalten usw.) und entsprechende Handlungsprozeduren notwendig. Um speziell in den Situationen, in denen nicht ausreichendes bereichsspezifisches Wissen verfügbar ist, adäquat (re-)agieren zu können, sind „schwache", d.h. bereichsübergreifende Heuristiken erforderlich, wie z.B. Fragen zu stellen, sich Hilfe zu holen oder auch das Wissen darum, wann Aufgaben und Verantwortlichkeiten delegiert werden können oder sollten, wann Ziele geändert werden sollten oder wie man mit Konflikten umgeht.

3.) eine hohe Bereitschaft zur Aufnahme neuer Information; Offenheit und Neugier. Das rechtzeitige Gegensteuern bei unvorhergesehenen Entwicklungen, aber auch die Wahrnehmung unerwarteter Chancen setzen eine entsprechende Offenheit gegenüber situativen Gegebenheiten und insbesondere gegenüber Veränderungen voraus.

4.) die Fähigkeit zum Erkennen und Abstrahieren von Zusammenhängen und Regelhaftigkeiten in komplexen, unübersichtlichen Situationen. Dies ist die Voraussetzung für die angemessene Interpretation von Situationen und die Wahl zielführender Handlungsschritte. Das Erkennen und Abstrahieren von Regelhaftigkeiten ist jedoch auch Voraussetzung für den Erwerb neuer oder die Modifikation bestehender Handlungsmuster und Strategien. Eine wichtige Methode zur Situationsanalyse und zum Erwerb neuer Handlungsmuster ist die Selbstreflexion.

5.) Systematizität des Denkens: Es müssen die Konstituenten des Handelns, also die Ziele, Bedingungen, Maßnahmen/Aktionen/Operationen, Erwartungen, Ursachen und Wirkungen der Handlungen zueinander in Beziehung gesetzt werden. Ein Teilaspekt der Systematizität ist die angemessene *Konditionalisierung* des Handlungsrepertoires. Das bereichsspezifische und bereichsübergreifende Handlungsrepertoire sollte an Einsatzbedingungen geknüpft sein, damit der Handelnde entscheiden kann, wann welches Handlungsrepertoire einzusetzen ist. Ist dies nicht der Fall, so kann unangemessenes, „instabiles" Verhalten resultieren in dem Sinne, daß etwa bei auftretenden Schwierigkeiten neue Ziele formuliert werden, wenn nur eine kleine Planrevision erforderlich wäre. Auch ermöglicht erst die Knüpfung des Handlungsrepertoires an angemessene Einsatzbedingungen effizientes Handeln.

6.) Rekursivität des Denkens: Die unter 5.) genannten Verknüpfungsstrukturen müssen im Handlungsprozeß immer wieder, zumindest bei gravierenden Störungen, unvorhergesehenen Ereignissen usw. überdacht und neu aufgebaut werden.

Im Mittelpunkt des Interesses dieser Untersuchung stehen die „strategisch relevanten Handlungsmomente (SRHs)".

Strategisch relevante Handlungsmomente sind Stellen im Handlungsprozeß mit Freiheitsgraden, bei denen ein Handlungsspielraum besteht. Der Handlungsspielraum wird vom Akteur nicht zufällig eingeschränkt.

Die Gestaltung des Handlungsspielraums hat Auswirkungen auf die Binnenorganisation der Handlung und kann die Handlungswirksamkeit beeinflussen.

Je stärker die Auswirkungen einer Gestaltungsform auf die Binnenorganisation der Handlung sind, desto größer die strategische Relevanz des Handlungsmoments. Je sicherer und intensiver Effektivität und Effizienz des Handelns durch die Gestaltung des Handlungsspielraums beeinflußt werden, desto größer ist die strategische Relevanz des Handlungsmoments.

Die konkreten Gestaltungsformen eines SRHs könnte man „Elementarstrategien" nennen.

Die Elementarstrategien können mit Hilfe empirischer oder theoretischer Verfahren zu mehr oder weniger komplexen Ketten/Konfigurationen verknüpft werden. Die Verknüpfungen sind dann „komplexe Strategien". Empirische Verfahren für die Identifikaion von komplexen Strategien sind z.B. Clusteranalysen. Ein anderer Weg könnte über die Extraktion von „Handlungsradikalen" bzw. über Persönlichkeitseigenschaften zur Verknüpfung von Elementarstrategien führen.

In der empirischen Praxis dürfte normalerweise nur ein Teil der (hypothetischen) Strategien auffindbar sein – aus folgenden Gründen:

1. Das Setting (das experimentelle Arrangement) ermöglicht nur einen Teil der an sich möglichen SRHs.

2. Das Setting ermöglicht zwar prinzipiell die SRHs, der Proband X schließt aber aufgrund einer bestimmten Handlungsweise bestimmte SRHs aus. Es kann also nicht das gesamte strategische Handlungspotential im entsprechenden experimentellen Arrangement beobachtet werden.
3. Bestimmte Strategien können gegenwärtig nicht reliabel gemessen werden.

Im folgenden werden für einige Funktionskomplexe des Handelns SRHs beispielhaft aufgezeigt:

Zielbildung

ABSICHTSREICHTUM:	Werden mehrere Ziele gleichzeitig verfolgt?
PRIORITÄTEN-BESTIMMUNG:	Werden die Ziele nach einer Präferenzrelation geordnet?
REICHWEITE:	Auf welche Zeitpunkte oder Zeiträume beziehen sich die Ziele? Handelt es sich um Nah- oder Fernziele?
HIERARCHISIERUNGSGRAD:	Erfolgt eine Strukturierung der Ziele in Form von Ober- und Unterzielen?
OSZILLATIONSGRAD:	Werden Ziele im Handlungsprozeß durchgängig verfolgt oder sporadisch aufgegriffen und dann wieder fallengelassen?

Bedingungsanalyse

SELEKTIVITÄT:	Welche Umweltbereiche/Bedingungsfaktoren werden berücksichtigt?
AUFLÖSUNGSGRAD:	Wird die Umwelt grob oder fein analysiert?
PROGNOSTIK:	Erfolgt eine Extrapolation von Trends? Wird die zukünftige Entwicklung von Faktoren/Sachverhalten bedacht?

Aktionsplanung

DETAILLIERUNGSGRAD:	Wie detailliert werden die Maßnahmen/Handlungsalternativen geplant?
KONDITIONALISIERUNG:	Werden Bedingungen für die Durchführung der einzelnen Maßnahmen bedacht?
MULTIFUNKTIONALITÄT:	Wird versucht, „mehrere Fliegen mit einem Schlag zu treffen", d.h., werden Maßnahmen konzipiert, die einen hohen Zielertrag für mehrere Ziele ermöglichen?

Folgenanalyse

ZEITHORIZONT:	Werden die unmittelbaren Wirkungen oder auch Fernwirkungen der geplanten Maßnahmen bedacht?

Entwicklung von Handlungskonzepten

FALLBASIERTE ELABORATION:	Wird bei der Entwicklung des Handlungskonzepts auf eine paradigmatische Situation rekurriert oder nicht?
MULTIPERSPEKTIVITÄT:	Erfolgt die Entwicklung des Handlungskonzepts aus der Perspektive verschiedener Motive heraus (z.B. Macht, Sicherheit)?
ENTSCHEIDUNGS-KRITERIEN:	Welche Entscheidungsregeln werden bei Entscheidungen unter Unsicherheit präferiert? (Minimax-Regel? Maximax-Regel? Hurwicz-Prinzip? Laplace-Kriterium?)

Verknüpfung des präferierten Konzepts mit der Tätigkeit

MUDDLING THROUGH:	Wird der Akteur tätig ohne ein ausgefeiltes Konzept? Erfolgt das Vorgehen eher situationsbezogen und gesteuert durch aktuelle Rückkoppelungen?
FLEXIBILITÄT:	Wird versucht, das Konzept auch unter konzeptin-adäquaten Bedingungskonstellationen zu verwirklichen ("Klebrigkeit")? Oder wird die Tätigkeit für eine Reorganisation des Handlungskonzepts unterbrochen?
PERSISTENZ:	Wird das Handlungskonzept bei akuten Schwierigkeiten aufgegeben – mit der Folge, daß die Steuerung der Tätigkeit reaktiv, kurzfristig erfolgt?

Reflexion und Evaluation

NORMATIVE ORIENTIERUNG:	Welche Normen werden bei der Bewertung der Handlungsergebnisse genutzt? Idealnormen? Ipsative Normen? Durchschnittsnormen?
VORNAHMEN:	Werden aufgrund der Erfahrungen bestimmte Vorsätze für künftiges Handeln gefaßt?
URSACHENANALYSE:	Wird nach den Ursachen von Erfolg bzw. Mißerfolg gesucht?

Der Superierungsgrad der SRHs kann unterschiedlich sein, d.h., die SRHs können unterschiedlich abstrakt oder komplex gefaßt sein. Aus theoretischen Gründen wäre eine Durchmischung der SRHs hinsichtlich des Superierungsgrades für die Flexibilität des Handelns wahrscheinlich vorteilhaft.

Es soll untersucht werden, welche SRHs von den Fach- und Führungskräften thematisiert werden, welche – aus methodologischen Gründen relevante – SRHs nicht bzw. selten thematisiert werden, wie die jeweiligen SRHs gestaltet werden und an welchen Stellen Schwierigkeiten und Probleme auftreten.

7.2 Methode

In der zweiten Untersuchung wurden 42 im absatzwirtschaftlichen Bereich tätige Personen nach Handlungskonzepten und Erfahrungen in ihrem Beruf befragt. Die Interviews gliedern sich in drei Teile (vgl. Anhang 1). Im ersten Teil geht es um idealtypische Handlungskonzepte: Was ist im absatzwirtschaftlichen Bereich aus Sicht der Befragten wichtig, welche Handlungsweisen versprechen am ehesten Erfolg, was macht „gutes" Handeln in der Absatzwirtschaft aus? Im zweiten Teil beschreiben die Befragten ihre beruflichen Tätigkeitsfelder und Arbeitsaufgaben. Der dritte Teil ist dem persönlichen strategischen Handeln und Problemen im eigenen Arbeitsumfeld gewidmet: Wie geht der/die Befragte in seinem/ihrem persönlichen Arbeitsumfeld vor? Welche Probleme treten auf? Welches Handlungsrepertoire steht dem/der Betreffenden zur Verfügung, welcher Teil dieses Handlungsrepertoires wird von ihm bzw. ihr eingesetzt? Die Ausführungen in diesem Kapitel beziehen sich im wesentlichen auf den Teil 3 der Transkripte, also auf die persönlichen, konkret eingesetzten oder einsetzbaren Strategien der Berufstätigkeit – einschließlich der im eigenen Berufsumfeld eintretenden Probleme. Der Umfang der Transkripte beträgt zwischen 10 und 60 Seiten pro befragter Personen.

Teil 3 der Protokolle ist in fünf Fragenkomplexe gegliedert, die sich auf die Zielbildung, auf Planungsprozesse, auf Prozesse der Ideen- und Entscheidungsfindung sowie auf die Selbstreflexion beziehen. Jeder dieser Fragenkomplexe besteht aus 5 oder 6 Fragen, die dem Befragten vom Interviewer gestellt wurden. Sie entsprechen den Spaltenüberschriften in Tabelle 7-1, welche den Aufbau der Protokolle des Teils 3 darstellt:

Tabelle 7-1:   Fragenstruktur der Protokolle

Funktions komplexe	Inhalt?	Situationen?	Gewöhnliches Vorgehen?	In welchen Situationen anderes Vorgehen?	Probleme?	Vorgehen bei Problemen?	Anderes Vorgehen vorstellbar?	Förderung?
Zielbildung	(1)		(3)	(2)	(4)	(5)	(6)	
Planung			(1)	(2)	(3)	(4)	(5)	
Entscheidung			(1)	(2)	(3)	(4)	(5)	
Ideenfindung		(1)	(2)		(3)	(4)	(5)	
Selbstreflexion	(1)	(2)			(3)	(3)	(4)	(5)

Jede Ziffer in der Tabelle entspricht einer Frage. Die Fragen der 1. Zeile (Zielbildung) lauten:
(1) Welche Ziele verfolgten Sie gewöhnlich bei Ihrer beruflichen Arbeit?
(2) Gab es Situationen, in denen Sie andere Zielentscheidungen trafen?
(3) Wie gingen Sie gewöhnlich bei der Zielbildung vor?
(4) Gab es Probleme bei der Zielbestimmung?
(5) Was machten Sie, als Probleme/Schwierigkeiten bei der Zielbildung auftraten?
(6) Können Sie sich in Ihrem beruflichen Tätigkeitsfeld Situationen vorstellen, in denen Sie bei der Zielbildung anders vorgehen würden? Beschreiben Sie solche Situationen und mögliche andere Vorgehensweisen bei der Zielbildung!

Die Fragen zu den anderen Themen (Planung, Ideenfindung, Entscheidungsfindung, Selbstreflexion) sind größtenteils analog aufgebaut. Z.B. lautet die Frage (2) zur Planung: „Gab es Situationen, in denen Sie beim Planen anders vorgegangen sind?". Die Frage (1) zur Ideenfindung lautet: „Haben Sie im Berufsalltag schon Situationen erlebt, die neue Ideen verlangten? Wenn ja, schildern Sie ein Beispiel!". Die Frage (2) zur Selbstreflexion lautet analog. Zu erwähnen ist noch die Frage (5) zur Selbstreflexion: „Was müßte man persönlich tun oder im Betrieb organisieren, um die Selbstreflexion zu fördern?".

Die Auswertung der Protokolle erfolgte in mehreren Schritten (vgl. Tabelle 7-2):
1. *Auswertungsschritt: Segmentierung des Protokolls*
   Der Protokolltext wurde so in Abschnitte unterteilt, daß jeder Abschnitt einen zusammenhängenden Gedanken bzw. eine propositionale Aussage enthält. Als Kriterien für die Segmentgrenzen sollten zum einen inhaltliche

Kriterien und zum anderen Sprechpausen herangezogen werden, da diese den Abschluß eines Gedanken und den Beginn einen neuen Gedanken anzeigen (vgl. Ericsson & Simon, 1984).

2. *Auswertungsschritt: Zuordnung von Kurzbezeichnungen zu den Segmenten*
   Jedes Segment wurde mit einem kurzen, den Inhalt zusammenfassenden Begriff oder Satz belegt. Dieser Analyseschritt dient zusammen mit der Segmentierung der Informationsreduktion.

3. *Auswertungschritt: Kategorisierung der Segmente*
   Die Kategorien wurden während der Protokollanalyse schrittweise entwickelt; nicht kategorisierbare Aussagen wurden zusammengetragen und im Auswertungsteam diskutiert. Nach dem letzten Auswertungsstand ergaben sich 15 Arten von Kategorien (K):

K1: Es werden Hinweise zur Strukturierung des jeweiligen funktionsspezifischen Prozesses gegeben; es werden Stellen im Handlungsprozeß thematisiert, die Freiheitsgrade enthalten. Die Beschäftigung mit diesen SRHs (s.o.) kann man als Metaoperationen bezeichnen. Beispiele für Metaplanung sind Hinweise auf die Reichweite oder den Detaillierungsgrad der Planung, über die im Planungsprozeß entschieden werden muß.

K2: Es wird eine Operation beschrieben. Eine Operation ist eine Transformation eines Ausgangszustandes (α) in einen Endzustand (ω). Komplette Operationsbeschreibungen finden sich in den Protokollen sehr selten; meistens wird lediglich der Operator, der die Transformation bewirkt, der zu verändernde Ausgangszustand oder der zu erreichende Zielzustand artikuliert.

K3: Es werden Bedingungen genannt, die eine differentielle Gestaltung der entsprechenden Operation geraten erscheinen lassen bzw. notwendig machen. Man könnte auch von einer Konditionalisierung der Operation bzw. „Elementarstrategie" (s.o.) sprechen.

K4: Es werden Aussagen gemacht über die Voraussetzung der Durchführung einer Operation.

K5: Die Aussagen betreffen Instrumente/Maßnahmen/Systeme, welche die Durchführung der Operation unterstützen.

K6: Es werden Kontrollprozeduren und prophylaktische Maßnahmen zur Erfolgssicherung der Operation thematisiert.

K7: Es werden Prozesse der persönlichen Einflußnahme auf den Handlungsprozeß beschrieben. Die Einflußnahme kann zum einen dazu führen, daß der Akteur versucht, den Prozeß möglichst stark persönlich zu „färben" und seine Interessen zu verwirklichen; eine andere Variante betrifft das Selbstmanagement, d.h., der Akteur beschreibt Prozesse/Techniken/Taktiken der (internalen oder externa-len) Selbstregulation, die auf eine Optimierung der Handlungsergeb-nisse zielen.

K9: Die Gewinnung des notwendigen Informationsmaterials für die Durchführung der verschiedenen kognitiven Prozesse wird thematisiert.

K10: Operationen/Handlungsprozesse werden vom Interviewpartner bewertet (z.B. „die Antizipation der Chancen und Risiken ist wichtig").

K11: Es erfolgt eine „Systematisierung" einer Operation, d.h., die Operation wird begründet oder in Ihrer Wirkweise erklärt.

K12: Abstrakte Formulierungen.

Sie beziehen sich auf verschiedene Sachverhalte:

a) die Variabilität der Operationen („andere Handlungsmöglichkeiten sind hier auch denkbar")

b) Intensivierung einer Operation („mehr Selbstreflexion wäre sinnvoll")

c) Exklusion einer Operation („mit den Zielen muß ich mich nicht beschäftigen, da die Ziele vorgegeben sind"; „aufgrund der objektiven Verhältnisse ist eine Problemlösung hier nicht möglich")

K13: Es werden Beispiele für eine Operation oder für ein Problem geliefert.

K14: Metakognitive Aussagen: Hierbei handelt es sich um kritische Äußerungen zur Fragestellung oder um selbstkritische Bemerkungen („Ich bin kein rationaler Planungstyp")

K15: Keine verwertbaren Aussagen (z.B. unverständlicher Text, irrelevante Antwort)

Einen Überblick über das recht differenzierte Kategoriensystem gibt Tabelle 7-3. Die fragenübergreifenden Kategorien K10 – K15 sind in dieser Tabelle nicht enthalten.

Das strategische Handlungsrepertoire im Bewußtsein der Praktiker 153

Tabelle 7-2: Beispiel für den mehrstufigen Kodierungsprozeß (Zur Frage III2.3: Frage nach Schwierigkeiten bei der Planung)

ldnr.	Transkript	Kurzbezeichnung der Segmente	Kategorien	Facetten
111	Gab es Schwierigkeiten bei der Planung? Ääh. Erste Schwierigkeit ist immer ein ... der ... wenig konkrete Auftrag. Das ist die eine Geschichte, aber das könnte man ja ändern. Aber Schwierigkeit bei der Planung ist eigentlich generell der Zeitfaktor. das ist der eine Ääh ... das Ääh ... der zweite Faktor ist eigentlich der ... sind die Entscheidungswege, die einzuhalten sind. Ääh. Der dritte Faktor ist daß, wenn einmal etwas festgelegt ist, Hierarchie kraft ihres Amtes - so nach dem Motto: ‚Ober schlägt Unter' - auch Dinge, die einmal festgelegt sind, aushebeln. So daß dann eigentlich mittendrin irgendwann der ganze Plan oder das ganze Konzept Ääh nicht mehr stimmt, weil ein ... eine Feder rausgezogen oder eine Blume aus dem Strauß gezogen wurde und dann der ... das ganze zusammenfiel. Mmh also es gibt ... gibt laufend Schwierigkeiten. Das mit dem Plan und Zwischenschritten ist ein immer wieder sehr ernst anzustrebendes Ziel, aber es ist Mmh - obwohl es so ein so hilfreiches Instrument ist - einfach weil man auch dann strategisch ganz anders vorgehen kann, als wenn man aus dem hohlen Bauch oder aus ... wenn man aus der hohlen Hand Ääh.... etwas machen muß, nicht.	Auftrag ist zu wenig konkretisiert.	PP 4-1: Auftrag ist zu wenig konkretisiert.	P4P: Schaffung der Voraussetzungen für die Generierung aussichtsreicher Alternativen
		Zeitengpaß	PP 8-6: Probleme bei der zeitlichen Koordinierung von Maßnahmen.	P8P: Flexibilität
		Entscheidungswege müssen eingehalten werden.	PP 9-1: Probleme bei der Zusammenarbeit mit anderen Personen/Institutionen; Probleme bei der Koordinierung unterschiedlicher Interessen und Sichtweisen	P9P: Kooperation beim Planen
		Übergeordnete Instanzen gefährden durch sporadische Eingriffe das Gesamtkonzept.	PP 9-3: Pläne / Planänderungen erforderlich, die mit Zielen anderer kollidieren.	P9P: Kooperation beim Planen
114	Gab es Schwierigkeiten bei der Planung? Manchmal mit der zeitlichen Abschätzung, also daß man also doch sehr stark nachher unter Druck Ääh kommt und da ist es also auch schon passiert, daß wir dann bis Mitternacht oder bis 1 Uhr nachts durchgearbeitet haben, damit am nächsten Morgen der Kollege losfliegen kann und höchstpersönlich noch das Angebot abgeben kann, ne. Wenn das also sehr komplexe Ausschreibungen sind, kann man Ääh unter Umständen nicht Ääh alles zeitlich genau vorher terminieren, wieviel Zeit...Ääh...Aufwand erforderlich Ääh sein wird, ne.	Schwierigkeiten, die zeitliche Terminierung genau festzulegen.	PP 6-3: Probleme bei der zeitlichen Koordinierung von Maßnahmen.	P6P: Organisation von Aktionsprogrammen
115	Gab es Schwierigkeiten bei der Planung? Ja. Das gibt es eben - wie gesagt - permanent... nicht? Dadurch, daß alle Leute eigentlich längerfristige Dinge erwarten, als ich eigentlich in der Lage bin zu bringen, weil sich eben die Anforderungen von - fast - Minute zu Minute irgendwo ändern und ich trotzdem aber einen Plan machen muß, der eben längerfristig reicht, stellt man eben immer wieder fest, daß dieser Plan eben permanent irgendwo angepaßt werden muß...nicht?	Die Anforderungen ändern sich ständig.	PP 8-3: Probleme aufgrund dynamischer Änderungen der Situation, Dynamizität der Umwelt.	P8P: Flexibilität
		Permanente Änderung eines entwickelten Plans.	PP 8-5: Planmodifikation aufgrund veränderter externer Rahmendaten	P8P: Flexibilität

4. *Auswertungsschritt: Prüfung der Objektivität des Kodierungsverfahrens*

Das Kategoriensystem wurde in mehreren Stufen entwickelt und erprobt. Bei der ersten Version wurden von zwei Ratern unabhängig voneinander die Kategorisierungen von fünf Protokollen durchgeführt. Die intersubjektive Übereinstimmung der Kategorisierung betrug 47 %. Dies führte zu einer Reihe von Differenzierungen, Zusammenfassungen und sprachlichen Präzisierungen von Kategorien. Die zweite, verbesserte Version ergab für drei zufällig ausgewählte Protokolle eine intersubjektive Übereinstimmung der Kategorisierungen zweier Rater von 73 % (169 von 269 Kategorisierungen). Für die 73 ungleichen Kategorisierungen konnten durch weitere Differenzierungen und Präzisierungen von Kategorien eine Reihe weiterer Übereinstimmungen erzielt werden. Die dritte Version des Kategoriensystems stellte eine weitere Verbesserung sowohl im Sinne höherer intersubjektiver Übereinstimmung als auch im Sinne einer geringeren Anzahl nicht kategorisierbarer Äußerungen dar. Aus Zeitgründen konnte für diese Version des Kategoriensystems jedoch nicht nochmals ein intersubjektiver Übereinstimmungsgrad ermittelt werden. Auch für die vierte Version – als Resultat des 5. Auswertungsschritts – steht die Reliabilitätsuntersuchung noch aus.

5. *Inhaltsanalyse des Kategoriensystems und Rekodierung aufgrund methodologischer Reflexion*

Die Ergebnisse der ersten Kodierungen der Segmente befriedigten nicht, da die Nutzungshäufigkeit der Kategorien sehr stark schwankte, da offensichtlich sehr heterogene Phänomene einer Kategorie zugeordnet worden waren (Beispiel aus dem Funktionsbereich Entscheidung: `Suchen nach und Bewerten von Entscheidungsalternativen´) und da die Restkategorien der nicht kodierten Segmente mit 15 % zu hoch erschien. Die Weiterentwicklung des Kategoriensystems erfolgte in einem neuen Team. Existierende Kategorien wurden ausdifferenziert, und es wurden zahlreiche neue Kategorien kreiert, die das offensichtlich stark an einem kognivistischen Informationsverarbeitungsparadigma orientierte Kodieren des ersten Teams korrigierte.

Das strategische Handlungsrepertoire im Bewußtsein der Praktiker

Tabelle 7-3: Struktur des Kategoriensystems für die Kodierung

Funktionsbereiche	Anzahl der Facetten	Anzahl der Segmente				Anzahl der Kategorien		Selten genutzte Kategorien (<10%)			
		absolut		prozentual				absolut		prozentual	
		H	P	H	P	H	P	H	P	H	P
Zielbildung	12	792	158	27,8	26,8	128	21	92	15	71,9	71,4
Planung	12	530	154	18,6	26,1	89	42	62	30	69,7	71,4
Entscheidung	10	370	103	13,0	17,5	142	40	121	30	85,2	75,0
Ideenfindung	8	532	70	18,7	11,9	63	23	40	12	63,5	52,2
Selbstreflexion	10	625	104	21,9	17,7	72	13	48	8	66,7	61,5
Gesamt	52	2.849	589	100	100	494	139	363	95	73,5	68,3

Legende:
H : Handlungsrepertoire
P : Schwierigkeiten/Probleme

Beispielsweise wurde das Ensemble der Kategorien zur Kodierung des Handlungsrepertoires im Bereich der Entscheidung von 16 auf 142 erweitert. Bei der Rekodierung spielten methodologische Überlegungen z.B. zum Planen oder Entscheiden eine nicht unerhebliche Rolle. Derartige methodologische Reflexionen sensibilisieren für Operationen und Prozesse sowie mögliche Lerninhalte, die bisher meist nur implizit in der Bildungspraxis vermittelt werden. Beispielsweise artikulierten die Probanden sehr selten eine Operation, die sich auf die Bestimmung des Gesamtnutzwertes einer Alternative bezieht; hierbei müssen verschiedene Attribute (z.B. Preis, Ästhetik, Sicherheit und Zuverlässigkeit) bewertet und in ein Gesamturteil integriert werden. Dieser wichtige und meist auch diffizile Handlungsschritt wurde im Kategoriensystem explizit ausgewiesen und nicht etwa unter eine „Restkategorie" ‚Sonstige Beurteilungsoperationen' subsumiert.

Die im nächsten Abschnitt berichteten Analysebefunde basieren auf insgesamt 4071 Segmenten; lediglich 2,24 % der Segmente konnte keiner Kategorie zugeordnet werden.

6. *Auswertungsschritt: Klassifizierung der Kategorien*
Aus Gründen der Übersichtlichkeit wurden die Kategorien für jeden der fünf Funktionskomplexe in Gruppen zusammengefaßt, die im folgenden

"Facetten" genannt werden. Die Anzahl der Facetten pro Funktionskomplex schwankt zwischen 8 und 12. Die Kategorien des Handlungsrepertoires und die Kategorien zur Beschreibung der Schwierigkeiten und Probleme bei der Arbeit werden jeweils dem gleichen Facetten-Set zugeordnet; die Facetten des Problemkatalogs werden durch die Hinzufügung eines „P" gekennzeichnet. Die Facetten eines Funktionskomplexes lassen sich grob in zwei Bereiche einteilen, in Facetten mit „Kernoperationen" und in Facetten, die einen „amplifikatorischen" Charakter haben. Die Facetten des Kernbereichs thematisieren genuine Operationen der Funktionserfüllung, z.B. müssen bei der Entscheidung Alternativen beurteilt werden, und es müssen Entscheidungsregeln für die Auswahl einer Alternative angewandt werden (vgl. E3 und E4 in Tabelle 7-8). Die Facetten des amplifikatorischen Bereichs beziehen sich auf stützende, intensivierende oder kontrollierende Operationen bei der Funktionserfüllung.

7. *Auswertungsschritt: Statistische Datenanalyse*

Zur weiteren Analyse des Datenmaterials wurden die Protokollsegmente mit den Kurzbeschreibungen und den Kodierungskategorien in eine Excel-Datei übertragen. Die Spalten der Datei sind folgendermaßen aufgebaut:

1. Segmentcode:
   <Vp-Nr.> <I-III> <Funktion> <Frage> <Seg.-Nr.>
   <Vp-Nr.> steht für den Code der Person (101, 102 usf.).
   <I-III> bezeichnet den Interviewteil „idealtypisches Handeln", „Arbeitsaufgaben" oder „Strategien in der Berufstätigkeit".
   <Funktion> steht für die Zielbildung (1), Planung (2), Ideenfindung (3), Entscheidung (4) und Selbstreflexion (5).
   <Frage> steht für normales Vorgehen (1), abweichendes Vorgehen (2), Schwierigkeiten (3), Umgang mit Schwierigkeiten (4) und Vorgehen in an deren Situationen (5).
   <Seg.-Nr.> schließlich stellt eine laufende Nummer dar.

Mit dieser Kodierung kann aus den Dateien für jedes Segment die inhaltliche Fragestellung rekonstruiert werden, in deren Rahmen das Segment geäußert wurde.

Zum Beispiel bedeutet „111-III-1-2; 3": Person 111, 3. Protokollteil (Strategien in der Berufstätigkeit, „reales" Handeln); Funktion: Zielbildung, Frage: abweichendes Vorgehen bei der Zielbildung; 3. Segment.

2. Kurzbeschreibung des Segments.
3. Kodierungskategorie
4. Kommentar
Hier finden sich u.a. Anmerkungen der Kodierer, z.B. Hinweise, daß sich das Segment semantisch (sachlogisch) auf eine andere Frage, eventuell auch auf eine andere Funktion bezieht und dort auch mit einer fortlaufenden Nummer unter Hinzufügung eines x eingefügt ist. Angemerkt sei, daß ca. 8 % der Segmente aus thematischen Gründen im Protokoll fehlplaziert waren.

Es wurden dann folgende Variablenwerte berechnet:
(1) die Differenziertheit des Handlungsrepertoires auf drei Aggregierungsstufen: facettenspezifische Differenziertheit, funktionsspezifische Differenziertheit und die Differenziertheit des gesamten in der Untersuchung berücksichtigten Handlungsrepertoires. Die Differenziertheit ergibt sich jeweils als Summe der entsprechenden Kategorien.
(2) die Breite des strategischen Handlungsrepertoires. Hierbei werden die Facetten gezählt, die vom Probanden zumindest einmal „angesprochen" wurden, d.h. die Facetten, bei denen zumindest eine Kategorie kodiert worden ist. Hier lassen sich zwei Aggregierungsstufen unterscheiden: die funktionsspezifische Breite und die Breite des gesamten Handlungsrepertoires.
(3) die Problemintensität des Arbeitshandelns. Diese Variablenwerte sind das Analogon zu (1) im P-Bereich der Facetten.
(4) Problemvielfalt des Arbeitshandelns. Diese Variablenwerte werden analog zu (2) für den P-Bereich der Facetten bestimmt.

Mit Hilfe der Statistiksoftware SPSS wurden dann multivariate Analysen (z.B. Clusteranalysen) durchgeführt.

8. *Hinweise auf weiterführende Auswertungsschritte*
Die im folgenden beschriebenen Auswertungsarbeiten können aus Raumgründen in diesem Buch nicht präsentiert werden. Sie werden an anderer Stelle publiziert.[1]

8.1 *Repräsentation der Beziehungsstruktur der Aussagen im Sinne eines semantischen Netzes*

---

[1] Vgl. Guido Franke: Wissensbasierte Determinanten der strategischen Flexibilität. Bielefeld: W. Bertelsmann (in Vorbereitung).

Dieser Schritt dient einer weiteren Informationsreduktion, da hierbei auch die Relationen zwischen den Konzepten (hier: Protokollsegmenten) kategorisiert und damit besser vergleichbar gemacht werden. Beispiele für Relationen sind:
- KOND (Konditionalisierung, Wenn-Dann-Beziehung)
- KAU (Kausale Beziehung)
- FIN (Finalität, Angabe des Ziels oder Zwecks einer Aktion) usw.

Die graphische Repräsentation der Beziehungsstruktur hat den weiteren Vorteil einer kompakten Darstellung und besseren Übersichtlichkeit der Inhalte.

8.2 Bestimmung des Umfanges und des Superierungsgrades der Aussagen anhand eines betriebswirtschaftlich orientierten Kategoriensystems

Dieser Auswertungsschrit dient zum einen der Bestimmung der betriebs/absatzwirtschaftlichen inhaltlichen Schwerpunkte des Protokolls, z.B. hinsichtlich Umweltfaktoren, betriebs- und absatzwirtschaftlichen Funktionsbereichen, Outputfaktoren, betriebsinternen Faktoren oder personalen Faktoren. Er dient zum zweiten der Bestimmung des Abstraktionsgrades von Äußerungen.

8.3 Extraktion von (komplexen) Strategien aus den Protokollen

Hierbei sollen nach definierten Kriterien Hypothesen über die strategischen Handlungskonzepte der interviewten Personen gewonnen werden. Bei der Beschreibung der Strategien werden folgende Aspekte berücksichtigt:

(1) Elementarstrategien als konkrete Gestaltungsformen von strategisch relevanten Handlungsmomenten (vgl. 7.1). Elementarstrategien sind Selektionskriterien für Problemzustände sowie Zielzustände und Handlungsmöglichkeiten (Operatoren). Sie unterstützen bei der Setzung der Ziele, bei der Wiederaufnahme ungelöster Probleme und bei der Auswahl der aktuell erforderlichen Handlungen und Aktionsprogramme

(2) Domänenabhängigkeit und Domänenunabhängigkeit. Strategien können sich auf einen Gegenstandsbereich (z.B. Absatzwirtschaft) beziehen oder allgemeine Vorgehensweisen beschreiben, die keine Annahmen über die jeweilige Domäne machen. (Z.B. „Setze Dir nicht zu viele Ziele auf einmal.")

(3) Grad der Konditionalisierung. Strategien können mit Bedingungen versehen sein oder „unbedingt" sein. Eine nicht konditionalisierte Strategie wurde gerade genannt ("Setze Dir nicht zu viele Ziele auf einmal."). Ein Beispiel einer bedingten Strategie ist: „Wenn die Situation unübersichtlich ist, setze Dir nicht zu viele Ziele auf einmal."

(4) Verknüpfungsgrad. Die Strategien können in unterschiedlichem Ausmaß mit Hilfe verschiedener Relationen (z.B. TEMPORALITÄT, KONSEKUTION) miteinander verkettet sein.

Für die Protokollanalyse müssen wir den Strategiebegriff operationalisieren. Wir wollen in jedem der folgenden Fälle davon sprechen, daß die interviewte Person eine Strategie verbalisiert hat:

1. Es handelt sich um ein Protokollsegment, das eine normative Aussage (allgemeines Ziel) repräsentiert. (Beispiel: „Mitarbeitermotivation muß Priorität haben!") Die Aussage darf sich nicht auf der untersten Superierungsstufe befinden.

2. Es handelt sich Protokollsegmente, die durch Relationen höherer Ordnung miteinander verbunden sind:

KOND: Wenn X, dann Y. In diesem Fall muß Y ein Ziel (persönlich oder normativ) oder eine persönliche Handlung sein. Beispiel: „Wenn man Erfolg am Markt haben will, muß man die Absatzinstrumente nutzen."

KOS: X führt zu Y, X hat den Effekt Y. X muß ein Ziel (persönlich oder normativ) oder eine persönliche Handlung sein, Y ein positiv bewerteter Sachverhalt. Beispiel: „Wir müssen eine gute hausinterne Kommunikation aufbauen, dann können wir auch erfolgreich sein."

FIN, FUN: X zu dem Zweck Y, X dient Y. X muß ein Ziel (persönlich oder normativ) oder eine persönliche Handlung sein. Beispiel: „Innen- und Außendienst müssen gut zusammenarbeiten, damit sie effektiv sein können."

KAU: Y, weil X, X ist Grund oder Ursache für Y. X muß ein Ziel (persönlich oder normativ) oder eine persönliche Handlung sein, Y ein positiv bewerteter Sachverhalt. Beispiel: „Wir müssen dafür sorgen, daß Innen- und Außendienst gut zusammenarbeiten, weil wir nur so effektiv sein können."

8.4 Vergleich des idealtypischen Handelns mit dem tatsächlichen Handeln

Hierbei soll die Frage untersucht werden, ob und inwiefern sich die idealtypischen Handlungskonzepte und -vorstellungen der interviewten Personen von ihren tatsächlich realisierten Handlungen („Strategien in der Berufstätigkeit") unterscheiden. Hierbei wollen wir uns von der Hypothese leiten lassen, daß für ein „Auseinanderfallen" idealtypischer und real eingesetzter Handlungskonzepte folgende Indikatoren sinnvoll sind:

- Es gibt viele idealtypische Handlungskonzepte, die keinem realen Handlungskonzept zugeordnet werden können, und umgekehrt.
- Zwischen idealtypischen und realen Handlungskonzepten treten Widersprüche auf.

8.5 Bewertung des strategischen Handlungsrepertoires

Für die Herleitung von Bewertungskriterien gehen wir davon aus, daß die Qualität strategischen Handelns und strategischer Handlungsflexibilität unter anderem von folgenden Voraussetzungen abhängt:

- der Fähigkeit des Handelnden zur Abstraktion von Zusammenhängen aus Situationsanalysen; denn das Erkennen abstrakter Zusammenhänge ist Voraussetzung für die Herausbildung von Strategien. Zum Beispiel erfordert das Erkennen der Bedeutung innerbetrieblicher Kommunikation für erfolgreiches Handeln die Abstraktion von Erfahrungswissen oder Fallwissen über erfolgreiche und erfolglose Situationen, in denen die innerbetriebliche Kommunikation gut bzw. nicht gut funktionierte.
- einem angemessenen Konditionalisierungsgrad strategischen Wissens, um es differenziert und zielorientiert einsetzen zu können. Eine Strategie wie „den Mitarbeitern mehr Verantwortung geben" wird leicht zur Hülse, wenn sie nicht mit konkreten situativen Gegebenheiten verknüpft wird, in denen eine Stärkung der Mitarbeiterverantwortung besonders sinnvoll oder wichtig ist.

Demgemäß soll das strategische Handlungsrepertoire nach folgenden Kriterien bewertet werden:

(1) Anzahl der Strategien

(2) Konditionalisierungsgrad der Strategien

(3) Einlagerung von abstrahiertem absatzwirtschaftlichen Zusammenhangswissen In die Strategien.

(4) Anzahl der idealtypischen und der „realen" Protokollsegmente, die einander zugeordnet werden können (ohne Widerspruchsbeziehungen).

7.3 Ergebnisse der explorativen Analyse

In den folgenden Abschnitten werden Ergebnisse der Protokollanalyse referiert. Die Ergebnisse werden tabellarisch und graphisch zu den einzelnen hier berücksichtigten Funktionskomplexen präsentiert.

In den Tabellen zum Handlungsrepertoire und zu den Handlungsproblemen werden jeweils Kategorien, die von mehr als 10 % der Versuchsteilnehmer angesprochen worden sind, mit einem Sternchen (*) markiert.

Für eine umfassende Beschreibung und tiefergehende Interpretation der Befunde fehlt hier der Raum. Daher werden in den folgenden vorgeschalteten Textpassagen lediglich einige exemplarische Ergebnisse thematisiert. Das Hauptaugenmerk liegt auf folgenden Fragen:

(1) Inwieweit werden die substantiellen Kernprozesse des Funktionskomplexes thematisiert? Werden bestimmte – aus methologischen Gründen wichtige – Prozeduren von den Fachkräften nicht oder nur selten angesprochen?

(2) Welchen Umfang und welche Qualität hat das Handlungsrepertoire? Wie differenziert bzw. elaboriert ist das Handlungswissen?

(3) Welche Schwierigkeiten und Probleme haben die Fachkräfte?

(4) Wie sieht die Binnenstruktur der funktionsspezifischen Facettengefüge aus? Interkorrelieren die Facetten signifikant? Lassen sich bestimmte Handlungstypen im entsprechenden Funktionskomplex identifizieren?

(5) Gibt es Unterschiede zwischen verschiedenen Personengruppen? Hierbei ist zu prüfen, ob die Position, das Bildungsniveau und die Erfahrungsdauer zu signifikanten Unterschieden in der Differenziertheit und im Umfang des strategischen Handlungsrepertoires oder in der Problemintensität und in der Problemvielfalt des Handelns führen.

7.3.1 Die Zielbildungsprozesse

Ohne Klarheit über die eigenen Ziele ist eine vernünftige Entscheidung nicht möglich. Ohne Klarheit darüber, was eigentlich erreicht und was vermieden werden soll, kann keine rationale Wahl zwischen Handlungsalternativen erfolgen.

Die Zielvorstellungen sind darüber hinaus fundamental für die Strukturierung einer Problemsituation, die Generierung von Alternativen sowie die Kontrolle und Bewertung der Handlungsfortschritte und -ergebnisse. Das Bewußtsein der eigenen (langfristigen) Ziele ermöglicht es, Situationen zu suchen bzw. zu schaffen, die der Verfolgung der Ziele nützlich sind. Eine zielbewußte Denkweise hilft, Chancen besser wahrzunehmen und nicht nur auf Probleme zu reagieren (vgl. Keeney, 1992).

Damit das Zielsystem eine steuernde und regulierende Funktion bei der Organisation von Handlungsprozessen in komplexen Arbeitsumwelten übernehmen kann, sollte es einigen Anforderungen genügen:

a) der Kern des Zielsystems sollte aus langfristigen Zielen bestehen, die mit mittel- und kurzfristigen Zielen verknüpft sind.

b) das Zielsystem sollte stabil-flexibel sein, d.h., der Kern des Zielsystems sollte bei auftretenden Schwierigkeiten und Problemen nicht sofort aufgegeben werden, sondern der Akteur sollte versuchen, auf neuen Wegen seine Ziele zu erreichen.

Eine andere Form der Flexibilität könnte auch darin bestehen, daß der Akteur bei seiner Planung für bestimmte Situationen Ersatzziele in sein Zielsystem inkorporiert hat.

c) das Zielsystem sollte konsistent und nicht in sich widersprüchlich sein (es sollte nicht die „eierlegende Wollmilchsau" gezüchtet werden).

d) das Zielsystem sollte multiplex sein: Es sollte die verschiedenen Anforderungen im Arbeitsprozeß thematisieren, d.h., es sollten fachliche Ziele mit sozialen Zielen und den persönlichen Zielen des Akteurs verknüpfen.

e) die Ziele sollten nicht vage sein, sondern zumindest teilweise in der Form operationalisiert sein, daß Zwischenziele und Teilziele herausgearbeitet werden.

f) das Zielsystem sollte strukturiert und kohärent sein, d.h., die Ziele sollten möglichst aufeinander bezogen werden – z.B. mit Hilfe von Zweck-Mittel-Relationen.

Relevanz der Zielbildung im Bewußtsein der Praktiker

Die Betonung der Bedeutung einer zielbewußten Denk- und Handlungsweise (vgl. Z2a in Tabelle 7-4) findet sich expressis verbis in 43% der Protokolle. Einige Fachkräfte weisen darauf hin, daß die Ziele im nachhinein festgelegt werden; daß sie mit der Tätigkeit beginnen und erst dann im Laufe der Zeit Ziele herausbilden. Eine derartige Denkweise widerspricht dem strategischen Denken.

Langfristigkeit der Zielsetzung

Über den Tag hinaus zu denken, ist unabdingbar für das strategisches Handeln. 25 % der Fachkräfte sagen explizit, daß sie ihr Tun an längerfristigen Zielen auszurichten versuchen (Z 2-4 bis Z 2-7 in Tabelle 7-4).

Anzumerken ist, daß der Fokus der Interviews nicht darin lag zu untersuchen, wie der Zeitbezug der angestrebten Konsequenzen im Entscheidungskalkül berücksichtigt wird. Gezielte Fragen zu den Zeitpräferenzen hätten vermutlich ergeben, daß es sich bei der Artikulation der Zielgrößen (vgl. Z 4) nicht selten um längerfristige Zielperspektiven handelt.

Flexibilität bei der Zielbildung

Jede zweite Fachkraft beschreibt unterschiedliche Zielkonfigurationen oder/und unterschiedliche Formen der Zielbildung in Abhängigkeit von bestimmten Situationsbedingungen (vgl. Z 3 in Tabelle 7.4). Im Hinblick auf unser Forschungsthema ‚strategische Flexibilität' seien drei Kategorien der Flexibilität hier hervorgehoben:

Z 3-2: Bei Bedarf (d.h. bei entsprechenden Entscheidungschancen, Risiken, Barrieren, Zwängen usw.) werden nach Möglichkeit die langfristigen Ziele beibehalten und die kurzfristigen Ziele modifiziert.

Z 3-4: Die Situation wird fortlaufend beobachtet und im Hinblick auf die eigenen Ziele „instrumentalisiert"; man versucht, „die Gelegenheit beim Schopf zu packen".

Z 3-1: Für den Fall, daß ein Plan nicht realisierbar sein sollte, werden die Handlungsentwürfe im Hinblick auf kritische Handlungsmomente gedanklich durchgespielt, es werden „Sollbruchstellen" festgelegt, und es werden von vornherein alternative Ziele in Erwägung gezogen.

Ordnung der Ziele

Die Strukturierung des Zielprogramms wird nur von einer Minderheit thematisiert: 28 % beschreiben Prozeduren für eine hierarchische Ordnung der Ziele mit Hilfe von Zweck-Mittel-Relationen (Z 5); lediglich 7 % beschäftigen sich mit der Prioritätensetzung (Z 8).

Komplexität des Zielsystems

Alle Fachkräfte thematisieren die Sach- und Fachziele, die sie verfolgen. Nur 38% der Fachkräfte signalisieren, daß sie multiplex denken, d.h. daß sie in ihrem Zielsystem fachliche Ziele mit sozialen Zielen und persönlichen Zielen verknüpfen. (In den Prozentwert gingen sowohl die Häufigkeiten für besondere Zielfiguren (vgl. z.B. Z 6-2 in Tabelle 7-4) als auch die additive Nennung der entsprechenden Zielgrößen (vgl. Z4) ein).

Zielpräzisierung

Für eine kompletten Zielbestimmung sind Informationen notwendig zu den Dimensionen „Zielgröße", „Zielvorschrift", „Zieldauer" und „Extension" des Zieles (vgl. z.B. Kirsch 1971; Mag 1977).

Die *Zielgröße* gibt das Kriterium an, nach dem die vom Ziel geforderten Zustände beschrieben werden; sie ist der materielle Bestandteil einer Zieldefinition.

Die *Zielvorschrift* bezieht sich auf den anzustrebenden Zielerreichungsgrad; es lassen sich ‚satisfizierende' Normen und ‚optimierende' (im Sinne von Minimierung bzw. Maximierung) Normen unterscheiden.

Die *Zieldauer* bestimmt als Zeitvariable die Zeitpunkte oder Zeiträume, auf die sich die Forderung nach Erreichung des zukünftigen Zustandes bezieht; hierdurch wird der Geltungsbereich des Zieles spezifiziert, d.h. geklärt, ob es sich um ein Ideal- oder Realziel, um ein Nah- oder Fernziel handelt.

Die *Extension des Zieles* beinhaltet einen Hinweis, für welche Planungsbeteiligte das Ziel Verbindlichkeit besitzt, ob es sich z.B. um ein Ziel der gesamten (Planträger-)Organisation handelt oder nur um Individualziele bzw. Gruppenziele.

62 % der Fachkräfte machen Angaben zur Zielpräzisierung. 50 % stellen Überlegungen an zur hierarchischen Strukturierung ihres Zielsystems (Z 7a) mit Hilfe von Oberzielen und Unterzielen oder mit Hilfe von Teil-Ganzes-Relationen. Die Zieldauer (Z 7c) wird von 19 %, eine Operationalisierung (Z 7d)der Ziele von 17 %, eine Festlegung von Zielvorschriften (Z 7b) lediglich von 2 % thematisiert. Eine Reflexion auf die Anspruchsniveausetzung (Z 10) findet bei 24 % der Fachkräft statt.

Struktur des Handlungsrepertoires im Bereich der Zielbildung

Die einzelnen hier unterschiedenen Facetten der Zielbildung werden unterschiedlich häufig thematisiert: Alle Fachkräfte machen Aussagen zu den Zielgrößen, dagegen sagen nur 7 % etwas zur Strukturierung ihrer Präferenzen. Die Mehrzahl thematisiert nicht mehr als sechs (von insgesamt 12) Facetten (vgl. Abbildungen 7-1 und 7-2). Die durchschnittliche Interkorrelation der Facetten ist gering.

Schwierigkeiten und Probleme bei der Zielbildung

19 % der Fachkräfte haben keine Schwierigkeiten bei der Zielbildung, 81 % der Fachkräfte artikulieren hingegen irgendwelche Probleme im Bereich der Zielbildung. Am häufigsten werden Probleme bei der Bewältigung von Zielkonflikten (vgl. Z 9P in Tabelle 7-6) beschrieben. Keine bzw. kaum Probleme treten auf bei der Festlegung von Zielgrößen (Z 4P), bei der Ordnung der Ziele (Z 5P), bei der Multiplexität und Multiperspektivität der Zielbildung (Z 6P), der Strukturierung der Präferenzen (Z 8P) und bei der Anspruchsniveausetzung (Z 10P). Die geringe Problemintensität bei Z 8P ist allerdings nicht verwunderlich, da diese Facette kaum Bestandteil des Handlungsrepertoires ist.

Die Problemvielfalt erstreckt sich bei den Probanden auf maximal sechs (von maximal 12) Facetten.

Die am häufigsten genannten Probleme liegen im Bereich der Sicherung und Kontrolle der Zielerreichung (ZP 12-1), der Zielpräzisierung (ZP 7-1: Die Ziele sind zu unklar, zu unscharf, sie sind nicht operativ formuliert) und der Bewältigung von Zielkonflikten (z.B. ZP 9-3: Es gibt Probleme, eigene Ziele und Ziele von Vorgesetzten in Einklang zu bringen).

Unterschiede zwischen Personengruppen

Fachkräfte und Führungskräfte unterscheiden sich nach dem t-Test (für unabhängige Stichproben bei zweiseitiger Fragestellung) tendenziell ($p<0,1$) in der Differenziertheit ihres Handlungsrepertoires im Bereich der Zielbildung (vgl. Abb 7-4): Führungskräfte sind differenzierter hinsichtlich der Informationsgewinnung (Z1) und bei der Zielpräzisierung (Z7). Die Führungskräfte berichten auch über mehr Probleme im Bereich der Zielpräzisierung (vgl. Abbildung 7-5).

Das Bildungsniveau spielt im Bereich der Zielbildung kaum eine Rolle; allenfalls bei der Zielpräzisierung verhalten sich die Personen mit einem Studienabschluß differenzierter als Personen ohne Studienabschluß ($p<0,1$).

Es gibt Hinweise, daß sich die Dauer der Erfahrung auf die Zielbildung in einigen Punkten auswirkt. Die Gruppe mit längerer Erfahrung (die Gruppenbildung erfolgte aufgrund der Dichotomisierung der Erfahrungsdauer der Probanden am Median) strukturiert ihre Präferenzen stärker und kümmert sich stärker um die Sicherung und Kontrolle der Zielerreichung als die Gruppe mit kürzerer Erfahrung.

Tabelle 7-4: Das Handlungsrepertoire im Bereich der Zielbildung

Z 1:	***Informationsgewinnung für die Zielbildung***
Z 1-1*	Beschaffung, Analyse und Gewichtung von Informationen über den Ist-Zustand
Z 1-2	Analyse der Marktentwicklung als Voraussetzung für die Setzung langfristiger Ziele
Z 1-3*	Inanspruchnahme/Nutzung externer Hilfe
Z 1-4*	Berücksichtigung der Vorgaben übergeordneter Stellen bei der Zielbildung
Z 1-5*	Ziele mit Vorgesetzten, Kollegen etc. gemeinsam entwickeln
Z 1-6*	Marktbeobachtung und -analyse
Z 1-7*	Zielvorstellungen aufschreiben
Z 1-8	Schätzen von Kenndaten bei fehlender Information
Z 1-9	Orientierung an ähnlichen Problemen der Vergangenheit und Optimierung für die Gegenwart
Z 1-10	Ziele sind Resultat (als Kombination und Extrapolation) von vergangenen und zukünftigen Entwicklungen
Z 1-11*	Berücksichtigung früherer Entwicklungen/Daten (z.B. Vorjahreszahlen) bei der Zielbildung
Z 1-12	Durchführung von Problemanalysen
Z 1-13	Entwicklung alternativer Zielkonzepte mit Hilfe kreativer Techniken (z.B. Brainstorming)
Z 2:	***Zielbewußte Denk- und Handlungsweise***
	a) Dominante Funktion der Zielbildung
Z 2-1*	Orientierung des Handelns an den aktuellen Zielvorgaben, Interessen, Anforderungen
Z 2-2	Redefinition von Arbeitsaufträgen: Definition der konkreten Aufgaben mit bestimmten Zielen aus der (globalen) Aufgabenstellung.
Z 2-3	Erst Zielbestimmung, dann Tätigkeit
Z 2-4	Orientierung an langfristigen Zielen
Z 2-5	Verknüpfung kurzfristiger Ziele mit den langfristigen Zielen
Z 2-6*	Orientierung der individuellen Ziele an den "strategischen" Zielen des Unternehmens (d.h. an den groben, langfristigen Richtzielen)

Fortsetzung nächste Seiten

Fortsetzung: Tabelle 7-4: Das Handlungsrepertoire im Bereich der Zielbildung

Z 2-7	Innehalten und Nachdenken über die eigene Position und das, was man erreichen will
Z 2-8	Die Fixierung von Zielen ist eine Voraussetzung für das Lösen von Problemen
	b) Marginale Funktion der Zielbildung
Z 2-9	Ziele werden im nachhinein festgelegt.
Z 2-10	Mit der Tätigkeit beginnen und dann das Konzept sukzessiv ausarbeiten
Z 2-11	Routinisierung der Arbeit erübrigt Nachdenken über Ziele
Z 3:	**Flexibilität bei der Zielbildung**
Z 3-1*	Suchen nach (Ziel-)Alternativen
Z 3-2	Flexibilität im Bereich der kurzfristigen Zielsetzung (Beibehaltung langfristiger Ziele)
Z 3-3	Schnelle Reaktion auf Situationsänderungen
Z 3-4	Aktuelle Gegebenheiten werden fortlaufend beobachtet und in die Zielbildung integriert („die Gelegenheit beim Schopf packen")
Z 3-5	Prioritätensetzung in Abhängigkeit von situativen Gegebenheiten
Z 3-6*	Änderung von Zielgrößen, Setzung neuer bzw. Modifikation bestehender Ziele oder Unterziele (z.B. bei Zeitnot)
Z 3-7*	Unternehmensinterne Faktoren (z.B. Krankheit von Mitarbeitern, Generationswechsel in der Führung) erfordern Veränderung in den Zielen
Z 3-8*	Externe Faktoren (z.B. Gesetze, Konjunkur, veränderte Wertvorstellungen der Kunden, veränderte Marktbedingungen) verlangen Flexibilität in der Zielsetzung
Z 3-9	Berücksichtigung zeitlicher Restriktionen (bei Zeitdruck entscheide ich aus dem Bauch heraus)
Z 3-10	Der Zielbildungsprozeß hängt von der Art des Ziels ab
Z 3-11	Der Zielbildungsprozeß hängt von der Relevanz des Problems ab
Z 4:	***Festlegung der Zielgrößen***
	a) Unternehmensziele/Sach- und Fachziele
Z 4-1*	Leistungsziele im Sinne der Unternehmung formulieren

Fortsetzung nächste Seiten

Fortsetzung Tabelle 7-4: Das Handlungsrepertoire im Bereich der Zielbildung

Z 4-2	Beschaffungs- und Lagerhaltungsziele
Z 4-3*	Produktionsziele
Z 4-4*	Absatzziele
Z 4-5*	Kundeninteressen/Kundenzufriedenheit anstreben
Z 4-6*	Personalpolitik im Sinne des Unternehmens (PE, Tarifverhandlungen, Löhne/Gehälter, Belegschaftsgröße)
Z 4-7	Führungsziele (organisieren, repräsentieren usw.)
Z 4-8*	Erfolgsziele (monetäre Ziele) im Sinne der Unternehmung formulieren
Z 4-9*	Umsatzvolumen und -struktur
Z 4-10	Kostenstruktur
Z 4-11*	Gewinn, Rentabilität
Z 4-12	Sonstige Erolgsziele
Z 4-13	Finanzziele im Sinne der Unternehmensführung formulieren
Z 4-14	Liquiditätsziele (Zahlungsfähigkeit, Liquiditätsreserven)
Z 4-15	Investitionsziele
Z 4-16	Struktur und Volumen des Finanzierungsprogramms
Z 4-17	Sonstige Finanzziele
Z 4-18*	Umsetzung von Unternehmenszielen
	b) Soziale Ziele
Z 4-19*	Auf die Eigeninteressen der Belegschaft bezogene Ziele (z.B. Verbesserung des Kommunikationsklimas)
Z 4-20	Orientierung an Zielen, die Kommunikation und Kooperation betreffen
Z 4-21	Die Aufgabenschneidung und -zuweisung muß sich an den Interessen und Fähigkeiten der Mitarbeiter orientieren
Z 4-22	Einsatz für Mitarbeiterinteressen (Reduzierung der Arbeitsbelastung, Qualifizierung, Partizipation)
	c) Persönliche Ziele
Z 4-23*	Persönliche Weiterentwicklung vorantreiben
Z 4-24	Schaffung der Rahmenbedingungen (z.B. höhere hierarchische Position) für den persönlichen Nutzen (Anerkennung, Informationsrechte)
Z 4-25	Qualifikationsziele (z.B. Genauigkeit, Realismus)

Fortsetzung nächste Seiten

Fortsetzung Tabelle 7-4: Das Handlungsrepertoire im Bereich der Zielbildung

Z 5:	**Hierarchische Ordnung der Ziele mit Hilfe von Zweck-Mittel-Relationen**
Z 5-1*	Prozeßziele, Ziele die sich auf dem Weg der Zielerreichung beziehen (z.B. besseres Zeitmanagement)
Z 5-2	Inkaufnahme unangenehmer Ziele zum Zweck der Erreichung übergeordneter Ziele
Z 5-3	Abbau sozialer Barrieren und Hindernisse durch bessere Kommunikation (z.B. persönliches Treffen des Kunden)
Z 5-4	Festlegung der Teil- und Zwischenziele
Z 5-5	Bewertung alternativer Arbeitspakete mit Hilfe eines Kriterienkatalogs im Hinblick auf die zu erreichenden (Unter-) Ziele
Z 5-6	Überprüfung von Abläufen, um Fehler und Dysfunktionalitäten zu finden und die Prozesse zu optimieren
Z 5-7	Bewertung des Nutzens, der Chancen und Risiken von Instrumental-/Prozeßzielen vor dem Hintergrund übergeordnete (Fundamental-) Ziele
Z 6:	***Multiplexität und Multiperspektivität der Zielbildung***
Z 6-1	Polytelie. Es werden nach Möglichkeit mehrere Ziele verfolgt.
Z 6-2	Besondere Zielfiguren (spezielle Konstellationen zwischen fachlichen, sozialen und persönlichen Zielen)
Z 6-3	Konzentration auf fachliche Aufgaben (soziale und persönliche Karriereziele sind nicht zentral)
Z 6-4	Konzentration auf Know-how-Transfer, Personalentwicklung (die eigene Karriere steht nicht im Vordergrund)
Z 6-5	Schwerpunkt persönliche Weiterentwicklung (wobei fachliche, soziale und persönliche Ziele nicht konfligieren)
Z 6-6	Die Privatsphäre (Familie) darf durch berufliche Ziele nicht beeinträchtigt werden
Z 6-7	Mit Vorgesetzten über deren Erwartungen sprechen
Z 6-8	Berücksichtigung politischer (nicht nur wirtschaftlicher) Kriterien
Z 6-9	Bewertung von Ziel-Alternativen mit Hilfe von Pro- und Kontra-Listen, auch unter Berücksichtigung der Meinung von Freunden und Bekannten

Fortsetzung nächste Seiten

Fortsetzung Tabelle 7-4: Das Handlungsrepertoire im Bereich der Zielbildung

Z 7:	**Zielpräzisierung**
	a) *Hierarchische Strukturierung des Zielsystems mit Hilfe von Abstraktions und/oder Teil-Ganzes-Relationen*
Z 7-1*	Bildung von Teilzielen/Unterzielen/Zielhierarchisierung
Z 7-2	Zielbildung auf unterschiedlichen Abstraktionsebenen (Abstrakte vs konkrete Ziele)
Z 7-3	Isolierte Zielsetzungen vs. Einbindung der Ziele in übergeordnete (strategische) und/oder nebengeordnete Zielstrukturen
Z 7-4	Bewertung von Unterzielen im Hinblick auf ein angestrebtes globales Ziel (z.B. Umsatzsteigerung)
	b) *Festlegung der „Zielvorschrift"*
Z 7-5	Der anzustrebende Zielerreichungsgrad wird definiert. Es lassen sich "satisfizierende" Normen und "optimierende" Normen unterscheiden (Bsp.: „Bei uns wird nicht der maximale Gewinn angestrebt")
	c) *Festlegung der „Zieldauer"*
Z 7-6	Bestimmung des Zeitpunkts bzw. Zeitraumes, wann das Ziel verwirklicht werden soll
Z 7-7*	Festlegung der „Zieldauer", d.h. der Zeitpunkte oder Zeiträume für die Erreichung des intendierten Zustands (vgl. Nah- oder Fernziele)
	d) *Operationalisierung der Ziele*
Z 7-8*	Entwicklung von Meßgrößen für Ziele
Z 7-9	Formulierung praktisch eindeutiger Ziele mit Hilfe „natürlicher" Attribute (also nicht mit Hilfe von „Proxy"-Attributen)
Z 8:	**Strukturierung der Präferenzen**
Z 8-1	Festlegung von Kriterien für die Prioritätensetzung (z.B. Vermeidung von Risiken)
Z 8-2	Die Ziele sind nicht gleichwertig. Es gibt Zielhierarchien.
Z 8-3	Das Hauptziel muß möglichst klar herausgearbeitet werden
Z 8-4	Prioritäten ändern sich, was Auswirkungen auf das Zielprogramm hat

Fortsetzung nächste Seiten

Fortsetzung Tabelle 7-4: Das Handlungsrepertoire im Bereich der Zielbildung

Z 9:	**Bewältigung von Zielkonflikten**
Z 9-1*	Bei unterschiedlichen Zielen ist die Kommunikation unter den Mitarbeitern/Abteilungen wichtig; Überzeugungsarbeit leisten, um zu einem Konsens zu gelangen.
Z 9-2	Bei Differenz zwischen Interessen des Kunden und Unternehmenszielen Vorgesetzten informieren
Z 9-3	Finden eines Zielkompromisses
Z 9-4	Beratung mit Freunden, Lebenspartnern, wenn Zielkonflikte auftreten
Z 10:	**Anspruchsniveausetzung**
Z 10-1	Die Arbeit so gut wie möglich machen
Z 10-2	Zielsetzung muß leichte Überforderung bedeuten.
Z 10-3	Festlegung hoher Standards, Mitarbeiter sollen ein hohes Anspruchsniveau entwickeln
Z 10-4	Es werden Zusatzaufgaben hin und wieder mit erhöhten Anforderungen gestellt.
Z 10-5*	Ziel ist es, die Ziele bestimmter (übergeordneter) Stellen befriedigend zu erfüllen
Z 11:	**Eigensteuerung und Selbstorganisation**
Z 11-1	Eigenverantwortung für die Zielsetzung
Z 11-2*	Psychohygienische Maßnahmen (z.B. sich nicht unter Streß setzen lassen)
Z 11-3*	Eigene Intuition nutzen
Z 11-4*	Ziele sind weitgehend vorgegeben, es existiert nur ein begrenzter Handlungsspielraum
Z 11-5	Mitwirkung bei der Fixierung der Vorgaben und der Definition der Ziele
Z 11-6	Vorgaben durch Vorgesetzten müssen beachtet werden (evtl. auch widerwillig)
Z 11-7	Definition der eigenen Rolle ist wichtig
Z 11-8	Identifikation mit den Unternehmenszielen (die fachlichen Ziele werden zu persönlichen Zielen gemacht)
Z 11-9	Die Vorgaben der Geschäftsführung werden in das eigene Zielprogramm eingebaut, um die eigene Karriere zu befördern.

Fortsetzung nächste Seite

Fortsetzung Tabelle 7-4: Das Handlungsrepertoire im Bereich der Zielbildung

Z 11-10	Es wird nur ausgeführt, die Ziele sind vorgegeben
Z 11-11	Zielvorgaben müssen vom Akteur in persönliche Handlungsziele übersetzt werden. Das Individuum setzt die Ziele.
Z 11-12	Handlungsspielraum bei der Zielbildung nutzen.
Z 11-13	Es besteht eine Außensteuerung bei der Zielbestimmung: Die Verpflichtung auf das Ziel „Kundenorientierung" impliziert, daß die Ziele (mit Zeitrahmen) von Kunden laufend vorgegeben werden.
Z 11-14	Die eigene Tätigkeit sollte nach Möglichkeit selbstgestellte Aufgaben umfassen.
Z 11-15	Abstrakte Karrieremuster müssen entsprechend den persönlichen Erfahrungen und den sich herausbildenden Vorlieben, Stärken und Schwächen konkretisiert und auch regelmäßig kontrolliert und modifiziert werden. Dies erfordert Nachdenken
Z 12:	**Sicherung und Kontrolle der Zielerreichung**
Z 12-1*	Zielvorgaben verbindlich festlegen und diese durchsetzen
Z 12-2	Zielvereinbarung treffen mit den Mitarbeitern. Orientierung an einem Zielvereinbarungssystem.
Z 12-3	Sanktionen bei Nichterreichung der Ziele
Z 12-4	Zielüberprüfung durch probehafte Zielverfolgung (paßt das Ziel zu mir)
Z 12-5	Zielkontrolle
Z 12-6	Permanente Soll-Ist-Wert-Vergleiche
Z 12-7	Gegensteuern bei Fehlentwicklungen (z.B. durch entsprechende Marketingmaßnahmen)
Z 12-8	Ständige Prüfung, ob die eigenen Aktivitäten wirklich der Erreichung der dominanten Ziele dienen.
Z 12-9	Präzises Herausarbeiten von Fehleinschätzungen (z.B. Festlegung der Zieldauer war nicht realistisch)
Z 12-10	Klärung der Ursachen für die Fehleinschätzungen
Z 12-11	Langfristige Projekte bedürfen der ständigen Betreuung
Z 12-12	Know-how halten und ständig verbessern

Das strategische Handlungsrepertoire im Bewußtsein der Praktiker   173

Abbildung 7-1:   Struktur des Handlungsrepertoires im Bereich Zielbildung

[Balkendiagramm: Prozent für Z1–Z12]
Z1: 86, Z2: 45, Z3: 50, Z4: 100, Z5: 29, Z6: 31, Z7: 62, Z8: 7, Z9: 48, Z10: 24, Z11: 55, Z12: 45

Facetten der Zielbildung

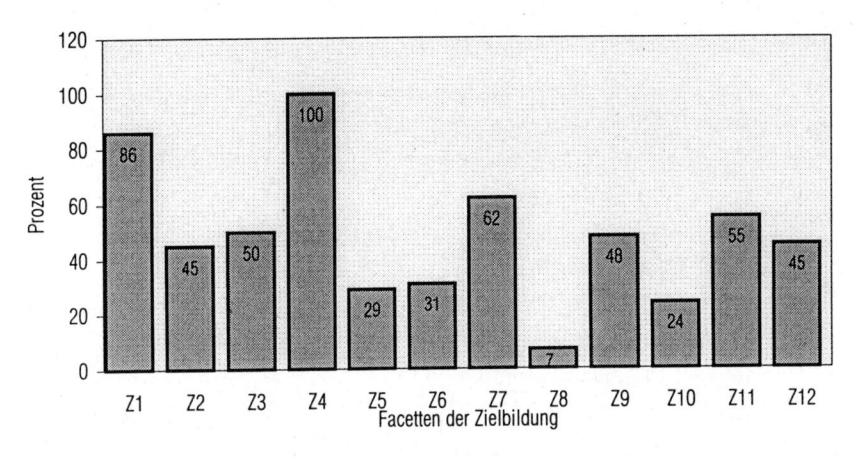

Legende:
Die Prozentwerte beziehen sich auf die Personen, die die jeweilige Facette zumindest einmal angesprochen haben.
Z1: Informationsgewinnung für die Zielbildung, Z2: Zielbewußte Denk- und Handlungsweise, Z3: Differentielle Gestaltung, Z4: Festlegung der Zielgrößen, Z5: Ordnung der Ziele (Zweck-Mittel-Hierarchien), Z6: Multiplexität und Multiperspektivität der Zielbildung, Z7: Zielpräzisierung, Z8: Strukturierung der Präferenzen, Z9: Bewältigung von Zielkonflikten, Z10: Anspruchsniveausetzung, Z11: Eigensteuerung und Selbstorganisation, Z12: Sicherung und Kontrolle der Zielerreichung

Abbildung 7-2:   Umfang des strategischen Handlungsrepertoires im Bereich der Zielbildung

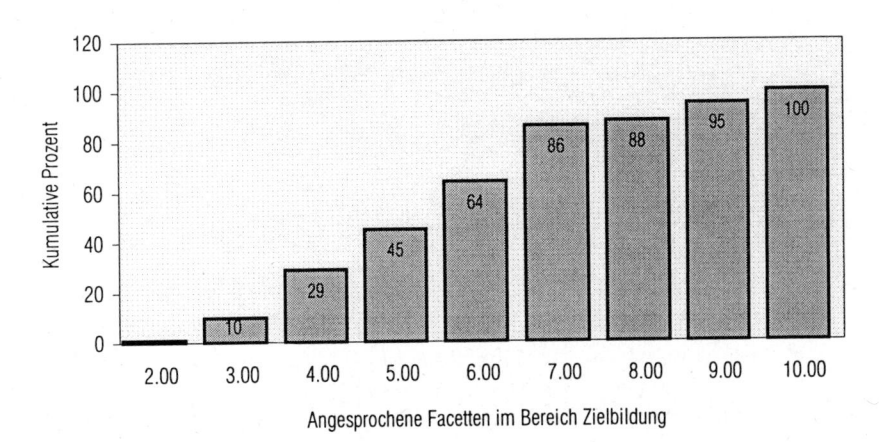

[Balkendiagramm: Kumulative Prozent]
2.00: —, 3.00: 10, 4.00: 29, 5.00: 45, 6.00: 64, 7.00: 86, 8.00: 88, 9.00: 95, 10.00: 100

Angesprochene Facetten im Bereich Zielbildung

Anmerkungen:
In diesem Funktionsbereich konnten max. 12 Facetten angesprochen werden.

Tabelle 7-5: Schwierigkeiten und Probleme bei der Zielbildung

Z 1 P:	*Informationsgewinnung für die Zielbildung*
ZP 1-1*	Schwierigkeiten bei der Beschaffung, Analyse und Gewichtung von Information über den Ist-Zustand
ZP 1-2*	Informationen über relevante Vorgaben, Zielvorstellungen, Interessen, Anforderungen sind nicht ausreichend präzise
ZP 1-3	Schwierigkeiten beim Einsatz von Methoden der Informationsgewinnung und -bewertung für die Zielbildung
ZP 1-4	Mangelnde Mitarbeit/mangelnde Motivation bei relevanten Bezugspartnern (Kollegen, Mitarbeitern, Vorgesetzten,..) im Zielbildungsprozeß (Es wird „gemauert")
ZP 1-5	Mechanistische Zielfortschreibung ohne Berücksichtigung aktueller Markttrends (Es werden einfach 10% bei der Produktionsplanung draufgeschlagen)
ZP 1-6	Keine Dokumentation von Zielfindungsprozessen. Zwang zur Pionierarbeit („Rad neu erfinden")
Z 2 P:	*Zielbewußte Denk- und Handlungsweise*
ZP 2-1	Es fehlt ein Zielbewußtsein bei der Arbeit ("Ich kriegte nie Ziele, hab einfach alles abgearbeitet")
ZP 2-2*	Schwierigkeiten beim Zielbildungsprozeß: Zielbestimmung ist mit Unsicherheit behaftet und erfolgt oft chaotisch.
ZP 2-3	Es fehlt die Zeit, übergeordnete Ziele zu setzen (der alltägliche Kleinkram behindert das Nachdenken über Ziele)
ZP 2-4	Es werden im Unternehmen Idealziele gesetzt, die nicht erreicht werden können
ZP 2-5	Es fehlt eine alternative Zeitplanung für den Fall, daß etwas schiefgeht
ZP 2-6	Wenn man kein Ziel hat, kann man sich „in Nebensächlichkeiten verstricken"
ZP 2-7	Es existiert im Betrieb eine Trägheit, komplexe Probleme gründlich zu analysieren und dann zügig Zielentscheidungen zu treffen
ZP 2-8	Es gibt eine Aversion, Zielentscheidungen zu treffen („Ich muß mich zwingen, mir auch praktische Ziele zu setzen")

Fortsetzung nächste Seite

Fortsetzung Tabelle 7-5: *Schwierigkeiten und Probleme bei der Zielbildung*

Z 3 P:	**Flexibilität bei der Zielbildung**
ZP 3-1	Bei der Zielrealisierung ergibt sich die Notwendigkeit der Veränderung von Teil- bzw. Zwischenzielen
ZP 3-2*	Zeitprobleme: Zeitnot bzw. Fehleinschätzungen des Zeitbedarfs erschweren die Zielsetzung und Zielrealisierung
Z 4 P:	**Festlegung der Zielgrößen**
(keine Probleme)	
Z 5 P:	**Hierarchische Ordnung der Ziele mit Hilfe von Zweck-Mittel-Relationen**
ZP 5-1	Die Organisation der Prozeßziele muß sehr variabel gestaltet werden: Viele Systemparameter müssen ständig berücksichtigt werden.
Z 6 P:	**Multiplexität und Multiperspektivität der Zielbildung**
ZP 6-1	Es ist schwierig, die Belange aller Personen zu berücksichtigen und umzusetzen
Z 7 P:	**Zielpräzisierung**
ZP 7-1*	Die Ziele sind zu unklar, zu unscharf; sie sind nicht operativ formuliert.
ZP 7-2	Schwierigkeiten bei der Bildung/Zerlegung/Koordination v. Teil- und Zwischenzielen
ZP 7-3	Es ist schwer, globale Unternehmensziele (z.B. „Umsatzsteigerung") so runterzubrechen, daß sie in einer Organisationseinheit handlungswirksam werden. Das globale Ziel muß mit Hilfe eines Kennzahlensystems für die Abteilung formuliert werden.
Z 8 P:	**Strukturierung der Präferenzen**
ZP 8-1	Es ist schwer, die Ziele zu gewichten.
Z 9 P:	**Bewältigung von Zielkonflikten**
ZP 9-1*	Es gibt Zielkonflikte aufgrund unterschiedlicher Interessen/widersprüchlicher Anforderungen/konkurrierender Ziele.
ZP 9-2*	Es ist nicht immer leicht, eigene Ziele und Kundenziele in Einklang zu bringen.

Fortsetzung nächste Seite

Fortsetzung **Tabelle 7-5:** *Schwierigkeiten und Probleme bei der Zielbildung*

ZP 9-3*	Es gibt Probleme, eigene Ziele und Ziele von Vorgesetzten in Einklang zu bringen.
ZP 9-4*	Es gibt Probleme, eigene Ziele und Ziele von Kollegen/Mitarbeitern/anderen Abteilungen in Einklang zu bringen
Z 10 P:	**Anspruchsniveausetzung**
ZP 10-1	Es ist schwer, Mitarbeiter zu motivieren, daß sie auch hohe Ziele akzeptieren und angehen
Z 11 P:	**Eigensteuerung und Selbstorganisation**
ZP 11-1	Es fehlt die Motivation, ein Ziel zu erreichen; die Notwendigkeit eines Ziels ist Mitarbeitern nicht zu vermitteln
ZP 11-2	Sinnverlust der Tätigkeit aufgrund mangelnder Identifikation mit dem Produkt (Aussage einer Vpn in leitender Position in der Zigarettenindustrie)
ZP 11-3	Es ist schwer, sich selber als Person im Beruf zu verwirklichen, ohne die Karriere zu gefährden. Anpasserisches Verhalten wird verlangt.
ZP 11-4	Es tauchen Zweifel auf, ob die Tätigkeit in diesem Unternehmen/Kontext auf Dauer ein erfülltes, sinnvolles Leben möglich macht
Z 12 P:	**Sicherung und Kontrolle der Zielerreichung**
ZP 12-1*	Es gibt Probleme bei der Durchsetzung eigener Ziele und Interessen
ZP 12-2*	Mitarbeiter/Kollegen/Vorgesetzte stehen nicht zur Verfügung, um die Umsetzung und Durchsetzung der Ziele zu unterstützen.

Das strategische Handlungsrepertoire im Bewußtsein der Praktiker 177

Abbildung 7-3: Problemstruktur im Bereich der Zielbildung

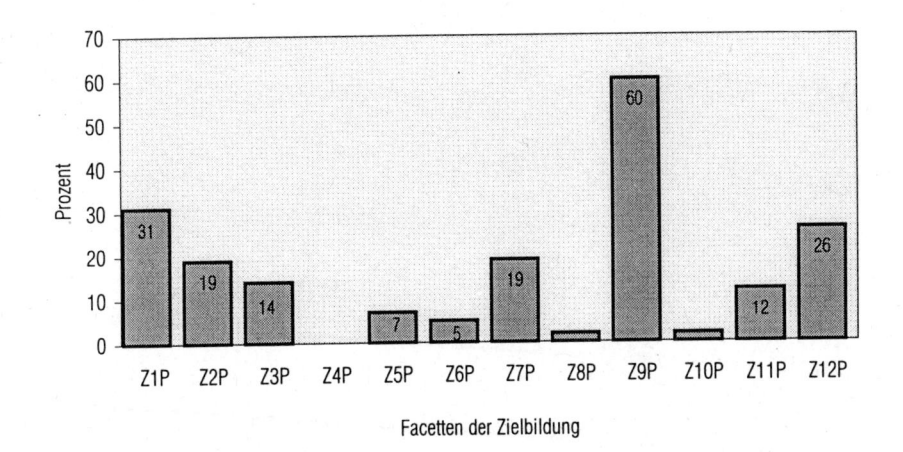

[Balkendiagramm: Prozent je Facette der Zielbildung]
- Z1P: 31
- Z2P: 19
- Z3P: 14
- Z4P: (0)
- Z5P: 7
- Z6P: 5
- Z7P: 19
- Z8P: (ca. 2)
- Z9P: 60
- Z10P: (ca. 3)
- Z11P: 12
- Z12P: 26

Facetten der Zielbildung

Legende:

Die Prozentwerte beziehen sich auf die Personen, die die jeweiligen Facetten zumindest einmal angesprochen haben.
Z1P: Informationsgewinnung für die Zielbildung, Z2P: Zielbewußte Denk- und Handlungsweise, Z3P: Differentielle Gestaltung, Z4P: Festlegung der Zielgrößen, Z5P: Ordnung der Ziele (Zweck-Mittel-Hierarchien), Z6P: Multiplexität und Multiperspektivität der Zielbildung, Z7P: Zielpräzisierung, Z8P: Strukturierung der Präverenzen, Z9P: Bewältigung von Zielkonflikten, Z10P: Anspruchsniveau, Z11P: Eigensteuerung und Selbstorganisation, Z12P: Sicherung und Kontrolle der Zielerreichung

Abbildung 7-4: Differenziertheit des Handlungsrepertoires im Bereich der Zielbildung – aufgeschlüsselt nach Fach- und Führungskräften

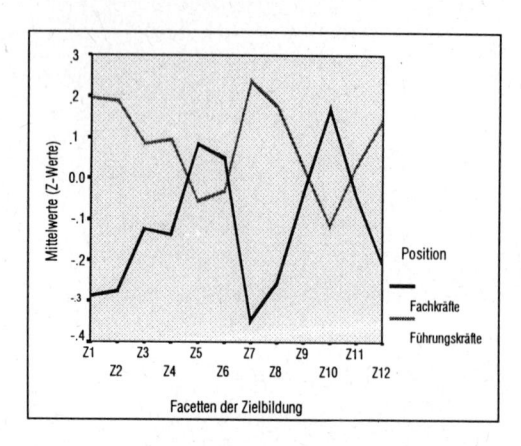

Legende:
Z1: Informationsgewinnung für die Zielbildung, Z2: Zielbewußte Denk- und Handlungs-weise, Z3: Differentielle Gestaltung, Z4: Festlegung der Zielgrößen, Z5: Ordnung der Ziele (Zweck-Mittel-Hierarchien), Z6: Multiplexität und Multiperspektivität der Zielbildung, Z7: Zielpräzisierung, Z8: Strukturierung der Präferenzen, Z9: Bewältigung von Zielkonflikten, Z10: Anspruchsniveausetzung, Z11: Eigensteuerung und Selbstorganisation, Z12: Sicherung und Kontrolle der Zielerreichung

Abbildung 7-5: Problemintensität im Bereich der Zielbildung – aufgeschlüsselt nach Fach- und Führungskräften

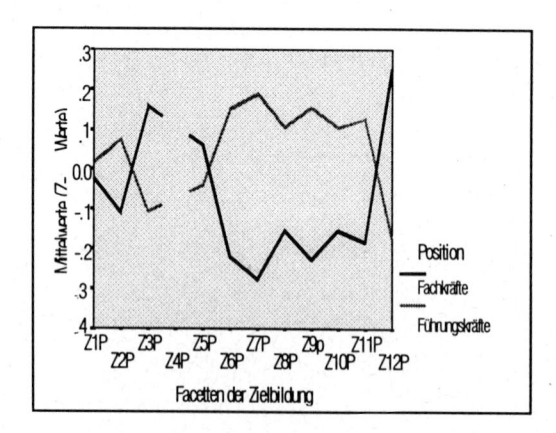

Anmerkungen:
Vergleiche Legende Abbildung 7-4.
Die Unterbrechung der Linie bei Z4P (Festlegung der Zielgrößen) resultiert aus der Nicht-Thematisierung von Schwierigkeiten und Problemen.

7.3.2 Entwicklung von Handlungskonzepten

7.3.2.1 Die Planungsprozesse

Bevor wir uns den Befunden der Protokollanalyse zuwenden, sollen einige methodologische Überlegungen zur Planung angestellt werden.

Methodologische Überlegungen sind nützlich, um Einsicht in die Konstituenten der Planung zu gewinnen und um Gütekriterien der Planung zu finden.

Durch Planung sollen Pläne (P) erzeugt werden. Pläne sind Aktionsprogramme, die die Tätigkeit steuern und wesentlich (mit-)regulieren. Pläne resultieren aus drei Prämissenklassen: dem empirischen Wissen E, dem teleologischen Wissen Z (= Wissen um das aktuelle Zielsystem) und der Deduktionsmethodik D.

E umfaßt das nomologische Wissen sowie das Wissen um singuläre Fakten und nomopragmatische (technologische und technische) Regeln.

Z resultiert aus Gesetzen, Verordnungen, Anweisungen, Richtlinien, Empfehlungen, Befehlen, Geboten und Verboten, Kann-Vorschriften usw. sowie aus dem personalen Wertesystem. Der Erzeugungsprozeß des Kompositum Z aus den Normen und Werten in der konkreten Handlungssituation war Gegenstand des letzten Abschnitts (7.3.1).

D umfaßt algorithmische oder heuristische Verfahren zum Finden der Konklusionen aus E und Z. D kann in unterschiedlichem Ausmaß formalisierbar sein.

Pläne sind – kurzgesagt – logische Implikate der Konjunktion aus den Komponenten (Prämissenklassen) E, Z, D (vgl. Braun, 1977):

$E \wedge Z \wedge D \rightarrow P$.

P und deren Komponenten E, Z, D können durch eine Reihe struktureller und funktioneller Eigenschaften näher charakterisiert werden:

<u>Relevanzkriterien für das empirische Material der E-Komponente</u>

(A) Planung dient der Konstruktion von Aktionsprogrammen und der Entscheidungsfindung. Das vielfältige problembezogene (von Anfang an vorrätige oder durch Informationssuch- und -verarbeitungsprozeduren zu ermittelnde) empirische Material (unterschiedlichster Dignität) ist im Verlauf des Planungsprozesses in die Entscheidungsprämissen E1 – E5 einer (aus der normativen Entscheidungstheorie bekannten) Entscheidungsmatrix zu überführen; es ist ein Entscheidungsmodell zu konstruieren, aus dem in komprimierter Form die wesentlichen Informationen für eine Transformation eines gegebenen „Problemobjektes" aus seinem gegenwärtigen Zustand in einen (durch die Z-Komponente präzisierten) gewünschten Endzustand zu entnehmen sind:

E1: die Handlungsalternativen (= Maßnahmen, Aktionsprogramme)

E2: die prognostizierten Umweltsituationen zu verschiedenen Zeitpunkten (= Zustände der Realität, Merkmalskonstellationen der Struktur des ‚Umsystems' des Problemobjektes)

E3: die (im allgemeinen) mehrdimensionalen situations- und zielgrößenspezifischen Handlungsergebnisse (= Erfolge, Konsequenzen, Zielerreichungsgrade, Zielbeiträge der Alternativen)

E4: die Eintrittswahrscheinlichkeiten der Umweltsituationen

E5: die Wahrscheinlichkeiten für die Wirksamkeit der Handlungsalternativen.

Empirisches Wissen ist insofern planungsrelevant, als es Informationen für eine Entscheidungsprämisse E1 – E5 liefert.

(B) Der Informationsbeitrag der Planungsprämissenklasse E für die Lösung des Planungsproblems kann durch folgende Merkmalsdimensionen qualifiziert werden, die theoretisch auch als „Eingriffspunkte" bei der Steuerung der Wissensproduktion zur Verfügung stehen:

a) Vollständigkeit:

Es sind zwei Arten von Vollständigkeit zu unterscheiden: Die erste Art bezieht sich auf den Komplettierungsgrad der Tabellenfelder, der durch die „Kernprämissen" E1 und E2 gebildeten E1 x E2-Matrix, die zweite Art bezieht sich auf die Repräsentativität der „Stichprobe" der Elemente des E1-Vektors und des E2-Vektors: Die elaborierten (subjektiv bekannten) Handlungsalternativen und die berücksichtigten Umweltsituationen stellen selbstverständlich nur eine Teilmenge der (in toto unbekannten) objektiv möglichen E1-Menge (= Aktionenraum) und E2-Menge (= Umweltraum) dar. Die Komplettierungs- bzw. Repräsentativitätsgrade können prämisenpezifisch variieren.

b) Sicherheit:

Für die in E1 – E5 eingehenden Informationen sind „Glaubwürdigkeitsziffern" bzw. Sicherheitsgrade angebbar. Der Sicherheitsgrad einer Aussage steht in einer reziproken Beziehung zum Bestimmtheitsgrad einer Aussage, ist im allgemeinen ein negatives Korrelat der Bestimmtheit.

c) Planzielbezug:

Die unterschiedlichen Ordnungsstrukturen des empirischen Wissensbestandes der E-Komponente und des Z-Aussagensystems – bedingt durch deren unterschiedlichen Entstehungs- und Begründungszusammenhangs – verbieten die Produktion von ‚technologischen Prognosen' vgl. Westmeyer, 1976) und von ‚Handlungsregeln' mittels einfacher struktularer Transformationen wissenschaftlicher Aussagen: Eine nur analytische Umformung einer Ursache-Wirkungsaussage (aus einem wissenschaftlichen Erklärungszusammenhang) in eine Ziel-Mittelaussage im Rahmen einer „technologischen Transformation" dürfte in den seltensten Fällen zieladäquat ausfallen. Der Rückgriff auf den im Wissenssystem lagernden problemrelevanten Wissensbestand (Faktenwissen, nomologisches, nomopragmatisches, technologisches und technisches Wissen) für Planungszwecke erfordert vielmehr kreative Leistungen bei dessen Auffindung, Kombination und (im Hinblick auf die Spezifität der Planziele notwendige) Anreicherung durch Zusatzhypothesen. Der Bezug der gewonnenen Informationen zu den intendierten Handlungskonsequenzen kann mittelbar oder unmittelbar, abstrakt oder konkret, analog, instrumental oder akzidentiell sein.

(C) Die unter (A) spezifizierten und unter (B) qualifizierten Informationsbeiträge sowie die für die Informationssuche notwendigen prozessualen Entscheidungen haben sich nach der anzuwendenden Entscheidungsregel für die Auswahl der optimalen Handlungsmöglichkeit zu richten, d.h. nach der Methodik des Entscheiders, aufgrund der geschätzten Zielbeiträge für die vorliegenden Handlungsmöglichkeiten und deren Wirksamkeitschancen – bei der Beachtung möglicher Umweltlagen samt deren Eintrittswahrscheinlichkeitenverteilung – zu einer optimalen Handlungsmöglichkeit zu gelangen. Das empirische Informationsmaterial der E-Komponente der Planung ist nur insoweit relevant, als es in der applizierten Entscheidungsregel berücksichtigt wird.

<u>Strukturelle Eigenschaften der D-Komponente:</u>
a) Explikationsgrad der Deduktionsmethodik:

Das Finden der logischen Implikate aus den Planungsprämissen kann mehr oder weniger intuitiv oder mehr oder weniger mit Hilfe explizit formulierter Regeln erfolgen. Die Gewichtung von Merkmalen und Merkmalskonfigurationen von dem im jeweiligen Planungsprozeß erworbenen nomologischen, empirisch-deskriptiven, normativen und axiologischen

Wissensbestand kann in unterschiedlichem Grad bewußt geschehen, sprachlich artikuliert und begründet sein.

b) Objektivierungsgrad der deduktiven Informationsverarbeitung:

Bei der Deduktion kann in unterschiedlichem Ausmaß von der Möglichkeit der Delegation geistiger Arbeit an „informationelle technische Systeme" Gebrauch gemacht werden (z.B. PCs). Bei komplexen Planungsprojekten erscheint in Anbetracht der bei der Plandeduktion zu berücksichtigenden verschiedenartigen aussagenlogischen, prädikatenlogischen, eontologischen, modallogischen und axiolo-gischen Operatoren; der unterschiedlichen Stelligkeit und Stufigkeit der Prädikate; der verschiedenen Relationsarten (z.B. Konkomitanzbezie-hungen, funktionale Beziehungen, Teil-Ganzes-Beziehungen) und Interdepedenzen zwischen den einzelnen Planungsinformationen – im Hinblick auf die beschränkte humane Informationsverarbeitungskapazität der Einsatz von Computern zur Planungsunterstützung wünschenswert.

<u>Strukturelle Eigenschaften des Plans</u>

Der Plan ist ein Steuerungssystem der Tätigkeit. Dieses System kann aus drei Typen von Prozeduren aufgebaut sein, die mehr oder weniger integrativ zusammenwirken können: a) Transformationsprozeduren, b) Identifizierungsprozeduren, c) Suchprozeduren.

a) Transformationsprozeduren:

Sie beschreiben das Aktionsprogramm, das die Transformation des Ausgangsobjekts ermöglichen soll.

Die Prozedur legt eine bestimmte Folge von Grundaktionen/-operationen fest, die von den Ergebnissen der vorangegangenen Aktionen/Operationen und/oder dem Gegebensein der Anwendungsbedingungen der Operatoren abhängt. Dabei dürfte bei der alltäglichen Planungspraxis davon auszugehen sein, daß die Menge der sog. „Grundaktionen/-operationen" nicht für die ganze Sequenz konstant ist, sondern – z.B. in Abhängigkeit vom Routinierungsgrad einer Teilsequenz – schwankt, d.h., es ist möglich, daß das Detaillierungsniveau der Aufgliederung und das Ausmaß der Tiefengliederung des Transformationsprozesses unterschiedlich ist.

Im Fall, daß die Ziele vage sind oder auf einer zu hohen Ebene der Zielsystemhierarchie angesiedelt sind und eine operationale Präzisierung der Ziele nicht gelingt, wird auf die Deduktion konkreter, d.h. unmittelbar in der Praxis anwendbarer Pläne verzichtet werden müssen; es werden lediglich abstrakte „Planschemata" (= Strategien) produziert werden können, durch welche die Aktionsfolge nicht vollständig und detailliert festgelegt ist, sondern nur eine „Rahmenprogrammierung" erfolgt: lediglich der „Grobablauf d.h., die wesentlichen „Programmblöcke" werden vorgegeben, während die Einzelaktivitäten innerhalb jedes Blockes nur wenig spezifiziert werden.

Aber auch aus pragmatischen Gründen der Planungseffizienz – zwecks Reduktion von Komplexität – wird häufig eine homomorphe Abbildung (zumindest) des Strukturkerns des originalen (evtl. detailliert ausgearbeiteten) Planentwurfs in abstraktere Planschemata sinnvoll sein.

b) Identifizierungsprozeduren:

Jede Transformation enthält „Identifikatoren" zur Überprüfung des Vorhandenseins bestimmter Klassenmerkmale des Aktions-/Operationsobjekts, was ja eine vorgängige notwendige Bedingung der Möglichkeit der aufgabenlogisch richtigen Operatorenanwendung ist: Durch das Identifizieren wird ein Objekt aufgrund seiner Merkmale einer bestimmten Klasse zugeordnet, mit der bestimmte Aktionen/Operationen assoziiert sind. Das Identifizieren vollzieht sich normalerweise nicht als einaktiger Vorgang, sondern mit Hilfe eines ganzen Systems von Identifizierungsoperationen.

c) Suchprozeduren:

Im Fall unvollständiger Information über die wirkliche Tätigkeitssituation im Stadium der Planung sind in das Steuerungsprogramm des Planes Heurismen einzubauen, mit deren Hilfe wirkungsvolle Steuerungsprozeduren (Transformations- und Identifizierungsprozeduren) während des Steuerungsprozesses der Tätigkeit entdeckt werden können, die zu guten Lösungen führen. Die Ursachen für ein mögliches Informations-defizit, das – aus welchen Gründen auch immer (z.B. Zeitbeschränkung) – im konkreten Fall durch die Planungsarbeit nicht zu beheben sein mag, sind vielfältig (vgl. z.B. Landa, 1969; S. 68).

Wir wenden uns nun den Befunden unserer Untersuchung zu.

Kernoperationen

Von den fünf Kernoperationen der Planung werden die Operationen zur Metaplanung (P2) und zur Organisation von Aktionsprogrammen (P6) von der Mehrheit der Fachkräfte angesprochen. Weniger als die Hälfte der Interviewpartner beschäftigen sich mit den Facetten Denkmuster und Planungsformen (P3), Generierung eines Umweltmodells (P5) und mit der Analyse der Wirkungen von Maßnahmen (P7) (vgl. Abbildung 7-6).

Metaplanung

Bemerkenswert hoch ist der Prozentsatz der Fachkräfte, die Aussagen zur Strukturierung der Planungsprozesse machen (60 %). Am häufigsten werden Überlegungen zum Feinheitsgrad der Planung (P 2-2) und zur Stufung der Planung (P 2-3: ‚Grobkonzept entwerfen, dann Feinplanung')

Elaborationsgrad der Pläne

Aus strategischer Sicht besonders interessant ist, daß nicht wenige Fachkräfte auf der Basis unfertiger Pläne tätig werden.

Die Pläne werden häufig erst während der Tätigkeit verfertigt. Verschiedene Varianten werden genannt: Man kann mit der Umsetzung eines unvollständigen Plans beginnen und im Handlungsvollzug dann den Plan komplettieren, d.h. ihn konkretisieren, differenzieren und in sich kohärenter machen (P 3-1); man kann auch einfach loslegen, wenn das Ziel bekannt ist (P 3-5); oder man kann mit der Tätigkeit beginnen ohne besondere vorhergehende Planung (P 3-8).

Die Strategie des „Durchwurstelns"

Eine Abschwächung der Normen der rationalen Planungslehre findet sich auch in der von einigen Praktikern ins Spiel gebrachten Strategie des „Durchwurstelns" bzw. des „Muddling through" (P 3-4).

Diese Strategie ist nach Lindblom dadurch gekennzeichnet, daß der Akteur die einzelnen Probleme auf sich zukommen läßt und lediglich kleine, „inkrementale" Änderungen erwägt, die sich vom gegenwärtigen Zustand nicht allzuweit entfernen. Nur selten werden ausgesprochen langfristige Ziele verfolgt, die der Akteur systematisch zu erreichen sucht.

> „Da die ... Analyse inkremental, exploratorisch, seriell und durch Angleichung der Ziele an Mittel charakterisiert ist, muß angenommen werden, daß stabile langfristige

Ziele nicht als dominante kritische Werte erscheinen. Die Merkmale der Strategie des Inkrementalismus ermuntern das Entscheidungssubjekt, Mißstände zu identifizieren, von denen man sich entfernen muß, und nicht die Ziele zu formulieren, auf die man sich zubewegt. Sogar kurzfristige Ziele sind mehr im Sinne einer Verminderung beobachteter Mißstände als im Sinne eines bekannten Zieles anderer Art definiert".
(Braybrooke und Lindblom, 1963, S. 102; zitiert in Kirsch, 1970, S. 92).

Die Strategie des „Muddling through" wird ausführlich in Kapitel 8.4 in diesem Buch diskutiert.

Opportunistisches Planen

Einige Praktiker geben Hinweise auf eine Art von „opportunistischem" Vorgehen (P 3-9). Diese Planungsform kontrastiert zu einem systematischen hierarchischen Vorgehen („Top-down breadth-first"), das zunächst die Aufgaben vom Groben zum Feinen hin systematisch einengend zerlegt.

Hacker (1992, S. 35) charakterisiert dieses nichthierarchische Vorgehen wie folgt:

„Das Vorgehen wechselt unregelmäßig zwischen mentalen und externalen, beispielsweise zeichnerischen, Verdeutlichungsversuchen von Problemteilen, der Ermittlung bzw. Verfeinerung der Anforderungen als Abbau von Unvollständigkeit und Mehrdeutigkeit der unscharfen Problemspezifikation und der Entwicklung, Repräsentation und Simulation von Lösungen auf verschiedenen Abstraktionsebenen.

Es erfolgt keine vollständige und systematische, schrittweise hierarchische Problemzerlegung, bevor zur Bearbeitung übergegangen wird, und auch das Problemverständnis ist bei den anfänglichen Übergängen zur Bearbeitung noch keineswegs vollständig. Vielmehr werden die Problemanalyse und das Problemverstehen öfter unterbrochen durch Lösungsschritte auf unsystematisch wechselnden Abstraktionsbenen und durch Verdeutlichungsversuche von Problemteilen beispielsweise durch Simulationen.

Die unregelmäßigen Wechsel der Bereiche und der Abstraktionsebenen sind bedingt durch ein erfahrungsgestütztes Entdecken und Erschließen lösungsrelevanten Wissens oder durch Einsichten, die zu unvorhergesehenen, neu erkannten Anforderungen, neuem Wissen über das Problemgebiet, neuen Entwurfszielen oder neuen Teillösungen führen, welche umgehend zur Einschränkung des Problemraums verwendet werden.

Das entdeckte Wissen bzw. die gewonnenen Einsichten veranlassen eine Problemreformulation sowie Wechsel im Vorgehensplan, sofern die neue Information Prioritäten oder Bedeutungen von Zielen änderte."

Rekursive Prozesse bei der Planung

Eine Reihe von Teilprozesse des Planens werden genannt (z.B. Top-down – oder Bottom-up – Planung). Nur selten wird jedoch explizit darauf hingewiesen, daß die eingangs genannten Planungskomponenten, die Ziele und Präferenzen, die Umweltfaktoren, Handlungsalternativen und erwarteten Handlungsfolgen sich gegenseitig beeinflussen und daher nicht in einem einzigen linearen Durchlauf entwickelt werden können. Eine Veränderung in einer Komponente (z.B. neue Erkenntnisse über Markttrends oder über die Wirksamkeit bestimmter Marketinginstrumente) erfordert Nachdenken über andere Komponenten (z.B. über die mittelfristigen Ziele oder die Vorauswahl von Alternativen). Der vernünftige Planer wird immer wieder auf einzelne Komponenten zurückkommen, um sie optimal aneinander anzupassen.

Auch in dem Modell der Stationen der Handlungsorganisation von Dörner (1989) – mit den Stationen Zielausarbeitung, Modellbildung und Informationssammlung, Prognose und Extrapolation, Planung von Aktionen, Entscheidung und Durchführung der Aktionen, Effektkontrolle und Revision der Handlungsstrategien – ist die Reihenfolge der abzuarbeitenden Stationen nicht als zwingender Ablauf zu verstehen. Zwischen allen Stationen gibt es die Möglichkeit zu Rücksprüngen. Dörner bemerkt hierzu:

> "Vielmehr wird es oft sein, daß man erst in der Phase der Informationssammlung merkt, daß die Ziele nicht hinreichend klar sind, um tatsächlich gute Kriterien für die Informationssammlung zu liefern. Oft wird man erst bei der Ausarbeitung eines Handlungsweges merken, daß die Informationen, die man für genügend hielt, keineswegs hinreichend sind. Im Tun stellt sich eine gut geplante Maßnahme oft als falsch heraus" (1989, S. 72).

Flexibilität

81 % der befragten Personen betonen die Notwendigkeit einer flexiblen Planung für den Handlungserfolg (vgl. P 8 in Tabelle 7-6): Bei der Planung genügt es nicht, lediglich zielführende Maßnahmen zu finden, sondern es sind eine Vielzahl von (Rahmen-)Bedingungen mitzubedenken. Änderungen der Situation erfordern Umplanungen. Der Akteur muß bereit sein zu Planrevisionen. Er sollte nach Möglichkeit auch Ersatzpläne in der Tasche haben, um schnell neuen Bedingungen und Entwicklungen begegnen zu können. Wichtig ist auch die Fähigkeit, je nach Situation unterschiedliche Planungsprozeduren nutzen zu können; bei Zeitdruck muß häufig das analytische Denken zugunsten des emotional-intuitiven Planens aufgegeben werden.

Struktur des Handlungsrepertoires im Bereich der Planung

Die einzelnen Facetten werden unterschiedlich häufig thematisiert. Am häufigsten werden die Facetten Flexibilität bzw. differentielle Gestaltung der Planung (P8), Organisation von Aktionsprogrammen (P6) und die Prozesse der Informationsgewinnung (P1) angesprochen; am wenigsten häufig die Modellierung der Umweltsituation (P5) und die Nutzung von Unterstützungssystemen für die Planung (P11). Keine Fachkraft hat alle Facetten mit den Kernoperationen angesprochen. In der Mehrzahl der Fälle betrug der Umfang des Handlungsrepertoires nicht mehr als sechs Facetten (vgl. Abbildung 7-7).

Schwierigkeiten und Probleme bei der Planung

Die artikulierten Probleme beziehen sich am häufigsten auf Flexibilitätserfordernisse der Planung (P8P), speziell auf die Planmodifikation aufgrund veränderter externer Rahmendaten (PP 8-5) und den Zeitdruck, der zu Unsicherheit und suboptimalen Planungsergebnissen führt (PP 8-6). An zweiter Stelle rangiert die Facette P6P: Vor allem Probleme bei der zeitlichen Koordinierung von Maßnahmen (PP 6-3) und Probleme im Umgang mit unvollständigen Plänen (PP 6-4) werden hier genannt. An dritter Stelle steht die Facette ‚Kooperation': Häufig wird auf mangelnde Kommunikation und Kooperation und auf zu wenig Abstimmung im Unternehmen hingewiesen (PP 9-2).

Nur 2,4 % der Fach- und Führungskräfte haben keine Schwierigkeiten und Probleme beim Planen.

Unterschiede zwischen Personengruppen

Fach- und Führungskräfte unterscheiden sich signifikant in der Facette P2: Führungskräfte verfügen über ein differenzierteres Handlungsrepertoire hinsichtlich der Metaplanung. Demgegenüber ist das Handlungsrepertoire der Fachkräfte größer bei der Nutzung von Unterstützungssystemen der Planung (z.B. PC-Programmen) (vgl. P11; Abbildung 7-9). Das Bildungsniveau spielt beim Planen kaum eine Rolle. Tendenziell ist der Umfang des Handlungsrepertoires bei Hochschulabsolventen größer; im Bereich der Kooperation (P9) ist das Handlungsrepertoire tendenziell differenzierter als das der Vergleichsgruppe.

Die Dauer der Erfahrung im absatzwirtschaftlichen Tätigkeitsbereich spielt ebenfalls kaum eine Rolle. Es gibt lediglich Hinweise, daß Personen mit kürzerer Erfahrung mehr Schwierigkeiten bei der Informationsgewinnung (P1P) und bei der Organisation von Aktionsprogrammen (P6P) haben.

Tabelle 7-6:   Das strategische Handlungsrepertoire beim Planen

P 1 :	*Informationsgewinnung und -bewertung*
P 1-1*	Beschaffung, Analyse und Gewichtung von Information über den Ist-Zustand
P 1-2*	Beschaffung, Analyse, Gewichtung von Information über Zielvorstellungen, Interessen und Anforderungen
P 1-3	Informationsbeschaffung nach Möglichkeit ungefiltert, vor Ort
P 2 :	*Strukturierung des Planungsprozesses (Metaplanung)*
P 2-1	Orientierung der Planung am Problemtyp und Planungsniveau (operative, taktische, strategische Planung)
P 2-2*	Überlegung zum Feinheitsgrad der Planung
P 2-3*	Grobkonzept entwerfen, dann Feinplanung
P 2-4	Elaborationsgrad der Planung bestimmen
P 2-5	Analyse der Auswirkungen verschiedener Planungsmethoden
P 2-6	Konzeption verschiedener Handlungswege vs. „Einwegplanung"
P 2-7	Metakognition der Planung (Bedenken möglicher Schwierigkeiten beim Planen)
P 2-8	Lange im voraus planen, bevor akuter Handlungsbedarf besteht
P 2-9	Prüfung der Dringlichkeit und der Dignität des Planungsproblems
P 2-10	Bearbeitung von Stufenplänen (z.B. zuerst Absatzplanung, dann Produktionsplanung)
P 2-11	Reduktion der Teil- und Zwischenzielbildung beim Planen (bei leicht zu erreichenden Zielen)
P 2-12	Zerlegung von komplexen Projekten in inhaltliche Teilbereiche der Planung
P 2-13	Festlegung der Wichtigkeit der einzelnen Planungsschritte.
P 3 :	*Denkmuster und Planungsformen*
P 3-1*	Elaboration des Plans bei der Planumsetzung
P 3-2	Festhalten an Zielsetzungen, solange es geht
P 3-3	Progressive Präzisierung und Strukturierung der Ziele im Planungsprozeß (im Sinne einer „rekursiven Modellierung")
P 3-4*	"Muddling through"
P 3-5	Wenn das Ziel bekannt ist, einfach loslegen
P 3-6	Strategien entwickeln, die zielführend sind

Fortsetzung nächste Seiten

Fortsetzung Tabelle 7-6: Das strategische Handlungsrepertoire beim Planen

P 3-7	Stärkere Berücksichtigung der Emotionalität bei der Planung (weniger analytisches Denken, weniger „Kopflastigkeit")
P 3-8	Mit der Tätigkeit beginnen ohne besondere vorhergehende Planung
P 3-9	"Opportunistisches Planen": An irgendeinem Punkt des Entscheidungsproblems zu denken anfangen und dann weitersehen
P 3-10	Die Allokation/Distribution von Planungsphasen im Arbeitsprozeß ist zu bedenken.
P 3-11	Rational-analytisches Planen
P 3-12	Emotional-intuitives Planen („Planen aus dem Bauch heraus")
P 3-13	Nutzung von Erfahrungswerten bei der Planerstellung
P 3-14	Überlegen, ob Top down- oder Bottom up-Planung günstiger ist.
P 4 :	***Voraussetzungen für die Generierung aussichtsreicher Alternativen***
P 4-1	Antizipatives Denken („Im Kopf die nächsten Schritte planen")
P 4-2	Lösung von Zielkonflikten
P 4-3*	Abstimmung der Planung auf das Zielsystem und die Erfordernisse der Situation
P 4-4	Herstellung von Kompatibilität zwischen den eigenen Zielen und Konzepten und denen der Leitung
P 4-5	Systematische Suche nach Alternativen; gedankliches Durchspielen verschiedener Möglichkeiten
P 4-6	Nutzung von Kreativitätstechniken bei der Generierung von Alternativen
P 5 :	***Generierung eines Umweltmodells***
P 5-1	Klärung der Prämissen und der Rahmenbedingungen der Planung
P 5-2	Prognosen machen zur Marktentwicklung, Wettbewerbssituation, zum Kundenverhalten usw.
P 6 :	***Organisation von Aktionsprogrammen***
P 6-1*	Aufgabenplanung, Setzung von Prioritäten für die Erledigung der Aufgaben (z.B. bei der Kundenbetreuung oder Kundenakquisition)
P 6-2*	Zeitliche Koordinierung von Maßnahmen, Kalkulation des Zeitbedarfs, Timing

Fortsetzung nächste Seiten

Fortsetzung Tabelle 7-6:Das strategische Handlungsrepertoire beim Planen

P 6-3*	Teilprojektbildung auf der Basis von Zwischen- oder Unterzielen; Planung für einzelne Tage (operative Teilplanung)
P 6-4	Schriftliche Fixierung der Arbeitsschritte und Kompetenzen
P 7 :	***Analyse der Wirkungen von Maßnahmen***
P 7-1	Abschätzen und Abwägen von Risiken
P 7-2*	Antizipation möglicher Schwierigkeiten und Chancen
P 7-3*	Antizipation von möglichen kritischen Ereignissen, von Veränderungen und Entwicklungen
P 8 :	***Flexibilität***
P 8-1	Das Vorgehen beim Planen verändert sich mit den jeweiligen Zielen und dem jeweiligen Kriterien-Set
P 8-2*	Suche nach Alternativen für die geplanten Maßnahmen
P 8-3*	Dynamische Änderungen der Situation erfordern andere Planungen
P 8-4*	Schwerpunkt-/Ziel-/Termin-/Kostenänderung müssen bei Situationsänderungen bedacht werden
P 8-5	Es gibt unvorhersehbare Ereignisse, die nicht eingeplant werden können; hier hilft nur schnelles Reagieren.
P 8-6*	Berücksichtigung der personellen, organisatorischen, technischen und Know-how-Kapazitäten des Unternehmens bei der Entwicklung von Handlungskonzepten
P 8-7*	Berücksichtigung des Kostenfaktors und der der Kaufkraft
P 8-8*	Berücksichtigung des vorhandenen Zeitdrucks
P 8-9	Anpassung des Planens an die Komplexität des Planungsproblems
P 8-10	Nutzung des Handlungsspielraums bei der Planung
P 8-11	Die Planungsprozedur hängt vom Arbeitsbereich/Produktionsbereich ab
P 8-12	Störungen (z.B. unberechenbare Kunden) müssen ins Planungskalkül aufgenommen werden.
P 8-13	Nicht an einem Problem „kleben" bleiben, sondern zügig weitermachen
P 8-14	Flexibilität bei der zeitlichen Organisation der Aufgabenbearbeitung
P 8-15	Erfahrungsbasiertes Handeln erübrigt Planen; es wird einfach routinisiert etwas ausgeführt

Fortsetzung nächste Seiten

Fortsetzung Tabelle 7-6: Das strategische Handlungsrepertoire beim Planen

P 9 :	**Kooperation beim Planen**
P 9-1	Planung in Gruppen nur auf der Basis bereits selbst entwickelter Konzepte
P 9-2*	Zusammenarbeit mit anderen Personen/Institutionen bei Konfliktregulation
P 9-3*	Berücksichtigung der Interessen von Geschäftsleitung/Vorgesetzten
P 9-4	Berücksichtigung der Interessen von Mitarbeitern/anderen Abteilungen
P 9-5*	Komplexe Probleme gemeinsam bearbeiten, gemeinsam nach Alternativen suchen, sich abstimmen
P 9-6*	Zusammenarbeit mit externen Spezialisten, Experten
P 9-7	Verschiedene Instrumente der Zusammenarbeit einsetzen (z.B. Telefonkonferenzen/Seminare)
P 9-8	Nutzung informeller Wege bei der Kommunikation
P 9-9	(Persönliche) Abwicklung von Teilprojekten
P 9-10	Delegation von Teilprojekten
P 9-11	Erfahrungen an Mitarbeiter weitergeben
P 10 :	***Selbstmanagement***
P.10-1	Sich durchsetzen bei mangelnder Mitarbeit oder Unterstützung durch Kollegen/Vorgesetzte
P 10-2	Anwendung von Techniken des Selbstmangements (z.B. Überschlafen eines Planungsproblems)
P 10-3	Aus Fehlern lernen
P 10-4*	Erfahrungswerte heranziehen
P 10-5	Hartnäckig, penetrant sein; nicht aufgeben, wenn etwas nicht gleich gelingt.
P 10-6	Nutzung von Emotionen (von Sympathie oder Antipathie) beim Planen
P 10-7	Richtige Dosierung der Anforderungen; realistische Anspruchsniveausetzung, um Erfolgserlebnisse zu schaffen, und so die Arbeitsmotivation zu steigern
P 10-8	Öfter mal kreativ planen, nicht nur mechanisch „nach Zahlen" planen

Fortsetzung nächste Seite

Fortsetzung Tabelle 7-6:Das strategische Handlungsrepertoire beim Planen

P 11 :	**Unterstützungssysteme**
P 11-1	Detaillierte Planung mit Hilfe vorgefertigter Checklisten
P 11-2	Nutzung von Hilfsmitteln (PC) bei der Planung, computerunterstützte Projektplanung
P 11-3	Einsatz von speziellem Personal für spezielle Planungsaufgaben (z.B. Vereinbarung von Terminen mit den Kunden durch Sekretärinnen)
P 11-4	Statt handgeschriebener Zettel sollten computerbearbeitbare Formulare (bei der Arbeitsplanung) genutzt werden.
P 12:	**Umsetzung der Planung und Kontrolle der Planungsqualität**
P 12-1*	Planung der Durchführung von Maßnahmen (überlegen, welche Personen sollen wann was im Hinblick auf welche Ziele machen)
P 12-2	Systematische Abarbeitung der festgelegten Arbeitsschritte (bei ständiger Kommunikation der Beteiligten)
P 12-3*	Ausführungsbegleitende Effektkontrolle (Vergleich Ergebnis – Erwartung). Einsatz von Instrumentarien der Plankontrolle
P 12-4*	Einbeziehung von Punkten, die man anfangs übersehen hat, in die Planrevision
P 12-5	Setzung von Schwerpunkten bei der Planung von Kontrollschritten

Das strategische Handlungsrepertoire im Bewußtsein der Praktiker 193

Abbildung 7-6: Struktur des Handlungsrepertoires im Bereich Planung

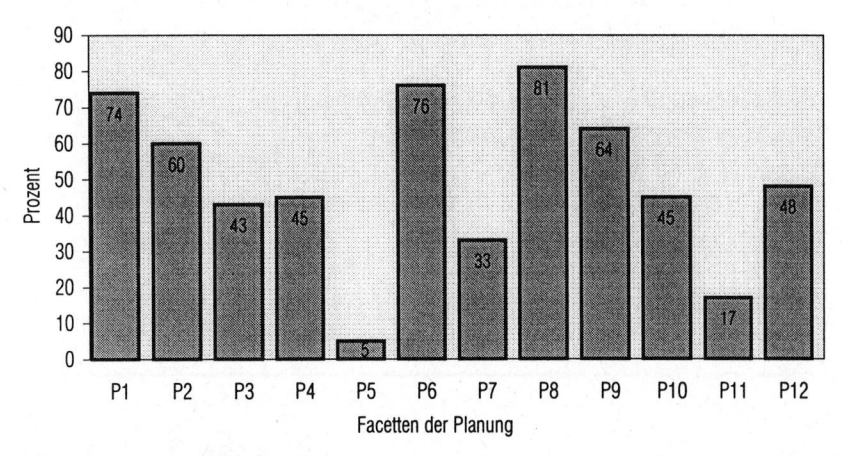

Legende:
Die Prozentwerte beziehen sich sich auf die Anzahl der Personen, die die jeweilige Facette zumindest einmal angesprochen haben. P1: Informationsgewinnung, P2: Strukturierung des Planungsprozesses, P3: Denkmuster und Planungsformen, P4: Generierung aussichtsreicher Alternativen, P5: Generierung eines Umweltmodells, P6: Organisation von Aktionsprogrammen, P7: Analyse der Wirkungen von Maßnahmen, P8: Flexibilität/Differentielle Gestaltung, P9: Kooperation beim Planen, P10: Selbstmanagement, P11: Unterstützungssysteme, P12: Umsetzung der Planung und Kontrolle der Planungsqualität

Abbildung 7-7: Umfang des strategischen Handlungsrepertoires im Bereich der Planung

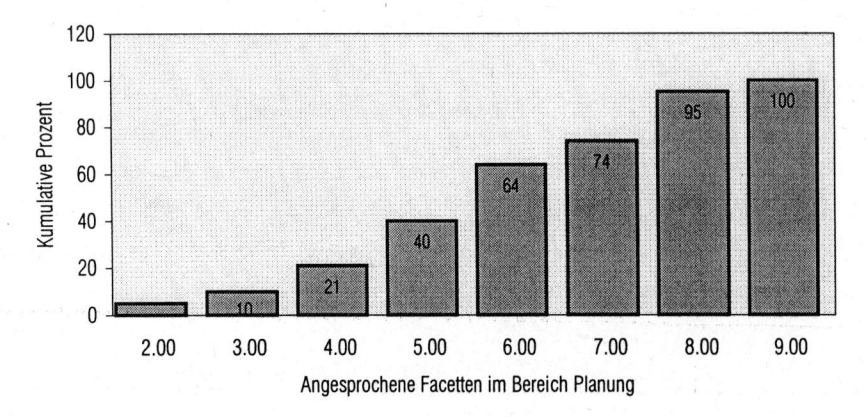

Anmerkungen:
In diesem Funktionsbereich konnten max. 12 Facetten angesprochen werden.

Tabelle 7-7: Schwierigkeiten und Probleme bei der Planung

P 1 P:	*Informationsgewinnung und -bewertung*
PP 1-1*	Probleme bei der Beschaffung, Analyse, Gewichtung von Information über Zielvorstellungen, Interessen anderer, Anforderungen
P 2 P:	*Strukturierung des Planungsprozesses (Metaplanung)*
PP 2-1	Probleme bei der Bestimmung des angemessenen Feinheitsgrades der Planung
P 3 P:	*Denkmuster und Planungsformen*
PP 3-1	Geplante Maßnahmen sind nicht adäquat auf Ziele abgestimmt
PP 3-2	Der vorgegebene Planungsrahmen erfordert wenig Denkarbeit (mehr Planungsausführung als Plankonzeption)
PP 3-3	Es ist schwierig, die richtigen Maßnahmen zu finden
PP 3-4	Althergebrachte Wege erweisen sich als Sackgassen. Es müssen neue Ideen gefunden werden
P 4 P:	*Voraussetzungen für die Generierung aussichtsreicher Alternativen*
PP 4-1	Arbeitsauftrag ist zu wenig konkretisiert
PP 4-2	Es fehlt an Ideen
PP 4-3	Widersprüchliche Ziele; Dilemmata
PP 4-4	Vorgaben können nicht eingehalten werden
PP 4-5	Keine/inadäquate Maßnahmen für die angestrebten Ziele verfügbar, Ziele mit den vorhandenen Ressourcen nicht/nur in suboptimaler Form erreichbar
PP 4-6	Es müssen Planungsentscheidungen getroffen werden auf der Basis von ungenauen oder unvollständigen Informationen
PP 4-7	Es ist nicht leicht, realistische Planungsvorgaben festzulegen
PP 4-8	Interne Restriktionen und fehlende Ressourcen (z.B. zu dünne Personaldecke, keine Mittel zur Qualifizierung der Mitarbeiter)
P 5 P:	*Generierung eines Umweltmodells*
PP 5-1	Probleme bei der Beschaffung, Analyse und Gewichtung von Information über den Ist-Zustand
PP 5-2	Entwicklung eines Prognosemodells für den Absatz

Fortsetzung nächste Seiten

Fortsetzung Tabelle 7-7: Schwierigkeiten und Probleme bei der Planung

PP 5-3	Korrektur der gestellten Prognosen
PP 5-4	Es fehlen Daten der Marktforschung (weil Buget nicht ausreicht)
P 6 P:	*Organisation von Aktionsprogrammen*
PP 6-1	Aufgabenplanung. Prioritätensetzung bei der Aufgabenbearbeitung im Fall von Zeitknappheit
PP 6-2	Probleme bei der Gewichtung/Priorisierung der geplanten Maßnahmen
PP 6-3*	Probleme bei der zeitlichen Koordinierung von Maßnahmen
PP 6-4*	Unvollständige Planung, Planung nicht „konsequent" genug
PP 6-5	Keine/unzureichende Teilprojektbildung auf der Basis von Zwischen- oder Unterzielen
P 7 P:	*Analyse der Wirkungen von Maßnahmen*
PP 7-1	Probleme bei der Suche nach/Bestimmung/Antizipation/Prognose/ Extrapolation/Bewertung/Gewichtung von Neben- und Fernwirkungen
PP 7-2	Fehlende/unzureichende Antizipation möglicher Schwierigkeiten und Chancen
PP 7-3*	Prognose/Extrapolation der erwünschten Wirkungen nicht oder schlecht möglich (Wirkungsunsicherheit von Maßnahmen)
P 8 P:	*Flexibilität*
PP 8-1	Aufgrund zu starken Prestigedenkens wird die Effizienz der Maßnahmen nicht genügend bedacht
PP 8-2	Keine oder inadäquate Alternativen für die geplanten Maßnahmen verfügbar
PP 8-3*	Probleme aufgrund dynamischer Änderungen der Situation, Dynamizität der Umwelt
PP 8-4	Problem der Planmodifikation aufgrund veränderter interner Rahmendaten
PP 8-5*	Problem der Planmodifikation aufgrund veränderter externer Rahmendaten
PP 8-6*	Zeitknappheit, Zeitdruck (führt zu Unsicherheit und suboptimalen Planungsergebnissen)

Fortsetzung nächste Seite

Fortsetzung Tabelle 7-7: Schwierigkeiten und Probleme bei der Planung

PP 8-7	Probleme hinsichtlich externer Restriktionen, Randbedingungen und Ressourcen (z.B. Lieferengpässe)
P 9 P:	*Kooperation beim Planen*
PP 9-1	Probleme bei der Zusammenarbeit mit anderen Personen/Institutionen; Probleme bei der Koordination unterschiedlicher Interessen und Sichtweisen
PP 9-2*	Zu wenig Abstimmung, Kommunikation; mangelnde Kooperation im Unternehmen
PP 9-3	Pläne/Planänderungen erforderlich, die mit Zielen anderer kollidieren
P 10 P:	*Selbstmanagement*
PP 10-1*	Schwierigkeiten beim Planen aufgrund persönlicher Faktoren, (z.B. fehlende Geduld oder Konzentrationsfähigkeit)
PP 10-2	Pessimismus („was schief gehen kann, wird auch einmal schief gehen")
PP 10-3	Unfähigkeit, Prioritäten zu setzen bei Mehrfachaufgabenstellung
P 12 P:	*Umsetzung der Planung und Kontrolle der Planungsqualität*
PP 12-1	Probleme bei der Effektkontrolle
PP 12-2	Schwierigkeiten bei der Umsetzung der Planung
PP 12-3*	Problem der nachträglichen Einbeziehung von Punkten, die man anfangs übersehen hat. Man muß „hinterherplanen".

Das strategische Handlungsrepertoire im Bewußtsein der Praktiker

Abbildung 7-8: Problemstruktur im Bereich der Planung

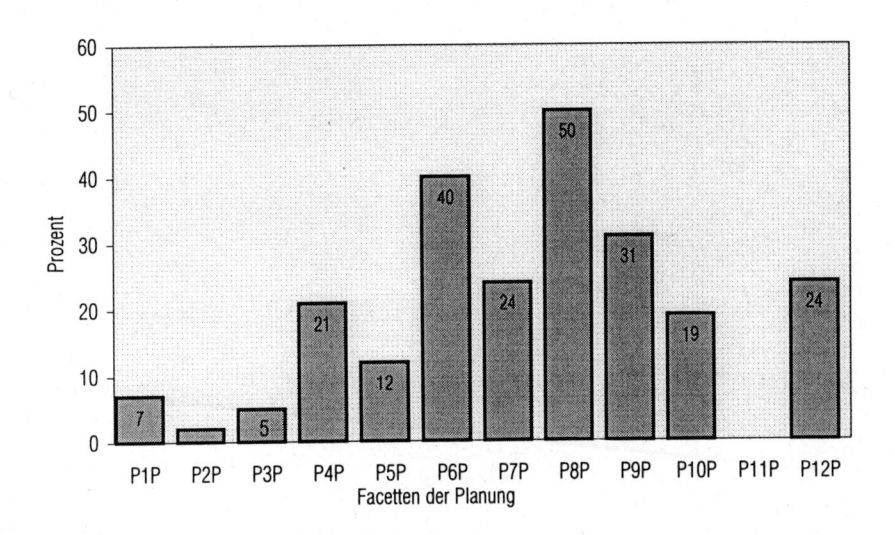

[Balkendiagramm: Prozent je Facette der Planung — P1P: 7, P2P: 2, P3P: 5, P4P: 21, P5P: 12, P6P: 40, P7P: 24, P8P: 50, P9P: 31, P10P: 19, P11P: 0, P12P: 24]

Legende:
Die Prozentwerte beziehen sich auf die Personen, die die jeweiligen Facetten zumindest einmal angesprochen haben. P1P: Informationsgewinnung, P2P: Strukturierung des Planungsprozesses, P3P: Denkmuster und Planungsformen, P4P: Generierung aussichtsreicher Alternativen, P5P: Generierung eines Umweltmodells, P6P: Organisation von Aktionsprogrammen, P7P: Analyse der Wirkungen von Maßnahmen, P8P: Flexibilität/Differentielle Gestaltung, P9P: Kooperation beim Planen, P10P: Selbstmanagement, P11P: Unterstützungssysteme, P12P: Umsetzung der Planung und Kontrolle der Planungsqualität

Abbildung 7-9: Differenziertheit des Handlungsrepertoires im Bereich der Planung – aufgeschlüsselt nach Fach- und Führungskräften

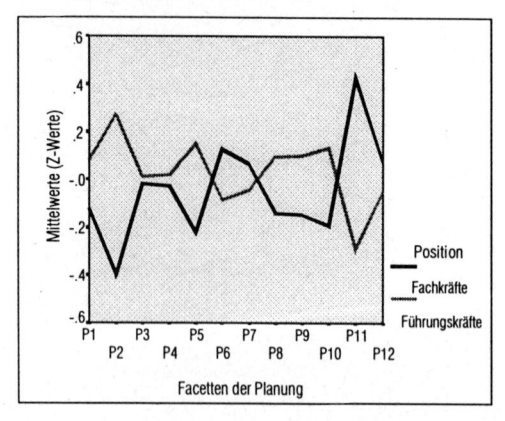

Legende:
P1: Informationsgewinnung, P2: Strukturierung des Planungsprozesses, P3: Denkmuster und Planungsformen, P4: Generierung aussichtsreicher Alternativen, P5: Generierung eines Umweltmodells, P6: Organisation von Aktionsprogrammen, P7: Analyse der Wirkungen von Maßnahmen, P8: Flexibilität/Differentielle Gestaltung, P9: Kooperation beim Planen, P10: Selbstmanagement, P11: Unterstützungssysteme, P12: Umsetzung der Planung und Kontrolle der Planungsqualität

Abbildung 7-10: Problemintensität im Bereich der Planung – aufgeschlüsselt nach Fach- und Führungskräften

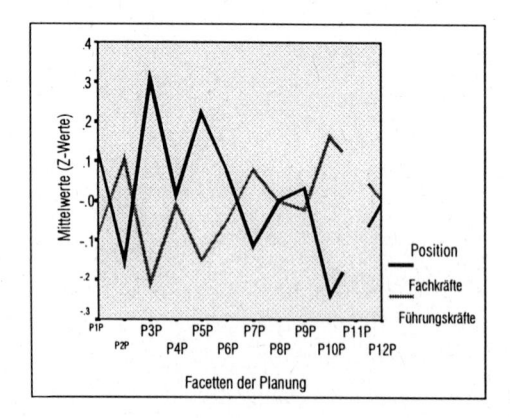

Anmerkungen:
Vergleiche Legende Abbildung 7-9.
Die Unterbrechung der Linie bei P11P (Unterstützungssysteme) resultiert aus der Nicht-Thematisierung von Schwierigkeiten und Problemen.

7.3.2.2 Die Entscheidungsprozesse

Entscheidungsregeln

Das Spektrum der ins Spiel gebrachten Entscheidungsprozeduren bei der Auswahl einer Alternative ist groß. 36 „Regeln" werden genannt (vgl. E4 in Tabelle 7-8). Hierzu gehören klassische Regeln der normativen Entscheidungstheorie wie Nutzenmaximierung (E 4-1), das Effizienzprinzip oder die Risikominimierung. Daneben tauchen viele andere Prozeduren auf, z.B. konsensorientierte Prozeduren (z.B. Orientierung des Entscheidungsverhaltens an den präsumtiven Entscheidungen des Vorgesetzten; E 4-23) oder egozentrische Orientierungen (Präferenz für die Alternative, die Spaß macht bzw. bei der man die eigenen Stärken einsetzen kann). Nicht wenige Praktiker neigen der Auffassung zu, daß mit progressiver Erfahrung rationale Prozeduren an praktischer Bedeutung verlieren, daß man „aus dem Bauch heraus", emotional entscheiden müsse (E 4-33). Sie präferieren „intuitive" statt rationaler Entscheidungen (E 4-36). 61,9 % der Praktiker thematisieren eher rationale Entscheidungsprozeduren, immerhin 47,6 % beschreiben eher „arationale" Entscheidungsprozeduren. 26,2 % verhalten sich flexibel und setzen je nach Entscheidungssituation einmal diese, ein andermal jene Klasse von Entscheidungsprozeduren ein.

Schwierigkeiten und Probleme beim Entscheiden

85,7 % der Praktiker signalisieren, daß sie irgendwelche Schwierigkeiten und Probleme beim Entscheiden haben. Am häufigsten werden Schwierigkeiten bei der Auswahlentscheidung (E4P) und bei der Organisation von Mehrpersonenentscheidungen (E6P) genannt (vgl. Abbildung Tabelle 7-13 und Tabelle 7-9). Als schwierig wird beispielsweise empfunden:
- die gewählte Alternative hat auch Nachteile. Es besteht ein „Aversions-Aversions-Konflikt" mit dem Problem der Wahl zwischen schlechten Alternativen mit jeweils negativen Folgen (EP 4-9)
- die Einbeziehung mehrerer Personen/Abteilungen/Instanzen in den Entscheidungsprozeß (EP 6-1)
- der Zwang zur schnellen Entscheidung, wenn keine Zeit zum gründlichen Abwägen vorhanden ist (EP 5-1)

Bemerkenswert ist, daß einige Kernoperationen, wie z.B. die Nutzwertbestimmung des Entscheidens, nur sehr selten beschrieben werden und daß auch keine diesbezüglichen Probleme artikuliert werden:

Bei Mehrfachzielentscheidungen müssen die unterschiedlichsten Eigenschaften (Konsequenzen) der zur Entscheidung stehenden Alternativen miteinander verglichen werden. Es müssen Bewertungs- und Gewichtungsverfahren eingesetzt werden, um die Nutzwerte und den Gesamtnutzwert einer Handlungsalternativen zu bestimmen. Häufig muß auch die Unsicherheit bei der Beurteilung der Alternativen ins Kalkül einbezogen werden; Unsicherheit resultiert aus der Unkenntnis künftiger Umwelteinflüsse oder aus unzureichendem Wissen über die Wirkungssicherheit der einzusetzenden Maßnahmen. Nur zwei Praktiker klagen, daß sie die Regeln für die Auswahl einer Alternative nicht explizit machen können (z.B. wie Nutzwerte mit Probabilitäten verknüpft werden bzw. verknüpft werden sollten).

Es kann vermutet werden, daß die Mehrzahl der Praktiker über kein präzises, explizierbares Wissen um derlei Grundlagen des Entscheidens verfügen, sondern meist „intuitiv" entscheiden. Vielleicht könnte die Nutzung von computergestützten Entscheidungshilfesystemen mehr Klarheit und Bewußtheit schaffen (vgl. Nabe & Schmid, 1997).

Unterschiede zwischen den Personengruppen

Der Umfang des Handlungsrepertoires im Bereich des Entscheidens ist bei den Führungskräften signifikant größer als bei den Fachkräften ($p < .05$), insbesondere bei der Prüfung und Komplettierung der Entscheidungsgrundlagen (E1), bei der Beurteilung von Alternativen (E3) und bei der Begründung der Entscheidung (E9). Gleichzeitig haben die Führungskräfte auch mehr Schwierigkeiten und Probleme beim Entscheiden.

Das Bildungsniveau hat fast keine Auswirkungen auf das Handlungsrepertoire und die Problemwahrnehmung beim Entscheiden. Hochschulabsolventen unterscheiden sich von Berufserfahrenen ohne Studienabschluß lediglich darin, daß sie ein größeres Spektrum an Möglichkeiten der Entscheidungsunterstützung nutzen (E8; $p < 0.01$).

Auch für die Dauer der Arbeitserfahrung im absatzwirtschaftlichen Tätigkeitsbereich lassen sich keine Effekte nachweisen. Dies ist erstaunlich, da nach den theoretischen Vorstellungen der Expertiseforschung Unterschiede zwischen Personengruppen mit unterschiedlicher Erfahrungsdauer zu erwarten waren. Nach dem Stufenmodell der Expertise-Entwicklung von Dreyfus & Dreyfus (1987; vgl. die Kurzbeschreibung des Stufenmodells in Kapitel 13.2) wäre z.B. zu erwarten gewesen, daß bei den Experten eine Präferenz für die sogenannten „arationalen" Entscheidungsprozeduren besteht und bei Personen mit geringer Erfahrung „rationale" Entscheidungsprozeduren bevorzugt werden (vgl. E4 in Tabelle 7-8). Ein Gruppenvergleich mit Hilfe des T-Tests konnte allerdings keine signifikanten Unterschiede bestätigen.

Tabelle 7-8: Das strategische Handlungsrepertoire im Bereich Entscheiden

E 1:	***Prüfung und Komplettierung der Entscheidungsgrundlagen***
E 1-1	Prüfung, ob die „Basiselemente" der Entscheidung hinreichend elaboriert sind, also das Entscheidungsfeld (mit den Alternativen, Umweltzuständen und Ergebnisse) und die Zielfunktion
E 1-2	Identifikation von Schwachstellen der Planung und von einzelnen zu vertiefenden Punkten
E 1-3*	Systematische Beschaffung entscheidungsrelevanter Informationen
E 1-4	Kritische Prüfung der Qualität und Relevanz von Informationen
E 1-5	Prüfung der Konsistenz der Entscheidungsgrundlagen. Abstimmung von Lösungsideen
E 1-6	Informationssuche bei allen von der Entscheidung tangierten Personen
E 1-7	Verarbeitung (Verschmelzen, Verdichten, Integrieren) der vielfältigen Informationen zu einem Entscheidungsvorschlag
E 1-8	Möglichst viele Informationen sammeln
E 1-9	Begrenzung der Informationssammlung („zu viele Informationen sammeln führt zu nichts")
E 1-10	Suche nach (weiteren) Alternativen
E 1-11	Rekurrieren auf Erfahrungen mit ähnlichen Entscheidungsfällen
E 2:	***Strukturierung des Entscheidungsprozesses***
E 2-1	Den Entscheidungsweg transparent machen und dokumentieren
E 2-2	Sondieren, wo der Problemkern liegt
E 2-3	Prüfung der Dringlichkeit von Terminvorgaben (z.B. um Zeit zu gewinnen, etwas gründlich zu durchdenken)
E 2-4	Aufschiebung („Überschlafen") einer Entscheidung, um neue Aspekte und Perspektiven für die Lösung des Entscheidungsproblems zu gewinnen
E 2-5	Abwarten des richtigen Zeitpunkts für eine Entscheidung (vgl. den griechischen „Kairos") „Warten bis die anderen genau da sind, wo ich sie haben wollte" (Vp. 140)
E 2-6*	Typisierung des Entscheidungsproblems (z.B. weitreichende, langfristige, risikovolle Entscheidungen) und Auswahl der adäquaten Entscheidungsprozeduren

Fortsetzung nächste Seiten

Fortsetzung Tabelle 7-8: Das strategische Handlungsrepertoire im Bereich Entscheiden

E 2-7	Unterschiedliche Zeithorizonte der Entscheidungen beachten (z.B. Orientierung an kurzfristigem vs. langfristigem Erfolg)
E 2-8	Berücksichtigung der Freiheitsgrade beim Entscheiden
E 2-9	Konzeption mehrstufiger Entscheidungen (Entwicklung von „Strategien")
E 2-10	Fällen von Grundsatzentscheidungen
E 2-11	Verschiebung der Folgeentscheidungen auf die Zukunft, wenn sich die passende Gelegenheit ergibt
E 2-12	Kalkulation des Aufwandes für die Informationsbeschaffung
E 3:	*Beurteilung von Alternativen*
E 3-1*	Bestimmung des Spektrums der zur Entscheidung anstehenden Handlungsmöglichkeiten
E 3-2*	Überlegen, welche Konsequenzen sich bei den einzelnen Alternativen ergeben (Die Konsequenzen können aus unterschiedlichen Perspektiven betrachtet werden.)
E 3-3	Berücksichtigung der Wahrscheinlichkeit von Konsequenzen
E 3-4	Gewichten der Kriterien. Bestimmung der dominanten Entscheidungskriterien (z.B. Gewinnmaximierung)
E 3-5	Prioritäten setzen
E 3-6	Die Gewichtung der Kriterien ist je nach Situation variabel zu gestalten
E 3-7	Bewertung der Konsequenzen von Entscheidungsalternativen
E 3-8	Bewertung der Vorschläge/Maßnahmen nach deren Zielbeiträgen (z.B. Ausweitung des Marktanteils)
E 3-9	Abschätzung der Entscheidungsrisiken
E 3-10	Bestimmung des (Gesamt-)Nutzwertes einer Alternative
E 3-11	Beurteilung einer Alternative nach deren Machbarkeit und tatsächlichen Durchsetzbarkeit
E 3-12*	Das Für und Wider einer Entscheidung abwägen
E 3-13	Genügend Informationen sammeln, um bei der Einschätzung von Wahrscheinlichkeiten subjektiv hinreichend sicher zu sein.
E 3-14	Operationalisierung der Zielgrößen. Prüfung der verschiedenen Varianten anhand von Fakten und Zahlen.

Fortsetzung nächste Seiten

Fortsetzung Tabelle 7-8: Das strategische Handlungsrepertoire im Bereich Entscheiden

E 3-15	Rückschlüsse ziehen aus der Bewertung der Alternativen („Weitersuch- oder Stopp-Entscheidungen")
E 3-16	Zeitliche Kriterien abwägen. Berücksichtigung des Zeitbezugs im Entscheidungskalkül bei intertemporalen Entscheidungen: Der heutige Verzicht oder der heutige Vorteil muß gegen zukünftige Vorteile oder den zukünftigen Verzicht abgewogen werden.
E 3-17*	Fällen von multikriterialen Entscheidungen (z.B. nach Arbeitsaufwand und finanziellem Risiko; oder: neben finanziellen Zielen werden auch soziale Ziele berücksichtigt)
E 3-18	Bereichsbezogene Gewichtung von Entscheidungskriterien
E 3-19	Berücksichtigung der Veränderungen relevanter Faktoren (Bewertung der Alternativen hinsichtlich Marktentwicklung, Preisentwicklung usw.)
E 4:	***Entscheidungsregeln für die Auswahl einer Alternative***
1) „Rationale" Entscheidungsprozeduren	
E 4-1*	Maximierung des Nutzens bei der Auswahl einer Alternative
E 4-2	Auswahl von Alternativen nach den Kriterien Nutzen plus Machbarkeit
E 4-3	Kompromiß finden zwischen Nutzen und Sicherheit
E 4-4*	Entscheiden nach dem Effizienzprinzip: „Mit minimalem Aufwand (an Personal, Geld, Anstrengung usw.) Maximales herausholen"
E 4-5	Entscheiden nach dem Effizienzprinzip unter Berücksichtigung ökologischer/sozialer/ethischer Normen („Umweltverträglichkeit", „man sollte nicht über Leichen gehen")
E 4-6	Die Entscheidung muß sich am Erfolg orientieren; von Vorhaben, die keinen Gewinn bringen, ablassen.
E 4-7	Auswahl nach dem größtmöglichem Erfolg
E 4-8	Dominanz pragmatischer Entscheidungskriterien („Praxis steht vor Theorie", „was ist machbar")
E 4-9	Bedenken der sich aus einer Entscheidung ergebenden neuen Situation und der ihr dann inhärenten Handlungs- und Entscheidungsspielräume („Effizienz-Divergenz-Denken")

Fortsetzung nächste Seiten

Fortsetzung Tabelle 7-8: Das strategische Handlungsrepertoire im Bereich Entscheiden

E 4-10	Beachtung des aktuellen Nutzens und Risikos einer Entscheidung (mit ihren jeweiligen Wahrscheinlichkeiten) sowie der zukünftigen potentiellen Entscheidungsmöglichkeiten, die sich als Folge des Entscheidungsaktes ergeben.
E 4-11	Präferenz für langfristige Ziele (z.B. Kundenbindung) gegenüber kurzfristigen Ertragszielen.
E 4-12	Treffen von „progressiveren" Entscheidungen, d.h. Wahl der Alternative, die etwas höhere Risiken aufweist, die aber auch einen größeren Nutzen erwarten läßt.
E 4-13	Die Entscheidung treffen, die im ungünstigsten Fall den größten Nutzen bringt.
E 4-14	Den Weg wählen, der für das Unternehmen am günstigsten ist. (Dies sichert auch den Arbeitsplatz des Mitarbeiters!)
E 4-15	Entscheidungen werden nach Plausibilität getroffen
E 4-16	Die Risikofreude bei Entscheidungen steigt „wenn der Schaden selbst im negativen Fall nicht groß ist"
E 4-17	Konsensorientierung: Entscheidungen treffen, mit den alle leben können (Besonders bei weniger relevanten Themen werden suboptimale Lösungen um des „lieben Friedens willen" in Kauf genommen)
E 4-18	Identifikation/Vermeidung des „worst case"
E 4-19	Ausschaltung gravierender Risiken. Ablehnung eines Projekts, wenn Risiko zu groß.
E 4-20	Risiko muß beherrschbar bleiben, Risiko muß kalkulierbar sein (Nicht „Hasardeur" sein)
E 4-21*	Risikominimierung
E 4-22	Wahl der Alternative mit dem geringstem Risiko und dem größtmöglichem Nutzen (und geringstem Arbeitsaufwand)
E 4-23	Orientierung des Entscheidungsverhaltens an den präsumtiven Entscheidungen des Vorgesetzten
E 4-24	Orientierung des Entscheidungsverhaltens an ähnlich gelagerten Fällen aus der eigenen Praxis (ohne sich neue Gedanken zu machen)
E 4-25	Orientierung des Entscheidungsverhaltens an ähnlichen in der Literatur dokumentierten Fällen

Fortsetzung nächste Seiten

Fortsetzung Tabelle 7-8: Das strategische Handlungsrepertoire im Bereich Entscheiden

E 4-26	Präferenz für die Alternative, bei der die eigenen Stärken und Erfahrungen eingesetzt werden können
E 4-27	Wenn mehrere Alternativen zum gleichen Ziel führen, Auswahl nach persönlichen Präferenzen (Spaß, Einsatz der eigenen Stärken)
E 4-28	Optimierung des Nutzens für den Kunden und das eigene Unternehmen (Nutzensmaximierung für beide Seiten)
E 4-29	Zur Sicherung eines langfristig großen Handlungsspielraums für das Unternehmen werden ggf. kurzfristige Entscheidungen mit einem größeren Nutzen für den Kunden getroffen
E 4-30	Positiv denken, Berücksichtigung des Zusatznutzens (nicht Konsequenzen bei Nichtwahl einer Alternativen, sondern bei deren Wahl bedenken)
E 4-31	Erweiterung/Ausdifferenzierung der Zielvariablen (der Attribute) bei schwierigen Auswahlentscheidungen (Redefinition des Zielsystems)
2) „Arationale" Entscheidungsprozeduren	
E 4-32	Mit progressiver Erfahrung verlieren rationale Prozeduren des Entscheidens an praktischer Bedeutung
E 4-33*	"Aus dem Bauch heraus", emotional entscheiden („wenn die Fakten da sind, dann kommt der letzte Entscheidungskick aus dem Bauch") (Vp. 130)
E 4-34	Nichtbeachtung entscheidungslogischer, rationaler Prozeduren (systematische Alternativensuche, Nutzwertbestimmung, Wahrscheinlichkeitseinschätzung)
E 4-35	Dezisionismus: Wichtig ist, daß eine Entscheidung überhaupt gefällt wird
E 4-36	Präferenz für intuitive Entscheidungen statt rationaler Entscheidungen
E 5:	*Konditionalisierung der Entscheidungsprozesse. Differentielle Gestaltung der Entscheidungsprozesse entsprechend den unterschiedlichen Rahmenbedingungen*
E 5-1	Die Informationssuche den Projektfristen anpassen (langfristige Projekte ermöglichen es, mehr Informationen einzuholen)

Fortsetzung nächste Seiten

Fortsetzung Tabelle 7-8: Das strategische Handlungsrepertoire im Bereich Entscheiden

E 5-2	Der psychophysische Aufwand für die Entscheidung variiert mit der Relevanz des Themas
E 5-3*	Berücksichtigung der zeitlichen Rahmenbedingungen. (Bei wenig Zeit nur Risikoabschätzung)
E 5-4	Wenn Zeit ausreicht, wird analysiert und eine rationale Entscheidung getroffen; unter Zeitdruck werden die Entscheidungen „aus dem Bauch heraus", gefühlsmäßig getroffen
E 5-6	Im Privatbereich werden durchaus Ad-hoc-Entscheidungen „aus dem Bauch heraus" getroffen, nicht dagegen im Unternehmen; hier erfolgt eine rationale Analyse der Entscheidungssituation
E 5-7	Sofern die persönlichen Stärken und Vorlieben nicht zum Zuge kommen können (z.B. aufgrund zeitlicher Restriktionen), erfolgt die Entscheidung nach einem rationalen Kalkül. (Dies mutet manchmal an, wie ein „Sprung ins kalte Wasser")
E 5-8	Selbstinitiierte Entscheidungsprozesse verlaufen anders als angeordnete.
E 5-9	Entscheidungen der Geschäftsführung, die als suboptimal eingeschätzt werden, mit Diplomatie und Geschick zu beeinflussen versuchen.
E 5-10	Berücksichtigung der personellen Ressourcen für die Umsetzung der Entscheidung
E 5-11*	Berücksichtigung der Firmenphilosophie und der Unternehmensstrategie
E 5-12*	Berücksichtigung der Kosten und finanziellen Ressourcen.
E 5-13*	Berücksichtigung der organisatorischen Rahmenbedingungen (Abstimmung mit den in den Entscheidungsprozeß eingebundenen Abteilungen – z.B. Controlling, Logistik, Fertigung – Personen, Firmenverbünden usw.)
E 5-14	Berücksichtigung der Ertragssituation und Wettbewerbsstärke des Unternehmens
E 5-15	Kompromißbereit gegenüber Kunden sein, Berücksichtigung der Bedürfnisse des Kunden. Versuchen, die Ziele des Unternehmens und des Kunden kompatibel zu machen.

Fortsetzung nächste Seiten

Fortsetzung Tabelle 7-8: Das strategische Handlungsrepertoire im Bereich Entscheiden

E 6:	***Organisation von Mehrpersonenentscheidungen***
E 6-1	Festlegung von fachlichen/zeitlichen Prioritäten für die Projektbearbeitung im Team
E 6-2*	Entscheidungen gemeinsam finden, Sichtweisen vieler Personen systematisch einbeziehen, sich beraten lassen auf interner und externer Ebene
E 6-3	Kooperative Entscheidung bei Großprojekten in Firmenverbünden
E 6-4	Beteiligung verschiedener hierarchischer Ebenen (je nach Bedeutung der Entscheidung)
E 6-5	Entscheidungen delegieren
E 6-6	Einbeziehung von Vorgesetzten in den Entscheidungsprozeß
E 7:	***Persönliche Einflußnahme (Motivation und Handlungsprinzipien des Entscheiders)***
E 7-1	Klärung der persönlichen Risikobereitschaft (wichtig z.B. bei Prioritätensetzung)
E 7-2	Soziale Absicherung der Entscheidung (im Fall einer Fehlentscheidung soll der Arbeitsplatz nicht gefährdet werden; deshalb Absicherung durch Zuarbeit der Fachabteilungen)
E 7-3	Nicht nur spontan entscheiden, sondern über Entscheidung mehr nachdenken
E 7-4	Realistisch sein beim Entscheiden
E 7-5	Wahrung der eigenen Identität. (Die Identitätssicherung setzt dem Ausmaß der Berücksichtigung der Interessen von Geschäftspartnern eine Grenze)
E 7-6	Es besteht eine Tendenz zu einer fatalistischen oder resignativen Einstellung
E 7-7	Wahl der Alternative, die am meisten Selbstverwirklichung ermöglicht.
E 7-8	Vergleich des subjektiven gefühlsmäßigen Eindrucks mit den Ergebnissen einer rationalen analytischen Entscheidungsprozedur. Suche nach Ursachen für Diskrepanzen zwischen den rationalen und emotionalen Entscheidungsoptionen. Versuch einer Harmonisierung von „Kopf" und „Herz".
E 7-9	Das Entscheidungsfeld intensiv explorieren und ggf. beeinflussen, um alle Möglichkeiten bei Entscheidungen auszunutzen

Fortsetzung nächste Seiten

Fortsetzung Tabelle 7-8: Das strategische Handlungsrepertoire im Bereich Entscheiden

E 7-10*	Entscheidungsfreudig sein (insbesondere bei periphären Entscheidungen)
E 7-11*	Positive Einstellung zu Risikoentscheidungen entwickeln
E 7-12	Antizipation der künftigen persönlichen Handlungsspielräume, die sich aus einem Entscheidungsakt ergeben.
E 7-13	Nicht zu schnell entscheiden (nicht Spielernatur, nicht Hasardeur sein, nicht das erste Beste machen)
E 7-14*	Verantwortung für die Entscheidung übernehmen, Entscheidungen persönlich treffen, Entscheidungen selber in die Hand nehmen
E 7-15	Der individuelle Erfahrungshintergrund, die momentane private Situation und die persönlichen Wertmaßstäbe beeinflussen die Prioritätensetzung und die Bewertung der Alternativen
E 7-16	"Corriger la fortune": Es wird versucht, alles, was in der eigenen Macht steht, zu tun, um negative Einflußfaktoren zu eliminieren oder in ihrer Wirksamkeit zu reduzieren.
E 7-17	Entscheidungskompetenz setzt voraus, daß der Entscheider sich von der Entscheidungssituation selbst ein persönliches Bild machen kann. Er muß sich in der eigenen Vorstellungswelt bewegen können.
E 7-18	Weg des geringsten Widerstands gehen
E 7-19	Sachliche Diskussion, Probleme sachlich angehen
E 8:	***Entscheidungsunterstützung***
E 8-1	Anwendung formaler Methoden der Nutzwertberechnung
E 8-2	Durchführung von Best-/Worst-Case Studien
E 8-3	Durchführung von Wertanalysen
E 8-4	Durchführung von Risikoanalysen
E 8-5	Beratung mit Leuten, die vor ähnlichen Entscheidungsproblemen stehen
E 8-6	Von den angestrebten Ergebnissen her rückwärts planen, um zu prüfen, ob Maßnahmen zielführend und der Aufwand gerechtfertigt ist.
E 8-7	„Eintauchen" in das soziokulturelle Milieu der Kunden (z.B. durch Auslandsaufenthalte), um sie besser verstehen zu können und die Akzeptanz von Entscheidungen zu erhöhen.
E 8-8	Visualisierung von Entscheidungssituationen (Entscheidungsmatrix, Entscheidungsbäume, Entscheidungsdiagramme)

Fortsetzung nächste Seite

Fortsetzung Tabelle 7-8: Das strategische Handlungsrepertoire im Bereich Entscheiden

E 8-9	Anwendung computerbasierter Entscheidungsunterstützungssysteme
E 8-10	Emotionale Stützung des Entscheidungsträgers, Vermittlung von Entscheidungssicherheit und des Gefühls der persönlichen Entscheidungskompetenz
E 8-11	Bei Entscheidungskonflikten wird eher die kollegiale Beratung gesucht als die Einbeziehung höherer hierarchischer Ebenen – da im letzteren Fall häufig Vorentscheidungen fallen, die den Handlungsspielraum einengen.
E 9:	***Begründung der Entscheidung***
E 9-1	Prüfung der Stichhaltigkeit der argumentativen Untermauerung eines Lösungsvorschlages
E 9-2*	Argumentationsstrategien entwickeln für zu treffende/getroffenen Entscheidungen
E 9-3	Aufzeigen der Folgen einer Nichtentscheidung
E 9-4	Konzentration der Argumentation auf eine/wenige Alternative(n)
E 9-5	Erarbeitung von in sich stringenten Argumentationsmustern (die die getroffene Entscheidung als folgerichtig und zwangsläufig erscheinen lassen)
E 9-6	Den Vorteil für das Unternehmen als „Kundenorientierung" verpacken.
E 10:	***Sicherung und Kontrolle der Entscheidungsqualität***
E 10-1	Berücksichtigung der Bedingungen für die Umsetzung der Entscheidung (z.B. Motivation der Mitarbeiter)
E 10-2*	Versuch der Kontrolle entscheidungsrelevanter Faktoren. Kontrolle (Eliminierung oder Abschwächung) von Einflußfaktoren, die das Ergebnis negativ beeinflussen können.
E 10-3	Eliminierung negativer Faktoren im Vorfeld einer bestimmten Entscheidung
E 10-4	Prüfen, ob eine Idee durchführbar ist; ggf. ausprobieren.
E 10-5*	Korrektur bereits getroffener Entscheidungen
E 10-6	Kontrolle der Erfolgswahrscheinlichkeit von Maßnahmen
E 10-7	Regelmäßige Kontrolle der Effekte der Entscheidung und der Effizienz des eigenen Vorgehens

Abbildung 7-11: Struktur des Handlungsrepertoires im Bereich Entscheiden

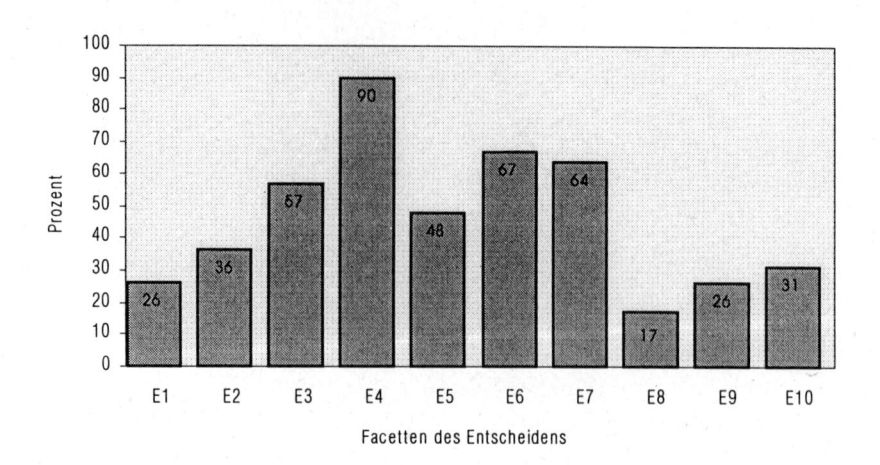

Legende:
Die Prozentwerte beziehen sich auf die Anzahl der Personen, die die jeweilige Facette zumindest einmal angesprochen haben.
E1: Prüfung und Komplettierung der Entscheidungsgrundlagen, E2: Strukturierung des Entscheidungsprozesses, E3: Beurteilung von Alternativen, E4: Entscheidungsregeln, E5: Flexibiltät/Differentielle Gestaltung, E6: Organisation von Mehrpersonenentscheidungen, E7: Selbstmanagement, E8: Entscheidungsunterstützung, E9: Begründung der Entscheidung, E10: Sicherung und Kontrolle der Entscheidungsqualität

Abbildung 7-12: Umfang des strategischen Handlungsrepertoires im Bereich des Entscheidens

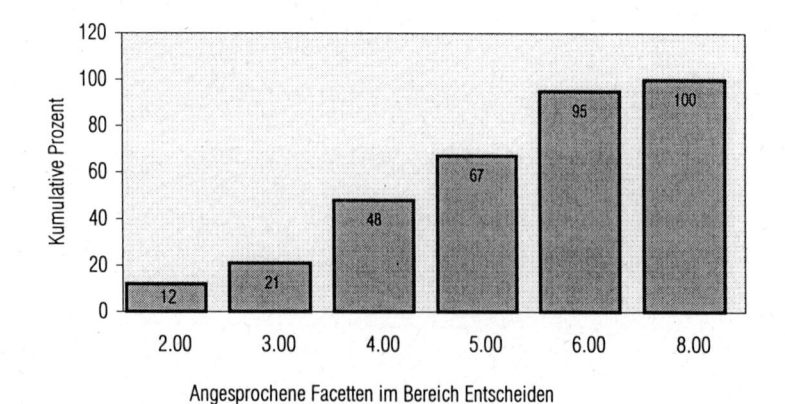

Tabelle 7-9: Schwierigkeiten und Probleme beim Entscheiden

E 1 P:	*Prüfung und Komplettierung der Entscheidungsgrundlagen*
EP 1-1	Es ist schwer, mit Unsicherheit umzugehen („Es belastet, daß ich beim Entscheiden nicht alles weiß")
EP 1-2	Es sind keine sinnvollen Alternativen sichtbar
EP 1-3	Handlungsvorgaben sind zu schwammig
EP 1-4	Es fehlen Entscheidungsmodelle für spezielle fachliche Aufgaben (z.B. Preisfestsetzung)
EP 1-5	Die Beteiligten verdrängen unangenehme Wahrheiten (z.B. eigene Schwächen) im Entscheidungsprozeß
EP 1-6	Das in der Praxis angewandte Entscheidungsmodell ist nicht flexibel, kann nicht an wechselnde Verhältnisse angepaßt werden („Es gibt nur maßgeschneiderte Alternativen für Nischenlösungen, die sehr speziell sind; wenn Randbedingungen sich ändern, werden jedoch andere Maßnahmen benötigt")
EP 1-7	Das Zielprogramm des Unternehmens ist diffus bzw. nicht in sich konsistent, so daß nicht immer klare Entscheidungen getroffen werden können.
E 2 P:	*Strukturierung des Entscheidungsprozesses*
EP 2-1	Integration von Teilentscheidungen in ein Gesamtkonzept ist nicht abgesichert
EP 2-2	Es ist schwierig, den optimalen Lösungsweg für ein Entscheidungsproblem zu finden
E 3 P:	*Beurteilung von Alternativen*
EP 3-1	Abschätzung des Risikos einer Entscheidung ist unsicher
EP 3-2	Es ist schwierig, die Kriterien festzulegen
EP 3-3	Es ist schwierig, die Wahrscheinlichkeiten zu beurteilen
EP 3-4	Die Bewertung innovativer Ideen macht Schwierigkeiten
EP 3-5*	Es gibt Probleme bei der Risikoeinschätzung und/oder Rentabilitätseinschätzung von Vorhaben

Fortsetzung nächste Seiten

Fortsetzung Tabelle 7-9: Schwierigkeiten und Probleme beim Entscheiden

E 4:	**Entscheidungsregeln für die Auswahl einer Alternative**
EP 4-1	Das Erkennen der besseren oder einfacheren Handlungsalternativen ist nicht immer leicht.
EP 4-2	Schwierigkeit, mehrere Kriterien bei der Auswahl einer Alternative zu berücksichtigen
EP 4-3	Identifikation der Alternative mit dem größtmöglichem Nutzen
EP 4-4	Identifikation der Alternative mit dem geringsten Risiko (Risikominimierung)
EP 4-5	Entscheidungskonflikte lösen
EP 4-6	Sicherung der eigenen Identität im Hinblick auf die vielfältigen Kundenwünsche
EP 4-7	Es bestehen Differenzen zwischen der selbstentwickelten Entscheidungsvarianten und der präsumtiven Entscheidung des Vorgesetzten.
EP 4-8	Entscheidungen erfordern eine Gradwanderung zwischen Nutzen für Unternehmen und Kunden
EP 4-9*	Gewählte Alternative hat auch Nachteile; Problem der Wahl zwischen schlechten Alternativen mit jeweils negativen Folgen („Aversions-Aversions-Konflikt")
EP 4-10	Schwierigkeiten bei der Exklusion von Alternativen („In jeder Alternative steckt etwas Gutes")
EP 4-11	Das Ausschließen einer Alternative wirkt belastend, da möglicherweise etwas übersehen wird und so Chancen nicht genutzt werden
EP 4-12	Entscheidungsschwierigkeiten bei gleichwertigen Alternativen
EP 4-13	Ein Vorgehen nach Maßstäben der normativen (rationalen) Entscheidungstheorie ist in der Praxis nicht möglich
EP 4-14	Die Regeln für die Auswahl einer Alternative können nicht explizit gemacht werden (z.B. Verknüpfung der Nutzwerte mit den Probabilitäten)
EP 4-15	Die Applikation rationaler Entscheidungsprozeduren konfligiert mit der sozialen Akzeptanz und/oder der Plausibilität der Entscheidungen

Fortsetzung nächste Seiten

Fortsetzung Tabelle 7-9: Schwierigkeiten und Probleme beim Entscheiden

E 5:	***Konditionalisierung der Entscheidungsprozesse. Differentielle Gestaltung der Entscheidungsprozesse entsprechend den unterschiedlichen Rahmenbedingungen***
EP 5-1*	Zwang zur schnellen Entscheidung, keine Zeit zum gründlichen Abwägen, Zeitmangel
EP 5-2	Optimale Gesamtlösungen werden erschwert, da Vorgesetzter in pragmatischer Absicht in Richtung des Anstrebens von Teilerfolgen drängt
EP 5-3	Die bestmögliche Berücksichtigung der unterschiedlichen Interessen von Kunden, Mitarbeitern, Unternehmensleitung bei der Entscheidungsfindung (z.B. bei der Preisgestaltung) ist schwierig.
E 6:	***Organisation von Mehrpersonenentscheidungen***
EP 6-1*	Komplexe Entscheidungen, die mehrere Personen/Abteilungen/Instanzen einbeziehen, sind schwierig
EP 6-2	Es ist nicht einfach, geduldig zu warten, bis Partner/Kollegen auch entscheidungsreif sind und sich mit den auf den Tisch liegenden Entscheidungsvorschlägen kompetent auseinandersetzen können
EP 6-3	Es ist schwierig, daß alle von der Entscheidung Betroffenen diese Entscheidung auch akzeptieren. Die Interessen der Kooperationspartner sind zu heterogen.
E 7:	***Persönliche Einflußnahme (Motivation und Handlungsprinzipien des Entscheiders)***
EP 7-1	Es fehlt ein persönlicher Bezug zum Entscheidungsgegenstand („Sachen, die von außen herangetragen werden, kann man schlecht beurteilen. Man kann sich nicht in der eigenen Vorstellungswelt bewegen.") Es fehlen intime Kenntnisse der Mentalität des Geschäftspartners.
EP 7-2	Desinteresse am Entscheidungsgegenstand erschwert eine vernünftige Entscheidung.
E 8:	***Entscheidungsunterstützung***
(keine Probleme)	

Fortsetzung nächste Seite

Fortsetzung Tabelle 7-9: Schwierigkeiten und Probleme beim Entscheiden

E 9:	Begründung der Entscheidung
EP 9-1	Die Konstituenten des Handelns können nicht zu in sich schlüssigen, konsistenten Entscheidungsvorschlägen verarbeitet werden
E 10:	Sicherung und Kontrolle der Entscheidungsqualität
EP 10-1	Postdezisionale Konflikte verunsichern und lähmen die Arbeitskraft.
EP 10-2	Es existiert eine Unsicherheit über die Entscheidungsqualität (Auswirkungen strategischer Entscheidungen werden erst nach Jahren sichtbar)

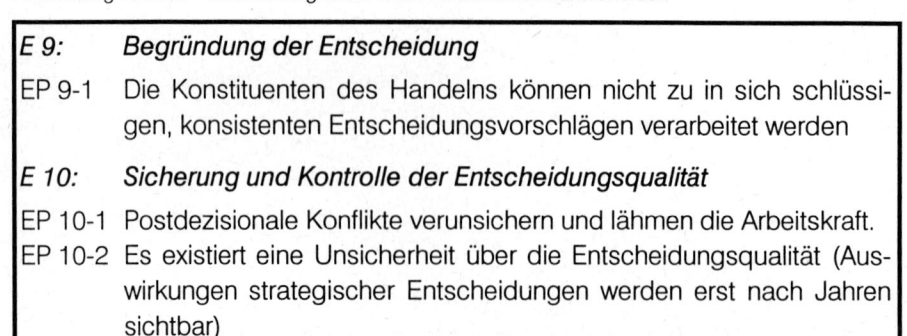

Abbildung 7-13: Problemstruktur im Bereich des Entscheidens

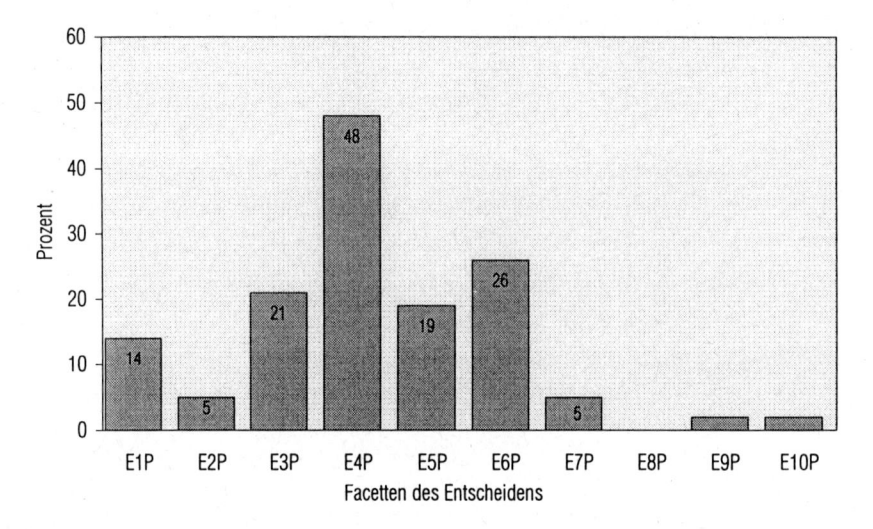

Legende:
Die Prozentwerte beziehen sich auf die Personen, die die jeweilige Facette zumindest einmal angesprochen haben.
E1P: Prüfung und Komplettierung der Entscheidungsgrundlagen, E2P: Strukturierung des Entscheidungsprozesses, E3P: Beurteilung von Alternativen, E4P: Entscheidungsregeln, E5P: Flexibilität/Differentielle Gestaltung, E6P: Organisation von Mehrpersonenentscheidungen, E7P: Selbstmanagement, E8P: Entscheidungsunterstützung, E9P: Begründung der Entscheidung, E10P: Sicherung und Kontrolle der Entscheidungsqualität

Das strategische Handlungsrepertoire im Bewußtsein der Praktiker

Abbildung 7-14: Differenziertheit des Handlungsrepertoires im Bereich des Entscheidens – aufgeschlüsselt nach Fach- und Führungskräften

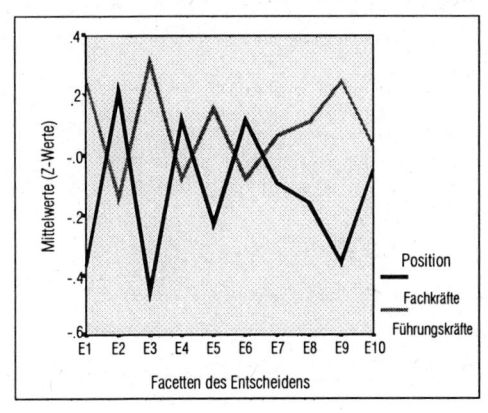

Legende:
E1: Prüfung und Komplettierung der Entscheidungsgrundlagen, E2: Strukturierung des Entscheidungsprozesses, E3: Beurteilung von Alternativen, E4: Entscheidungsregeln, E5: Flexibilität/Differentielle Gestaltung, E6: Organisation von Mehrpersonenentscheidungen, E7: Selbstmanagement, E8: Entscheidungsunterstützung, E9: Begründung der Entscheidung, E10: Sicherung und Kontrolle der Entscheidungsqualität

Abbildung 7-15: Problemintensität im Bereich des Entscheidens – aufgeschlüsselt nach Fach- und Führungskräften

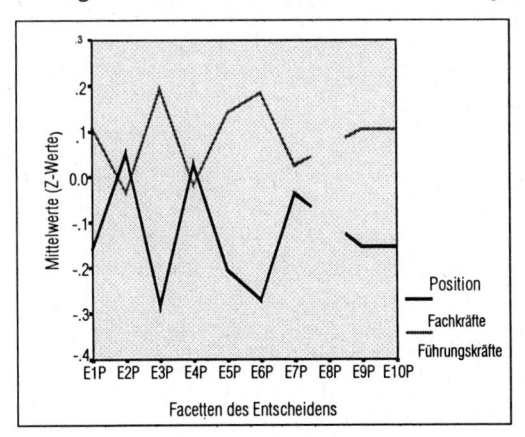

Anmerkungen:
Vergleiche Legende zu Abbildung 7-14.
Die Unterbrechung der Linie bei E8P (Entscheidungsunterstützung) resultiert aus der Nicht-Thematisierung von Schwierigkeiten und Problemen.

7.3.3 Stützprozesse der Innovation und Reorganisation des Handelns

7.3.3.1 Das Finden neuer Ideen

Die beschleunigte Entwicklung in vielen Bereichen der Wirtschaft erfordert innovative Mitarbeiter, die in der Lage sind, Produkte bzw. Dienstleistungen zu verbessern und neue zu entwickeln und die fähig sind, effiziente Arbeitsmittel, Arbeitsverfahren, Arbeitsstrukturen und Organisationsformen einzusetzen bzw. zu kreieren.

Neue Ideen zu finden, bedeutet kreativ zu sein und ist nicht nur Voraussetzung für neue Produkte, Marketingstrategien usw. im Unternehmen; auch für das Aufspüren von Karrierepfaden und das Entdecken neuer Wege, um die eigenen Bedürfnisse im Berufsleben besser entfalten und befriedigen zu können, benötigt man Kreativität.

Fokussierte Themen/Operationen der Ideenfindung

Die Praktiker beschäftigen sich in ihren Ausführungen hauptsächlich mit den Umweltbedingungen für die Ideenfindung, mit Funktionen und Anlässen der Ideensuche, mit der Persönlichkeit und dem Selbstmanagement der Akteure der Innovation, den Techniken und Methoden der Ideenfindung sowie den kreativen Prozessen bei der Ideenfindung.

Die kreativen Prozesse werden meist als Assoziationen von Ideen, seltener als Umstrukturierung des Problembereichs oder als Stimulierung des „divergierenden Denkens" beschrieben.

Eingeschränktes Methodenrepertoire bei der Ideenfindung

Schlicksupp (1976) beschreibt 46 Methoden der Ideenfindung in Unternehmen. Die Vielzahl der praktizierten Methoden lassen sich in Gruppen gleicher oder ähnlicher Leistungsmerkmale mit einem bestimmten „Generatormechanismus" klassifizieren. Schlicksupp unterscheidet sechs Methodengruppen mit folgenden Verfahrensmerkmalen (S. 19):

A. Brainstorming und seine Abwandlungen:
Ungehemmte Diskussion, in der keine Kritik geübt werden darf; phantastische Einfälle und spontane Assoziationen sollen geäußert werden.

B. Brainwriting-Methoden:
Spontanes Niederschreiben von Ideen auf Formularen oder Zettel; Umlauf von Formularen

C. Methoden der schöpferischen Orientierung:
Befolgung bestimmter Prinzipien bei der Lösungssuche (z.B. Bionik)

D. Methoden der schöpferischen Konfrontation:
Stimulierung der Lösungsfindung durch Auseinandersetzung mit Bedeutungsinhalten, die scheinbar nicht mit dem Problem zusammenhängen (z.B. Synektik)

E. Methoden der systematischen Strukturierung:
Aufteilung des Problems in Teilkomplexe; Lösung der Teilprobleme und Zusammenfügen zu einer Gesamtlösung (z.B. Morphologischer Kasten)

F. Methoden der systematischen Problemspezifizierung:
Aufdecken der Kernfragen eines Problems oder Problembereichs durch systematisches und hierarchisch-strukturierendes Vorgehen (z.B. K-J-Methode, Progressive Abstraktion)

Von den zahlreichen Techniken und Methoden der Ideenfindung, die prinzipiell im Unternehmen zur Verfügung stehen, thematisieren die Fach- und Führungskräfte im wesentlichen nur Techniken des Brainstorming. Diese Techniken beruhen darauf, daß Teilnehmer einer Gruppe sich durch eine nichtbewertende Haltung gegenseitig zu möglichst vielen und unwahrscheinlichen Assoziationen bzw. Analogiebildungen stimulieren.

Bemerkenswert ist, daß ein nicht geringer Teil der befragten Personen besondere Methoden und Techniken der Ideenfindung für nicht notwendig erachtet. Hier ist man der Meinung, daß systematisches „berufsmäßiges" Nachdenken über die aktuelle Situation und die verfolgten Leistungs-, Finanz- oder Erfolgsziele zu neuen Ideen und Innovationen führt.

Schwierigkeiten und Probleme bei der Ideenfindung

95,2 % der Praktiker machen Angaben zu bestimmten Problemen in diesem Bereich. Die Probleme liegen zumeist darin, das die personellen oder organisatorischen Voraussetzungen für die Ideensuche ungünstig sind. (I4P). Sie liegen auch nicht selten in der Tatsache begründet, daß die richtigen Methoden zur Generierung von Ideen fehlen oder die Kreativitätstechniken nicht richtig angewendet werden (I5P). Es besteht auch Unsicherheit darüber, ob die produzierten Ideen etwas taugen und praktikabel sind bzw. ob das der Ideensuche zugrundeliegende Informationsmaterial überhaupt relevant ist (IP 1-1).

Unterschiede zwischen Personengruppen

Die Position hat eine gewisse Bedeutung für die Prozesse der Ideenfindung.

Führungskräfte beschäftigen sich signifikant mehr als Fachkräfte mit der Strukturierung von Ideenfindungsprozessen (I2), tendenziell beschäftigen sie sich auch mehr mit Fragen der Kooperation bei der Ideenfindung (I6). Die Problemintensität in diesem Funktionsbereich ist bei den Führungskräften im Mittel tendenziell größer.

Berufserfahrene mit und ohne Studienabschluß verfügen über das gleiche Handlungsrepertoire im Bereich der Ideenfindung. Das Bildungsniveau wirkt sich also insofern nicht auf die Ideenfindungsprozesse aus. Der T-Test für die Mittelwertgleichheit der beiden Gruppen in den einzelnen Facetten liefert keine signifikanten Ergebnisse.

Auch die Erfahrungsdauer im absatzwirtschaftlichen Bereich wirkt sich nicht auf das Handlungsrepertoire und die Problemintensität aus. Personen mit kürzerer Erfahrung (Dichotomisierung der Gruppen am Median) verfügen über das gleiche Handlungspotential in diesem Bereich wie Personen mit längerer Erfahrung.

Tabelle 7-10: Das strategische Handlungsrepertoire im Bereich Ideenfindung

I 1:	**Informationsgewinnung bei der Ideensuche**
I 1-1	Nutzung verschiedener Methoden zur Ideengewinnung (allein oder in der Gruppe)
I 1-2*	Kreativitätstechniken anwenden, sich professionell anleiten lassen
I 1-3*	Brainstorming
I 1-4*	Gemeinsame Ideensammlung, Brainstorming in der Gruppe
I 1-5*	Ideensammlung/„Brainstorming" allein
I 1-6*	Informationen über neue Entwicklungen zusammentragen, auf den Trend der Zeit achten
I 1-7*	Sich Anregung von außen holen: Literatur, Praktika, Seminare; mit betriebsexternen Personen sprechen (externe Fachleute, Kommilitonen kontaktieren ...)
I 1-8*	Kunden ansprechen. („Was sind ihre Wünsche?")
I 1-9*	Mit betriebsinternen Personen sprechen (Mitarbeiter, Kollegen, ...)
I 1-10*	Berufsmäßiges Nachdenken über Probleme führt zu neuen Ideen
I 1-11*	Nachdenken über Leistungsziele (Beschaffungs-, Lagerhaltungs-, Produktions- und Absatzziele)
I 1-12	Nachdenken über Finanzziele (Liquiditäts-, Investitions- und Finanzierungsziele)
I 1-13*	Nachdenken über Erfolgsziele (Umsatz-, Gewinn-, Rentabilitätsziele)
I 1-14	Orientierung am Besten der Wettbewerber („Bench-Marking")
I 1-15	Möglichst oft Vor-Ort-Analysen durchführen
I 2:	**Strukturierung von Ideenfindungsprozessen**
I 2-1	Festlegung der Funktionen der Ideensuche
I 2-2	Anlässe der Ideensuche bedenken
I 2-3	Steigerung des persönlichen Profits
I 2-4	Lösung aktueller Konflikte (z.B. zwischen verfeindeten Abteilungen)
I 2-5	Beseitigung von Barrieren auf dem Weg zum Ziel/intelligentes Umwegverhalten (z.B. Eingehen auf das Steckenpferd des Kunden, um Sympathie zu gewinnen und einen Vertragsabschluß später tätigen zu können)
I 2-6	Ideensuche ist Teil eines Problemlöseprozesses
I 2-7	Bestimmung der Reichweite/Tragweite neuer Ideen

Fortsetzung nächste Seiten

Fortsetzung Tabelle 7-10: Das strategische Handlungsrepertoire im Bereich Ideenfindung

I 2-8	Ideen sollen zu kurzfristigen Verbesserungen führen
I 2-9*	Ideen sollen zu langfristigen Verbesserungen führen (Es werden Strategien gesucht, um das Unternehmen besser zu positionieren)
I 2-10	Suche nach grundlegenden innovativen Ansätzen, nach Grundideen
I 2-11*	Durchführung von Reorganisationsmaßnahmen. Personal- und Organisationsentwicklung erfordern Ideenfindungsprozesse
I 2-12	Die Ideen müssen zur Organisation und Philosophie des Unternehmens passen
I 3:	*Denkprozesse bei der Ideensuche*
I 3-1	Heuristisches Vorgehen nach dem Prinzip „Versuch und Irrtum"
I 3-2	Abstraktionen aus Beobachtungsdaten, aus empirischem Datenmaterial
I 3-3	Konzentration auf wesentliche, kohärente Ziele bei der Ideensuche
I 3-4	Bedenken der positiven bzw. negativen Auswirkungen der Umsetzung der Idee
I 3-5	Analogien bilden (z.B. Ideen aus dem Alltag in den Berufsbereich übertragen)
I 3-6	Veränderung des Geltungsbereichs/Anwendungsbereichs einer Maßnahme
I 3-7	Untermauerung der Ideen mit konkreten Fakten, Zahlen, Markttrends
I 3-8	Analyse der Unterschiede zwischen aktueller Situation und Zielzustand
I 3-9	Strukturierung der Ziele in Teil- und Unterziele
I 3-10	Suche nach Kompromißlösungen
I 4:	*Differentielle Gestaltung der Ideensuche/Flexibilität*
I 4-1	Richtige Nutzung von Kompetenzen der Mitarbeiter („Kaufleute können keine technischen Innovationen bringen, wohl aber Ideen zur Ablauforganisation")
I 4-2	Richtige „Verpackung" der Ideen (man kann auch alte Ideen neu verpacken)
I 4-3	Abbruch einer Aktion bei Mißerfolg, nicht an einer Idee „kleben" bleiben

Fortsetzung nächste Seite

Fortsetzung Tabelle 7-10: Das strategische Handlungsrepertoire im Bereich Ideenfindung

I 4-4	Wichtig für den Erfolg ist das richtige Timing bei der Umsetzung der Ideen
I 4-5	Die zu entwickelnden Konzepte für die Absatzplanung müssen eine Vielzahl von Bedingungen (produktspezifischer, regionaler, demographischer Art usw.) berücksichtigen, die sich zudem im Laufe der Zeit auch verändern.
I 5:	*Unterstützung der Ideensuche*
I 5-1	Unstrukturierte Ideensuche, keine Anwendung besonderer Methoden und Techniken
I 5-2	Projekte scheitern lassen, um auf Mißstände aufmerksam zu machen, damit die Leute aufwachen
I 5-3	Methoden einsetzen zur Schaffung von Bedingungen für die Ideenfindung (allein oder in der Gruppe)
I 5-4*	Offene, entspannte Atmosphäre schaffen, z.B. Brainstorming-Moderation; Spaziergang, ...
I 5-5*	Mitarbeiter mit Problem konfrontieren
I 5-6	Gute Ideen belohnen
I 5-7	Forum für neue Ideen schaffen (z.B. in Betriebszeitung)
I 5-8	Nutzung von Datenbanksystemen und Suchmaschinen im Internet
I 5-9	Es wird dafür gesorgt, daß die Mitarbeiter über alle wichtigen Unternehmensfragen gut informiert sind
I 6:	*Kooperation bei der Ideenfindung*
I 6-1	Zusammenstellung von gemischten Teams mit Personen aus verschiedenen Funktionsbereichen
I 6-2	Akquisition von neuem Personal (das im Unternehmen neue Ideen einbringt)
I 6-3	Mitarbeitern Eigenverantwortung übertragen, Vertrauen in die Mitarbeiter setzen
I 6-4	Kooperative Problemlösung in der Gruppe
I 7:	*Selbstmanagement*
I 7-1*	Sich nicht unter Druck setzen (Ideen lassen sich nicht erzwingen)
I 7-2*	Auf seine Intuition hören; Geistesblitze haben

Fortsetzung nächste Seite

Fortsetzung Tabelle 7-10: Das strategische Handlungsrepertoire im Bereich Ideenfindung

I 7-3	Kritische Haltung den Medien und modernistischen Denkströmungen gegenüber
I 7-4	Kritische innere Distanz zum Problem haben.
I 8:	*Prüfung der Realisierbarkeit und Qualität der Ideen*
I 8-1	Umsetzung und Testung der Ideen durch entsprechende Maßnahmen/Fachkräfte
I 8-2	Entscheidungskriterien festlegen für die auszuwählenden Ideen; Regeln für den Abbruch der Ideensuche festlegen.
I 8-3	Überprüfung der Realisierbarkeit der Ideen in der Praxis (ggf. Modifikation oder Aufgabe der Idee)
I 8-4	Setzung hoher Qualitätsstandards bei der Ideensuche
I 8-5	Beurteilung der Stärken und Schwächen von Ideen im Team

Das strategische Handlungsrepertoire im Bewußtsein der Praktiker

Abbildung 7-16: Struktur des Handlungsrepertoires im Bereich Ideenfindung

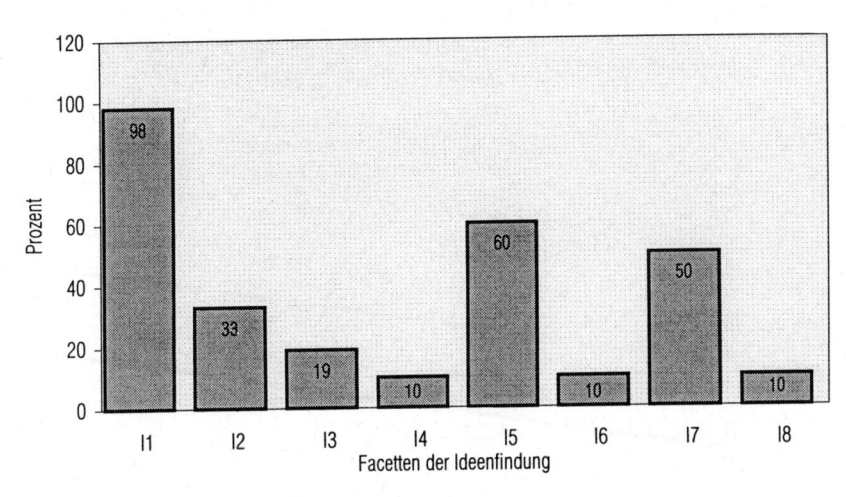

Bar chart showing percentages for facets I1–I8:
- I1: 98
- I2: 33
- I3: 19
- I4: 10
- I5: 60
- I6: 10
- I7: 50
- I8: 10

X-Achse: Facetten der Ideenfindung
Y-Achse: Prozent

Legende:
Die Prozentwerte beziehen sich auf die Anzahl der Personen, die die jeweilige Facette zumindest einmal angesprochen haben.
I1: Informationsgewinnung bei der Ideensuche, I2: Strukturierung von Ideenfindungsprozessen, I3: Denkprozesse bei der ideensuche, I4: Flexibilität/Differentielle Gestaltung, I5: Unterstützung der Ideensuche, I6: Kooperation bei der Ideenfindung, I7: Selbstmanagement, I8: Prüfung der Realisierbarkeit und Qualität der Ideen

Abbildung 7-17: Umfang des strategischen Handlungsrepertoires im Bereich der Ideenfindung

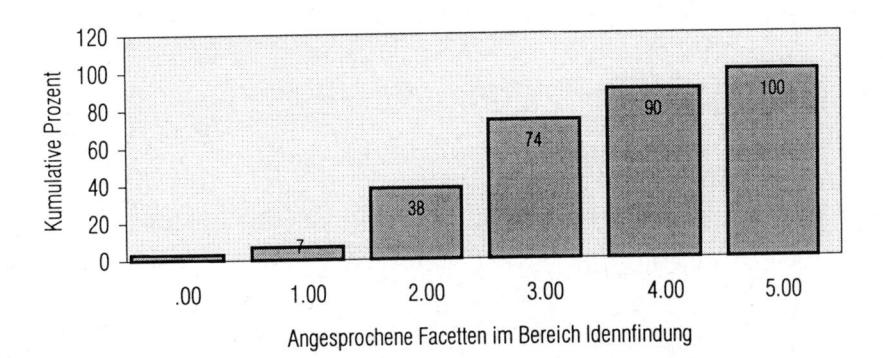

Bar chart showing cumulative percentages:
- .00: (sehr klein)
- 1.00: 7
- 2.00: 38
- 3.00: 74
- 4.00: 90
- 5.00: 100

X-Achse: Angesprochene Facetten im Bereich Idennfindung
Y-Achse: Kumulative Prozent

Anmerkungen:
In diesem Funktionsbereich konnten max. 8 Facetten angesprochen werden.

Tabelle 7-11: Schwierigkeiten und Probleme bei der Ideenfindung

I 1 P:	**Informationsgewinnung bei der Ideensuche**
IP 1-1*	Die Relevanz oder Konsistenz des zur Verfügung stehenden bzw. aus der Anwendung verschiedener Methoden der Ideenfindung resultierenden Informationsmaterials ist unklar.
I 2 P:	**Strukturierung von Ideenfindungsprozessen**
IP 2-1	Die Ideensuche führt zu unvorhergesehenen Konzepten, was wiederum neue Probleme schafft
IP 2-2	Die Zielprojektion für die Ideensuche ist hyperkomplex oder in sich widersprüchlich (Zeugung der eierlegenden Wollmilchsau)
IP 2-3	Die Zielrichtung und die Suchrichtung sind bei der Ideengenerierung nicht klar
I 3 P:	**Denkprozesse bei der Ideensuche**
(keine Probleme)	
I 4 P:	**Differentielle Gestaltung der Ideensuche/Flexibilität**
IP 4-1*	Es fehlt die Zeit zum Nachdenken
IP 4-2*	Man findet keine neuen Ideen aufgrund zu geringer Kenntnisse der Materie und mangelnder Erfahrung
IP 4-3	Ungünstige situative Bedingungen (zu viele Aufgaben sind zu bearbeiten, so daß eine kreative Arbeit nicht möglich ist und die Motivation gestört wird)
IP 4-4	Zuviel Leistungsdruck hemmt die Kreativität
IP 4-5	Arbeitsverdichtung und Rationalisierung beeinträchtigen die Innovationsfreude
IP 4-6	Die verschiedenartigen Wünsche der Kunden sind eine permanente Herausforderung
I 5 P:	**Unterstützung der Ideensuche**
IP 5-1*	Kreativitätstechniken werden nicht richtig angewendet
IP 5-2*	Beim Brainstorming wird vorschnell kritisiert/bewertet; Vorgesetzte wollen lenken
IP 5-3*	Es fehlen die richtigen Methoden zur Generierung von Ideen

Fortsetzung nächste Seite

Fortsetzung Tabelle 7-11: Schwierigkeiten und Probleme bei der Ideenfindung

I 6 P:	**Kooperation bei der Ideensuche**
IP 6-1	Keine/unzureichende Unterstützung durch Marketing-/Vertriebsspezialisten etc.
IP 6-2*	Vorgesetzte, Mitarbeiter bzw. die „Philosophie des Hauses" blockieren Ideen
IP 6-3	Eine große Offenheit und ein großes Engagement im Zuge einer kooperativen Ideensuche mit dem Kunden kann von diesem als Schwäche interpretiert werden
I 7 P:	**Selbstmanagement**
IP 7-1	Es fehlt der Mut, neue Ideen vorzuschlagen
IP 7-2	Furcht der Vorgesetzten vor Kompetenzverlust und Machtverlust
IP 7-3	Risiko eines negativen Image („Spinner")
I 8 P:	**Prüfung der Realisierbarkeit und Qualität der Ideen**
IP 8-1*	Probleme bzgl. der Umsetzbarkeit neuer Ideen
IP 8-2*	Probleme bei der Abschätzung der Qualität/Effizienz/Einsetzbarkeit/Praktikabilität neuer Ideen
IP 8-3	Ideen nicht ausreichend auf den Markt zugeschnitten
IP 8-4	Neue Ideen scheitern an Kosten

Abbildung 7-18: Problemstruktur im Bereich der Ideenfindung

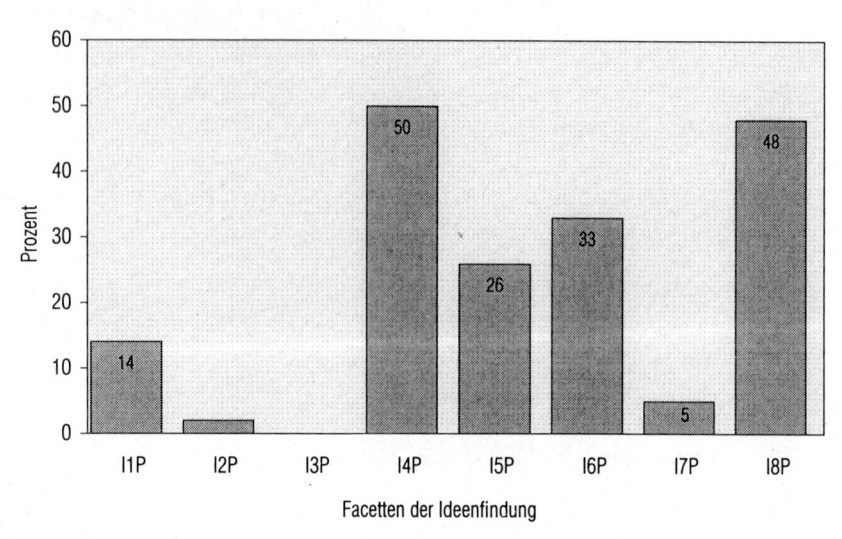

Legende:
Die Prozentwerte beziehen sich auf die Personen, die die jeweilige Facette zumindest einmal angesprochen haben.
I1P: Informationsgewinnung bei der Ideenfindung, I2P: Strukturierung von Ideenfindungsprozessen, I3P: Denkprozesse bei der Ideensuche, I4P: Flexibilität/Differentielle Gestaltung, I5P: Unterstützung der Ideensuche, I6P: Kooperation bei der Ideensuche, I7P: Selbstmanagement, I8P: Prüfung der Realisierbarkeit und Qualität der Ideen

Das strategische Handlungsrepertoire im Bewußtsein der Praktiker 227

Abbildung 7-19: Differenziertheit des Handlungsrepertoires im Bereich der Ideenfindung – aufgeschlüsselt nach Fach- und Führungskräften

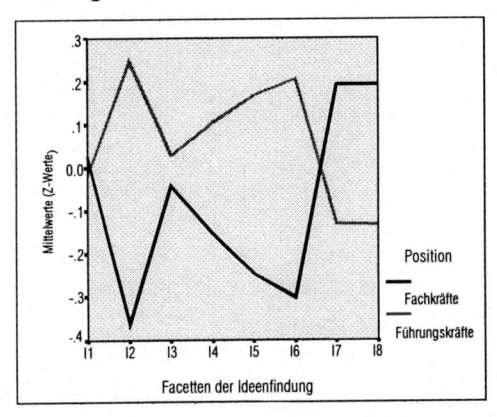

Legende:
I1: Informationsgewinnung bei der Ideensuche, I2: Strukturierung von Ideenfindungsprozessen, I3: Denkprozesse bei der Ideensuche, I4: Flexibilität/Differentielle Gestaltung, I5: Unterstützung der Ideensuche, I6: Kooperation bei der Ideenfindung, I7: Selbstmanagement, I8: Prüfung der Realisierbarkeit und Qualität der Ideen

Abbildung 7-20: Problemintensität im Bereich der Ideenfindung – aufgeschlüsselt nach Fach- und Führungskräften

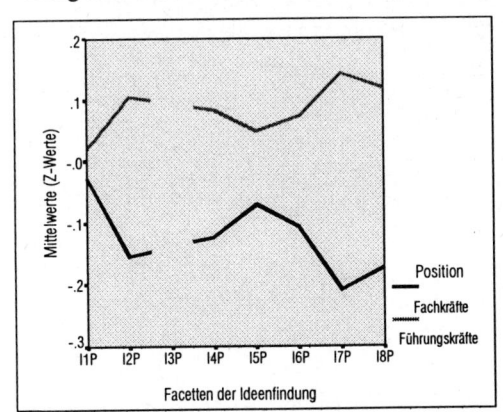

Anmerkungen:
Vergleiche Legende zu Abbildung 7-19.
Die Unterbrechung der Linie bei I3P (Denkprozesse bei der Ideensuche) resultiert aus der Nicht-Thematisierung von Schwierigkeiten und Problemen.

7.3.3.2 Selbstreflexion

Die Selbstreflexion als einer Form der Erfahrungsverarbeitung ermöglicht es dem Menschen, über sein Denken und Tun nachzudenken und sein Vorgehen bei der Arbeit von sich aus aktiv zu verbessern.

Experimentelle Studien belegen, daß schon die einfache Instruktion, sich den Gang der Problemlösung zu vergegenwärtigen, eine qualitative Verbesserung der Problemlösung bewirkt.

Beispielsweise konnte Reither (1980) zeigen, daß die Selbstreflexionsgruppe die vorgegebenen Problemlöseaufgaben nicht nur schneller und mit weniger Lösungsschritten lösen konnte, sondern daß sie auch ihr Vorgehen in zunehmende Maße effektiver gestaltete. Dies gilt sowohl für einzelne Operationen wie die kombinierte Bedingungsvariation, das Abstrahieren und Differenzieren, die Hypothesenbildung und -prüfung und die Zielbildung, als auch für die Gesamtorganisation des Problemlöseprozesses. Dörner (1976) stellt zur Erklärung derartiger Effekte folgende Hypothesen auf: Während der Selbstreflexion werden Globalprozeduren in Teile zerlegt (Einzeloperationen bzw. Teilprozesse) und im Hinblick auf bestimmte Situationsbedingungen zu spezifischen neuen Prozeduren synthetisiert. Selbstreflexion fördert demnach die Differenzierung heuristischer „Standardprozeduren".

Schwierigkeiten und Probleme bei der Selbstreflexion

In diesem Bereich werden von den wenigsten Befragten Probleme genannt; immerhin nennen aber noch 81 % spezielle Probleme (vgl. Tabelle 7-13):

Es wird nicht selten negativ beurteilt, daß das soziale Feedback der Kollegen und Vorgesetzten unzureichend ist (SP 3-1) oder – im Gegensatz hierzu – eine Bewertung des eigenen Verhaltens durch Kollegen/Vorgesetzte eine multiperspektive Selbstreflexion erschwert (SP 3-2).

Häufig wird auf Kompetenzschutzmechanismen hingewiesen, die bei der Selbstreflexion auftreten können und Selbstzweifel sowie negative Emotionen verhindern sollen; es gebe Tendenzen, unangenehme Situationen zu vergessen oder zu verdrängen und nicht über Mißerfolge nachzudenken (SP 7-1, SP 7-5). Nicht selten fehlen auch Muße und Zeit für die Selbstreflexion (SP 8-1).

Unterschiede zwischen Personengruppen

Die T-Tests für die mit Hilfe der Faktoren Position, Bildungsniveau und Erfahrungsdauer gebildeten Gruppenpaare lieferten keinen Hinweis, daß sich die Gruppen hinsichtlich ihres Handlungspotentials oder ihrer Probleme im Bereich der Selbstreflexion signifikant voneinander unterscheiden.

Tabelle 7-12: Das strategische Handlungsrepertoire im Bereich Selbstreflexion

S 1:	**Rekapitulation und Analyse des eigenen Verhaltens**
S 1-1*	Vergegenwärtigen der Handlungssituation. Rekapitulation des eigenen Vorgehens.
S 1-2	Mikroanalyse des Handelns. Detaillierte Betrachtung des eigenen Handelns
S 1-3*	Rekapitulation des eigenen Verhaltens gegenüber anderen
S 1-4*	Analyse des eigenen Vorgehens unter verschiedenen Gesichtspunkten (multiperspektivisch)
S 1-5*	Sich selbst hinterfragen, Analyse des eigenen Potentials (der eigenen Stärken und Schwächen)
S 1-6	In Ruhe nachdenken über die eigenen Handlungen – ohne sich darüber zu ärgern („sine ira et studio")
S 1-7*	Kritisches Hinterfragen der Ausgangsbasis und Zielsetzung
S 2:	**Strukturierung der Reflexionsprozesse**
S 2-1	Beschäftigung mit der Indikation von Reflexion (Welches sind die Anlässe? Wann ist Selbstreflexion angezeigt?)
S 2-2	Intensivierung der Selbstreflexion bei Veränderung der Arbeitsbedingungen oder Aufgabenstellungen
S 2-3	Komplexität der Aufgabenstellung (Selbstreflexion ist besonders wichtig bei komplexen Aufgaben)
S 2-4	Selbstreflexion ist erforderlich bei typischen, sich wiederholenden Fehlern.
S 2-5	In der Regel jeden Tag durchdenken. Selbstreflexion ist immer wichtig.
S 2-6	Selbstreflexion besonders wichtig in Zeiten geistiger und körperlicher Erschöpfung/Krankheit
S 2-7	Selbstreflexion ist besonders wichtig, wenn sog. „Sachzwänge" die eigene Kreativität und Persönlichkeitsentfaltung einschränken.
S 2-8	Konfliktsituationen erfordern Selbstreflexion
S 2-9	Selbstreflexion wichtig beim Wechsel des Arbeitsplatzes
S 2-10	Selbstreflexion ist besonders wichtig, wenn Unsicherheit über den eingeschlagenen Weg besteht.

Fortsetzung nächste Seiten

Fortsetzung Tabelle 7-12: Das strategische Handlungsrepertoire im Bereich Selbstreflexion

S 2-11	Selbstreflexion setzt ein nach suboptimalen Entscheidungsprozessen (z.B. nach emotionalen Entscheidungen, Ad-hoc-Entscheidungen)
S 2-12	Beschäftigung mit der Funktion der Selbstreflexion
S 2-13	Selbstreflexion ist nicht Selbstzweck, sondern Mittel zum Zweck (z.B. für den Erfolg)
S 2-14	Selbstreflexion hat (nur) eine marginale Bedeutung im Berufsalltag
S 2-18	Der Reflexionsprozeß verläuft restringiert, wenig elaboriert (weil Selbstreflexion mit Selbstkritik gleichgesetzt wird)
S 3:	**Beachtung des sozialen Feedbacks**
S 3-1*	Beachtung des Feedbacks von anderen
S 3-2*	Kommunikation zwischen Mitarbeitern und Vorgesetzten, regelmäßiges Feedback durch Vorgesetzte
S 3-3	Konfrontation anderer Personen (Kollegen, Vorgesetzte) mit dem eigenen, durch Selbstreflexion gewonnenen Selbstbild
S 4:	**Bewertung der Arbeit**
	a) Leistungsbewertung
S 4-1	Kontrolle, ob das angestrebte Ziel erreicht wurde.
S 4-2	Überprüfung, ob eine Handlung abgeschlossen wurde
S 4-3	Nutzung von Erfahrungswerten bei der Beurteilung der eigenen Leistung
S 4-4	Prüfung der Erreichung von Qualitätsstandards
S 4-5	Überprüfung der Qualität der eigenen Arbeitsweise
	b) Arbeitsbewertung unter dem Gesichtspunkt der Persönlichkeitsentwicklung
S 4-6	Bei der Selbstreflexion müssen neben den geschäftlichen Interessen auch die persönlichen Interessen berücksichtigt werden.
S 4-7	Überlegen, ob man angemessen bezahlt wird oder sich verändern sollte
S 4-8	Karriereplanung („Mache ich die richtigen Dinge, um auf mich aufmerksam zu machen?")

Fortsetzung nächste Seiten

Fortsetzung Tabelle 7-12: Das strategische Handlungsrepertoire im Bereich Selbstreflexion

S 5:	**Prüfung der Richtigkeit und Stimmigkeit (Konsistenz) des Handelns**
S 5-1	Rechtfertigung des eigenen Handelns
S 5-2	Verknüpfung von Konstituenten des Handelns, z.B. der Maßnahmen mit den Zielen oder der Tätigkeit mit den Konsequenzen („Selbstreflexion ist wichtig, um die Konsequenzen des eigenen Handelns zu erkennen")
S 5-3	Prüfung, ob die Entscheidungen mit den persönlichen Prinzipien, Normen, Wertvorstellungen in Einklang zu bringen und zu verantworten sind
S 5-4*	Prüfung der Richtigkeit von Entscheidungen Reflexion der Argumentationskette zur Legitimierung einer Entscheidung
S 6:	**Suche nach Ursachen für Erfolg und Mißerfolg**
S 6-1*	Rekapitulation des Verhaltens bei Mißerfolg/Mißerfolgsanalyse
S 6-2*	Suche nach Fehlern in der Entscheidungsfindung, in den Entscheidungen und ihrer Umsetzung
S 6-3	Suche nach Ursachen in äußeren Bedingungen/Umständen
S 6-4	Durchführen von Positivanalysen (Warum klappt eigentlich alles?)
S 6-5	Klärung, ob Rechtfertigungsprozesse angezeigt sind (oder ob nur vordergründig nach einem Schuldigen gesucht wird)
S 7:	**Selbstmanagement**
S 7-1*	Aufarbeitung negativer Emotionen, Selbststabilisierung
S 7-2	In Ruhe nachdenken, das Ganze objektiv und sachlich sehen („cool" sein)
S 7-3*	Reflexion der eigenen Lebensziele und des persönlichen Werdeganges. (Ermöglicht die aktuelle Tätigkeit Selbstverwirklichung)
S 7-4	Man muß auch abschalten können und nur noch handeln können, ohne viel nachzudenken
S 7-5	Realistische Selbstwahrnehmung (Mut, sich selbst so wahrzunehmen, wie man ist)
S 7-6	Persönliche Desensibilisierung („dickfälliger" sein)
S 7-7	Positive Einstellung zu sich gewinnen nach einem kritischen Tag, optimistisch sein

Fortsetzung nächste Seiten

Fortsetzung Tabelle 7-12: Das strategische Handlungsrepertoire im Bereich Selbstreflexion

S 7-8	Bereitschaft, offen zu sein und sich zu öffnen, ist wichtig
S 7-9	Selbstkontrolle wird zur Sicherung eines realistischen Selbstbildes eingesetzt
S 8:	***Bedenken der Voraussetzungen und Bedingungen der Selbstreflexion***
S 8-1*	Selbstreflexion muß freiwillig erfolgen. Selbstreflexion kann nicht verordnet oder erzwungen werden.
S 8-2*	Die Arbeitsorganisation muß Spielräume für die Selbstreflexion schaffen.
S 8-3	Es muß genügend Zeit für die Selbstreflexion zur Verfügung stehen.
S 8-4*	Fertigkeiten der Selbstreflexion müssen durch Aus- und Weiterbildung erworben werden
S 8-5	Selbstreflexionsgrad als Einstellungskriterium einführen
S 8-6	Die Mitarbeiter müssen fähig sein zur Kritik und Selbstkritik
S 8-7	Es muß geprüft werden, ob die Motivation und Persönlichkeitsstruktur der Mitarbeiter Selbstreflexion geraten erscheinen lassen
S 9:	***Unterstützung der Selbstreflexion***
S 9-1	Gemeinsame Selbstreflexion in der Gruppe
S 9-2	Förderung der Selbstreflexion auf den höheren hierarchischen Ebenen (Einfordern einer reflektierten Prioritätensetzung durch Vorgesetzte)
S 9-3*	Mitarbeiterkommunikation fördern, z.B. Arbeitskreise bilden, Gesprächsrunden einrichten
S 9-4*	Betriebsklima schaffen, in dem konstruktive Kritik möglich ist; offene Aussprachen herbeiführen
S 9-5*	Externe Moderatoren/Psychologen einbeziehen
S 9-6	Schaffung einer persönlichen (nicht betriebsöffentlichen) Atmosphäre
S 9-7	Nutzung von Techniken/Instrumenten bei der Selbstreflexion (z.B. einen Fragebogen)
S 9-8	Vergleich der aktuellen Situation mit möglichen extrem unangenehmen Situationen (als „Ankerreiz"-Bezugssystem für die Arbeits- und Handlungsbewertung)

Fortsetzung nächste Seite

Fortsetzung Tabelle 7-12: Das strategische Handlungsrepertoire im Bereich Selbstreflexion

S 9-9*	Bedeutung der Selbstreflexion für das Unternehmen verdeutlichen (Reflexion als wichtiges Thema herausstellen)
S 10:	*Entwicklung von Perspektiven für künftiges Handeln*
S 10-1*	Nachdenken über den zukünftigen Erfolg einer Maßnahme, die Effizienzsteigerung oder die Möglichkeit der Innovation im eigenen Arbeitsverhalten
S 10-2	Suche nach besseren Handlungsalternativen
S 10-3*	Aus persönlichen Stärken und Schwächen Konsequenzen ziehen
S 10-4	Entwicklung von Handlungsstrategien für die Selbstveränderung
S 10-5	Nutzung der Selbstreflexion als Instrument zur Handlungskontrolle, Handlungsvorbereitung und Handlungssteuerung (z.B. in Diskussionen, Konferenzen)

Abbildung 7-21: Struktur des Handlungsrepertoires im Bereich Selbstreflexion

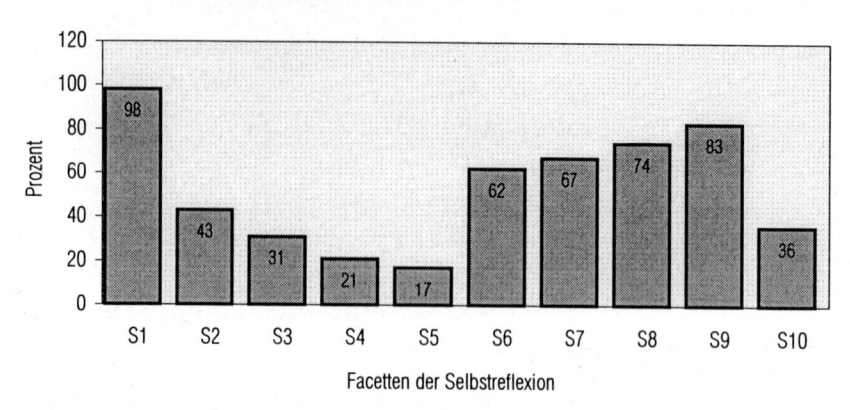

[Balkendiagramm: S1: 98, S2: 43, S3: 31, S4: 21, S5: 17, S6: 62, S7: 67, S8: 74, S9: 83, S10: 36; Y-Achse: Prozent; X-Achse: Facetten der Selbstreflexion]

Legende:
Die Prozentwerte beziehen sich auf die Anzahl der Personen, die die jeweilige Facette zumindest einmal angesprochen haben.
S1: Rekapitulation und Analyse des eigenen Verhaltens, S2: Strukturierung der Reflexionsprozesse, S3: Beachtung des sozialen Feedbacks, S4: Bewertung der Arbeit, S5: Prüfung der Richtigkeit und Stimmigkeit (Konsistenz) des Handelns, S6: Suche nach Ursachen für Erfolg und Mißerfolg, E7: Selbstmanagement, S8: Voraussetzungen und Bedingungen der Selbstreflexion, S9: Unterstützung der Selbstreflexion, S10: Entwicklung der Perspektiven für künftiges Handeln

Abbildung 7-22: Umfang des strategischen Handlungsrepertoires im Bereich der Selbstreflexion

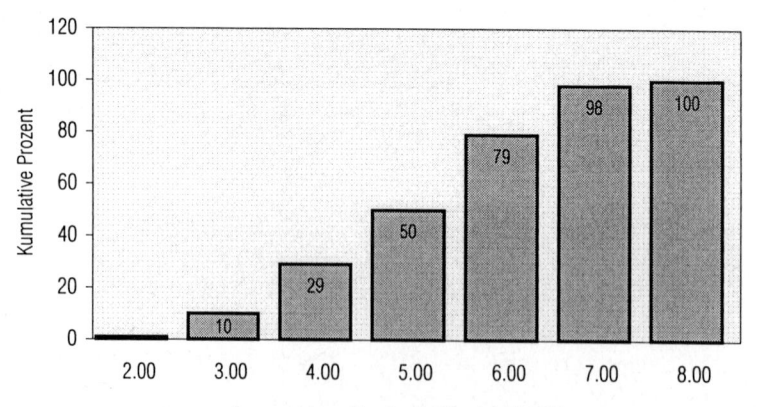

[Balkendiagramm: 2.00: —, 3.00: 10, 4.00: 29, 5.00: 50, 6.00: 79, 7.00: 98, 8.00: 100; Y-Achse: Kumulative Prozent; X-Achse: Angesprochene Facetten im Bereich Zielbildung]

Anmerkungen:
In diesem Funktionsbereich konnten max. 10 Facetten angesprochen werden.

Tabelle 7-13: Schwierigkeiten und Probleme bei der Selbstreflexion

S 1 P: *Rekapitulation und Analyse des eigenen Verhaltens*

SP 1-1 Zu hohe Anforderungen und Erwartungen der Umwelt an die eigene Person können die Bereitschaft zum Nachdenken über das eigene Tun reduzieren (zu hohe Soll-Ist-Diskrepanzen sind schmerzlich)

S 2 P: *Strukturierung der Reflexionsprozesse*

(keine Probleme)

S 3 P: *Beachtung des sozialen Feedbacks*

SP 3-1* Es gibt kein Feedback von Kollegen/Vorgesetzten
SP 3-2* Bewertung des eigenen Verhaltens durch Kollegen/Vorgesetzte erschwert die Selbstreflexion
SP 3-3 Beachtung aller Aussagen anderer ist nicht möglich, da sie teilweise widersprüchlich sind

S 4 P: *Bewertung der Arbeit*

(keine Probleme)

S 5 P: *Prüfung der Richtigkeit und Stimmigkeit (Konsistenz) des Handelns*

(keine Probleme)

S 6 P: *Suche nach Ursachen für Erfolg und Mißerfolg*

(keine Probleme)

S 7 P: *Selbstmanagement*

SP 7-1* Beachtung der verschiedenen Kompetenzschutzmechanismen, die Selbstzweifel und negative Emotionen verhindern sollen (die ggf. bei Selbstreflexion auftreten)
SP 7-2 Das optimale Maß an Selbstreflexion finden (sich nicht zu viele Gedanken machen)
SP 7-3 Es gibt Probleme des Sich-Erinnerns bei länger zurückliegenden Ereignissen
SP 7-4 Es ist schwierig, ruhig zu bleiben und alles „ganz objektiv und sachlich zu sehen"

Fortsetzung nächste Seite

Fortsetzung Tabelle 7-13: chwierigkeiten und Probleme bei der Selbstreflexion

SP 7-5*	Vergessen oder Verdrängen unangenehmer, schwieriger Situationen. Nicht nachdenken über Mißerfolge
SP 7-6	Das Nachdenken über bestimmte Dinge ist mit negativen Emotionen assoziiert, man muß sich dann selbst zur Selbstreflexion überwinden.
S 8 P:	*Bedenken der Voraussetzungen und Bedingungen der Selbstreflexion*
SP 8-1*	Selbstreflexion scheitert an Zeitproblemen, Zeitmangel
SP 8-2	Es fehlt bei bestimmten Mitarbeitern die Fähigkeit zur Selbstkritik
S 9 P:	*Unterstützung der Selbstreflexion*
SP 9-1	Möglichkeiten zum Sich-Zurückziehen und zum ruhigen Nachdenken fehlen
S 10 P:	*Entwicklung von Perspektiven für künftiges Handeln*
SP 10-1	Schwierigkeiten, die Konsequenzen aus den Erkenntnissen der Selbstreflexion in die Tat umzusetzen

Abbildung 7-23: Probleme im Bereich Selbstreflexion

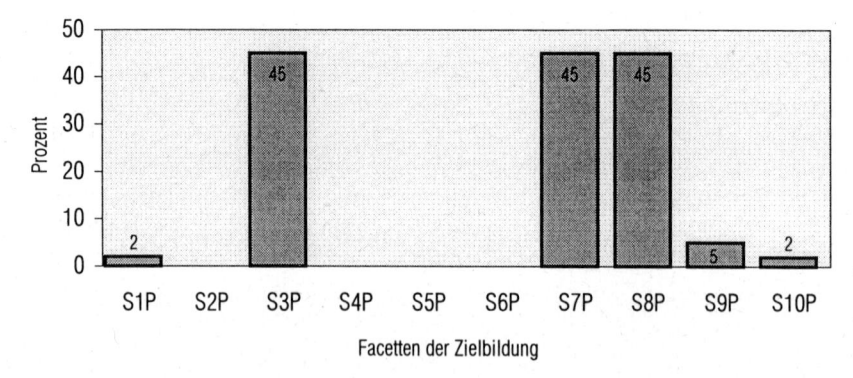

Balkendiagramm – Prozent nach Facetten der Zielbildung:
- S1P: 2
- S2P: –
- S3P: 45
- S4P: –
- S5P: –
- S6P: –
- S7P: 45
- S8P: 45
- S9P: 5
- S10P: 2

Legende:
Die Prozentwerte beziehen sich auf die Personen, die die jeweiligen Facetten zumindest einmal angesprochen haben.
S1P: Rekapitulation und Analyse des eigenen Verhaltens, S2P: Strukturierung der Reflexionsprozesse, S3P: Beachtung des sozialen Feedbacks, S4P: Bewertung der Arbeit, S5P: Prüfung der Richtigkeit und Stimmigkeit (Konsistenz) des Handelns, S6P: Suche nach Ursachen für Erfolg und Mißerfolg, S7P: Selbstmanagement, S8P: Voraussetzungen und Bedingungen der Selbstreflexion, S9P: Unterstützung der Selbstreflexion, S10P: Entwicklung von Perspektiven für künftiges Handeln

Das strategische Handlungsrepertoire im Bewußtsein der Praktiker 237

7.3.4 Flexibilitätsreserven

Die Praktiker wurden bei jedem Funktionskomplex auch gefragt, ob sie sich vorstellen könnten, daß sie sich in diesem Bereich anders verhielten.

Tabelle 7-24 zeigt, ob und in welchem Ausmaß sich zwischen dem tatsächlich eingesetzten und dem nicht eingesetzten, aber potentiell verfügbaren Handlungsrepertoire Unterschiede finden lassen.

Das größte potentielle, nicht eingesetzte Handlungsrepertoire liegt im Bereich der Selbstreflexion. Jeder Praktiker sieht hier Handlungsmöglichkeiten, die von ihm bislang noch nicht genutzt worden sind. Die geringsten Flexibilitätsreserven liegen bei den Führungskräften im Bereich der Zielbildung (30,4 % sehen keine Änderungsmöglichkeiten); bei den Fachkräften im Bereich der Planung (40 % können sich nicht vorstellen, anders beim Planen vorzugehen).

Abbildung 7-24: Flexibilitätsreserven von Fach- und Führungskräften

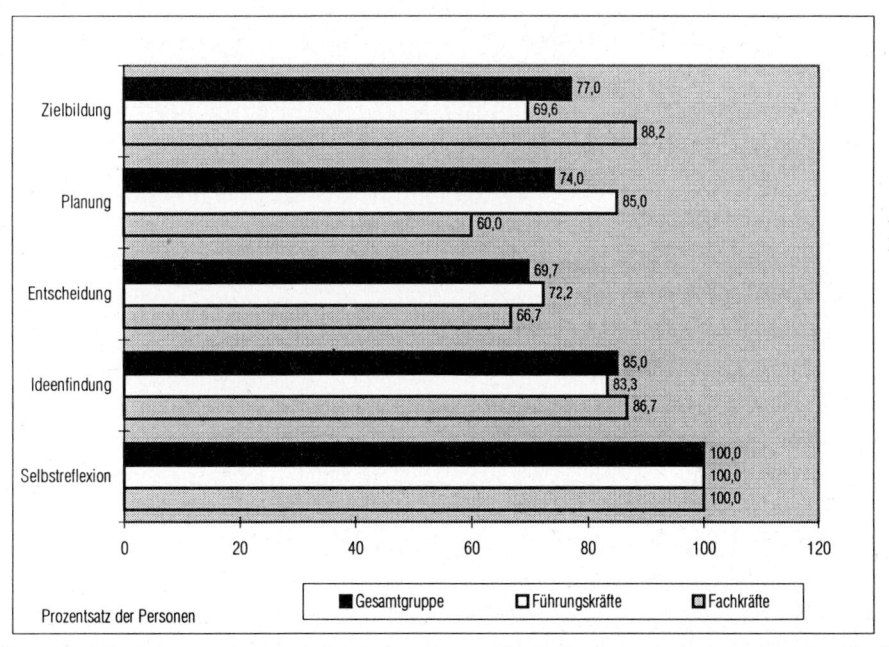

Bereich	Gesamtgruppe	Führungskräfte	Fachkräfte
Zielbildung	77,0	69,6	88,2
Planung	74,0	85,0	60,0
Entscheidung	69,7	72,2	66,7
Ideenfindung	85,0	83,3	86,7
Selbstreflexion	100,0	100,0	100,0

Prozentsatz der Personen

Der Anteil des nur potentiell einsetzbaren Handlungsrepertoires beträgt bei den Befragten 13 % (bezogen auf die Summe aller Segmente des Handlungsrepertoires). Die Flexibilitätsreserven beziehen sich vor allem auf folgende Schwerpunkte:

- Methoden der Zielbildung, insbesondere auch der gemeinsamen Zielbildung, z.B. im Team
- Alternative, neue Methoden der Ideenfindung und der Informationsgewinnung
- Systematischere Entscheidungsfindungsprozesse
- Analysen des Leistungspotentials und der Stärken und Schwächen sowohl der eigenen Person als auch der des Teams/der Arbeitsgruppe/der Abteilung.

Für die berufliche Praxis enthält die Auswertung einige wichtige Ergebnisse. Zu nennen sind hier vor allem die hohe Bereitschaft der Befragten, neue Wege bei der Informationsbeschaffung und Ideenfindung zu gehen, die generelle Offenheit für neue Entwicklungen sowie die hohe Sensibilität für Teamförderung und Selbstreflexion. Hier scheint es offenbar ein substantielles ungenutztes Handlungspotential zu geben und nicht genügend genutzte Ideen bei den Befragten, wie man sich selbst und das Team/die Arbeitsgruppe zum Wohle des Unternehmens weiterentwickeln kann. Ein Teil der befragten Personen sieht Umsetzungshemmnisse in einer zu einengenden Struktur ihres Arbeitsalltags. Diese Aspekte sollten bei Personalentwicklungsprozessen mit beachtet werden.

7.3.5 Handlungstypen und strategische Handlungsmuster

Zwischen den verschiedenen Teilaspekten des Handelns auf der Ebene der Facetten in den einzelnen Funktionskomplexen sind Zusammenhänge kaum erkennbar.

Exemplarisch sind die hier vorgelegten Interkorrelationstabellen zum Planen und Entscheiden (vgl. Tabellen 7-15 und 7-16). Die niedrigen Korrelationskoeffizienten erlauben es nicht von *der* Planungsfähigkeit oder *der* Entscheidungsfähigkeit zu sprechen.

Auf der Basis der mit Hilfe des Untersuchungsinstruments Befragung gewonnenen Datenmaterials lassen sich für die einzelnen Komponenten (Funktionskomplexe) der strategischen Handlungsflexibilität keine generellen Faktoren extrahieren, die analog zum „g-Faktor" der Intelligenzforschung interpretiert werden könnten: Bekanntlich zeigten Beobachtungen im Bereich der Intelligenzforschung, daß Versuchspersonen bei Tests für verschiedene geistige Fähigkeiten (etwa sprachliche Wendigkeit, mathematisches Denken, räumliches Vorstellungsvermögen und Gedächtnis) dazu tendierten, bei jedem Test jeweils gute – oder schlechte – Ergebnisse zu erzielen.

Diese testübergreifenden „Überlappungen" legten den Schluß nahe, daß es ein umfassendes Intelligenz-Moment, einen generellen Faktor „g" geben müsse. Ermitteln läßt sich der „Gehalt" an g mit Hilfe der statistischen Technik der Faktorenanalyse.

Untersucht man die Zusammenhänge zwischen den einzelnen Differenziertheitsmaßen zum Handlungsrepertoire auf der Ebene der Handlungsfunktionen, ergeben sich durchweg signifikante Korrelationskoeffizienten.

Allerdings ist zu berücksichtigen, daß die Länge der Protokolle z.T. recht stark variiert: der Range liegt bei 164 Segmenten. Das korrelative Handlungsmuster könnte also einfach mit der unterschiedlich starken Gesprächsbereitschaft oder „Redseligkeit" der befragten Personen konfundiert sein. Deshalb wurde die Variable „Anzahl der Segmente pro Person" herauspartialisiert, d.h., es wurden Partialkorrelationen ermittelt zwischen den funktionsspezifischen Differenziertheitswerten des Handlungsrepertoires.

Aus Tabelle 7-14 geht hervor, daß sich auf dieser Ebene nach Auspartialisierung wenig Anhaltspunkte für die Tragfähigkeit eines Konstrukts der strategischen Handlungsflexibilität finden.

Tabelle 7-14: Interkorrelation der Maße zur Differenziertheit des Handlungsrepertoires auf der Ebene der Handlungsfunktionen

Funktionsbereiche	Z	P	E	I	S
Z- Zielbildung		-0,45**	-0,27	-0,50**	-0,09
P- Planen	0,50**		-0,11	0,40**	-0,26
E- Entscheiden	0,36*	0,39*		-0,13	-0,14
I- Ideenfindung	0,42**	0,74**	0,34*		-0,13
S- Selbstreflexion	0,66**	0,55**	0,41**	0,55**	

Legende:
Im unteren Dreieck der Matrix sind Produkt-Moment-Korrelationen eingetragen.
Im oberen Dreieck stehen Partialkorrelationen; die Länge der Protokolle (= Anzahl der Segmente) wurde herauspartialisiert.

Angesichts der großen Heterogenität der von uns untersuchten Personen hinsichtlich ihrer Position, Funktion, Tätigkeit, Bildungsbiographie, Arbeitsstruktur und dem organisatorischen Kontext sind universelle strategische Handlungsmuster eigentlich nicht zu erwarten. Sinnvoller erscheint die Suche nach bestimmten strategischen Handlungstypen, d.h. nach Gruppen von Personen, die untereinander ähnliche Handlungsmuster aufweisen und sich von anderen Gruppen deutlich unterscheiden.

Zu diesem Zweck wurden hierarchische Clusteranalysen durchgeführt, die Hinweise auf eine große Typenvielfalt sowohl im Bereich der funktionsspezifischen als auch im Bereich der globalen Handlungsmuster liefern. Exemplarisch werden hier die Typenbildung zum Entscheidungsverhalten (auf der Basis der facettenspezifischen Differenzierungswerte) und zum globalen strategischen Handlungsrepertoire (auf der Basis der Werte für den jeweiligen funktionsspezifischen Handlungsumfang) dargestellt.

Als Distanzmaß wurden bei beiden Clusteranalysen die quadrierte Euklidische Distanz verwendet. Vor der Berechnung der Distanzen wurden die Variablenwerte durch z-Transformation standardisiert. Als Methode zum Zusammenfassen von Clustern wurde die Agglomerationsmethode „Linkage zwischen den Gruppen" gewählt.

Tabelle 7-15: Die Binnenstruktur des Handlungsrepertoires im Bereich der Planung (Produkt-Moment-Korrelationen nach Pearson)

Facetten		P1	P2	P3	P4	P5	P6	P7	P8	P9	P10	P11
P1:	Informationsgewinnung											
P2:	Strukturierung des Planungsprozesses	,270										
P3:	Denkmuster und Planungsformen	,275	,138									
P4:	Generierung aussichtsreicher Alternativen	,124	,026	,268								
P5:	Generierung eines Umweltmodells	,178	-,193	-,034	-,176							
P6:	Organisation von Aktionsprogrammen	,315*	,279	-,007	-,111	-,235						
P.7:	Analyse der Wirkungen von Maßnahmen	,087	-,172	-,083	,141	,228	-,009					
P8:	Differentielle Gestaltung	-,189	-,034	,053	,010	-,056	,059	,256				
P9:	Kooperation beim Planen	-,149	,089	-,122	,268	-,132	-,086	,383*	,270			
P10:	Selbstmanagement	,075	-,028	,213	,092	,003	,066	,244	,060	,049		
P11:	Unterstützungssysteme	,050	-,010	,336*	,330*	-,095	,028	-,151	-,137	-,200	,074	
P12:	Umsetzung der Planung und Kontrolle der Planungsqualität	,039	-,244	,015	-,030	,070	,066	,272	,149	,228	-,191	-,179

* Die Korrelation ist auf dem Niveau von 0,05 (2seitig) signifikant.

Das strategische Handlungsrepertoire im Bewußtsein der Praktiker

Tabelle 7-16: Die Binnenstruktur des Handlungsrepertoires im Bereich der Entscheidung (Produkt-Moment-Korrelationen nach Pearson)

Facetten		E1	E2	E3	E4	E5	E6	E7	E8	E9
E1:	Prüfung und Komplettierung der Entscheidungsgrundlagen									
E2:	Strukturierung des Entscheidungsprozesses	-,090								
E3:	Beurteilung von Alternativen	,427**	-,174							
E4:	Entscheidungsregeln	,025	-,176	-,062						
E5:	Differentielle Gestaltung	,050	-,027	,237	-,018					
E6:	Organisation von Mehrpersonenentscheidungen	,194	,214	,002	-,014	,123				
E7:	Selbstmanagement	,166	-,095	,244	,246	,116	-,144			
E8:	Entscheidungsunterstützung	-,100	-,296	,218	,145	,069	-,131	-,166		
E9:	Begründung der Entscheidung	-,014	,037	,039	-,184	-,069	-,035	,079	-,020	
E10:	Sicherung und Kontrolle der Entscheidungsqualität	,174	,208	,037	-,094	-,015	,045	,195	-,101	,217

** Die Korrelation ist auf dem Niveau von 0,01 (2seitig) signifikant.

Clusteranalyse 1: Identifikation von Entscheidungstypen

Die Clusterbildung zum Entscheidungsverhalten verdeutlichen die Agglomerationstabelle (vgl. Tabelle 7-17) und graphisch das Dendrogramm (vgl. Abbildung 7-27). Für die Beschreibung und Analyse von Entscheidungstypen wurde die 27. Stufe der Agglomeration gewählt mit 14 Clustern; eine weitere Agglomeration hätte die Homogenität der Gruppen stark beeinträchtigt. Auf diese Weise erhalten wir vier Gruppen von Personen mit Fallzahlen zwischen n = 4 und n = 14 (vgl. Abbildung 7-25). Die 10 übrigen Cluster sind singuläre Typen; Beispiele für diese individuellen Entscheidungsprofile finden sich in Abbildung 7-26.

Im folgenden werden zunächst die vier Entscheidungstypen aus Abbildung 7-25 kurz charakterisiert:

Typ 1: Entscheider mit unterdurchschnittlicher Kompetenz (n = 14)

Die Differenzierungswerte in den einzelnen Facetten des Entscheidens liegen durchweg unter dem Durchschnitt der Untersuchungsgruppe.

Typ 2: Der umsichtige Entscheider (n = 6)

Stärker als die anderen Personen bedenkt dieser Typus das Bedingungsumfeld, die Anlässe und Funktionen der Entscheidungen.

Typ 3: Der regel- und unterstützungsorientierte Entscheider (n = 4)

Personen, die diesem Typus zugeordnet sind, richten ihr Augenmerk besonders auf die Entscheidungsregeln und die Nutzung von Unterstützungssystemen bei der Entscheidung.

Typ 4: Der regelorientierte Entscheider (n = 8)

Dieser Typus zeichnet sich durch ein überdurchschnittliches Repertoire an Regeln für die Auswahl von Alternativen aus.

Neben diesen Personengruppen mit ähnlichen Verhaltensmustern gibt es noch eine Reihe von individuellen Entscheidungsprofilen, die sich in unserer Stichprobe nur schwer einem Entscheidungstyp zuordnen lassen. Abbildung 7-26 zeigt einige individuelle Kurvenverläufe mit auffälligen Ausschlägen nach oben und unten:

Beispielsweise imponiert Vp 125 durch die große Differenziertheit bei der Prüfung und Komplettierung der Entscheidungsgrundlagen sowie bei der differentiellen Gestaltung der Entscheidungsprozesse entsprechend den unterschiedlichen Rahmenbedingungen.

Vp 114 signalisiert hohe Sensibilität bei der Strukturierung von Entscheidungsprozessen und bei der Sicherung und Kontrolle der Entscheidungsqualität. Dagegen erscheint die Kernoperation der Auswahl von Alternativen nur wenig differenziert entwickelt zu sein.

Vp 105 setzt einen Akzent bei der Nutzung von Methoden und Systemen der Entscheidungsunterstützung, vernachlässigt jedoch beispielsweise etwas das Selbstmanagement beim Entscheiden.

Clusteranalyse 2: Identifikation von Handlungstypen

Die Clusterbildung geht aus der Agglomerationstabelle 7-18 und aus dem Dendrogramm in Abbildung 7-30 hervor.

In der 35. Stufe der Agglomeration steigt die Distanz sprunghaft an, so daß die Homogenität der neuen Cluster deutlich geringer sein dürfte. Für die Typenbildung wurde daher die 34. Stufe der Agglomeration gewählt mit acht Clustern. Aus Gründen der Übersichtlichkeit werden in Abbildung 7-28 nur die Handlungsmuster von vier Gruppen mit n > 3 dargestellt:

Die Handlungstypen unterscheiden sich deutlich in ihrem Profilniveau und in ihre Profilgestalt:

Typ 1: Unterdurchschnittlich gut entwickeltes Handlungsrepertoire mit einem besonderen Defizit im Bereich der Ideenfindung (n = 4).

Typ 2: Unterdurchschnittlich gut entwickeltes Handlungsrepertoire mit einem besonderen Schwachpunkt im Bereich der Entscheidung (n = 5).

Typ 3: Durchschnittlich gut entwickeltes Handlungsrepertoire mit keinen nennenswerten Ausschlägen nach oben oder unten (n = 18).

Typ 4: Eher überdurchschnittlich entwickeltes Handlungsrepertoire mit einem besonderen Schwerpunkt im Bereich der Planung und Entscheidung (n = 6).

Neben diesen Personengruppen mit ähnlichen Handlungsmustern gibt es noch einige individuelle Handlungsprofile, die stark von den oben beschriebenen Handlungsmustern abweichen:

Zur Illustration wurde das Handlungsprofil von Vp 104 ausgewählt (vgl. Abbildung 7-29): Hohe Kompetenz im Bereich der Ideenfindung ist hier gepaart mit einem insgesamt unterdurchschnittlich gut entwickelten strategischen Handlungspotential.

Abbildung 7-25: Bildung von Entscheidungstypen mittels Clusteranalyse

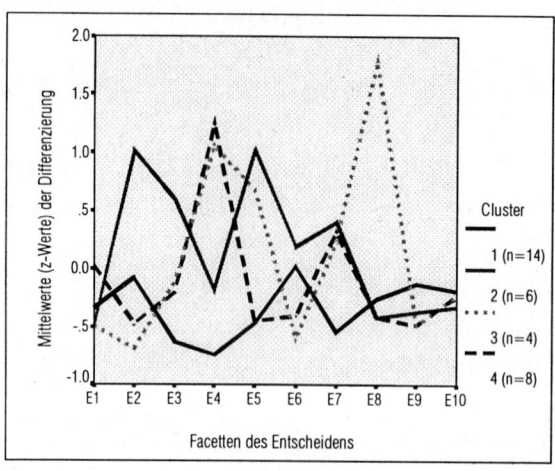

Legende:
E1: Prüfung und Komplettierung der Entscheidungsgrundlagen, E2: Strukturierung des Entscheidungsprozesses, E3: Beurteilung von Alternativen, E4: Entscheidungsregeln, E5: Flexibilität/Differentielle Gestaltung, E6: Organisation von Mehrpersonenentscheidungen, E7: Selbstmanagement, E8: Entscheidungsunterstützung, E9: Begründung der Entscheidung, E10: Sicherung und Kontrolle der Entscheidungsqualität

Abbildung 7-26: Beispiele für singuläre Entscheidungsprofile

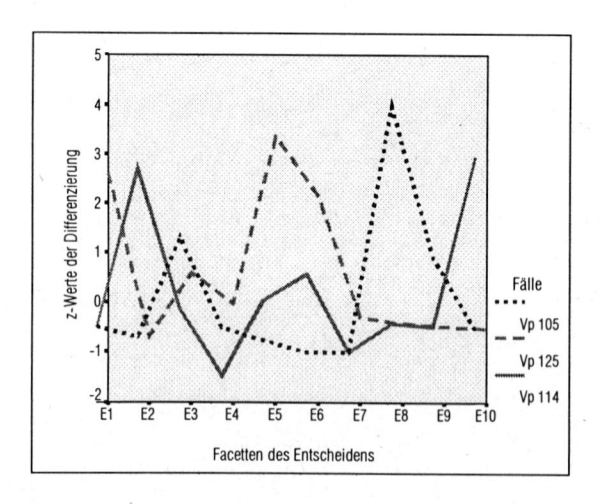

Tabelle 7-17: Agglomerationstabelle der Clusteranalyse zur Identifikation von Entscheidungstypen

Schritt	Zusammengeführte Cluster		Koeffizienten	Erstes Vorkommen des Clusters		Nächster Schritt
	Cluster 1	Cluster 2		Cluster 1	Cluster 2	
1	1	29	1.902	0	0	8
2	4	22	2.253	0	0	10
3	9	35	2.457	0	0	15
4	34	42	2.474	0	0	16
5	10	24	2.525	0	0	12
6	30	38	2.541	0	0	18
7	13	26	2.796	0	0	23
8	1	15	3.058	1	0	14
9	3	19	3.502	0	0	14
10	4	40	4.789	2	0	16
11	16	17	4.922	0	0	19
12	10	39	5.234	5	0	20
13	7	27	5.492	0	0	22
14	1	3	5.548	8	9	21
15	9	41	6.033	3	0	18
16	4	34	6.275	10	4	21
17	2	36	6.559	0	0	26
18	9	30	6.827	15	6	22
19	16	18	7.128	11	0	28
20	10	31	7.263	12	0	27
21	1	4	7.643	14	16	27
22	7	9	8.114	13	18	25
23	13	32	8.844	7	0	24
24	6	13	9.307	0	23	33
25	7	37	9.925	22	0	29
26	2	25	10.070	17	0	28
27	1	10	10.521	21	20	29
28	2	16	12.596	26	19	31
29	1	7	12.598	27	25	31
30	20	21	13.539	0	0	32
31	1	2	14.848	29	28	33
32	11	20	15.873	0	30	36
33	1	6	16.193	31	24	36
34	5	8	16.864	0	0	37
35	14	33	21.284	0	0	38
36	1	11	21.804	33	32	37
37	1	5	26.294	36	34	38
38	1	14	27.071	37	35	39
39	1	23	34.221	38	0	40
40	1	28	39.572	39	0	41
41	1	12	47.129	40	0	0

Abbildung 7-27: Dendrogramm der Clusteranalyse zur Identifikation von Entscheidungstypen

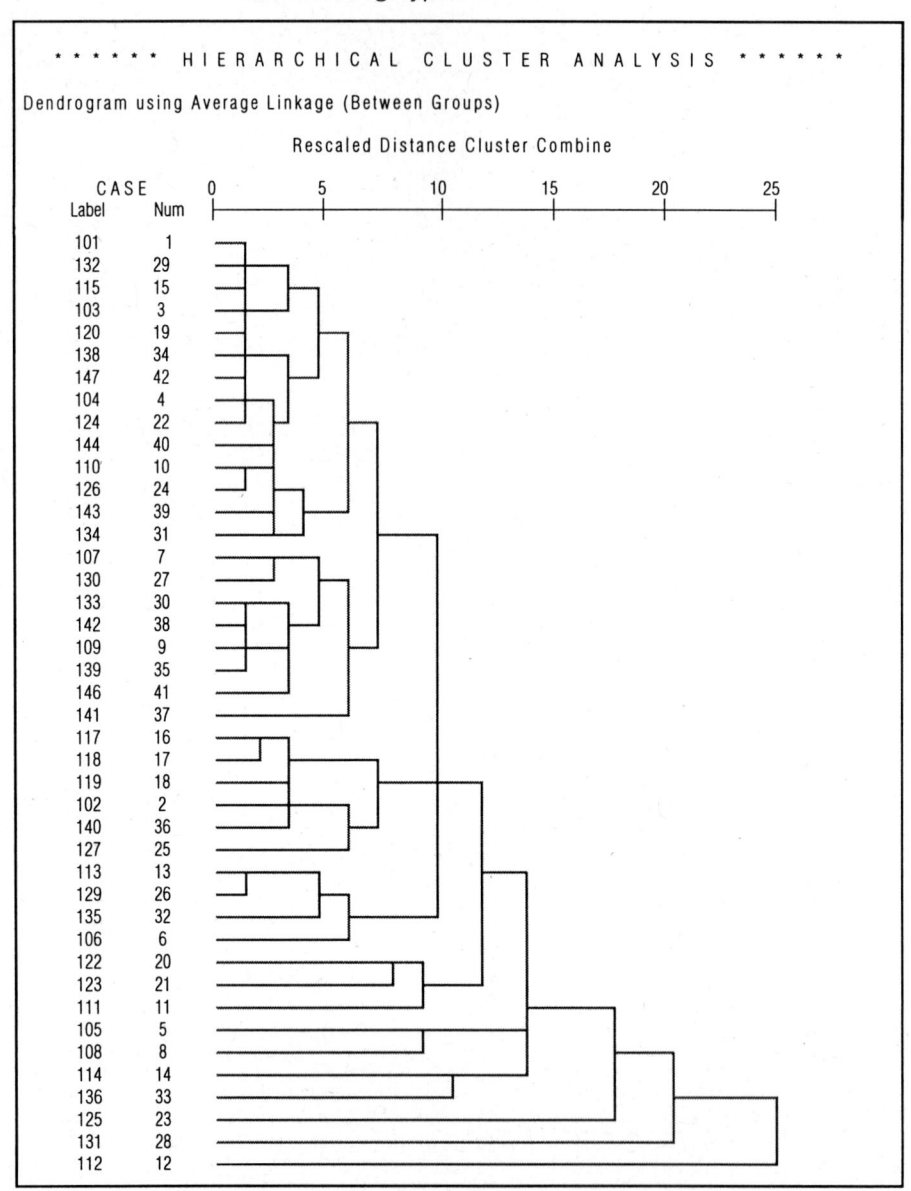

```
* * * * * *   H I E R A R C H I C A L   C L U S T E R   A N A L Y S I S   * * * * * *

Dendrogram using Average Linkage (Between Groups)

                        Rescaled Distance Cluster Combine

    C A S E      0         5        10        15        20        25
  Label   Num    +---------+---------+---------+---------+---------+

    101      1
    132     29
    115     15
    103      3
    120     19
    138     34
    147     42
    104      4
    124     22
    144     40
    110     10
    126     24
    143     39
    134     31
    107      7
    130     27
    133     30
    142     38
    109      9
    139     35
    146     41
    141     37
    117     16
    118     17
    119     18
    102      2
    140     36
    127     25
    113     13
    129     26
    135     32
    106      6
    122     20
    123     21
    111     11
    105      5
    108      8
    114     14
    136     33
    125     23
    131     28
    112     12
```

Das strategische Handlungsrepertoire im Bewußtsein der Praktiker 247

Abbildung 7-28: Clusteranalytische Handlungstypen

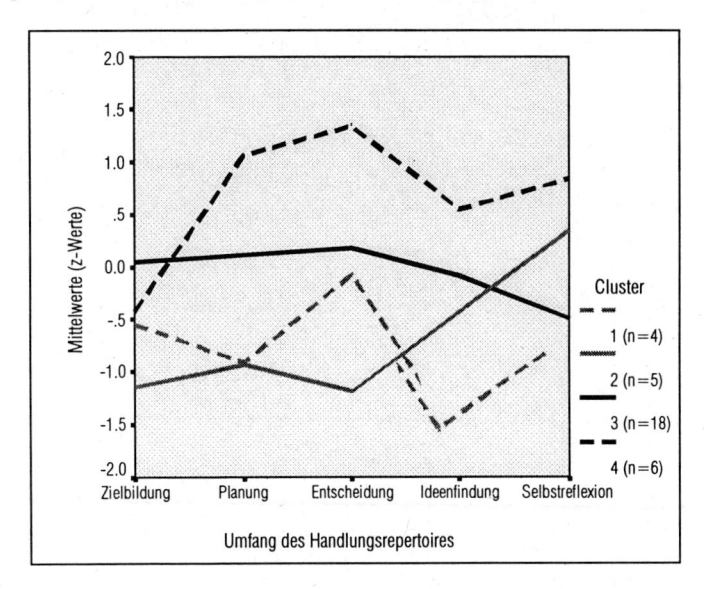

Abbildung 7-29: Beispiel für ein singuläres Handlungsprofil

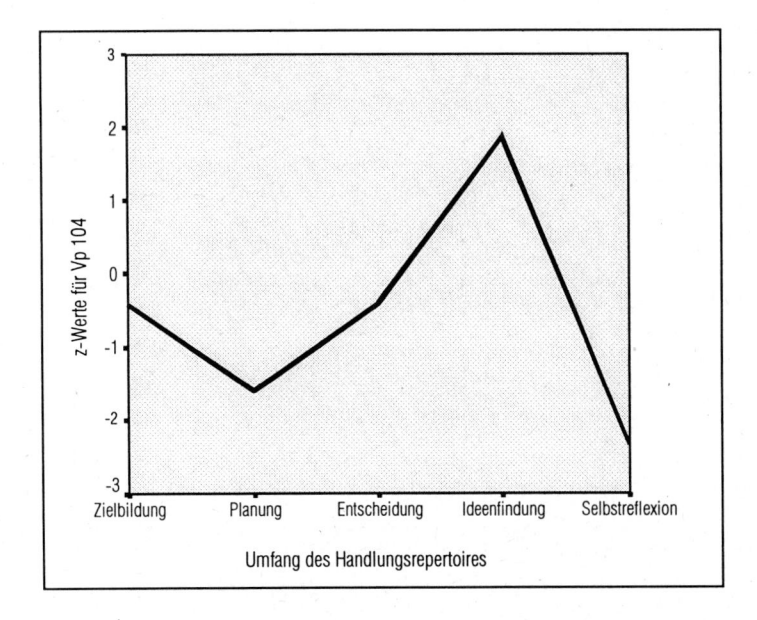

Tabelle 7-18: Agglomerationstabelle der Clusteranalyse zur Identifikation von Handlungstypen

Schritt	Zusammengeführte Cluster		Koeffizienten	Erstes Vorkommen des Clusters		Nächster Schritt
	Cluster 1	Cluster 2		Cluster 1	Cluster 2	
1	13	25	.571	0	0	22
2	17	28	.763	0	0	14
3	15	22	.782	0	0	29
4	10	36	.796	0	0	9
5	9	33	.922	0	0	26
6	6	42	.999	0	0	11
7	5	32	1.085	0	0	10
8	7	11	1.191	0	0	16
9	10	40	1.449	4	0	18
10	5	31	1.618	7	0	19
11	6	16	1.776	6	0	14
12	1	19	1.848	0	0	33
13	8	12	1.872	0	0	21
14	6	17	2.095	11	2	23
15	38	39	2.160	0	0	24
16	7	37	2.218	8	0	23
17	2	14	2.486	0	0	33
18	10	27	2.681	9	0	26
19	5	29	3.034	10	0	34
20	34	35	3.064	0	0	29
21	8	21	3.428	13	0	30
22	13	18	3.649	1	0	30
23	6	7	3.660	14	16	28
24	26	38	4.091	0	15	36
25	24	41	4.224	0	0	27
26	9	10	4.259	5	18	28
27	24	30	4.757	25	0	38
28	6	9	5.122	23	26	34
29	15	34	5.166	3	20	32
30	8	13	5.498	21	22	39
31	20	23	5.749	0	0	36
32	3	15	5.759	0	29	37
33	1	2	6.357	12	17	35
34	5	6	6.541	19	28	35
35	1	5	8.295	33	34	37
36	20	26	8.651	31	24	38
37	1	3	9.240	35	32	39
38	20	24	9.356	36	27	40
39	1	8	11.393	37	30	40
40	1	20	12.626	39	38	41
41	1	4	17.104	40	0	0

Das strategische Handlungsrepertoire im Bewußtsein der Praktiker 249

Abbildung 7-30   Dendrogramm der Clusteranalyse zur Identifikation von Handlungstypen

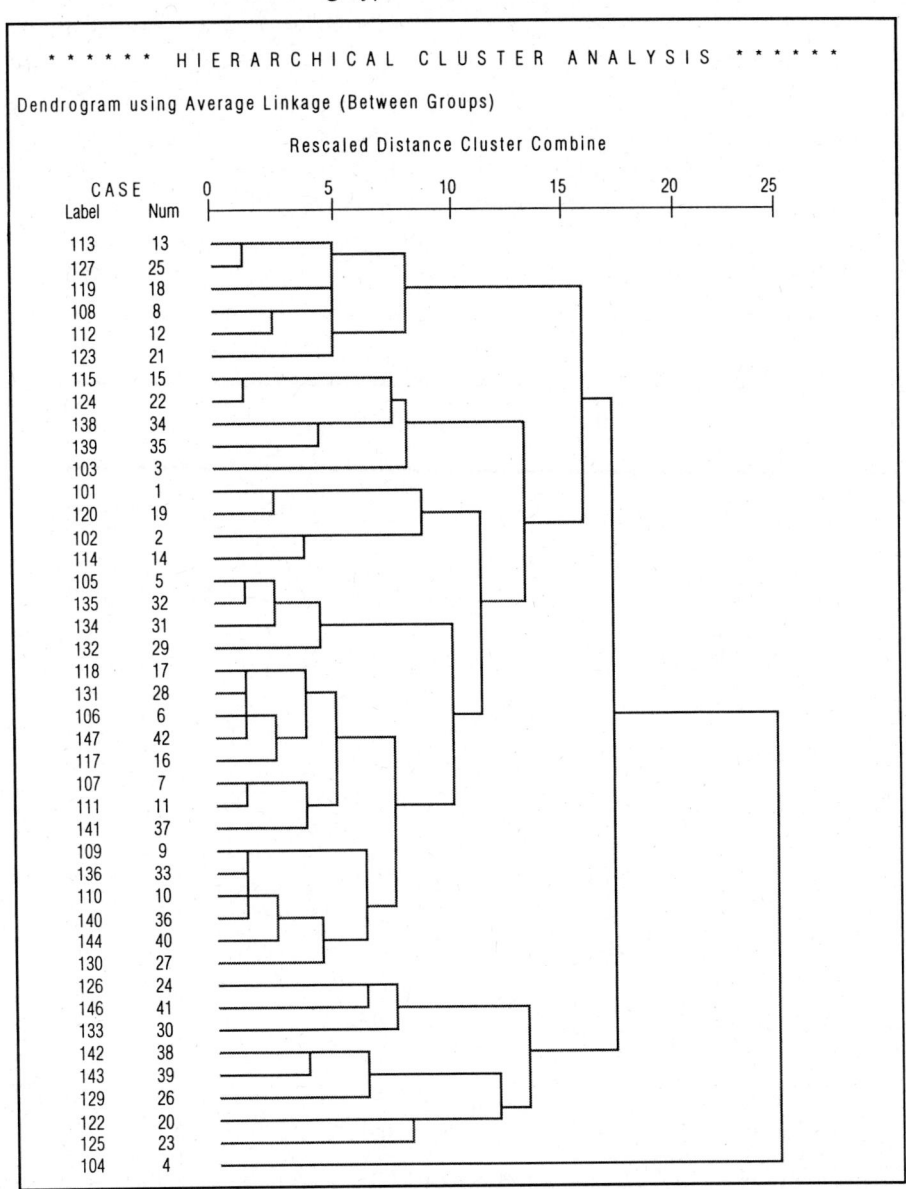

```
       * * * * * *  H I E R A R C H I C A L   C L U S T E R   A N A L Y S I S  * * * * * *

Dendrogram using Average Linkage (Between Groups)

                          Rescaled Distance Cluster Combine

         C A S E        0         5        10        15        20        25
        Label   Num     +---------+---------+---------+---------+---------+

         113     13
         127     25
         119     18
         108      8
         112     12
         123     21
         115     15
         124     22
         138     34
         139     35
         103      3
         101      1
         120     19
         102      2
         114     14
         105      5
         135     32
         134     31
         132     29
         118     17
         131     28
         106      6
         147     42
         117     16
         107      7
         111     11
         141     37
         109      9
         136     33
         110     10
         140     36
         144     40
         130     27
         126     24
         146     41
         133     30
         142     38
         143     39
         129     26
         122     20
         125     23
         104      4
```

7.4 Zusammenfassung und Diskussion der Ergebnisse

Das Ziel dieser Auswertung bestand darin, die von Fach- und Führungskräften thematisierten Handlungsprozesse, Handlungsspielräume und Handlungsprobleme unter strategisch relevanten Aspekten zu beschreiben und zu analysieren. Für die Auswertung war es zunächst einmal erforderlich, diese Zielsetzung zu präzisieren und hierauf aufbauend ein Kategoriensystem zur Analyse der Protokolle zu entwickeln. Nach Erprobung und Weiterentwicklung des Kategoriensystems sowie Segmentierung der Protokolle wurden die Protokollsegmente in einem mehrstufigen Prozeß kategorisiert und statistisch ausgewertet.

Um komplexe Situationen im Berufsalltag erfolgreich und effizient bewältigen zu können, muß die Fachkraft über ein differenziertes Handlungsrepertoire verfügen. Sie muß bei der Organisation der einzelnen Teilprozesse des Handelns angemessene Strategien einsetzen bzw. entwickeln und bei Bedarf flexibel ändern können.

Konstitutiv für strategisches Handeln ist die Entwicklung eines stabilen Zielsystems mit klar formulierten Oberzielen und möglichst widerspruchsfreien Teil- und Zwischenzielen, das Erkennen der Interdependenzen und Konflikte zwischen den verschiedenen fachlichen, sozialen und persönlichen Zielen und das Ausbalancieren konkurrierender Ziele.

Zum strategischen Denken gehört beispielsweise auch eine Offenheit gegenüber der Situation und insbesondere gegenüber Veränderungen. Nur wer bereit ist, die situativen Bedingungen seines Handelns ständig zu überprüfen, kann Veränderungen rechtzeitig erkennen und entsprechende Änderungen seiner Ziele oder seines Planens einleiten. Wichtig ist auch das Erkennen von Regelhaftigkeiten und Gemeinsamkeiten, daß man sich nicht von einer Fülle von Details erschlagen läßt; daß man abstrahiert, Trends und Entwicklungen erkennt und sich nicht von Nebensächlichkeiten ablenken läßt usw.

Die empirischen Befunde zeigen, daß es bei den Fach- und Führungskräften einerseits bislang ungenutzte strategische Flexibilitätsreserven gibt, andererseits aber auch, daß der Umfang und die Differenziertheit des aktuellen Handlungsrepertoires für die Zielbildung, für die Planungs- und Entscheidungsprozesse bei der Entwicklung von Handlungskonzepten und für die Stützprozesse der Innovation und Reorganisation in erheblichem Maße verbessert werden könnten.

Hinsichtlich des Umfangs beispielsweise könnte das Handlungsrepertoire im Bereich der Zielbildung prinzipiell um durchschnittlich 51,5 %, im Bereich der Planung um 50,8 %, im Bereich Entscheidung um 53,8 %, im Bereich Ideenfindung um 63,8 % und im Bereich Selbstreflexion um 46,8 % gesteigert werden.

Konkreter: Es fällt beispielsweise auf, daß die Mehrzahl der Praktiker nicht die Bedeutung der Zielbildung für die Handlungsorganisation und eine bessere Wahrnehmung von Entwicklungs- und Entscheidungschancen hervorhebt; daß kaum jemand explizit auf die Notwendigkeit rekursiver Prozesse bei der Planung hinweist, d.h. daß die einzelnen Planungskomponenten (die Ziele und Präferenzen, die Umweltfaktoren, Handlungsalternativen und erwarteten Handlungsfolgen) sich gegenseitig beeinflussen und daher nicht in einem einzigen linearen Durchlauf entwickelt werden können; daß der Umgang mit Unsicherheit bei der Beurteilung und Auswahl von Alternativen nur sehr selten thematisiert wird und daß dementsprechend auch nur sehr selten Entscheidungsregeln formuliert werden, wie Nutzwerte mit den Eintrittswahrscheinlichkeiten der Konsequenzen verknüpft werden (sollten); daß nur sehr wenige Methoden und Techniken der Ideenfindung angewendet werden; daß nur eine kleine Gruppe bei der Selbstreflexion sich Gedanken macht über die Richtigkeit und Stimmigkeit (Konsistenz) ihres Handelns.

Eine offene Frage freilich ist, ob eine stärkere Ausdifferenzierung des Handlungsrepertoires für die Akteure notwendig, wünschenswert oder sinnvoll wäre und ob die Organisationsstrukturen der Unternehmen hohe strategische Flexibilität der Mitarbeiter ermöglichen bzw. an diese gegebenenfalls in absehbarer Zeit angepaßt werden können.

Weitere Fragen betreffen die Untersuchungsmethode: Die Tatsache, daß Expertise-Entwicklung einhergeht mit der Herausbildung von Chunks (vgl. hierzu Kapitel 13.2) könnte dazu geführt haben, daß die befragten Experten mehr oder weniger bewußt mit ihren Worten implizit mehr Kategorien und Facetten ansprachen, als von den Untersuchern aus den Verbalprotokollen an semantischem Gehalt extrahiert wurde; in diesem Fall wäre der Umfang und die Differenziertheit ihres Handlungspotentials unterschätzt worden. Tiefergehende methodologische Studien müßten zu diesem Problem durchgeführt werden.

Die Mehrzahl der Fach- und Führungskräfte hat in den von uns untersuchten Teilprozessen des Handelns bestimmte Schwierigkeiten und Probleme (vgl. die synoptische Darstellung in Abbildung 7-31).

Abbildung 7-31: Schwierigkeiten und Probleme im Arbeitsprozeß

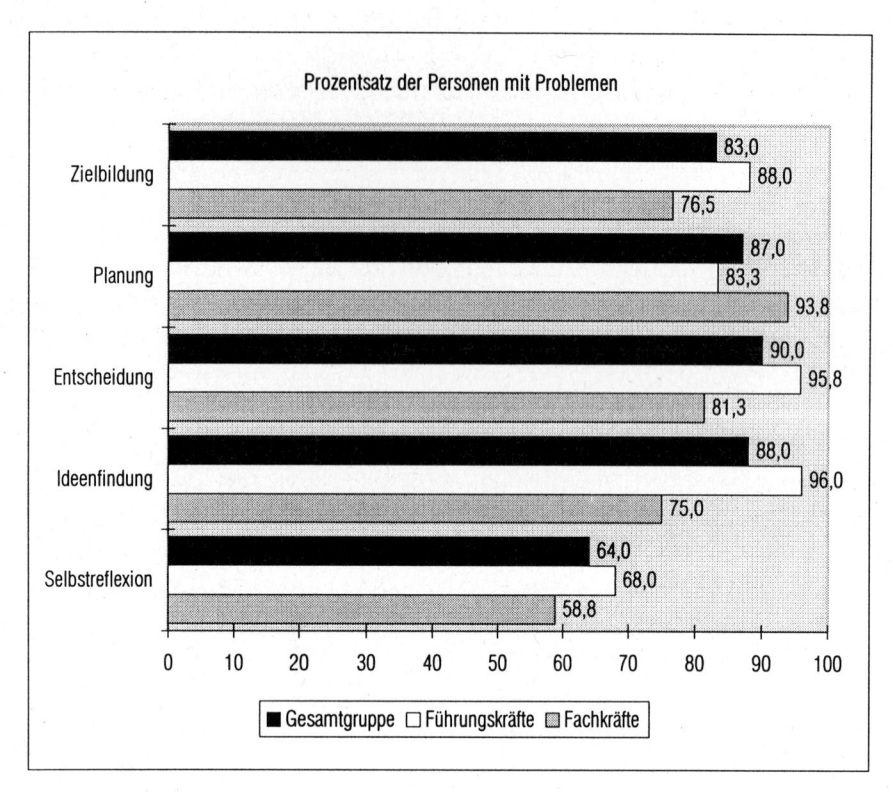

Prozentsatz der Personen mit Problemen

Kategorie	Gesamtgruppe	Führungskräfte	Fachkräfte
Zielbildung	83,0	88,0	76,5
Planung	87,0	83,3	93,8
Entscheidung	90,0	95,8	81,3
Ideenfindung	88,0	96,0	75,0
Selbstreflexion	64,0	68,0	58,8

Das Probleminventar in dem von uns untersuchten Tätigkeitsfeld ist umfangreich. Die von den Praktikern thematisierten Schwierigkeiten und Probleme sind mehr als 100 Kategorien zuzuordnen. Hier wird ein weites Feld für eine mikroanalytische Qualifikationsforschung sichtbar. Eine praxisorientierte Forschung müßte Hinweise geben auf die Gestaltung der einzelnen Teilprozesse des Handelns unter verschiedenen situativen Bedingungen und auf die Gestaltung spezifischer kritischer Operationen wie z.B. der Lösung von Zielkonflikten, der Prioritätensetzung, der Nutzwertbestimmung, der Einschätzung von Wahrscheinlichkeiten, der Ermittlung der Relevanz einzelner Faktoren bei der Modellierung der Wirklichkeit, der Komplettierung von Plänen während der Tätigkeit usw.

Die von den Fach- und Führungskräften beschriebenen Handlungsgefüge sind unterschiedlich stark differenziert; eine große Typenvielfalt mit unterschiedlichen Handlungsmustern ist zu konstatieren. Es gibt in unserer Untersuchungsgruppe zwar nicht den idealtypischen Rationalisten, in dessen Handlungsstruktur alle Facetten, die vernünftigerweise beim Handeln zu berücksichtigen wären, inkorporiert sind; gleichwohl gibt es viele Typen, deren Handlungsmuster handlungslogisch stimmig sind und die Flexibilität und Erfolg mit hoher Wahrscheinlichkeit sichern können.

Eine interessante Forschungsfrage, die in diesem Beitrag nicht bearbeitet werden konnte, betrifft die Rekonstruktion der psychodynamischen Prozesse bei den verschiedenen Handlungstypen. Eine genauere Analyse der unterschiedlich akzentuierten Operationsgefüge würde sicher sehr viele komplementäre und kompensatorische Bezüge zwischen den Operationskomplexen auf der Ebene der Handlungsfunktionen und Handlungsfacetten sichtbar werden lassen.

Man könnte versuchen, Klassen von Handlungstypen zu identifizieren, die hinsichtlich bestimmter Kriterien und Settings äquivalent sind: Kann etwa eine nachlässige und wenig antizipatorische Suche nach Alternativen bei der Planung durch hohe Sensibilität bei der Umsetzung von Lösungsideen korrigiert werden – durch große Offenheit für neue Informationen während der Tätigkeit, durch ein gut strukturiertes Zielsystem mit präzisen Erfolgskriterien oder durch ein gutes soziales Management mit „Horchposten an der Front", um rechtzeitig kritischen Entwicklungen begegnen zu können?

8 Strategien beim Umgang mit komplexen Problemen

RÜDIGER VON DER WETH

8.1 Grundlegende Vorüberlegungen und Forschungsfragen

Ein Ziel der Untersuchung ist es, das individuelle strategische Handeln von Fachleuten aus Marketing und Vertrieb bei der Auseinandersetzung mit komplexen Anforderungen zu untersuchen. Eine solche Untersuchung erscheint vor allem aufgrund der Tatsache, daß das Tätigkeitsfeld von absatzwirtschaftlichen Fachleuten immer komplexer und somit auch strategisches Denken und Handeln notwendig wird, sinnvoll zu sein. Insbesondere im Bereich der Marketingplanung, die die Formulierung absatzmarktbezogener Ziele und die Entscheidung über den zukünftigen Einsatz des Marketinginstrumentariums unter Vorwegnahme und Abwägung der Auswirkungen dieser Entscheidungen zum Inhalt hat, spielt die Entwicklung von Strategien eine wichtige Rolle. Die entstandenen Strategien sind Produkte komplexer organisatorischer Prozesse und sollten im Idealfall nach streng zweckrationalen, d.h. in diesem Falle am Gewinn und langfristigen Wohlergehen der jeweiligen Unternehmen orientierten Kriterien geplant und umgesetzt werden.

Dies ist in der Realität jedoch oft nicht so. Die aktuellen und zukünftigen Marktentwicklungen sind komplex und häufig schwer prognostizierbar. Die Wirkung neuer Produkte auf den Konsumenten sind ebenfalls nicht immer abzusehen. Schließlich führen neue Technologien und immer „schlankere" Organisationen auch für die Mitarbeiter in den Bereichen Vertrieb und Marketing zu immer komplexeren Aufgabenstrukturen. Diese Entwicklung ist für die Beschäftigten in diesem Bereich nicht unproblematisch. Es kommt immer wieder zu nicht begreiflichen Flops auch bei hochdotierten Managern. Das Wort von den „Nieten in Nadelstreifen" macht die Runde. Auch erfahrene Mitarbeiter sind vom zunehmenden Innovationsdruck überfordert. Organisatorische Neuerungen scheitern angeblich an menschlichen Unzulänglichkeiten.

Diese Entwicklung wirft ein Schlaglicht auf eine Wissenslücke. Das individuelle strategische Denken und Handeln ist im kaufmännischen Bereich bisher noch nicht umfassend untersucht worden; in der Betriebswirtschaftslehre sind die Organisationen der Untersuchungsgegenstand. Der handelnde Mensch und sein individuelles Planungs- und Entscheidungsverhalten erscheint dort nur dann bedenkenswert, wenn es von der Zweckrationalität abweicht. Diese Sichtweise reicht jedoch nicht mehr aus, wenn die Marktentwicklungen immer komplexer und dynamischer und die Aufgaben und der Verantwortungsbereich des einzelnen immer umfassender werden. Um diese Lücke zu schließen, wollen wir das strategische Handeln im Marketing untersuchen.

8.1.1 Beschreibungsebenen für das strategische Handeln

Die erste Aufgabe, die sich uns stellt, ist die Festlegung brauchbarer Beschreibungsebenen für strategisches Denken und Handeln. Im ersten Kapitel dieses Bandes hat Franke bereits die die Vielfalt möglicher Strategiebegriffe vorgestellt und einen weiteren und engeren Strategiebegriff unterschieden. Welcher dieser Denkansätze eignet sich nun als Grundlage für unsere Arbeit? Gegen den weiten Strategiebegriff als Ausgangsbasis spricht als erstes die Denktradition des Personenkreises, von dem wir sprechen. Eine zentrale Anforderung für Marketingfachleute ist der Entwurf von Strategien zur „Eroberung" von Märkten. Der Strategiebegriff, wie er im Marketing verwendet wird, ähnelt eindeutig dem von Franke beschriebenen „engen" (vgl. Berekoven, 1989). Da das Denken und Handeln von absatzwirtschaftlichen Fachleuten u.a. der Entwicklung, Veränderung und Umsetzung von Marketingstrategien dient, liegt auch für uns die Nutzung des engen Strategiebegriffes nahe. Er entspricht zudem mehr demjenigen, der auch in anderen Disziplinen unter dem Wort Strategie verstanden wird.

Wir gehen daher in unserer empirischen Arbeit von einer engen, an interdisziplinären Maßstäben orientierten Arbeitsdefinition von „Strategie" aus. Diese Definition basiert auf einer von von der Weth & Frankenberger (1995), die versucht haben wesentliche Gemeinsamkeiten des Strategiebegriffs in sehr verschiedenen Disziplinen wie der Betriebswirtschaftslehre, Psychologie, Militär- und Konstruktionswissenschaft zusammenzufassen. Sie lehnen sich an Autoren wie von Moltke (1905), Berekoven (1989) und Fricke (1993) an.

Wir wollen daher im folgenden Strategien so definieren:
Sie sind auf das Gesamtziel eines Problemlöseprozesses ausgerichtet. Man spricht daher nicht von Strategien, wenn Teil- oder Zwischenziele erreicht werden sollen.

Sie haben methodischen Charakter. Sie enthalten Informationen darüber, wie man vorgehen sollte, wenn man ein Gesamtziel unter bestimmten Bedingungen erreichen will. Strategien definieren Zwischenziele, Teilziele und Eigenschaften des Vorgehens und schränken dadurch die Zahl möglicher Handlungen ein.
Sie zergliedern ein aktuelles Problem in übersichtlichere Teilprobleme, so daß man während des Problemlöseprozesses nicht ständig das gesamte Vorgehen im Auge haben und immer wieder neu planen muß. Man kann auf dieser Basis für begrenzte Teilprobleme effizienter vorgehen und muß nur wenige Handlungsalternativen beim Planen und Entscheiden berücksichtigen.

Diese Definition ist keine ausschließlich psychologische, sie trifft auf Strategien von Menschen genauso zu wie auf die von Unternehmen oder von schachspielenden Computern. Sie gibt in bezug auf Menschen aber schon wesentliche Hinweise, worauf man achten muß, wenn man deren strategisches Handeln bei beruflichen Problemen untersuchen will.

Die inhaltliche Ebene:

Man kann strategisch handeln, um Kriege zu gewinnen oder einen möglichst hohen Marktanteil für ein Produkt zu erobern. Dies ist – trotz der militärischen Ausdrucksweise in beiden Fällen – *nicht ganz* dasselbe. Jedes Feld, in dem man strategisch handeln kann, hat ganz konkrete, unterschiedliche Anforderungen. Dieser unterschiedliche fachliche Kontext bringt natürlich auch ganz unterschiedliche Teil- und Zwischenziele mit sich. Bei einer militärischen Strategie kann ein solches Zwischenziel z.B. der Aufbau eines Verteidigungswalls wie der Maginot-Linie sein, bei einer Strategie zur Lancierung einer neuen Automarke das Erzielen eines Gewinns in der Anfangsphase trotz eines niedrigen Preises, der festgesetzt wurde, um sich neu im Markt etablieren zu können. Die Beschreibung von Strategien ist ohne diese inhaltliche Ebene nicht möglich. Die inhaltliche Ebene ist nicht spezifisch für individuelles Handeln. In der Betriebswirtschaft betrachtet man Marketingstrategien im allgemeinen auch nicht auf der Ebene der handelnden Menschen, sondern auf der Ebene von Unternehmen. Nichtsdestotrotz kann man diese Analyseebene auch auf Individuen anwenden. Speziell für den Kontext unserer Untersuchung ist dies vor allem aus zwei Gründen unerläßlich:

1. *Es soll ermittelt werden, ob strategisches Wissen aus dem Bereich Marketing von Individuen zur Problemlösung genutzt wird.* Einen Hinweis auf den Einsatz von bereichsspezifischem strategischem Wissen, hätte

man, wenn man z.B. feststellen würde, daß sich die Versuchsteilnehmer im computersimulierten Planspiel bewußt auf bestimmte Marketingstrategien stützen. Wer dies tut, müßte es im lauten Denken auch deutlich machen (indem er sein eigenes Tun bestimmten Marketingstrategien zuordnet). Der Einsatz von Marketingstrategien muß sich aber *zusätzlich* auch aus seinem Verhalten ablesen lassen (indem die in der absatzwirtschaftlichen Lehre für eine bestimmte Strategie vorgegebenen Ziele, Bedingungen und Maßnahmen in seinem Handeln deutlich werden).

2. *Die Qualität des Vorgehens muß aus fachlicher Sicht heraus beurteilt werden.* Die Probanden sind mit Aufgaben konfrontiert, die wesentliche Teilaspekte des Marktgeschehens nachbilden sollen. Welche konkreten Schritte führen hier zum Erfolg oder Mißerfolg? Ist das hier Beobachtete auch auf die Praxis übertragbar? Solche Fragen sind ohne eine absatzwirtschaftliche Analyse der experimentellen Anforderungen nicht zu beantworten.

Die Prozeßebene:

Neben der fachspezifischen inhaltlichen Ebene läßt sich die Entwicklung, Veränderung und Umsetzung von Strategien auch als Informationsverarbeitungsprozeß beschreiben. In verschiedenen Ansätzen (Pahl & Beitz 1993 für die Konstruktionsmethodik; Daenzer 1978/79 systems engineering; Dörner 1989 aus kognitionspsychologischer Sicht) werden auf dieser Basis die Entwicklung von Strategien als Prozeß der zielgerichteten Auswahl, Verkettung und Anwendung von Operationen aufgefaßt, die von Prozessen der Informationssammlung und Modellbildung unterstützt werden. Solche Modelle haben präskriptiven Charakter (indem sie konkrete Handlungs- und Ablaufvorschläge machen), sie können aber auch zur Deskription von Teilprozessen des strategischen Denkens und Handelns genutzt werden. Vor allem in der psychologischen Untersuchung von Konstruktionsprozessen im Maschinenbau (Dylla 1991; Fricke 1994; von der Weth 1994) wurden solche Kategoriensysteme dazu benutzt, unterschiedliche Teilprozesse beim strategischen Denken und Handeln zu unterscheiden und in ihrer zeitlichen Abfolge zu erfassen. Man kann auf diese Weise z.B. festhalten, wann und in welchem Umfang Informationen gesammelt und analysiert werden, wann man sich mit Zielen beschäftigt oder die Effekte der Strategieumsetzung analysiert. Diese Beschreibungsebene ist im Gegensatz zur inhaltlichen *universell*, d.h., sie läßt sich auf inhaltlich unterschiedliche Felder anwenden. Sowohl das Handeln eines Marketingstrategen als auch das eines Politikers, der eine Wahlkampfstrategie entwickelt, läßt sich mit den gleichen Begriffen darstellen.

Diese Beschreibungsebene ist ebenfalls nicht individuumspezifisch. Man kann die genannten Kategorien auf Individuen, Gruppen oder ganze Organisationen anwenden. Auf der individuellen Ebene und speziell für unsere Untersuchung ist diese Betrachtungsebene aus mehreren Gründen besonders wichtig:

1. *Es soll festgestellt werden, wie Individuen ihr Vorgehen organisieren, wenn sie absatzwirtschaftliche Probleme lösen.* Von besonderem Interesse ist hier die Suche nach bestimmten Handlungstypen, d.h. Personengruppen, die sich in der Systematik ihres Vorgehens unterscheiden.

2. *Es soll analysiert werden, ob und wie „deklaratives" und „prozedurales" strategisches Wissen" für die Lösung absatzwirtschaftlicher Probleme genutzt wird.* Unter „prozeduralem Wissen" versteht man, daß allgemeine Systematiken für das Vorgehen von Individuen zwar beherrscht werden, aber (im Gegensatz zum „deklarativen Wissen") nicht oder nicht vollständig sprachlich wiedergegeben werden können (vgl. z.B. die Studien zum impliziten Wissen, etwa Broadbent, Fitzgerald & Broadbent, 1986; Haider, 1992). Strategisches Wissen kann auf der Prozeßebene auf verschiedene Weise gespeichert sein. Dies kann nur durch die gemeinsame Analyse des Vorgehens, des lauten Denkens und nachträglicher Aussagen über das eigene Vorgehen nachvollzogen werden.

3. *Es ist zu untersuchen, in welchen Einheiten strategisches Wissen gespeichert ist.* Existiert beispielsweise eine „Strategiebibliothek", aus der eine für einen bestimmten Problemtyp passende Strategie ausgewählt und angewendet wird? Oder werden Strategien ad hoc aus einfacheren Elementen gewissermaßen komponiert? Oder passiert unter unterschiedlichen Bedingungen mal dies und mal jenes, wobei herauszufinden wäre, wann komplett abgespeicherte Strategien umgesetzt werden oder Strategien aktuell erzeugt werden.

4. Schließlich soll auch der Frage nachgegangen werden, ob es *allgemein erfolgreiche Strategien* gibt oder lediglich solche, die nur *bei bestimmten Problemtypen* zielführend sind.

8.1.2 Die individuellen psychologischen Voraussetzungen des strategischen Handelns

8.1.2.1 Ansätze für die Suche nach Invarianten des strategischen Handelns

Die Eigenschaften des Individuums haben sicherlich einen Einfluß auf die Entwicklung, Auswahl oder Anwendung von Strategien. Daß dies sehr wahrscheinlich ist, kann man an einem Gedankenspiel verdeutlichen. Nehmen wir an, die Auswahl und Durchführung von Marketingstrategien würde ausschließlich von ökonomischen Variablen bestimmt. Dann müßten in der gleichen Situation alle Personen mit dem gleichen Informationsstand, die eine Marketingstrategie zu entwickeln hätten, auch die gleiche Entscheidung fällen. Dies widerspricht jeglicher Erfahrung. In welcher Weise und in welchem Ausmaß ist aber das strategische Handeln von Voraussetzungen des Individuums beeinflußt? Kann man dies beantworten, ergeben sich weitreichende Folgerungen für die Eignungsdiagnostik und das Training des strategischen Denkens und Handelns.

Denkt man über diese Frage nach, so merkt man schnell, daß sie weiter ausdifferenziert werden muß. Wir sollten uns zunächst die Frage stellen, auf welcher Betrachtungsebene wir individuelle Einflüsse untersuchen wollen. Analysiert man sie unter *inhaltlichen* Gesichtspunkten, so wird man möglicherweise völlig andere Antworten geben können, als auf der Ebene der *Informationsverarbeitungsprozesse*.

Man kann diesen Unterschied z.B. an der Frage deutlich machen, auf welcher Ebene man sinnvollerweise nach *Stabilität* im individuellen Verhalten suchen soll: die Anwendung immer der gleichen Marketingstrategie durch ein Individuum, egal mit welchem Marketingproblem es zu tun hat, dürfte z.B. unwahrscheinlich sein. Eine Aussage auf der Prozeßebene, wie „Meier wendet immer die „Muddling through"-Strategie an" *könnte* zumindest realistisch sein. Je nachdem, ob man also nach stabilem individuellem Verhalten auf der inhaltlichen oder der Prozeßebene sucht, kann man also zu völlig unterschiedlichen Schlußfolgerungen gelangen.

Innerhalb der jeweiligen Betrachtungsebene ist natürlich zu fragen, *was* eigentlich kennzeichnend für die Wirkung individueller Faktoren ist. Allgemein gesprochen läßt sich ihr Vorhandensein daran erkennen, daß eine Person bestimmte Verhaltensweisen im Vergleich mit anderen nicht zeigt, signifikant häufiger zeigt oder daß sie von einem normativen Handlungsmodell abweicht und dies u.U. stabil, d.h. immer wieder in einer für sie kennzeichnenden Weise.

An welchen Merkmalen zeigt sich diese Stabilität? Kein Mensch tut in zwei Situationen exakt das gleiche. Man muß also Invarianten bestimmen, an denen man die Übereinstimmung des strategischen Handelns in unterschiedlichen Situationen erkennen kann. Die Bestimmung solcher Invarianten ist nicht einfach: Erachtet man eine bestimmte, unabhängig vom Problem immer wiederkehrende Folge von Problemlöseschritten individuumsspezifisch als stabil? Gilt diese Stabilität nur bezogen auf bestimmte Situationsklassen („Immer wenn es zeitlich eng wird, fängt Meier an herumzuwurschteln.")? Äußert sich die individuelle Besonderheit eventuell gar nicht darin, daß nur eine bestimmte Strategie verwendet wird, sondern vielmehr, daß ein bestimmtes Repertoire von Verhaltensweisen typisch ist? Oder sind nur bestimmte Eigenschaften des Vorgehens gleich („Meier geht immer total sorglos an die Sachen heran."). Wenn letzteres der Fall ist, stellt sich immer noch die Frage, welche Vorgehenseigenschaften dies sind.

Beschäftigt man sich mit der Stabilität individueller Eigenheiten beim strategischen Handeln, so gibt es zwei prinzipielle Möglichkeiten: Die eine besagt, daß das Individuum dauerhaft *determiniert* ist, d.h., die bei ihm beobachteten Formen individuellen strategischen Handelns können nicht durch Lernprozesse verändert werden. Bei einer *Disposition* zu bestimmten Verhaltensweisen kann man hingegen nur davon ausgehen, daß sie mit einer erhöhten Wahrscheinlichkeit auftreten. Bestimmte Situationsparameter, aber auch Lernprozesse können solche Wahrscheinlichkeiten verändern.

Aufklärung über die beschriebenen Formen „individueller Determiniertheit" liefern uns Erkenntnisse darüber, wie das strategische Handeln beim Mensch funktioniert. Aus Abweichungen der Individuen von *normativen Modellen* (wie dem der rationalen Planungslehre; siehe Kapitel 8.4) lassen sich die Besonderheiten des Systems Mensch ablesen. Aber auch *Unterschiede zwischen Individuen* mit jeweils verschiedenen Voraussetzungen sind hier interessant. Individuell unterschiedliches, aber stabiles Verhalten erlaubt Rückschlüsse über Parameter im „System Mensch", die zwar jeweils feststehen, aber von Mensch zu Mensch verschieden sind. Die Veränderung strategischen Handelns durch Lernprozesse liefert Indizien dafür, welche Rolle *Wissen und Wissenserwerb* spielen. Aspekte strategischen Handelns, die hochgradig variabel sind, weisen uns möglicherweise auf Prozesse hin, die hochgradig von der *Wahrnehmung der aktuellen Problemkonstellation* abhängig sind.

Grundlegende Vorüberlegungen und Forschungsfragen 261

In vielen Publikationen der Gruppe um Dörner (z.B. Dörner 1983; Dörner 1989; Reichert & Dörner 1988; Stäudel 1987; Strohschneider & von der Weth 1993) wurden typische Denk- und Handlungsfehler beschrieben, die sowohl bei Untersuchungen zum komplexen Problemlösen im Labor als auch bei praktischen Planungsaufgaben in Berufsfeldern wie der Konstruktion im Maschinenbau, der Unternehmensplanung oder der Stadt- und Regionalplanung immer wieder zu beobachten sind (vgl. auch Kapitel 4 in diesem Band). Diese Denk- und Planungsfehler treten bei der Auseinandersetzung mit verschiedenen Eigenschaften komplexer Probleme auf und wirken sich unterschiedlich auf den Problemlöseprozeß aus. Reichert & Dörner (1988) haben etwa gezeigt, daß ein relativ einfaches, aber zeitverzögert reagierendes, dynamisches System bei einem Großteil ihrer Probanden dazu führte, daß Verläufe nicht genau langfristig beobachtet wurden und Entscheidungen nur auf der Basis aktueller und kurz zurückliegender Statusinformationen gesteuert wurden.

Die meisten Befunde betonen aber nicht die Bedeutung einzelner Aspekte komplexer Probleme. Zwei Ursachen für typische Fehler, die im Prinzip alle Menschen betreffen, werden in den oben genannten Arbeiten immer wieder hervorgehoben.

Sparsamkeitsprinzip

Eine wichtige Maxime im strategischen Denken und Handeln scheint die kognitive Aufwandsminimierung zu sein (von der Weth & Strohschneider 1993). Dieses Prinzip zeigt sich in Klassen von Verhaltensweisen, die bei einfachen Problemen zielführend sein mögen, aber bei komplexen Problemen zu den oben beschriebenen Denk-, Planungs oder Handlungsfehlern führen können (ebenda, S. 33):

- Vereinfachung von Handlungsplänen durch Automatisierung von Operationen
- Konzentration auf unmittelbar wichtige Ziele bei der Ausführung eines Planes
- Nutzung des Effizienz-Divergenz-Prinzips beim Entscheiden
- Verwendung von vereinfachenden Schemata bei der Informationssammlung und Modellbildung

Das Sparsamkeitsprinzip zu gebrauchen, ist bei den meisten Problemen eine durchaus vernünftige strategische Grundausrichtung des Handelns, weil es Hinweise für eine stark begrenzte Gedächtniskapazität beim Menschen gibt, deren – meist negative – Effekte auf das Handeln in verschiedenen Untersuchungen aufgezeigt werden konnten (Hacker 1995).

Mangelndes Kompetenzempfinden

Menschen sind nicht ausschließlich dafür konstruiert, Marketingprobleme zu lösen. Sie werden bei einem betriebswirtschaftlichen Problem schon allein deswegen nicht ausschließlich zweckgerichtet und an ökonomischen Zielen orientiert agieren, weil der Mensch weitere Bedürfnisse und Motive besitzt, die über das Motiv, das aktuelle Problem zu lösen, hinausgehen und möglicherweise zu diesem im Konflikt stehen. Neben Grundbedürfnissen und sozialen Bedürfnissen spielt hier das sogenannte Kompetenzmotiv eine wichtige Rolle, das bereits theoretisch mehrfach analysiert und empirisch untersucht wurde. Das Kompetenzmotiv ist nach Strohschneider (1993) das Bedürfnis nach einer dauerhaften Umweltkontrolle. Andere Autoren, die von ähnlichen Grundbedürfnissen ausgehen wie z.B. Berlyne (1974, „Neugiermotiv") oder Flammer (1990, „Kontrollbedürfnis" bzw. „Bedürfnis nach Selbstwirksamkeit"), betonen letztlich, daß Aktivitäten wie der Wissenserwerb dazu dienen, die Handlungsfähigkeit aufrechtzuerhalten und menschliches Handeln unterschiedlichen Gegebenheiten anzupassen. Stäudel (1987) konnte zeigen, daß dieses Motiv mit den tatsächlichen Erfordernissen bei dem Problemlösen im Konflikt stehen kann. Die Ursache dafür ist, daß für den Menschen ja nur eine subjektive Schätzung seiner tatsächlichen Problemlösekompetenz als motivationale Variable bedeutsam ist. Diese erlebte Kompetenz kann aber nicht nur durch gelungene Problemlösungen, sondern auch durch die Vermeidung kompetenzgefährdender Informationen hoch gehalten werden (vgl. auch Dörner 1989; Strohschneider 1993). Solche Vermeidungsstrategien führen zu irrationalen Lösungen.

Auffällig an allen bisherigen psychologischen Befunden ist, daß ausschließlich menschliche Verhaltensweisen untersucht wurden, die durch ihre Abweichung von einem ökonomisch-rationalen Vorgehen negative Effekte nach sich ziehen. Lindbloom wies bereits 1959 mit seiner Beschreibung des „Muddling through" darauf hin, daß solche Abweichungen auch positive Effekte haben können.

Grundlegende Vorüberlegungen und Forschungsfragen 263

8.1.2.2 Handlungsstile und Handlungsflexibilität

Eine großangelegte korrelative Studie von Badke-Schaub & Schaub (1988) erbrachte keine Zusammenhänge zwischen Skalen klassischer Persönlichkeitstests und dem Erfolg beim Umgang mit komplexen Problemen. Frese, Stuart & Hannover (1987) sowie Stäudel (1987) und Hacker et al. (1992) gehen daher nicht mehr von der Verknüpfung von Eigenheiten des Planungs- und Problemlöseverhaltens mit bestimmten Persönlichkeitseigenschaften aus, sondern sprechen lieber von Planungs- oder Handlungsstilen. Der Begriff „Stil" kennzeichnet zwar, daß es bestimmte individuelle Vorgehensinvarianten beim Problemlösen gibt. Es wird jedoch nicht mehr von einer dauerhaften Stabilität solcher Invarianten ausgegangen, sondern von einer prinzipiellen Veränderbarkeit des Verhaltens. Die Erfassung solcher Stile mit Fragebogenverfahren beruht daher auf kurzen Beschreibungen von bestimmten Situationsklassen und typischen Verhaltensweisen („Schwierige Probleme schiebe ich immer hinaus."). In den wichtigsten Verfahren (Kuhl 1983; Stäudel 1988; Frese, Stuart & Hannover 1987; Hacker et al. 1992) werden folgende Dimensionen des Handelns untersucht:

- Stabilität bei der Verfolgung einmal gewählter Ziele
- „Geplantheit des Vorgehens" (Planungsneigung)
- Aufgeschlossenheit für neuartige Situationen
- emotionale Reaktionsweisen, die angemessene Handlungsweisen verhindern
- angemessene soziale bzw. kommunikative Verhaltensweisen beim Planen

Die theoretischen Überlegungen, die hinter diesen Verfahren stehen, heben auf der Ebene des individuellen Vorgehens kognitive, emotionale und motivatorische Aspekte zur Erfassung der Angemessenheit des Planens und Handelns hervor, die u.a. auch als Ausgangshypothesen für unsere Untersuchung dienen.

Kognitiv: Es gibt einen personenspezifisch sehr unterschiedlichen „Aufwand" beim strategischen Denken und Handeln. Dies äußert sich v.a. in einer für das Individuum typischen mehr oder minder großen Vorausplanung vor der Umsetzung von Aktionen. Dieser Planungsaufwand ist natürlich von Situation zu Situation verschieden (die Personen planen nicht immer gleich lang), aber personentypisch (Person A plant in der gleichen Situation wahrscheinlich länger als Person B).

Motivational: Es gibt Unterschiede von Personen in der Stabilität von Zielsystemen, v.a. in der Beeinflußbarkeit der Zielsysteme durch äußere Ereignisse. Dies führt zu einer unterschiedlichen Bereitschaft zum Strategiewechsel und bei besonders geringer Stabilität von Zielsystemen zum Handeln auf der Basis nicht miteinander verknüpfter „Ad-hoc-Entscheidungen".

Emotional: Auf der emotionalen Ebene wird im Einklang mit den obengenannten Verfahren vermutet, daß sich Individuen auf unterschiedliche Weise durch Emotionen beim strategischen Handeln beeinflussen lassen. Im Fokus der Aufmerksamkeit stehen hier impulsive emotionale Reaktionen sowie Flucht- und Rückzugstendenzen im Verhalten.

Ein wichtiger methodischer Befund der Untersuchungen mit Hilfe solcher Fragebogenverfahren ist, daß sie um so besser Leistung und Verhaltensmerkmale vorhersagen können, je konkreter sie auf einen bestimmten Kontext bezogen sind (Badke-Schaub & Schaub 1986). Mit solchen Methoden ließen sich nicht nur Zusammenhänge zwischen Problemlöseleistungen im Labor und Fragebogenskalen erkennen (ebenda). Es war im Bereich der Konstruktion auch möglich, Vorhersagen über Leistungen und Verhaltensweisen beim Umgang von Konstrukteuren mit komplexen, fachspezifischen Arbeitsaufgaben zu machen. Untersuchungen von Fricke (1993) und von der Weth (1994) zeigten, daß die im Kompetenzfragebogen von Stäudel (1988) erfaßte Skala „heuristische Kompetenz" solchen Vorhersagewert besitzt. Ein Nachteil von Fragebogenverfahren zur Erfassung stilistisch relevanter Merkmale ist jedoch, daß ihr Prädiktionswert von der Selbsteinschätzungsfähigkeit der Untersuchungspersonen abhängt (Frese, Stuart & Hannover 1987).

Für unseren Untersuchungsansatz methodisch vielversprechender als der Einsatz von Fragebogenverfahren scheint der Ansatz von Auer & Frankenberger (1994) zu sein. Sie verglichen das Verhalten von Konstrukteuren bei komplexen Konstruktionsaufgaben mit dem beim Umgang mit zwei komplexen Computerszenarien, bei denen das eine Mal eine sehr ähnliche und das andere Mal eine völlig andere Anforderung realisiert wurde. Um Invarianten in den inhaltlich sehr unterschiedlichen Verhaltensströmen zu finden, wurde zunächst induktiv nach relevanten Verhaltensmerkmalen gesucht. Dies ermöglicht Aussagen des Typs: „Eine sehr genaue Problemanalyse äußert sich bei der Konstruktionsaufgabe im Verhalten A, bei der Simulation „Maschine" im Verhalten B und bei der Simulation „Feuer" im Verhalten C." Aufgrund dieser Aussagen konnte für eine zweite Teilstichprobe überzufällig häufig Verhaltensprognosen für das Vorgehen beim Konstruieren aus der Beobachtung des Verhaltens bei den Computersimulationen abgeleitet werden.

Grundlegende Vorüberlegungen und Forschungsfragen

Flexibilität im Handeln wird sowohl in der allgemeinpsychologischen Forschung (z.B. Dörner & Pfeiffer, 1993; Schmuck 1996) als auch bei der Analyse des Handelns bei komplexen beruflichen Problemen (vgl. für Konstrukteure Fricke, 1993) als Erfolgsfaktor gesehen und auch empirisch belegt. Man kann davon ausgehen, daß Flexibilität eine wichtige Fähigkeit in der Auseinandersetzung mit komplexen beruflichen Problemen ist. Psychologische Anforderungen für flexibles Handeln sind beispielsweise:

- angemessene Erfassung der wesentlichen Parameter eines Problems (neben inhaltlichen Punkten sind dies die Komplexitätsdimensionen des Problems, wie beispielsweise Umfang, Vernetzheit, Dynamik)
- die Notwendigkeit, diesen inhaltlichen und prozessualen Gegebenheiten entsprechende Handlungsstrategien entweder aus dem Wissen abzurufen und an die Gegebenheiten anzupassen oder entsprechende Handlungsstrategien ad hoc neu zu entwickeln.

8.1.3 Forschungsfragen und Forschungshypothesen

Die Besonderheiten des strategischen Handelns von Menschen erschließen sich aus der Analyse der beiden in 8.1.1. beschriebenen Ebenen. Abweichungen von „rationalen" Normen und individuelle Unterschiede liefern hier wichtige Hinweise. Genauer ist zu fragen: Was sind die spezifischen Besonderheiten des strategischen Denkens und Handelns beim Menschen und welche individuellen Eigenheiten führen zu unterschiedlichen Vorgehensweisen?

Zum ersten: Die Besonderheiten des strategischen Handelns von Menschen hängen wesentlich von den Eigenschaften der menschlichen Psyche ab. Dies ist sowohl auf der inhaltlichen als auch auf der Prozeßebene der Fall.

Der Mensch ist kein System, das speziell dafür konstruiert wurde, absatzwirtschaftliche Probleme zu bewältigen. Für ihn kommen weitere *inhaltliche* Aspekte ins Spiel. In der alltäglichen Praxis sind die Aufgaben, mit denen er zu tun hat, nur selten rein fachlicher Natur. Normalerweise ist bei der Problemlösung der rein fachliche Kern eines Problems nicht aus dem Geflecht von sozialen Beziehungen, organisatorischen Rahmenbedingungen und privaten Motiven des Handelnden herauszulösen, oder es wäre für die Problemlösung nicht gut, wenn man diese Aspekte nicht berücksichtigte.

Auch auf der Ebene der *Problemlöseprozesse* sind Besonderheiten zu erwarten. Der Mensch muß sich normalerweise nur selten in einer neuartigen und komplexen Umgebung bewähren und dort seine Handlungsfähigkeit aufrechterhalten. Im allgemeinen hat er es mit einfachen Anforderungen und Routineaufgaben zu tun. In solchen Situationen ist es erfolgversprechend, Probleme schnell auf ihren Kern zu reduzieren und mit möglichst einfachen und effizienten Methoden zu beseitigen. Dies ist allein schon deshalb der Fall, weil Menschen mit einer relativ geringen Kapazität des Arbeitsgedächtnisses auskommen müssen. Neben diesen Begrenzungen ist auch auf der Prozeßebene zu berücksichtigen, daß der Mensch nicht ausschließlich zur Bewältigung eines bestimmten Problems konstruiert worden ist. Alles was er tut, sollte im besten Fall dazu dienen, sich für die Bewältigung zukünftiger Probleme eine möglichst gute Ausgangsposition zu verschaffen. Hierzu dienen auch bestimmte emotionale und motivationale Mechanismen, die in komplexen Situationen zu Besonderheiten und Fehlern beim strategischen Denken und Handeln führen können (vgl. hierzu Kapitel 4).

Auf beiden Ebenen werden sich Menschen daher vermutlich anders verhalten, als es zu erwarten wäre, wenn sie streng rational handelnde Wesen wären. Man kann daher erwarten, daß es im menschlichen Handeln gegenüber fachbezogenen Planungs- und Entscheidungsmethoden Abweichungen gibt, da bei solchen Methoden die menschlichen Besonderheiten nicht berücksichtigt werden.

Zum zweiten: Menschen unterscheiden sich auch untereinander sowohl auf der inhaltlichen als auch auf der Prozeßebene. Im Rahmen unserer Untersuchungen wollen wir versuchen, auf zwei wesentliche Aspekte vertieft einzugehen.

Einerseits spielt die individuelle Entwicklung eines Menschen eine Rolle, seine Erfahrung, sein Wissen und Können. Nutzt erlerntes Wissen über allgemeine Problemlöseprozeduren (z.B. Methoden des Projektmanagements)? Oder verwenden Individuen hauptsächlich individuell erworbene Erfahrungen, wobei zu klären bleibt, was denn dabei besonders nutzbringend für den Umgang mit komplexen strategischen Fragestellungen ist? Für die *Prozeßebene* ist interessant, auf welche Weise strategisches Wissen „im Kopf" organisiert sein muß, damit es problemangemessen eingesetzt werden kann. Von speziellem Interesse ist dabei die Nutzung strategischen Wissens bei neuartigen Anforderungen. Wie werden hier ohne ausgeprägtes spezifisches Vorwissen die Merkmale des Problems identifiziert und erfolgversprechende Strategien ausgewählt bzw. entwickelt? (Vgl. Kapitel 10).

Andererseits wollen wir herausfinden, wie variabel das strategische Denken und Handeln ist. Haben Menschen eine Problemlösestrategie für alle Probleme (Strategie entspricht hier einem Persönlichkeitsmerkmal) oder handeln sie allein aus inhaltlichen Erwägungen heraus immer nach den aktuellen Erfordernissen (strategisches Handeln nur basierend auf Wissen um Problemmerkmale und angemessene Operationen zu ihrer Behebung)? Mit der Frage nach der Variabilität des Handelns ist eng die Frage nach der Flexibilität des Handelns verknüpft. Was versetzt ein Individuum in die Lage, angemessen auf komplexe fachliche Anforderungen zu reagieren? (vgl. Kapitel 9, 10).

Um diese Fragen beantworten zu können, ist es im Sinne Dörners (1994) notwendig, ein Modell des erzeugenden Systems menschlichen Handelns zu entwickeln, das uns den Zusammenhang zwischen Erfahrung, Vorwissen, Persönlichkeit und situativem Kontext beim strategischen Denken und Handeln erklären kann. Die Besonderheiten menschlichen Handelns bei komplexen beruflichen Problemen lassen sich weder rein wissenspsychologisch noch rein persönlichkeitstheoretisch erklären.

Voraussetzung für ein empirisch fundiertes Modell dieser Art ist die Beantwortung der folgenden Fragen:

1. Welche Bandbreite an unterschiedlichen Vorgehensstrategien gibt es für Marketingprobleme?
   Hypothese nach dem Stand der Literatur: Eine Abweichung von der rationalen Planungslehre ist sehr wahrscheinlich; bisher sind – außer von Lindbloom – allerdings nur solche mit negativen Effekten untersucht worden.
2. Wie lassen sich Abweichungen von der „ökonomisch-rationalen" Vorgehensweise erklären?
   Bisherige Erklärungsmuster für Negativabweichungen: kognitives Sparsamkeitsprinzip, Kompetenzschutz.

Die Bandbeite des Vorgehens soll in der Untersuchung qualitativ beschrieben, in Form typischer Verhaltensmerkmale operationalisiert und auf dieser Basis quantitativ erfaßt werden.

Jeweils unterschiedliches strategisches Handeln soll mit Hilfe dieser Merkmale beschrieben werden. Dies ermöglicht Rückschlüsse darauf, wie bei jedem einzelnen die im Modell beschriebenen Prozesse funktionieren und welche Ursache individuelle Besonderheiten im Vorgehen haben. Hier interessiert, wie kognitive, emotionale und motivationale Prozesse bei der Strategieentwicklung und -umsetzung zusammenwirken und ob dieses Zusammenwirken über verschiedene Aufgabentypen hinweg stabil ist.

KERSTIN ENDRES & RÜDIGER VON DER WETH

8.2 Die Untersuchungsinstrumente

Wir wollen im folgenden kurz erläutern, warum wir zur Erforschung der Strategien beim Umgang mit komplexen Problemen Computersimulationen eingesetzt haben und welche spezifischen Eigenschaften diese Untersuchungsinstrumente haben.

8.2.1 Allgemeine Überlegungen zum Einsatz von Computersimulationen

Computersimulationen können auf der konkreten Ebene keine exakte Kopie von tatsächlichen Handlungssituationen darstellen. Das gilt selbst für aufwendige Flugsimulatoren und ähnliche Einrichtungen, bei denen der Umgang mit technischen Anlagen geübt wird. Die zwei wichtigsten Gründe sind: Zum einen ist dem Handelnden selbst in einer noch so realistischen Simulation bewußt, daß die Abläufe nicht „real" sind. Dies wird unter Umständen bestimmte wichtige Aspekte des Verhaltens (z.B. die Risikobereitschaft) verändern. Zum anderen ist eine ganz genaue (oder „struktur-isomorphe") Abbildung eines einigermaßen komplizierten Handlungsbereiches nicht möglich, da auch bei einer nur geringen Abweichung der simulierten Beziehungen der Variablen von den Zusammenhängen in der Realität einzelne Handlungen unter bestimmten Aspekten ganz andere Effekte haben können.

Computersimulationen, wie sie zur Erforschung des menschlichen Umgangs mit komplexen Problemen eingesetzt werden, streben diese Form der Ähnlichkeit gar nicht an. Den Versuchspersonen ist bewußt, daß sie in einem Simulationsszenario mit gewissen Eigengesetzlichkeiten agieren (zu dieser Problematik siehe Dörner & Schaub, 1992).

Möglichst große Realitätsnähe ist jedoch auf der Ebene der *psychologischen Anforderungen* an das Handeln beabsichtigt. Haben es Personen in ihrem beruflichen Alltag häufig mit intransparenten und eigendynamischen Situationen zu tun, werden sie auch bei einem computersimulierten Problem mit diesen Eigenschaften andere Strategien zur Informationssuche an den Tag legen, als Personen, die in ihrem Alltag nicht mit solchen Problemen konfrontiert werden. Dies konnten Schaub & Strohschneider (1992) in einer Untersuchung, die das Problemlöseverhalten von Studenten und Managern verglich, belegen. Zudem ließ sich zeigen, daß Studenten Strategien, die sie erfolgreich bei computersimulierten Problemen einsetzten, auch bei einem komplizierten, völlig anderen Alltagsproblem, wie der Vorbereitung auf die Diplom-Prüfung in BWL, verwendeten (Schoppek, 1990).

Computersimulationen dieses Typs eignen sind daher besonders, allgemeine Strategien zu erfassen, die von konkreten fachlichen Inhalten unabhängig sind. Dies ist besonders in Bereichen von Bedeutung, bei denen die fachlichen Inhalte durch bestimmte Entwicklungen schnell überholt oder nicht durch eindeutige, formale Gesetzmäßigkeiten bestimmt sind, so daß es eher darauf ankommt, sich ständig neue Inhalte problembezogen anzueignen und für das Vorgehen zu nutzen, als mit einer umfangreichen und statischen Wissensbasis zu agieren. Die Absatzwirtschaft gehört zweifellos zu dieser Art von Handlungsbereichen.

8.2.2 Das Planspiel Markstrat in der ersten Untersuchung

8.2.2.1 Die Anforderungen

In Markstrat geht es um die Vermarktung fiktiver Elektrogeräte, den sogenannten Sonites und Vodites. Dieses Planspiel wurde vor allem entwickelt, um das Aufgabenspektrum des strategischen Marketing zu veranschaulichen. Es stellt zwar eine Vereinfachung der Realität dar, indem es nur einen bestimmten Ausschnitt der Welt – die Markstratwelt – repräsentiert, es ermöglicht jedoch ein dynamisches Lernen und eignet sich zur Erfassung individueller Handlungsstrategien bei der Lösung komplexer, absatzwirtschaftlicher Aufgaben.

Die Simulation dauert mehrere Spielperioden, die jeweils dem Zeitraum von einem Jahr entsprechen. In dieser Zeit hat der Spieler die Möglichkeit, operative Maßnahmen zur Umsetzung seiner Strategie durchzuführen, diese einer ständigen Wirkungskontrolle zu unterziehen, um Soll-Ist-Abweichungen zu ermitteln und gegebenenfalls notwendige Korrekturen vorzunehmen.

Bei der Durchführung von Markstrat werden folgende Anforderungen an die Spieler gestellt:
- Sie müssen Situationsanalysen vornehmen. Hierzu sind einerseits allgemeine Marktdaten und Marktforschungsstudien auszuwerten, andererseits die durchgeführten Marketingmaßnahmen einer Erfolgskontrolle zu unterziehen.

- Diese Analysen bilden die Grundlage für die Zielbildung, die Strategieformulierung sowie die Durchführung einzelner Marketingaktivitäten.
- Einen weiteren wichtigen Inhalt von Markstrat stellt die Entwicklung von Produktstrategien dar. Durch geeignete Produkte sollen die Kundenbedürfnisse in den einzelnen Marktsegmenten möglichst optimal befriedigt werden, um in diesen Teilmärkten möglichst hohe Marktanteile zu erzielen. Die Entwicklung und Positionierung neuer Produkte, die Produktverbesserung und damit einhergehender Umpositionierungsmaßnahmen sowie schließlich auch die Produkteliminierung stehen als mögliche Handlungsalternativen zur Gestaltung des Angebotes zur Verfügung. Des weiteren sind bei der Entwicklung von Produktstrategien grundlegende Erkenntnisse des *Portofolioansatzes* zu berücksichtigen, die eine Ausgewogenheit des *Portofolios* – in diesem Fall des Produktprogrammes – fordern, d.h., es sollten ausreichend Produkte vorhanden sein, die hohe Deckungsbeiträge erwirtschaften, um mit diesen neue Produkte fördern zu können (Nieschlag, Dichtl & Hörschgen, 1988, S. 896 ff.).
- Schließlich sind zur Umsetzung der entwickelten Marketingkonzepte geeignete operative Maßnahmen durchzuführen. Im einzelnen kommen hier die Produktgestaltung, die Preisbildung, die Auswahl der Distributionskanäle in Verbindung mit der Ausgestaltung des Außendienstes sowie die Durchführung von Werbemaßnahmen in Betracht. Diese Maßnahmen erfordern zum Teil auch die Zusammenarbeit mit anderen Unternehmensbereichen – wie der Forschungs- und Entwicklungsabteilung (bei der Durchführung von F&E-Projekten), der Produktion (bei der Produktionsplanung), dem Finanzbereich und dem Controlling (bei den Marketingausgaben).

Entscheidungsmöglichkeiten im einzelnen:

Im Rahmen dieser absatzwirtschaftlichen Computersimulation kann der Teilnehmer durch den Einsatz folgender Marketingmaßnahmen versuchen, seine Strategien und Ziele zu verwirklichen:
- Ergreifen von Werbemaßnahmen (Belegung von Medien und Werbewirkungsforschung)
- Marktforschungsaktivitäten (Auswertung von allgemeinen Marktdaten und Marktforschungsstudien)

- Durchführung von F&E-Projekten (zur Änderung von Produkteigenschaften und zur Kostensenkung)
- Festsetzen des Produktvolumens für das nächste Jahr (unter Berücksichtigung der Marktentwicklung und des Lagerbestandes)
- Bestimmen des Verkaufspreises
- die Gestaltung des Außendienstes hinsichtlich Größe und Verteilung auf die Distributionskanäle

Bei diesen Entscheidungen müssen die Probanden aber auch der *Komplexität* von Markstrat Rechnung tragen, die auf den verschiedenen Dimensionen unterschiedlich hoch ist. Die folgende Beschreibung stammt aus Endres (im Druck). und zeigt „(...) welche Komplexitätsmerkmale Markstrat aufweist. Die Profilwerte beruhen hierbei auf Schätzwerten, die für Personen gelten, die Markstrat zum ersten Mal spielen. Ihre Ausprägungen werden im Anschluß an Tab. 8-1 noch kurz erläutert.

Tabelle 8-1: Das Komplexitätsprofil des Planspiels Markstrat (Schätzwerte aus einem Expertenrating)

Komplexitätsmerkmale	sehr gering	gering	mittel	hoch	sehr hoch
Viele Einflußgrößen			⌘		
Viele Handlungsmöglichkeiten				⌘	
Vernetztheit			⌘		
Neben- und Fernwirkungen			⌘		
Intransparenz des Systems			⌘		
Intransparenz der Handlungsmöglichkeiten		⌘			
Eigendynamik			⌘		
Zeitdruck		⌘			
Zielpluralität und /oder Zieloffenheit			⌘		
Neuartigkeit					⌘

Anzahl der Einflußvariablen und Handlungsmöglichkeiten:

Das Planspiel Markstrat enthält im Vergleich zu anderen Computersimulationen, die bisher in der psychologischen Forschung eingesetzt worden sind, eine mittlere Zahl von Systemvariablen (siehe Hasselmann 1993, S.60 und 63 ff.). Um das Marktgeschehen zu beeinflussen, stehen den Spielern dabei zahlreiche Handlungsmöglichkeiten in verschiedenen Handlungsbereichen zur Verfügung. So können sie Entscheidungen im Bereich F&E, Werbung, Preisgestaltung, Produktions- und Vertriebsplanung sowie Marktforschung fällen. Die einzelnen Maßnahmen können dabei auf sehr unterschiedliche Weise miteinander kombiniert werden. Außerdem erhöhen sich die Handlungsmöglichkeiten mit steigender Produktzahl.

Vernetztheit und Neben- und Fernwirkungen:

In Markstrat besteht eine durchschnittlich hohe Vernetztheit zwischen den einzelnen Variablen, wie die folgende Abbildung zeigt (siehe Abb.8-1). So wird beispielsweise die Kaufabsicht von der Werbung, den Produkteigenschaften, dem Preis, den Aktivitäten der Wettbewerber und der Markenbekanntheit beeinflußt. Aus diesem Grund sollte man z.B. bei der Entwicklung eines neuen Produktes genau überlegen, welches Kundensegment man ansprechen möchte und welche Produkteigenschaften diese Kunden bevorzugen, um Image- und Marktanteilsverluste oder Nachbesserungen zu vermeiden.

Abbildung 8-1: Wirkungszusammenhänge zwischen den einzelnen Entscheidungsvariablen in Markstrat, aus Larreche & Gatignon 1990, S.154

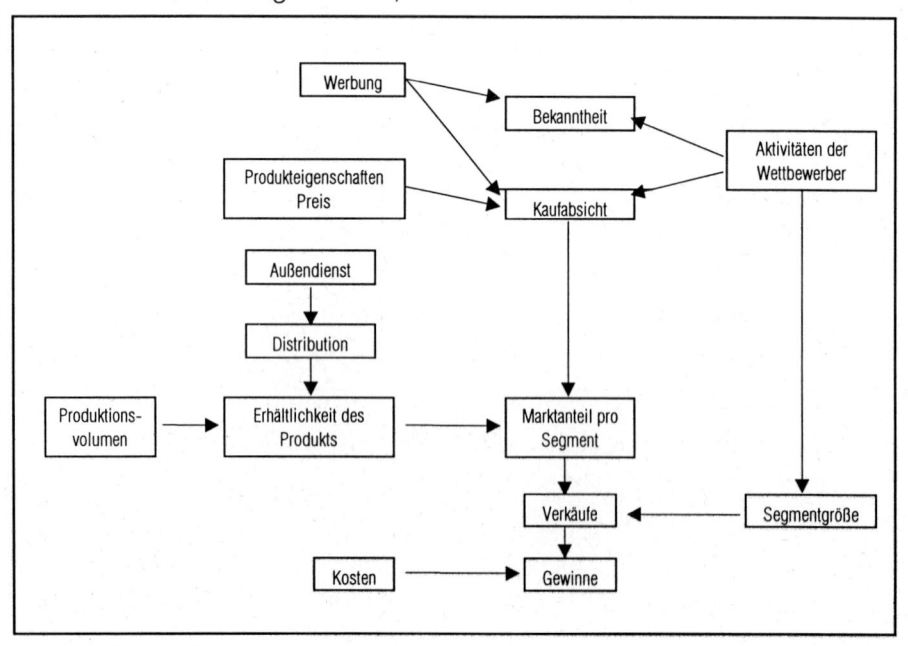

Die Untersuchungsinstrumente

Intransparenz des Systems und der Handlungsmöglichkeiten:

Die Probanden sind durch die ausgeteilten Unterlagen mit den prinzipiellen Handlungsmöglichkeiten in Markstrat vertraut (siehe hierzu auch die Instruktion zu Markstrat im Anhang). Allerdings sind ihnen aufgrund der Versuchsanordnung (*siehe 8.2.2.2, Anm. der Autoren*) nicht alle Informationen unmittelbar zugänglich. So müssen sie beispielsweise Betriebsergebnisse vom Versuchsleiter erfragen. Wird dies unterlassen, sind den Probanden die aktuellen Zustände bestimmter Systemvariablen unbekannt (Zustandsintransparenz). Außerdem ist davon auszugehen, daß die Spieler nicht alle Variablen und exakten Systemzusammenhänge in Markstrat kennen. Es liegt also auch Variablen- und Strukturintransparenz in einem gewissen Ausmaß vor.

Eigendynamik und Zeitdruck:

Da verschiedene Unternehmen am Markt agieren, derer Entscheidungen die Entwicklung des eigenen Unternehmens beeinflussen (siehe Abb.8-1), verändert sich die Situation auch ohne Systemeingriffe der Probanden. Außerdem sind weitere dynamische Entwicklungen in das Spiel eingebaut wie die kontinuierliche Veränderung der Kundenpräferenzen. Hieraus resultiert auch ein gewisser Zeitdruck, der jedoch erst durch die Gesamtspielzeit von drei Stunden akut wird. Dies gilt vor allem für Versuchsteilnehmer, die Marktforschungsdaten, Betriebsergebnisse und Marktdaten sehr genau analysieren und auswerten.

Zielpluralität und Zieloffenheit:

In Markstrat sollen die Spieler mehrere Ziele verfolgen. Sie sollen zum einen den Marktanteil ihrer Produkte ausbauen. Zum anderen sollen sie das Unternehmen in einem langfristig wettbewerbsfähigen Zustand hinterlassen. Da Gewinne bei der Sicherung der langfristigen Wettbewerbsfähigkeit eine zentrale Rolle spielen, muß man beachten, daß der Ausbau des Marktanteils zu Lasten der Gewinnsituation gehen kann. Die vorliegenden Ziele können also phasenweise im Widerspruch zueinander stehen. Darüber hinaus werden keine Angaben dazu gemacht, wie und in welchem Ausmaß der Marktanteil erhöht werden soll und was man tun muß, um das Unternehmen in einem langfristig wettbewerbsfähigen Zustand zu hinterlassen. Die Ziele müssen demnach von den Probanden konkretisiert werden.

Neuartigkeit:

Die Probanden werden im Rahmen der Untersuchung zum ersten Mal mit Markstrat konfrontiert. Abgesehen von den Informationen, die sie zu Spielbeginn erhalten haben, verfügen sie über keine speziellen Systemkenntnisse. Für wie neuartig sie Markstrat halten, hängt dabei im wesentlichen davon ab, inwieweit sie ihre Erfahrungen und ihr Vorwissen bei der Bearbeitung des Planspiels nutzen können.

Diese Eigenschaften der Simulation machen eine systematische und effiziente Informationssammlung und -auswertung erforderlich, wobei vor allem die Daten über die Kunden und den Markt berücksichtigt werden müssen. Nur so ist man in der Lage, angemessene Produktstrategien zu entwickeln und das Planen und Handeln an den Erfordernissen des Marktes auszurichten."

8.2.2.2 Die Durchführung des Planspiels

Bei Markstrat wurde den Probanden zuerst eine kurze Instruktion vorgelesen, die die Aufgabenstellung und den zeitlichen Rahmen, in dem die Entscheidungen zu fällen waren, enthielt. Anschließend erhielten die Versuchsteilnehmer Informationen über ihre Produkte, ihre Handlungsmöglichkeiten, die Konkurrenz und die Marktlage. Nach lautem Lesen dieser Informationen hatten sie die Möglichkeit, noch Fragen zu den bisher erhaltenen Daten zu stellen, bevor die eigentliche Spielzeit, die *drei Stunden* dauerte und in der die Probanden ihre Entscheidungen für *acht Jahre* bzw. Spielperioden, fällen sollten, begann. Die Untersuchungsteilnehmer wurden außerdem vor Spielbeginn aufgefordert, während des gesamten Spielverlaufs laut zu denken, d.h. alles, was ihnen durch den Kopf geht, laut zu äußern. Zu Spielbeginn bekamen die Probanden zunächst noch einmal weitere Informationen auf einem Computerausdruck. Diese bezogen sich auf ihr eigenes Unternehmen. Mit diesen Daten konnten sich die Versuchspersonen einen Überblick über die Lage des Unternehmens in der Ausgangssituation verschaffen. Im einzelnen erhielten die Probanden in diesem Zusammenhang Informationen über die Kosten- und Erlössituation des eigenen Unternehmens, die Produktionsmengen, die Lagerhaltung, den Vertrieb und die Marketingaktivitäten (in der Periode 0). Mit Hilfe dieser Informationen mußten die Versuchsteilnehmer nun ihre Entscheidungen für das erste Spieljahr fällen. Hatten sie alle Maßnahmen für die erste Runde bestimmt, gab der Versuchsleiter diese in das Programm ein und ließ die Simulation laufen. Die Probanden erhielten dann zu Beginn des nächsten Jahres die von ihnen

Die Untersuchungsinstrumente 275

angeforderten Marktforschungsstudien und das sogenannte Newsletter, in dem allgemeine Daten, z.B. über die Entwicklung des Bruttosozialproduktes, die Kosten für die Außendienstmitarbeiter und die Marktforschungsstudien sowie die Verkäufe und die Marktanteile aller auf dem Sonitmarkt agierenden Unternehmen enthalten waren. Wollten sie jedoch ihre Unternehmensergebnisse (siehe oben) erfahren, mußten sie diese beim Versuchsleiter abfragen. So wurde es möglich, die Informationen, die den Untersuchungsteilnehmern als Entscheidungsgrundlage dienten, besser zu identifizieren. Während der gesamten Spieldauer wurden sämtliche Maßnahmen der Probanden vom Versuchsleiter in den Rechner eingegeben. Des weiteren beantwortete der Versuchsleiter die Fragen der Probanden, soweit sich diese auf Ergebnisdaten, das Verständnis oder die Funktion von Handlungsmöglichkeiten oder Marktforschungsstudien bezog. Außerdem war es Aufgabe des Versuchsleiters, das laute Denken der Probanden mit Hilfe eines Protokollierprogramms zu erfassen und die Untersuchungsteilnehmer, wenn erforderlich, an das laute Denken zu erinnern.

Nach Ablauf der drei Stunden wurden den Untersuchungsteilnehmern noch einige Fragen zu ihrem Vorgehen bei der Computersimulation gestellt. Diese bezogen sich auf ihre Zielsetzung, ihre Strategien, ihr Informationsverhalten, etc. In diesem Zusammenhang wurden die Probanden auch gebeten, die Computersimulation hinsichtlich ihrer Schwierigkeit zu beurteilen und in einem Rating anzugeben, wie gerne sie sich mit einem derartigen Problem in ihrem beruflichen Alltag auseinandersetzen würden. Schließlich sollten sie noch die Zufriedenheit mit ihrem eigenen Vorgehen auf einer Skala beurteilen.

Sowohl die Computersimulation als auch die Nachfragen wurden auf Video aufgezeichnet.

8.2.3 Das Planspiel SchokoFin in der zweiten Untersuchung

8.2.3.1 Die Anforderungen

In dieser Computersimulation geht es inhaltlich um die Vermarktung von acht verschiedenen Schokoladensorten in einer fiktiven Stadt Wien. Man kann SchokoFin allein am Computer spielen. Die Konkurrenz ist, im Gegensatz zu anderen Marketingplanspielen, ebenfalls fiktiv. In SchokoFin wird zwar ein ganzes Unternehmen simuliert, dies jedoch wegen der Ausrichtung auf absatzwirtschaftliche Aspekte unterschiedlich detailliert. Wer SchokoFin spielt, muß sich z.B. nicht um Personalverwaltung und -entwicklung kümmern, ebensowenig um den Rohstoffeinkauf und um die Gestaltung des Maschinenparks o.ä. Soweit dies für ein plausibles Simulationsgeschehen im Marketing notwendig ist, werden diese betrieblichen Funktionen automatisch realisiert.

Abb. 8-2 gibt einen Überblick über die verschiedenen Module, aus denen SchokoFin aufgebaut ist. Dabei enthalten die einfachen Kästchen die Handlungsmöglichkeiten des Planspiels. Die mit Rahmen versehenen Kästchen sind diejenigen Module, die man nur indirekt beeinflussen kann. Die Zielgrößen und einige weitere wichtige betriebswirtschaftliche Kenngrößen sind durch dicke Pfeile bzw. Doppelpfeile dargestellt. Nähere Erläuterungen zur Programmstruktur und den Wirkungszusammenhängen erfolgen im Anschluß an die Abbildung. Dabei werden zunächst die Eingriffsmöglichkeiten vorgestellt.

Abbildung 8-2:   Programmstruktur und Wirkungszusammenhänge in SchokoFin

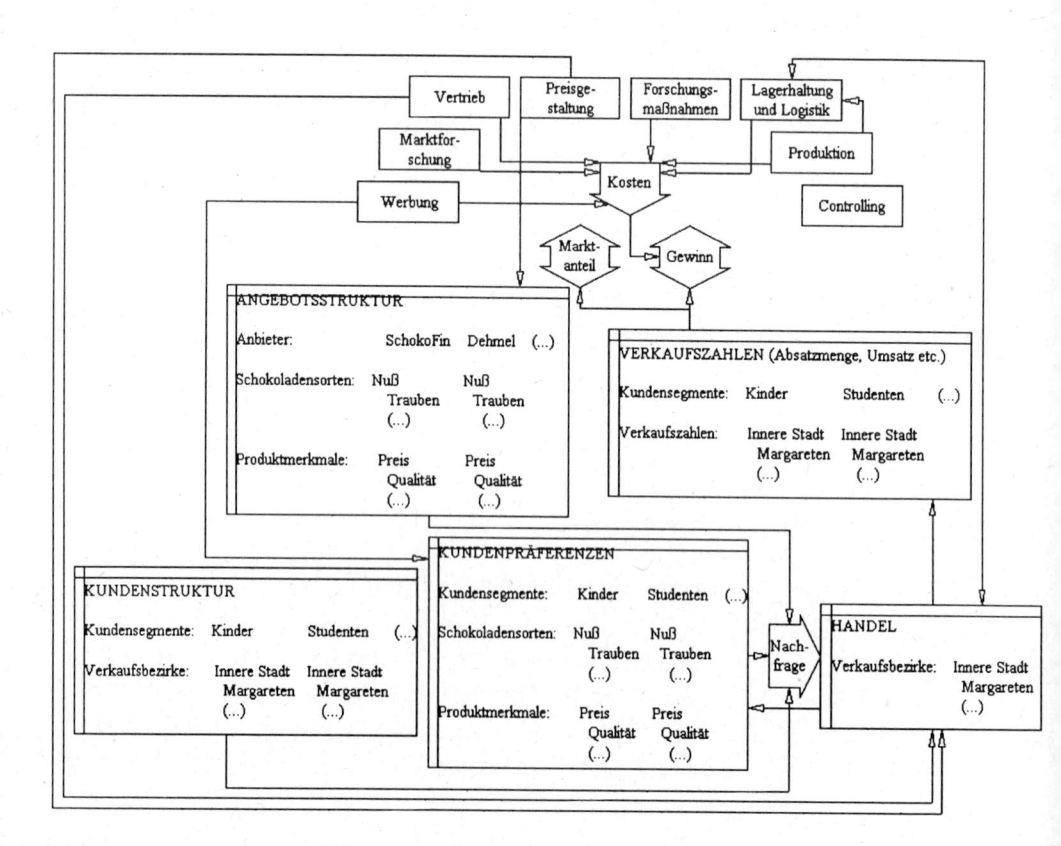

Die Untersuchungsinstrumente

Die Entscheidungsmöglichkeiten im einzelnen:

- *Werbung*: In SchokoFin kann einerseits sehr global geworben werden. Andererseits können aber auch sehr differenzierte Werbeeffekte erzielt werden. Der Werbeerfolg einer bestimmten Maßnahme wird durch das Budget und langfristig auch durch die Nähe der Werbeargumente zu den tatsächlichen Eigenschaften der Produkte und den eigentlichen Wünschen der Kunden bestimmt. Der Werbeeffekt läßt im Laufe der Zeit bei gleichem Kapitaleinsatz nach. Man sollte dann die Werbekampagne beenden und gegebenenfalls durch eine neue ersetzen. Grundsätzlich existieren zweierlei Möglichkeiten der Einflußnahme. Ein Weg der Werbung ist die *produktbezogene* Werbung. Für das gesamte Schokoladensortiment der Firma SchokoFin, aber auch für einzelne Schokoladen können bestimmte Eigenschaften durch die Werbung hervorgehoben werden. Man kann z.B. Werbung in der Weise betreiben, daß die Qualität und der günstige Preis der Nußschokolade angepriesen werden. Produktbezogene Werbung nimmt Einfluß auf das Image des Produkts. Dieses ist in SchokoFin Bestandteil der Angebotsstruktur. Man kann aber auch *personenbezogene* Werbung betreiben. Das bedeutet, daß allen Kunden oder ausgesuchten Kundensegmenten bestimmte Eigenschaften einer Schokolade als wünschenswert erscheinen sollen. Man kann z.B. als gewünschte Werbewirkung angeben, daß Kinder beim Schokoladenkauf verstärkt auf Gesundheit achten. Diese Art der Werbung nimmt Einfluß auf die Kaufpräferenzen der Kunden.

- *Marktforschung* ermöglicht die Sammlung wichtiger Informationen über diejenigen Größen, die nur indirekt beeinflußbar sind, also über Kundenwünsche, Konkurrenzprodukte, Umsatzzahlen des Handels und Verkaufszahlen, differenziert nach verschiedenen Kundensegmenten und Bezirken Wiens. Für diese Informationen fallen mehr oder minder hohe Kosten an.

- Der *Vertrieb* ist in SchokoFin nach Absatzgebieten, die mit den Wiener Stadtteilen identisch sind, gegliedert. Die Vertreter der SchokoFin können auf diese Absatzgebiete verteilt werden. Dabei kann ein Vertreter auch mehrere Gebiete betreuen. Es können umgekehrt aber auch mehrere Vertreter für ein einziges Verkaufsgebiet zuständig sein. Der Vertrieb wirkt sich neben anderen Faktoren auf das Bestellverhalten des Handels aus und verursacht natürlich Kosten. Der Spieler kann die Vertreterzahl durch

"Heuern und Feuern" erhöhen oder verringern. Des weiteren kann der Spieler die verschiedenen Absatzgebiete unterschiedlich intensiv bearbeiten, indem er die Anzahl der Vetreter für die einzelnen Bezirken variiert. Auf diese Weise hat er die Möglichkeit, verstärkt auf solche Bezirke Wiens einzugehen, in denen besonders interessante Kundengruppen einkaufen.

- Die *Preisgestaltung* hat ebenfalls Einfluß auf die Angebotsstruktur, deren Bestandteil auch die Preise der Produkte aller Firmen sind. Zu beachten ist, daß ein niedriger Preis nicht für alle Gruppen ein Kaufkriterium ist.
- Durch *Forschungs- und Entwicklungsmaßnahmen* kann man in SchokoFin die Eigenschaften der einzelnen Schokoladen verändern. Auch durch Forschung und Entwicklung entstehen natürlich Kosten.
- *Lager und Logistik*: In SchokoFin wird die produzierte Schokolade in ein Lager gebracht. Von hier aus wird der Handel mit Lastwagen beliefert. Die Lieferkapazität (Menge der Lastwagen) ist ebenfalls durch den Spieler veränderbar. Für Lagerhaltung und Logistik fallen laufende Kosten an. Zu lange gelagerte Schokolade verdirbt. Die Geschwindigkeit des Lagerverderbs ist abhängig von der Jahreszeit.
- Die *Produktion* findet im firmeneigenen Maschinenpark statt. Die Maschinenbelegung erfolgt für einen ganzen Monat. Im Belegungsplan kann das Produkt halbtageweise gewechselt werden, allerdings dauert die Umrüstzeit bei der Umstellung auf ein neues Produkt einen zusätzlichen halben Tag. Jede der Maschinen kann nur ganz bestimmte Schokoladensorten herstellen. Die Produktionskosten sind bei den Maschinen ebenfalls unterschiedlich. Der Einkauf von notwendigen Rohstoffen und Betriebsmitteln erfolgt automatisch. Die Produktionskosten können durch eine geschickte Belegung der Maschinen erheblich minimiert werden.
- Im Bereich *"Controlling"* hat man die Möglichkeit, alle wichtigen betriebsinternen Daten aufzurufen (z.B. einen Überblick über den Kontostand, die Kosten und Erlöse). Aber auch weitergehende Informationen wie die Deckungsbeiträge der einzelnen Schokoladensorten, die nach Produktionsmaschinen aufgeschlüsselten Kosten, die Liefermengen etc. sind erhältlich.

Durch die verschiedenen Handlungsmöglichkeiten werden die folgenden externen Module beeinflußt, und es kommt zu Veränderungen im Marktgeschehen:

Die Untersuchungsinstrumente 279

- Die *Angebotsstruktur* umfaßt die Produkte und Produkteigenschaften aller Anbieter, also neben den Schokoladen von SchokoFin die der konkurrierenden Unternehmen. Eine Schokolade wird in SchokoFin durch eine Liste von Eigenschaften definiert. Der *Preis* ist der Einfachheit halber in DM angegeben. Für die Form gibt es drei Alternativen: Tafel, Sonderform (Riegel, Weihnachtsmann o.ä.) oder Schokoladenprodukt mit Zusatzgeschenk (z.B. „Überraschungsei"). Neben diesen beiden Merkmalen gibt es weitere Produkteigenschaften, die im Programm jeweils auf einer Skala zwischen 0 und 1 realisiert sind (0 = sehr gering; 1 = sehr hoch): *Qualität, Modernität* (1 = sehr modern 0 = sehr nostalgisch), *gesundheitliche Verträglichkeit, Umweltverträglichkeit, Exklusivität*. Zu beachten ist, daß es für jede Schokolade jeweils zwei Werte für jede Eigenschaft gibt: den tatsächlichen Wert und das Image. Eine Schokolade kann also z.B. das Image haben, eine hohe Qualität zu besitzen, aber tatsächlich minderwertig sein.

    SchokoFin bietet am Anfang eher durchschnittliche Ware zu durchschnittlichen Preisen an. Dies gilt ebenso für die Marke *Danunbia*. Der Marktführer *Vienna Style* hat seine Position durch eine aggressive Preispolitik erzielt. Ihm sitzt allerdings ein noch billigerer Konkurrent im Nacken: *Magyaroimpex*. Dieser versucht, durch günstige Importe aus dem ehemaligen Ostblock den Markt aufzurollen. Die Marken *Dehmel* und *Natursonne* wenden sich an bestimmte Zielgruppen, wohlhabende bzw. ökologisch orientierte Personen.

- Welche Schokolade gekauft wird, hängt nun in entscheidendem Maße von den Kundenpräferenzen ab. Diese Kundenpräferenzen bestehen aus zwei Werten: Einerseits aus dem gewünschten Wert für die einzelnen Eigenschaften, andererseits aus der Wichtigkeit, die die jeweiligen Eigenschaften für die einzelnen Kundensegmente haben. Ein Kunde kann es z.B. einerseits sehr wünschenswert finden, daß seine Schokolade umweltverträglich ist (z.B. Wert Ökologie: 0,90). Anderseits kann es aber sein, daß diese Einstellung für die Kaufentscheidung nur eine untergeordnete Rolle spielt (Wichtigkeit Ökologie: 0,20). Beide Werte werden durch die Werbung der Unternehmen, die tatsächlichen Eigenschaften der Schokoladen, dem individuell wahrgenommenen Nutzen für die jeweilige Kundengruppe, die Zielvorstellungen der Kunden und durch gewisse lang- und kurzfristige Eigentrends (Jahreszeit, steigendes Gesundheitsbewußtsein, ökologischer Trend u.a.) beeinflußt. Es gibt neun unterschiedliche Kundengruppen mit jeweils verschiedenen Präferenzen: Kinder und Jugendliche, Studenten und alternativ orientierte Personen, junge Erwachsene, Erwachsene mittleren Alters mit geringem, durchschnittlichem und hohem Einkommen sowie Senioren mit geringem, durchschnittlichem und hohem Einkommen.

- Die Kundenverteilung gibt an, wie viele Kunden aus jeder Kundengruppe in den einzelnen Wiener Bezirken einkaufen. Die Absatzgebiete haben eine unterschiedliche Kundenstruktur, was auch unterschiedliche Absatzzahlen in den einzelnen Bezirken nach sich zieht.
- Der Handel in den einzelnen Bezirken bestellt die Schokolade entsprechend der Kundennachfrage beim Händler. Die Nachfrage des Handels wird aber auch von den Vertriebsaktivitäten beeinflußt, also durch die Vertretermenge im jeweiligen Verkaufsgebiet und durch die Gewährung von Rabatten. Zu beachten ist außerdem, daß der Handel ebenfalls geografisch organisiert ist. Das bedeutet, daß das Nachfrageverhalten des Handels in den einzelnen Gebieten aufgrund der unterschiedlichen Kundenstruktur variiert.
- Die Nachfrage des Handels erzeugt die Verkaufszahlen, aufgeschlüsselt für alle Schokoladensorten von allen Anbietern in allen Bezirken.

Das Zusammenwirken der beschriebenen Module erzeugt schließlich die betriebswirtschaftlichen Kenndaten. Von zentraler Bedeutung für das Spiel sind z.B. die *Nachfrage* (sie errechnet sich aus Kundenpräferenzen und Kundenverteilung und wird langfristig auch von der Warenpräsenz im Handel beeinflußt), der *Marktanteil* von SchokoFin (errechnet sich aus den Verkaufszahlen aller Firmen), die *Kosten* und Erlöse, die schließlich über *Gewinn* oder Verlust entscheiden.

Wie komplex ist Schokofin? Wer SchokoFin spielt, wird recht schnell merken, daß es Eigenschaften eines komplexen Problems besitzt, was auch das folgende Komplexitätsprofil (siehe Tab. 8-2) zeigt. Die einzelnen Profilwerte werden im Anschluß an Tab. 8-2 noch kurz erläutert.

Die Untersuchungsinstrumente 281

Tabelle 8-2: Eigenschaftsprofil des Problemszenarios SchokoFin
(Schätzwerte aus einem Expertenrating)

Komplexitätsmerkmale	sehr gering	gering	mittel	hoch	sehr hoch
Viele Einflußgrößen					✖
Viele Handlungsmöglichkeiten					✖
Vernetztheit					✖
Neben- und Fernwirkungen					✖
Intransparenz des Systems				✖	
Intransparenz der Handlungsmöglichkeiten	✖				
Eigendynamik				✖	
Zeitdruck				✖	
Zielpluralität und /oder Zieloffenheit				✖	
Neuartigkeit					✖

Anzahl der Einflußvariablen und Handlungsmöglichkeiten:

SchokoFin enthält wesentlich mehr Variablen als gängige Marketingsimulationen wie Markstrat oder Simulationen aus der psychologischen Forschung wie MORO, Jeansfabrik oder Taylorshop. Die Handlungsmöglichkeiten sind in mehrere Handlungsbereiche mit unterschiedlichen Anforderungen aufgegliedert. Auf die gleichen Sollgrößen kann auf sehr unterschiedliche Weise Einfluß genommen werden. Der Spieler kann hierzu die verschiedene Marketing- und Vertriebsmaßnahmen einsetzen. Um den Absatz einer bestimmten Schokoladensorte zu steigern, kann er u.a. den Preis senken, die Eigenschaften dieser Sorte in der Werbung herausstellen, den Kunden die Eigenschaften dieser Schokolade als wünschenswert erscheinen lassen und den Handel in Bezirken mit potentiellen Kunden durch Vertriebsaktivitäten und Rabattgewährung beeinflussen. Die Handlungsmöglichkeiten potenzieren sich dadurch, daß man diese Maßnahmen miteinander kombinieren und aufeinander abstimmen kann.

Vernetztheit und Neben- und Fernwirkungen:

Die einzelnen Module in SchokoFin sind alle voneinander abhängig und beeinflussen sich wechselseitig. Es gibt kein einziges Modul in SchokoFin, das von den anderen isoliert ist. Dies macht die Koordination von Maßnahmen und die Verknüpfung von Informationen über verschiedene Bereiche hinweg zu einem Muß. Produktion, Preispolitik, Werbung und Vertrieb sollten aufeinander abgestimmt werden (auch wenn diese Bereiche mit unterschiedlicher Gewichtung und Priorität bearbeitet werden können). Die Vernetzung aller Bereiche bewirkt zusammen mit der Eigendynamik des Systems zudem eine große Zahl unterschiedlicher Neben- und Fernwirkungen. So kann z.B. die nachlassende Wirkung einer Werbekampagne zusammen mit einer ungeschickten Preiserhöhung einen verheerenden Effekt auf den Absatz haben.

Intransparenz des Systems und Handlungsmöglichkeiten:

Die *Handlungsmöglichkeiten* in SchokoFin sind wie bei jedem Spiel, das vom Spieler selbst am Computer gespielt wird und über Menüs und Zahlenangaben gesteuert wird, *vollständig transparent*. Über die *internen Zusammenhänge* zwischen den Systemgrößen, auf die man nur indirekt zugreifen kann, gibt es jedoch nur einige qualitative Angaben in der Instruktion. Im Verlauf des Spiels ist es praktisch unmöglich, ohne negative Auswirkungen auf die Erreichung der Spielziele exaktes Systemwissen zu erwerben. Hier ist die *Transparenz* also *gering*.

Eigendynamik und Zeitdruck:

Ein wesentlicher Faktor der Eigendynamik liegt darin, daß ohne Gegensteuern des Spielers der Kontostand von SchokoFin langsam, aber stetig sinkt. Außerdem sind weitere eigendynamische Trends in das Spiel eingebaut, z.B. der nachlassende Effekt von Werbekampagnen, jahreszeitliche Schwankungen verschiedener Schokoladenprodukte, Konkurrenzaktivitäten und Trends in den Kundenwünschen. Zeitdruck wird durch die negative finanzielle Entwicklung ausgelöst, bekommt aber seine Virulenz dadurch, daß aus einer sehr großen Menge von Informationen und Handlungsmöglichkeiten in begrenzter Zeit eine Gegenstrategie entwickelt werden muß. Der Zeitdruck ist somit besonders stark von der Vorerfahrung mit SchokoFin und dem vorgegebenen Zeitrahmen abhängig.

Zielpluralität und Zieloffenheit:

Die Ziele in SchokoFin sind relativ *ungenau* als *komparative Ziele* formuliert. Komparativ bedeutet, daß die Ziele nicht exakt, also z.B. als Zahlen- oder Prozentwerte vorliegen, sondern in der Steigerungsform aktueller Zustände. In SchokoFin zeigt sich das z.B. daran, daß keine Gewinnvorgaben in Zahlen gemacht werden oder der zu erzielende Marktanteil nicht in Prozentwerten angegeben ist. Statt dessen wird lediglich in der Instruktion ausgesagt, daß der

Die Untersuchungsinstrumente

Marktanteil bzw. der Gewinn *gesteigert* oder die Wettbewerbsfähigkeit *verbessert* werden soll. Diese Ziele sind im Prinzip nicht *widersprüchlich*. Gelingt es allerdings nicht, die Abläufe in SchokoFin zu optimieren, kann dies dazu führen, daß die Steigerung des Marktanteils nur auf Kosten der Rentabilität möglich ist oder nur bei geringen Umsätzen gewinnträchtig gearbeitet werden kann.

Neuartigkeit:

Wie neuartig ist SchokoFin für einen Spieler, der es zum ersten Mal spielt? Dies hängt vor allem davon ab, inwieweit dieser seine Erfahrung aus anderen Bereichen des Lebens zur Lösung dieses Problems nutzen kann. Das Spiel ist so angelegt, daß spezifische Kenntnisse über bestimmte Märkte und Produkte keine Rolle spielen sollen. So ist weder das Wissen um spezifische Eigenheiten des Süßwarenmarktes noch die intime Kenntnis des Verbraucherverhaltens Wiener Schokoladenkonsumenten für die Bearbeitung von SchokoFin erforderlich. Dies war auch allen Teilnehmern aus den genannten Untersuchungen klar. SchokoFin soll hingegen die Möglichkeit bieten, allgemeines strategisches Wissen und solches aus den Bereichen Marketing und Vertrieb heranzuziehen, dieses der spezifischen Konstellation in SchokoFin anzupassen (vor allem der unübersichtlichen Informationsvielfalt und dem Zeitdruck) und auch Aktivitäten auf dieser Basis zu starten.

Welche Anforderungen ergeben sich aus diesen Eigenschaften der Simulation?

- Von zentraler Bedeutung ist eine systematische, aber effiziente Sammlung von Informationen, die dafür geeignet sind, daß man sich ein Bild der wichtigsten Abläufe machen kann. Wer es nicht schafft, sich in einem einigermaßen vertretbaren Zeitrahmen ein solches geistiges Modell zu verschaffen, ist nur zu zusammenhanglosen Aktionen fähig. Dies hat auch negative Auswirkungen auf die Entscheidungen.

- Es ist nämlich bei SchokoFin in der vorliegenden Konfiguration notwendig, die Maßnahmen in den einzelnen Bereichen (Werbung, Preispolitik, etc.) genau aufeinander abzustimmen und v.a. in den Bereichen Preispolitik und Werbung allzu extreme Eingriffe zu vermeiden.

- Ein dritter entscheidender Punkt ist die genaue Verfolgung des Geschehens, also die genaue Kontrolle von Unternehmens- und Marktdaten, um so langfristige Trends und Fehlentwicklungen frühzeitig zu entdecken und seine Planung diesen neuen Gegebenheiten anzupassen.

8.2.3.2 Die Durchführung des Planspiels

Die Probanden erhielten zunächst einmal eine Denksportaufgabe, um das „laute Denken" bei der Problembearbeitung zu erproben. Nachdem sie mit dieser Methode vertraut waren, wurden sie mit Hilfe einer Instruktion auf ihre eigentliche Aufgabe vorbereitet. Sie sollten als Produktmanager für verschiedene Schokoladensorten in einem fiktiven Wiener Unternehmen tätig werden und innerhalb von *18 Spielperioden* bei einer Spieldauer von *drei Stunden* einen *möglichst hohen Gewinn erzielen*, die *Marktposition* ihrer Produkte *stärken* und auf diese Weise zur *Sicherung* der *langfristigen Wettbewerbsfähigkeit* des Unternehmens beitragen. Nach Lesen dieser Instruktion (siehe die Instruktion zu SchokoFin im Anhang) wurden die Probanden dann mit der Programmstruktur, den einzelnen Menüpunkten und der Bedienung vertraut gemacht, da sie bei SchokoFin im Gegensatz zu Markstrat ihre Systemeingriffe selbst am Computer tätigen sollten. Außerdem bekamen sie die Möglichkeit, die Bedienung zu erproben und Fragen an den Versuchsleiter zu richten, bevor die eigentliche Bearbeitungszeit begann. Wie bereits in Markstrat kam dem Versuchsleiter während der Spielzeit die Aufgabe zu, weitere Fragen der Probanden zu beantworten, ihre Aussagen zu protokollieren und die Untersuchungsteilnehmer, falls erforderlich, an das „laute Denken" zu erinnern.

Nach Spielende sollten die Probanden wiederum das Planspiel beurteilen und Fragen zu ihrem Vorgehen beantworten. In diesem Zusammenhang wurden sie auch aufgefordert, ihr Vorgehen – falls möglich – bestimmten *Marketingstrategien* zuzuordnen.

Sowohl die Planspielbearbeitung als auch die Nachbefragung wurden wieder mit Video aufgezeichnet.

8.2.4 Unterschiede in der Problemcharakteristik der Planspiele

Die beiden Computersimulationen unterscheiden sich auf den ersten Blick dadurch, daß bei SchokoFin eine direkte Bedienung durch die Probanden erfolgt. Dies ermöglicht die automatische Aufzeichnung des Eingriffsverhaltens und die Konzentration des Versuchsleiters auf das Anfertigen von Protokollen des „lauten Denkens". Zudem hat SchokoFin ein deutlich anderes Komplexitätsprofil. Die Expertenratings hinsichtlich der verschiedenen Komplexitätsdimensionen beider Planspiele werden in Abbildung 8-3 einander gegenübergestellt. Den Probanden sind in SchokoFin zwar alle Eingriffsmöglichkeiten aufgrund der direkten Bedienung bekannt, d.h. vollkommen transparent, aber ansonsten ist SchokoFin im Vergleich zu Markstrat in jeder Hinsicht komplexer.

Auf inhaltlicher Ebene ermöglicht SchokoFin wesentlich differenziertere Vorgehensweisen, v.a. ist in höherem Maße die Anforderung gegeben, die einzelnen Marketingaktivitäten zu koordinieren und aufeinander abzustimmen. Die Handlungsmöglichkeiten sind in einem Punkt allerdings auch eingeschränkt. Das Spiel ermöglicht zwar die Modifikation gegebener Produkte, aber nicht die Einführung gänzlich neuer Schokoladen. Daher spielen die Marktfeldstrategien keine so überragende Rolle wie bei Markstrat.

Abbildung 8-3: Komplexitätsprofile für Markstrat und SchokoFin
(Schätzwerte aus einem Expertenrating)

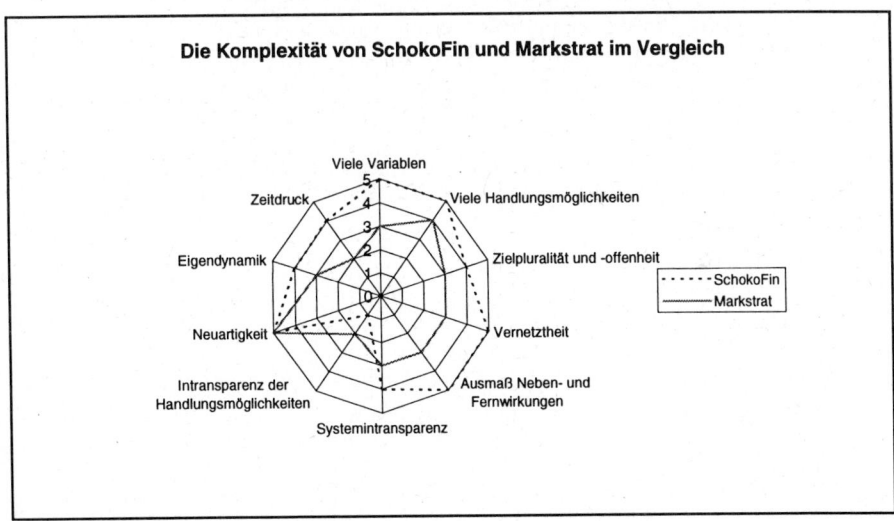

KERSTIN ENDRES

8.3 Identifikation von Marketingstrategien

8.3.1 Die Fragestellung der ersten Untersuchung

Wissen spielt bei der Entwicklung individueller Handlungsstrategien eine zentrale Rolle. Wir gehen dabei von der Annahme aus, daß Untersuchungsteilnehmer Marketingstrategien einsetzen, wenn sie solche bereichsspezifischen Strategien kennen und die Situation dies zuläßt. Bevor man jedoch die Marketingstrategien der Probanden beschreiben kann, ist es zunächst einmal erforderlich, die Bedeutung von Strategien für unternehmerische Entscheidungen herauszustellen. In der Unternehmenspolitik und im Marketing versteht man unter einer Strategie mittel- bis langfristige Grundsatzentscheidungen mit Instrumentalcharakter. „Im Marketing kommt ihnen die Aufgabe zu, nachgeordnete Entscheidungen und den Mitteleinsatz eines Unternehmens im Bereich des Marketing-Instrumentariums an den Bedarfs- und Wettbewerbsbedingungen sowie am vorhandenen Leistungspotential zu orientieren und auf die Erreichung der Ziele hin zu kanalisieren" (Nieschlag, Dichtl & Hörschgen, 1988, S. 833). Strategisches Handeln stellt demnach die Generierung und Implementierung von strukturierenden Maßnahmen zur Erreichung übergeordneter Unternehmens- oder Marketingziele dar. Es determiniert die Kombination der Marketinginstrumente auf der operativen Ebene (Kanalisieren der Marketinginstrumente) und bestimmt dabei die Art, die Richtung, die Intensität sowie die Gewichtung des Instrumenteneinsatzes (vgl. hierzu Becker, 1992).

Wie man dieser Definition entnehmen kann, bezieht sich der Begriff der Marketingstrategie üblicherweise auf unternehmerische Grundsatzentscheidungen und dient nicht der Beschreibung des individuellen Vorgehens. Da jedoch die Untersuchungsteilnehmer bei der Bearbeitung von Markstrat in die Rolle eines Produktmanagers schlüpfen und in dieser Funktion alle zentralen Marketingentscheidungen über einen Zeitraum von acht Jahren bzw. Spielperioden hinweg fällen mußten, stellt sich die Frage, ob strategisches Wissen aus dem Marketing von den Entscheidungsträgern zur Problemlösung genutzt wurde.

Identifikation von Marketingstrategien 287

Um diese Frage zu beantworten, wird es notwendig, aus der Vielzahl unterschiedlicher strategischer Ansätze, die man in der Marketingliteratur findet (siehe hierzu beispielsweise einen Überblick bei Meffert, 1994), diejenigen auszuwählen, die bei Markstrat auftreten können. Da im Planspiel die möglichst optimale Befriedigung der Kundenbedürfnisse von zentraler Bedeutung ist, eignet sich insbesondere der konsumentengerichteten Strategieansatz von Becker zur Beschreibung des Vorgehens der Probanden (vgl. Becker, 1983, Becker, 1986 und Becker, 1992). Bei Becker findet allerdings der Zeitpunkt des Markteintritts bei der Entwicklung neuer Produkte für neue Märkte keine Berücksichtigung.

Dieses Timing spielt jedoch im Planspiel eine Rolle. Daher wird Beckers Strategieansatz um Markteintrittstrategien ergänzt. Im folgenden werden nun die verschiedenen Marketingstrategien beschrieben, und es wird gezeigt, anhand welcher Systemeingriffe und -variablen man diese erkennen kann.

8.3.2 Der Handlungsspielraum in der ersten Untersuchung: Überblick über die in Markstrat realisierbaren Marketingstrategien

1. Marketingstrategien und ihre Identifikationsmöglichkeiten in Markstrat in Anlehnung an den Strategieansatz von Becker

Becker unterscheidet vier grundlegende Typen von Marketingstrategien:
I. die *Marktfeldstrategie*
II. die *Marktstimulierungsstrategie*
III. die *Marktparzellierungsstategie*
IV. die *Marktarealstrategie*
   (vgl. hierzu Becker, 1983; Becker, 1992).

Während die Marktfeldstrategie die strategische Ausrichtung in bezug auf unterschiedliche Produkt/Markt-Kombinationen bestimmt, legen die Marktstimulierungsstrategien die Art und Weise der Marktbeeinflussung fest. Die Marktparzellierungsstrategien determinieren die Differenziertheit der Marktbearbeitung, und die Marktarealstrategien bestimmen die gebietspolitische Orientierung. Welche Ausprägungen diese Stategietypen im einzelnen annehmen können, wird im folgenden beschrieben.

I. Die Marktfeldstrategien

Die *Marktfeldstrategien* knüpfen an die Ansoff-Matrix an (vgl. Ansoff, 1965 und Ansoff, 1966), die vier Formen zur Gestaltung der Produkt/Markt-Beziehung unterscheidet, um Wachstumsziele zu verfolgen. Dabei wird nach zwei Dimensionen vorgegangen: bewegt sich das Unternehmen im gegenwärtigen oder in einem neuen Markt und werden die bisherigen oder neue Produkte angeboten. Ausgehend von dieser Überlegung ergeben sich folgende vier Kombinationsmöglichkeiten:
- die Marktdurchdringung
- die Marktentwicklung
- die Produktentwicklung
- die Diversifikation.

Den Ausgangspunkt bildet dabei die *Marktdurchdringung* (bestehende Produkte in bestehenden Märkten). Diese Strategie bezieht sich auf das vermehrte Verkaufen von gegenwärtigen Produkten in gegenwärtigen Märkten. Dies kann man erreichen, indem man versucht, den Konsum bei bisherigen Kunden z.B. durch Intensivierung der Marketingaktivitäten, Produktmodifikation (=Produktverbesserung), Erhöhung der Distribution (z.B. durch das Schließen von Distributionslücken und/oder die Erhöhung der Bevorratung im Handel) und Verstärkung der Werbemaßnahmen zu steigern. Weitere Möglichkeiten bestehen darin, Kunden der Konkurrenz durch Produktverbesserung, konkurrenzorientierte Preispolitik etc. abzuwerben oder neue Kunden zu gewinnen, die das Produkt bisher noch nicht gekauft haben, indem man beispielsweise bisher vernachlässigte Absatzkanäle einschaltet und Preisschwellen berücksichtigt.

In *Markstrat* kann man die Strategie der Marktdurchdringung an der Intensivierung sämtlicher Marketingaktivitäten erkennen. Die Maßnahmen sind hier im einzelnen:
- Intensivierung der Werbung
- preispolitische Maßnahmen (unter Berücksichtigung der bei der Marktstimulierungsstrategie verfolgten Ziele)
- Intensivierung der Außendienstaktivitäten
- Erhöhung der Produktionsmenge, um die Erhältlichkeit der Produkte zu gewährleisten und Kostenvorteile zu realisieren
- unter Umständen Veränderung der Produkteigenschaften bestehender Produkte.

Identifikation von Marketingstrategien

Neben der Marktdurchdringung gibt es noch drei zusätzliche Optionen: die Marktentwicklung (Gewinnung von Arrondierungsmärkten), die Produktentwicklung (Produktinnovationen) und die Diversifikation.

Die *Marktentwicklung* verfolgt dabei die Zielsetzung mit bestehenden Produkten neue Märkte zu erschließen. Hier bestehen folgende 3 Ansatz-punkte:
- die Erschließung zusätzlicher geographischer Märkte
- das Eindringen in Zusatzmärkte durch gezielte Funktionserweiterung für bestehende Produkte
- die Erschließung neuer Teilmärkte z.B. durch Schaffung differenzierter abnehmerspezifischer Produkte mittels Produktvariation oder psychologische Produktdifferenzierung in der Werbung.

Alternative Distributionskanäle, die Ausweitung der Verkaufsregionen oder der Export stellen dabei die Hauptmöglichkeiten der Marktentwicklung dar. Die Realisierungsformen von Marktentwicklungsstrategien können vielfältig sein. Sie laufen jedoch insbesondere über zwei Operationsebenen und zwar neue Verwendungszwecke für bestehende Produkte zu finden (new uses) oder neue Verwender für bestehende Produkte zu aktivieren (new users).

In *Markstrat* ist diese Strategie nicht zu verwirklichen, da man hier nicht die Möglichkeit hat, verschiedene Kundensegmente mit ein- und demselben Produkt durch gezielte, differenzierte und auf die einzelnen Segmente speziell abgestimmten Werbebotschaften anzusprechen. Des weiteren sind eine Erschließung zusätzlicher geographischer Märkte und auch eine Marktausweitung durch eine gezielte Funktionserweiterung bei den Produkten in diesem Planspiel – den sogenannten Sonites (fiktive Elektrogeräte, mit denen die Unternehmen in Markstrat handeln) – nicht möglich.

Die *Produktentwicklung* hat das Angebot von neuen Produkten oder Serviceleistungen auf heutigen Märkten zum Ziel. Sie kann hierbei sowohl in der Weiterentwicklung von Produktdetails als auch in einer vollständig neuen Produktlösung bestehen, um den Kundenbedürfnissen besser gerecht zu werden.

Definiert man in der *Computersimulation* den Sonitemarkt als den heutigen Markt, so kann man durch Forschungs- und Entwicklungsprojekte neue Produkte für diesen Markt entwickeln, um entweder den Bedürfnissen bisher bearbeiteter Kundensegmente besser gerecht zu werden oder neue Kundensegmente anzusprechen. Diese Option der Marktfeldstrategie erkennt man in der Computersimulation an der Einführung neuer Sonites.

Die *Diversifikation* will mit neuen Produkten neue Märkte ansprechen. Es lassen sich hierbei horizontale (Erweiterung des Produktprogramms um artverwandte Produkte), vertikale (Aufnahmen von Produkten, die dem bisherigen Produktprogramm vor- oder nachgelagert waren) und laterale Diversifikationen (völlig neue Produkte, die mit den bisherigen Produkten in keinem Zusammenhang standen) unterscheiden.

In *Markstrat* stellt die Entwicklung von Vodites (ebenso wie Sonites fiktive Elektrogeräte) eine Diversifikation – und zwar eine horizontale – dar. Bei einem Vodite handelt es sich um ein artverwandtes Produkt, das aber für einen neuen bzw. anderen Markt konzipiert ist, d.h., der Vodite- und der Sonitemarkt sind voneinander unabhängig. Es findet kein Verdrängungswettbewerb statt. Die Einführung eines Vodites ermöglicht den Unternehmen neue Chancen bei einem stagnierenden Sonitemarkt.

Tabelle 8-3: Identifikationsmöglichkeiten verschiedener Marktfeldstrategien in der Computersimulation

Strategietyp	*Merkmale*	*Bedeutsame Variablen*
Marktdurchdringung	• intensiver Werbeeinsatz • preispolitische Maßnahmen • Intensivierung der Außendienstaktivitäten • Erhöhung der Produktionsmenge • keine oder nur geringfügige Veränderung der Produkteigenschaften	• Werbebudget • Preis • Außendienst • Produktionsplanung • F&E
Marktentwicklung	in der Computersimulation nicht möglich	
Produktentwicklung	• Weiterentwicklung bestehender Produkte • neue Produktlösungen	• F&E • F&E
Diversifikation	• Entwicklung des Vodites (als laterale Diversifikation)	• F&E

II. Die Marktstimulierungsstrategie

Neben den richtungsstrategischen Entscheidungen (Bestimmung der Produkt/ Markt- Kombinationen), die durch die Marktfeldstrategien getroffen werden, sind nun Strategien von besonderer Relevanz, die die Art und Weise der Marktbeeinflussung determinieren. Marketingstrategisch können unter dem Aspekt der Marktstimulierung die folgenden beiden Ansatzpunkte unterschieden werden: die Präferenzstategie und die Preismengenstrategie.

Die *Präferenzstrategie* zeichnet sich durch Qualitätswettbewerb (konsequenter Einsatz aller nicht preislichen Marketinginstrumente zur Beeinflussung

des Marktes) und ein Hochpreiskonzept aus. Durch den Einsatz aller wesentlichen präferenzorientierten Marketinginstrumente soll ein besonderes Markenimage beim Kunden aufgebaut werden, so daß sich das Produkt von den anderen am Markt befindlichen Produkten deutlich unterscheidet. Zentrale Instrumente einer präferenzorientierten Strategie stellen dabei das Produkt, der Preis, die Markierung und die Verpackung dar. Absatzmethode und Sortiment zählen zu den peripheren Instrumenten. Die Werbung und Verkaufsförderung sollen den Konsumenten vor allem über die Produktvorzüge informieren. Eine typische Gestaltung des Marketing-Mixes im Rahmen einer Präferenzstrategie läßt sich folgendermaßen charakterisieren:
- eine überdurchschnittlich hohe Produktqualität
- eine attraktive Verpackung
- starke Media-Werbung
- starker persönlicher Verkauf (Außendienst)
- ein hoher Preis.

In *Markstrat* kann man eine Präferenzstrategie vor allem an einer hohen Produktqualität, die man z.B. durch kontinuierliche Forschungs- und Entwicklungsaktivitäten anstrebt, einer hohen Anzahl von Außendienstmitarbeitern vor allem im Bereich der Spezialgeschäfte, hohen Werbeausgaben und einem hohen Preis erkennen.

Die *Preismengenstrategie* zeichnet sich gegenüber der Präferenzstrategie durch einen aggressiven Preiswettbewerb aus, in dem der Preis das zentrale Mittel der Marktbeeinflussung ist. Es werden also insbesondere preisbewußte Konsumenten angesprochen. Um niedrige Endabnehmerpreise realisieren zu können, muß eine kostengünstige Produktion möglich sein. Aus diesem Grund stellt die Kostenorientierung einen zentralen Aspekt der Preismengenstrategie dar. Das Marketing-Mix zeichnet sich üblicherweise durch eine durchschnittliche Produktqualität, eine rationale Verpackung, eine schwache Kommunikationspolitik, einen geringen Außendiensteinsatz und einen niedrigen Preis aus.

Im eingesetzten *Planspiel* sind eine durchschnittliche Produktqualität, durchschnittliche Werbeausgaben, ein geringer Einsatz des Außendienstes, ein niedriger Preis und der Versuch durch hohe Produktionsmengen und Forschungs- und Entwicklungsprojekte niedrige Produktionskosten zu erzielen, Merkmale einer Preismengenstrategie.

Neben diesen beiden Strategietypen gibt es außerdem noch sogenannte Mischstrategien, die sowohl Qualitäts- als auch Preiswettbewerb auf mittlerem Niveau betreiben.

Tabelle 8-4: Identifikationsmöglichkeiten verschiedener Marktstimulierungsstrategien in der Computersimulation

Strategietyp	Merkmale	Bedeutsame Variablen
Präferenzstrategie	• hohe Produktqualität • gezielter Außendiensteinsatz • hohe Werbeausgaben • hoher Preis	• F&E • Außendienst • Werbebudget • Preis
Preismengenstrategie	• durchschnittliche Produktqualität • durchschnittliche Werbeausgaben • geringer Außendiensteinsatz • niedrige Produktionskosten	• F&E • Werbebudget • Außendienst • F&E, Produktionsplanung

III. Die Marktparzellierungsstrategien

Eine dritte wesentliche Entscheidung betrifft die Art und Weise der Differenziertheit der Marktbearbeitung und die Abdeckung des Marktes. Es lassen sich, wenn man die Differenziertheit der Marktbearbeitung und die Abdeckung des Marktes als Dimensionen heranzieht, vier Basisalternativen der Marktparzellierung unterscheiden:
- das undifferenzierte Marketing mit totaler Marktabdeckung
- das undifferenzierte Marketing mit partialer Marktabdeckung
- das differenzierte Marketing mit totaler Marktabdeckung
- das differenzierte Marketing mit partialer Marktabdeckung.

In diesem Zusammenhang wird das undifferenzierte Marketing auch als Massenmarktstrategie und das differenzierte Marketing als Segmentierungsstrategie bezeichnet. Unter der totalen Marktabdeckung versteht man die Bearbeitung des Gesamtmarktes. Demgegenüber werden bei der partialen Marktabdeckung nur bestimmte Teilmärkte bearbeitet.

Charakteristisch für eine *Massenmarktstrategie* („Schrotflintenkonzept") ist der Versuch mit einer Massenmarke den gesamten Markt abzudecken. Mit Hilfe der aus diesem Grund möglichen Massenproduktion sollen Kostenvorteile erzielt werden. Außerdem ist das Marketing-Mix weniger aufwendig.

Die Verfolgung dieses Strategietyp liegt in *Markstrat* nicht sehr nahe, da in der Computersimulation verschiedene Kundensegmente existieren und aus diesem Grund eine differenzierte Kundenansprache notwendig wird.

Segmentierungsstrategien („Scharfschützenkonzept") zeichnen sich durch eine gezielte und differenzierte Marktbearbeitung aus. Hierfür muß der Markt

Identifikation von Marketingstrategien

zuerst nach unterschiedlichen Kundensegmenten aufgeteilt werden, um dann die Kunden in den einzelnen Marktsegmenten durch ein gezieltes Marketing-Mix anzusprechen. Bei der Verfolgung von Segmentierungsstrategien muß jedoch vielfach auf Massenproduktion verzichtet werden. Den zentralen Aspekt der Segmentierungsstrategie bildet die Identifikation von Kundensegmenten und deren differenzierte Bearbeitung.

Das *Planspiel* sieht, wie ja bereits oben angesprochen, eine differenzierte Marktbearbeitung vor. Mit Hilfe von Marktforschungsstudien sind als erstes die Bedürfnisse der einzelnen Kundensegmente zu identifizieren, um diesen dann durch geeignete Maßnahmen zu entsprechen. Die Maßnahmen sollten hier im Bereich der Produktpolitik die Verbesserung von Produkteigenschaften oder die Neuproduktentwicklung unter Berücksichtigung der Bedürfnisse der Zielgruppe sein. Ebenso sollte sich der Preis an den Vorstellungen der angesprochenen Kundensegmente orientieren. Im Bereich der Werbung sollte man die Produktwahrnehmung beeinflussen und durch das Betreiben von Werbewirkungsforschung gewährleisten, daß das gewünschte Kundenseg-ment angesprochen wird. Des weiteren sind die Außendienstaktivitäten in den Distributionskanälen, die vom anvisierten Kundenkreis frequentiert werden, zu verstärken. Dieses Vorgehen läßt auf eine Segmentierungsstrategie schließen.

Tabelle 8-5: Identifikationsmöglichkeiten verschiedener Marktparzellierungsstrategien in der Computersimulation

Strategietyp	Merkmale	Bedeutsame Variablen
Massenmarktstrategie	• Massenmarke • Massenproduktion • wenig aufwendiges Marketing-Mix	• Produktpolitik • Produktionsplanung • Werbung, AD, Preis
Segmentierungsstrategie	• Produktdifferenzierung • Neuproduktentwicklung • differenziertes Marketing-Mix (auf Kundensegment abgestimmt) • Werbewirkungsforschung	• Produktpolitik • F&E • Werbung, AD, Preis • Werbung

IV. Die Marktarealstrategien

Bei der letzten Basisstrategie, der Marktarealstrategie, steht die *gebietsstrategische* Frage im Mittelpunkt. Hierbei lassen sich nationale und internationale Gebietsstrategien unterscheiden.

Auf diesen vierten Strategietyp soll jedoch hier nicht näher eingegangen werden, da bei *Markstrat* keine gebietsstrategischen Entscheidungen getroffen werden können.

2. Markteintrittsstrategien und ihre Identifikationsmöglichkeiten in Markstrat

Markteintrittsstrategien erlangen in Markstrat an Bedeutung, wenn ein Unternehmen zur Erreichung seiner Ziele den Eintritt in neue Märkte, dem Voditemarkt, plant. Insbesondere durch immer kürzer werdende Produktlebenszyklen wird das Timing beim Markteintritt zum strategischen Erfolgsfaktor. Im allgemeinen werden als Grundtypen von Timing-Strategien
I. die *Pionierstrategie*
II. die *Strategie des frühen Folgers*
III. die *Strategie des späten Folgers* unterschieden.

I. Der Pionier

Der *Pionier* tritt als erstes Unternehmen in einen entstehenden Markt ein. Sein Strategieschwerpunkt liegt deshalb im Marktaufbau, was mit einigen Schwierigkeiten verbunden sein kann. So muß der Pionier die nicht unerheblichen Kosten der Markterschließung tragen und wird des weiteren mit dem Risiko einer ungewissen Nachfrageentwicklung konfrontiert, da es ihm erst gelingen muß latente Kundenbedürfnisse in reale Nachfrage umzuwandeln. Andererseits kann er jedoch von seinem zeitlichen Vorsprung auch profitieren. So wirkt sich dieser positiv auf die Erfahrungskurven, die Entwicklung eines Markt-Knowhows und den frühen Aufbau einer Marktposition aus. Des weiteren besitzt der Pionier prinzipiell maximalen Spielraum bei der Planung des Instrumentaleinsatzes, da er sich zeitweilig außerhalb des Wettbewerbs bewegt. Die Ausgestaltung der Marktbearbeitungsstrategien wird vor allem durch Kundenorientierung geprägt. In der Produktpolitik strebt der Pionier im Rahmen einer Gesamtmarktstrategie eine hohe Standardisierung an. Dabei wird das Unternehmen vorerst wenige Produktvarianten anbieten, bei denen stetige Produktverbesserungen vorgenommen werden. In der Preispolitik wird sich der Pionier in der Regel für einen hohen Einführungspreis entscheiden. Die Kommunikationspolitik ist offensiv ausgestaltet, auch um möglicherweise vorhandene Kaufwiderstände abzubauen. Im Konsumgüterbereich werden hier insbesondere die klassische Werbung und Verkaufsförderung eingesetzt.

Identifikation von Marketingstrategien

Der Pionier läßt sich in der *Computersimulation* einfach identifizieren. Das erste Unternehmen, das ein Vodite in den Markt einführt, kann als Pionier angesehen werden.

II. Der frühe Folger

Der *frühe Folger* überläßt dem Pionier die Risiken der Markterschließung und tritt erst in den Markt ein, wenn sich ein Wachstum abzeichnet. Die Strategieoptionen des frühen Folgers können innovatives Überbieten oder direktes Überspringen sein. Beim innovativen Überbieten imitiert der frühe Folger die Produkte des Pioniers. Es ist jedoch qualitativ besser oder entspricht eher den Kundenbedürfnissen. Der frühe Folger versucht, nachdem die Kunden erste Erfahrungen mit dem Produkt gesammelt haben und sich Kundenpräferenzen abzeichnen, diesen besser gerecht zu werden als der Pionier. Beim direkten Überspringen will der frühe Folger durch einen wesentlichen Fortschritt in der Technologie oder beim Produkt am Pionier vorbeiziehen. Er versucht deshalb neue Innovationen schneller als der Pionier zu entwickeln und zu realisieren. Dies ist nicht einfach. Beste Voraussetzungen sind aber dafür gegeben, wenn sich der Pionier auf bestimmte Technologien der ersten Generation festlegen mußte, welche höhere Kosten mit sich gebracht haben, und ihm dann die Mittel fehlen den Sprung zur Technologie der 2. Generation schnell zu realisieren.

Als frühe Folger sind in *Markstrat* die Unternehmen anzusehen, die als nächstes nach dem Pionier den Voditemarkt betreten.

III. Der späte Folger

Dem *späten Folger* steht offen, mit welcher Strategie er den Markterfolg erreichen möchte. Der späte Folger hat zwar den Vorteil, daß er den Markt am längsten beobachten konnte, er muß sich jedoch mit bereits etablierten Anbietern auseinandersetzen, was den Marktzugang erschwert.

Der späte Folger wird in der Computersimulation den Markt erst dann betreten, wenn mehrere andere Unternehmen mit ihren Produkten bereits auf dem Markt sind und er durch eine Analyse der Produkteigenschaften der verschiedenen Anbieter und der Kundenpräferenzen sein Produkt möglichst optimal nach den Kundenbedürfnissen gestalten kann.

8.3.3 Die Operationalisierung der in Markstrat realisierbaren Marketingstrategien

Im vorangegangenen Abschnitt wurden verschiedene für die Bearbeitung des Planspiels relevanten Marketingstrategien beschrieben, und es wurden Möglichkeiten aufgezeigt, anhand welcher Systemvariablen man die Strategien in Markstrat erkennen kann. Um jedoch das Vorgehen eines Probanden eindeutig einer bestimmten Strategie zuordnen zu können, ist es notwendig, die Strategiemerkmale anhand exakter Werte von Systemvariablen zu operationalisieren.

Daß ein solches Vorgehen erforderlich ist, soll am folgenden Beispiel verdeutlicht werden: Will man beurteilen, ob eine Präferenzstrategie vorliegt oder nicht, so muß man feststellen, inwieweit die Eigenschaften einer Präferenzstrategie erfüllt sind. Eine dieser Eigenschaften ist eine hohe Produktqualität. Es stellt sich die Frage, woran man diese im konkreten Fall, also bei einem Produkt, erkennen kann. Um die vorliegende Produktqualität beurteilen zu können, muß man wissen, welche Produkteigenschaften für die Qualität eines Produktes von zentraler Bedeutung sind und welche Werte diese Eigenschaften annehmen müssen. Bei solchen Überlegungen wird auch sehr schnell deutlich, daß nicht alle Merkmale für das Vorliegen einer Strategie gleich wichtig sind. So gibt es bestimmte Indikatoren, die für die Existenz einer Strategie notwendig sind, d.h. unbedingt gegeben sein müssen, während andere Merkmale nur zusätzliche Indikatoren sind, also nicht unbedingt vorliegen müssen. Wenn wir bei dem Beispiel der Präferenzstrategie bleiben, stellt die hohe Produktqualität eine notwendige Voraussetzung für eine solche Strategie dar, während der gezielte Außendiensteinsatz nur ein zusätzlicher Indikator für die Präferenzstrategie ist.

I. Die Marktfeldstrategien

Die Marktpenetration

Die Verfolgung einer Marktpenetrationsstrategie läßt sich an folgenden Indikatoren feststellen:
- *der Intensivierung des Werbeeinsatzes (notwendige Voraussetzung):* kontinuierliche Erhöhung des Werbebudgets, gegebenfalls auch Steigerung der Ausgaben für Werbewirkungsforschung oder Beeinflussung der Zielgerichtetheit der Werbung (Positionierung mittels Werbung).

- *preispolitische Maßnahmen (notwendige Voraussetzung):*
  Veränderung von Preisen eines oder mehrerer Produkte, um den Verkauf zu forcieren.
- *Produktverbesserungen (zusätzlicher Indikator):*
  Es werden keine neuen Produkte auf den Markt gebracht. Forschungs- und Entwicklungsprojekte werden dazu verwendet, die alten Produkte zu verbessern und so den Absatz zu forcieren.
- der Erhöhung der Produktionsmenge (zusätzlicher Indikator):
  Kontinuierliche Steigerung der Produktionsmengen von Spielperiode zu Spielperiode, um Kostendegressionseffekte zu erzielen. Einmalige Abweichungen fallen hier nicht ins Gewicht.

Die Produktentwicklung

Eine Produktentwicklungsstrategie erkennt man an:
- der Einführung neuer Produkte auf dem Sonitemarkt (notwendige Voraussetzung)

Die Diversifikation

Die Verfolgung einer Diversifikationsstrategie erfordert:
- die Einführung von Vodites (notwendige Voraussetzung)

II. Die Marktstimulierungsstrategien

Die Preismengenstrategie

Diese Strategieform erkennt man an:
- *einer durchschnittlichen Produktqualität (notwendige Voraussetzung):*
  Für die Qualitätswahrnehmung spielen die Leistung und das Aussehen des Produktes eine zentrale Rolle. Diese Qualitätsmerkmale können anhand der objektiven Produkteigenschaften (Forschungs- und Entwicklungsprojekte: Leistung = Produkteigenschaft 5, Design = Produkteigenschaft 2) überprüft werden.
  Der Leistung kommt jedoch bei der Produkt- und somit auch Qualitätswahrnehmung eine größere Bedeutung zu als dem Design. Aus diesem Grund ist für die Beurteilung der Qualität die Erfüllung der Anforderungen im Bereich der Leistung eine notwendige Voraussetzung, während die

Erfüllung der Anforderungen beim Design für die Qualitätsbeurteilung nicht erforderlich ist.

Die Leistung ist durchschnittlich bei etwa 50W. Das Design hat eine durchschnittliche Ausprägung bei Werten zwischen 6 und 7.

Entscheidungsregel:
Wenn Leistung ≤ 50 und Design <7, dann ist die Qualität durchschnittlich bzw. unterdurchschnittlich.
Wenn Leistung ≤ 50 und Design ≥ 7, dann ist die Qualität durchschnittlich bzw. unterdurchschnittlich.
Wenn Leistung >50 und Design <7, dann ist die Qualität überdurchschnittlich.
Wenn Leistung >50 und Design ≥ 7, dann ist die Qualität überdurchschnittlich.
Analog gilt für Vodites, bei denen die maximale Frequenz (=Produkteigenschaft 2) und das Gewicht (=Produkteigenschaft 5) die zentralen Merkmale für die Beurteilung der Produktqualität sind:
Wenn maximale Frequenz ≤ 12 und Gewicht ≥ 55, dann ist die Qualität durchschnittlich bzw. unterdurchschnittlich.
Wenn maximale Frequenz ≤ 12 und Gewicht <55, dann ist die Qualität durchschnittlich bzw. unterdurchschnittlich.

- *durchschnittlichen Werbeausgaben (notwendige Voraussetzung):*
  Vom gesamten Werbebudget wird der Durchschnittsbetrag oder auch weniger für das Produkt als Budget eingesetzt. Einmalige Abweichungen fallen nicht ins Gewicht.

- *einem niedrigen Preis (notwendige Voraussetzung):*
  Der Preis liegt 20% unter dem durchschnittlichen Preis. Einmalige Abweichungen fallen nicht ins Gewicht.

- *dem geringen Außendiensteinsatz (zusätzlicher Indikator):*
  Es sind wenige Mitarbeiter in den Distributionskanälen beschäftigt, in denen das Produkt abgesetzt wird. Da es sich bei der Verfolgung einer Preismengenstrategie um niedrigpreisigere Produkte handelt, werden diese in der Regel vor allem über Kaufhäuser (Kanal 3) und über den Elektrohandel (Kanal 2) vertrieben.
  Kriterien:
  Keine neuen Mitarbeiter in Kanal 3 (dieselben Aussagen können für Kanal 2 nicht gemacht werden, da hier auch höherwertige Produkte des

Identifikation von Marketingstrategien 299

Unternehmens abgesetzt werden und eine Isolierung der Wirkung nicht möglich ist).

Anzahl der Außendienstmitarbeiter ist in diesem Kanal bezogen auf die Anzahl der potentiellen Handelsunternehmen geringer als in den anderen Distributionskanälen.

- *niedrige Produktionskosten (zusätzlicher Indikator):*
  Es wird ein niedriger Wert bei den geplanten Produktionskosten in der Forschung und Entwicklung angesetzt (Wert 100-120).
  Es werden Forschungs- und Entwicklungsprojekte zur Kostensenkung durchgeführt.
  Durch Kostendegressionseffekte (realisiert durch zunehmende Erfahrung und/oder hohe Produktionsmengen) sinken die Produktionskosten kontinuierlich.

Die Präferenzstrategie

Die Verfolgung einer Präferenzstrategie erkennt man an:
- *einer hohen Produktqualität (notwendige Voraussetzung):*
  Wenn Leistung >50 und Design ≥ 7, dann hohe Produktqualität.
  Wenn Leistung >50 und Design <7, dann hohe Produktqualität.

  Analog für Vodites:
  Wenn maximale Frequenz >12 und Gewicht <55, dann hohe Produktqualität.
  Wenn maximale Frequenz >12 und Gewicht ≥ 55, dann hohe Produktqualität.

  Weiterer Indikator:
  Verbesserung der Leistung durch Forschung und Entwicklung.

- *hohen Werbeausgaben (notwendige Voraussetzung):*
  Es wird vom gesamten Werbebudget ein überdurchschnittlicher Betrag für das Produkt verwendet. Einmalige Abweichungen fallen nicht ins Gewicht.

- *einem hohen Preis (notwendige Voraussetzung):*
  Der Preis liegt 20% über dem durchschnittlichen Preis. Einmalige Abweichungen fallen nicht ins Gewicht.

- *einem gezielten Außendiensteinsatz (zusätzlicher Indikator):*
  Planung des Außendiensteinsatzes aufgrund der Analyse von Marktforschungsstudie 3 oder Planung des Außendiensteinsatzes aufgrund der

plausiblen Annahme, daß höherwertige Produkte vor allem in Kanal 1 und auch im Kanal 2 abgesetzt werden.

III. Die Marktparzellierungsstrategien

Die Massenmarktstrategie

Einen Massenmarktstrategie kann man an folgenden Merkmalen erkennen:
- *Massenmarke (notwendige Voraussetzung):*
  eine Marke, die alle Kunden anspricht.
- *Massenproduktion (notwendige Voraussetzung):*
  hohe Produktionsstückzahlen.
- *wenig aufwendiges Marketing-Mix (notwendige Voraussetzung)*

Die Segmentierungsstrategie

Diese kann man erkennen an:
- *differenziertem Produktangebot (notwendige Voraussetzung)*
- *Neuproduktentwicklung (zusätzlicher Indikator)*
- *differenziertem Marketing-Mix (notwendige Voraussetzung)*
- *Werbewirkungsforschung (zusätzlicher Indikator)*

IV. Die Markteintrittsstrategien für den Voditemarkt

Die Pionierstrategie

Der Pionier zeichnet sich dadurch aus, daß er als erstes Unternehmen ein Vodite auf den Markt bringt (notwendige Voraussetzung).

Die Strategie des frühen Folgers

Ein Unternehmen verfolgt diese Strategie, wenn es in der nächsten oder übernächsten Spielperiode nach dem Pionier in den Markt eintritt (notwendige Voraussetzung).

Die Strategie des späten Folgers

Die Strategie des späten Folgers betreibt das Unternehmen, das erst in den Markt eintritt, wenn die anderen Firmen bereits am Markt sind (notwendige Voraussetzung).

8.3.4 Empirische Befunde der ersten Untersuchung mit Markstrat

8.3.4.1 Einzelfallbetrachtungen

Wie verhielten sich die Versuchspersonen bei der Bearbeitung der Computersimulation Markstrat? Nutzten die Untersuchungsteilnehmer Marketingstrategien bei der Problembearbeitung? Diese Fragen wollen wir zunächst anhand zweier Einzelfallanalysen beantworten.

Unter 8.3.2 wurden verschiedene für die Bearbeitung von Markstrat relevanten Marketingstrategien beschrieben, und es wurde aufgezeigt, anhand welcher Systemvariablen man diese Strategien in Markstrat erkennen kann. Um das Vorgehen eines Probanden eindeutig einer bestimmten Strategie zuordnen zu können, wurden ferner die Strategiemerkmale anhand exakter Werte operationalisiert (siehe Abschnitt 8.3.3). Die operationalisierten Strategiemerkmale ermöglichen es, die verschiedenen Strategien anhand des *Eingriffsverhaltens* der Versuchspersonen zu identifizieren. Man darf jedoch nicht vergessen, daß man nur dann von einem *bewußten Einsatz von Marketingstrategien* sprechen kann, wenn sich *sowohl in den Aussagen der Probanden als auch im Verhalten Hinweise auf solche Strategien* finden lassen.

Die Analyse des Eingriffsverhaltens von VP08

VP08 versuchte in den ersten beiden Spielphasen durch eine Intensivierung der Werbemaßnahmen, Erhöhung der Außendienstmitarbeiter, preispolitische Maßnahmen verbunden mit einer Ausweitung Produktionsmenge den Verkauf seiner bisherigen Produkte (Sama, Salt) zu forcieren und so den Marktanteil und den Gewinn zu erhöhen. Der Untersuchungsteilnehmer verfolgte also während der ersten beiden Spielperioden eine Penetrationsstrategie.

Doch bereits in der zweiten Entscheidungsphase begann VP08 mit Forschungs- und Entwicklungsaktivitäten und führte in der dritten Spielperiode ein neues Produkt auf dem Sonite-Markt ein. Die Versuchsperson hat also Produktentwicklung betrieben. Um den Kundenbedürfnissen zu entsprechen, verfolgte der Proband mit dem Produkt „Sane" eine Präferenz- und mit dem Produkt „Sama" eine Preismengenstrategie. Bei „Salt" hingegen ergriff VP08 eine Mischstrategie. Mit diesen drei Produkten sprach der Proband unterschiedliche Kundensegmente an, indem er das Produktangebot mit einem differenzierten Marketing-Mix und einer gezielten Kundenansprache vermarktete. Es wurde also eine Segmentierungsstrategie realisiert. Im folgenden sind die Marketingstrategien von VP08 in einer Tabelle (Tab. 8-6) dargestellt. Diese ist dabei so aufgebaut, daß auf der linken Seite die einzelnen Marketingstrategien und ihre Erkennungsmerkmale aufgeführt sind. Demgegenüber ist auf der rechten Seite vermerkt, inwieweit die einzelnen Strategiemerkmale und die Strategien aufgetreten sind und gegebenenfalls auch zu welchem Zeitpunkt.

Tabelle 8-6:   Die Marketingstrategien von VP08

Marketingstrategien	*VP08*	
Marktfeldstrategien		
Marktpenetration	Periode 1-2	
Intensivierung der Werbung	ja	
preispolitische Maßnahmen	ja	
Intensivierung der Außendienstaktivitäten	ja	
Erhöhung der Produktionsmengen	ja	
Produktverbesserung	nein	
Produktentwicklung	ja	
neue Produktlösungen(Sonites)	1	
	sane (P3)	F&E: Periode2
Diversifikation	nein	
Entwicklung des Vodites	nein	
Markteintrittsstrategien (V)	nein	
Pionier	nein	
Früher Folger	nein	
Später Folger	nein	
Marktstimulierungsstrategie		
Preismengenstrategie	ja	
Produkt:	sama	
durchschnittliche Produktqualität	ja	
durchschnittliche Werbeausgaben	ja	
niedriger Preis	ja	
geringer Außendiensteinsatz	nein	
niedrige Produktionskosten	ja	

Fortsetzung nächste Seite

Identifikation von Marketingstrategien

Fortsetzung Tabelle 8-6: Die Marketingstrategien von VP08

Präferenzstrategie	ja	nein (Mischform)
Produkt:	sane	salt
hohe Produktqualität	ja	nein
hohe Werbeausgaben	ja	ja
hoher Preis	ja	nein
gezielter Außendiensteinsatz	ja	ja
Marktparzellierungsstrategien		
Massenmarktstrategie	nein	
Massenmarke	nein	
Massenproduktion	nein	
wenig aufwendige Marketing-Mix	nein	
Segmentierungsstrategie	ja	
differenziertes Produktangebot	ja	
Neuproduktentwicklung	ja	
differenziertes Marketing-Mix	ja	
Werbewirkungsforschung	ja	

Die Analyse des Eingriffsverhaltens von VP11

VP11 versuchte während der gesamten Spieldauer durch eine Intensivierung der Marketingaktivitäten den Verkauf ihrer Produkte „Sama" und „Salt" zu forcieren. Sie verfolgte demnach eine Penetrationsstrategie. Zu diesem Zweck erhöhte sie das Werbebudget, verteilte die Außendienstmitarbeiter um, ergriff preispolitische Maßnahmen und steigerte bis auf einige wenige Ausnahmen, in denen aufgrund eines zu geringen Abverkaufs sehr viele Produkte auf Lager lagen, die Produktionsmenge. Erst in der letzten bzw. achten Spielperiode begann die Versuchsperson dann mit Forschungs- und Entwicklungsaktivi-täten, um das Produkt „Sama" zu modifizieren. Neue Produkte für den Sonite- und auch für den Voditemarkt hat VP11 im Laufe des Spielverlaufs nicht entwickelt und somit keine Produktentwicklung und Diversifikation betrieben. Auch VP11 versuchte durch eine gezielte Kundenansprache, also durch die Verfolgung einer Segmentierungsstrategie, den Verkauf ihrer Produkte zu forcieren. Dabei verfolgte sie mit dem Produkt „Salt" eine Preismengen- bzw. Billigstrategie und mit „Sama" eine Mischstrategie. Einen Überblick über die Strategien von VP11 liefert Tab. 8-7.

Tabelle 8-7: Die Marketingstrategien von VP11

Marketingstrategien	VP11	
Marktfeldstrategien		
Marktpenetration	ja	
Intensivierung der Werbung	ja	
preispolitische Maßnahmen	ja	
Intensivierung der Außendienstaktivitäten	ja	
Erhöhung der Produktionsmengen	ja	
Produktverbesserung	ja	P10: Sama
Produktentwicklung	nein	
neue Produktlösungen(Sonites)	nein	
Diversifikation	nein	
Entwicklung des Vodites	nein	
Markteintrittsstrategien (V)	nein	
Pionier	nein	
Früher Folger	nein	
Später Folger	nein	
Marktstimulierungsstrategie		
Preismengenstrategie	nein (Mischform)	ja
Produkt:	sama	salt
durchschnittliche Produktqualität	ja	ja
durchschnittliche Werbeausgaben	nein	ja
niedriger Preis	nein	ja
geringer Außendiensteinsatz	?	?
niedrige Produktionskosten	ja	ja
Präferenzstrategie		
Produkt:		
hohe Produktqualität		
hohe Werbeausgaben		
hoher Preis		
gezielter Außendiensteinsatz		

Fortsetzung nächste Seite

Fortsetzung Tabelle 8-7: Die Marketingstrategien von VP11

Marktparzellierungsstrategien	
Massenmarktstrategie	nein
Massenmarke	nein
Massenproduktion	nein
wenig aufwendige Marketing-Mix	nein
Segmentierungsstrategie	ja
differenziertes Produktangebot	ja
Neuproduktentwicklung	nein
differenziertes Marketing-Mix	ja
Werbewirkungsforschung	ja

Die Marketingstrategien von VP08 und VP11 im Vergleich

Wir haben die Marketingstrategien von VP08 und VP11 bereits dargestellt. Im folgenden werden nun die Unterschiede zwischen den beiden Probanden und sonstige Auffälligkeiten kurz beschrieben.

Vergleicht man das Vorgehen von VP08 und VP11 hinsichtlich der verfolgten Marketingstrategien, so kann man erkennen, daß diese eigentlich nur im Bereich der Marktfeldstrategien stark differenzieren. Während VP08 in der zweiten Entscheidungsphase ein Forschungs- und Entwicklungsprojekt für ein neues Produkt „Sane" startete, das er dann in der dritten Spielperiode einführte und darüber hinaus auch die Produkte „Sama" und „Salt" im fünften Spieljahr modifizierte, begann VP11 erst gegen Ende der Spielzeit in der achten Spielperiode mit Forschungsaktivitäten zur Modifikation des Produktes „Sama". Jedoch gerade Produktmodifikation, Produktentwicklung und Diversifikation lieferten den Spielern die Möglichkeit, den Kundenbedürfnissen besser gerecht zu werden und so den Marktanteil des Unternehmens auszubauen. Dies scheint außerdem auch besonders wichtig zu sein, da diverse Konkurrenzfirmen ebenfalls frühzeitig Produktmodifikationen und -neueinführungen durchführten. Es entstand daher der Eindruck, daß sich frühzeitige Forschungs- und Entwicklungsaktivitäten positiv auf den Erfolg bei der Planspielbearbeitung auswirkten.

Ferner deuten diese Unterschiede darauf hin, daß wohl nicht ausschließlich die marketingstrategische Notwendigkeit das Vorgehen der Untersuchungsteilnehmer determiniert hat, da beide Probanden mit der gleichen Ausgangssituation gestartet waren.

Besonders auffällig war aber, daß man zwar am Eingriffsverhalten unterschiedliche Marketingstrategien identifizieren konnte, aber die Probanden bei der Problembearbeitung nicht explizit solche Strategien benannten. So findet man in den Protokollen des „lauten Denkens" keine Äußerungen der Art: „Ich möchte mit meinem Produkt „Sama" das Kundensegment 1 ansprechen. Diese Kunden wollen ein teueres Produkt zu einem hohen Preis. Ich muß hier also eine Präferenzstrategie fahren." Auch vor der Durchführung von For-schungs- und Entwicklungsmaßnahmen wurden keine Aussagen der Art gemacht: „Ich werde nun dieses Projekt starten, um ein neues Produkt am Markt zu plazieren." Aus dem „lauten Denken" der beiden Probanden ging also nicht hervor, daß sie diese Strategien gezielt oder bewußt verfolgten. Statt dessen bekommt man den Eindruck, daß die Untersuchungsteilnehmer ihre Handlungsstrategien ad hoc entwickelten, ohne sich dabei auf bereichsspe-zifische Strategien zu stützen.

8.3.4.2 Die Bedeutung von Marketingstrategien bei der individuellen Handlungsorganisation

Die Einzelfallbetrachtungen haben gezeigt, daß man anhand des Eingriffsverhaltens von VP08 und VP11 unterschiedliche Marketingstrategien identifizieren konnte. Allerdings nannten die beiden Probanden keine bereichsspezifischen Strategien bei der Problembearbeitung. Inwieweit sich diese Befunde auch für die anderen Untersuchungsteilnehmer replizieren lassen, soll daher im folgenden untersucht werden. Dabei kommt man nicht umhin, sich auch mit der Frage zu beschäftigen, wie bestimmte Entschei-dungen zustandekommen. Aufschluß darüber können die Aussagen der Probanden bei der Problembearbeitung und bei der Nachbefragung geben.

Zuerst sollte man sich aber noch einmal ins Gedächtnis rufen, was man im Marketing unter einer Strategie versteht. Nach Nieschlag, Dichtl & Hörschgen (1988) sind Strategien *„Grundsatzentscheidungen mit Instrumentalcharakter"*. Hat man dies vor Augen, muß man annehmen, daß die Untersuchungsteilnehmer bei der Bearbeitung des Planspiels zu einem bestimmten Zeitpunkt diese Grundsatzentscheidungen fällen und dies auch aus ihren Aussagen hervorgeht. Es erscheint nämlich sehr unwahrscheinlich, daß Marketingstra-tegien im Sinne vollständiger Handlungspläne automatisch ablaufen, da sie lediglich Zwischenziele enthalten und eine situationsspezifische Festlegung der Marketingmaßnahmen erforderlich machen.

Identifikation von Marketingstrategien 307

Bei der Analyse des „lauten Denkens" fällt jedoch auf, daß sich Probanden nur vereinzelt zu strategisch relevanten Aspekten äußerten. So sagte beispielsweise VP04 in der ersten Planungsphase, daß er für Produkt „Salt" verstärkte Werbeaktivitäten im Hochpreissegment starten wolle oder zu einem späteren Zeitpunkt – in der vierten Spielperiode, daß er die Leistung von „Sama" und „Salt" verbessern wolle, was auch auf eine Entwicklung in Richtung Hochpreisstrategie hindeutete. Allerdings formulierte keiner der 21 Untersuchungsteilnehmer nach der anfänglichen Informationsphase eine komplette bereichsspezifische Strategie für das weitere Vorgehen oder äußerte sich z.B. wie folgt: „Ich möchte für mein Produkt „Salt" eine Hochpreisstrategie realisieren."

Auch das abschließende Interview zu Markstrat scheint diese Eindrücke zu bestätigen. Untersucht man, inwieweit die Probanden *Marketingstrategien* oder zumindest in diesem Zusammenhang relevante *Ziele auf der inhaltlichen Ebene* (z.B. die Entwicklung neuer Produkte, die Erhöhung der Preise) bei der Frage nach ihren Zielen und der Grundidee ihres Vorgehens benannten, ergibt sich folgendes Bild (siehe Tab. 8-8).

Von den 20 befragten Probanden formulierten
- neun keine marketingstrategisch relevanten Ziele
- neun inhaltliche Ziele, die mit einer Marketingstrategie im Zusammenhang stehen
- zwei inhaltliche Ziele, die bei zwei Strategietypen von Bedeutung sind.
- Außerdem nannte keiner der Untersuchungsteilnehmer eine Marketingstrategie beim Namen.

Diese Ergebnisse sprechen dafür, daß es den Probanden in neuartigen und komplexen Situationen wie Markstrat aufgrund der damit einhergehenden Informationsvielfalt und Unbestimmtheit so gut wie unmöglich war, auf Basis bereichsspezifischer Strategien ihr Vorgehen zu organisieren. Eine Ursache hierfür könnte z.B. darin bestehen, daß das Wissen um solche Strategien oftmals in abstrakter Form oder in anderen Kontexten erworben worden ist, was ihre Anwendung in neuartigen und komplexen Situationen erschwert (vgl. Renkl, Gruber & Mandl, 1995, S. 4 ff.).

Wie wir gesehen haben, ließen sich für den Abruf kompletter bereichsspezifischer Strategien aus dem Bestand des Wissens und ihre Anwendung in Markstrat keine Hinweise finden. Statt dessen entwickelten die Probanden ihre

Tabelle 8-8: Formulierung marketingstrategisch relevanter Ziele in der Nachbefragung

VP-Nummer	Formulierung von Zielen, die auf eine Marktfeldstrategie hindeuten	Formulierung von Zielen, die auf eine Marktstimulierungsstrategie hindeuten	Formulierung von Zielen, die auf eine Marktparzellierungsstrategie hindeuten
VP03	-	-	-
VP04	+	-	-
VP05	+	-	-
VP06	-	-	-
VP07	+	-	-
VP08	+	-	-
VP09	-	-	-
VP10	-	-	-
Vp11	-	-	-
VP14	+	+	-
VP16	-	-	-
VP17	+	-	-
VP19	-	-	-
VP20	+	-	-
VP22	-	+	-
VP24	+	-	-
VP25	+	-	-
VP26	+	+	-
VP27	-	+	-
VP28	+	-	-

Vorgehensstrategien ad hoc aus den Erfordernissen der Situation heraus. Dabei trafen sie bereits in einem frühen Bearbeitungsstadium auf der Basis weniger Informationen grundsätzliche und teilweise irreversible Entscheidungen.

Diesen Beobachtungen trägt das Strategemmodell Rechnung (siehe hierzu im Detail Abschnitt 8.5). Es geht davon aus, daß eher allgemeine strategische Regeln, sogenannte *Strategeme*, dem Vorgehen in neuartigen und komplexen Situationen eine erste grundsätzliche Richtung geben. Strategeme werden aufgrund bestimmter Problemkonstellationen aktiviert, legen die Eigenschaften des Vorgehens fest und steuern auf diese Weise die Wissensauswahl und -nutzung sowie die psychischen Prozesse bei der Strategieentwicklung. Sie besitzen ein Komplexitätsprofil bzw. bestimmte Situationsmerkmale als Input-

Muster (WENN-Teil) und lösen bei einer entsprechenden Konstellation in der Umwelt eine Regelanwendung (DANN-Teil) aus. Diese besteht jedoch nicht aus einer Handlung, sondern enthält lediglich Informationen über die Eigenschaften, welche Ziele, Handlungen oder psychische Prozesse in einer solchen Situation haben sollten. Strategeme erlauben also die Bildung von Teil- und Zwischenzielen, schränken die Zahl der Handlungsmöglichkeiten ein und geben dem Vorgehen eine bestimmte Richtung.

Welche strategischen Regeln haben nun die Nutzung des bereichsspezifischen Wissens beeinflußt? Hier ergab die Analyse des „lauten Denkens", daß sich die Probanden – natürlich mit unterschiedlicher Intensität – mit den Kunden, der Konkurrenz und den Kosten beschäftigten und dies das Planen und Handeln erheblich beeinflußt hat. Somit waren die Kunden-, die Kosten- und die Konkurrenzorientierung, die im Marketing auch als strategische Grunddimensionen zur Sicherung von Wettbewerbsvorteilen oder zur Erreichung einer bestimmten Wettbewerbsposition bekannt sind, wichtige Vorgehenseigenschaften bei der Bearbeitung von Markstrat.

Woran konnte man nun beispielsweise Kundenorientierung erkennen? Kundenorientierung lag dann vor, wenn für eine Versuchsperson Kundenwünsche bzw. -bedürfnisse die Grundlage für unternehmerische Entscheidungen bildeten. In Markstrat konnte man dies daran erkennen, daß sich der Proband z.B. anhand von Marktforschungsstudien überlegte, welche Kunden er ansprechen wollte und wie er diese am besten erreichen konnte. Aufgrund dieser Überlegungen hat er dann versucht, seine Maßnahmen zu planen (z.B. Vertrieb, Forschung und Entwicklung, Werbung).

Welche Bedeutung der Kunden-, Konkurrenz- und Kostenorientierung bei der Bearbeitung von Markstrat zukam, kann man Tab. 8-9 entnehmen. Sie zeigt, daß Eigenschaften des strategischen Handelns bei den Probanden gefunden werden konnten, die auf die Wirkung der fachlichen Strategeme hindeuten.

Tabelle 8-9: Relative Häufigkeit des Auftretens einiger Strategeme (Strategemwert > 0; bei n=21)

Strategische Grundausrichtungen	Häufigkeit
Kundenorientierung	90,5 %
Kostenorientierung	85,7 %
Konkurrenzorientierung	90,5 %

Wie wir gesehen haben, wirken sich die durch fachliche Strategeme induzierten Eigenschaften des strategischen Handelns auf die Wissensauswahl bei der Handlungsorganisation aus. An dieser Stelle stellt sich die Frage, wie diese Vorgehenseigenschaften den Erfolg bei der Simulation beeinflußt haben (siehe hierzu auch Abschnitt 10.1). Geht man vom Deckungsbeitrag 2 und vom umsatzbezogenen Marktanteil als den beiden zentralen Erfolgsgrößen aus und vergleicht die jeweils am Median dichotomisierten Gruppen „erfolgreicher" und „weniger erfolgreicher" Untersuchungsteilnehmer, ergibt sich folgendes Bild.

Die Probanden, die einen *höheren Deckungsbeitrag* erzielten, waren kundenorientierter (U=21; W=144; z=-2,40; $\alpha<5\%$).

Einen *niedrigeren Deckungsbeitrag* (U=25,5; W=80,5; z=-2,09; $\alpha<5\%$) und einen *geringeren Marktanteil* (U=19,5; W=74,5; z=-2,51; $\alpha<5\%$) erwirtschafteten hingegen Versuchspersonen, die kostenorientierter waren.

Bei der Entwicklung angemessener Handlungsstrategien in Markstrat spielt somit die inhaltliche Ausrichtung des Vorgehens eine wichtige Rolle.

8.3.5 Die Fragestellung der zweiten Untersuchung

Die Ergebnisse der ersten Untersuchung haben gezeigt, daß die Probanden bei der Bearbeitung von Markstrat aufgrund der Eigenschaften der Planungskonstellation wohl keine vollständig ausgearbeiteten Marketingstrategien zur Handlungsorganisation genutzt haben. Vielmehr wurde ihr Vorgehen durch allgemeine strategische Regeln, sogenannte Strategeme, gesteuert, von denen aus marketingstrategischer Sicht vor allem die Kunden- und die Konkurrenz- und die Kostenorientierung interessant waren, da sie die Sicherung von Wettbewerbsvorteilen und die Anpassung an die Wettbewerber erlaubten.

Es bleibt allerdings noch zu überprüfen, welche Auswirkungen unterschiedliche Anforderungen auf die strategischen Grundausrichtungen und Entscheidungen der Versuchspersonen haben. Dies geschieht am besten, indem man in der zweiten Untersuchung die Probanden mit einem anderen absatzwirtschaftlichen Planspiel – in diesem Fall SchokoFin – konfrontiert, das sich hinsichtlich seines Komplexitätsprofils von Markstrat unterscheidet (siehe hierzu Abschnitt 8.2).

Dabei lassen sich folgende Hypothesen für die zweite Untersuchung formulieren: Auch in SchokoFin werden die Probanden keine Marketingstrategien zur Handlungsorganisation nutzen. Statt dessen stoßen allgemeine strategische Regeln den Prozeß der Strategieentwicklung an, wobei ebenso

Identifikation von Marketingstrategien 311

wie in der ersten Untersuchung die Kunden-, Konkurrenz- und Kostenorientierung die Aktivierung und Nutzung des Fachwissens beeinflussen. Man muß jedoch aufgrund der höheren Vernetztheit und damit einhergehenden Informationsvielfalt des hier eingesetzten Planspiels davon ausgehen, daß nur wenige Probanden in der Lage sein werden, die Kundenorientierung erfolgreich umzusetzen. Dasselbe gilt auch für die Konkurrenzorientierung. Aus diesem Grund werden wohl keine positiven Korrelationen zwischen diesen strategischen Grundausrichtungen und dem Erfolg zu erwarten sein. Demgegenüber wird wohl die Kostenorientierung eine positive Auswirkung auf den Erfolg bei der Planspielbearbeitung haben, da die Überwachung der Kosten und die Optimierung betriebsinterner Abläufe (z.B. Produktion) leichter zu realisieren ist als eine umfassende Kunden- und Konkurrenzorientierung.

Anhand zweier Einzelfälle soll schließlich noch detaillierter untersucht werden, wie die Untersuchungsteilnehmer versuchen, beim Planen und Handeln kunden-, kosten- und konkurrenzorientiert vorzugehen. In diesem Zusammenhang werden auch Hypothesen darüber aufgestellt, warum bestimmte Vorgehenseigenschaften zu einem bestimmten Zeitpunkt ins Spiel kommen.

8.3.6 Empirische Befunde der zweiten Untersuchung

Es galt zunächst zu überprüfen, inwieweit der Einsatz einer anderen Simulation Einfluß auf die fachlichen Entscheidungen der Probanden hatte. In SchokoFin waren dabei bis auf die Produktentwicklung und Diversifikation dieselben Strategien wie in Markstrat möglich. Man konnte hier feststellen, daß die Ergebnisse der ersten Untersuchung durch die der zweiten Studie bestätigt werden konnten.

So ergab die Analyse des „lauten Denkens", daß die Probanden keine vollständigen Marketingstrategien formulierten, sondern allerhöchstens vereinzelt strategisch relevante Ziele auf der inhaltlichen Ebene nannten.

Ferner bestätigte das abschließende Interview die Ergebnisse der ersten Untersuchung. Auf die Frage, ob sie ihr Vorgehen bestimmten Marketingstrategien zuordnen könnten, nannten von den 34 Probanden:

- 21 keine Marketingstrategie oder ein damit im Zusammenhang stehendes inhaltliches Ziel
- neun ein inhaltliches Ziel
- einer inhaltliche Ziele, die bei zwei Strategietypen von Bedeutung sind
- zwei eine Marketingstrategie
- einer zwei Marketingstrategien.

Diese Ergebnisse sprechen dafür, daß die Probanden in SchokoFin keine vollständig ausgearbeiteten Marketingstrategien eingesetzt haben. Statt dessen haben wieder Strategeme die Aktivierung und Nutzung des Fachwissens beeinflußt. Dies geht auch aus Tab. 8-10 hervor.

Tabelle 8-10: Relative Häufigkeit des Auftretens einiger Strategeme (Strategemwert > 0; n=34)

Strategische Grundausrichtungen	Häufigkeit
Kundenorientierung	67,6%
Kostenorientierung	91,2%
Konkurrenzorientierung	73,5%

Vergleicht man jedoch Tab. 8-9 mit Tab. 8-10 so kann man erkennen, daß bei SchokoFin im Vergleich zu Markstrat die drei Vorgehenseigenschaften nicht so deutlich hervortraten. Dies mag teilweise aus Unterschieden bei der Operationalisierung, die durch den Einsatz eines anderen Planspiels notwendig wurden, resultieren. Des weiteren korrelierte keines der Strategeme mit dem Erfolg bei der Planspielbearbeitung. Als Ursache hierfür kann man wohl ansehen, daß das Planspiel SchokoFin im Vergleich zu Markstrat wesentlich komplexer war. Kundenorientierung konnte nämlich nur dann erfolgreiches Handeln induzieren, wenn es den Probanden gelang, die Kundenprofile zu analysieren und die Produktentwicklung, die Preisgestaltung und die Werbeaktivitäten an den Kundenbedürfnissen auszurichten. Ähnliches galt für die Konkurrenzorientierung. Hier sollte der Proband seine gesamten Maßnahmen aus den Ergebnissen der Konkurrenzanalyse ableiten. Er durfte dabei jedoch nicht die Kundenbedürfnisse aus den Augen verlieren, da er ansonsten womöglich erfolglose Produkte kopierte.

Sowohl eine erfolgreiche Kunden- als auch die Konkurrenzorientierung erforderten im hohen Maße eine Koordination der einzelnen Aktivitäten, was sehr aufwendig und auch zeitintensiv war. Im Gegensatz dazu, mußte der Proband bei einem kostenorientierten Vorgehen vor allem Produktion und die Lagerhaltung optimieren. Hier waren die Anforderungen an den Problemlöser geringer. Allerdings mußte er zuerst einmal erkennen, daß Produktion und Lagerhaltung zentrale Kostenfaktoren waren, und dann mußte er versuchen, die Produktion gemäß Lagerbeständen, Bestellungen, Verkäufen des Vorjahres und Produktionskapazitäten und -kosten zu optimieren, was wohl auch nicht immer gelang.

Identifikation von Marketingstrategien 313

Dies muß man wohl als Ursache dafür ansehen, daß auch die Kostenorientierung nicht mit dem Erfolg korrelierte.

Dennoch gibt es kunden-, konkurrenz- und kostenorientierte Probanden, die in SchokoFin erfolgreich waren. Es kommt also immer auf die Realisation bzw. Umsetzung bestimmter strategischer Grundausrichtungen an. Dies läßt sich auch anhand zweier Einzelfälle dokumentieren.

Ein Beispiel für Schwierigkeiten bei der Realisierung eines kunden- und konkurrenzorientierten Vorgehens (VP108)

Wie Abb. 8-4 zeigt, hat sich VP108 bei der Problembearbeitung immer wieder zu Kostenaspekten, den Kunden und der Konkurrenz geäußert.

Abbildung 8-4:   Kosten-, Kunden- und Konkurrenzorientierung von VP108 auf Basis des „lauten Denkens"

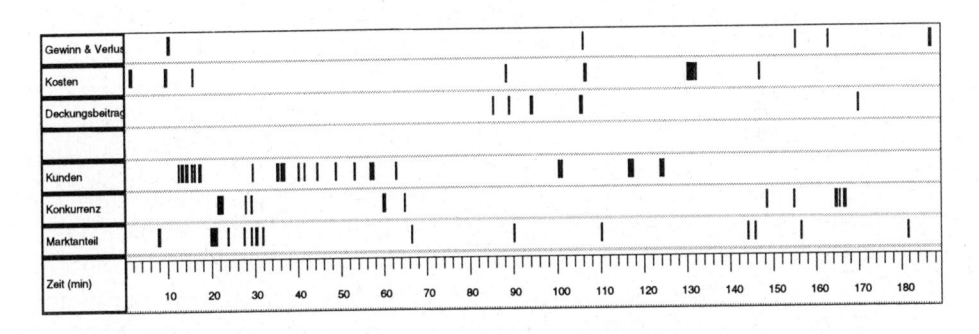

Man kann des weiteren erkennen, daß die Versuchsperson ihr Vorgehen an diesen Aspekten ausrichten wollte. Inwieweit es ihr gelungen ist, diese Haltung auch in tatsächliches Verhalten umzusetzen, soll im folgenden untersucht werden. Zu diesem Zweck muß man aber auch überprüfen, inwieweit sich der Proband mit Daten zu den Kunden, den Kosten und der Konkurrenz beschäftigt hat. In diesem Zusammenhang scheint es vor allem interessant zu sein, wann sich der Proband Informationen über Kundenprofile und Kundensegmenten, Produktprofile der Konkurrenz und Kosten im System ansah. Die folgende Abbildung (siehe Abb. 8-5) gibt hierüber Aufschluß:

Abbildung 8-5: Kosten-, Kunden- und Konkurrenzorientierung von VP108 auf Basis des Systemprotokolls

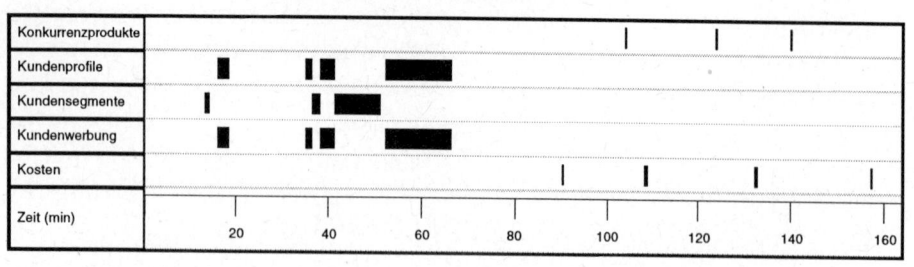

Konkurrenzprodukte								
Kundenprofile	▮	▮▮	▮▮▮					
Kundensegmente	▮	▮ ▮▮▮						
Kundenwerbung	▮	▮▮	▮▮▮					
Kosten					▮	▮	▮	▮
Zeit (min)	20	40	60	80	100	120	140	160

So kann man Abb. 8-5 entnehmen, daß sich VP108 vor allem in der ersten Entscheidungsphase mit Kundenprofilen und Kundensegmenten beschäftigt hat. Der Proband kam jedoch versehentlich auf „Weiter", so daß er diese Informationen erst in der zweiten Spielperiode bei der Generierung von Maßnahmen berücksichtigen konnte. Hier versuchte VP108 vor allem seine Produktentwicklungs- und Preisaktivitäten an den in der vorherigen Runde identifizierten Kundenbedürfnisse auszurichten, was jedoch nicht immer gelang. So kam es vor, daß Preise zu niedrig angegeben oder Produkteigenschaften nicht entsprechend der Kundenbedürfnisse modifiziert wurden. Diese Informationen der ersten Planungsphase dienten bis einschließlich zur dritten Spielperiode als Basis für Forschungs- und Entwicklungsaktivitäten. Auf diese Weise wurde natürlich nicht der Dynamik der Kundenwünsche Rechnung getragen, was dazu führte, daß die eingeleiteten Maßnahmen nicht den gewünschten Erfolg brachten.

Aus diesem Grund ging VP108 wohl dazu über, sich Kundenprofile der Konkurrenz anzusehen. Diese Informationen bildeten die Grundlage für Produktentwicklungsmaßnahmen. Da jedoch der Proband hierbei die Kundenwünsche außer Acht ließ, kopierte er erfolglose Konkurrenzprodukte, so daß auch die Konkurrenzorientierung nicht den gewünschten Erfolg brachte.

Schließlich hat sich der Untersuchungsteilnehmer in regelmäßigen Abständen (in nahezu jeder Spielphase) die Kosten angesehen. Allerdings hat er den Kosten wohl nicht genügend Beachtung geschenkt, da die Kosten bis auf zwei Ausnahmen im Spielverlauf kontinuierlich anstiegen. Auch die Tatsache, daß es dem Probanden nicht gelang, die Produktion und die Lagerhaltung zu optimieren, deutet darauf hin, daß er nicht realisiert hatte, daß es sich bei den Kosten um eine zentrale Variable von SchokoFin handelte.

Identifikation von Marketingstrategien 315

Am Vorgehen von VP108 kann man erkennen, daß ein kunden- und konkurrenzorientiertes Vorgehen nicht unbedingt erfolgreich sein muß und daß Probanden die Bedeutung der Lagerhaltungs- und Fertigungskosten nicht erkennen oder unterschätzen können. Wir wollen im folgenden ein anderes erfolgreicheres Vorgehen betrachten.

Ein Beispiel für eine erfolgreiche Kostenorientierung durch Konzentration auf Kernbereiche (VP122)

Wie aus Abb. 8-6 hervorgeht, äußerte sich auch VP122 beim „lauten Denken" zu den Kosten, der Konkurrenz und den Kunden. Im Vergleich zu VP108 (siehe Abb. 8-4) fällt jedoch auf, daß VP122 weniger über Kunden und Konkurrenz sprach.

Abbildung 8-6: Kosten-, Kunden- und Konkurrenzorientierung von VP122 auf Basis des „lauten Denkens"

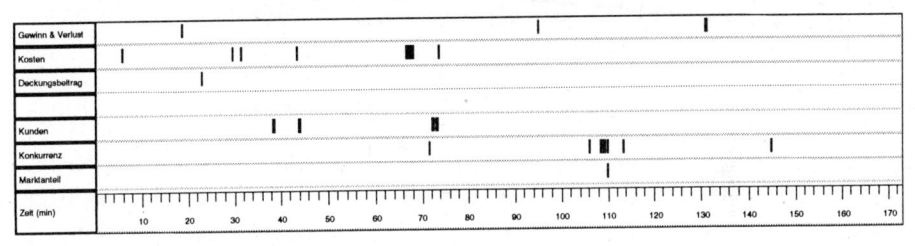

Abbildung 8-7: Kosten-, Kunden- und Konkurrenzorientierung von VP122 auf Basis des Systemprotokolls

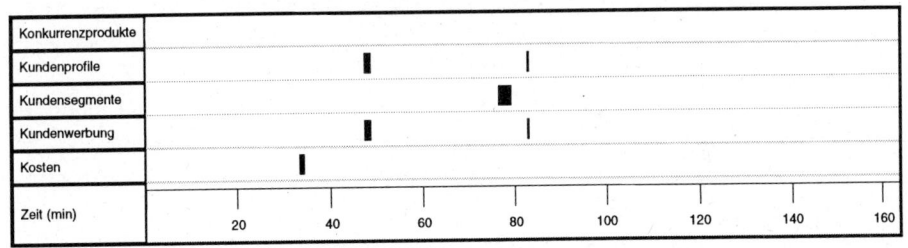

Auch Abb. 8-7 belegt, daß sich die Versuchsperson in der Simulation kaum mit diesen Größen auseinandersetzte. Trotzdem war das Vorgehen von VP122 erfolgreich. Als Erklärung hierfür könnte man ansehen, daß die Versuchsperson schon nach der kurzen anfänglichen Informationssammlung dahinter kam, daß durch eine Optimierung von Produktion und Lager die Kosten erheblich gesenkt werden konnten. Dies wird auch durch die Aussage des Probanden in der Nachbefragung gestützt, daß er eine „Ausgewogenheit zwischen Lager und Produktion schaffen wollte".

Und auch die Tatsache, daß sich die Versuchsperson nur sehr kurz mit Kundenprofilen und Kundensegmenten beschäftigt hat, mag dazu beigetragen, daß sie sich nicht verzettelt hat.

VP122 konnte also durch Konzentration auf zentrale Aspekte des Planspiels Erfolge verbuchen, ohne eine ausgeprägte Kunden-, Kosten- und Konkurrenzorientierung zu zeigen.

Diese Einzelfallbetrachtungen machen deutlich, daß Kunden-, Konkurrenz- und Kostenorientierung nur zum Erfolg führen können, wenn es den Probanden gelingt, geeignete Maßnahmen zu ihrer Realisierung zu ergreifen. Dies hängt jedoch von weiteren Vorgehenseigenschaften ab. Welche strategischen Grundausrichtungen sich außerdem noch auf den Erfolg beim Problemlösen auswirken und wie diese zusammenhängen, wird in Kapitel 10 ausführlich diskutiert und soll daher an dieser Stelle nicht weiter erörtert werden.

8.3.7 Zusammenfassung und Diskussion der Ergebnisse

Sowohl die Ergebnisse der ersten als auch der zweiten Untersuchung haben gezeigt, daß Probanden bei der Bearbeitung komplexer Planspiele wie Markstrat und SchokoFin nicht in der Lage waren, vollständige Marketing-strategien einzusetzen. Stattdessen entwickelten sie ihre Strategien ad hoc aus den Erfordernissen der Situation heraus, wobei vor allem die Kunden-, Konkurrenz- und Kostenorientierung die Auswahl und Nutzung des bereichs-spezifischen Wissens steuerten. Allerdings führte in den beiden Untersuchun-gen nicht dasselbe Vorgehen zum Erfolg. Welche Bedeutung haben nun diese Befunde für die Aus- und Weiterbildung im Marketing?

Es gibt mit großer Sicherheit keine allgemeingültigen, immer richtigen Handlungsstrategien. Für erfolgreiches Handeln ist es daher unerläßlich, zunächst die Aufgabenkomplexität in ihren verschiedenen Dimensionen zu erfassen. Nur so werden „problemadäquate" strategische Regeln aktiviert und der Entscheidungsträger ist in der Lage, eine angemessene Handlungsstrate-gie zu entwickeln. Die Erfassung der Aufgabenkomplexität kann man beispielsweise trainieren, indem man Menschen immer wieder mit unterschiedlich komplexen Anforderungen konfrontiert. Hierfür eignen sich Computersimulationen besonders gut.

ROBERT MÜLLER & KERSTIN ENDRES

8.4 Komplexe Prozeßstrategien mit unterschiedlichen Rationalitätskonzepten

8.4.1 Fragestellung und Vorüberlegungen

Neben der Anwendung des bereichsspezifischen strategischen Wissens in Form von Marketingstrategien kann sich das Planungs- und Entscheidungsverhalten in komplexen Situationen auch an Verfahren, wie sie die präskriptive und normative Entscheidungstheorie zur Verfügung stellt, orientieren. Aus diesem Grund wollen wir im Rahmen der ersten Untersuchung anhand von Einzelfallstudien überprüfen, inwieweit die Probanden allgemeine Problemlöse- und Entscheidungsmethoden bei der Bearbeitung von Markstrat eingesetzt haben. Wir gehen dabei von der Annahme aus, *daß Versuchspersonen, die solche Verfahren kennen, diese auch bei der Vorgehensorganisation in Markstrat genutzt haben.*

Allerdings beruhen die zahlreichen Verfahren der normativen und präskriptiven Entscheidungstheorie auf unterschiedlichen Rationalitätskonzepten. So kann man die *klassische Rationalität* (siehe Manz, Dahmen & Hoffmann, 1993, S. 4 und S. 9 ff.; Kirsch, 1988, S. 2 ff.; Kirsch, 1977, S. 27 ff.; Simon, 1981, S. 99 ff.), die *„beschränkte Rationalität"* (Simon, 1957; Kirsch, 1977, S. 61 ff.; March, 1994, S. 8 ff.), die *„prozedurale Rationalität"* (Eisenführ & Weber, 1994, S. 5 f.) sowie das *Rationalitätskonzept* beim *„Muddling through"* (vgl. Lindblom, 1975) unterscheiden. Dies macht deutlich, daß man sich zunächst mit der Rationalität und ihren verschiedenen Facetten beschäftigen muß, bevor man sich mit den darauf aufbauenden Methoden zur Problemlösung und Entscheidungsfindung und ihrer Rolle bei der Bearbeitung des Planspiels Markstrat in der ersten Untersuchung befassen kann.

Wenden wir uns daher zunächst dem Rationalitätsverständnis zu, das in der *klassischen Entscheidungstheorie* vorherrscht. Dort wird unterstellt, daß der Mensch – ähnlich dem „homo oeconomicus" in der volkswirtschaftlichen Mikroökonomie – seine Ressourcen so einsetzt und auf die verschiedenen Verwendungsmöglichkeiten verteilt, daß er einen maximalen Zweckerfolg oder Nutzen erreicht (vgl. Kirsch, 1988, S. 2). Das erfordert

- ein objektives Bild der Realität
- die Kenntnis bzw. Voraussicht aller möglichen Konsequenzen, die sich bei der Auswahl einer Handlungsalternative ergeben würden
- eine optimale und vollständige Nutzung des Möglichkeitsraumes bei der Entscheidungsfindung
- die Fähigkeit, mit Wahrscheinlichkeiten umzugehen und die Risiken von Handlungsalternativen richtig einzuschätzen (vgl. Eichenberger 1992, S. 8 ff.).

Allerdings sind diese Modellannahmen oftmals kritisiert worden. Denn psychologische Untersuchungen haben gezeigt, daß das menschliche Entscheidungsverhalten verschiedene „Anomalien" aufweist und nur in den wenigsten Fällen rational im Sinne der klassischen Entscheidungstheorie ist (vgl. Eichenberger, 1992, S. 10 ff.; March, 1994, S.8 f.). So verfügen Entscheidungsträger immer nur über ein subjektives Bild der Realität, d.h. sie haben kein uneingeschränktes Wissen über die Welt. Dies kann dazu führen, daß die Auswahl einer Handlungsalternative auf unzureichenden oder falschen Informationen basiert. Des weiteren haben Menschen oftmals Schwierigkeiten die verschiedenen Handlungsalternativen miteinander zu vergleichen, vor allem wenn ihre Konsequenzen nicht in monetären Einheiten meßbar sind (vgl. von der Weth & Strohschneider, 1993, S. 23) oder wenn sowohl positive als auch negative Konsequenzen bei der Auswahl einer Handlungsalternative zu berücksichtigen sind. Auch die Forderung der klassischen Entscheidungstheorie, daß alle Handlungsalternativen bei der Entscheidung bedacht werden müssen, erweist sich aufgrund empirischer Befunde als unrealistisch. So konnte Frey (1981) in einer Untersuchung belegen, daß Menschen bei ihren Entscheidungen nicht alle vorliegenden Informationen nutzen, sondern sich von vornherein auf wenige Handlungsalternativen beschränken. Und auch die letzte oben angeführte Voraussetzung für rationales Handeln, nämlich die Fähigkeit des Menschen, mit Wahrscheinlichkeiten umzugehen und die Risiken von Handlungsalternativen richtig einzuschätzen, hält, wie Untersuchungen von Tversky & Kahnemann (1974), Evans (1990) oder Lopes (1991) gezeigt haben, der empirischen Überprüfungen nicht stand.

Nichtsdestotrotz werden Methoden der klassischen Entscheidungstheorie an den Universitäten und in der betrieblichen Aus- und Weiterbildung gelehrt und können demzufolge das Denken und Handeln von Entscheidungsträgern prägen. Es ist daher zu überprüfen, ob sich die Probanden bei der Vorgehensorganisation auf entsprechende Verfahren der klassischen Entscheidungstheorie gestützt haben.

Die oben dargestellten Ergebnisse der psychologischen Forschung haben aber auch dazu geführt, daß man zunehmend versucht hat, die „menschlichen Schwächen" wie das ungenügende Wissen über die Problemsituation und die unzureichende Informationsverarbeitungskapazität[1] bei der Entwicklung von Planungs- und Entscheidungsmethoden zu berücksichtigen. Sie gehen daher auch in das Konzept der *prozeduralen Rationalität* ein (siehe Eisenführ & Weber, 1994, S. 5f), auf dem beispielsweise das „System Engineering" (vgl. einige Ansätze bei Schregenberger, 1982, S. 70 ff.) und das „Vernetzte Denken" (vgl. Gomez & Probst, 1991) beruhen. Prozedurale Rationalität stellt dabei folgende Anforderungen an den Entscheidungsträger:

- Er sollte sich überlegen, ob er das eigentliche Problem löst oder nur seine Symptome bekämpft.
- Des weiteren sollte er sich ein angemessenes Bild von der jetzigen Problemsituation und von den zukünftigen Entwicklungen verschaffen. Es kommt dabei jedoch nicht auf eine maximale Entscheidungsvorbereitung an, sondern vielmehr auf eine sorgfältige und systematische Vorgehensweise sowie das Vermeiden von Wahrnehmungsverzerrungen.
- Schließlich sollte er sich über seine eigenen Ziele und Präferenzen klar werden, diese überprüfen und gegebenenfalls konkretisieren oder modifizieren.

Noch stärker als die prozedurale Rationalität weicht das *Rationalitätsverständnis* von *Lindblom* (1975) bei der von ihm entwickelten Strategie des „Muddling through" vom klassischen Rationalitätskonzept ab. Er empfiehlt dem Entscheidungsträger erst gar nicht, möglichst viele Informationen zu sammeln und zu analysieren oder sich intensiv mit seinen Zielen auseinanderzusetzen, sondern rät ihm, durch kontrollierbare, vorhersehbare kleine Schritte den aktuellen Zustand nach und nach zu verändern und dabei nur wenige Handlungsalternativen zu beachten (vgl. Fisch & Wolf, 1990, S. 21).

Lindblom´s Rationalitätskonzept unterscheidet sich demnach am stärksten vom rationalen Handeln im Sinne der klassischen Entscheidungstheorie. Das

---

[1] In diesem Zusammenhang spricht Simon (1957) von einem *beschränkt rationalen Entscheidungsverhalten*. Er versteht dabei unter beschränkter Rationalität, daß ein Entscheidungsträger trotz unvollständiger Informationen, unzureichendem Wissen und beschränkter Informationsverarbeitungskapazität versucht, eine vernünftige Entscheidung zu treffen (vgl. hierzu auch March, 1994, S. 9; Kirsch, 1988, S. 114).

"Muddling through" und die Methoden der klassischen Entscheidungstheorie kann man somit als Endpunkte auf dem Spektrum idealtypischer und tatsächlicher Vorgehensweisen begreifen. Sie sollen daher auch zur Überprüfung der eingangs formulierten Hypothese herangezogen werden.

Um dies leisten zu können, muß jedoch als erstes beschrieben werden, wie rationales Handeln im Sinne der klassische Entscheidungstheorie und in Anlehnung an die Strategie des „Muddling through" auszusehen hat. In diesem Zusammenhang gilt es auch, einen Katalog von Indikatoren zu entwickeln, mit deren Hilfe man diese idealtypischen Vorgehensweisen in der Untersuchung mit Markstrat identifizieren kann.

8.4.2 Das Vorgehen in Anlehnung an die klassischen Entscheidungstheorien

8.4.2.1 Die grundlegenden Annahmen

Rationales Handeln beruht hier auf folgenden Annahmen (Kahle, 1981, S. 39):
I. Der Entscheidungsträger hat eine Zielvorstellung.
II. Der Entscheider verfügt über alle relevanten Alternativen, mit denen er auf seine Umwelt einwirken kann. Die Alternativen schließen einander aus.
III. Zwischen den Handlungsalternativen und den Umweltveränderungen bestehen bestimmte Zusammenhänge.
IV. Die Konsequenzen (Umweltveränderungen) können anhand der Zielvorstellung in eine relativ vollständige Ordnungsrelation gebracht werden.
V. Der Entscheidungsträger ist in der Lage, diese Ordnungsrelationen aufzustellen und alle verfügbaren Alternativen zu prüfen.

Diese werden nun im Detail beschrieben.

I. Der Entscheidungsträger hat eine Zielvorstellung.

An die Zielvorstellung werden nach Bamberg & Coenenberg (1994) verschiedene Anforderungen gestellt (vgl. Bamberg & Coenenberg, 1994, S. 28 ff. und S. 43 ff.):

- *Die Ziele müssen operational sein.*

Das bedeutet, daß präzise *Kriterien für das Erreichen eines Zieles aufgestellt* werden. Später sollen ja verschiedene Handlungsalternativen daraufhin geprüft werden, welche von diesen die größtmögliche Zielerfüllung verspricht. Am besten gelingt dies bei genau quantifizierten Zielen. Wo dies nicht möglich ist, sollte der anzustrebende Zielzustand genau beschrieben werden. So wäre die Vorgabe: „Erwirtschafte maximalen Gewinn!" nicht operational, sie müßte beispielsweise dahingehend konkretisiert werden: „Erwirtschafte einen Gewinn von 10.000 DM!". Darüber hinaus müßte angegeben werden, wie dies erreicht werden soll. Eine Ausnahme besteht bei geschlossenen Systemen, in denen alle relevanten Größen bekannt sind. Hier kann ein Ziel durchaus als Maximierung bzw. Minimierung bestimmter Größen definiert werden (z.B. bei Transportwegen).

Operationalisierung bedeutet aber auch, daß *Komplexziele* in *Teilziele* zerlegt werden. Was will ein potentieller Autokäufer, der ein „praktisches" Auto sucht? Er muß „praktisch" in verschiedene, eindeutig meßbare Kriterien zerlegen (z.B. nach Kraftstoffverbrauch, Reparaturfreundlichkeit, Anzahl der Türen usw.). Nur so können verschiedene Alternativen begründbar auf ihren Nutzwert hin untersucht werden.

- *Das Zielsystem muß vollständig sein.*

Hier wird die umfangreiche Forderung nach *expliziter Erfassung aller Zielgrößen* einschließlich ihrer wertrelevanten Aspekte gestellt. In der Betriebswirtschaftslehre wären dies sowohl Organisationsziele (z.B. die Überlebensfähigkeit des Unternehmens, die Gewinnerzielung, das Unternehmenswachstum etc.) als auch die Vorstellungen des Planers oder der Gruppe, der er angehört (z.B. die Arbeitsplatzsicherung, das Schaffen einer abwechslungsreichen Arbeitsumgebung, die Machtsicherung etc.).

Neben der bereits angesprochenen Operationalisierung von Zielvorstellung werden bei den Bemühungen, das Zielsystem zu vervollständigen auch verschiedene Fragen auftauchen wie beispielsweise beim Autokauf, ob das Fahrzeug auch für längere Urlaubsfahrten geeignet sein muß. In diesem Zusammenhang ist sicherlich auch zu klären, ob man überhaupt mit dem Auto in den Urlaub fahren sollte oder ob dies den eigenen Wertvorstellungen widerspricht? So wird sich ein Autokäufer letztendlich nicht nur mit den „praktischen" Fragen, d.h. der Auswahl eines für ihn geeigneten Fahrzeugs aus einem großen Angebot, auseinandersetzen müssen, sondern auch mit seinem Wertsystem, um die richtige Entscheidung treffen zu können.

Weiterhin soll in einer gründlichen Zielanalyse das gesamte Zielsystem *explizit dargestellt* werden. In diesem Zusammenhang muß man sich auch mit den nachfolgenden Fragen beschäftigen:

- Wie sind verschiedene Ziele miteinander vereinbar?
- Sind sie zueinander indifferent, d.h., können zwei oder mehrere Ziele unabhängig voneinander gleichzeitig realisiert werden?
- Sind sie womöglich komplementär, d.h., wird durch die Erfüllung eines Zieles auch die Realisierung eines anderen Zieles erleichtert?
- Sind sie konkurrierend oder konfliktär, so daß die Erfüllung eines Zieles das Erreichen eines anderen behindert?

Liegen solche *Zielkonflikte* vor, sollte eine Zielgewichtung vorgenommen werden, indem für jedes Ziel ein *Nutzwert* bestimmt wird. Dieser dient dazu, die einzelnen Ziele vergleichbar zu machen, um anschließend bestimmen zu können, welches Ziel vorrangig zu behandeln ist. In der Literatur zur klassischen Entscheidungstheorie ist der Entscheidungsträger jedoch meist genügend simpel strukturiert, um sich mit einer festumrissenen Wertvorstellung wie dem Erwirtschaften eines maximalen Gewinns abzufinden oder extern vorgegebene Unternehmensziele als Fixpunkte zu betrachten.

- *Die Ziele müssen koordinationsgerecht sein.*

Planungs- und Entscheidungsprozesse sowie die Durchführung von Maßnahmen werden in einer Organisation selten von einer einzelnen Person getroffen. Daraus ergibt sich die Notwendigkeit, das Entscheidungsfeld in Teilbereiche zu zerlegen, so daß sie den Organisationsstrukturen angepaßt werden können. Dies geschieht u.a. durch die Delegation bestimmter Teilziele an einzelne Abteilungen verbunden mit einer Zeitvorgabe. Es kann aber auch die Verantwortung für einzelne Teilschritte des Planungs- und Entscheidungsprozesses an verschiedene Unternehmensbereiche übertragen werden. So kann die Generierung möglicher Produktideen Aufgabe der Forschungs- und Entwicklungsabteilung sein, während die Marketingabteilung die Auswahl einer Alternative übernimmt. Um Koordinationsprobleme, die infolge einer solchen Arbeitsteilung auftreten können, zu vermeiden, wird eine besonders genaue, gemeinsame Operationalisierung der Ziele erforderlich.

II. *Der Entscheider verfügt über alle relevanten Alternativen, mit denen er auf seine Umwelt einwirken kann. Die Alternativen schließen einander aus.*

Hier wird der Anspruch erhoben, *alle* relevanten *Handlungsalternativen zu erfassen*. Unter Alternativen werden sämtliche Maßnahmen verstanden, die der Entscheidungsträger prinzipiell ergreifen kann, wobei die Betonung auf *alle Al-*

ternativen gelegt wird. Dies soll der Tendenz vieler Menschen vorbeugen, sich in den ersten Lösungsvorschlag zu verlieben und weitere Alternativen nicht mehr in Betracht zu ziehen.

Hier ist implizit die Vorstellung des „*homo oeconomicus*" enthalten, des umfassend informierten und rational handelnden Menschen, der seine Mittel so verwendet, daß grundsätzlich „... ein Maximum an Zweckerfolg erreicht wird" (Kirsch, 1977, S. 27). Er kennt dabei alle ihm offenstehende Handlungsalternativen beziehungsweise unternimmt alles, um sich sämtliche Informationen zu besorgen. Außerdem versucht er grundsätzlich seinen Nutzen zu optimieren. Ein in diesem Sinne handelnder Autokäufer müßte folglich die technischen Daten aller Fabrikate und Modelle, die Preise aller Händler etc. parat haben.

Die klassische Entscheidungstheorie geht in ihren Annahmen davon aus, daß der Entscheidungsträger alle ihm zur Verfügung stehenden Optionen bereits kennt. Dies dürfte aber nur bei wenigen realen Problemstellungen der Fall sein. Hier stellt dann auch die Generierung verschiedener neuer Handlungsalternativen einen Kernpunkt der Entscheidungsfindung dar. Im Gegensatz zum „Muddling through", das sich ja von vornherein auf wenige Alternativen beschränkt, sind beim klassischen Problemlöseverfahren alle Handlungsmöglichkeiten zu identifizieren und zu berücksichtigen. Um hierbei die Ideenfindung anzuregen, können verschiedene Methoden eingesetzt werden. Die wichtigsten sind:

- das Brainstorming
- die Methoden der schöpferischen Konfrontation (z.B. die Synektik)
- die Methoden der systematischen Strukturierung (z.B. der morphologische Kasten) (vgl. Schlicksupp, 1977, S. 19).

Diese Suche nach Handlungsalternativen ist mit einem hohen Aufwand verbunden. Die meisten dieser Techniken sind nur in der Gruppe möglich und erfordern viel Zeit und Informationen. Aus diesem Grund wird es auch in vielen realen Entscheidungssituationen nicht möglich sein, alle relevanten Handlungsalternativen zu finden. Daher werden im Gegenzug auch verschiedene Methoden der Suchraumeinengung empfohlen. Dies sind beispielsweise *lokale*[2] oder *globale Denkstrategien*[3] (vgl. Kahle, 1981, S. 49f).

---

2 Hier werden Alternativen analog zu früheren Problemlösungen, die in einer Sammlung bisheriger Entscheidungen festgehalten sind, ausgesucht.
3 Es werden Zwischenziele festgelegt, die mittels lokaler Denkstrategie gelöst werden.

Eine weitere Möglichkeit der Suchraumeinengung besteht in der *Festlegung formaler Kriterien* zur Lenkung der Suche (vgl. Kahle, 1981, S. 50). So wird von einer Alternative gefordert, daß
- sie sich mit einem vernünftigen Aufwand realisieren läßt
- sie innerhalb einer bestimmten Frist durchzuführen ist
- im Verhältnis zwischen unerwünschten und erwünschten Folgen die letzteren überwiegen
- ihr ein weiterführender Charakter zukommt.

Durch solche Einschränkungen besteht allerdings die Gefahr, daß Entscheidungen nach Art des „Muddling through" im Gewand der klassischen Entscheidungstheorie getroffen werden, ohne daß der Akteur um die Beschränktheit seiner Alternativenauswahl weiß und sich weiterhin als „homo oeconomicus" wähnt. Darüber hinaus geht durch solche Einschränkungen ein Gutteil des kreativen Potentials verloren.

Die Forderung, daß sich die Alternativen gegenseitig ausschließen, ist hingegen mehr methodischer Natur. Einander ausschließende Handlungsalternativen erleichtern die im nächsten Schritt folgende Bewertung derselben.

III. Zwischen den Handlungsalternativen und den Umweltveränderungen bestehen bestimmte Zusammenhänge.

Dies bedeutet, daß der Entscheidungsträger die Folgen und Wirkungen seiner möglichen Handlungen sowie das Maß an Sicherheit mit der diese eintreten werden, antizipieren kann. Er beruft sich in diesem Zusammenhang entweder auf bisherige Erfahrungen oder gelangt durch „inneres Probehandeln" verbunden mit seiner hervorragenden Informationsbasis zu hinreichend genauen Daten.

Entscheidungen müssen jedoch in verschiedenen Umwelten getroffen werden. Hierbei unterscheidet die klassische Entscheidungstheorie zwischen
- der Entscheidung unter Sicherheit
- der Entscheidung unter Risiko
- die Entscheidung unter Unsicherheit
(vgl. March & Simon, 1958, S. 136; March & Simon, 1977, S. 41)

Bei der *Entscheidung unter Sicherheit* verfügt der Entscheidungsträger über eine vollständige und genaue Kenntnis der Handlungsalternativen und ihrer Konsequenzen. Demgegenüber kennt der Handelnde bei der *Entscheidung unter Risiko* nur die Wahrscheinlichkeitsverteilung aller Konsequenzen einer

Alternative. Schließlich sind bei *Entscheidung unter Unsicherheit* zwar die Alternativen und ihre Konsequenzen bekannt, aber das Individuum weiß nicht, mit welcher Wahrscheinlichkeit Umweltereignisse und Konsequenzen eintreten.

Für die verschiedenen Entscheidungssituationen existieren zum einen analytische Methoden, zum anderen Entscheidungsregeln. *Analytische Methoden* wie die lineare Programmierung, die Netzplantechnik oder Lagerhaltungs- und Warteschlangenmodelle (vgl. Zahn & Kleinhans, 1989, S. 560f) sind Optimierungsmodelle für eindeutig formalisierbare Entscheidungsprobleme und finden in erster Linie im Bereich des Operation Research Anwendung. Sie basieren zumeist auf mathematischen Algorithmen und erlauben das Auffinden einer optimalen Lösung. Während die analytischen Methoden in erster Linie bei Entscheidungen unter Sicherheit Anwendung finden, sind für Entscheidungen unter Risiko und Unsicherheit eine Reihe von *Entscheidungsregeln* formuliert worden, die die unterschiedlichen individuellen Risikopräferenzen berücksichtigen. So führt die sogenannte Bayes-Regel bei Entscheidungen unter Risiko zu der Alternative mit dem größten Erwartungswert des Nutzens. Hierzu wird der Nutzen der Ergebnisse einer Alternative mit der Eintrittswahrscheinlichkeit gewichtet und aufsummiert (vgl. Brander, Kompa & Peltzer, 1985, S. 153). Auch für Entscheidungen unter Unsicherheit, bei denen selbst Wahrscheinlichkeitsangaben fehlen, sind solche Entscheidungsregeln entwickelt worden. So kann man beispielsweise die Alternative auswählen, die in der ungünstigsten Situation den größten Nutzen bringt (Maximin-Regel) oder diejenige, die in der günstigsten Situation den größten Nutzen bietet (Maximax-Regel).

IV. Die Konsequenzen (Umweltveränderungen) können anhand der Zielvorstellung in eine relativ vollständige Ordnungsrelation gebracht werden.

Hier gilt es, die in den vorherigen Schritten gewonnenen Handlungsalternativen nach ihrem Nutzwert zu ordnen. Der Nutzen einer Alternative leitet sich unmittelbar aus der ursprünglichen Zielvorstellung ab und eine Nutzenfunktion erlaubt es, mehrere Alternativen aufgrund mehrerer Kriterien zu ordnen. Voraussetzung dafür ist jedoch, daß eine eindeutige Präferenzordnung (ordinale Skalierung) erstellt werden kann, d.h., die Konsequenzen müssen qualitativ und quantitativ vergleichbar sein.

Eine kardinale Skalierung unterscheidet sich von der ordinalen dadurch, daß auch die Abstände zwischen Rängen erfaßt werden bzw. auch ein Nullpunkt festgelegt sein kann. Kardinalskalierungen sind in ihrer Aussagekraft genauer, erfordern aber einen höheren Aufwand.

In der klassischen Entscheidungstheorie werden zur Bestimmung der optimalen Alternative vielfach mathematische Modelle eingesetzt. Im Endeffekt verfolgen diese Methoden nur den Zweck, verschiedene Alternativen möglichst objektiv zu vergleichen und diejenigen zu identifizieren, die der ursprünglichen Zielsetzung am nächsten kommen.

V. Der Entscheidungsträger ist in der Lage, Ordnungsrelationen aufzustellen und alle verfügbaren Alternativen zu prüfen.

Der Entscheidungsträger hat im Rahmen des Entscheidungsprozesses die Aufgabe alle Handlungsalternativen auf ihren Nutzwert zu überprüfen und ihre Konsequenzen zu antizipieren. Zu diesem Zweck benötigt er sehr viele unterschiedliche Informationen. Mitunter wird die Auswertung der notwendigen Informationen nicht ohne den Einsatz technischer Hilfsmittel möglich sein. In manchen Fällen ist daher auch die Nutzung spezieller Hilfsmittel (z.B. die Metaplantechnik) erforderlich.

Weiterhin müssen die Daten zuverlässig und aktuell sein, was bei rasch ändernden Märkten oder im Falle wechselnder Trends oder Modeerscheinungen nicht immer gewährleistet ist. Die Gewinnung zuverlässiger Daten über Kundenwünsche, zukünftige Marktentwicklungen, Marktchancen neuer Produkte, Konkurrenzaktivitäten usw. ist oftmals mit hohem Zeit- und Kostenaufwand verbunden. Doch ohne umfangreiches, möglichst sicheres Wissen über die verschiedenen Umweltzustände ist ein Vergleich der verschiedenen Handlungsalternativen nicht möglich. Rational getroffene Entscheidungen wären sonst Zufallsprodukte, was ja gerade vermieden werden soll.

Wie das Planungs- und Entscheidungsverhalten im Sinne der klassischen Entscheidungstheorie aussieht, zeigt das abschließende Vorgehensschema:

Komplexe Prozeßstrategien mit unterschiedlichen Rationalitätskonzepten 327

Abbildung 8-8: Das Vorgehen in Anlehnung an die klassische Entscheidungstheorie

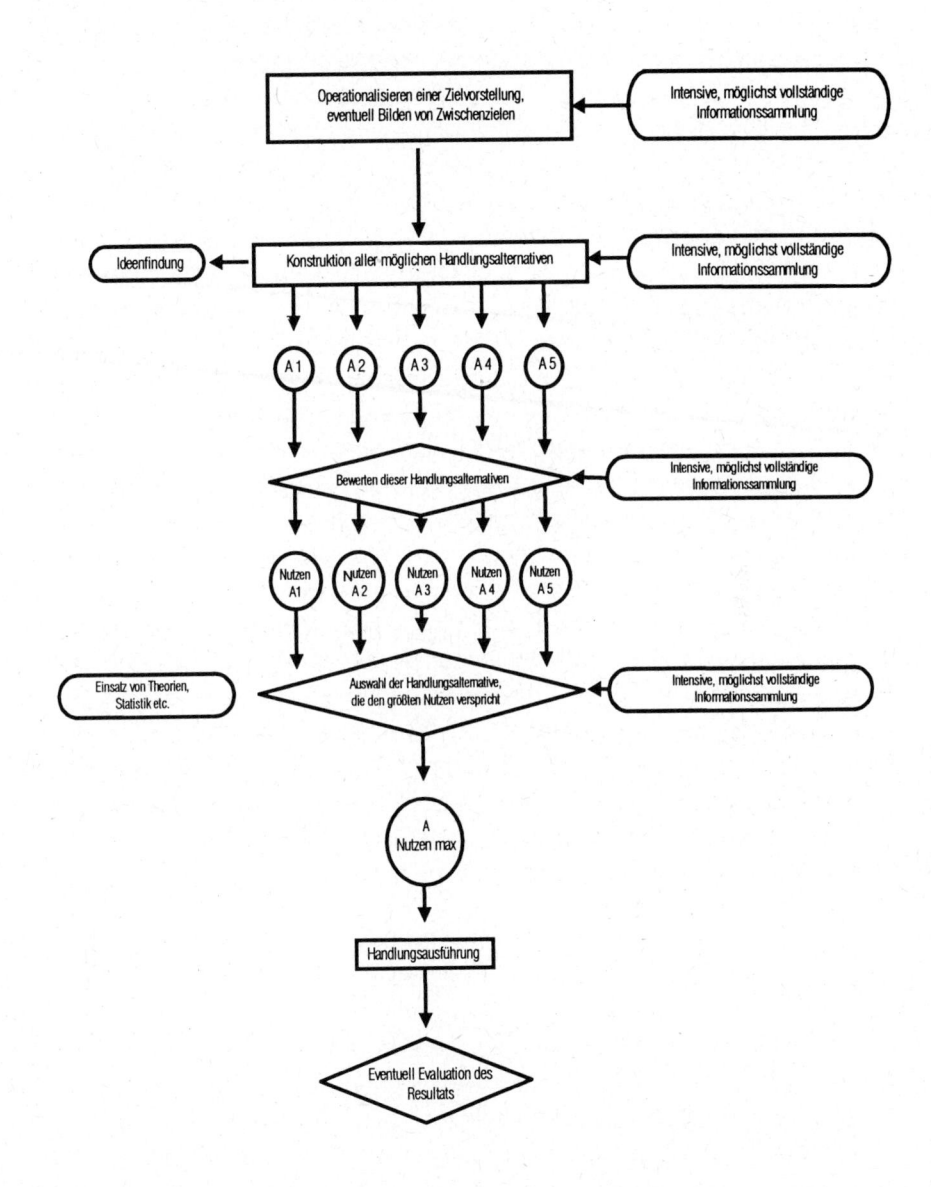

- Operationalisieren einer Zielvorstellung, eventuell Bilden von Zwischenzielen ← Intensive, möglichst vollständige Informationssammlung
- Ideenfindung → Konstruktion aller möglichen Handlungsalternativen ← Intensive, möglichst vollständige Informationssammlung
- A1, A2, A3, A4, A5
- Bewerten dieser Handlungsalternativen ← Intensive, möglichst vollständige Informationssammlung
- Nutzen A1, Nutzen A2, Nutzen A3, Nutzen A4, Nutzen A5
- Einsatz von Theorien, Statistik etc. → Auswahl der Handlungsalternative, die den größten Nutzen verspricht ← Intensive, möglichst vollständige Informationssammlung
- A Nutzen max
- Handlungsausführung
- Eventuell Evaluation des Resultats

8.4.2.2 Erkennungsmerkmale der Strategie in Markstrat

Nachdem wir im vorangegangen Abschnitt ausführlich die Annahmen, auf denen rationales Handeln im Sinne der klassischen Entscheidungstheorie beruht, dargestellt haben, wollen wir uns nun der Frage zuwenden, wie man ein solches Vorgehen bei der Bearbeitung von Markstrat identifizieren kann. Die bisherigen Ausführungen haben gezeigt, daß es beim Planen und Handeln im Sinne der klassischen Entscheidungstheorie vor allem darauf ankommt, profunde Daten und Informationen über die Umwelt zu haben. Im Extremfall ist ein Entscheidungsträger nur dann handlungsfähig, wenn er die Welt, in der er agiert, versteht. Er will ja die Folgen der vorstellbaren Handlungen so exakt wie möglich im voraus kalkulieren. Dazu benötigt er ein ziemlich genaues inneres Modell seiner Umwelt. Des weiteren braucht er präzise, quantifizierbare Ziele, um das Maß an Zielerreichung und die optimale Handlungsalternative bestimmen zu können. Hierzu müssen jedoch zunächst einmal Ideen produziert werden, was man generell alles tun könnte. Anschließend ist der vermeintlich optimale Handlungsvorschlag auszuwählen. In der klassischen Entscheidungstheorie wird dabei angenommen, daß es eine optimale Lösung gibt, die sich durch genaue Analyse und Berechnung ermitteln läßt. Hat der Entscheidungsträger diese einmal herausgefunden, wird er auch versuchen, sie zu realisieren, da ja ein Großteil seiner Kompetenz davon abhängt. Er ist mehr auf Durchsetzungsvermögen aus, weniger auf Kompromisse und Konsens. Dieses Vorgehen ist mit einem hohen Zeitaufwand und Informationsbedarf verbunden. Fehlen Informationen oder steht der Entscheidungsträger unter Zeitdruck, ist dies nur unvollkommen möglich. Es wird sich dann ein deutliches Unbehagen einstellen, da ihm ja die Entscheidungsgrundlage und so ein Stück Sicherheit bzw. Kontrolle entzogen worden ist. Unter Umständen wird ein Lösungsvorschlag mit der Begründung verweigert, daß man unter diesen Bedingungen gar nichts entscheiden könne.

Hieraus resultieren die folgenden Indikatoren, an denen man rationales Handeln im Sinne der klassischen Entscheidungstheorie in Markstrat identifizieren kann:
- Eine sehr umfangreiche Informationssammlung vor dem ersten Eingriff: Der Proband versucht, in der ersten Planungsperiode ein umfassendes Wissen über die Simulation zu bekommen. Er möchte wissen, woran er ist und welche Informationen und Handlungsmöglichkeiten ihm zur Verfügung stehen. Zu diesem Zweck wird die Instruktion äußerst gründlich durchgearbeitet. Außerdem wird der Versuchsleiter bevorzugt nach der Funktions-

weise der Simulation sowie Hintergrundinformationen zu den Marktforschungsstudien und den Konkurrenzfirmen gefragt. Die Zeit bis zur ersten Entscheidung über Eingriffe in das System ist folglich überdurchschnittlich hoch, da sich der Proband erst Sicherheit über die Zusammenhänge in Markstrat verschaffen muß, bevor er Eingriffe tätigen kann. Es wird auch die Notwendigkeit herausgestellt, daß man Daten über alle relevanten Systemgrößen braucht (z.B. über die Kunden, die Marktsegmente, die eigenen Produkte und Konkurrenzprodukte, die anderen Firmen, die Produktionsmöglichkeiten, die Fähigkeiten der Forschungs- und Entwicklungsabteilung, das Vertriebssystem und die Möglichkeiten der Marktforschung und Werbung).

- Es kommen Klagen, daß die Zeit viel zu kurz ist, um die Computersimulation vernünftig zu bearbeiten. Wer nämlich nach der klassischen Entscheidungstheorie handelt, greift erst in das System ein, wenn er es verstanden hat. In der zur Verfügung stehenden Zeit von drei Stunden für acht Spielperioden, ist es allerdings kaum möglich, alle zur Verfügung stehenden Informationen auszuschöpfen oder gar auszuwerten. Hat die Versuchsperson dies erkannt, führt das zu einem Gefühl der Unsicherheit, da es ihr zutiefst widerstrebt, Entscheidungen bei nur mangelhafter Datenbasis zu treffen. Eine andere Möglichkeit für den rationalen Planer mit dem bestehenden Zeitdruck umzugehen, besteht darin, daß er sich auf einen Teilbereich der Computersimulation konzentriert, den er dann optimal bearbeiten will, beispielsweise die Produktentwicklung. Hier wird er sich dann laufend um die Verbesserung bestehender und die Entwicklung neuer Produkte bemühen, hierzu sämtliche Marktforschungsstudien anfordern, diese gründlich durcharbeiten und so auch sehr brauchbare Neuentwicklungen zur Verfügung haben. Andere Eingriffsbereiche werden dagegen vernachlässigt. Im Extremfall kann das zur „Einkapselung" führen (vgl. Dörner, 1989, S. 248 f.).

- Bereits in der ersten Planungsperiode wird versucht, sämtliche Eingriffsmöglichkeiten auszuloten, da ja alle Handlungsalternativen berücksichtigt werden sollen. Es werden daher Überlegungen darüber angestellt, was man alles tun könnte, also Werbung betreiben, Forschungs- und Entwicklungsprojekte initiieren, Personalmaßnahmen beim Vertrieb ergreifen und Marktstudien anfordern und analysieren.

- Der Entscheidungsträger entscheidet sich anhand situationsspezifischer Daten, da er seine Entscheidungen auch begründen muß. Deshalb sind ihm „spontane", nicht zu begründende Aktionen zuwider. Die Eingriffe in Markstrat lassen sich vor allem anhand der vorliegenden Marktforschungsstudien oder der aktuellen Betriebsergebnisse begründen.

- In der ersten Spielperiode werden noch keine umfangreichen Eingriffe getätigt, da noch nicht genügend Informationen zur Verfügung stehen. Diese können erst durch den Erwerb von Marktforschungsstudien beschafft werden. Also finden nur geringe Veränderungen statt, die dazu dienen, den Betrieb bis zur nächsten Periode, in der dann genügend Informationen vorhanden sein werden, aufrechtzuerhalten. So werden beispielsweise die Produktionsvorgaben für Sama reduziert, um die Lagerbestände abzubauen, und es werden umfangreiche Marktforschungsstudien angefordert.
- In der zweiten Spielperiode werden dann die angeforderten Marktforschungsstudien und der „Newsletter" ausführlich analysiert. Weiterhin werden Betriebsdaten wie z.B. Deckungsbeiträge, Lagerbestände und Lagerhaltungskosten vom Versuchsleiter systematisch erfragt. Da nun genügend Informationen zur Verfügung stehen, können umfangreichere Eingriffe vorgenommen werden. Es werden folglich mehrere Variablen gleichzeitig verändert. Hier kommen das Werbebudget, die Produktionsvorgaben, die Anzahl der Außendienstmitarbeiter und Forschungs- und Entwicklungsaktivitäten in Frage. Außerdem werden wieder zahlreiche Marktforschungsstudien in Auftrag gegeben. Zeitlich dauern die ersten beiden Spielperioden wesentlich länger als die darauffolgenden, da sich der Proband im voraus eine gründliche Systemkenntnis erarbeiten will.
- In der dritten und den darauffolgenden Perioden wird die Zeit bereits knapp. Durch die vorangegangenen, umfangreichen Analysetätigkeiten ist bereits viel Zeit verstrichen. Dennoch wird der Proband versuchen, die Betriebsergebnisse sowie den Markt und die Konkurrenzprodukte genau zu beobachten und Eingriffe in mehreren Handlungsbereichen vorzunehmen. Es kann allerdings auch sein, daß sich der Proband bereits „eingekapselt" hat und sich daher nur noch intensiv mit einem, noch überschaubaren inhaltlichen Bereich (z.B. der Produktentwicklung) beschäftigt. Treten unerwartete Ergebnisse ein, was bei Markstrat durchaus vorkommen kann, da sich sowohl die Wettbewerbssituation als auch die Kundenwünsche ändern, wird versucht, die Ursachen dafür herauszufinden. Erst dann werden geeignete Gegenmaßnahmen eingeleitet.

Auch hier werden Maßnahmen erst nach umfassender Informationssammlung und -analyse gefällt und nicht spontan getroffen.

- Die klassische Entscheidungstheorie beruft sich zum Zwecke einer inhaltlich richtigen Entscheidungsfindung auf theoretische Kenntnisse und bereichsspezifisches Wissen. Deshalb könnte ein durchgängig an Marketingstrategien orientiertes Vorgehen beobachtbar sein. Dies kann man daran erkennen, daß sich der Proband explizit auf bestimmte Marketingstrategien beruft und entsprechende Entscheidungen fällt.

8.4.3 Das Vorgehen in Anlehnung an die Theorie des „Muddling through"

Neben dem rationalen Handeln im Sinne der klassischen Entscheidungstheorie wollen wir nun noch ein anderes idealtypisches Vorgehen zur Entscheidungsfindung, das sogenannte „Muddling through", vorstellen. Vielfach hört man, daß *„Muddling through"* oder *„Durchwursteln"* das Gegenteil eines rationalen Planen und Handeln darstellt. Nach dieser Vorstellung wurstelt man sich durch, wenn man nicht mehr weiter weiß und keine Pläne und Konzepte mehr hat, nur um überhaupt etwas zu tun und so den Anschein von Handlungskompetenz zu bewahren. Doch sollte man dieses aus der Not heraus geborene, konzeptionslose „Durchwursteln" im Sinne eines *„Reparaturdienstverhaltens"* (vgl. Dörner 1989, S.96) vom „Muddling through", wie es Lindblom (1975) darstellt, unterscheiden. Für ihn ist es die einzig praktikable Methode im Umgang mit komplexen Systemen, speziell im Bereich der politischen Administration. Daß „Muddling through" in den Ruf kam, ein Notnagel zu sein, mag vielleicht mit der popularistischen Bezeichnung zusammenhängen. Lindblom nannte die nachfolgend beschriebene Vorgehensweise daher auch *Inkrementalismus* oder *iterative Methode der begrenzten Vergleiche*. Er versteht „Durchwursteln" im Gegensatz zur „rational umfassenden Methode" als Praktikermodell. Rational umfassende Methoden tragen nämlich nach seiner Meinung höchstens zur Lösung kleinerer Aufgaben wie z.B. der „Verkehrsregelung auf der Washington Bridge" (vgl. Lindblom, 1977, S. 162), nicht aber zur Bewältigung komplexer, politischer Probleme bei. Für diese sei nur ein inkrementales Vorgehen angebracht. Mit zunehmender Komplexität der Probleme wird jedoch geraten, das „Durchwursteln" etwas elaborierter oder „more skillfully" (Lindblom, 1979, S. 517) anzuwenden. Obwohl Lindblom seine Methode vorwiegend im politischen und volkswirtschaftlichen Bereich lokalisiert hat, ist sie auch auf andere Tätigkeitsfelder, in denen komplexe Anforderungen an die Entscheidungsträger gestellt werden, übertragbar.

Wir wollen nun das Konzept des „Muddling through" ausführlich beschreiben und Indikatoren aufzeigen, die eine Identifikation dieser Strategie in Markstrat ermöglichen.

8.4.3.1 Die grundlegenden Annahmen

Das „Muddling through" von Lindblom (1975) beruht auf folgenden Annahmen:
I. Entscheidungen über Grundwerte und empirische Analysen zu deren Realisation sind nicht voneinander getrennt, sondern eng verflochten.
II. Zwecke und Mittel sind nicht trennbar, die Zweck-Mittel-Analyse ist daher häufig unzureichend.
III. Test einer „guten" Politik: Verschiedene Analytiker stimmen einer Strategie unmittelbar zu, ohne sich erst über ein Ziel und dann über die optimalen Mittel zu seiner Realisierung zu einigen.
IV. Die Analyse ist drastisch eingeschränkt.
V. Iterative Vergleiche reduzieren oder eliminieren den Gebrauch von Theorien (vgl. Lindblom, 1975).

Kommen wir nun zu diesen Elementen im einzelnen.

I. Entscheidungen über Grundwerte und empirische Analysen zu deren Realisation sind nicht voneinander getrennt, sondern eng verflochten.
Die klassische Entscheidungstheorie fordert als ersten Schritt eine Operationalisierung der Ziele. Diese sind jedoch eng mit den sich im Laufe der Zeit ändernden Wertvorstellungen verbunden, ganz zu schweigen von den unterschiedlichen Wertvorstellungen verschiedener gesellschaftlicher Gruppen, die besonders bei politischen Entscheidungen zu berücksichtigen sind.

Was hätte beispielsweise ein Verkehrsplaner alles zu berücksichtigen, der eine neue Straße von Hartford nach New Haven planen soll (vgl. Baybrook & Lindblom, 1970, S. 26 ff.). Ist die Straße in erster Linie für den Personen- oder Gütertransport gedacht? Schafft man durch eine neue Straße Anreize, daß die Zahl der Pendler zunimmt? Ist dies wünschenswert und für wen? Gehen den ländlichen Gemeinden dadurch Steuergelder verloren? Erhöht sich die Zahl der Verkehrsopfer? Fragen über Fragen, die vielfach in einer kontroversen Wertdiskussion enden. An welchen Werten soll sich der Verkehrsplaner oder

Politiker orientieren? Welche Ziele soll er verfolgen? Seine eigenen, die der Transportunternehmer, der Kommunalpolitiker, der Umweltschutzverbände oder der Automobilindustrie? Sollen Mehrheitspräferenzen erfaßt werden? Und wie sollen diese Wert- und Zielvorstellungen in eine – wie von der rationalen Planungslehre gefordert – objektive Zielhierarchie gebracht werden?

Auf einer abstrakten Ebene ist dies sehr schwer machbar. Handhabbar werden diese Probleme erst, wenn eine überschaubare Anzahl konkreter Handlungsalternativen vorliegt, anhand derer man feststellen kann, in welchem Verhältnis die jeweils divergierenden Wertvorstellungen stehen. „Paradoxerweise wird man sich über die eigenen relevanten Wertrelationen erst bei der Betrachtung der Handlungsstrategie bewußt, die man wählt, um sie zu erreichen" (Lindblom, 1975, S. 166). Was sollte also der oben angeführte Verkehrsplaner tun? Nicht versuchen, eine vollständige Zielhierarchie zu erstellen, sondern zunächst zwei oder drei Entwürfe anfertigen, die sich beispielsweise hinsichtlich Streckenführung, Straßenbreite etc. unterscheiden. Erst anhand dieser kann beurteilt werden, in welchem Ausmaß unterschiedliche Ziele zu berücksichtigen sind. So brauchen nicht mehr absolute Zielstellungen miteinander verglichen werden (Will ich sparsamen Landschaftsverbrauch, oder soll die Strecke eine möglichst hohe Geschwindigkeit ermöglichen?), sondern nur noch Differenzen im Ausprägungsgrad der jeweiligen Zielerreichung (z.B. Streckenführung A hat einen Landschaftsverbrauch von 1000 Hektar, Streckenführung B einen solchen von 800 Hektar; A ermöglicht eine Durchschnittsgeschwindigkeit von 100 km/h; B von 90 km/h). Auf diese Weise wird die Ziel- und Wertdiskussion wesentlich vereinfacht. Ein solches Vorgehen mag zwar etwas an die Alternativenbewertung in der klassischen Entscheidungstheorie erinnern, der wesentliche Unterschied ist jedoch, daß hier nicht alle möglichen Alternativen identifiziert und bewertet werden sondern nur eine sehr beschränkte Anzahl bereits bewährter Handlungsalternativen. Lindblom (1979) spricht hier von: „Limitation of analysis to a few somewhat familar policy alternatives" (Lindblom, 1979, S. 517).

II. Zwecke und Mittel sind nicht trennbar, die Zweck-Mittel-Analyse ist daher häufig unzureichend.

Wie bereits unter Punkt I dargelegt, sind die Ziele nicht unabhängig von den Werten zu betrachten. Die Beurteilung eines Mittels nach seiner Eignung, ein bestimmtes, vom Mittel unabhängiges Ziel zu erreichen, ist nur in Fällen möglich, in denen Konsens über die Werte besteht. Dieser Konsens läßt sich in geschlossenen Systemen bzw. bei einfacheren Aufgabenstellungen durchaus herstellen, wie beispielsweise bei der Frage, wie man schnellstmöglich von München nach Rom gelangt. Bei einer einzigen, durchgängig akzeptierten Zielvorgabe, hier „schnellstens", fällt die Wahl des am besten geeigneten Mittels leicht. Die Zeitdauer des Transfers kann bestimmt werden, indem die durchschnittlichen Reisezeiten verschiedener Transportmittel verglichen werden. Die optimale Alternative, das Mittel, das den gewünschten Zweck am besten erreicht, kann hier also ermittelt werden.

Bei etwas umfangreicheren, nicht eindeutig festgelegten oder allseits akzeptierten Zielen und bei unterschiedlichen Wertvorstellungen wird es sehr schwierig, die günstigste Zweck-Mittel-Relation zu bestimmen. Noch komplizierter, wenn nicht gänzlich unmöglich, wird dies in dynamischen Systemen und bei vielen Mitakteuren (insbesondere wenn diese unterschiedliche Wertvorstellungen haben). Was ist beispielsweise das beste Mittel, eine „funktionierende" Demokratie zu erhalten? Eine umfangreiche Bürgerbeteiligung und Mitspracherechte in vielen Entscheidungsbereichen oder gerade die Einschränkung derselben? In solchen Situationen führt eine Betrachtung der Mittel unabhängig vom Zweck kaum weiter.

Eine solche Zweck-Mittel-Analyse findet beim „Durchwursteln" demnach nicht statt. Entscheidungen werden nach dem im folgenden beschriebenen Prinzip getroffen.

III. Test einer „guten" Politik: Verschiedene Analytiker stimmen einer Strategie unmittelbar zu, ohne sich erst über ein Ziel und dann über die optimalen Mittel zu ihrer Realisierung zu einigen.

Wie schon mehrfach angesprochen, wird es bei komplexen Problemen mit divergierenden Zielvorstellungen schwierig, festzustellen, inwieweit eine Alternative eine größtmögliche Annäherung an ein unabhängig von ihr formuliertes Ziel erreicht. Zielvorstellungen können nur anhand konkreter Lösungsvorschläge beschrieben werden. Ebenso kann ein Konsens über unterschiedliche Ziel- und Wertvorstellungen nicht in der Diskussion über diese, sondern nur im Vergleich konkreter Maßnahmen gefunden werden. Lindblom (1975) berichtet über die Erfahrungen von Schlichtern bei Tarifkonflikten: „Obwohl die Kontrahenten sich nicht über Kriterien zur Beilegung ihres Streites einigen können, ist es ihnen möglich, bestimmte Vorschläge dazu zu akzeptieren" (Lindblom, 1975, S. 168).

Der Forderung nach „Entscheidungsfindung durch Wahrheit" in der klassischen Entscheidungstheorie steht hier das Postulat der „Entscheidungsfindung durch Konsens" anhand eines Lösungsvorschlages gegenüber. Eine Handlungsalternative wird nicht danach beurteilt, ob sie richtig ist, begründet werden kann oder warum sie das beste Mittel zur Zielerreichung ist. Vielmehr ist ein Lösungsvorschlag dann gut, wenn er breite Zustimmung findet. Zahlreiche Entscheidungen werden so getroffen. Ein Beispiel wäre der gerichtliche Vergleich.

Es ist jedoch bei derart zustande gekommenen Entscheidungen möglich, daß Handlungsfehler wie die Nichtberücksichtigung von Neben- und Fernwirkungen auftreten können.

Lindblom bezieht sich in seinen Ausführungen zum „Durchwursteln" weitgehend auf politisches Handeln in relativ stabilen westlichen Demokratien, wie den Vereinigten Staaten. Gleichzeitig empfiehlt er, keine revolutionären Veränderungen anzustreben, sondern den Status Quo nur allmählich, mittels kleiner Schritte, zu ändern. Ein „konsensfähiger Vorschlag" erleichtert nicht nur die Entscheidungsfindung bei Problemlöseprozessen in der Gruppe, wie sie in der Politik an der Tagesordnung sind, sondern erhöht auch die Handlungsfähigkeit des einzelnen. Wer Ziel- und Wertdiskussionen vermeidet und Lösungsvorschläge parat hat, erweckt den Eindruck von Tatkraft und Entschlußfähigkeit. Dabei muß der Lösungsvorschlag nur irgendwie konsensfähig, nicht aber begründet sein. Somit können auch Lösungsvorschläge angenommen und verteidigt werden, ohne daß man begründen kann, welche Ziele damit verfolgt werden. Dies ist nach Lindblom kein irrationales Handeln.

IV. Die Analyse ist drastisch eingeschränkt.

Dies resultiert bereits aus der Forderung, daß eine konsensfähige, nicht aber optimale Lösung zu finden ist und schlägt sich darin nieder, daß
- wichtige mögliche Handlungsfolgen vernachlässigt werden
- wichtige potentielle Alternativstrategien nicht berücksichtigt werden
- wichtige relevante Werte ignoriert werden.

Demgegenüber wird in der klassischen Entscheidungstheorie gefordert, sämtliche möglichen Handlungsalternativen und Konsequenzen zu berücksichtigen. In komplexeren Realitätsbereichen ist dies aber de facto unmöglich, zum einen wegen der „kognitiven Beschränkungen" des Menschen, zum anderen wegen des damit verbundenen Aufwandes. Da in einem komplexen System eine vollständige Analyse nicht durchgeführt werden kann, also von vornherein immer eine subjektive, mitunter zufällige Auswahl möglicher Handlungen und Konsequenzen getroffen wird, meint Lindblom, daß es besser wäre, dies auch zuzugeben und nicht das Unmögliche anzustreben. Aus diesem Grund wird beim „Durchwursteln" der Suchraum zur Alternativengewinnung ganz bewußt drastisch reduziert. Hier beschränkt man sich auf Handlungsmöglichkeiten, die den gegenwärtigen Zustand nur geringfügig verändern. Dadurch können zum einen die Folgen besser antizipiert werden, da sich die Resultate einfacher bewerten lassen. Zum anderen sind kleine Eingriffe leichter zu revidieren und durch andere zu ersetzen, was ein rasches, vorsichtiges und bewußtes Versuchs-Irrtums-Verhalten ermöglicht. Das Vernachlässigen wichtiger Handlungsalternativen wird auch dadurch erleichtert, daß – im Gegensatz zum „homo oeconomicus" in der klassischen Entscheidungstheorie – nicht der maximale Nutzen angestrebt wird. Vielmehr wird versucht, einen gegenwärtigen Zustand allmählich zu verbessern, wissend, daß *eine optimale Lösung kaum zu erreichen ist*. Wichtige relevante Werte können dabei vernachlässigt werden. Es muß in diesem Zusammenhang aber wieder berücksichtigt werden, daß sich Lindblom meist auf politische Entscheidungen in den USA bezogen hat, einer demokratischen, pluralistischen Gesellschaft mit vielfachen Interessenvertretungen. Von den jeweiligen Lobbyisten („Watchdogs") wird erwartet, daß sie den politischen Entscheidungsträgern Rückmeldung über geplante Maßnahmen geben. Inwiefern verschiedene Interessengruppen auch gleiche Einflußmöglichkeiten haben, sei hier dahingestellt.

V. Iterative Vergleiche reduzieren oder eliminieren den Gebrauch von Theorien.
In der klassischen Entscheidungstheorie wird umfangreicher Gebrauch von Theorien gemacht. Lindblom versteht dabei unter einer Theorie „allgemeine Sätze ..., die auf spezifische Situationen anwendbar sind" (Lindblom, 1975, S. 173). Zur Prognose der Konsequenzen möglicher Handlungen braucht man möglichst allgemeingültiges Wissen über die Zusammenhänge bestimmter Maßnahmen und deren Folgen, Aussagen, die eine Theorie prinzipiell bietet. Theorien haben jedoch auch schwerwiegende Nachteile: Oftmals gibt es für ähnliche Zusammenhänge unterschiedliche oder mitunter auch widersprüchliche Aussagen. Ferner sind Theorien oftmals sehr allgemein gehalten, was ihre Anwendung auf konkrete Fragestellungen erschwert. Ein weiteres Problem liegt darin, daß Theorien auf Beobachtungen beruhen, die längere Zeit zurückliegen. Haben diese Aussagen zum jetzigen Zeitpunkt und für die Zukunft noch Gültigkeit, wo doch in manchen Bereichen das einzig Stabile permanenter Wandel ist?

Der Gebrauch von Theorien ist nach Lindblom (1975) in einer komplexen Entscheidungssituation mit vielerlei Risiken und Schwierigkeiten behaftet. Der Bedarf an zusätzlichen Informationen wächst weiter, und es wird mehr Zeit und Aufwand für die Generierung von Alternativen und deren Bewertung nötig, ohne daß die Qualität der Entscheidungen ansteigt (vgl. Lindblom, 1975, S. 173).Folglich ist es besser, nur die unmittelbaren Folgen der in der jüngeren Vergangenheit getroffenen Entscheidungen zu betrachten und zu vergleichen, ohne den Umweg über Theorien zu nehmen.

Wie sieht nun das „Durchwursteln" in alltäglichen Entscheidungssituationen aus? Als Beispiel soll hier ein potentieller Autokäufer angeführt werden. Nach der Methode des „Muddling through" benötigt er relativ wenige Informationen. So reicht es ihm, Angebote aus der näheren Umgebung einzuholen, indem er vielleicht die Kfz-Händler am Ort besucht. Er wird nur wenige, seinen groben Vorstellungen entsprechende, eventuell im Bekanntenkreis bewährte Fahrzeugtypen oder auch nur ein Nachfolgemodell seines bisherigen Fahrzeuges in die engere Wahl ziehen. Diese wenigen Modelle wird er sich einmal anschauen und probefahren, um anhand weniger Kriterien festzustellen, ob dieses oder jenes Modell für ihn geeignet ist. Dabei wird er Freunde oder Familienmitglieder mitnehmen, um deren Meinung über das jeweilige Fahrzeug zu erfahren. Falls Einigkeit besteht, daß es sich um ein „praktisches" Auto handelt, wird er es kaufen, wenn nicht, dann ein weiteres Modell probefahren usw. Sehr wahrscheinlich kommt er auf diese Weise relativ schnell zu einem, ihn zufriedenstellenden Fahrzeug. Er weiß, daß es sich dabei um eine suboptimale Lösung handelt, kann aber damit leben. Er hat ja durch sein Vorgehen einen groben Fehlkauf vermieden.

Wie sich das Planungs- und Entscheidungsverhalten in Anlehnung an Lindbloms Methode des „Muddling through" gestaltet, geht noch einmal aus dem folgenden Vorgehensschema hervor:

Abbildung 8-9: Das Vorgehen in Anlehnung an das „Muddling through"

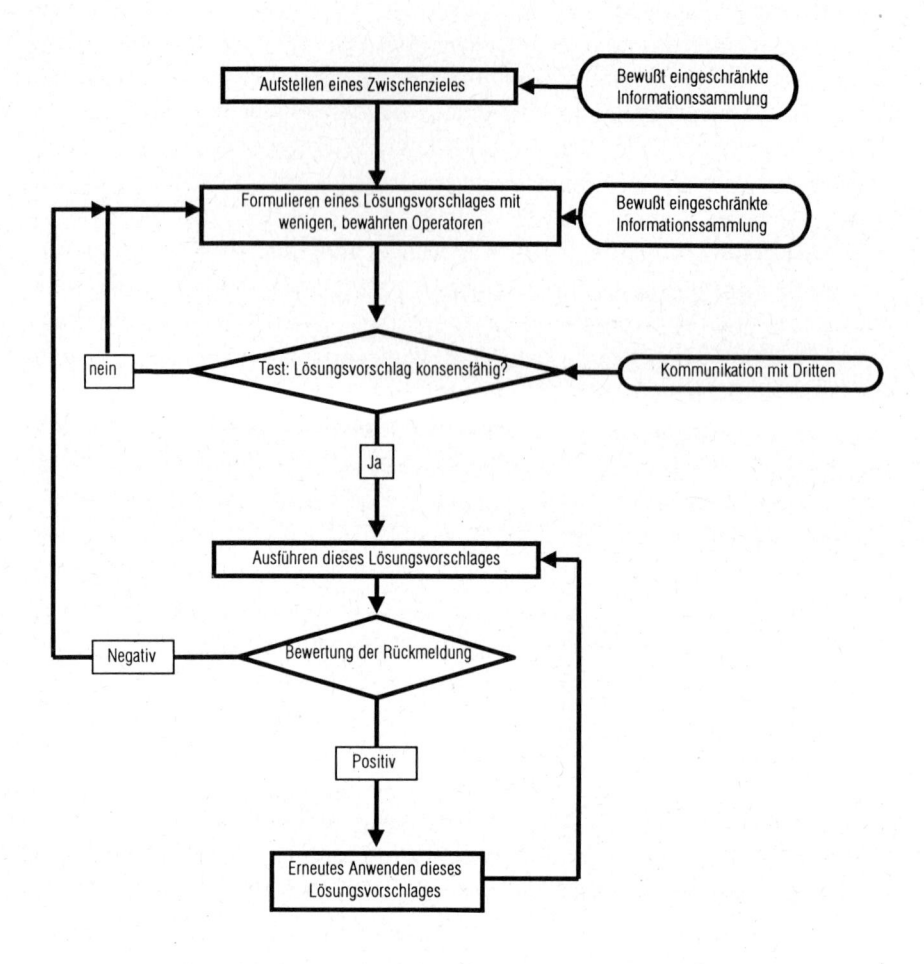

```
                    ┌──────────────────────────────┐      ┌──────────────────────┐
                    │ Aufstellen eines Zwischenzieles │ ◄── │ Bewußt eingeschränkte │
                    └──────────────────────────────┘      │ Informationssammlung │
                                   │                       └──────────────────────┘
                                   ▼
           ┌──────────────────────────────────────────┐    ┌──────────────────────┐
      ┌──► │ Formulieren eines Lösungsvorschlages mit │ ◄──│ Bewußt eingeschränkte │
      │    │      wenigen, bewährten Operatoren       │    │ Informationssammlung │
      │    └──────────────────────────────────────────┘    └──────────────────────┘
      │                            │
      │                            ▼
  ┌───────┐        ┌────────────────────────────────┐      ┌──────────────────────┐
  │ nein  │ ◄──────│ Test: Lösungsvorschlag konsensfähig? │ ◄──│ Kommunikation mit Dritten │
  └───────┘        └────────────────────────────────┘      └──────────────────────┘
                                   │ Ja
                                   ▼
                    ┌──────────────────────────────┐
                    │ Ausführen dieses Lösungsvorschlages │ ◄──┐
                    └──────────────────────────────┘           │
                                   │                            │
                                   ▼                            │
  ┌─────────┐       ┌──────────────────────────────┐           │
  │ Negativ │ ◄─────│  Bewertung der Rückmeldung   │           │
  └─────────┘       └──────────────────────────────┘           │
                                   │ Positiv                    │
                                   ▼                            │
                    ┌──────────────────────────────┐           │
                    │   Erneutes Anwenden dieses   │───────────┘
                    │      Lösungsvorschlages      │
                    └──────────────────────────────┘
```

8.4.3.2 Erkennungsmerkmale der Strategie in Markstrat

Woran kann man nun erkennen, daß sich ein Proband bei der Bearbeitung von Markstrat durch „Muddling through" leiten läßt. „Muddling through" zeichnet sich vor allem dadurch aus, daß wesentlich weniger Daten und Informationen als in der rationalen Planungslehre benötigt werden. Der „Durchwurstler" geht davon aus, daß sein Wissen über eine umfangreiche, komplexe Problemstellung niemals vollständig sein kann. Auch wenn die Möglichkeit zum vollständigen Wissenserwerb besteht, ist ihm bewußt, daß die Verarbeitung all dieser Informationen und die Identifikation sämtlicher Handlungsalternativen ein unmögliches Unterfangen ist. Um eine Problemstellung zu bewältigen, benötigt er bewährte Handlungsschritte und Operatoren, mit deren Hilfe er zuerst einmal einen Systemeingriff tätigen kann, um zu sehen was passiert. Bewähren sich diese Operatoren, d.h. entwickelt sich das System in die erwünschte Richtung, werden sie beibehalten. Ist dies nicht der Fall, kommen andere Operatoren zur Anwendung, die dann auf ihre Brauchbarkeit hin getestet werden. Um den „Wirkungsgrad" eines Operators richtig einzuschätzen, genügen dem „Durchwurstler" wenige Zielvariablen, die auf Veränderungen hin beobachtet werden. Ein genau elaboriertes Zielsystem ist für ihn demnach ebenso überflüssig wie eine vollständige Informationssammlung. Er geht nämlich davon aus, daß ein solches Zielsystem nicht exakt aufzustellen, raschen Veränderungen unterworfen und von subjektiven Werten abhängig ist. Bei der Auswahl der Operatoren läßt sich der „Durchwurstler" von Erfahrung leiten. Der Entscheidungsträger wird das tun, was sich schon immer bewährt hat und das System nicht zu stark beeinflußt. In neuartigen Situationen werden keine neuen Handlungsalternativen gesucht. Es werden vielmehr Maßnahmen eingesetzt, die sich in ähnlichen Situationen bereits bewährt haben. Darüber hinaus bleibt der „Durchwurstler" auch in weitgehend unbekannten, neuartigen Situationen handlungsfähig, da er davon ausgeht, daß er erfolgreich agieren kann, ohne die Folgen seiner Handlungen genau zu antizipieren. Dies setzt jedoch voraus, daß ihm bewährte Operatoren und Handlungsmöglichkeiten zur Verfügung stehen, die ihm sachte, reversible Eingriffe ermöglichen. Außerdem muß er die Möglichkeit haben, mehrfach in das System einzugreifen, um je nach Rückmeldung, auf die er ebenfalls angewiesen ist, die weiteren Maßnahmen zu treffen. Denn im Grunde wird hier versucht, Problemstellungen mit vorsichtigem Versuchs-Irrtums-Verhalten zu steuern. Schließlich kommt noch hinzu, daß er – im Gegensatz zum „homo oeconomicus" – keine optimale Lösung anstrebt, sondern vielmehr von vornherein mit einem suboptimalen Ergebnis rechnet, da ihm ja auch die exakten Systemzusammenhänge unbekannt sind. Bei der Auswahl der Handlungsalternativen ist jedoch die Konsensfähigkeit das wichtigste Kriterium. Der "Durchwurstler" wird also versuchen, seine Lösungsvorschläge mit anderen abzustimmen. Situationen, in denen er alleine Entscheidungen treffen muß, werden ihm ein gewisses Unwohlsein bereiten. Mit Entscheidungen unter Zeitdruck – vorausgesetzt geeignete Operatoren sind vorhanden – hat er hingegen weniger Schwierigkeiten, da eine umfangreiche Informationssuche und -verarbeitung ja entfällt.

Hieraus ergeben sich folgende Indikatoren, an denen man das „Muddling through"-Verhalten in Markstrat erkennen kann:
- Geringe Informationssammlung in der ersten Spielperiode. Die Instruktion wird gründlich gelesen. Den „Durchwurstler" interessieren jedoch nicht in erster Linie die genaueren Zusammenhänge; sondern vielmehr seine Handlungsmöglichkeiten. Er will vorrangig wissen, was er denn hier alles tun kann, und was die wichtigsten Ziele sind. Er will aber kein tieferes Verständnis für das System entwickeln. Er fordert nur wenige Marktforschungsstudien an, eingedenk der Tatsache, daß ein Übermaß an Informationen zum einen gar nicht zu verarbeiten sind und zum anderen dies unnötig ist.
- Die Zeit bis zur ersten Entscheidung ist relativ kurz. Der „Durchwurstler" verändert erst einmal etwas und beobachtet dann die Resultate. Er beklagt sich nicht, daß die Zeit von drei Stunden eventuell zu kurz wäre, da er nicht auf ein umfassendes Systemwissen angewiesen ist, sondern vorhat, das Ganze sowieso mittels sorgfältigem Versuch-Irrtum-Verhalten zu steuern. Da er außerdem keine optimalen Ergebnisse anstrebt, ist es ein leichtes, einen vorgegebenen Zeitrahmen einzuhalten. Der „Durchwurstler" weiß aber auch, daß er die „Spielregeln" der Computersimulation erst im Verlauf des Spieles erfährt. Er braucht daher später noch Zeit, um auf diese Erfahrungen reagieren zu können. Aus diesem Grund wird er sich die Zeit so einteilen, daß für jede Spielperiode in etwa die gleiche Zeit zur Verfügung steht, mit der Tendenz, sich nach hinten Reserven zu verschaffen.
- Bei der ersten Entscheidung werden nur eine oder wenige Variablen verändert. Diese Veränderungen zielen nicht darauf ab, den Betrieb erst einmal zu stabilisieren wie bei der Strategie der rationalen Planungslehre, sondern um zu testen, wie Markstrat auf diese Eingriffe reagiert. Er verläßt sich dabei auf bekannte und bewährte Operatoren. Doch was sind bekannte Operatoren in einer neuartigen Computersimulation? Der Proband wird auf vertraute Operatoren aus seiner allgemeinen Berufs- und Lebenserfahrung zurückgreifen, soweit diese in Markstrat anwendbar sind. Dies dürften in der Computersimulation zum einen eine Erhöhung der Werbeausgaben und zum anderen eine Änderung im Vertrieb sein. Da Änderungen im Vertrieb aber „intensivere" Maßnahmen sind, schließlich erfordern sie Neueinstellung oder Entlassung von Mitarbeitern, was erfah-

rungsgemäß mit Problemen verbunden ist, müßte sich der „Durchwurstler" bevorzugt für eine Erhöhung der Werbeausgaben entscheiden.

- Der „Durchwurstler" ist bestrebt, sozialen Konsens über Maßnahmen herzustellen. Als Ansprechpartner steht in dieser Laborsituation jedoch nur der Versuchsleiter zur Verfügung, der auch die Aufgabe hat, alle auftauchenden Fragen beantworten. Der Proband wird daher versuchen, diesen in die Entscheidungsfindung mit einzubeziehen und ihn fragen, ob die getroffenen Maßnahmen auch richtig und gut sind.

- Ab der zweiten Spielperiode werden die Folgen der getroffenen Entscheidungen genau beobachtet. Dazu benötigt er vor allem die Betriebsergebnisse. Der „Durchwurstler" überprüft anhand dieser Daten, ob die getroffenen Entscheidungen geeignet waren, zentrale Erfolgsdaten wie den Deckungsbeitrag und den Marktanteile zu steigern. Als „Erfolg" wird dabei schon eine leichte Steigerung gewertet.

- Gehen die Betriebsergebnisse in die gewünschte Richtung, werden die erprobten Operatoren beibehalten. Eventuell werden sie sogar noch weiter gesteigert. Zusätzlich wird getestet, ob mit anderen Eingriffsmöglichkeiten das Ergebnis weiter verbessert werden kann. Dabei wird pro Spielperiode nur ein weiterer Eingriff durchgeführt. Der „Durchwurstler" will ja durch wiederholte, kleinere Eingriffe die Simulation steuern. Außerdem werden regelmäßig einige wenige, auf einen bestimmten Bereich konzentrierte Marktforschungsstudien angefordert. Aufgrund der sehr eingeschränkten Systemanalyse bleibt ihm genügend Zeit, diese angeforderten Daten auszuwerten. Nacheinander, über die gesamte Spielzeit gleichmäßig verteilt, werden so sämtliche Eingriffsbereiche, also Werbung, Vertrieb, Produktentwicklung, Produktpositionierung, mittels Werbung erprobt und bei Erfolg beibehalten.

- Entwickeln sich die Betriebsergebnisse hingegen in eine negative Richtung, wird nicht in erster Linie Ursachenforschung betrieben, sondern es werden vielmehr andere Operatoren gesucht und ausprobiert. Der Versuchsteilnehmer wird beispielsweise anstelle der Erhöhung des Werbebudgets Vertriebsmaßnahmen ergreifen oder neue Produkte entwickeln. Die Auswirkungen dieser neuen Entscheidungen werden dann in der nächsten Spielperiode überprüft. Zeigen sich Erfolge, so wird wie dargestellt weiter verfahren. Stellen sich keine Erfolge ein, d.h., sinken die Betriebsergebnisse weiter, wird der „Durchwurstler" wieder nicht versuchen, die Ursachen dafür zu analysieren, sondern erneut alternative

Eingriffe testen. Die Maßnahmen werden dann stärker dosiert und in den verschiedensten Kombinationen ausprobiert. Im Extremfall entsteht daraus ein unsystematischer, wilder Aktionismus.

8.4.4 Einzelfallbetrachtungen

Die in Abschnitt 8.4.2.2. und 8.4.3.2 ermittelten Indikatoren ermöglichen es nun, anhand von Einzelfällen zu untersuchen, inwieweit sich die Probanden bei der Bearbeitung von Markstrat von der klassischen Entscheidungstheorie oder der Theorie des „Muddling through" leiten ließen. Wir wollen daher im folgenden das Vorgehen von VP08 und VP11 beschreiben und analysieren.

Das Vorgehen von VP08

VP08 studierte zuerst sehr lange und genau die in der Instruktion vorgegebenen Daten. Dann versuchte sie, so viele zusätzliche Informationen wie möglich über alle Handlungsbereiche zu erhalten. Sie erkundigte sich nach der logischen Struktur der Simulation, fragte bei Verständnisproblemen sehr genau nach und bestellte mehrere Marktforschungsstudien, um die Marktsituation in der nächsten Spielperiode besser analysieren zu können. Die Versuchsperson entschloß sich erst nach einer detaillierten Betrachtung sämtlicher Daten zu ersten Maßnahmen, die sich auf die Kernbereiche Produktionsplanung und Werbung beschränkten. Dennoch hatte sie bereits in der ersten Periode die Entwicklung neuer Produkte im Auge und begann in der zweiten Periode als eine der ersten Versuchspersonen, sich mit diesem Aspekt zu befassen und systematisch neue Produkte in den Markt einzuführen. Im weiteren Versuchsverlauf legte VP08 ein bestimmtes Vorgehen an den Tag: Sie analysierte alle Informationen über das eigene Unternehmen, die Kunden und die Konkurrenz umfassend und setzte sie zueinander in Beziehung. Dann entwickelte sie ein fein aufeinander abgestimmtes Maßnahmenpaket, wobei sie vor allem versuchte, die Kundenwünsche und das Konkurrenzverhalten zu berücksichtigen. VP08 gelang es zwar nicht, alle Spielperioden im vorgegebenen zeitlichen Rahmen abzuwickeln. Sie ließ sich jedoch dadurch jedoch nicht unter Druck setzen. Dies bewirkte, daß sich das Unternehmen trotz fehlender Eingriffe am Ende gut weiterentwickelte.

Sowohl die umfangreiche Informationssammlung in der ersten Spielperiode als auch das eingeschränkte Maßnahmenspektrum deuten darauf hin, daß sich die Versuchsperson von der *klassischen Entscheidungstheorie* leiten ließ. Trotz der Tatsache, daß die Versuchsperson nicht alle Informationen auswerten konnte, kam aber kein Gefühl der Unsicherheit auf und es fand auch keine Konzentration auf Kernbereiche statt. Dies und der Umstand, daß sich die Versuchsperson nicht über die mangelnde Zeit beklagte, entspricht nicht dem typischen Vorgehen eines rationalen Planers. Daß VP08 in der zweiten Periode nach einer umfassenden Informationssammlung und -auswertung (betriebsinterne Daten, Marktforschungsstudien und Konkurrenzaktivitäten) mehrere Maßnahmen ergriff und das Maßnahmenspektrum ausschöpfte, kann wiederum als Indikator für die rationale Planungslehre gewertet werden. Auch daß dieses Vorgehen in den weiteren Spielperioden trotz des wachsenden Zeitdrucks beibehalten worden ist, spricht dafür. Ein weiteres Merkmal der rationalen Planungslehre, die Berufung auf theoretisches Wissen z.B. in Form von Marketingstrategien konnte man hingegen nicht erkennen. Somit kann man zwar nicht sagen, daß sich VP08 nur durch die klassische Entscheidungstheorie leiten ließ, aber die Versuchsperson scheint zumindest in einigen Punkten diesem Bild des rationalen Planers zu entsprechen.

Merkmale des *„Durchwurstlers"* weist VP08 hingegen kaum auf: So war die Informationssammlung in der ersten Spielphase nicht gering, die Zeit bis zur ersten Entscheidung war nicht kurz und die Versuchsperson versuchte nicht, den Versuchsleiter mit in die Entscheidung einzubeziehen. Einzig und alleine der Sachverhalt, daß die Versuchsperson in der ersten Entscheidungsphase nur geringe Änderungen an wenigen Variablen vornahm, deutet auf „Muddling through"-Verhalten hin. In den weiteren Spielperioden wurden neben zentralen Betriebsergebnissen aber auch sehr viele andere Daten ausgewertet, und es wurden mehrere Variablen entgegen einem systematischen Versuchs-Irrtums-Verhalten variiert. Dies spricht ebenfalls gegen das „Muddling through".

Das Vorgehen von VP11

Die Versuchsperson bemängelte zunächst u.a. die unklaren Zielvorgaben des Spiels, analysierte die Daten der Instruktion genau und stellte viele Fragen an den Versuchsleiter. Die Suche und Analyse von Informationen wurde jedoch bald eingestellt, obwohl nach eigenem Bekunden der Versuchsperson noch Unklarheit über die Simulation herrschte. Die recht schnell eingeleiteten Maßnahmen von VP11 konzentrierten sich auf Werbung und Preisgestaltung. Die unternehmensinternen Daten wurden genau analysiert, Marktdaten fast gar nicht. Als die Marktlage zunehmend schwierig wurde, versuchte die Versuchsperson, die Lage zunächst durch kräftige Eingriffe beim Preis zu bessern, später durch recht umfangreiche Werbeaktivitäten. Nach eigenem Bekunden war sie auf der Suche nach dem richtigen Angriffspunkt zum Handeln. Als all dies mißlang, bekundete sie zunehmend Hilflosigkeit. VP11 fuhr jedoch mit den punktuellen Maßnahmen fort. Bestimmte Handlungsbereiche wurden fast völlig ausgeblendet. So gab VP11 an, daß die Marktforschung sie „wegen der vielen Daten verwirre". Auch Forschungs- und Entwicklungsaktivitäten wurden von ihr erst am Schluß in Betracht gezogen, ohne daß sie jedoch noch zu effektiven Maßnahmen gelangte. Die Versuchsperson war weit vor Ablauf der vorgegeben Spielzeit fertig und mit ihren Ergebnissen sehr unzufrieden.

Das Vorgehen von VP11 läßt sich weder klar einem Vorgehen, das auf der klassischen Entscheidungstheorie basiert, noch dem „Muddling through"-Verhalten zuordnen. So hat sie in der ersten Runde die Informationssammlung zu früh abgebrochen, sehr schnell die ersten Maßnahmen ergriffen und kaum Marktforschungsstudien angefordert. Dies entspricht nicht dem Bild des rationalen Planens im Sinne der *klassischen Entscheidungstheorie*. Auch im weiteren Spielverlauf hat die Versuchsperson kaum Zeit auf eine umfassende und detaillierte Informationssammlung und -auswertung verwendet, ihr enges Maßnahmenspektrum beibehalten und undurchdachte Maßnahmen ergriffen. Einzig und alleine die Tatsache, daß VP11 ihr Unbehagen über die Unklarheiten in der Simulation äußerte, könnte man als Merkmal des klassisch rationalen Handelns werten. Dem widerspricht jedoch, daß die Versuchsperson nicht versucht hat die Unklarheiten zu beseitigen, sondern statt dessen Eingriffe vorgenommen hat.

Man könnte nun glauben, daß VP11 sich mehr an der Methode des *„Muddling through"* orientiert hat. Darauf deutet zwar hin, daß sie bereits nach einer kurzen Zeit, mit unvollständigen Informationen die ersten Maßnahmen, die sich auf wenige Bereiche beschränken, ergriff, den geringen Zeitaufwand für die Informationssammlung im weiteren Spielverlauf beibehielt und vor allem zentrale Betriebsdaten abrief. Gegen die Verfolgung einer "Muddling through"-Strategie spricht jedoch, daß VP11 nicht nach einer Verschlechterung der Betriebsergebnisse die Maßnahmen änderte, sondern an ihrem bisherigen Vorgehen weitgehend festhielt.

8.4.5 Schlußfolgerungen

Die Einzelfallbetrachtungen zeigen folgendes:
- Bei den Probanden ließen sich keine Hinweise für den Abruf einer vollständig formulierten problemlösemethodisch begründeten Strategie finden. Ihr Vorgehen zeichnete sich nicht durch eine durchgängige Orientierung an einer bestimmten Problemlösestrategie aus.
- Statt dessen entwickelten sie ihre Handlungsstrategien ad hoc aus den Erfordernissen der Situation heraus, wobei bestimmte grundsätzliche individuelle Charakteristika ihr Vorgehen geprägt haben. VP08 ging beispielsweise von Anfang an sehr gewissenhaft vor und versuchte sämtliche Informationen über die Kunden und die Konkurrenz zu berücksichtigen.
- Diese Charakteristika gaben dem Vorgehen der Probanden eine grundsätzliche Richtung, schränkten ihre Handlungsalternativen ein und prägten ihr Handeln im weiteren Spielverlauf.
- Die individuellen Charakteristika (z.B. Kundenorientierung, Gewissenhaftigkeit) waren hierbei eng mit den inhaltlichen Aspekten des Vorgehens (z.B. Durchführung von Forschungs- und Entwicklungsmaßnahmen) verknüpft.

Eine Erklärung für diese Beobachtungen liefert das „Modell des strategischen Handelns", das im Anschluß vorgestellt werden soll.

RÜDIGER VON DER WETH

8.5 Identifikation strategiebildender Handlungsmomente: „Strategeme"

8.5.1 Vorüberlegungen

Unsere Einzelfallbetrachtungen legten nahe, daß zur Steuerung der Computersimulation bei den Probanden kein vollständiger Handlungsplan im Sinne von Hacker (Hacker, 1986) vorliegt und die meisten weder auf der inhaltlichen noch auf der Prozeßebene über ausformulierte individuelle Handlungsstrategien bei den von uns vorgegebenen Problemen verfügen. Denn für den Abruf kompletter Handlungsstrategien aus dem Bestand des Wissens und für ihre Anwendung auf die in der Untersuchung vorgegebenen Situationen ließen sich weder in der Simulation noch in den Szenarien Hinweise finden. Dennoch treffen die Versuchspersonen anscheinend relativ frühzeitig und – an den Maßstäben der rationalen Planungslehre gemessen – völlig unzureichend informiert grundsätzliche und teilweise irreversible Entscheidungen über ihr Vorgehen. Hier stellt sich die Frage: Wie funktioniert das? Welche Kriterien werden genutzt, um bei äußerst lückenhaftem Wissen über das komplexe Problem eine Richtung für das eigene Vorgehen auszuwählen und Aktivitäten zu starten. Der Abschnitt 8.5 stellt unseren Weg dar, Antworten auf diese Fragen zu bekommen. Wir stellen zunächst das aus den qualitativen Untersuchungen gewonnene Modell der Bildung und Umsetzung von Handlungsstrategien dar. Es hebt die Rolle sogenannter Strategeme hervor (in Anlehnung an eine Terminologie von v.Senger, 1994), einer bestimmten Form von Regeln, die das Handeln in der Anfangsphase komplexer Problemlöseprozesse ausrichten. Wir stellen dann die quantitativen Befunde der ersten Untersuchung vor, die dieses Modell stützen. Aus diesen Ergebnissen wurden Hypothesen für die zweite Untersuchung abgeleitet. Die Bestätigung dieser Hypothesen soll belegen, daß der Prozeß der Strategieentwicklung im zweiten Versuch ebenfalls nach den Gesetzmäßigkeiten des Modells abläuft, aber auf Grund der andersartigen Problemkonstellation und Stichprobe andere strategische Ausrichtungen gewählt werden, die – wie wir in Kapitel 10 sehen werden – auch zum Erfolg führen.

8.5.2 Ein Modell der Bildung und Umsetzung von Handlungsstrategien

Unser erstes Modell des strategischen Handelns sollte den in den Einzelfallanalysen beobachteten Besonderheiten Rechnung tragen und erklären, wie Handlungsregulation unter den in 8.5.1. beschriebenen Umständen überhaupt und manchmal sogar erfolgreich funktionieren kann. Abb. 8-10 stellt wichtige Prozesse und Datenstrukturen unseres Modells grafisch dar.

Betrachten wir zunächst den Wissensfundus, mit dem der Handelnde operiert. Im Modell sind mehrere Formen der Vorerfahrung vorgesehen. Man kann beim Handeln in komplexen Situationen auf verschiedene Varianten strategischen Wissens zugreifen (A). Wenn der vorgegebene Fall eine Routinesituation darstellt, ist es möglich, daß der Handelnde bereits über einen festen *Handlungsplan* für das Vorgehen verfügt. Dies bedeutet, daß einem bereits alle Ziele und alle einzelnen Schritte dorthin bekannt sind. Ist dies nicht der Fall, wird die Aufgabe zu einem *Problem*. Kann man dieses Problem einer bekannten Klasse von Problemen zuordnen, kennt man möglicherweise eine *Strategie* zu seiner Lösung. Eine Strategie ist eine Art „unvollständiger Plan". Sie besteht lediglich aus den Grundzügen eines Lösungsweges für das Problem, d.h., sie legt die wesentliche Stationen auf dem Weg zum endgültigen Ziel der Problemlösung fest (Zwischenziele) und enthält Hinweise auf das *Wie* der Problemlösung: in Frage kommende Methoden zum Umgang mit dem Problem oder auch *Taktiken* zum Erreichen einzelner Zwischenziele. Methoden und Taktiken sind ebenfalls Bestandteil des strategischen Wissensfundus.

Die genannten Formen strategischen Wissens unterscheiden sich somit in ihrer Vollständigkeit, ihrer Reichweite und ihrem Allgemeinheitsgrad. Inwieweit man auf „Vorgefertigtes" im strategischen Bereich zurückgreifen kann, hängt von der Situation ab, in der man sich befindet. Danach richtet sich auch der Aufwand, der betrieben werden muß, um einen Plan zu entwickeln, der das Individuum handlungsfähig macht. Für diese Entwicklung eines Planes ist eine weitere Form des Wissens notwendig.

Nach Dörner (1979) benötigt man in Situationen, für die man keinen vorgefertigten Plan hat, heuristisches Wissen (B), das – nomen est omen – aus Heurismen besteht. Im Sinne von Dörner sind dies „Findeverfahren", mit denen man einen Lösungsweg aus vorgegebenen Operatoren konstruieren kann. In unserem Modell kann man sich diese Heurismen als Konstruktionsregeln vorstellen, die den Zusammenbau eines Handlungsplans für die aktuelle Pro-

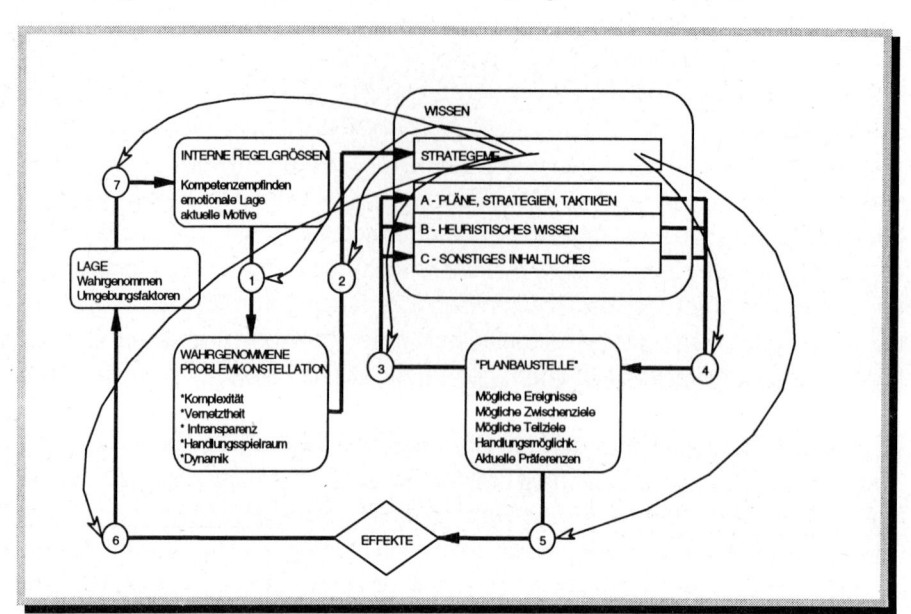

Abbildung 8-10: Funktionsmodell des strategischen Handelns.

Die Ziffern stehen für die folgenden Prozesse:
① die *Problemerfassung*
   Erkennen von Eigenschaften des Problems auf der Basis inhaltlicher, prozeßbezogener und auf das soziale Geschehen bezogener Informationen
② der *Strategemaufruf*
   Aktivierung gewünschter Vorgehenseigenschaften auf Basis des Komplexitätsprofils
③ die *Suche nach Wissen*
   Auswahl geeigneten Wissens zur Konkretisierung des Handlungsplanes
④ der *Planaufbau*
   Konkretisierung und Ergänzung des im Entstehen begriffenen Plans
⑤ die *Umsetzung*
   Durchführung aktuell anstehender Planschritte
⑥ die *Effekt- und Umgebungskontrolle*
   Auswertung der Effekte des Handelns hinsichtlich der individuellen Ziele
⑦ die *Anpassung interner Parameter*
   Veränderung der aktuellen emotionalen und motivationalen Lage

blemlösesituation steuern. Die Anwendung heuristischer Regeln konkretisiert also aus den beschriebenen Versatzstücken strategischen Wissens in einer neuen Situation die Handlungsplanung soweit, daß das Individuum etwas tun kann, um das vorgegebene Problem zielführend zu bearbeiten (in unserer Untersuchung: Schritte zur Steuerung einer Computersimulation oder Entwicklung erster Handlungsideen für ein Szenario). Daß man für diesen Steuerungsprozeß auch betriebswirtschaftliches Fachwissen benötigt, muß natürlich auch berücksichtigt werden (C). Fakten, berufsspezifische Verhaltensroutinen und bestimmte konkrete Handlungsschritte bilden gewissermaßen die „Grundsubstanz", aus der die Pläne unserer Probanden aufgebaut sind. Wie Fachwissen im Einzelnen in den Prozeß der Strategieentwicklung und -umsetzung eingebaut wird, darüber soll diese Untersuchung ebenfalls weiteren Aufschluß geben. Die Einzelfallstudien legen jedenfalls den Verdacht nahe, daß Marketingstrategien nicht als Ganzes abgerufen und auf die Problemsituationen unserer Untersuchung angewendet werden.

Unsere ersten Beobachtungen haben nun gezeigt, daß der Abruf und die Umsetzung kompletter Pläne oder ganzer Strategien sehr unwahrscheinlich ist. Man kann in Analogie zu Kleist eher von einer „Verfertigung der Pläne beim Handeln" reden. Man kann sich statt eines Handlungsplanes, der die Aktivitäten des Individuums steuert, also eher eine Art „Planbaustelle" vorstellen, an der parallel zur Steuerung aktueller Aktivitäten mit abgerufenen Wissenselementen weitergebaut wird. Dieser „Weiterbau sollte gewährleisten, daß der Handelnde die möglichen Entwicklungen in seinem Handeln berücksichtigen und ihnen durch angemessene Aktivitäten begegnen kann. Er benötigt dazu Informationen über die aktuelle Situation, seine eigenen gegenwärtigen Präferenzen und Ziele und die Eigenschaften der eigenen Handlungsmöglichkeiten. Die Lücken, die der aktuelle Plan in dieser Hinsicht hat, und die Rückmeldung der Effekte des bisherigen Handelns fokussieren wiederum die Suche nach Heurismen und strategischen Wissenselementen, die geeignet erscheinen, diese Lücken kurz- und langfristig zu beheben.

Was aber ist, wenn man über keine Vorstellung verfügt, wie man das vorliegende Problem angehen soll, also salopp formuliert „überhaupt keinen Plan hat"? Man kann davon ausgehen, daß dieser Zustand der Planbaustelle nicht genug Informationen bereithält, um die Suche nach angemessenen Problemlöseverfahren angemessen zu steuern. Hier kommen nach unserer Ansicht eine weitere Form allgemeiner Regeln zum strategischen Handeln ins Spiel, die wir in Anlehnung an chinesische Spruchweisheiten ähnlichen Inhalts „*Strategeme*" genannt haben (von Senger, 1994). Strategeme beschreiben, welche Eigenschaften das individuelle Handeln beispielsweise in dringlichen, vernetzten oder intransparenten Situationen haben sollte (z.B. konzentriert, durchdacht, offensiv, o.ä.). Ein solches Strategem besitzt ein Komplexitätsprofil als Inputmuster, das bei Erfassung einer entsprechenden Konstellation in der Umwelt eine Regelanwendung auslöst. Diese Regelanwendung besteht jedoch nicht aus einem Handlungsprogramm oder einer Strategie, sondern lediglich aus Informationen über Eigenschaften, die Ziele, Handlungen und psychische Prozesse haben sollten, die in einer derartigen Situation dienlich sind (vgl. Abb. 8-10: dieser Sachverhalt ist hier durch die dünnen, gewundenen Pfeile symbolisiert). Strategeme kann man sich somit als „Strategiekerne" vorstellen. Sie ermöglichen es, auch in einer unbekannten Situation aus der unübersichtlichen Fülle von Handlungsmöglichkeiten und Formen der Verhaltensregulation einige wenige mit entsprechenden Eigenschaften herauszufiltern, die für das weitere Vorgehen in Frage kommen. Dies geschieht dadurch, daß die Teilprozesse ① – ⑦ aus Abb. 8.10 in ganz bestimmter Weise fokussiert werden. Enthält das Strategem z.B. die Anweisung „durchdacht" zu handeln, so werden dadurch Festlegungen über die Art und Weise des Planaufbaus getroffen, die bewirken, daß aus der Fülle der Heurismen nur solche voraktiviert werden, die dieses Label wirklich verdienen.

Welche Richtung des Handelns durch die Strategeme vorgegeben wird, hängt dabei auch im wesentlichen von den Eigenschaften des Handelnden ab. Denn sein Vorwissen, seine Fähigkeiten und seine Persönlichkeit bestimmen mit, welches Komplexitätsprofil eine bestimmte Situation für ihn hat und welche Strategeme aktiviert werden.

Unsere Beobachtungen legen nahe, daß das strategische Handeln bereits wesentlich durch die Strategeme vorgeprägt wird und der einmal eingeschlagene Weg selten revidiert wird. Welcher Weg dies ist, ist jedoch individuell sehr unterschiedlich. Dies kann man sich dann vergegenwärtigen, wenn man sich z.B. überlegt, auf welche Weise die Suche nach geeignetem strategischen Wissen auf der Basis von Strategemen funktioniert (③ in der Modellgrafik). Welche Strategeme ins Spiel kommen, hängt zum einen von der jeweiligen Konstellation der Problemparameter ab. Ein vernetztes und transparentes Problem mit geringem Zeitdruck und großem Handlungsspielraum aktiviert z.B. andere Strategeme als ein Problem mit einer geringen Vernetzung, wenigen Handlungsmöglichkeiten, Zeitdruck und großer Intransparenz. Zum anderen sind diese Größen für verschiedene Individuen u.U. völlig unterschiedlich, die Intransparenz einer Situation ist z.B. wesentlich vom Vorwissen abhängig.

Im Verlauf des Problemlöseprozesses werden dann die Strategeme nach und nach zu einer Strategie ausgebaut, die dann das weitere Handeln bestimmt. Sie sind somit die „Grundsteine" auf unserer Planbaustelle. Der weitere Ausbau des Planes geschieht dann, wie oben beschrieben und in der Abb. 8-10 dargestellt.

Identifikation strategiebildender Handlungsmomente: "Strategeme"

Im Prinzip kann man sich alle beschriebenen Wissenselemente formal als Prozeduren vorstellen, die Strategeme sind dabei „schlecht definierte" Prozeduren, deren Aktionsteil nur aus Kennzeichen besteht, die zielführende psychische Regulationsprozesse und Handlungen in einer Situation mit bestimmtem Komplexitätsprofil haben sollten und entsprechende Auswahlprozesse voraktivieren. Strategeme sind nicht bewußtseinspflichtig, aber bewußtseinsfähig. Ihr „Aktionsteil" ist oftmals als Spruch oder Redewendung verbalisierbar, was aber nicht immer der Fall sein muß.

Damit ist das theoretische Modell, das wir über das strategische Handeln haben, kurz umrissen. Wir wollen nun quantitative Analysen aus der Voruntersuchung vorstellen, die Kernaussagen dieses Modells belegen. Diese Aussagen sind:

- Beim Umgang mit komplexen Problemen müssen Strategien meist erst aus den Erfordernissen der Situation heraus entwickelt werden.
- Dazu bedarf es vor allem eines problemangemessenen Vorgehens bei der Informationssammlung und Modellbildung.
- Angesichts der riesigen Fülle von Informationen kommt man bereits vor und bei der Informationssammlung und Modellbildung nicht umhin, mit Hilfe von Strategemen die Vielzahl von Handlungsmöglichkeiten einzuschränken, was die grobe Richtung für das weitere Handeln vorgibt.
- Von dieser groben Ausrichtung wird in den meisten Fällen nicht mehr wesentlich abgewichen.
- Das Problemverständnis und die ersten Ideen für das weitere Vorgehen sind dabei von entscheidender Bedeutung für den Erfolg oder Mißerfolg des Handelns.

8.5.3 Quantitative Belege für das Modell aus der ersten Simulationsuntersuchung

Die Kernaussagen des Modells bilden sich auch in den Ergebnissen der statistischen Analyse der Daten aus der ersten Untersuchung ab. Es finden sich auch auf diese Weise Belege für eine schnelle Ausrichtung des Handelns ohne Differenzierung von Zielen und eine umfassende Analyse der Situation. Im folgenden werden Befunde dieser Art für die Computersimulationsuntersuchungen dargestellt, die Belege die sich bei der Analyse der Lösungsvorschläge bei den Szenarien ergeben, werden in Abschnitt 9.3 dargestellt.

Schnelle Ausrichtung des Handelns

Welche Indizien gibt es für die Behauptung, daß bereits am Anfang der Computersimulation wesentliche Grundausrichtungen des Handelns festgelegt werden? Ein wichtiger Beleg für diese Behauptung wäre sicher die Tatsache, daß über Erfolg oder Scheitern eines Probanden schon relativ früh entschieden würde. Dies würde heißen, daß dem Verhalten in der Phase der Strategieentwicklung eine besondere Bedeutung zukommt. In diesem Falle würde sich die Reihenfolge hinsichtlich des Erfolgs in der Simulation im Verlauf der Simulationszyklen nur noch unwesentlich ändern. Die Korrelation zwischen den Ergebnissen bei den Erfolgskriterien eines Simulationslaufes und seines Nachfolgers wäre in diesem Fall schon nach wenigen Durchgängen sehr hoch. Dies trifft sowohl für die Deckungsbeiträge als auch für die Marktanteile zu (Abb. 8-11). Die Reihenfolge der Probanden änderte sich beim Deckungsbeitrag über den Versuchsverlauf hinweg nur wenig. Beim Marktanteil gab es stärkere Änderungen in der Reihenfolge, doch auch hier haben die Autokorrelationen zwischen den jeweiligen Spielperioden ab der dritten Spielperiode den Wert vom 70 dauerhaft überschritten. Das weitere Tun scheint auf den Ausgang des Versuchs keinen wesentlichen Einfluß mehr genommen zu haben.

Abbildung 8-11: Autokorrelationen zwischen aufeinanderfolgenden Simulationszyklen

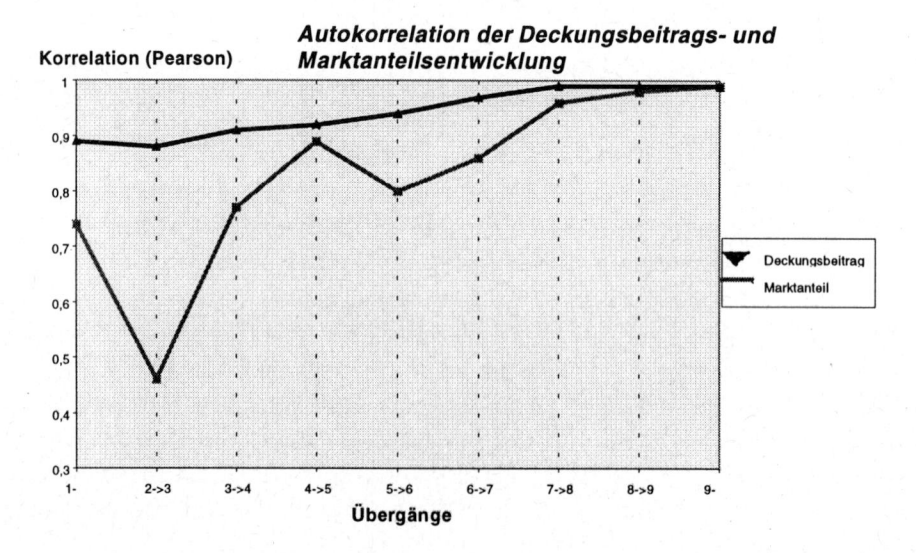

Identifikation strategiebildender Handlungsmomente: "Strategeme"

Eine an der rationalen Planungslehre orientierte Vorgehensweise ist eher selten

In diesem Zusammenhang läßt sich die Analyse der Übergangswahrscheinlichkeiten der Protokollkategorien für das „laute Denken" als Beleg anführen. Hier gab es drei Dimensionen der Beobachtung. Zum ersten wurde der Wechsel zwischen Fragen, Maßnahmen und nicht nach außen gerichteten Aktivitäten festgehalten (zyklische Systematik), auf der zweiten Protokollebene wurden die Übergänge zwischen den verschiedenen Handlungsbereichen der Simulation festgehalten. Die dritte Ebene war schließlich die der analytischen Schritte gemäß der rationalen Planungslehre (z.B. Analyse der Handlungsmöglichkeiten, der Umgebung, der Aufgabe, Maßnahmenplanung, Effektkontrolle u.a.). Für all diese Dimensionen wurde jeweils ein Kohärenzmaß bestimmt, das um so größer wurde, je weniger Wechsel zwischen den Kategorien auf einer Dimension stattfanden (vgl. Anhang 5). Würden Probanden nun die Simulation im Stile der rationalen Planungslehre bearbeiten, müßte die Kohärenz auf der analytischen Ebene deutlich höher sein als die Kohärenz auf den anderen Dimensionen, da das Vorgehen in große Blöcke der Aufgabenanalyse, Maßnahmenplanung usw. aufgeteilt wäre. Auch wenn diese Blöcke nur bei den einzelnen Simulationszyklen Hauptstrukturierungsgesichtspunkte wären, müßte die Kohärenz auf der analytischen Ebene noch immer deutlich höher sein als auf der Ebene der verschiedenen Handlungsbereiche. Dies war jedoch eindeutig *nicht* der Fall. Die Unterschiede zwischen den Kohärenzwerten waren zwar hochsignifikant, die analytische Kohärenz war jedoch deutlich geringer als die Kohärenz auf den beiden anderen Dimensionen (Friedman-Test, $n=21$, $Chi^2=16,17$, $p < 0,01$).

Ziele – eine schnelle Festlegung, aber geringe Differenzierung

Um diese Aussage zu untermauern, schaut man sich am besten die Interviews an, die mit 20 der Teilnehmer am Computersimulationsexperiment im Rahmen der beschriebenen Studie geführt wurden. Hier wurde u.a. wie gesagt die Frage nach den *Ausgangszielen* gestellt und auch danach, was „*der Grundgedanke des Vorgehens*" war, also der Kern der Strategie. Hätten die Probanden bereits am Anfang detaillierte Pläne oder wenigstens Strategien, müßten sie gemäß unseres Modells Zwischenziele, Operatoren und methodische Aussagen über das *Wie* des Vorgehens machen können. Solche methodischen Aussagen sind z.B. *Ziele zur Art des Vorgehens*, also etwa Aussagen darüber, ob sie Informationen sammeln wollen, in bestimmter Weise vorgehen wollen, o.ä.

Die Ergebnisse zeigen jedoch, daß nur wenige der Probanden am Anfang schon Strategien besaßen, um das Ziel zu erreichen. Auf die Frage nach den anfänglichen Zielen differenzierte die Hälfte der Probanden die in der Instruktion vorgegebenen *inhaltlichen Ziele* nicht aus. Von denen, die das taten, formulierten lediglich zwei Probanden *Zwischenziele* auf inhaltlicher Ebene, also Etappen, die sie bewältigen wollten. Das Ziel, die langfristige Marktposition des Unternehmens zu sichern wurde sogar von keiner einzigen Person mehr erwähnt. 30% formulierten allerdings Ziele in bezug auf ihr weiteres Vorgehen (wie etwa, mehr Informationen zu besitzen, Risiken zu vermeiden, o.ä.), also auf der strategischen Ebene. Diese Gruppe hatte vermutlich ebenfalls zu Beginn keine vorgefertigte Strategie, wollte sie wohl aber entwickeln.

Daß zu Beginn des Versuchs bei den Untersuchungsteilnehmern keine für das Problem geeignete Strategien vorlagen, zeigen auch die Antworten auf die Frage nach dem *Grundgedanken des Vorgehens*. Hier konnten zwar 70% der Probanden differenziertere inhaltliche Ziele benennen, d.h., sie schränkten die Ziele bereits ein oder konkretisierten diese. Das geschah aber nicht auf Grund einer bereits vorhandenen Strategie, die Zwischenziele oder gar konkrete Pläne für Handlungen beinhaltete. Lediglich 30% setzten sich bei dieser Frage *Zwischenziele* auf inhaltlicher Ebene, wie z.B. die richtigen Produkte zu entwickeln und die Preise richtig zu gestalten, um dadurch mehr zu verkaufen.

Obwohl am Anfang noch keine fertige Strategie erkennbar war, war bei vielen Probanden die Entwicklung einer Strategie im weiteren Vorgehen wohl beabsichtigt. 60% der Probanden setzten sich Ziele, welche *die Art und Weise ihres weiteren Vorgehens* betrafen: genaue Datenanalyse, aggressives Handeln, Koppelung der Wirkfaktoren, etc.

Für Tabelle 8-11 wurden die Antworten auf beide Fragen zusammengefaßt und um gleiche Antworten bereinigt. Wir haben uns auf die Benennung von Zwischenzielen, geplanten Handlungen und Ziele, welche die Art und Weise des Vorgehens beschreiben, konzentriert. Man kann, wie gesagt, von einer Strategie für ein vorgegebenes Problem eigentlich nur reden, wenn zumindest eine Ausdifferenzierung in inhaltliche Zwischenziele und Ziele hinsichtlich des Vorgehens formuliert werden. Tabelle 8-11 macht deutlich, daß die Masse der Probanden am Anfang sicher noch keine solche Strategie besaß.

Tabelle 8-11: Aussagen über anfängliche Ziele und den Grundgedanken des Vorgehens

Gemäß Interviewaussagen hatten am Anfang...

Inhaltliche Zwischenziele, geplante Handlungen und Ziele über die Art des Vorgehens	1
Inhaltliche Zwischenziele und Ziele über die Art des Vorgehens	3
Zwischenziele und geplante Handlungen	0
geplante Handlungen und Ziele über die Art des Vorgehens	5
Nur Zwischenziele	3
Nur Ziele über die Art des Vorgehens	4
Nur geplante Handlungen	1
Nichts von alledem	3

der Probanden

Nur die Ausdifferenzierung der Ziele in den ersten beiden Zeilen enthalten bereits wesentliche Merkmale einer Strategie im engeren Sinne. Hier finden wir 20% der Probanden. Es hat jedoch – was in der obigen Tabelle nicht aufgeführt ist – bei 90% Probanden bereits eine Differenzierung oder Konkretisierung der Ausgangsziele stattgefunden. Die Absichten der Probanden konzentrierten sich also auf einen eingeschränkten Bereich, ohne daß zu diesem Zeitpunkt eine Vorgehensstrategie entwickelt war.

Schlußfolgerungen

Beim Umgang mit komplexen und neuartigen Problemen kann man nur selten Handeln beobachten, das von Anfang an von Strategien oder kompletten Handlungsplänen geleitet ist, die als ganzes aus dem Wissen der Probanden abgerufen werden. Wesentlich häufiger kann man davon ausgehen, daß in solchen neuartigen und komplexen Situationen ein von sogenannten „Strategemen" eingeleiteter Prozeß der Strategieentwicklung stattfindet, der parallel zu den Steuerungsaktivitäten des Probanden läuft. Das Modell, wie dies funktionieren könnte, haben wir im letzten Abschnitt vorgestellt. Die Konstellation der jeweils „aktiven" Strategeme würde demnach wesentlich die Vorgehenseigenschaften beim zu lösenden Problem mitbestimmen, und zwar hinsichtlich aller beschriebenen Teilprozesse des strategischen Handelns und auch hinsichtlich grundsätzlicher inhaltlicher Ausrichtungen. Dies wären auf der Prozeßebene

① die Problemerfassung
② der Strategemaufruf
③ die Suche nach Wissen
④ der Planaufbau
⑤ die Umsetzung
⑥ die Effekt- und Umgebungskontrolle
⑦ die Anpassung interner Parameter (Motive, Emotionen)

und bei der inhaltlichen Ausrichtung die Bearbeitung von Teilanforderungen wie den Umgang mit Kunden, Konkurrenten, der Marktentwicklung und firmeninternen Prozessen, wie z.B. der Kostenentwicklung.

Eine Änderung dieser schon anfangs festgelegten Vorgehenseigenschaften erscheint bei den untersuchten Problemen während der Problembearbeitung relativ selten. Wie dies bei verschiedenen Problemen aussieht, bleibt zu klären.

Strategeme sind dann in der Lage, eine erfolgreiche Strategieentwicklung anzustoßen, wenn die intendierten Eigenschaften des Vorgehens den Gegebenheiten der Problemkonstellation angemessen sind. Das heißt, das „Komplexitätsprofil" und die inhaltlichen Aspekte der Problemstellung sollten vom Probanden richtig erfaßt werden, so daß die Eigenschaften des Vorgehens angepaßt werden können. Um erklären zu können, wie dies im konkreten Fall in der Computersimulation geschieht, muß man solche Vorgehenseigenschaften zunächst identifizieren. Auch hier gehen wir auf der Basis qualitativer Beobachtungen zu einer quantifizierten Beschreibung solcher nach unserer Theorie durch Strategeme induzierten Vorgehenseigenschaften über.

8.5.4 Methode zur induktiven Erfassung der Strategeme

Strategeme und andere Vorgehensregeln sind keine direkt erfaßbaren Größen und sind dem Handelnden möglicherweise gar nicht bewußt. Man kann nach den für das Handeln bedeutsamen Strategemen daher nicht einfach fragen. Befunde wie die von Detje (1995) zeigen, daß speziell die Bedingungen verhaltensbestimmender Regeln nur unzureichend verbalisierbar sind. Es gibt auch keine einzelnen Variablen (wie der Fragenanteil, die Menge der Übergänge zwischen Handlungsbereichen), die direkt auf eine bestimmte Vorgehensregel hinweisen. Die Messung solcher Variablen allein führt daher auch nicht weiter.

Eine weitere Möglichkeit, dieses Problem anzugehen, wäre die Rekonstruktion des jeweils aktuellen Handlungsplanes der Probanden. Wir können jedoch nicht für jeden einzelnen Probanden feststellen, wie sich das Geschehen auf der „Planbaustelle" bei der Computersimulation und den Szenarien entwickelt hat. Dies nachzuvollziehen, ist bei hohem Zeit- bzw. Arbeitsaufwand für Einzelfälle möglich, wobei sich auch hier das Problem stellt, daß das gleiche Vorgehen durch viele verschiedene unterschiedliche Strategien erzeugt werden kann. So entstehen natürlich Reliabilitätsprobleme beim Erschließen von Plänen aus Aussagen und Vehaltensweisen (vgl. Caspar & Grawe 1982; Schütz, 1991). Abhilfe würde nur durch eine lange diskursive Validierung des von uns erschlossenen Planes möglich sein, d.h., man müßte alle Videoaufnahmen und Aussagen mit den Probanden Schritt für Schritt durchgehen und nach den dahinterliegenden Zielen fragen. Ein zwar im Therapiebereich sicher gerechtfertigter, bei uns aber unmöglicher Aufwand.

Aufgrund unserer ersten quantitativen Ergebnisse haben wir uns zu einem anderen Vorgehen entschlossen. Diese haben ja gezeigt, daß die strategische Grundausrichtung des handelnden Menschen relativ früh stattfindet und durch Strategeme gesteuert wird, die verschiedene Teilfunktionen beeinflussen und auf diese Weise wesentliche Eigenschaften des Vorgehens bestimmen. Ihnen kommt daher besondere Bedeutung zu. Wir halten die Konzentration auf solche Vorgehenseigenschaften auch aus methodischen Gründen für vielversprechend. Warum?

Im Gegensatz zur genannten klassischen wissenschaftlichen Verhaltensbeobachtung auf der Basis von Einzelvariablen sind die meisten Menschen im Alltag durchaus dazu in der Lage, den Sinn einer Aktivität und Eigenschaften des Vorgehens ihrer Mitmenschen induktiv richtig zu erfassen (Frith, 1992). Sie nutzen dazu aber meistens eine Kombination verschiedener Informationsquellen, wie Aussagen, Verhaltensweisen und evtl. Dokumente. Dies ermöglicht es ihnen, den Zweck der Aktivitäten anderer, aber auch Vorgehenseigenschaften, wie Hektik, Durchdachtheit oder Aggressivität, angemessen und meist mit hoher Übereinstimmung verschiedener Beobachter zu erfassen.

Wir wollen diese Stärke der Alltagspsychologie auch für unsere Suche nach strategischen Regeln, die das Handeln beeinflussen, nutzen. Wir glauben, daß im Falle unserer Untersuchung Kombinationen von Indikatoren aus Aussagen, beobachteten Verhaltensweisen und evtl. Dokumenten verläßliche Hinweise auf Grundausrichtungen des strategischen Handelns liefern. Im Gegensatz zur unreflektierten Alltagsbeobachtung müssen wir diese komplexen Informationsmuster in eine Kombination von plausiblen, quantitativen Indikatoren für eine bestimmte Grundausrichtung des Handelns überführen. Das Auffinden dieser Kombination in den Daten einer Versuchsperson wäre dann z.B. ein Beleg für die Auswirkung eines Strategems auf das Handeln eines Probanden.

Im folgenden wollen wir dieses Vorgehen darstellen und die beobachteten Grundausrichtungen darstellen.

Die qualitative Erfassung strategischen Handelns in der ersten Untersuchung

Die Menge der Strategien, die prinzipiell beim Umgang mit einem Problem aktiv werden können, geht gegen unendlich. Eine A-priori-Liste möglicherweise durch sie induzierter Vorgehensmuster würde den Rahmen jeden Forschungsprojektes sprengen und zudem immer noch unvollständig bleiben. Wir haben uns daher zu folgendem Vorgehen entschlossen:

> *1. Schritt: Detaillierte induktive Suche nach Indizien für Eigenschaften strategischen Handelns (Vorgehenseigenschaften).*

Als erster Schritt erschien uns in dieser Lage eine an phänomenologischen Ansätzen orientierte Vorgehensweise erlaubt und auch notwendig zu sein, um überhaupt Indikatoren für die Wirkung von Strategemen und anderen strategischen Regeln im Handeln eines Menschen zu erhalten. Mehrere Beobachter wurden mit einer sehr genauen Beobachtung der Videoprotokolle unserer Probanden beauftragt und bekamen dabei die sehr offene Instruktion mit auf den Weg, „charakteristische Eigenschaften" und „Leitideen" zu identifizieren, die offensichtlich für das Vorgehen der Probanden grundlegend sind. Diese Eigenschaften und Leitideen sollten nicht nur beschrieben werden, es sollten auch die Vorgehensmerkmale bzw. Aussagen aus den Protokollen „lauten Denkens" benannt werden, auf deren Basis diese Leitideen identifiziert wurden, und es sollten die impliziten Regeln, nach denen diese Identifizierung erfolgte, so gut wie möglich benannt werden. Abbildung 8-12 zeigt ein Beispiel eines Beobachterprotokolls.

Abbildung 8-12:   Ausschnitt aus einem Beobachterprotokoll

Planungsphase 1:

> *Anhaltspunkte für Vorgehenseigenschaften:*
> *Benennung: Wissenserwerbsorientierung*
> Die Versuchsperson analysiert gründlich die Ausgangsdaten in der Periode 0 und stellt Fragen bei vorhandenen Unklarheiten. Solche beziehen sich beispielsweise auf die Positionierung mittels Werbung, den Unterschied Verkaufspreis – durchschnittlicher Verkaufspreis, die Funktionsweise von F&E oder den Zusammenhang von DB und Budget. Des weiteren deuten Aussagen wie „... will Informationen aufnehmen." oder „... gehe in die Zahlen, um die Struktur besser zu verstehen." auf ein wissenserwerbsorientiertes Vorgehen hin.
> *Benennung: Gewissenhaftes Vorgehen (hoher Auflösungsgrad)*
> Die Versuchsperson analysiert die Daten, die sie in der Ausgangslage hat und beschäftigt sich hier besonders gründlich mit der Analyse der Informationen über den Sonitemarkt. Sie stellt Ranglisten für den mengenmäßigen und den umsatzbezogenen Marktanteil sowie die Preishöhe für alle Marktteilnehmer auf. Des weiteren analysiert sie gründlich die Unternehmensdaten (DB, Herstellkosten, Budget etc.) und stellt die wichtigsten in einer Tabelle zusammen.
> Sie beschäftigt sich auch genau mit dem Wettbewerb und den Kundensegmenten und legt hierfür jeweils Arbeitsblätter an.
> *Handeln auf Basis eines guten Protokolls:*
> Die Versuchsperson legt eine Tabelle mit den wichtigsten Verlaufsdaten an und hält ihre Eingriffe fest. Bei den Entscheidungen werden die Ergebnisse der Analyse berücksichtigt.

2. Schritt: Qualitative Beschreibung der Strategeme und Ergänzung weiterer theoretisch relevant erscheinender Strategeme

Aus diesen Einzelbeobachtungen wurden allgemeine Beschreibungen für die Vorgehenseigenschaften entwickelt, die das strategische Handeln charakterisieren. Diese Liste wurde zur Kontrolle den Versuchsleitern noch einmal vorgelegt und erweitert. Außerdem wurden weitere Vorgehensmerkmale aus theoretischen Erwägungen heraus hinzugefügt.

Die Beschreibung der Vorgehenseigenschaften wurde durch eine theoretische Einordnung der Beobachtung ergänzt. Im Fall der oben beschriebenen „Wissenserwerbsorientierung" sieht dies so aus.

"Wissenserwerbsorientierung"
Wie könnte man die zugrundeliegende strategische Regel sprachlich umschreiben?
"Wissen ist Macht"
Betroffener Aspekt des strategischen Handelns:
⑦ *Anpassung interner Parameter (Motivation, Emotion)*
Funktion:
Aktivierung eines über die direkte Aufgabenbearbeitung hinausreichendes Wissenserwerbsmotivs

---

8.5.5 Quantifizierung der Strategeme

Will man unsere qualitativen Beschreibungen durch quantitative Größen operationalisieren, treten einige Probleme auf, die unsere weitere Arbeit nicht gerade erleichtert haben. Manche Merkmale im Verhalten sind für mehrere Vorgehenseigenschaften charakteristisch, d.h., wir haben es nicht mit inhaltlich und statistisch unabhängigen Dimensionen zu tun. Konzepte wie „Aufgabenorientierung" und „Gewissenhaftigkeit" überschneiden sich teilweise. Wir haben uns trotzdem für die Beibehaltung dieser Konstrukte entschieden, (1) weil sie alltagspsychologisch sinnfälliger sind und (2) weil unsere theoretischen Überlegungen sowieso nicht ein Modell aus voneinander unabhängigen, linearen Faktoren nahelegt, aus denen strategisches Handeln aufgebaut ist. So richtig diese Entscheidung aus inhaltlichen Gründen ist, so verbietet sie doch im weiteren bestimmte mathematische Operationen, z.B. die Berechnung von Korrelationen zwischen Vorgehenseigenschaften, die auf den gleichen Größen aufbauen. Diese ist im Grunde genommen nur bei Korrelationen zwischen Vorgehenseigenschaften möglich, die in jedem Fall auf verschiedenen Verhaltensmerkmalen beruhen. Innerhalb der jeweiligen Bereiche wären daher die Korrelationen nur sinnvoll, wenn die Operationalisierungen aus unterschiedlichen Elementen bestehen. Ansonsten können alle Operationen auf Rangskalenniveau mit den im folgenden beschriebenen quantitativen Operationalisierungen der Vorgehenseigenschaften durchgeführt werden. Ziel dieser Quantifizierung war es, für die Personen Rangreihen zu bilden, entsprechend der Bedeutsamkeit der jeweiligen Eigenschaft für das Vorgehen.

Identifikation strategiebildender Handlungsmomente: "Strategeme"

Man kann die zunächst qualitativ beobachteten Vorgehenseigenschaften meist nur durch die Kombination mehrerer Verhaltensmerkmale erfassen, die von unterschiedlicher Bedeutung sein können. Es gibt z.B. Kriterien, die absolut notwendig sind, um eine bestimmte Eigenschaft zu diagnostizieren, andere sind minder wichtig. Diese Wichtigkeitsunterschiede sind nicht so beschaffen, daß man die Einzelindikatoren in inhaltlich sinnvoller Weise als Linearkombination mit Gewichten verrechnen könnte. Zum anderen sind die verschiedenen Vorgehenseigenschaften auch unterschiedlich gut erfaßbar. Bei manchen haben wir sehr viele Variablen, die sich als Kriterien eignen, bei anderen nur wenige. Diese komplizierte Situation veranlaßte uns zu dem im folgenden beschriebenen ungewöhnlichen Weg der Operationalisierung.

Im Anhang 5 dieses Buches findet man die Liste der Verhaltensmerkmale und ihre Operationalisierung als Variablen, gewonnen aus den verschiedenen vorliegenden Protokollen und anderen Datensätzen. Dort sind dann die Vorgehenseigenschaften durch Ausprägungen einer Reihe von Indikatorvariablen definiert. Ein Proband sollte dann, wenn eine Vorgehenseigenschaft für seine Strategie wichtig ist, hinsichtlich dieser Variable einen bestimmten Wert haben (z.B. zum obersten Quartil gehören, dem Viertel der Probanden mit den höchsten Werten). Neben den beschriebenen Verhaltensmerkmalen gibt es noch Zusatzindikatoren, die nur für einzelne Vorgehenseigenschaften gültig sind. Für diese Zusatzindikatoren ist die Operationalisierung jeweils mit angegeben.

Ein Beispiel für die quantitative Operationalisierung:

„Wissenserwerbsorientierung"

Die qualitative Beschreibung dieser Vorgehenseigenschaft haben wir im letzten Abschnitt kennengelernt. In der Tabelle im Anhang sind Variablenausprägungen angegeben, die für eine Person kennzeichnend sind, deren Strategie von Wissenserwerbsorientierung geprägt ist. Eine Person wird in der Simulation z.B. dann als wissenserwerbsorientiert eingestuft, wenn sie u.a. einen sehr hohen Fragenanteil aufweist (1.Quartil), über die verschiedenen Bereiche der Simulation hinweg dauerhaft eine sehr umfassende Informationssuche betreibt (Differenziertheit der Informationssuche, 1.Quartil), und sich überdurchschnittlich viel mit Planung und Organisation des eigenen Vorgehens befaßt (1.Quartil) während ein eher geringer Maßnahmenanteil zu erwarten ist (3.Quartil). Die Operationalisierung der Teilindikatoren „Anteil Vorgehensorganisation" und „Maßnahmenanteil" als Variablen ist der Legende über der Tabelle im Anhang 5 zu entnehmen.

Des weiteren wurde eine Gewichtung der Indikatoren vorgenommen, da diese unserer Operationalisierung gemäß unterschiedlich bedeutsam für die Diagnose der Vorgehenseigenschaft sind. Die Indikatoren können hierbei notwendig, wichtig oder zusätzlich sein. Notwendige Indikatoren sind dabei solche, die in jedem Fall erfüllt sein müssen, damit unterstellt werden kann, daß das entsprechende Strategem im Handlungsverlauf virulent war. Wichtige Indikatoren sind für das Auftreten der Vorgehenseigenschaft von zentraler Bedeutung und zusätzliche Indikatoren sind weitere Merkmale, die auf die Rolle des zugrundeliegenden Strategems hinweisen.

Die Bedeutsamkeit einer Vorgehenseigenschaft (s) wird auf der Basis der Unterscheidung in notwendige (n), wichtige (w) und zusätzliche (z) Indikatoren wie folgt berechnet:

$$s = n_1 * n_2 * ... * n_n * [100 * (n_1 + n_2 + ... + n_n) + 10 * (w_1 + w_2 + ... + w_n) + z_1 + z_2 + ... + z_n]$$

Die so errechneten Werte für die einzelnen Versuchspersonen haben Ordinalskalenniveau. Sie erzeugen also eine *Rangreihe* unter den Probanden hinsichtlich dieser Vorgehenseigenschaft und müssen auch entsprechend weiterverrechnet werden. Dabei müssen notwendige Indikatoren auf jeden Fall gegeben sein, sonst errechnet sich ein Wert von „0". Da wir niemals mehr als neun Indikatoren auf den Stufen notwendig, zusätzlich und wichtig haben, führt die obige Berechnungsformel dazu, daß jeweils ein notwendiger Indikator mehr ins Gewicht fällt als alle wichtigen und ein wichtiger mehr als alle zusätzlichen.

Je höher der Wert, um so eindeutiger sprechen die Verhaltensmerkmale dafür, daß das Strategem im Handeln des Probanden eine Rolle spielte.

8.5.6 Beschreibung der Strategeme

Im folgenden stellen wir die durch unsere qualitative Analyse identifizierten Vorgehenseigenschaften dar. Sie sind denjenigen Teilfunktionen des strategischen Handelns aus Abb. 8-10 zugeordnet, auf die sich die der Vorgehenseigenschaft zugrundeliegende strategische Regel auswirkt. Im Falle der Wissenserwerbsorientierung wäre das beschriebene Verhaltensmuster der Effekt einer Veränderung von Wichtigkeiten im Motivsystem, der durch ein Strategem ausgelöst werden kann.

Die nun folgende Darstellung der gefundenen Vorgehenseigenschaften beginnt mit einer kurzen allgemeinen Beschreibung. Danach ist zur besseren Vorstellung die mögliche sprachliche Form eines Strategems angegeben, das diese Vorgehenseigenschaft aktiviert, etwa in Form eines Sprichworts oder anderer Handlungsmaximen.

Es schließt sich eine Beschreibung der Funktion im handelnden System an, d.h., es ist dargestellt, was diese Form des Handelns bewirkt und welchen Zweck sie hat sowie eine Beschreibung möglicher Risiken, die mit einem derartigen Vorgehen verknüpft sind. Anschließend folgt eine Beschreibung der qualitativen Merkmale, an denen man diese Eigenschaft des Vorgehens in der Simulation erkennen kann.

Die folgende Liste ist keine systematische Übersicht aller prinzipiell möglichen Vorgehenseigenschaften, sondern das Ergebnis einer induktiven Datenanalyse.

C1: Planungsoptimismus (Bevorzugung positiver Annahmen)
Wer wagt, gewinnt!

Die Versuchsperson neigt dazu, beim „Ausmalen" bzw. „Anreichern" der Situation, d.h. bei der Verknüpfung mit konkreten Vorstellungsbildern und Episoden, diese Situation mit für sie günstigen Informationen zu ergänzen.

Funktion: (=>①)
Eine positivere Bewertung der Situation, insbesondere der eigenen Handlungsmöglichkeiten, eine Verbesserung des eigenen Kompetenzgefühls und eine Erhöhung der Risikobereitschaft.

Risiko:
Unterschätzung der Komplexität einer Situation

Planungsoptimismus zeigt sich in wenigen emotionalen Äußerungen über die zu große Schwierigkeit der Aufgabe und an zu guten Prognosen und daraus resultierenden laufend zu hohen Produktionsvorgaben (-> große Lagerbestände im Verlauf des Spiels) trotz Kontrolle der Lagerbestände.

C2: Planungspessismus (Bevorzugung negativer Annahmen)
Besser den Spatz in der Hand als die Taube auf dem Dach!

Der umgekehrte Fall: Die Versuchsperson neigt dazu, beim „Ausmalen" bzw. „Anreichern" der Situation, d.h. bei der Verknüpfung mit konkreten Vorstellungsbildern und Episoden, diese Situationen mit für sie ungünstigen Informationen zu ergänzen.

Funktion: (=>①)
Vermeidung des Unterschätzens von Risiken, Erhöhung der Bereitschaft, sich auch mit negativen Folgen des eigenen Handelns auseinanderzusetzen.

Risiko:
Überschätzung der Komplexität einer Situation

Planungspessimismus zeigt sich an generell vorsichtigen Eingriffen (geringe Eingriffsstärke). Die Schwierigkeit wird eher höher eingeschätzt.

C3: Systematik
Ordnung muß sein!

Die Versuchsperson bearbeitet die Aufgabe nach einer bestimmten erkennbaren Ordnung.

Funktion: (=> ③, ④)
Aktivierung und Differenzierung einer sehr allgemein gehaltenen prozeßorientierten Strategie zur Bearbeitung eines Problems. Der Einsatz eines solchen vorgefertigten, strategischen Musters ermöglicht u.U. Zeit- und Aufwandsersparnis bei der Ausarbeitung des Handlungsplans für ein komplexes Problem.

Risiko:
Starrheit des Vorgehens bei geänderten Bedingungen

Es gibt verschiedene Formen der Systematik:

C3A: Bereichsorientierte Systematik

Die Versuchsperson arbeitet Handlungsbereiche systematisch ab (Marktforschung, Produktion, Forschung und Entwicklung, etc.). Diese Systematik muß gewissenhaft im oben beschriebenen Sinne sein.

C3B: Prozeßorientierte Systematik

Die Versuchsperson geht die Prozeßschritte in jeder Phase der Simulation systematisch durch (z.B. Informationen sammeln, Informationen analysieren, Maßnahmen treffen).

C3C: Analytische Systematik

Die Versuchsperson strukturiert ihr Vorgehen im wesentlichen an bestimmten Denkoperationen (z.B. Gegenstandsanalyse, Funktionsanalyse, Zustandskontrolle).

C4: Wissensbasiertes strategisches Handeln
Ja, mach nur einen Plan...

Die Versuchsperson nutzt eine Vorgehenssystematik, die für die Lösung des Problems gut geeignet ist. Sie ist entweder in der Lage, eine solche Systematik aus dem Gedächtnis abzurufen oder schnell am Anfang des Problemlöseprozesses eine entsprechende Strategie zu konstruieren.

Identifikation strategiebildender Handlungsmomente: "Strategeme"

Funktion: (=>③, ④)

„Wissensbasiertes strategisches Handeln" stellt gegenüber der vorher beschriebenen Systematik eine umfassendere Kategorie dar, weil sie auch andere als die oben beschriebenen Möglichkeiten umfaßt. Die Funktion ist die gleiche.

Charakteristisch für ein solches Vorgehen ist eine durchgehaltene Systematik, (wobei alle drei Systematiken C3A-C3C möglich sind) – zusammen mit einer nur anfänglichen oder überhaupt geringen Reflexion des eigenen Vorgehens.

C5: Konzentration auf Kernbereiche
Konzentriere dich auf das Wesentliche!

Die Versuchsperson ist darauf bedacht, sich ganz auf die von ihr erfaßten Kernbereiche zu konzentrieren und diese angemessen zu steuern.

Funktion: (=>③, ④)

Reduzierung des Suchraums bei der Nutzung externer Informationen und des eigenen Wissensfundus. Steigerung der Effizienz durch Anpassen der Planung an die eigenen kognitiven Möglichkeiten

Risiko:

Nichtbeachtung von wichtigen Handlungsbereichen und Neben- und Fernwirkungen des eigenen Handelns

Die Eigenschaft äußert sich in der Konzentration auf Teile der anfangs vorgegebenen Ziele (oft nur Erhöhung des Deckungsbeitrages) und auf bestimmte Handlungsbereiche (z.B. Vernachlässigung des Vertriebes). Vor allem das Maßnahmenspektrum schränkt sich ein (meistens auf Werbung, Produktionsplanung und Vertrieb).

C6: Effizienz-Divergenz-Streben
Halte dir alle Wege offen!

Die Versuchsperson ist erkennbar bestrebt, sich immer möglichst viele gute Handlungsoptionen zu verschaffen. Dies an sich sinnvolle Vorgehen kann im Extremfall zur Vernachlässigung der eigentlichen Ziele und zu Entscheidungsschwäche führen.

Funktion: (=> ③, ④)

Effizienz-Divergenz-Streben ermöglicht auch in komplexen und unüberschaubaren Situationen die Planung unter Vermeidung von Risiken und Sackgassen.

Risiko:

Effizienz-Divergenz-Streben verhindert unter Umständen das beherzte Zugreifen bei sehr guten, aber riskanten Gelegenheiten.

„Effizienz-Divergenz-Streben" ist nur schwer zu erfassen, da sich die einzelnen Handlungsbereiche in dieser Größe nicht erkennbar unterscheiden. Ein Indikator könnte eine ausführliche (d.h. umfangreiche und langandauernde) Informationssuche am Anfang der Simulation sein, da Effizienz-Divergenz-Streben immer mit dem Bemühen einhergeht, die Reversibilität von Entscheidungen abzusichern. Es wird später und niemals überdosiert in das System eingegriffen (v.a. nicht bei einer sensiblen Größe wie den Preisen).

C7: Bevorzugung von Breitbandoperatoren
Nicht kleckern, sondern klotzen!

Die Versuchsperson versucht, mit relativ wenigen Maßnahmen immer möglichst große Effekte zu erzielen. Sie nimmt dabei häufig in Kauf, daß diese Maßnahmen in ihrer Wirkung nicht sehr genau sind und Streuverluste bewirken.

Funktion: (=> ③, ④)

Mit wenigen Handlungen können große Effekte erzielt werden.

Risiko:

Beinhaltet die Möglichkeit eines zu undifferenzierten Vorgehens

Bevorzugung von Breitbandoperatoren äußert sich in einem schmalen, aber im Laufe der Zeit möglicherweise wechselnden Maßnahmenspektrum. Die Versuchsperson neigt zu starken Eingriffen in die Variablen und steuert Handlungsbereiche wie F&E möglicherweise durch zu globale Eingriffe nicht angemessen.

C8: Bevorzugung von Schmalbandoperatoren
Der Teufel liegt im Detail!

Die Versuchsperson versucht beim Planen, ein sehr detailliertes und wirkgenaues Gefüge von möglichst zielsicheren Operatoren aufzustellen. Dadurch kann es passieren, daß der Planungsprozeß zu lange dauert. Eine Versuchsperson, deren Vorgehen allzu starr auf der Bevorzugung von Schmalbandoperatoren beruht, kann in intransparenten oder komplexen Situationen handlungsunfähig werden.

Funktion: (=> ③, ④)

Das Handeln wird möglichst wirkgenau und differenziert

Risiko:

Entstehung von Zeitdruck

Dieses Strategem führt im Planspiel zu einer detaillierten Analyse der Handlungsmöglichkeiten und einem differenzierten Handlungsspektrum. F&E-Projekte werden eher korrekt abgewickelt, Werbemaßnahmen werden häufiger auf Zielgruppen abgestimmt. Die Versuchsperson ist in Gefahr, durch allzu differenziertes Vorgehen in Zeitnot zu geraten.

C9: Fallbasiertes Handeln
 Folge guten Beispielen!

Das Vorgehen der Versuchsperson ist dadurch gekennzeichnet, daß sie ihre Handlungsweise aus einer in einer Art „Gedächtnisbibliothek" gespeicherten Sammlung von Vergleichsfällen ableitet und sich in der aktuellen Situation an ihrem damaligen Vorgehen orientiert.

Funktion: (=> ③, ④)

Es wird auf der Basis von sehr konkretem Wissen über einen vergleichbaren Fall geplant und operiert, um eine hohe Effizienz zu erreichen und die Nutzung von bildhaftem und episodischem Wissen zu ermöglichen.

Risiko:

„Überdehnung" der Analogie zu anderem Fall und somit möglicherweise falsche Schlußfolgerungen

Das Planspiel bietet durch seine abstrakte Darstellung wenig Anhaltspunkte für fallbasiertes Handeln. Allenfalls Querverbindungen, die in den Nachbefragungen hergestellt werden, könnten diagnostisch relevant werden.

C10: An Regeln und Maximen orientiertes Vorgehen
 Wer für alles eine Regel kennt, niemals in die Irre rennt!

Die Versuchsperson sucht für jede Situation in ihrem Gedächtnis nach einer Regel, die ihr den nächsten Schritt ihres Handelns beschreibt. Diese Regeln sind als häufig sprachlich formulierte Maximen, fachliche Vorgehensregeln, Spruchweisheiten u.ä. erworben und behalten worden und können verbalisiert werden.

Funktion: (=> ③, ④)

Aktivierung weiterer Strategeme zur Einengung des Suchraums, Nutzung eigener und fremder Erfahrungen

Risiko:

Überschätzung der Allgemeingültigkeit von Regeln, mangelnde Bereitschaft zur Nutzung von heuristischem Wissen angesichts von Situationen, für die bewährte Regeln nicht angemessen sind.

Im Planspiel erkennt man an Regeln und Maximen orientiertes Vorgehen an der bewußt und in der Nachbefragung auch so geäußerten Anlehnung an betriebswirtschaftliche Regeln. Ein weiterer Hinweis sind für regelgerechtes Vorgehen typische Unterlagen wie beispielsweise Portfolios.

C11: Fachwissensbasiertes Handeln
Wende an, was du gelernt hast!

Die Versuchsperson verläßt sich auf ihr bereichsspezifisches Wissen.

Funktion: (=> ③, ④)

Konzentration auf fachlich bewährte Verfahren bei der Planung

Risiko:

siehe Orientierung an Regeln und Maximen

Das Strategem läßt sich an einer selektiven Bearbeitung einzelner Handlungsbereichen erkennen (stärkere Beschäftigung mit Vertrieb und Handel, wenn der Proband aus dem Vertriebsbereich kommt, stärkere Beschäftigung mit Werbung und Marktforschung, wenn der Proband aus dem Marketingbereich kommt).

C12: Stützung des Handelns durch externe Protokollierung
Überschätze dein Gedächtnis nicht!

Die Versuchsperson legt großen Wert auf einen Überblick über ihr aktuelles Tun, und versucht, mit Hilfe von Aufzeichnungen eine bessere Kontrolle der Situation zu erreichen.

Funktion: (=> ③, ④)

wird bereits durch den Namen deutlich

Risiko:

Zeitverlust

Die Versuchsperson notiert sich während des Planspiels laufend Informationen, die ihres Erachtens für die Steuerung des Planspiels und die laufende Fortschrittskontrolle wichtig sind. Zusätzlich wurde festgehalten, ob die Personen, bei denen auf externe Protokollierung verzichtet wurde gut zurechtkamen (C12B „gutes internes Protokoll") oder nicht (C12C „schlechtes internes Protokoll").

C13: "Multiperspektivität"
Betrachte immer alles von verschiedenen Gesichtspunkten aus!

Die Versuchsperson benutzt Strategien, die dadurch gekennzeichnet sind, daß sie in der Lage ist, eine Situation von verschiedenen Gesichtspunkten aus zu betrachten. Multiperspektives Denken und Handeln kann entweder darin bestehen, daß man in der Lage ist, die Position oder Rolle einer anderen handelnden Person einzunehmen oder darin, daß man verschiedene Denkraster auf ein und dasselbe Problem anwenden kann (z.B. ein und denselben Sachverhalt als ökonomisches, organisationales oder psychologisches Problem sehen kann).

Funktion: (=> ③, ④)

Entdeckung neuer Gesichtspunkte ermöglicht grundsätzlich andere Vorgehensweisen und die Bildung von Analogien in verschiedenen Bereichen.

Risiko:

Mangel an Bereitschaft, sich auf einen Standpunkt festzulegen, falls dies notwendig ist

Ein Vorgehen, das sich auf die Fähigkeit zur Multiperspektivität stützt, ist daran erkennbar, daß die Probanden in der Lage sind, kundenorientiert vorzugehen (in der Entwicklung von Produkten und in der Werbung) ohne aufwendige Analysen von Marktforschungsdaten vornehmen zu müssen.

C15: Situationsbezogene Flexibilität
Nutze jede sich bietende Gelegenheit!

Die Versuchsperson sticht nicht so sehr durch eine offensichtlich durchgehaltene Systematik hervor, sondern paßt ihr Vorgehen schnell und erfolgreich den aktuellen Situationserfordernissen an. Dies kann z.B. durch Wechsel der Analyseebenen, aber auch Anpassung des Handlungsaufwandes an die Schwierigkeit und Wichtigkeit eines Handlungsbereiches geschehen.

Funktion: (=> ③, ④)

Anpassung des eigenen Handelns an plötzlich auftauchende Gelegenheiten und Risiken

Risiko:

Mangelnde Systematik, thematisches Vagabundieren

Situationsbezogene Flexibilität zeigt sich in der Modifikation des Informationssuch- und Planungsverhaltens in Abhängigkeit von kritischen Ereignissen, häu-

figem sensiblem Nachsteuern in Bereichen wie Außendienst und Preisgestaltung (keine Extremeingriffe).

C16: Marktanteilsorientierung
Nur der erste Platz ist gut genug

Für die Versuchsperson ist die Erhöhung ihrer Marktanteile handlungsleitend.

Funktion: (=> ③, ④)

Messung der Maßnahmenwirkung an einer bestimmten Größe, in diesem Fall am Marktanteil

Risiko:

Nichtbeachtung anderer wichtiger Zielgrößen

Man kann dies entweder daran erkennen, daß die Versuchsperson die Erhöhung des Marktanteils explizit als Ziel formuliert oder daß sie sich mit den Marktanteilen ihrer Produkte auseinandersetzt und auf Veränderungen verbal oder durch das Einleiten von Maßnahmen reagiert.

C17: Deckungsbeitrags-/Gewinnorientierung
Hauptsache, die Kasse stimmt!

Für die Versuchsperson ist die Erhöhung ihrer Deckungsbeiträge bzw. Gewinne handlungsleitend.

Funktion: (=> ③, ④)

Messung der Maßnahmenwirkung an einer bestimmten Größe, in diesem Fall ist das der Deckungsbeitrag

Risiko:

Nichtbeachtung anderer wichtiger Zielgrößen

Man kann dies in der Simulation entweder daran erkennen, daß die Versuchsperson die Erhöhung des Deckungsbeitrags explizit als Ziel formuliert oder daß sie sich mit den Deckungsbeiträgen ihrer Produkte auseinandersetzt und auf Veränderungen verbal oder durch das Einleiten von Maßnahmen reagiert.

C 18: Kundenorientierung
Der Kunde ist König!

Das Vorgehen einer Versuchsperson zeichnet sich durch Kundenorientierung aus, wenn Kundenwünsche bzw. -bedürfnisse die Grundlage für unternehmerische Entscheidungen bildet.

Identifikation strategiebildender Handlungsmomente: "Strategeme" 371

Funktion: (=> ③, ④)

Messung der Maßnahmenwirkung an einer bestimmten Größe, in diesem Fall ist dies die Kundenzufriedenheit

Risiko:

Nichtbeachtung anderer wichtiger Größen (z.B. Konkurrenzaktivitäten)

Die Versuchsperson überlegt sich z.B., welche Kunden sie ansprechen, möchte und wie sie diese am besten erreichen kann. Aufgrund dieser Überlegungen versucht sie dann, ihre Maßnahmen zu planen (z.B. Vertrieb, F&E, Werbung).

C19: Konkurrenzorientierung
Sei immer ein bißchen besser als die andern!

Das Vorgehen einer Versuchsperson zeichnet sich durch Konkurrenzorientierung aus, wenn sie Informationen über die Konkurrenz analysiert und wenn sie ihre Maßnahmen an denen der Konkurrenz ausrichtet.

Funktion: (=> ③, ④)

Messung der Maßnahmenwirkung an einer bestimmten Größe, in diesem Fall sind dies die Konkurrenzaktivitäten

Risiko:

Nichtbeachtung anderer wichtiger Größen (z.B. die Kundenwünsche)

Die Versuchsperson beschäftigt sich mit Informationen über die Marktanteile, die geschätzten Werbeausgaben der Wettbewerber, die geschätzte Anzahl der Außendienstmitarbeiter bei den Wettbewerbern und die F&E-Aktivitäten der Wettbewerber.

C 20: Kostenorientierung
Wer den Pfennig nicht ehrt, ist des Talers nicht wert!

Die Versuchsperson achtet bei Ihren Eingriffen immer auf die damit verbundenen Kosten.

Funktion: (=> ③, ④)

Vermeidung von Kostenexplosionen

Risiko:

Nichtbeachtung anderer wichtiger Größen (z.B. der Kundenwünsche)

Die Versuchsperson ist beim Planspiel besonders bestrebt, das vorhandene Budget nicht zu überschreiten. So fragt die Versuchsperson nach dem Budget

und beachtet beispielsweise bei der Einstellung und Entlassung von Außendienstmitarbeitern, dem Kauf von Marktforschungsstudien, der Festlegung des Werbebudgets die damit verbundenen Kosten.

C21: Offensive Vorgehensweise
Ran an den Speck!

Die Versuchsperson ergreift solche Maßnahmen, die dazu geeignet sind, den aktuellen Zustand der Sollgrößen zu verbessern, notfalls unter hohem Risiko.

Funktion: (=> ⑤)

Ein offensives Vorgehen begünstigt die Umsetzung riskanter Pläne mit hohem Nutzen.

Risiko:

Scheitern bei sehr wichtigen Aufgaben

In Markstrat äußert sich eine offensive Vorgehensweise in der frühen Einführung von F&E-Projekten, starkem Werbeeinsatz, aggressiver Preispolitik und einer genauen Analyse des Konkurrenzverhaltens.

C22: Defensive Vorgehensweise
Vorsicht ist die Mutter der Porzellankiste!

Die Versuchsperson ergreift keine Maßnahmen, die möglicherweise den aktuellen Zustand der Sollgrößen auf Kosten anderer Größen verbessern.

Funktion: (=> ⑤)

Minimierung des Risikos beim Handeln

Risiko:

Nichtberücksichtigung sehr erfolgversprechender Handlungswege, die zu riskant erscheinen

In Markstrat zeichnet sich eine defensive Vorgehensweise durch die Tendenz aus, die Produktion ausschließlich an den Absatz anzupassen und kaum Versuche zu unternehmen den Absatz durch intensive Werbung oder neue bzw. verbesserte Produkte zu verbessern.

C23: Gewissenhaftigkeit
Genauigkeit ist die Mutter des Erfolges!

Die Versuchsperson kontrolliert und analysiert genau, versucht vordringlich, Unklarheiten zu beheben, geht Fehlern und unerwarteten Ergebnissen nach. Diese Gewissenhaftigkeit kann zum Selbstzweck werden, was dazu führen kann, daß die Versuchsperson unter Zeitdruck gerät oder den Überblick verliert.

Funktion bei der Umsetzung: (=>⑤)

Höhere Wirksicherheit von Operatoren durch Vermeidung von leichtsinnigen Fehlern

Funktion bei der Effektkontrolle: (=>⑥)

Erkennen günstiger Gelegenheiten, zunächst unscheinbarer Risiken und unerwünschter Effekte des eigenen Handelns (z.B. Neben- und Fernwirkungen)

Risiko:

Unangemessener Handlungsaufwand.

Gewissenhafte Probanden analysieren im Planspiel sowohl Marktforschungsdaten und Unternehmensdaten genau und haben somit generell einen höheren Analyseaufwand. Besonders hoch ist der Aufwand für die Kontrolle von Daten und die Überprüfung von Maßnahmen. Gewissenhafte Versuchspersonen neigen eher dazu umfangreiche Unterlagen zur Verlaufskontrolle zu führen und geraten leichter unter Zeitdruck.

C24: Aufgabenorientierung
Erfülle stets deine Pflicht!

Die Versuchsperson orientiert sich an der möglichst exakten Umsetzung vorgegebener Ziele, ohne diese intern umzudefinieren oder umzugewichten.

Funktion: (=>⑦)

Hohe Zielgerichtetheit des Handelns, Abschirmung gegen aufgabenfremde Absichten

Risiko:

Übersehen von Aspekten, die zunächst nicht auf die Aufgaben bezogen erscheinen, aber dennoch mittel- oder langfristig eine Rolle spielen, mangelnde Abstimmung der aufgabenbezogenen Ziele mit anderen nicht zur Aufgabe gehörenden Zielen

Diese Eigenschaft äußert sich darin, daß die Ausgangsziele der Aufgabe noch in der Nachbesprechung präsent sind, daß die Versuchsperson auch die vorgegebenen zeitlichen Restriktionen als wesentliches Aufgabenmerkmal wahrnimmt und die Aufgabe und die entsprechenden Aspekte der Simulation genau analysiert. Die Versuchsperson ist auch bemüht, die zeitlichen Restriktionen der Aufgabe einzuhalten.

C25: Wissenserwerbsorientierung
Wissen ist Macht!

Die Versuchsperson hat neben den Zielen der Aufgabe auch das Ziel, das System, mit dem sie es zu tun hat, möglichst genau zu verstehen. Dieses Ziel ist der eigentlichen Aufgabe oft übergeordnet.

Funktion: (=>⑦)

Aktivierung eines über die direkte Aufgabenbearbeitung hinausreichendes Wissenserwerbsmotivs

Risiko:

Mangelnde Konzentration auf die Ziele der Aufgabe

Die Versuchsperson beschäftigt sich mit sehr vielen Informationsquellen zu allen Aufgabenaspekten, v.a. auch solchen, die ein Mehr an Systemwissen versprechen, wie das Werbeexperiment und das Außendienstexperiment. Sie informiert sich nicht nur außergewöhnlich intensiv, sondern analysiert diese Informationen auch. Sie richtet viele Fragen an den Versuchsleiter zu vielen verschiedenen Bereichen und versucht, durch isolierte Eingriffe in Systemvariablen oft schon am Anfang Systemwissen zu erwerben.

C29: Kompetenzschutz
Was ich nicht weiß, macht mich nicht heiß!

Die Versuchsperson ist über die Angemessenheit ihres eigenen Vorgehens verunsichert. Das Motiv, diese Sicherheit zu gewinnen, ist oft der eigentlichen Aufgabe übergeordnet.

Funktion: (=>⑦)

Vermeidung möglicherweise selbstwertgefährdender Informationen und Handlungen

Risiko:

Unangemessenes Handeln durch unrealistisches oder unvollständiges Bild der Situation

Die induktive Datenanalyse zeigte viele negative, das mögliche Ergebnis und die eigenen Fähigkeiten betreffende Äußerungen und den manchmal benannten Wunsch „eigentlich abbrechen zu wollen", mit verschiedenen Begründungen. Es existieren zwei Vorgehenseigenschaften (C27A und C27B), diese subjektiv wahrgenommenen Schwächen zu kompensieren.

Identifikation strategiebildender Handlungsmomente: "Strategeme" 375

C29A: Rückzug auf subjektiv beherrschbare Handlungsbereiche

Es handelt sich meist um Produktion, Werbung und betriebsinternes Datenmanagement und das Ausblenden negativer Informationen.

C29B: Überproportionale Datensammlung und Datenanalyse

Die Datensammlung richtet sich dabei auf ganz bestimmte Handlungsbereiche. Dabei wird bemängelt, daß man aufgrund der Datenlage nicht handeln könne und zusätzliche Informationen benötige. In diesem Zusammenhang tritt Zeitdruck auf.

C30: Impulsives Vorgehen
    Folge stets deinen Eingebungen und Gefühlen

Die Versuchsperson reagiert v.a. auf unerwartete Zwischenergebnisse sofort und mit manchmal überzogenen Maßnahmen, reagiert direkt und kurzfristig, emotional und nach eigener Aussage „intuitiv".

Funktion: (=>⑦)

Erhöhung der allgemeinen Aktivierung, Nutzung emotionaler Steuerungsmechanismen ermöglicht bessere Wahrnehmung und schnellere Reaktion in der aktuellen Situation

Risiko:

Zu wenig Planung, mangelnde Konstanz bei der Verfolgung von Zielen

Impulsives Vorgehen zeigt sich in einem hohen Anteil an Entscheidungen, die mit wenig vorheriger Informationssuche und Analyse verknüpft sind. Die Kohärenz zwischen den einzelnen Protokolleinheiten ist eher niedrig, die Versuchsperson äußert sich häufig emotional (auch positiv), und denkt wenig über eigenes Vorgehen und sich selbst nach.

C31: Reflexives Vorgehen
    Handle stets mit Bedacht!

Die Versuchsperson versucht, ihrem Handeln immer einen Gesamtrahmen zu geben, und agiert bewußt strategisch, sie denkt häufig, v.a. an kritischen Punkten, über ihr Vorgehen und ihre Strategie nach und analysiert vor diesem Hintergrund ihre Zwischenergebnisse.

Funktion: (=>⑦)

Geplanteres Vorgehen, stärkere Ausdifferenzierung von Motiven durch generell geringere Aktivierung und Bereitschaft, auf Außenreize zu reagieren

Risiko:

Mangelnde Berücksichtigung von Außeninformationen und mangelnde Bereitschaft, Pläne an neue Gegebenheiten anzupassen

Die Entscheidungen werden durch ausführliche vorherige Informationssuche und Analyse abgestützt. Die Versuchsperson denkt viel über ihr eigenes Vorgehen und sich selbst nach.

8.5.7 Das Auftreten bestimmter Vorgehenseigenschaften in der Computersimulation Markstrat: Hinweise auf den Effekt von Strategemen

Wir wendeten die quantitativen Indikatoren für Vorgehenseigenschaften zunächst auf das Verhalten in der Computersimulation Markstrat an. Wir wollten als erstes feststellen, bei wievielen Leuten sich überhaupt Anzeichen einer bestimmten Vorgehenseigenschaft finden ließen. In der Spalte „Markstrat" von Tabelle 8-12 haben wir daher den Anteil von Probanden aufgeführt, der gemäß unserer Berechnungsvorschrfit aus 8.5.5 in der ersten Untersuchung einen Wert größer „0" erreicht hat. Wie lassen sich die Werte als Gesamtbild interpretieren?

Die Grundeinschätzung der Situation durch die Probanden war eher pessimistisch, es gab bei vielen Personen sowohl Hinweise auf offensives als auch auf defensives Vorgehen. Ebenso sah es bei den Dimensionen Impulsivität und Reflexivität aus.

Wissensbasiertes strategisches Handeln schien eine weniger wichtige Rolle zu spielen. In stärkerem Maße wurden Breitbandoperatoren genutzt, und es wurde auch stärker das „Effizienz-Divergenz-Prinzip" beim Handeln berücksichtigt. Das Handeln war also so konzipiert, daß man zunächst Maßnahmen ergriff, von denen man sich recht umfassende Ergebnisse erhoffte, jedoch möglichst nichts tat, was einen irreversibel in eine schlechte Position hätte bringen können. Bei vielen Probanden ließen sich Indizien dafür finden, daß sie versucht haben, auf ihr Fachwissen zurückzugreifen. Sie agierten eher in dem Handlungsbereich, in dem sie auch tatsächlich beruflich tätig waren. Die Probanden trugen in der Mehrzahl der Fälle der begrenzten eigenen Verarbeitungskapazität Rechnung und nutzten externe Speicher relativ umfangreich. Sie arbeiteten meist gewissenhaft. Sehr häufig ließen sich Einkapselungstendenzen beobachten.

Identifikation strategiebildender Handlungsmomente: "Strategeme"

Tabelle 8-12: Häufigkeit von Anzeichen für Vorgehenseigenschaften im Planspiel
(Prozentsatz der Probanden mit Strategemwert > 0).

Strategeme	Markstrat	SchokoFin
(1) Problemerfassung		
C1 : Planungsoptimismus+	38,1 %	50,0 %
C2 : Planungspessimismus+	66,7 %	50,0 %
(3), (4) Aktivierung und der Einbau von Wissen		
C3A : Bereichsorientierte Systematik	28,6 %	26,5 %
C3B : Prozeßorientierte Systematik	28,6 %	26,5 %
C3C : Analytische Systematik	28,6 %	26,5 %
C4 : Wissensbasiertes strategisches Handeln	38,1 %	23,5 %
C5 : Konzentration auf Kernbereiche	4,8 %	35,3 %
C6 : Effizienz-Divergenz-Streben*	52,4 %	50,0 %
C7 : Bevorzugung von Breitbandoperatoren+	47,6 %	26,5 %
C8 : Bevorzugung von Schmalbandoperatoren+	28,6 %	20,6 %
C9 : Fallbasiertes Handeln+	33,8 %	55,9 %
C10 : An Maximen orientiertes Handeln+	38,1 %	61,8 %
C11 : Fachwissensbasiertes Handeln+	90,5 %	67,6 %
C12 Stützung durch externe Protokollierung *+	66,7 %	94,1 %
C12B Handeln auf Basis eines guten internen Prot.	85,7 %	--
C12C Handeln auf Basis eines schlechten internen Prot.	19,0 %	--
C13 : Multiperspektivität*	0 %	61,8 %
C15 : Situationsbezogene Flexibilität*	71,4 %	32,4 %
C16 : Marktanteilsorientierung+	100,0 %	70,6 %
C17 : Deckungsbeitrags- bzw. Gewinnorientierung+	85,7 %	76,5 %
C18 : Kundenorientierung*+	90,5 %	67,6 %
C19 : Konkurrenzorientierung*+	90,5 %	73,5 %
C20 : Kostenorientierung+	85,7 %	91,2 %
(5) die Umsetzung		
C21 : Offensives Vorgehen+	76,2 %	82,4 %
C22 : Defensives Vorgehen+	81,0 %	97,1 %

Fortsetzung nächste Seite

Fortsetzung Tabelle 8-12: Häufigkeit von Anzeichen für Vorgehenseigenschaften im Planspiel

(5) und (6) die Umsetzung und Effektkontrolle		
C23 : Gewissenhaftes Handeln+	81,0 %	47,1 %
(7) die Anpassung interner Parameter		
C24 : Aufgabenorientierung+	47,6 %	50,0 %
C25 : Wissenserwerbsorientierung	47,6 %	--
C26 : Wissenserwerbsorientierung zur Systemanalyse	--	0,0 %
C27 Wissenserwerbsorientierung zur Steuerung des Systems	--	50,0 %
C28 : Rückkoppelung mit nicht aufgabenbez. Zielen	--	44,1 %
C29A: Kompetenzschutz (Einkapselung)	100,0 %	100,0 %
C29B: Kompetenzschutz (Datensammlung)	4,8 %	26,5 %
C30 : Impulsivität	66,7 %	50,0 %
C31 : Reflexivität+	52,4 %	14,7 %

Legende: *: Änderung der Operationalisierung
+: Anpassung von Indikatoren an inhaltliche Besonderheiten
    von SchokoFin

8.5.8 Hypothesen für die zweite Untersuchung

Da wir davon ausgehen, daß wir es mit einem allgemeinen Modell der Strategieentwicklung und -umsetzung zu tun haben, erwarteten wir in der Computersimulation SchokoFin ähnliche Befunde hinsichtlich derjenigen Verhaltensweisen, die als Beleg für die allgemeine Gültigkeit des „Strategemmodells" angeführt wurden (vgl. 8.5.3). Es sollten sich hinsichtlich der jeweils konkreten Strategie ganz andere Vorgehenseigenschaften in dieser Situation aufgrund einer Aktivierung ganz anderer Strategeme zeigen, denn die Komplexität der beiden Simulationsanforderungen unterscheidet sich deutlich:

1. Die Entwicklung von Handlungsstrategien erfolgt nach demselben Muster

Man kann also auch bei SchokoFin erwarten, daß aktuell Handlungsstrategien aus Strategemen entwickelt werden und diese grundsätzlichen Ausrichtungen relativ stabil bleiben. Handeln auf der Basis von vornherein ausgearbeiteter Strategien oder gar Handlungsroutinen scheint auch bei dieser Simulation unwahrscheinlich, d.h., die Ordnung des Vorgehens während des Spiels erfolgt nicht an Hand der Teilprozesse des Problemlösens. In den Zielsetzungen werden sich nur in wenigen Fällen ausgefeilte Strategien widerspiegeln. Es erfolgt ein schnelle inhaltliche Einengung und das Motiv, Systemwissen zu erwerben, wird – obwohl dies bei SchokoFin von entscheidender Bedeutung ist – bei den Zielsetzungen keine wesentliche Rolle spielen.

2. Die Eigenschaften des Vorgehens ändern sich in einer andersartig komplexen Situation

Beim Auftreten bestimmter Vorgehenseigenschaften sollte es bei beiden Simulationen deutliche Unterschiede geben. Bei Schoko-Fin sollten sich solche Verhaltensweisen häufiger finden lassen, die bei übermäßig komplexen Situationen typisch sind, z.B. Kompetenzschutzmechanismen. Die Wahrscheinlichkeit für den Abruf kompletter Strategien aus dem Gedächtnis und ihre anschließende Umsetzung dürfte geringer sein. Es besteht eine stärkere Notwendigkeit von Mitschriften, ob dies allerdings auch von den Probanden realisiert wird und zu entsprechenden Aktivitäten führt, ist fraglich.

8.5.9 Ergebnisse

1. Strukturelle Ähnlichkeit des Prozesses der Strategieentwicklung

Die Autokorrelationskoeffizienten bei den Ergebnissen waren bei SchokoFin sehr rasch sehr hoch wie Abb. 8-13 zeigt. Die Variablen „Kapital" und „Erlös" sind wegen des bei SchokoFin konstanten Marktvolumens dabei im wesentlichen analog zum „Deckungsbeitrag" und „Marktanteil" aufzufassen. Wesentliche Parameter für den Erfolg werden somit relativ früh festgelegt.

Abbildung 8-13: Autokorrelation der Ergebnisvariablen „Kapital" und „Erlös" für SchokoFin (Korrelationen zwischen den aufeinanderfolgenden Spielperioden)

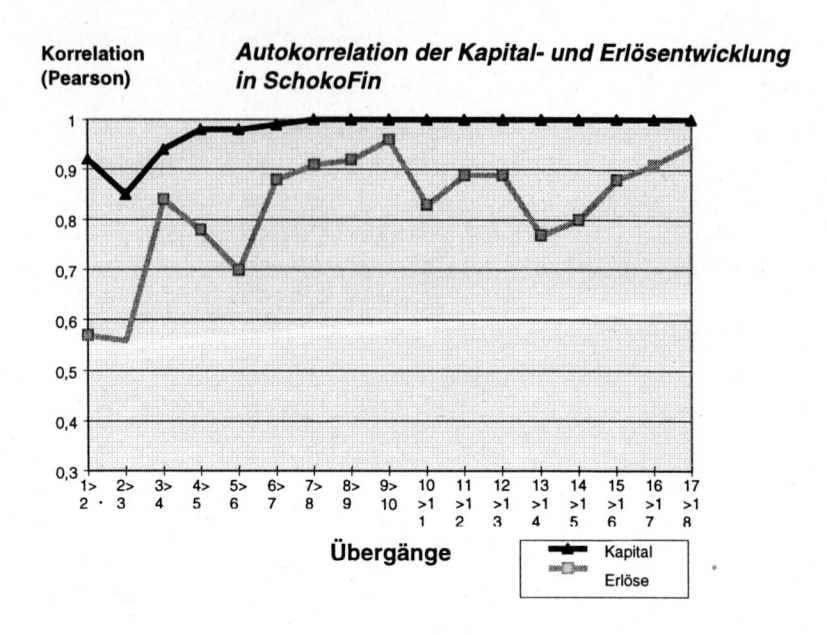

Wie erwartet, orientierten sich die Untersuchungsteilnehmer bei der Problembearbeitung *nicht* an einem *gängigen Planungsschema*, da die analytische Kohärenz (1,03) deutlich niedriger als die Kohärenz auf der inhaltlichen (1,97) und der Input/Output-Ebene (3,00) war (Friedman-Test; n=34; Chi^2=66,06; p<0,01).

Auch die Äußerungen zu den *Zielen* bestätigen im wesentlichen das Bild der Voruntersuchung. Eine ausformulierte und explizite Problemlösestrategie wurde von keinem der Probanden präsentiert. In etwa der gleiche Anteil der Probanden wie in der ersten Untersuchung benannte wesentliche Merkmale einer Strategie, also Zwischenziele inhaltlicher Art und Vorgehensziele (20% vs 23,5%, vgl. Tabelle 8-13).

Tabelle 8-13: Ziele der Probanden in SchokoFin (n=34) und Markstrat (n=21) im Vergleich

	Ausdifferenzierung der Strategie	Markstrat	Schokofin
I	Inhaltliche Zwischenziele, geplante Handlungen und Ziele über die Art des Vorgehens	1	1
II	Inhaltliche Zwischenziele und Ziele über die Art des Vorgehens	3	7
III	Zwischenziele und geplante Handlungen	0	8
III	geplante Handlungen und Ziele über die Art des Vorgehens	5	1
IV	Nur Zwischenziele	3	12
IV	Nur Ziele über die Art des Vorgehens	4	4
IV	Nur geplante Handlungen	1	1
V	Nichts von alle dem	3	0
	Wesentliche Merkmalen einer Strategie zu Beginn des Spiels gegeben	4 =20,0%	8 =23,5%

Inhaltliche Ausrichtung der Ziele	Schokofin
Benennung von Gewinn als Ziel	71%
Benennung von hohem Marktanteil als Ziel	59%
Langfristige Wettbewerbsfähigkeit als Ziel	18%
Zielinhalte, die nicht auf diese Oberziele bezogen sind	62%
Erwerb von Systemwissen als Ziel	6%

Wir finden zudem eine *schnelle Einengung* der Zielsetzungen; das sieht man bereits daran, daß für nur 18% der Probanden das dritte vorgegebene Ziel „langfristige Wettbewerbsfähigkeit sichern" eine Rolle spielte. Ebenso gehört hierher, daß sich nur 6% der Probanden zum Ziel setzten, Wissen über das System „SchokoFin" zu erwerben. Zusätzliche Ziele gingen häufig (bei 62% der Probanden) nicht aus Ausdifferenzierungen und Konkretisierungen der Oberziele hervor. Auch hier wurden vorgebene Zielsetzungen nicht durch systematisches Planungs- und Entscheidungsverhalten abgeleitet, sondern scheinbar willkürlich entwickelt.

In Abschnitt 9.3 werden wir sehen, daß die dort dargestellten Ergebnisse hinsichtlich der Szenarios diese Befunde ebenfalls stützen.

2. Änderung der strategischen Grundausrichtung unter anderen Bedingungen

Der zweite Teil unserer Ergebnisse bezieht sich darauf, was die Probanden unter den geänderten Bedingungen der zweiten Untersuchung anders gemacht haben. Der gleiche Mechanismus des strategischen Denkens und Handelns sollte einen ja dazu befähigen, unter geänderten Bedingungen auch andere Strategien zu verfolgen.

Strategeme sind dann in der Lage, eine erfolgreiche Strategieentwicklung anzustoßen, wenn die intendierten Eigenschaften des Vorgehens den Gegebenheiten der Problemkonstellation angemessen sind, d.h., das „Komplexitätsprofil" und die inhaltlichen Aspekte der Problemstellung müssen vom Probanden richtig erfaßt werden. Um erklären zu können, wie dies geschieht, müssen zwei Fragen beantwortet werden, nämlich welche Vorgehenseigenschaften treten unter geänderten Bedingungen zutage und wie wirken sich diese auf den Erfolg aus. Mit der ersten Frage werden wir uns anschließend auseinandersetzen, mit der zweiten in Kapitel 10.

Für die Hauptuntersuchung wurden einige Operationalisierungen revidiert, einige weitere den inhaltlichen Besonderheiten von SchokoFin angepaßt. Folgende Vorgehenseigenschaften wurden aufgrund qualitativer Vorgehensbeschreibungen der Versuchsleiter zusätzlich operationalisiert (Tab. 8-14).

Tabelle 8-14: Vorgehenseigenschaften, die nur in der zweiten Untersuchung erfaßt wurden

Vorgehenseigenschaft	Funktion	Risiko
C26 Wissenserwerbsorientierung zur Steuerung des Systems *"Mach dir ein genaues Bild!"*	• Aktivierung des Motivs Wissen zu erwerben, um den Anforderungen der Aufgabe gerecht zu werden und das System, mit dem man es zu tun hat effektiver steuern zu können • dieses Ziel ist jedoch den vorgegebenen Ausgangszielen nicht übergeordnet	• Entstehen von Zeitdruck
C27 Wissenserwerbsorientierung mit dem Hauptziel Systemwissen zu erwerben *"Wissen ist Macht!"*	• Aktivierung des zentralen Motivs Wissen zu erwerben, wobei dieses Ziel der eigentlichen Aufgabe übergeordnet ist	• mangelnde Konzentration auf die Aufgabenziele
C28 Rückkopplung des Handelns mit nichtaufgabenspezifischen Zielen *"Tue immer, was du für richtig hältst!"*	• Aktivierung von Zielen, die nicht in der Aufgabenstellung vorgegeben sind oder eine Konkretisierung dieser Ausgangsziele darstellen • diese Ziele können entweder ausschließlich das Handeln der Versuchsperson bestimmen oder spielen neben den vorgegebenen Aufgabenzielen eine wichtige Rolle	• mangelnde Konzentration auf die Aufgabenziele

Die Details sind genauer in einer Übersicht über die Operationalisierungen in Anhang 5 vermerkt. Die in der Tabelle 8-12 angeführten Unterschiede im Auftreten bestimmter Vorgehenseigenschaften können somit zustande kommen durch...
- Änderung des Komplexitätsprofils von SchokoFin
- Änderungen in der Zusammensetzung der Stichprobe
- in einigen Fälle: Anpassung der Operationalisierung bzw. neu erfaßte Vorgehenseigenschaften

Eine Interpretaton der Unterschiede verbietet sich daher bei den in Tabelle 8-12 mit * gekennzeichneten Verhaltenseigenschaften, die für die Hauptuntersuchung anders operationalisiert wurden. Bei einigen Verhaltenseigenschaften erscheint es sehr plausibel, daß Veränderungen in ihrem Auftreten durch die besonderen Eigenschaften von SchokoFin zustande gekommen sind: die *generell größere Komplexität* begünstigt das Auftreten von Kompetenzschutzmechanismen bei der Simulation. Durch die ungewöhnlich reichhaltigen Möglichkeiten, sich Informationen selbst in detailliertester Form zu beschaffen, wird die Methode, sich Kompetenzgefühl durch übermäßiges Sammeln von Informationen zu verschaffen, besonders begünstigt. Erwartungsgemäß spielten auch strategisches Wissen und Fachwissen keine so große Rolle mehr für die Strukturierung des Vorgehens. Die externe Protokolliernug nahm zu. Dies war erwartet worden. Es gab weitere Unterschiede: Die offensichtlich größere *Vernetztheit* und die Verfügbarkeit über sehr *viele und differenzierte Handlungsmöglichkeiten* ließ den Einsatz von Breitbandoperatoren zurückgehen. Die *vielen zu beachtenden Größen*, die *Eigendynamik* und der *Zeitdruck* in SchokoFin haben möglicherweise zu Veränderungen geführt, die auf eine gewisse Überforderung schließen lassen: geringere Gewissenhaftigkeit, verstärkter Rückzug auf Kernbereiche, geringere Reflexivität.

8.5.10 Zusammenfassung und Diskussion

Die zweite Untersuchung hat unser Rahmenmodell bestätigt. Im wesentlichen läßt sich als Antwort auf unsere drei anfangs gestellten Fragen folgendes sagen:

Beim Umgang mit komplexen und neuartigen Problemen kann man nur selten Handeln beobachten, das von Anfang an von Strategien oder kompletten Handlungsplänen geleitet ist, die aus dem Wissen der Probanden abgeleitet werden. Einen besseren Erklärungswert besitzt ein Modell, das in solchen neuartigen und komplexen Situationen einen von sogenannten „Strategemen" eingeleiteten Prozeß der Strategieentwicklung annimmt. Strategeme sind gewissermaßen unvollständige Regeln, in denen bestimmte Eigenschaften der komplexen Problemkonstellation mit bestimmten, möglichst erfolgversprechenden Eigenschaften von Vorgehensweisen verknüpft sind. Diese Strategeme können sich auf die verschiedensten Aspekte der Problemkonstellation beziehen und werden bei der Identifikation entsprechender Situationseigenschaften aktiviert. Sie schränken den Problemraum schnell ein, so daß sich die weitere Strategieentwicklung bereits auf wenige, möglichst erfolgversprechende Alternativen konzentrieren kann, die dann durch die Anwendung von heuristischem Wissens neu entwickelt oder aus vorhandenem Wissen abgeleitet werden können. Die Konstellation der jeweils „aktiven" Strategeme bestimmt wesentlich den Stil der Vorgehensweise beim zu lösenden Problem mit, sie bestimmen sozusagen die „Vorgehenseigenschaften". Eine Änderung dieser Vorgehenseigenschaften sind bei den untersuchten Problemen während der Problembearbeitung scheinbar relativ selten, was uns dazu ermutigt, diese Befunde auf alle komplexen und neuartigen Probleme zu generalisieren. Inwieweit dies bei anderen Problemtypen möglich ist, bleibt zu klären, hier müssen andere Annahmen des Rahmenmodells expliziert und differenziert werden. Hier gibt es natürlich viele offene Fragen: Was ist z.B. alles Voraussetzung dafür, daß komplette Prozeßstrategien als ganzes abgerufen werden können?

Im zweiten Teil der Ergebnisse wurde erwartungsgemäß deutlich, daß die strategische Grundausrichtung sich bei gleichbleibendem inhaltlichen Hintergrund mit der Veränderung des Komplexitätsprofils wandelt. Es scheint, daß durch die insgesamt verschärften Bedingungen (Größere Vernetztheit, Informationsflut, usw.) die Grenze zur Überforderung überschritten wurde. Die Probanden konzentrierten sich auf Kernbereiche, nutzten in geringerem Umfang ihr strategisches und inhaltliches Wissen und waren weniger reflexiv. Offensichtlich waren viele an einen Punkt gekommen, an dem klassisches strategisches Handeln nicht mehr möglich war und das Vorgehen immer mehr Züge des „muddling through" annahm. Eine wesentliche Aufgabe für die Zukunft wird es sein, solche Grenzen genauer zu definieren. Wo liegen die Grenzen, an denen klassisch strategisches Handeln nicht mehr möglich ist? Welche individuellen Voraussetzungen spielen eine Rolle beim Versuch zu erklären, wie unterschiedliche Komplexitätsprofile die strategische Grundausrichtung des Handelns beeinflussen.

8.5.11 Eine fiktive Illustration: Handlungsregulation durch Strategeme bei einem komplexen Praxisproblem

Wir wollen zum Abschluß noch einmal an Hand eines fiktiven Praxisbeispiels darstellen, wie Handlungsregulation bei einem komplexen Problem aus dem Marketingbereich funktioniert und die Strategieentwicklung durch die Aktivierung von Strategemen und anderen Formen des Wissens gesteuert wird. Das Beispiel ist deshalb fiktiv, weil wir die Gedanken von Praktikern vor Ort nicht lesen können. Der dargestellte Gedankengang ist hoffentlich trotzdem hinreichend plausibel.

Als Rahmengeschichte stellen sie sich bitte vor, Herr Mayer, ein frischgebackener Assistent des Marketingleiters für den Bereich „Körperpflege" eines großen Chemieunternehmens kommt zum ersten Mal an seinen Arbeitsplatz. In einer Stunde soll er seinen Chef treffen. Er soll von ihm über seine neuen Aufgaben und ein Produkt, das er betreuen soll, unterrichtet werden. Er findet jedoch nur eine Notiz und einen großen Stapel mit Unterlagen. Auf der Notiz steht: „Leider habe ich noch einen dringenden Termin, es wird zwei Stunden später. Anbei Unterlagen über „Ihre" Zahnpasta, für die Sie Produktverantwortung übernehmen sollen. Ich bin gespannt auf ihre Strategien für die Vermarktung."

Diese Illustration soll noch einmal deutlich machen, wie die schnelle Festlegung der Vorgehenseigenschaften von Strategien funktioniert. Unabhängig davon, welche Aspekte der Handlungsregulation beeinflußt werden, ermöglicht die Aktivierung von Strategemen schnelles Handeln durch eine effiziente Suchraumeinengung. In unserem Beispiel regulieren die wahrgenommenen Komplexitätsaspekte und die Strategeme zunächst den Abruf einer geeigneten Informationssuchstrategie und Merkmale des ersten strategischen Konzepts, das ohne allzu breite Informationssammlung recht rasch gefunden wurde. Die Wahrscheinlichkeit, daß dieses erste Konzept weiterentwickelt wird, steigt, je länger es dauert, bis Informationen, die gegen dieses Konzept sprechen, gefunden oder von anderen Personen ins Spiel gebracht werden, (vgl. Birkhofer & von der Weth, 1993). Wenn dies nicht geschieht, ist die Wahrscheinlichkeit, daß das Konzept beibehalten wird, sehr hoch. In diesem – scheinbar sehr häufig vorkommenden – Fall ist die in unserem Beispiel beschriebene Anfangsphase eines Problemlöseprozesses natürlich von außerordentlicher Bedeutung. Dies bedeutet möglicherweise, daß scheinbar relativ unbedeutende Informationen, aber auch interne Zustände, wie die aktuelle emotionale Verfassung zu diesem Zeitpunkt den Verlauf des weiteren Problemlöseprozesses erheblich beeinflussen können – ein Prozeß, den wir auch von der Entwicklung von Einstellungen her kennen. In unserem Beispiel ist sicher für die Einschätzung des Markenimages und den daraus resultierenden strategischen Folgerungen die erste flüchtige Übersicht über das Werbematerial bedeutsam, wenn nicht ausschlaggebend. Solche Einschätzungen können natürlich durch eine sorgfältige Datenanalyse korrigiert werden, die empirische Analyse komplexer Problemlöseprozesse (z.B. Dörner, 1989) zeigt jedoch, daß dies ohne „bewußten methodischen Vorsatz" nicht unbedingt wahrscheinlich ist.

All dies spricht dafür, der Anfangsphase der Strategieentwicklung besondere Aufmerksamkeit zukommen zu lassen; ihr ist das nächste Kapitel gewidmet.

Identifikation strategiebildender Handlungsmomente: "Strategeme" 387

Was geht in Mayers Kopf vor?	Komplexitäts-erfassung	Strategemaktivierung (☆) und sonstige Wissensaktivierung (☺)
Mein Gott, so ein Berg Papier – soll ich da alles lesen in der kurzen Zeit? Ein völlig ungeordneter Haufen Zeugs – *blättert kurz und unsystematisch in verschiedenen Unterlagen* – ich muß mich erstmal auf das Wesentliche konzentrieren und nicht wild ´rumlesen. Also meine Strategie will er wissen – ich kann mir nicht vorstellen, daß das schon eine Präsentation sein soll – ich hab ja jetzt erst erfahren, daß es um Zahnpasta geht, es genügen wahrscheinlich ein paar gute Ideen, mehr kann man in der kurzen Zeit nicht erwarten. Ich such´ erst mal Sachen raus, wo ich wichtige Kenndaten finden kann und streich die mir an, die andern Sachen sortier ich nebenbei schon ein bißchen. (*beginnt drei neue Stapel zu bilden mit Geschäftsunterlagen, Informationen und Werbeunterlagen für das Produkt und allgemeines über Zahnpasta und Zahnpastamarkt*) Hm – Dentofril, hab ich nie benutzt – wenn man sich die Werbung so ansieht – klassisch, seriös medizinmäßig und – mein Gott – was ist das – alles voller chemischer Formeln – „Produktinformation" – muß man das so genau wissen, so ´ne Ahnung von Chemie hab ich ja auch nicht – das sollte hier übrigens nicht jeder gleich mitkriegen. (*Sortierprozeß beendet*) So fertig – also Kenndaten, wo find ich die (...) Geschäftsbericht, zu dick, bis ich da meine Zahlen habe, hier ... eine Art Abschlußbericht meines Vorgängers... das Inhaltsverzeichnis, mein Gott, jetzt seh ich erst, mit was für einer Menge Abteilungen ich mich abstimmen muß, wer und was da alles eine Rolle spielt – da muß man schön drauf achten, daß man mit allen gut kann. Aber zurück zu den Daten – endlich eine brauchbare Übersicht ... so hier kann ich alles wichtige rausschreiben, kein großes Auf und Ab, solides Produkt, solide Stammkunden – hat man ja schon an der Werbung gesehen, da muß man vorsichtig sein mit Veränderungen. *Also mein erster Einfall: Keine wilden Veränderungen, Solidität; Modernisierungen ganz behutsam einführen* (...) also, jetzt muß ich genau gucken, ob das so auch wirklich geht, ein paar Zahlen und Fakten zur Untermauerung zusammenstellen. Aber bevor ich meinem Chef was sage, irgendwie versuchen vorzufühlen, ob er das auch so sieht. Wenn es wirklich so ist und keine große Veränderung nötig ist, kann ich mich zuerst in aller Ruhe mit den ganzen Leuten vertraut machen, wie man mit denen so arbeiten kann.....	✔Umfang groß ✔Zeitdruck hoch ✔stark vernetzt	☆ Konzentration auf Kernbereiche ☆ Planungsoptimismus ☺ Heurismus zur Informationssuche ☺ Fachwissen über Kenndaten ☆ Kompetenzschutz ☆ Sozial sensibles Handeln ☆ Defensives Vorgehen Erstes Strategiekonzept

RÜDIGER VON DER WETH, KERSTIN ENDRES & FRANZ BURGNER

9 Flexibilität bei der Entwicklung von Handlungskonzepten in unterschiedlichen fachlichen Problemkonstellationen

9.1 Fragestellung

Die Computersimulation war in unserer Untersuchung nicht der einzige Zugang zum strategischen Denken und Handeln. Mit diesem Instrument war es zwar sehr gut möglich, Verlaufsdaten über einen Problemlöseprozeß zu sammeln; wegen des großen Umfangs war jedoch die Analyse sehr unterschiedlicher Aufgabenstellungen nicht möglich. Die „Szenarien", eine größere Anzahl kurz umrissener alltagsnaher Problemskizzen, zu denen von den Probanden erste Lösungsvorschläge entwickelt werden sollten, stellten daher in vielerlei Hinsicht wichtige Ergänzungen zu den Computersimulationsdaten dar. Wie sahen die Gedanken aus, die die Probanden unmittelbar nach der ersten Konfrontation mit einem Problem entwickelten? Wie verhielten sie sich bei inhaltlich sehr unterschiedlichen Problemstellungen? Wie wirkten sich Aspekte auf das Vorgehen aus, die mit *einer* Computersimulation nicht untersucht werden konnten (z.B. der verschiedenartige fachliche Hintergrund der Szenarien und die dort vorgegebenen unterschiedlichen sozialen und kommunikativen Konstellationen)? Wie haben sich die Probanden auf sehr unterschiedliche Anforderungen in einer ganzen Reihe solcher Problemvorgaben eingestellt?

Die Szenarien ermöglichten es also den Prozeß der Strategieentwicklung in seiner Anfangsphase genauer unter die Lupe zu nehmen (siehe hierzu Abschnitt 9.3). Bei der Analyse der Antwortprotokolle fanden wir sowohl in der ersten als auch in der zweiten Untersuchung Belege für unser Modell der Strategieentwicklung (siehe Abschnitt 9.3.2). Außerdem wurden die strategischen Grundausrichtungen des Handelns durch verschiedene Strategeme erfaßt. Wir haben daher auch für die Szenarien definiert, welche Protokollmerkmale und -inhalte auf bestimmte durch Strategeme aktivierte Vorgehenseigenschaften hinweisen. Bei der weiteren Analyse standen jedoch nicht so sehr die Auftretenshäufigkeiten im Vordergrund. Vielmehr untersuchten wir vergleichend die jeweiligen Besonderheiten der Handlungsorganisation durch die Strategeme in der Simulation und in den Szenarien sowie den Zusammenhang zwischen dem Handlungserfolg in der Simulation und bestimmten Vorgehenseigenschaften bei der Bearbeitung der Szenarien. Allerdings werden wir auf diese Analyse der Vorgehenseigenschaften erst in den Kapiteln 10 und 11 eingehen.

In der zweiten Untersuchung kam aufgrund von statistischen Analysen aus der ersten Studie ein zusätzlicher Aspekt ins Spiel. Es hatte sich nämlich gezeigt, daß Vorgehenseigenschaften, die die Probanden dazu befähigten, sich flexibel auf die Anforderungen der jeweiligen Szenarien einzustellen, mit dem Erfolg in der Simulation korrelierten (vgl. Kap. 10 in diesem Buch). Der zweite Teil unserer Ergebnisse (siehe Abschnitt 9.4) umfaßt daher ergänzende Auswertungen, die uns einen Eindruck vermitteln, was man sich in diesem Kontext unter Flexibilität vorzustellen hat und wie flexibles Vorgehen eigentlich funktioniert. Dazu wurde das Datenmaterial mit Hilfe weiterer inhaltsanalytischer Kodiersysteme ausgewertet, die wir in Abschnitt 9.4.1 vorstellen. Bei der anschließenden Datenanalyse konzentrierten wir uns auf drei Hauptaspekte: Wie gelang es den Probanden, sich an die unterschiedlichen strategischen, fachlichen und sozial-kommunikativen Aspekte der vorgegebenen Szenarien anzupassen (siehe Abschnitt 9.4.2). Im Abschnitt 9.4.5 werden die Merkmale flexiblen strategischen Denkens und Handelns, die wir mit diesem Zugang erfassen konnten, dann noch einmal zusammenfassend dargestellt.

9.2 Beschreibung des Untersuchungsinstrumentes

Zur Anregung des strategischen Denkens wurden 24 absatzwirtschaftliche Szenarien konstruiert, die zur Hälfte aus dem *Marketing* und zur anderen Hälfte aus dem *Vertrieb* stammten. Neben der Berücksichtigung möglichst vieler verschiedener absatzwirtschaftlicher Funktionen (z.B. Produktmanagement, Marktforschung, Marketingcontrolling, Vertriebsinnendienst etc.) wurden bei der Konzeption der Aufgaben weitere Problemaspekte eingebaut, die den Umgang mit
- sozialen bzw. kommunikativen Problemen
- Zeitdruck
- unzureichenden Informationen über die Ausgangssituation, die Zielsituation oder die Handlungsmöglichkeiten.

zum Inhalt hatten.

Diese verschiedenen Problemeigenschaften wurden mit Hilfe des folgenden Variationsplans (siehe Tab. 9-1) systematisch miteinander kombiniert.

Tabelle 9-1:   Variationsschema zur Generierung der Szenarien

Vertrieb						Marketing					
Rein fachlich			mit situativen Zusatzfaktoren			Rein fachlich			mit situativen Zusatzfaktoren		
Ist	Instr.	Soll	Ist	Instr.	Soll	Ist	Instr.	Soll	Ist	Instr.	Soll
Z+ Z-	Z+ Z-	Z+ Z-	Z+ Z-	Z+ Z-	Z+ Z-	Z+ Z-	Z+ Z-	Z+ Z-	Z+ Z-	Z+ Z-	Z+ Z-

Um nun zu zeigen, wie diese Aufgaben im einzelnen ausgesehen haben, wollen wir zwei Beispiele vorstellen.

Beispiel 1:

"Holzverarbeitender Betrieb in Ostdeutschland"
Sie sind gerade leitender Angestellter eines holzverarbeitenden Betriebes in den neuen Bundesländern geworden. Sie haben hauptsächlich Bauteile für standardisierte Möbel geliefert, die in fast allen öffentlichen Gebäuden des Ostblocks zu sehen waren. Sie sollen für Ihr Unternehmen, um das es im Augenblick gar nicht gut bestellt ist, eine neue Produktlinie entwickeln. Diese Aufgabe ist sehr dringend: Ihre Bank hat sich heute gemeldet und angedeutet, daß sie zwar verstünden, daß Sie sich einarbeiten müssen – aber angesichts der Schuldenlast sollte doch endlich wenigstens ansatzweise klar werden, was eigentlich in Zukunft produziert werden soll – die alten Produkte kann man ja nun wirklich niemandem mehr verkaufen. Die Bank will sehr schnell über die Weiterfinanzierung entscheiden und will von Ihnen wenigstens ihre Ziele für die nächste Zeit wissen. Leider konnten Sie ein entsprechendes Konzept bisher noch nicht erarbeiten: der Fertigungsleiter hält sie immer wieder hin, wenn sie ihn nach Produktionsmöglichkeiten fragen. Er scheint Sie auch nicht zu mögen. „Wozu brauchen wir so einen Marketingfritzen überhaupt? Wir liefern solide Ware – die verkauft sich schon!" Solche und ähnliche Aussagen dieses Mannes sind Ihnen immer wieder von Dritten hinterbracht worden. Was tun Sie?

> *Zusatzinformationen zum Szenario*
> *"Holzverarbeitender Betrieb in Ostdeutschland"*
>
> Die Zusatzinformationen sind nach folgenden Kriterien gegliedert:
> R: Informationen über die vorliegenden sozialen Rahmenbedingungen
> Z: Informationen über die zeitlichen Rahmenbedingungen
> I: Informationen über die Ist-Situation
> S: Informationen über den Soll-Zustand
> O: Informationen zu den Operatoren
>
> R: Der Fertigungsleiter ist im Unternehmen ein sehr beliebter Mann mit großen Verdiensten, der sich insbesondere in der Zeit der Wende positiv hervorgetan hat. Er lehnt Neuerungen im Unternehmen nicht prinzipiell ab, sondern ist verbittert wegen des starken Personalabbaus der letzten Monate.
> Z: Ihr Sachbearbeiter bei der Bank steht seinerseits unter Zugzwang, da er die weitere Kreditvergabe lange befürwortet hat. Er würde in den Gremien Ihre Sache weiterhin vertreten, benötigt aber eigentlich schon heute Informationen über die geplante weitere Ausrichtung.
> I: Der Umsatz der Firma ist seit der Währungsreform v.a. durch das Fehlen öffentlicher Aufträge drastisch zurückgegangen. 40% der Belegschaft sind entlassen worden, weitere 35% arbeiten „Kurzarbeit 0".
> S: Die Personen, mit denen Ihr Unternehmen über die Vergabe von öffentlichen Aufträgen zur Ausstattung mit Möbeln zu DDR-Zeiten zu verhandeln pflegte, sind alle nicht mehr in Amt und Würden. Sie sind größtenteils durch Westbürger ersetzt worden. Nach wie vor bestehen Kontakte zu großen Möbeldiscountern, die früher schon Teile bei Ihnen fertigen ließen. Auf einer Fachmesse haben Sie den Vertreter einer großen Möbelfachhandelskette gesprochen, der sehr an naturbelassenen, inländischen Möbeln interessiert ist.
> O: Die vorhandenen Maschinen sind zwar nicht auf dem neuesten technischen Stand, bieten aber bei einem gewissen Know-how sehr differenzierte Fertigungsmöglichkeiten, die handwerklichen Fähigkeiten des Personals sind sehr groß, vielleicht besser als bei einigen Konkurrenten im Westen, v.a. durch den in DDR-Zeiten immer wieder notwendigen Zwang zur Improvisation.

Diese Aufgabenstellung hat die Entwicklung eines Konzeptes für eine neue Produktlinie zum Inhalt, wobei völlig offen ist, wie das Konzept aussehen soll. In diesem Zusammenhang sind Entscheidungen im Hinblick auf die Produktgestaltung, das Qualitäts- und Preisniveau, die zu bedienenden Märkte bzw. Marktsegmente etc. zu fällen. Es handelt sich bei diese Aufgabe also um eine typische Marketingtätigkeit. Da jedoch das Konzept innerhalb kürzester Zeit vorliegen muß, besteht zusätzlich zu der Sachaufgabe erheblicher Zeitdruck, und als weiterer erschwerender Faktor kommt hinzu, daß auch Probleme bei der Zusammenarbeit mit anderen Unternehmensbereichen und hier insbesondere mit einzelnen Menschen auftreten.

Beispiel 2:

„Kugellagerhersteller"
Sie arbeiten als Außendienstmitarbeiter im Vertrieb eines Kugellagerunternehmens. Bei einem Gespräch mit einem Kunden erfahren Sie, daß dieser Interesse an einem speziellen Lager hat, das Ihre Firma so noch nicht herstellt. Was tun Sie?

Zusatzinformationen zum Szenario
„Kugellagerhersteller"

Die Zusatzinformationen sind nach folgenden Kriterien gegliedert:
R: Informationen über die vorliegenden sozialen Rahmenbedingungen
Z: Informationen über die zeitlichen Rahmenbedingungen
I: Informationen über die Ist-Situation
S: Informationen über den Soll-Zustand
O: Informationen zu den Operatoren

R: Es handelt sich um einen großen Kunden, von dem man bereits viele Aufträge erhalten hat und mit dem von Ihrer Unternehmensleitung eine langfristige Zusammenarbeit angestrebt wird.
Z: Der Kunde hat im Grunde nur eine Idee formuliert und teilt Sie Ihnen ohne irgendwelche Terminvorstellungen in einem informellen Gespräch mit.
I: Kundenorientierung ist ein zentraler Punkt der Unternehmensphilosophie Ihrer Firma. Es finden regelmäßige Zusammenkünfte statt, bei denen Sie mit Vertretern des Produktmanagements, und der Forschung & Entwicklung und Ihren jeweiligen Vorgesetzten über Innovationsmöglichkeiten sprechen. Sie besitzen eine Palette technisch ähnlicher Produkte, die die speziellen Wünsche des Kunden jedoch nicht abdecken.
S: Nach Ihrer ersten Einschätzung wäre die Neuerung ohne großen Forschungsaufwand zu realisieren.
O: Sie sind vom Vertriebsleiter angehalten, solche Produktideen zu sammeln und weiterzuleiten. Sie sind auf Grund Ihres technischen Knowhows ermächtigt, dem Kunden gegenüber erste Einschätzungen vorzunehmen. Endgültige Entscheidungen über Produktinnovationen liegen jedoch nicht in Ihrer Kompetenz.

In diesem Fall bildet eine typische Vertriebstätigkeit – die Informationssammlung durch den Außendienstmitarbeiter im Rahmen von Kundenbesuchen – den fachlichen Kern des Szenarios. Dieses enthält keine sozialen Problemeigenschaften. Außerdem ist die Aufgabe so formuliert, daß sich der Außendienstmitarbeiter nicht unter Zeitdruck befindet.

Bei der Durchführung des Versuchs bekamen die Teilnehmer zunächst den Aufgabentext vorgelegt. Sie sollten dann mündlich Lösungsvorschläge entwickeln, wobei sie auch Fragen an den Versuchsleiter stellen konnten. Zu diesem Zweck waren Zusatzinformationen vorbereitet worden, um zu gewährleisten, daß alle Versuchsteilnehmer die gleichen Auskünfte erhielten. Abschließend sollten sie dann jede Aufgabe hinsichtlich Schwierigkeit, Zufriedenheit mit der Lösung und Spaß an der Aufgabe beurteilen. Die Versuchsteilnehmer wurden während der Bearbeitung der Szenarien wieder dazu aufgefordert, alles auszusprechen, was ihnen durch den Kopf ging.

9.3 Die Anfangsphase der Strategieentwicklung

9.3.1 Protokollierung und Operationalisierung von Strategemen

Ebenso wie bei der Computersimulation wurde für die Auswertung der Szenarien ein Protokollsystem zur Erfassung des Vorgehens bei der Szenarienbearbeitung entwickelt. Dieses Protokollsystem enthielt als Kategorien die *Informationsnachfrage beim Versuchsleiter*. Des weiteren wurde das Ausmaß der *Weiterverarbeitung der Informationen* erfaßt, d.h., wieviel sich die Probanden über die reine Aufnahme hinaus mit diesen Informationen befaßten. Schließlich wurden neben diesen beiden Bereichen die eigentlichen *Planungsschritte* protokolliert. Hierbei wurde zwischen *Planungsschritten* unterschieden, die der *Informationssammlung* dienten, und den *Maßnahmen*, die die Probanden ergreifen wollten. Beim Erfassen der Maßnahmen wurde außerdem nach *möglichen* und *definitiven Maßnahmen* differenziert. Aus den möglichen und den definitiven Maßnahmen wurde dann der Maßnahmenanteil insgesamt berechnet.

Neben diesen Kategorien wurden noch einige allgemeine Eigenschaften von Plänen erfaßt. Am wichtigsten war hier, ob mehrere *alternative* Pläne entwickelt wurden, ob an bestimmten Stellen des Planes mehrere potentielle Weiterentwicklungen vorgesehen wurden (*Verzweigung*) oder ob Planschritte an bestimmte Bedingungen geknüpft waren (*Konditionalisierung*). Ebenso wurde untersucht, ob die Probanden Annahmen einführten, die sie nicht aus den Unterlagen entnommen hatten und ob diese positiv (*Planungsoptimismus*) oder negativ (*Planungspessimismus*) waren.

Um einen Anhaltspunkt dafür zu gewinnen, inwieweit sich bei den Probanden sowohl in der Simulation als auch in den Szenarien Hinweise für die gleichen Vorgehenseigenschaften finden ließen, versuchten wir eine „parallele" Operationalisierung entsprechender Vorgehenseigenschaften. Die Plausibilität läßt sich anhand der qualitativen und quantitativen Beschreibungen in Anhang 5 prüfen.

Die Menge der Szenarien wurde in der *zweiten Untersuchung* aus untersuchungstechnischen Gründen auf 17 reduziert. 12 davon wurden in der gleichen Weise wie in der ersten Untersuchung abgewickelt. Fünf weitere sollten durch eine ausführliche Selbstreflexionsinstruktion behandelt werden. Diese erwies sich jedoch als zu umfangreich, um sie komplett im Rahmen eines "laborseminars" abzuhandeln. Die Probanden wurden bei den 12 Szenarien aufgrund der Erfahrungen der ersten Untersuchung nach jedem einzelnen Szenario erneut zum „lauten Denken" aufgefordert und auf die Zusatzinformationen hingewiesen. Zudem wurde das Kategoriensystem weiter ausdifferenziert. Es wurden zusätzlich Äußerungen erfaßt, die allgemeine *Handlungsregeln und Maximen* enthielten, ferner *Beispiele* und Äußerungen, in denen die eigene Person und das Vorgehen thematisiert wurde (*Vorgehens- und Selbstreflexion*).

9.3.2 Auswertung des Datenmaterials

1. Belege für das Modell des strategischen Handelns in der ersten Untersuchung

Eine Inspektion des Datenmaterials der ersten Untersuchung legte die Vermutung nahe, daß die Plangenerierung ähnlich wie bei der Steuerung der Planspiele nicht so sehr durch bestimmte Strategien, sondern eher durch Strategeme bestimmt wird.

Betrachten wir die 528 Vorschläge, die die 22 Probanden der ersten Untersuchung zur Lösung der 24 in den Szenarien beschriebenen Probleme machten, finden wir Belege für eine generelle Tendenz, das Handeln *ohne eine ausgearbeitete Strategie*, aber *sehr schnell* in eine bestimmte Richtung zu kanalisieren, obwohl die Ausgangslage in diesen Geschichten denkbar unklar gewesen ist. Nach den klassischen Regeln des Projektmanagements und des Marketings ist eigentlich noch gar kein sinnvolles Handeln möglich. Bereits einfa-

che statistische Daten zeigen jedoch, daß sich die Versuchsteilnehmer nicht daran gehalten haben:
- Schnelle Ausrichtung der Handlungsmöglichkeiten
⇒ bei *91,2%* der Vorschläge waren bereits Maßnahmenvorschläge enthalten
⇒ bei *62,7 %* der Vorschläge legten sich die Versuchsteilnehmer bereits auf definitive Maßnahmen fest.
- Keine ausgefeilten Strategien
⇒ bei *42,0%* der Vorschläge wurden keine weiteren Informationen eingeholt
⇒ bei *69,1%* der Vorschläge wurden keine Bedingungen genannt, unter denen man in der beschriebenen Weise handeln würde
⇒ bei *91,9%* der Vorschläge fanden wir keinerlei Verzweigungen im Plan, also die Thematisierung möglicher unterschiedlicher Wege ab einem bestimmten Punkt
⇒ grundsätzliche Alternativlösungen wurden in keinem einzigen Fall entwickelt.

2. *Überprüfung des Modells in der zweiten Untersuchung*

Nimmt man an, daß unser Modell des strategischen Handelns ein allgemeines Funktionsprinzip darstellt, das relativ unabhängig von Person und aktueller Situation ist, sollten sich in der zweiten Untersuchung keine wesentlichen Änderungen ergeben. Lediglich die Tatsache, daß die Probanden in verstärktem Maße auf die vorhandenen Zusatzinformationen hingewiesen wurden, sollte sich dahingehend auswirken, daß auch mehr Informationen eingeholt wurden. In Tab. 9-2 werden die Ergebnisse einander gegenübergestellt. Sie bestätigen diese Überlegungen in wesentlichen Punkten.

Tabelle 9-2: Ein geringer Differenzierungsgrad der Handlungsvorschläge der Probanden zeigte sich in beiden Untersuchungen (1. Untersuchung: n=528; 2. Untersuchung: n=431)

Variablen	Erste Untersuchung	Zweite Untersuchung
Maßnahmenvorschläge	91,2 %	98,1 %
definitive Planschritte	62,7 %	66,4 %
keine Begründungen	69,1 %	69,4 %
keine Verzweigungen	91,9 %	86,1 %
keine Alternativlösungen	100,0 %	93,5 %
keine Informationen eingeholt*	42,0 %	22,5 %
keine Annahmen	74,2 %	33,4 %
keine Maximen und Regeln		87,2 %
keine Beispiele		91,0 %
keine Selbstreflexion		71,2 %
keine Vorgehensreflexion		100,0 %

Auch in der zweiten Untersuchung wurden bei der überwiegenden Mehrheit der Szenarien schon in der Konzeptionsphase definitive Maßnahmen vorgeschlagen. Die Pläne waren selten verzweigt oder an Bedingungen geknüpft. Eine Reflexion des Vorgehens bzw. Selbstreflexion fand selten oder gar nicht statt. Dies könnte für sich allein entweder ein Hinweis auf die Richtigkeit unseres Strategemmodells sein oder möglicherweise auch bedeuten, daß das Vorgehen durch existierendes Wissen um die richtigen Handlungsweisen in der beschriebenen Situation gesteuert wird. Dagegen spricht allerdings die geringe Verbalisierung von Regelwissen (nur in 12,8 % der Szenarios) oder der nur sehr seltene Bezug auf Beispiele (in 9% der Fälle). Aus diesem Befund läßt sich allerdings nicht ableiten, daß Wissen und Erfahrung bei der Bearbeitung der Szenarios keine Rolle gespielt haben. Die Lösungsvorschläge der Probanden sind jedoch nicht unmittelbar aus analogen Fällen übernommen und die zu unternehmenden Schritte nicht bewußt aus allgemeinen und vollständigen Handlungsregeln abgeleitet worden.

9.4 Aspekte flexibler Handlungsorganisation

9.4.1 Operationalisierung flexiblen Handelns

1. Durchgängig hohe Lösungsqualität als Kennzeichen flexiblen Handelns

In der zweiten Untersuchung wurde die Qualität der Lösungsvorschläge aus betriebswirtschaftlicher Sicht beurteilt. Diese Bewertung richtete sich an den *Inhalten* der Lösungsvorschläge aus (siehe zur Vorgehensweise zur Qualitätsbestimmung Anhang 4). Es sollte untersucht werden, ob das Vorgehen beim Problemlösen sich auf die Qualität auswirkte. Flexibilität im Handeln wird sowohl in der allgemeinpsychologischen Forschung (z.B. Schmuck, 1996) als auch in Analysen des Handelns bei komplexen beruflichen Problemen (vgl. für Konstrukteure: Fricke, 1993) als Erfolgsfaktor angesehen, was auch empirisch belegt ist. Unter Flexibilität wird die Fähigkeit zur schnellen Anpassung von Routinen, Plänen und Strategien an die spezifischen Besonderheiten eines Problems verstanden oder die Bereitschaft, diese Pläne und Strategien gegebenenfalls zu wechseln. Franke (1995) schlägt eine Ausdifferenzierung des Flexibilitätskonstrukts vor, indem er folgende Typen unterscheidet:

- *aufgabenbezogene Flexibilität*, d.h. die schnelle und richtige Erfassung wesentlicher Parameter eines Problems und die Anpassung des Handlungsplanes oder der Strategieentwicklung an diese Größen,
- *situationsgebundene Flexibilität*, d.h. die schnelle und richtige Erfassung der Veränderung von Prozeßgrößen in einem komplexen System und die Anpassung des Handelns an diese Veränderungen.

Versteht man Flexibilität in diesem Sinne, eignen sich die in unseren Untersuchungen eingesetzten Computersimulationen zur Ermittlung der situationsgebundenen Flexibilität, da hier ein komplexes System über einen längeren Zeitraum hinweg gesteuert werden muß, was die kontinuierliche Anpassung des Vorgehens an die Systemänderungen erforderlich macht. Demgegenüber können dann die Szenarien zur Erfassung der aufgabenbezogenen Flexibilität herangezogen werden, da hier die Probanden mit sehr unterschiedlichen Problemstellungen konfrontiert werden, für die sie Lösungsvorschläge entwickeln sollen.

Welche Möglichkeiten gibt es nun, diese aufgabenbezogene Flexibilität bei der Bearbeitung der Szenarios zu messen? Einen Ansatzpunkt liefert hier die Qualität der Lösung.

Für eine gute Lösung ist es nämlich erforderlich, daß es einer Versuchsperson gelingt, die verschiedenen Aufgabenaspekte bei ihrer Planung zu berücksichtigen. Dabei unterscheiden sich die einzelnen Szenarios hinsichtlich
- der fachlichen Inhalte (unterschiedliche Marketing- oder Vertriebsaufgabe)
- der Informationsdefizite (Informationsdefizit beim Ist-Zustand, Soll-Zustand oder bei den Operatoren)
- der zur Verfügung stehenden Zeit (mit und ohne Zeitdruck)
- des Auftretens sozialer Konflikte (mit oder ohne soziale Probleme)

Hat nun ein Proband über alle Szenarios hinweg gute Lösungen erzielt, ist er in der Lage, für sehr unterschiedliche Aufgabenstellungen adäquate Strategien zu entwickeln. Da sich aufgabenbezogene Flexibilität durch die schnelle und richtige Erfassung wesentlicher Problemparameter und die entsprechende Anpassung des Handlungsplanes oder der Strategieentwicklung auszeichnet, können durchgängig gute Lösungsvorschläge als Indikator angesehen werden, daß ein Proband über diese aufgabenbezogene Flexibilität verfügt.

2. Erfassung des Zusammenhangs von Flexibilität und Prozeßmerkmalen strategischen Handelns

Als erstes untersuchten wir die Daten unseres bereits beschriebenen Protokollsystems zu strategischen Merkmalen des Vorgehens (vgl. 9.3.1). Es umfaßt allgemeine Merkmale wie den Umfang der Vorschläge, macht aber auch Annahmen über Art und Anordnung der Schritte des *Problemlöseprozesses*. Die hier kodierten Schritte lassen sich Teilprozessen der Informationsverarbeitung zuordnen (vgl. Dörner, 1989), die zentrale Anforderungen bei der Bearbeitung der Szenarien darstellen. Bei den Szenarien war dies die Informationssammlung, die Modellbildung, die Zielbildung und die Bildung von mehr oder minder elaborierten Handlungskonzepten. Ist strategisches Denken bedeutsam für die Entwicklung von Handlungskonzepten, dann sollte der Umfang und die Qualität dieser Teilschritte mit der Qualität der Problembearbeitung korrelieren. Neben diesen Teilschritten gibt es weitere wichtige, aber übergreifende Merkmale des Problemlöseprozesses die zu kontrollieren sind, wie vor allem der Umfang der Problembearbeitung und der Umfang des Lösungsvorschlags.

Eine weitere wichtige Anforderung aus psychologischer Sicht ist bei der Szenariotechnik die Fähigkeit, sich in die Rolle der in der Geschichte vorgestellten Person hineinzuversetzen. Hier sind zweierlei Teilaspekte bedeutsam. Zum einen wurde abgeschätzt, ob die Probanden ihre Rolle aus fachlicher Sicht angemessen wahrgenommen haben (z.B. ihre Kompetenzen und ihre Funktion in der Organisation). Zum anderen ist von Interesse, ob sie in der Lage waren, sich in die persönliche Situation des „Helden" der Geschichte einzufühlen.

3. Erfassung der Zusammenhänge zwischen Flexibilität und absatzwirtschaftlichen und sozial-kommunikativen Merkmalen der Handlungsvorschläge

Um die Rolle der inhaltlichen Merkmale der Löungsvorschläge unserer Probanden zu analysieren, wählten wir den Weg der gruppenstatistischen Datenanalyse. Interessant war für uns die Gruppe, die gleichbleibend hohe Qualität über alle Szenarien hinweg erbrachte. Dieser Gruppe muß man nach unseren Vorüberlegungen im Bereich der Strategiekonzeption höhere Flexibilität bescheinigen als den anderen Probanden: Diese wiederum wurden in zwei weitere Gruppen unterteilt, nämlich die, deren Szenarien gemischte Qualität hatten (von denen man vermuten kann, daß sie aufgrund ihres Vorwissens oder ihrer Neigungen Stärken in ganz bestimmten Bereichen hatten und somit nicht flexibel waren) und diejenigen, deren Vorschläge durch die Bank eher schlecht waren.

Nach der Berechnung des Medians für die verschiedenen Qualitätswerte wurden daher die Probanden in die drei bereits angesprochenen Gruppen eingeteilt, wobei bei den guten Untersuchungsteilnehmern in mindestens sieben Fällen der Qualitätswert über dem Median lag, während bei den schlechten Probanden in mindestens acht Fällen die Qualität niedriger als der Median war. Die Probandengruppe mit der mittleren Qualität ergab sich dann automatisch.

Bedeutsam für das strategische Denken und Handeln müßten nun die Kategorien sein, die bei den Probanden mit durchweg guten Vorschlägen öfter auftauchen. Die erste abhängige Variable war daher die Auftretenshäufigkeit der Protokollkategorien. Wenn die einzelnen Individuen dieser Gruppe hinsichtlich solcher Kategorien jeweils eine größere Streuung zeigen als die anderen Probanden, dann deutet es darauf hin, daß dieses Merkmal jeweils unterschiedlich wichtig für verschiedene Probleme ist, also über die verschiedenen Szenarien variabel gehandhabt wird. Wir haben dieses Maß der individuellen Varianz daher „*Selektivität*" genannt. Ist diese Selektivität hoch, ist das ein Hinweis darauf, daß nicht mit einer generellen Prozeßstrategie operiert wird, die prinzipiell immer alle möglichen Aspekte berücksichtigt, sondern daß diese Aspekte aufgrund der unterschiedlichen Problemwahrnehmung in den strategischen Handlungsvorschlägen eine unterschiedlich große Rolle spielen.

4. Kodierung der Handlungsvorschläge unter absatzwirtschaftlichen Aspekten

Beim Kodieren der Lösungsskizzen unter fachlichen Gesichtspunkten bot es sich an, die Lösungsvorschläge der Probanden wieder mit Hilfe des Modells der Handlungsregulation (vgl. Dörner, 1989) zu strukturieren und bei allen Szenarien zu untersuchen, ob sich die Probanden mit Zielen, der Informationssammlung, der Planung und Durchführung von Maßnahmen oder der Erfolgskontrolle beschäftigt haben und v.a. welche konkreten fachlichen Maßnahmen sie zur Bewältigung dieser Prozesse ergriffen. Denn es reichte bei der Auswertung der Szenarien unter absatzwirtschaftlichen Gesichtspunkten nicht aus, zu wissen, daß eine Versuchsperson Informationen gesammelt hat. Es interessierten hier vielmehr die inhaltlichen Dimensionen der Informationssammlung, also beispielsweise das Vorgehen, um an Informationen zu gelangen und die Art der Informationen. Aus diesem Grund wurde es erforderlich, den verschiedenen Phasen der Handlungsregulation absatzwirtschaftliche Inhalte, die bei der Entwicklung von Lösungsskizzen relevant werden konnten, zuzuordnen. Auf diese Weise gelangte man zu folgenden Kategorien bei der fachlichen Kodierung der Handlungskonzepte:

Kategorie 1: Thematisierung absatzwirtschaftlicher Ziele
⇒ die *Kundenzufriedenheit*
⇒ eine gute *Marktposition*
⇒ der *Gewinn*
⇒ die *Kostensenkung*
⇒ ein gutes *Arbeits- und Betriebsklima*
⇒ *weitere*

Kategorie 2: Handlungsvorschläge zur Informationssammlung, wobei nach quantitativen, qualitativen, sowohl quantitativen als auch qualitativen und unbestimmten Informationen unterschieden wurde
⇒ *eigene Aktivität*
⇒ *andere Personen*
⇒ *institutionelle Einrichtung*
⇒ *Kooperation unbestimmt*
⇒ *unbestimmte "Metaaussagen"*

Kategorie 3: Benennung von Maßnahmen, wobei zwischen strategischen und taktischen unterschieden wurde
⇒ *produktpolitisch*
⇒ *kommunikationspolitisch*
⇒ *distributionspolitisch*
⇒ *preispolitisch*
⇒ *unbestimmte "Metaaussagen"*

Kategorie 4: Handlungsvorschläge zur Kontrolle
⇒ *Festlegung von Sollwerten oder Bewertungskriterien*
⇒ *Festlegung von Etappen der Kontrolle*
⇒ *Bedenken von Neben- und Fernwirkungen*
⇒ *Antizipation kritischer Momente (Ereignisse, welche die Ziele des Probanden gefährden)*
⇒ *Bedenken von Interventionsmaßnahmen*
⇒ *Benennung von Modalitäten der Kontrollorganisation (z.B. Zeitpunkt etc.)*
⇒ *unbestimmte "Metaaussagen"*

5. Auswertung der Handlungskonzepte unter sozial-kommunikativen Aspekten

Die sozialen Inhalte der strategischen Handlungsvorschläge wurden ebenfalls einer weiteren Analyse unterzogen. Dies erschien uns wichtig, weil in beiden Untersuchungen Faktoren wie soziale Sensibilität und die Fähigkeit zur Rollenübernahme für den Erfolg in Simulation und Szenarien bedeutsam waren. Dies ist ein Hinweis darauf, daß eine angemessene Erfassung der Komplexität eines Problems über das fachliche hinausgeht und soziale und kommunikative Faktoren für dieses umfassendere Problemverständnis wesentlich sind.

Aus diesen Überlegungen heraus kodierten wir die Aussagen der Probanden mit Hilfe eines weiteren Kategoriensystems.

Für dieses Vorhaben ist es notwendig, die gefundenen Aussagen zu sozialen und kommunikativen Aspekten vor einem theoretischen Raster vergleichbar zu machen. Das Raster, das wir hier verwendet haben, lehnt sich einerseits an Ideen aus der Kommunikationstheorie und der Semiotik an (vgl. z.B. Eco, 1977), andererseits werden Überlegungen über betriebliche und kommunikative Machtstrukturen einbezogen. Die Kategorisierung der einzelnen sozialen Strategien erfolgt auf mehreren Ebenen in Form eines Zeichensystems; Mehrfachnennungen sind in allen Dimensionen möglich.

Dimension 1: Kommunikationspartner (Ziel, Empfänger)
Vom klassischen Kommunikationsschema ausgehend sind zunächst Sender, Kanal und Empfänger von Bedeutung. In unserem speziellen Kontext, bei dem wir es ja mit individuellen sozialen Strategien der Probanden zu tun haben (und diese somit in fast allen Fällen die Sender sind), ist v.a. der Empfänger von Bedeutung. Hier gibt es neun allgemeine Kategorien:

(anderes Individuum)
⇒ *Kunde*
⇒ *Konkurrent*
⇒ *Kollege*
⇒ *Vorgesetzter*
⇒ *Untergebener*
⇒ *andere Person*
(Gruppe/Organisation)
⇒ *direkte Bezugs- bzw. Arbeitsgruppe*
⇒ *eigene und andere Organisationen*
⇒ *andere Gruppen*

Dimension 2: Zielbezug
Hier geht es darum, ob die sozialen und kommunikativen Ziele sich lediglich auf die Aufgabe beziehen oder ob die dauerhafte Veränderung (bzw. Stabilisierung) von Beziehungen angestrebt ist (Partner). Auch hier gibt es eine Restkategorie. Man unterscheidet also
⇒ *Aufgabe*
⇒ *Partner*
⇒ *Rest*

Dimension 3: Auf das Sozialsystem bezogene Kommunikationsziele

Neben dem Kommunikationsschema sind natürlich die strategischen Elemente von Bedeutung, also Ist-Zustand, Soll-Zustand (Ziele) und Operatoren. Ist- und Soll-Zustände des sozialen Gefüges lassen sich durch folgende Struktumerkmale beschreiben:

⇒ *Dominanz (man befindet sich in einer Macht- bzw. Verantwortungsposition gegenüber dem Kommunikationspartner bzw. der Gruppe)*
⇒ *Kooperation (gute Kommunikation bzw. Zusammenarbeit gegenüber dem Kommunikationspartner bzw. der Gruppe)*
⇒ *Submission (Unterordnung unter bzw. Suche nach Schutz bei einem Kommunikationspartner)*
⇒ *nicht erkennbar*
⇒ *Rest*

Der Zustand der Dominanz, Kooperation oder Submission kann jeweils in der individuell wahrgenommenen Ausgangssituation des Szenarios als Ist-Zustand erkennbar sein (d.h., er wird angesprochen) oder aber als Soll-Zustand angestrebt werden. Dies mag im Fall der Submission ungewöhnlich klingen, ist aber durchaus möglich, z.B. wenn man die Verantwortung in einer schwierigen Situation an den Vorgesetzten delegiert oder Rückhalt für eigene Entscheidungen sucht.

Kodiert wird dieser Komplex durch die Angabe des Soll-Zustandes. Die Ist-Situation läßt sich implizit aus der Kategorisierung der Operatortypen ableiten (siehe unten).

Dimension 4: Zeitliche Erstreckung der Operatoren (Operatordauer)

Bei dieser Kategorisierung wird erfaßt, ob die vorgeschlagene soziale Strategie eine dauerhafte Verhaltensweise impliziert („Es ist wichtig, immer freundlich zu sein.") oder ob es sich um eine einmalige („fokale") Maßnahme handelt. Auch hier existiert eine Restkategorie. Man unterscheidet also

⇒ *dauerhafte Operatoren*
⇒ *fokale Operatoren*
⇒ *Rest*

Dimension 5: Soziale Dynamik der Operatoren (Operatortyp)

Hier wird kodiert, in welcher Relation der Soll-Zustand zum Ist-Zustand steht. Soll der in der Dimension 3 beschriebene Partnerbezug gewonnen, erhalten oder aufgegeben werden? Dimension 3 und 5 ergeben zusammen das zweidimensionale Kodierschema aus Tab. 9-3, in das wir zur Veranschaulichung schon zwei Beispiele eingeordnet haben. Es handelt sich um zwei unterschiedliche Strategien für die Durchsetzung einer neuen Marketingstrategie für eine alteingesessene und traditionsbewußte Brauerei.

Tabelle 9-3: Zweidimensionales Kodierschema zur Operatordynamik

	O.-Dynamik			
K.-Ziel	*Gewinn*	*Erhalt*	*Aufgabe*	*Rest*
Dominanz				
Kooperation	(Beispiel 1)			
Submission		(Beispiel 2)		
Rest				

Beispiel 1 (Szenario 4, Vp143):

„...daß ich dann mit einer ausgearbeiteten Idee hingehe, *wo sich die Leute daran beteiligen dürften,* daß ich natürlich in jeder Phase des Ablaufs mit den Leuten bespreche, daß ich das transparent gestalte, daß auch jeder das Gefühl hat, daß er daran beteiligt ist, damit man auch auf eine breite Basis sich stützen kann."

Beispiel 2 (Szenario 4, Vp115):

„Man müßte sicherlich die *Rückendeckung nochmal suchen vom Geschäftsführer oder Besitzer* oder was auch immer und sich dort nochmal absichern, ob der tatsächlich auch voll hinter einem steht, daß man in der Lage ..., ganz brutal auch neue Konzepte durchzuführen".

(Hervorhebungen von Schlüsselaussagen durch die Autoren)

Dimension 6: offen/verdeckt (Operatormethode)

Eine weitere wichtige Eigenschaft von sozialen Strategien ist die Offenheit oder Konspirativität des Vorgehens (z.B. durch Geheimnisse, selektive Informationsweitergabe oder Intrige). Die letzte Dimension hat daher die Kategorien

⇒ offen
⇒ verdeckt
⇒ Rest

9.4.2 Ergebnisse: Prozeßbezogene, fachliche und soziale Orientierungsmuster bei unterschiedlich flexiblen Personengruppen

1. Prozeßmerkmale und Qualität der Lösungsvorschläge in den Szenarien

Wir untersuchten zunächst den Zusammenhang zwischen Lösungsqualität und den Kategorien unserer Kodierschemas zur Erfassung der Prozeßmerkmale der Lösungsvorschläge bei den Szenarien.

Umfang der Planung

Die Qualität der Lösungsvorschläge nahm mit verstärktem Planungsumfang zu. Sowohl die Menge der Aussagen als auch der Umfang des eigentlichen Plans korrelierten deutlich mit dem Ergebnis. Wer mehr geplant hat, hat auch besser geplant.

Tabelle 9-4: Zusammenhänge zwischen dem Umfang der Planung und der Qualität

Prozeßmerkmale	Qualität
Planungsaufwand (Menge der Aussagen)	,3002 N = 36 p = 0,010
Planungsumfang (Umfang der Lösungsvorschläge)	,3165 N = 36 p = 0,007

Informationssammlung

Die Qualität wurde außerdem vom Umfang der Informationssammlung beeinflußt. Sowohl Indikatoren für das Ausmaß an Informationssammlung als auch die durchschnittlich geplante Menge der Schritte im Plan korrelierten mit der Qualität der Lösungsvorschläge. Im einzelnen gab es folgende signifikante Korrelationen:

Direkte Informationssuche

Tabelle 9-5: Zusammenhänge zwischen der direkten Informationssuche und der Qualität

Prozeßmerkmale	Qualität
Fragen an den Versuchsleiter, die beantwortet werden konnten	,3594 N = 36 p = 0,002
Informationssuche im Szenario (Textanalyse)	,2381 N = 36 p = 0,045
Fragen an den Versuchsleiter, die nicht beantwortet werden konnten	,3291 N = 36 p = 0,005
Fragen, die vom Versuchsleiter ohne Textvorgabe beantwortet wurden	,3276 N = 36 p = 0,008
Informationssuche beim Versuchsleiter und in den Szenarien	,3230 N = 36 p = 0,006

Im Plan vorgeschlagene Schritte zur Informationssuche

Tabelle 9-6: Zusammenhänge zwischen den geplanten Schritten zur Informationssuche und der Qualität

Prozeßmerkmale	Qualität
definitiv geplante Informationsschritte	,2516 N = 36 p = 0,036
erwogene Informationsschritte	,2349 N = 36 p = 0,056

Zielbildung

Ein wichtiger Indikator dafür, wie weit der Zielbildungsprozeß bei der Planung gediehen ist, ist die Verbindlichkeit der Elemente des Lösungsvorschlags. Die Maßnahmen der Versuchspersonen wurden daher in definitiv geplante und erwogene unterschieden und der jeweilige Anteil berechnet. Hier zeichnete sich kein Einfluß auf die Qualität der Vorschläge ab.

Modellbildung

Modellbildung führt unter anderem dazu, daß Annahmen getroffen werden. Ein wichtiges Thema dieser Annahmen ist, ob die Handlungsumstände positiv oder negativ sind. Versuchspersonen, die mehr positive Annahmen machten, zeigten auch eher eine höhere Qualität der Lösungen.

Tabelle 9-7: Zusammenhänge zwischen der Modellbildung und der Qualität

Prozeßmerkmale	Qualität
positive Annahmen	,2903 N = 36 p = 0,016

Planung

Von verschiedenen Indikatoren, die die Differenziertheit des Planes thematisierten, korrelierte als einziger der Verzweigungsgrad der Planung. Verzweigtere Pläne hatten auch eine bessere Qualität. Zudem benötigten bessere Probanden mehr Schritte, bis sie den ersten Planschritt benannten.

Tabelle 9-8: Zusammenhänge zwischen der Planung und der Qualität

Prozeßmerkmale	Qualität
Verzweigungsgrad	,2104 N = 36 p = 0,091
Schritte bis zum ersten definitiven Planschritt	,2625 N = 36 p = 0,025

Allgemeine Größen

Neben diesen Größen, die sich auf den Planungsprozeß beziehen, ist besonders bedeutsam, daß die Qualität sowohl davon abhängt, ob sich die Person fachlich in ihre Rolle einfühlen kann (indem sie z.B. Kompetenzen und Position der handelnden Person im Unternehmen richtig wahrnimmt), als auch vom Ausmaß, wie sie sich in die Person als Individuum hineinversetzen kann. Diese beiden Faktoren mögen auch mit dem dritten zusammenhängen, der hier bedeutsam ist, nämlich der Fähigkeit, Zeitdruck in den Szenarien angemessen zu erkennen.

Tabelle 9-9: Zusammenhänge zwischen der Modellbildung und der Qualität

Prozeßmerkmale	Qualität
fachliche Rollenübernahme	*,5210* N = 36 p = 0,000
soziale Rollenübernahme	*,4179* N = 36 p = ,002
Wahrnehmung des Zeitdruck	*,2463* N = 36 p = 0,053

2. Fachliche Orientierungsmuster bei unterschiedlich flexiblen Personen

Die angesprochenen absatzwirtschaftlichen Merkmale der Lösungsvorschläge wurden hinsichtlich vier verschiedener Teilanforderungen bei der Konzeption von Strategien untersucht. Dies waren die Zielbildung, die Informationssammlung und die Modellbildung, die Planung sowie die Konzeption von Maßnahmen zur Effektkontrolle. Die Umsetzung der Maßnahmen war bei den Szenarien nicht gefordert. Daher war auch die Revision von Handlungsstrategien aufgrund von Ergebnisse von Maßnahmen zur Effektkontrolle nicht möglich.

Die im folgenden berichteten Unterschiede zwischen den oben beschriebenen Gruppen wurden mit Hilfe des Kruskal-Wallis-H-Tests und zur Berechnung von Kontrasten mit dem Mann-Whitney-U-Test auf Signifikanz geprüft (n=36); denn von einer Normalverteilung konnte vor allem wegen unserer Be-

Flexibilität bei der Entwicklung von Handlungskonzepten ... 409

rechnung der Selektivität nicht ausgegangen werden. Unterschiede beim α-Fehler auf dem 1%-Niveau sind wie üblich mit „**" gekennzeichnet, solche auf dem 5%-Niveau mit „*" und möglicherweise interessante, wenn auch nicht signifikante Tendenzen mit einem „+".

Bei der *Zielbildung* ergaben sich keine Differenzen zwischen den verschiedenen Gruppen, einfach weil inhaltliche Aspekte der Zielbildung in den strategischen Handlungsvorschlägen kaum erörtert wurden. Es gab also keine Unterschiede in den Zielsetzungen bei den Strategievorschlägen hinsichtlich Kunden, Markt, Kosten, Klima und der Kategorie für sonstige Aspekte.

Sehr deutlich unterschieden sich die Probanden jedoch hinsichtlich der vorgeschlagenen Aktivitäten zur *Informationssammlung und Modellbildung*. Hier machten die guten Probanden wesentlich mehr Vorschläge bei eigenen Aktivitäten (*), und sie delegierten auch öfters die Informationsbeschaffung an andere Personen (+). Hingegen nutzen sie nicht im stärkeren Maße Institutionen (wie z.B. Marktforschungsinstitutionen) und kooperierten auch nicht mit anderen bei der Informationsbeschaffung. Sowohl bei der eigenen Informationsbeschaffung (*) als auch bei der Informationsbeschaffung über andere Personen (*) variierten die Probanden mit durchgehend hoher Qualität auch stärker, sie agierten also selektiver.

In diesen beiden Bereichen fanden wir die Unterschiede vor allem bei der Beschaffung *quantitativer* Informationen und wieder generell höhere Werte bei der Eigenbeschaffung quantitativer Informationen (+) und bei der Beschaffung quantitativer Informationen durch andere (*). In beiden Fällen kann man bei den flexiblen Probanden mit hoher Qualität wegen der signifikant größeren Variation auch von unterschiedlichen Vorgehensweisen bei den verschiedenen Szenarien ausgehen (eigene Aktivitäten/quantitative Informationen [+], Einschaltung anderer Personen zur Beschaffung quantitativer Informationen [*]). Unbestimmte Informationen spielten nur für die eigenen Informationssuchaktivitäten der flexiblen Probanden eine besondere Rolle. Sie betreiben dies mehr (+) und selektiver (+). Bei der Informationssammlung durch Delegation an andere Personen oder Institutionen oder in kooperativen Strukturen suchten diese „Flexiblen" aber nicht mehr nach unbestimmten Informationen als andere. Dies ist möglicherweise ein Hinweis auf die Bereitschaft, sich auf zunächst nicht näher bestimmbare Situationseigenschaften einzustellen und Informationen aufzunehmen, deren Nutzen zwar nicht von vornherein deutlich wird, die aber möglicherweise irgendwann einmal brauchbar sein könnten.

Die Besonderheiten der Gruppe der Personen mit durchgängig guter Qualität in den Szenarien lassen sich hinsichtlich der Informationsbeschaffung folgendermaßen zusammenfassen: Probanden die durchgängig gute Lösungen in den Szenarien an den Tag legten, paßten wesentliche Parameter ihres Informationssuchverhaltens der jeweiligen Situation an. Sie waren im allgemeinen auch eher bestrebt, exaktere quantitative Informationen zu bekommen. Bei ihrem Vorgehen verließen sie sich auf sich selbst oder delegierten an bestimmte Einzelpersonen. Delegation an Institutionen oder Kooperation mit anderen setzen sie hingegen bei der Informationssuche nicht vermehrt ein. Für ihre individuellen Aktivitäten auf diesem Gebiet erweisen sich auch unbestimmte Informationen als bedeutsam.

Was läßt sich aus diesem Bild schließen? Daß sich bessere Probanden auch besser informieren, ist an sich nichts Neues. Die Zielsetzung, ein möglichst exaktes und quantifiziertes Modell eines Sachverhalte zu bekommen, scheint jedoch nicht automatisch zu bedeuten, daß man ausschließlich exakte Informationen sucht. Dies zeigt sich in der individuellen Berücksichtigung auch unbestimmter Informationen. Außerdem scheint für die Probanden mit durchgängig guten Strategiekonzepten die *Kontrolle über die Informationsformate* wichtig zu sein, also Art, Aufbereitung und Quellen. Sie suchten sich daher ihre Informationen selbst oder delegierten diese Aufgabe relativ eng umrissen an bestimmte Personen.

Auch bei der *Planung* im engeren Sinne, also der Ausarbeitung von Maßnahmen, unterschieden sich die drei Gruppen in ihren inhaltlichen Schwerpunkten und im strategischen Charakter ihrer Vorschläge. Die Gruppe derjenigen, die durchweg eher weniger brauchbare Vorschläge machte, hat in allen untersuchten Inhaltsbereichen weniger Vorschläge gemacht. In den Bereichen Kommunikationspolitik (+) gab es tendenzielle, im Bereich der Distributionspolitik (**) sehr deutliche Unterschiede zu den anderen beiden Gruppen. In den Bereichen Produktpolitik (**) und Konditionenpolitik (*) erwies sich allein die Gruppe der Flexiblen als deutlich fruchtbarer in der Menge ihrer Vorschläge. Die Gruppen unterschieden sich hier auch in ihren individuellen Streuungen, was auch im Bereich der Maßnahmen auf eine größere Selektivität der Aktivitäten hindeutet (Signifikanz für die Selektivität für die gleichen Gruppenunterschieden wie bei den Mittelwerten: Kommunikationspolitik [*], Produktpolititik [*], Distributionspolitik [**], Konditionenpolitik [*]).

Welcher Art waren nun die Vorschläge auf diesen Gebieten? Unterschieden sich die Probandengruppen eher auf der strategischen oder auf der taktischen Ebene? Im Bereich der Kommunikationspolitik läßt sich hier keine eindeutige Aussage machen. Auf allen anderen Ebenen gab es jedoch Unterschiede zwischen den Gruppen bei der Menge der Vorschläge immer auf der strategischen Ebene (Produktpolitik/strategisch [+], Distributionspolitik/strategisch [*], Konditionenpolitik/strategisch [*]). Diese Gruppenunterschiede finden wir auch bei der Selektivität der Vorschläge (Produktpolitik/strategisch [*], Distributionspolitik/strategisch [*], Konditionenpolitik/strategisch [*]). Im Bereich der Produktpolitik waren die Flexiblen auch auf der taktischen Ebene produktiver (Menge der Vorschläge [*], Selektivität [*]).

Die Gruppe der Flexiblen erwies sich also in allen vier Inhaltsbereichen als produktiver und selektiver zumindest als die schlechteste Gruppe. In den Bereichen Produktpolitik und Konditionenpolititk galt das auch gegenüber derjenigen, die nur bei einem Teil der Szenarien qualitativ hochwertige Vorschläge machten. Diese Signifikanzen speisen sich hauptsächlich aus Unterschieden bei strategischen Aussagen, bei der Produktpolitik auch aus Aussagen der taktischen Ebene. Bei unklaren Maßnahmenvorschlägen, die sich diesen Ebenen nicht zuordnen lassen, gab es diese Unterschiede nicht.

Die Ergebnisse weisen auf ein breiteres Maßnahmenspektrum der flexiblen Probanden hin, das auch zugeschnitten auf die jeweiligen Geschichten eingesetzt werden kann. Flexible Probanden zeigten auch durch den ausgeprägt strategischen Charakter ihrer Gedankengänge und das Einfließen taktischer Überlegungen, daß ihre Vorhaben vor allem auf eine langfristige Umsetzung ihrer Vorgaben ausgerichtet war.

Ähnlich wie bei der Zielbildung sind auch bei der Konzeption von Maßnahmen zur *Effektkontrolle* generell nur wenige Nennungen aufgetreten. Die Beschäftigung mit diesem Teilschritt des Planens und Handelns zu einem so frühen Zeitpunkt, wie er in den Szenarien operationalisiert ist, scheint ungewöhnlich zu sein, vielleicht sogar eine der vielen „anthropologischen Überforderungen", die die Aktivität des Planens und Handelns bereithält.

3. Sozial-kommunikative Orientierungsmuster bei unterschiedlich flexiblen Personen

Eine der zentralen Ausgangsfragen bei der Untersuchung und speziell bei der Konzeption der Szenarien lag darin, ob sich „gutes" strategisches Handeln dadurch auszeichnet, daß man dazu in der Lage ist, über die rein fachlichen Problemaspekte hinauszudenken und die Probleme auch hinsichtlich ihrer sozialen und kommunikativen Aspekte mitzuerfassen. Aus diesem Grund war ein Teil der Probleme so gestaltet, daß die Erfassung von sozialen und kommunikativen Problemaspekten und Vorschläge zu ihrer Bewältigung eine Notwendigkeit für die sachgerechte Problemlösung darstellten.

Die Erfassung der sozialen strategischen Handlungsmomente sollte folgendes klären:
- Worin zeichnen sich die sozialen Strategien flexibler Probanden aus?
- Sind flexible Probanden in ihren sozialen Strategien auch selektiver, d.h., werden soziale Strategien nur bei bestimmten Szenarien gezielt eingesetzt oder wird der soziale Kontext quasi „immer mitgedacht"?
- Haben die flexiblen Probanden die soziale Komplexität, die wir einem Teil der Szenarien speziell beigegeben haben, besser erkannt? Wenn ja, gibt es Hinweise auf die Indikatoren, die ihnen dabei halfen?

Eigenschaften sozialer Strategien bei flexiblen Probanden

Bereits hinsichtlich der Nennung von Zielgruppen sozialer und kommunikativer Strategien fanden wir Unterschiede zwischen den flexiblen Probanden und anderen. Die flexiblen machten mehr Handlungsvorschläge in bezug auf Kollegen (*) und auf hierarchisch untergeordnete Personen (*). Hinsichtlich der Selektivität war das Bild uneinheitlich. Beim Umgang mit Kollegen waren die Personen, die durchgängig eher schwächere Vorschläge machten, deutlich weniger selektiv: Sie setzten über die Szenarien hinweg weniger Schwerpunkte. Hinsichtlich der Strategien gegenüber hierarchisch nachgeordneten Personen waren jedoch nur die Flexiblen deutlich selektiver: In den unterschiedlichen Szenarien äußerten sie sich jeweils verschieden umfangreich zu diesem Personenkreis. Die anderen beiden Gruppen differenzierten ihr Vorgehen in diesem Punkt nicht so stark über die Szenarien hinweg.

Während der Umgang mit Vorgesetzten, Kunden und Konkurrenten (wobei letztere allerdings in den sozialen Interaktionsstrategien kaum eine Rolle spielen) in unseren Untersuchungsgruppen nicht unterschiedlich war, setzten sich die flexiblen Probanden mit Kollegen und hierarchisch nachgeordneten Mitarbeitern mehr und gezielter auseinander.

Zwei weitere Befunde sprechen dafür, daß flexible Personen auf der sozialen Ebene eine gezieltere Vorgehensweise an den Tag legten. Während es bei generellen strategischen Vorschlägen, die z.B. auf eine allgemeine Verbesserung des Klimas oder der dauerhaften Beziehung zu anderen Personen abzielten, keine Unterschiede gab, hatten die flexiblen Personen bei den konkret auf die bestimmte Aufgabe bezogenen sozialen Strategien deutlich mehr zu sagen (*). Ihre sozialen Operatoren waren auch eher fokal (+), d.h. auf einen ganz bestimmten Zeitabschnitt bezogen („Für dieses Projekt müssen wir eine offene Stimmung herstellen."). Bei zeitlich nicht bestimmten sozialen Verhaltensweisen („immer freundlich sein") fanden wir jedoch keine Unterschiede.

Zudem waren die sozialen Handlungsweisen der flexiblen Probanden eher aktiver Natur. Sie waren im allgemeinen bestrebt, eine bestimmte soziale Konfiguration oder eine bestimmte Form der Kommunikation neu zu etablieren (*). In diesem Punkt waren die Probanden aber nur tendenziell selektiver (+). Geht es darum, eine bestimmte soziale Konfiguration oder Kommunikationsform beizubehalten oder abzubauen, fanden wir keine Unterschiede.

Bei dieser sehr aufgabenbezogenen und aktiven Gestaltung des sozialen Handelns fiel allerdings auch auf, daß die Probanden dann auch häufiger nach Dominanz strebten (*). Auch dies geschah selektiv, also gezielt auf ganz bestimmte Situationen (*).

Folgendes Bild zeigt sich also: Die flexiblen Probanden unterschieden sich auch in ihren Handlungsvorschlägen im sozialen und kommunikativen Bereich. Ihr strategisches Handeln war aufgabenbezogener, ihre Handlungsweisen waren auf ganz bestimmte Zeiträume befristet. Sie gestalteten die sozialen und kommunikativen Prozesse aktiv mit und strebten in diesen konkreten Aufgabenkontexten durchaus nach Dominanz.

Welchen Effekt hatten spezifisch soziale Inhalte?

Den Probanden wurden von uns sechs Szenarien mit von uns induzierten sozialen und kommunikativen Problemaspekten und sechs ohne spezifisch entwickelte soziale Problemaspekte vorgegeben. Zunächst haben wir überprüft, in welcher Weise alle Probanden auf diese Szenarien reagierten. Alle 431 resultierenden Lösungsvorschläge wurden in zwei Gruppen mit und ohne spezifisch soziale Probleminhalte aufgeteilt und mit Hilfe eines T-Tests bezüglich der Häufigkeiten unserer Kategorien verglichen. Hier gab es viele deutliche Unterschiede, die hier nur kurz aufgezählt werden sollen. Bei den Szenarien mit sozialen Problemaspekten waren ...

- Vorgesetzte häufiger Interaktionspartner (**)
- andere Individuen seltener Interaktionspartner (**)
- Interaktionen bezogen auf die gesamte Organisation (*) häufiger
- mehr Interaktionen bezogen speziell auf die Aufgabe gegeben(**)
- mehr Interaktionen bezogen auf die Partnerbeziehung generell und ohne direkten Aufgabenbezug zu beobachten (**)
- hatten die Operatoren häufiger fokalen Charakter (**)

- war der Partnerbezug eher kooperativ (**)
- gab es mehr nicht zuordenbare Aussagen zum Partnerbezug (**)

Die Operationalisierung der sozialen Rahmenbedingungen ist also von allen Probanden wahrgenommen und für ihre Aussagen bedeutsam gewesen – und das hinsichtlich einer Reihe sehr unterschiedlicher Aspekte. Auffällig ist jedoch, daß bei einer Varianzanalyse, bei der als unabhängige Variablen unser Gruppenfaktor für Flexibilität und die eben beschriebene Unterteilung in Szenarien gesetzt wurden, nur sehr selten varianzanalytische Interaktionseffekte zustande kamen. Die ohnehin seltenen Strategien in bezug auf Konkurrenten wurden von den flexiblen Probanden bei den Szenarien mit sozialen Aspekten häufiger benannt (*), ebenso – das ist wichtiger – Interaktionen mit Kollegen (*). Im großen und ganzen spielte speziell für die flexiblen Probanden die vorgegebene Unterscheidung keine Rolle. Betrachten wir unsere Ergebnisse zu sozialen Strategien und Qualität der Szenarien als Ganzes, so läßt sich unseres Erachtens eine plausible Erklärung finden:

Flexible Personen beschrieben in ihren strategischen Handlungsvorschlägen für die Szenarien ihr Vorgehen als aufgabenbezogen, von begrenzter Dauer, benannten häufiger konkret Kollegen und hierarchisch untergeordnete Personen als Interaktionspartner und strebten in diesen eng umrissenen Feldern auch eher nach Dominanz (wohlgemerkt nicht generell in ihren Sozialbeziehungen!). Dies taten sie zwar selektiv, aber nicht ausschließlich bezogen auf die mit sozialen Problemaspekten ausgestatteten Szenarien.

Dies zeigt unserer Ansicht nach, daß bei flexiblen Personen die Tendenz bestand, für die jeweils konkreten Probleme spezifische soziale Strategien mitzuentwickeln, die auf die ganz konkreten Bedingungen und handelnden Personen zugeschnitten sind. Die Probanden hatten also eine umfassendere Problemauffassung, die nicht nur fachliche Aspekte erfaßt, sondern dieses fachliche Geschehen im konkreten Fall auch als soziale und kommunikative Konstellation beschrieb. Der flexible Proband würde z.B. die Verankerung einer Marketingstrategie in einem Unternehmen als Problem auffassen, bei dem man mit ganz bestimmten Leuten kooperieren und andere durch richtige fachliche Argumentation von bestimmten Positionen überzeugen muß, um das Ziel zu erreichen. Demgegenüber wäre eine weniger flexible Sichtweise abzugrenzen, in der das Fachliche und das Soziale als getrennte Sphäre aufgefaßt werden. Im Planen und Handeln sind dabei diese beiden Sphären nicht verknüpft, man sieht z.B. nur die fachlichen Aspekte der Marketingstrategie und allenfalls die Anforderung, das Betriebsklima zu verbessern, falls dies durch organisatorische Maßnahmen leidet.

9.5 Zusammenfassung und Diskussion

Im folgenden wollen wir die Antworten zusammenfassen, die wir auf der Basis unsere Experimente geben können. Wir betrachten sie als Ausgangspunkt für weitere empirische Untersuchungen.

Welche Eigenschaften der Handlungsvorschläge waren bei flexiblen Personen typisch?

Eine durchgängig hohe Qualität über die ganz unterschiedlichen Szenarien die von uns vorgegeben wurden, war ein genereller Indikator für die Flexibilität bei der Konzeption von Strategien. Wovon diese Qualität auf der *Prozeßebene* abhing, wurde im Abschnitt 9.4 beschrieben – es waren im Prinzip Tugenden der klassischen Planungslehre. Grob umrissen waren die besseren Konzepte umfangreicher und verzweigter – enthielten also abhängig von Zwischenergebnissen mehr Varianten. Weiterhin formulierten die Probanden in dieser Konzeptionsphase eher Handlungsmöglichkeiten, d.h., sie legten sich noch *nicht so häufig* definitiv auf Maßnahmen fest. Bis zur ersten definitiven Festlegung brauchten sie mehr Schritte, sie legten sich also auch *später* fest. Hinzu kam eine intensivere Informationssuche. Es wurden sowohl direkt während der Strategiekonzeption mehr Informationen abgerufen als auch in den Handlungskonzepten mehr Maßnahmen zur Informationsbeschaffung vorgesehen. Eine höhere Lösungsqualität ging auch mit einer besseren Einfühlung in die Rolle einher: die Probanden mit größerer Qualität berücksichtigten sowohl auf *fachlicher Ebene* besser die Kompetenzen, die sie in der fiktiven Rolle haben, als auch die *persönliche Situation,* in der sie in der fiktiven Situation standen.

Wir untersuchten diese Sachverhalte auf *inhaltlich-fachlicher* Ebene differenzierter. Betrachtet man hier flexible Probanden genauer (also solche, die über inhaltlich ganz unterschiedliche Szenarien gleichbleibend hohe Qualität erzeugen können) so fällt auf, daß die Informationssuche bei diesen flexiblen Probanden in wesentlich stärkerem Maße auf möglichst exakte Informationen ausgerichtet war. Bei der Informationssuche achteten die flexiblen Probanden auf Autonomie. Sie verließen sich auf eigene Recherchen oder die Ergebnisse von klar delegierten Informationssuchaufträgen. Wir folgerten daraus ein Streben, die Formate von Informationen (Auflösungsgrad, Darstellungsform, Inhaltsbereiche) möglichst selbst bestimmen zu können, also eine Art „Streben nach Informationsautonomie". Auch im Bereich der Maßnahmen fällt auf, daß in den inhaltlichen Bereichen Kommunikations-, Distributions-, Konditionen- und Produktpolitik höhere Flexibilität mit umfassenderer Berücksichtigung dieser Maßnahmenbereiche einherging. Vor allem wurden von den flexiblen Probanden mehr dezidiert strategische und im Bereich der Produktpolitik auch taktische Vorschläge gemacht, während es bei in strategisch/taktischer Beziehung nicht eindeutig zuordenbaren Maßnahmen keine Unterschiede gab. Offensichtlich waren die Handlungskonzepte der flexiblen Probanden hinsichtlich der Umsetzungsmöglichkeiten bereits konkreter als die der weniger flexiblen Probanden und das, obwohl sich die flexiblen Probanden noch nicht so bald festlegten, wie oben bereits beschrieben wurde. Dafür spricht auch, daß sie ihre Handlungsvorschläge selektiv auf verschiedene Szenarien zuschnitten. Dies war nur unter Berücksichtigung der jeweils konkreten Bedingungen möglich. Die flexibleren Probanden neigten also dazu, ihre Vorschläge erst weiter zu konkretisieren, ehe sie sich zu ihrer Umsetzung entschlossen. Zwei wichtige psychologische Voraussetzungen für flexibles Handeln wären somit...

⇒ *die Fertigkeit, möglichst konkrete, d.h. situationsbezogene Pläne zu konzipieren*

⇒ *die nötige Unbestimmtheitstoleranz, um sich nicht festzulegen, bis ein hoher Konkretisierungsgrad erreicht wird*

Die größere Konkretheit und Situationsbezogenheit der Planung wurde vor allem auf der *sozialen und kommunikativen Ebene* deutlich. Die flexiblen Probanden benannten häufiger bestimmte Interaktionspartner, formulierten mehr soziale Strategien, die auf die ganz konkrete Aufgabe bezogen waren und deren Wirkdauer begrenzt war. Sie versuchten, den jeweiligen sozialen Kontext aktiv und durchaus auch dominant zu gestalten, aber nicht in erhöhtem Maße allgemein Dominanz zu erwerben.

Welche dieser Eigenschaften wurden von flexiblen Personen bei unterschiedlichen Problemen variabel gehandhabt?

Auf der Prozeßebene und der *Ebene der fachlichen Inhalte* agierten die Probanden sehr selektiv, d.h., sie setzten die inhaltlichen Schwerpunkte den inhaltlichen Anforderungen entsprechend und paßten ihre Vorgehensorganisation den jeweiligen Umständen an. Es existierte also kein „allgemeiner Plan strategischen Handelns", sondern dem Problemtyp angepaßte Strategievarianten, die situationsbezogen aktiviert wurden. Die *sozialen und kommunikati-*

ven Beziehungen wurden aber von den flexiblen Probanden immer „mitgedacht". Es existierte in ihrem Kopf vermutlich keine getrennte Sphäre der fachlichen und der sozial-kommunikativen Probleme. Die größere Konkretheit ihrer Problemrepräsentation bewirkte auch, daß jedes fachliche Problem immer auch ein konkretes soziales Geschehen war, bei dem ganz bestimmte Individuen nach ganz bestimmten Gesetzen agierten. Es ist zu vermuten, daß selbst, wenn diese Menschen unbekannt sind, allgemeine Prinzipien menschlichen Handelns berücksichtigt wurden, die in der jeweils beschriebenen Situation eine Rolle spielten. Dies zog dann die konkreteren sozialen Strategien und die bessere Rolleneinfühlung der flexiblen Probanden in unserer Untersuchung nach sich.

In welcher Weise reagierten flexibel agierende Probanden auf die von uns vorgegebenen Unterschiede des Problemtyps?

Die von uns vorgegebenen Informationen – speziell die sozialen Problemaspekte – wurden in der Tat von den Probanden registriert und für ihr Verhalten bedeutsam. Es wurden dann deutlich mehr soziale Aspekte des Handelns thematisiert. Dies galt allerdings für alle Probanden, nicht nur die Flexiblen. Speziell die von uns plazierten sozialen Problemaspekte wurden von ihnen nur in wenigen Punkten anders behandelt. Möglicherweise waren sie zu „offensichtlich", so daß aus der Darstellung bei den meisten Geschichten relativ leicht ablesbar war, daß „Soziales" hier eine Rolle spielte.

Zukünftige Untersuchungen sollten sich der Frage annehmen, aufgrund welcher Indikatoren und mit welcher strategischen Grundeinstellung Informationen aufgenommen werden, die für sozial und kommunikativ angemessenes Handeln bedeutsam sind. Theoretische Annahmen dazu gibt es schon lange. Wir zitieren als Beispiel den 25. Ratschlag aus Baltasar Gracians Handorakel der Weltklugheit (1653):

„[25] WINKE ZU VERSTEHEN WISSEN, Einst war es die Kunst aller Künste, reden zu können: jetzt reicht das nicht aus; errathen muß man können, vorzüglich wo es auf Zerstörung unserer Täuschung abgesehn ist. Der kann nicht sehr verständig seyn, der nicht leicht versteht. Es gibt hingegen auch Schatzgräber des Herzens und Luchse der Absichten. Grade die Wahrheiten, an welchen uns am meisten gelegen, werden stets nur halb ausgesprochen; allein der Aufmerksame fasse sie im vollen Verstande auf. Bei allem Erwünschten ziehe er seinen Glauben am Zügel zurück, aber gebe ihm den Sporn bei allem Verhaßten."

KERSTIN ENDRES & RÜDIGER VON DER WETH

10 Strategisches Handeln und Handlungserfolg

10.1 Welche Zusammenhänge bestehen zwischen den strategischen Grundausrichtungen und der Handlungseffektivität bei der Planspielbearbeitung?

10.1.1 Fragestellung und Vorüberlegung

Wie in Abschnitt 8.5 gezeigt werden konnte, beeinflussen die durch Strategeme induzierten Vorgehenseigenschaften die verschiedenen Teilfunktionen bei der Handlungsorganisation. Es stellt sich daher die Frage, wie sich diese Eigenschaften auf den Erfolg bei der Planspielbearbeitung ausgewirkt haben.

Man kann davon ausgehen, daß Strategeme, die den spezifischen *fachlichen* Anforderungen und der *Komplexität* der eingesetzten Planspiele gerecht wurden, auch ein erfolgreiches Handeln induziert haben. Gemäß betriebswirtschaftlicher Erkenntnisse müßten es solche strategische Grundausrichtungen gewesen sein, die es den Probanden erlaubt haben, ihr Vorgehen an den Bedarfs- und Wettbewerbsbedingungen sowie am eigenen Leistungspotential auszurichten (vgl. Nieschlag, Dichtl & Hörschgen, 1988, S. 833). Darüber hinaus müßte es erfolgversprechend gewesen sein, den unternehmerischen Planungs- und Entscheidungsprozeß nach Gesichtspunkten wie Zielbildung, Konzeption, Umsetzung und Effektkontrolle zu strukturieren und vernetzt zu denken (siehe Gomez & Probst, 1987; Gomez & Probst, 1991).

10.1.2 Die Ergebnisse der Untersuchung mit Markstrat

In Anlehnung an die vorangegangenen Überlegungen müßte demnach in *Markstrat*, das eine umfassende Ausrichtung des Planens und Handelns an den Erfordernissen des Marktes notwendig machte, ein aufgaben- und kundenorientiertes Vorgehen zum Erfolg geführt haben. Des weiteren kann man annehmen, daß ein offensives, weniger kostenorientiertes Verhalten angesichts des wachsenden Marktes von Vorteil gewesen wäre.

Um auch der Komplexität des Planspiels und hier vor allem der Informationsvielfalt gerecht zu werden, wäre ferner ein gewissenhaftes Vorgehen wichtig gewesen. Außerdem müßte sich die Strukturierung des Problemlöseprozesses mit Hilfe einer bestimmten Systematik als erfolgversprechend erwiesen haben. Dasselbe gilt auch für den angemessenen Umgang mit den eigenen Motiven und Emotionen (Vermeidung von Kompetenzschutzmechanismen).

Inwieweit diese Eigenschaften des strategischen Handelns tatsächlich für den Erfolg in Markstrat ausschlaggebend waren, zeigen die folgenden statistischen Befunde. Geht man vom Deckungsbeitrag 2 und vom umsatzbezogenen Marktanteil als den beiden zentralen Erfolgsgrößen aus und vergleicht die jeweils am Median dichotomisierten Gruppen „erfolgreicher" und „weniger erfolgreicher" Untersuchungsteilnehmer, ergibt sich folgendes Bild (Mann-Whitney-U-Test; n=21):

- Die erfolgreichen Probanden zeigten, wie erwartet, eine offensivere Vorgehensweise. Diese äußerte sich in der frühen Durchführung von Forschungs- und Entwicklungsprojekten, einem intensiven Werbeeinsatz, einer aggressiven Preispolitik sowie einer genauen Analyse des Konkurrenzverhaltens.
- Des weiteren waren sie in stärkerem Maße als weniger erfolgreiche Untersuchungsteilnehmer kundenorientiert und in geringerem Maße kostenorientiert.
- Ferner behielten die guten Probanden beim Spiel den Überblick und konnten die eigenen Maßnahmen und Systemzustände der vorherigen Spielperioden rekapitulieren.
- Sie verwendeten außerdem eine zyklische Systematik, die das Vorgehen nach Informationsaufnahme, -weiterverarbeitung und dem Ergreifen von Maßnahmen strukturierte, und nutzten weniger eine analytische Systematik, die sind an bestimmten Denkoperationen (z.B. Gegenstandsanalyse, Funktionsanalyse, Zustandskontrolle) orientierte und einer flexiblen Reaktion auf Veränderungen scheinbar im Wege stand.
- Schließlich bevorzugten die guten Probanden tendenziell eher Breitbandoperatoren, d.h. sie versuchten mit relativ wenigen Maßnahmen möglichst große Effekte zu erzielen. Sie nahmen dabei zwar in Kauf, daß diese Maßnahmen in ihrer Wirkung nicht sehr genau waren, allerdings vermieden sie es auch, sich zu sehr im Detail zu verlieren.

Interessant sind aber auch die Zusammenhänge, die sich *nicht* auffinden ließen:

- Die Vorgehenseigenschaften, die auf eine bestimmte Form des Zugriffs auf das Wissen zurückzuführen sind, waren nicht erfolgskorreliert.
- Ebenso spielte der unangemessene Umgang mit den eigenen Motiven und Emotionen nicht die erwartete Rolle. Zwar traten Einkapselungstendenzen bei allen Probanden auf, sie waren jedoch so unterschiedlich stark ausgeprägt, daß ihre negativen Auswirkungen auch angesichts der durchschnittlichen Vernetztheit und Dynamik von Markstrat nicht immer zum Tragen kamen.

Tab. 10-1 zeigt noch einmal die erfolgswirksamen strategischen Grundausrichtungen im Überblick. Die mit „+" gekennzeichneten Vorgehenseigenschaften waren bei erfolgreichen Probanden stärker ausgeprägt, die mit „-" versehenen deutlich niedriger.

Tabelle 10-1: Erfolgsrelevante strategische Grundausrichtungen in Markstrat

Erfolgskriterien/strategische Grundausrichtungen	$\alpha<1\%$	$\alpha<5\%$	$\alpha<10\%$
Unterschiede beim Deckungsbeitrag:			
Zyklische Systematik		+	
Analytische Systematik			-
Bevorzugung von Breitbandoperatoren			+
Kundenorientierung		+	
Kostenorientierung		-	
Offensives Vorgehen		+	
Defensives Vorgehen		-	
Aufgabenorientierung		+	
Unterschiede beim Marktanteil:			
Handeln auf Basis eines guten internen Protokolls		+	
Offensives Vorgehen		+	
Kundenorientierung			+
Kostenorientierung		-	
Defensives Vorgehen			-

Strategisches Handeln und Handlungserfolg 421

Man kann also zusammenfassend feststellen: In Markstrat waren diejenigen Probanden erfolgreich, die offensiv, zielgerichtet, kundenorientiert und mit einer Systematik agierten, die sich an den Schritten Informationssammlung, -auswertung und der Durchführung von Maßnahmen orientierte.

Ob diese Vorgehenseigenschaften auch den Erfolg in SchokoFin, das ein völlig anderes Komplexitätsprofil als Markstrat aufweist, beeinflußt haben, soll im Anschluß überprüft werden. Wäre dies der Fall, gäbe es wohl allgemeingültige, immer richtige Handlungsstrategien.

10.1.3 Die Ergebnisse der Untersuchung mit SchokoFin

Wie bereits in der ersten Untersuchung dürfte auch hier die Ausrichtung des Handelns an den Bedürfnissen der Kunden für den Erfolg bedeutsam gewesen sein. Darüber hinaus wäre es bei der Bearbeitung von SchokoFin zielführend gewesen, die Kostenstruktur zu analysieren, um die Produktionszahlen möglichst optimal festlegen zu können. Demzufolge müßte auch die „Kostenorientierung" zum Gelingen beigetragen haben.

Außerdem wäre es bei der Bearbeitung von SchokoFin sicher hilfreich gewesen, sich auf das Wesentliche zu konzentrieren, um sich angesichts der Informationsvielfalt nicht zu verzetteln. Die „Aufgabenorientierung", die „Konzentration auf Kernbereiche" und die „Bevorzugung von Breitbandoperatoren" müßten demnach mehr, die Nutzung umfassender Systematiken und eine starke Reflexion des Vorgehens weniger erfolgversprechend gewesen sein.

Des weiteren durfte man erwarten, daß eine flexible Reaktion auf Veränderungen bei einem so dynamischen Spiel wie SchokoFin das Ergebnis positiv beeinflußt hat. Aus diesem Grund kann man annehmen, daß die „situationsbezogene Flexibilität" und die „Multiplexitätsnutzung" (als spezielle Form der Flexibilität) erfolgskorreliert waren.

Aufgrund der Planspielkonstellation (hohe Dynamik, Vernetztheit, Zeitdruck) müßte schließlich auch der angemessene Umgang mit den eigenen Motiven und Zielen von Vorteil gewesen sein.

Ob diese Eigenschaften des strategischen Handelns tatsächlich die vermuteten Effekte hervorgerufen haben, geht aus den folgenden statistischen Ergebnissen hervor. Als zentrale Erfolgsvariablen wurden hierbei der Kapitalstand und der Erlös gewertet. Vergleicht man für diese beiden Größen die jeweils am Median dichotomisierten Gruppen „erfolgreicher" und „weniger erfolgreicher" Untersuchungsteilnehmer (Mann-Whitney-U-Test; n=34), erhält man die in Tab. 10-2 ersichtlichen, signifikanten Unterschiede.

Tabelle 10-2: Erfolgsrelevante strategische Grundausrichtungen in SchokoFin

Erfolgskriterien/strategische Grundausrichtungen	α<1%	α<5%	α<10%
Unterschiede beim Erlös:			
Planungsoptimismus	+		
Planungspessimismus		-	
Zyklische Systematik			+
Konzentration auf Kernbereiche		+	
Bevorzugung von Breitbandoperatoren			+
Fallbasiertes Handeln		-	
Situationsbezogene Flexibilität		+	
Gewissenhaftigkeit		-	
Impulsivität			-
Unterschiede beim Kapitalstand:			
Bereichsorientierte Systematik			-
Multiperspektivitätsnutzung			+
Situationsbezogene Flexibilität		+	
Wissenserwerbsorientierung zur Steuerung des Systems			-

Wie man Tab. 10-2 entnehmen kann, wurden die eingangs formulierten Erwartungen zum Großteil bestätigt:

- So waren in SchokoFin tatsächlich die Probanden erfolgreicher, denen es gelang, sich auf das Wesentliche zu konzentrieren. Die positiven Korrelationen der „Konzentration auf Kernbereiche" und der „Bevorzugung von Breitbandoperatoren" bestätigen dies ebenso wie die negativen Korrelationen der „Gewissenhaftigkeit" und der „Wissenserwerbsorientierung zur Steuerung des Systems".

- Außerdem war es zielführend, das Vorgehen nach Informationsaufnahme, -weiterverarbeitung und der Durchführung von Maßnahmen zu strukturieren und sich weniger nach einer Systematik, die sich streng an den einzelnen Handlungsbereichen des Spiels orientierte, zu richten. Dies spricht dafür, daß die zyklische Systematik weniger starr als die inhaltliche

Systematik war und somit das Erkennen von Zusammenhängen ebenso wie ein flexibles Vorgehen zuließ. Letzteres wirkte sich - wie angenommen - positiv auf den Erfolg in SchokoFin aus.

- Im Gegensatz dazu zeigte die Ausrichtung des Handelns an den fachlichen Erfordernissen des Planspiels nicht die erwarteten positiven Effekte. Bei der Kundenorientierung lag dies wohl vor allem daran, daß sich viele in dieser Hinsicht ambitionierte Probanden aufgrund der zahlreichen Informationen, Einflußgrößen und Handlungsmöglichkeiten verzettelten. Allerdings ist unklar, warum keine Zusammenhänge zwischen der „Kostenorientierung" und dem Erfolg gefunden werden konnten, da die Beobachtungen ergaben, daß in SchokoFin eher die Probanden Erfolg hatten, die die Kostensituation durch die „Konzentration auf Kernbereiche" in den Griff bekamen.

- Schließlich gab es zwar nicht den erwarteten Hinweis darauf, daß der angemessene Umgang mit den eigenen Motiven und Emotionen das Gelingen beeinflußt hat. So konnten keine signifikanten, negativen Zusammenhänge zwischen dem „Kompetenzschutz" und den Zielgrößen ermittelt werden. Dafür wirkte sich aber eine optimistische Grundhaltung positiv bzw. eine pessimistische Einstellung negativ auf das Spielergebnis aus.

Man kann also festhalten: Um der hohen Dynamik und Vernetztheit von SchokoFin gerecht zu werden, kam es vor allem darauf an, daß sich die Probanden auf das Wesentliche konzentrierten und zu einer schnellen Änderungen des Vorgehens bereit waren. Darüber hinaus war es aber auch wichtig, daß sie eine optimistische Einstellung hatten, um nicht die Schwierigkeiten der Aufgabe zu überschätzen und ihre eigenen Fähigkeiten unterzubewerten.

10.1.4 Zusammenfassung und Diskussion der Ergebnisse

Welche Schlußfolgerungen lassen nun diese Ergebnisse zu? In beiden Simulationen führten relativ unterschiedliche strategische Grundausrichtungen zum Erfolg. Es gibt somit mit ziemlicher Sicherheit keine allgemeingültigen, immer richtigen Handlungsstrategien.

Während bei *Markstrat* ein relativ systematisches Vorgehen, das sich an den klassischen Werthaltungen des Marketing („Der Kunde ist König!") orientierte, erfolgreich war, waren bei *SchokoFin,* das man eher als Krisenmanagementszenario bezeichnen kann, die Probanden mit einem derartigen Vorgehen wohl eher überfordert. Richtiger war es hier, sich auf das Wesentliche zu konzentrieren, während des Spiels zu schnellen Änderungen des Vorgehens bereit zu sein und gegebenenfalls das Maßnahmenspektrum völlig zu ändern (situationsbezogene Flexibilität). Wichtig war auch mit einer positiven Einstellung an die Aufgabe heranzugehen.

Nur wenige strategische Grundausrichtungen erwiesen sich durchgängig als positiv. In *beiden Simulationen* schien der angemessene Umgang mit Breitbandoperatoren nützlich gewesen zu sein, d.h. sich beim Handeln nicht in Details zu verlieren. Immer positiv wirkte sich auch die „zyklische Systematik" aus, also die Strukturierung des Verhaltens nach Informationssuche, -auswertung und dem Ergreifen von Maßnahmen.

Welche Eigenschaften müßte demnach der „optimale Stratege" haben, der in *SchokoFin* das perfekte „trouble shooting" betreibt und in *Markstrat* sein Handeln eher nach den klassischen Werthaltungen des Marketing ausrichtet. Was müßte diese Person können?

Sie müßte zunächst erkennen, welche Eigenschaften die Problemsituation besitzt, d.h. sie müßte über eine Art „Komplexitätssensorium" verfügen, das es ihr erlaubt, sich sehr schnell ein in groben Zügen richtiges Bild von der Problemsituation zu verschaffen, damit sie recht schnell die wesentlichen Eigenschaften ihrer künftigen Strategie bestimmen und Handlungskonzepte entwickeln kann. Dieses Komplexitätssensorium müßte ihr auch dazu verhelfen, bereits kleine Veränderungen bei den Komplexitätsfaktoren zu registrieren, um, falls dies notwendig wird, die Handlungsstrategie den neuen Gegebenheiten anzupassen.

Darauf aufbauend sollte die Person natürlich auch das nötige Wissen und Können besitzen, um diesen - richtig identifizierten - Anforderungen begegnen zu können. Sie benötigt also den fachlichen Hintergrund und das heuristische Wissen zur Entwicklung einer angemessenen Handlungsstrategie.

Strategisches Handeln und Handlungserfolg 425

10.2 Welche Zusammenhänge bestehen zwischen der Handlungseffektivität in den Planspielen und der Konzeptbildung in den Szenarien?

10.2.1 Fragestellung und Vorüberlegung

Nachdem im vorangegangenen Abschnitt gezeigt wurde, welche strategischen Grundausrichtungen ein erfolgreiches Handeln in Markstrat und Schokofin induziert haben, wollen wir nun untersuchen, ob bestimmte Vorgehenseigenschaften bei der Lösungsgenerierung in den Szenarien Rückschlüsse auf den Erfolg bei der Planspielbearbeitung zulassen. Aus diesem Grund sollte man sich zunächst noch einmal ins Gedächtnis rufen, zu welchem Zweck die absatzwirtschaftlichen Szenarien eingesetzt wurden. Mit der Szenariotechnik ließ sich die *erste strategische Ausrichtung des Handelns* bzw. die *Strategiekonzeption* der Probanden erfassen. Inwieweit war nun diese erste Phase bedeutsam für das weitere Vorgehen? Waren Probanden, deren Lösungsvorschläge in den Szenarien bestimmte Eigenschaften aufwiesen, auch erfolgreicher bei der Planspielbearbeitung? Um auf diese Fragen Antworten zu erhalten, mußte man überprüfen, inwieweit die in den Szenarien erfaßten Planungs- und Vorgehenseigenschaften eine Bedeutung für den Handlungserfolg in komplexen Situationen wie Markstrat und SchokoFin hatten.

10.2.2 Die Ergebnisse der ersten Untersuchung

Um erste Anhaltspunkte dafür zu erhalten, welchen Einfluß das Vorgehen bei der Strategiekonzeption auf den Erfolg in Markstrat hatten, haben wir Personen, die in der Computersimulation erfolgreich waren, mit solchen verglichen, die nicht so gut abschnitten. Als Erfolgskriterien galten dabei die zentralen Erfolgsgrößen aus Markstrat, der Deckungsbeitrag 2 und der umsatzbezogene Marktanteil. Folgende Unterschiede erwiesen sich nach dem Mann-Whitney-U-Test (n=21) als bedeutsam.

Erfolgreich in der Computersimulation waren die Probanden, die in den Szenarien mehr Informationen sammelten, sich im Informationssuch- und Entscheidungsverhalten flexibel an die unterschiedlichen Eigenschaften der Szenarios anpaßten (indem sie z.B. bei einer unklaren Ausgangssituation mehr Fragen an den Versuchsleiter richteten), mehr mögliche Maßnahmen benannten, sich noch nicht so stark bei ihren Maßnahmen festlegten (weniger definitive Maßnahmen) und sich besser in die vorgegebene Rolle einfanden.

Neben diesen Planungseigenschaften haben auch bestimmte strategische Grundausrichtungen mit dem Erfolg in Markstrat korreliert (siehe Tab. 10-3). So waren diejenigen Probanden in Markstrat erfolgreicher, die in den Szenarien optimistischer planten, Breitbandoperatoren bevorzugten, sich weniger auf Regeln und Maximen stützen und flexibel auf die unterschiedlichen Anforderungen agierten.

Tabelle 10-3: Strategische Grundausrichtungen in den Szenarien, die mit dem Erfolg in Markstrat korrelierten

Erfolgskriterien/strategische Grundausrichtungen	α<1%	α<5%	α<10%
Unterschiede beim Deckungsbeitrag:			
Aufgabenbezogene Flexibilität		+	
Unterschiede beim Marktanteil:			
An Regeln und Maximen orientiertes Handeln			-
Bevorzugung von Breitbandoperatoren		+	
Planungsoptimismus		+	

Man kann also festhalten: Bestimmte Eigenschaften bei der Strategiekonzeption haben mit dem Simulationserfolg in Markstrat korreliert. In erster Linie waren dies der Umfang der Informationssammlung und -strukturierung, die Fähigkeit zur Übernahme der in den Szenarien vorgegebenen Rollen sowie die Flexibilität.

10.2.3 Die Ergebnisse der zweiten Untersuchung

Was durfte man nun für die zweite Untersuchung erwarten? Auch hier müßte in der Phase der Strategiekonzeption die Flexibilität im Umgang mit Informationen, die Aufgabenorientierung und die Bevorzugung von Breitbandoperatoren eine Rolle für den Simulationserfolg gespielt haben. Da soziales Handeln ebenfalls eine hohe Flexibilität erforderlich machte, könnte bei der Untersuchung mit SchokoFin möglicherweise auch die „soziale Sensibilität" und eine gute Rollenübernahme erfolgskorreliert gewesen sein.

Um zu sehen, welchen Einfluß diese Vorgehenseigenschaften in den Szenarien tatsächlich auf den Erfolg in SchokoFin hatten, wurden – wie bereits in der ersten Untersuchung – die Probanden, die in der Computersimulation erfolgreich waren, mit denen verglichen, die nicht so gut abschnitten. Als Erfolgskriterien galten dabei die zentralen Erfolgsgrößen aus SchokoFin, der Erlös und der Kapitalstand. Folgende signifikante Unterschiede konnten ermittelt werden (Mann-Whitney-U-Test; n=34).

Guten Probanden stellte dem Versuchsleiter mehr Fragen, sie ergriffen mehr definitive Planschritte zur Informationssammlung. Darüber hinaus erwogen sie mehr Maßnahmen, legten sich dabei jedoch weniger stark fest (weniger definitive Maßnahmen).

Neben diesen Planungseigenschaften haben auch bestimmte strategische Grundausrichtungen mit dem Erfolg in SchokoFin korreliert (siehe Tab. 10-4). So waren bei der Simulation die Probanden erfolgreicher, die in den Szenarien auf die unterschiedlichen sozialen Anforderungen besser reagierten. Die Flexibilität im Umgang mit Informationen war hier jedoch nicht bedeutsam. Vielmehr waren bei SchokoFin Personen im Vorteil, die Wissen über die richtige Strategiekonzeption besaßen und in den Szenarien gewissenhaft vorgingen.

Tabelle 10-4: Strategische Grundausrichtungen in den Szenarien, die mit dem Erfolg in SchokoFin korrelierten

Erfolgskriterien/strategische Grundausrichtungen	$\alpha<1\%$	$\alpha<5\%$	$\alpha<10\%$
Unterschiede beim Erlös:			
Soziale Sensibilität			+
Fachwissensbasiertes Handeln			–
Wissensbasiertes strategisches Handeln			+
Unterschiede beim Kapitalstand:			
Kompetenzschutz		–	
Gewissenhaftigkeit		+	

Wie gezeigt werden konnte, haben also auch in der zweiten Untersuchung bestimmte Planungs- und Vorgehenseigenschaften bei der Strategiekonzeption den Erfolg in SchokoFin beeinflußt.

10.2.4 Zusammenfassung und Diskussion der Ergebnisse

Lassen diese Untersuchungsergebnisse nun den Schluß zu, daß sich die absatzwirtschaftlichen Szenarien auch zur Diagnostik der Planungsqualität in komplexen Situationen wie Markstrat und SchokoFin eignen? Zwar ließen sich bestimmte Planungs- und Vorgehenseigenschaften bei der Strategiekonzeption identifizieren, die für den Erfolg in den Planspielen bedeutsam waren. Allerdings erwiesen sich nur einige dieser Planungseigenschaften und strategischen Grundausrichtungen bei der Strategiekonzeption für das Planen und Handeln in *beiden Simulationen* als wichtig. Daher sind auch pauschale Aussagen wie „Wer sich bei der Strategiekonzeption ... verhält, ist auch beim Planen und Handeln in komplexen Situationen erfolgreicher" nicht möglich.

RÜDIGER VON DER WETH

11 Zur Generalität und Spezifität von Strategien

11.1 Fragestellung und Operationalisierung

Gibt es für bestimmte Menschen typische Invarianten strategischen Handelns? Im Kapitel 8.1.2.1 sind die theoretischen Hintergründe zu diesem Problem ja bereits umfassend dargestellt worden. Wir wollen sie daher an dieser Stelle zunächst eingrenzen: Gibt es universelle Strategien oder zumindest universelle Strategeme für die Steuerung des Denken und Handelns? Unter universellen Strategien/Strategemen werden hier Regeln verstanden, die nicht auf einen bestimmten Wissensbereich, einen bestimmte Aufgabenklasse oder ein besonderes experimentelles "Setting" beschränkt sind. Unser Modell des strategischen Handelns legt diese Vermutung keineswegs nahe (vgl. 8.5). Invariant sind demnach nicht bestimmte Strategien, sondern die Art und Weise ihrer Entwicklung. Trotzdem bleibt die Hypothese der situationsübergreifenden Stabilität des Vorgehens beim gleichen Individuum natürlich zu prüfen. Ist es wirklich so, daß keine stabilen Strategien über alle Problemklassen hinweg existieren? Gibt es möglicherweise doch personspezifische „Invarianten strategischen Handelns"? Kann man Hypothesen darüber aufstellen, welche dies sind und wie man sie entdecken kann? Dazu macht das Modell strategischen Handelns noch keine Aussagen.

Wir wollen uns daher zunächst dem Vergleich von Simulation und Szenarien zuwenden, weil wir hier im Rahmen unserer Untersuchung zwei unterschiedliche Anforderungen an das strategische Handeln ein und derselben Person analysieren können. Denn, gesetzt den Fall, unsere aufwendige Operationalisierung der Strategeme ist angemessen, erlaubt der Vergleich der Auftretensintensität der gleichen Strategeme bei den gleichen Personen in den Settings „Simulation" und „Szenarien" bestimmte Rückschlüsse auf ihre Generalität im individuellen Handeln. Bei den Szenarien muß man ohne Zeitdruck Informationen sammeln, Ziele bilden und Handlungskonzepte für sehr verschiedenartige Probleme entwerfen. Bei der Simulation muß man unter Zeitdruck zusätzlichen Anforderungen wie Umsetzung von Plänen, Effektkontrolle und Revision von Handlungsstrategien begegnen können. Starke Zusammenhänge zwischen den jeweils gleichen Vorgehenseigenschaften würden ein wichtiger Hinweis darauf sein, daß strategisches Handeln über ganz verschiedene Situationen und Anforderungen hinweg stabil bliebe.

Aus dem Datenmaterial läßt sich zudem auch eine Aussage über Invarianten „höherer Ordnung" ableiten. In beiden Untersuchungen wurden unterschiedliche Eigenschaften flexiblen Handelns für die beiden genannten Zugänge zum strategischen Handeln operationalisiert. Ergeben sich hier besonders hohe Korrelationen, wäre dies ein Hinweis darauf, daß Flexibilität ein situationsübergreifendes Merkmal des Handelns bei Individuen sein könnte.

11.2 Korrelationsstatistische Befunde aus den Untersuchungen

Betrachten wir die zunächst die erste Untersuchung. Nur selten waren in der Simulation und in den Szenarien die gleichen Eigenschaften strategischen Handelns bedeutsam (Tab. 11-1). Als erstes zu nennen wären die Regeln zum Umgang mit dem eigenen Wissen. Wer bei den Szenarien die Tendenz besaß, bei der Problemlösung auf vergleichbare Fälle zurückzugreifen, neigte auch bei der Simulation dazu. Dies galt auch für die Ausrichtung des Handelns an Regeln und Maximen. In diesem Bereich scheinen die Strategeme über die verschiedenen Verhaltensanforderungen relativ stabil zu sein.

Außerdem schien der Planungsoptimismus ein durchgängiges Phänomen zu sein. Weiterhin: wer bei der Strategiekonzeption flexibles Verhalten zeigte, bei dem schlug sich diese Flexibilität auch in der Simulation nieder. Wir werden auf diesen Aspekt in 11.3 noch gesondert eingehen.

Betrachtet man im Vergleich die zweite Untersuchung, so zeigt sich daß die Suche nach generalisierten strategischen Grundhaltungen über alle Situationen hinweg erfolglos bleibt. In der zweiten Untersuchung waren die Zusammenhänge zwischen korrespondierenden Strategemen noch schwächer als in der ersten Untersuchung, was ebenfalls Tabelle 11-1 belegt. Zudem läßt sich unter den geänderten Bedingungen der neuen Aufgabe kein Ergebnis der ersten Untersuchung replizieren. Dies entsprach unseren Erwartungen. Plausibel sind die Befunde: die größere Komplexität und vor allem die starke Eigendynamik bei SchokoFin erhöhen die Wahrscheinlichkeit, daß man vom gewohnten Vorgehen oder von gefaßten Vorsätzen abweicht. Vorgehenscharakteristika, die noch für die Konzeptionsphase (sc. in den Szenarien) bedeutsam sind, werden durch das turbulente Geschehen in SchokoFin über den Haufen geworfen. Größere Eigendynamik erzeugt schwächere Zusammenhänge zwischen Vorgehenseigenschaften bei Szenarien und Simulation.

Zur Generalität und Spezifität von Strategien

Tabelle 11-1: Korrelationen zwischen korrespondierenden Strategemen bei den Szenarien und den Simulationen.

Korrespondierende Strategeme		1. Untersuchung	2. Untersuchung
(1)	***Problemerfassung***		
C/S1:	Planungsoptimimismus	.41+	.03
C/S2:	Planungspessimismus	-.15	-.24
(3) (4)	***Aktivierung und Einbau von Wissen***		
CA/S3:	Bereichsorientierte Systematik	-.12	.03
CB/S3:	Prozeßorientierte Systematik	-.24	.10
CC/S3:	Analytische Systematik	-.24	-.06
C/S4:	Wissensbasiertes strategisches Handeln	-.06	-.03
C/S5:	Konzentration auf Kernbereiche	-.35+	.21
C/S6:	Effizienz-Divergenz-Streben	-.22	.10
C/S7:	Bevorzugung von Breitbandoperatoren	.03	.12
C/S8:	Bevorzugung von Schmalbandoperatoren	-.04	.11
C/S9:	Fallbasiertes Handeln	.54**	.09
C/S10:	An Regeln und Maximen orientiertes Handeln	.34+	-.22
C/S11:	Fachwissensbasiertes Handeln	.03	.12
C/S13:	Multiperspektivität	--	.08
C/S15:	situations-/aufgabenbezogene Flexibilität	.37+.	.06
(5) (6)	***Umsetzung und Effektkontrolle***		
C/S23:	Gewissenhaftes Handeln	.13	-.01
(7)	***Anpassung interner Parameter***		
C/S24:	Aufgabenorientierung	.12	.20
C/S25:	Wissenserwerbsorientierung (W.)	-.04	--
C26/S25:	W. zur Systemanalyse/W.	--	.00
C27/S25:	W. zur Systemsteuerung/W.	--	.06
CA/S28:	Kompetenzschutz (Einkapselung)	-.14	-.12
CB/S28:	Kompetenzschutz (Datensammlung)	.07	.01
C/S29:	Impulsivität	--	-.21
C/S30:	Reflexivität	.07	.15

Legende:
Für alle Berechnungen in diesem Kapitel gilt:
Korrelationskoeffizent: Kendall´s τ;
**=Signifikanz bei α < 1%;
*=Signifikanz bei α < 5%
+=Signifikanz bei α < 10%;
-- =Berechnung mit den vorliegenden Daten nicht möglich.

11.3 Zusammenhänge zwischen verschiedenen Indikatoren flexiblen Handelns

Wir wählten als Indikatoren für flexibles Handeln das wissensbasierte strategische Handeln, die aufgabenbezogene Flexibilität und die Multiperspektivität bei den *Szenarien* aus, in der *Simulation* analysierten wir statt der augabenbezogenen die situationsbezogene Flexibilität. Die Ergebnisse sind in Tabelle 11-2 dargestellt

Tabelle 11-2: Zusammenhänge zwischen Flexibilitätsindikatoren in Szenarien und Simulation bei der ersten Untersuchung. (vgl. auch Anmerkung zu Tab. 11-1)

Szenarien ☞		
Wissensbasiertes strategisches Handeln	,51 *	-,06
Aufgabenbezogene Flexibilität	,37 +	,05
Multiperspektivität	,00	,10
Simulation ☞	sit.bez. Flex.	wissensb.H.

Wer bei der Strategiekonzeption flexibles Verhalten zeigt, bei dem schlägt sich diese Flexibilität auch in der Simulation nieder. Sowohl das „wissensbasierte strategische" Vorgehen als auch die Flexibilität im Umgang mit Informationen in den Szenarien korreliert mit der Fähigkeit, bei der Simulation flexibel zu reagieren. Wer sich in den Szenarien an die inhaltlichen Spezifika der Situation anpaßt und auf der Basis des Abrufs von Verfahren zur Strategiekonzeption agiert, tendiert in der Simulation zu einer anderen Facette flexiblen Verhaltens, nämlich der Anpassung des Verhaltens an dynamische Umbrüche im Problemlöseprozeß.

Leider ließ sich dieses Ergebnis in der zweiten Untersuchung nicht replizieren.

Zur Generalität und Spezifität von Strategien

Tabelle 11-3: Zusammenhänge zwischen Flexibilitätsindikatoren in Szenarien und Simulation bei der zweiten Untersuchung. (vgl. auch Anmerkung zu Tab. 11-1)

Szenarien ☞			
Wissensbasiertes strategisches H.	,14	-,03	,22
Aufgabenbezogene Flexibilität	,01	,09	,16
Multiperspektivität	,01	-,18	,06
Simulation ☞	sit.bez. Flex.	wissensb.H.	Multipers.

Offensichtlich lassen sich Invarianten höherer Ordnung über sehr unterschiedliche Situationsklassen hinweg nicht identifizieren. In der abschließenden Diskussion wollen wir über andere Möglichkeiten des methodischen Herangehens diskutieren.

11.4 Zusammenfassung und Diskussion

Es gelang in der ersten Untersuchung durch eine detaillierte Inhaltsanalyse Eigenschaften des strategischen Handelns so zu operationalisieren, daß man sowohl in den Szenarien als auch bei der Simulation zeigen konnte, wie das Verhalten bei der Strategiekonzeption und -umsetzung organisiert ist. Zwischen entsprechenden Vorgehenseigenschaften bei den Szenarien und bei der Simulation konnten nur wenige Zusammenhänge gefunden werden. Dies spricht dafür, daß das Muster strategischer Grundausrichtungen des Vorgehens bei der gleichen Person angesichts unterschiedlicher Anforderungen völlig anders sein kann. Es ist durchaus plausibel, daß eine Person möglicherweise sehr „breitbandig" agiert, wenn sie Pläne nur schmieden muß, wie in den Szenarien, aber sehr gewissenhaft, wenn sie Pläne auch umsetzen muß, wie in der Simulation. Die geringe Korrelation zwischen korrespondierenden Verhaltenseigenschaften in Szenarien und Simulation spricht also für unser „Strategemmodell des strategischen Handelns" - wie gesagt - wenn man unseren Operationalisierungen folgt.

Die Suche nach Invarianten höherer Ordnung war bei diesem Ansatz nicht von Erfolg gekrönt; zwar korrelierten in der ersten Untersuchung verschiedene Eigenschaften flexiblen Vorgehens in Simulation und Szenario, in der zweiten Untersuchung konnten wir solche Zusammenhänge nicht finden. Über alle untersuchten Situationsklassen hinweg konnten diese Invarianten nicht gefunden werden. Hierfür gibt es im Prinzip zwei mögliche Gründe: (1) Es gibt diese Invarianten nicht. (2) Man kann sie nur mit anderen Methoden finden.

Die bisherigen Befunde zu Handlungsstilen beim Problemlösen sprechen auf den ersten Blick gegen die Annahme (1). Es gibt Korrelationen zwischen Problemlöseprozeß und durch Fragebogen erfaßte stilistische Merkmale und Stabilitäten beim Handeln in verschiedenen Computersimulationen und bei Praxisaufgaben (vgl. Kap 8.1.2.2). Dies spricht eigentlich für die Existenz solcher Invarianten. Ob sie allerdings universell sind, oder lediglich für sehr große Situationsklassen gelten, ist aufgrund der Befunde nicht entscheidbar. Schlüssig läßt sich eine Entscheidung zwischen (1) und (2) nur treffen, wenn man systematisch und umfassender als bei unserer Untersuchung geschehen bei den gleichen Probanden unterschiedliche Formen komplexer Probleme vorgibt. Nur so lassen sich entweder generelle Invarianten identifizieren oder Merkmale von Problemklassen bestimmen, bei denen sich Personen in ähnlicher Weise verhalten. Aus dieser Überlegung heraus ergeben sich verschiedene Untersuchungsansätze, die wir zum Abschluß dieses Kapitels kurz auflisten wollen:

1. Die Untersuchung des Verhaltens von Probanden in einem „Problemparcours", bei dem das Vorgehen bei Problemen mit unterschiedlichem Komplexitätsprofil untersucht werden

2. Der Vergleich des Vorgehens bei Praxisanforderungen mit Laboranforderungen mit sehr ähnlichen und stark unterschiedlichen Anforderungen

3. Der Vergleich des tatsächlichen Vorgehens in Simulation und Praxis mit normativen Ideen, die man allgemein zu „gutem" oder „richtigem" Handeln hat.

Zur zweiten und dritten Herangehensweise lassen sich aus den in unserer Untersuchung gewonnenen Daten sicherlich noch wertvolle Hinweise finden. Die erste Form der Untersuchung bedarf eines völlig neuen und sehr aufwendigen experimentellen Designs, bei dem auch allfällige Lerneffekte berücksichtigt werden müssen.

KERSTIN ENDRES & RÜDIGER VON DER WETH

12 Wissen und strategisches Handeln

12.1 Fragestellung und Hypothesen

Strategisches Handeln ist wissensabhängig. Während die Bedeutung der *Wissensinhalte* für das Planen und Handeln in absatzwirtschaftlichen Situationen bereits in Kapitel 8 untersucht wurde, soll im folgenden analysiert werden, welche Rolle *Wissensstrukturen* beim angemessenen Umgang mit komplexen Anforderungen spielen. In diesem Zusammenhang ist zu überprüfen, inwieweit die Entwicklung eines vernetzteren und differenzierteren Modells der Problemkonstellation mit einer zunehmenden Effektivität im Umgang mit dem Problem einhergeht. Von welchen Annahmen kann man dabei aufgrund des aktuellen Forschungsstandes ausgehen?

Diese Frage läßt sich nicht ohne weiteres beantworten, da über die Bedeutung der Wissensstrukturen für den Problemlöseerfolg in der Literatur keine einheitlichen Befunde vorliegen. So weisen Arbeiten, bei denen die Ergebnisse von Wissendiagnosen (z.B. Strukturlegetechniken) mit den Ergebnissen beim Umgang mit komplexen Computersimulationen verglichen wurden, entweder nur Zusammenhänge zwischen dem Wissen über Einzelvariablen und dem Problemlöseerfolg nach (Strohschneider, 1990) oder sie postulieren Zusammenhänge zwischen Wissensmerkmalen (z.B. der Differenziertheit des Systemwissens) und der Steuerung komplexer Systeme (Kluwe & Haider, 1990; Putz-Osterloh, 1988). Die Bewertung dieser Befunde ist äußerst schwierig, da mit unterschiedlichen Methoden der Wissensstrukturerfassung und verschiedenen Computersimulationen gearbeitet wurde.

Vor diesem Hintergrund erscheint der Ansatz von Költzsch (1994), der mehrere Dissoziationstypen unterscheidet, vielversprechender. Während beim „unwissenden Nichtskönner" und beim „wissenden Könner" offensichtliche Zusammenhänge zwischen Wissen und Können bestehen, treten beim „Theoretiker" (der über ein System Bescheid weiß, es aber nicht steuern kann) und beim „Macher" (der ein System steuern kann, ohne darüber Bescheid zu wissen) „Dissoziationen" zwischen Wissen und Können auf. Diese Dissoziationen nehmen zwar bei zunehmender Vertrautheit mit einem System ab, verschwinden jedoch nicht ganz.

Mit Hilfe des Programms RelaNet (Dörner & Detje, 1993), einem Editor zur dynamischen Simulation von Systemen, wollen wir im folgenden feststellen, welche Wissensstrukturen sich bei der Bearbeitung von *Markstrat* und *SchokoFin* herausgebildet haben und inwieweit diese mit einem erfolgreichen Vorgehen zusammenhingen. Da nach Költzsch (1994) positive Korrelationen vor allem bei geübteren Spielern auftreten müßten, unsere Untersuchungsteilnehmer jedoch zum ersten Mal mit dem Planspiel konfrontiert wurden, können wir nur von schwachen Korrelationen zwischen den Wissensmerkmalen und dem Problemlöseerfolg ausgehen.

12.2 Die Bedeutung von Wissenstrukturen bei der Bearbeitung des Planspiels Markstrat in der ersten Untersuchung

12.2.1 Das Vorgehen bei der Wissensstrukturerfassung

In der ersten Untersuchung wurden die Probanden aufgefordert, Beziehungen zwischen verschiedenen vorgegebenen Größen bzw. Variablen, die in Markstrat eine Rolle gespielt haben, zu charakterisieren. Sie hatten die Möglichkeit Verknüpfungen bzw. Relationen zwischen den einzelnen Variablen herzustellen, eine Gewichtung der Variablen vorzunehmen oder ihnen Funktionen zuzuordnen. Dabei ergaben sich beispielsweise folgende in Abb. 12-1 und Abb. 12-2 dargestellten Wissensstrukturen.

Wissen und strategisches Handeln 437

Abbildung 12-1: Die Wissensstruktur von VP4 über das Planspiel Markstrat

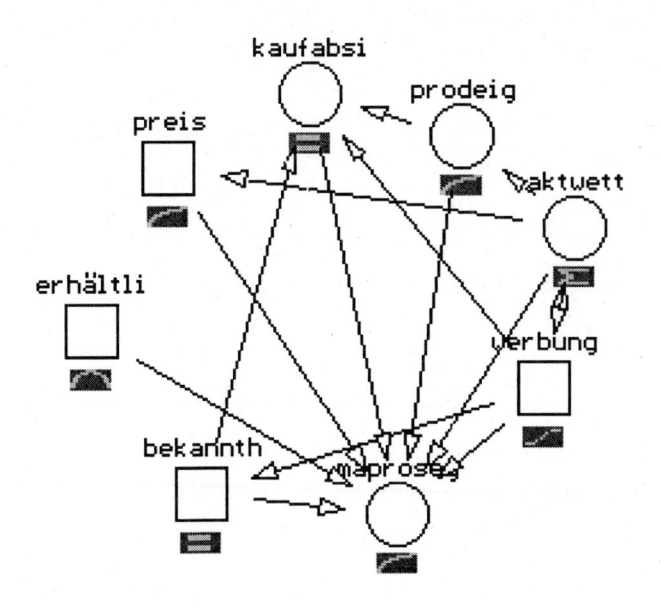

Abbildung 12-2: Die Wissensstruktur von VP22 über das Planspiel Markstrat

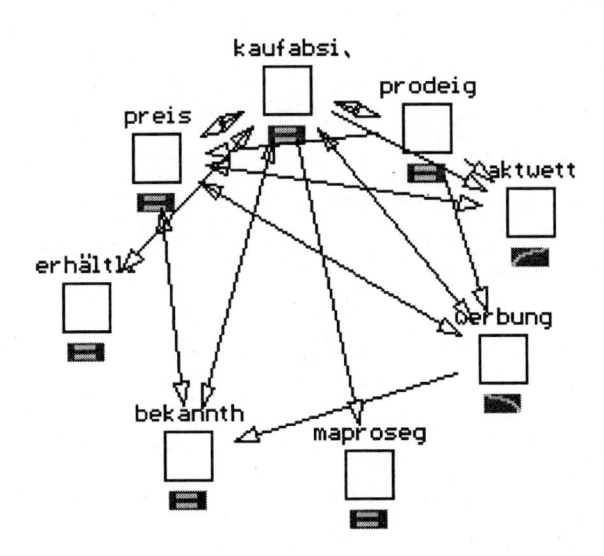

Auf Basis der mit RelaNet erfaßten Wissensstrukturen wurden dann verschiedene Wissensmerkmale gebildet, die eine Charakterisierung des Systemwissens erlaubten:
- die Menge der Beziehungen zwischen den vorgegebenen Variablen
- die Menge der genannten Verknüpfungen, die direkte Beziehungen zwischen den vorgegebenen Variablen abbildeten
- die Menge der genannten Verknüpfungen, die indirekte Beziehungen (z.B. Markt, Konkurrenz) zwischen den vorgegebenen Variablen abbildeten
- die Zentriertheit auf eine Ursache
- die Zentriertheit auf einen Effekt
- die Differenziertheit der Funktionen
- die Differenziertheit der Gewichtung

12.2.2 Die Zusammenhänge zwischen den Wissensmerkmalen und dem Problemlöseerfolg

Inwieweit nun diese Wissensmerkmale mit dem Erfolg in Markstrat zusammenhingen, zeigen die folgenden statistischen Befunde. Zu diesem Zweck wurden die Korrelationen zwischen den zentralen Erfolgsgrößen in Markstrat (Deckungsbeitrag 2 und umsatzbezogener Marktanteil) und den Wissensmerkmalen berechnet.

Es ergab sich dabei das erwartete Bild. Gemäß unserer Hypothese traten kaum signifikante Zusammenhänge auf. Lediglich die Menge der *verschiedenen Funktionen* korrelierte mit dem Erfolg – allerdings negativ ($\alpha < 5\%$)! Dies deutet darauf hin, daß zu differenzierte Annahmen über die Simulation sich eher negativ auf das Handeln ausgewirkt haben. Es kann jedoch nicht ausgeschlossen werden, daß Veränderungen in der Operationalisierung der Wissensstrukturerfassung zu besseren Ergebnissen führen würden.

Man kann zusammenfassend feststellen, daß mit der in der ersten Untersuchung eingesetzten Methode zur Erfassung der Wissensstruktur keine Zusammenhänge zwischen der Strukturiertheit des erworbenen Systemwissens und dem Problemlöseerfolg nachgewiesen werden konnten. Die negative Korrelation bei der Menge der Funktionen deutet vielmehr darauf hin, daß zu differenzierte Modelle über die Systemzusammenhänge für das Planen und Handeln in Markstrat nicht hilfreich waren.

12.3 Die Bedeutung von Wissenstrukturen bei der Bearbeitung des Planspiels SchokoFin in der zweiten Untersuchung

12.3.1 Das Vorgehen bei der Wissensstrukturerfassung

Im Vergleich zur ersten Untersuchung waren – unter anderem durch die Weiterentwicklung des Programms RelaNet – wesentliche Erweiterungen bei der Erfassung des über SchokoFin erworbenen Systemwissens möglich. So konnten von den Versuchspersonen beispielsweise subjektive Sicherheiten hinsichtlich ihres Wissens über die Variablen und die Beziehungen angegeben werden. Außerdem wurden den Probanden nur die Zielgrößen von SchokoFin (Marktanteil, Gewinn und Wettbewerbsfähigkeit) vorgegeben. Sie mußten dann selbst die Variablen benennen, die diese Zielgrößen beeinflußt haben. Auf diese Weise entstanden beispielsweise folgende RelaNet-Bilder (siehe Abb. 12-3, Abb. 12-4 und Abb. 12-5).

Aus den Veränderungen bei der Wissensdiagnose resultierten auch Unterschiede bei der Operationalisierung der Wissensmerkmale. So wurden in der zweiten Untersuchung folgende Variablen zur Beschreibung des Systemwissens verwendet:
- die Menge der Variablen
- die Menge der Beziehungen zwischen den Variablen
- die Menge der richtigen Variablen
- die Menge der richtigen Beziehungen
- die Zentriertheit auf eine Ursache
- die Zentriertheit auf einen Effekt
- die Differenziertheit der Funktionen
- die Differenziertheit der Gewichtung
- die durchschnittlich vergebene Sicherheit bei den Variablen
- die durchschnittlich vergebene Sicherheit bei den Beziehungen
- die Komplexität (entspricht Anzahl der Relationen/Anzahl der Merkmale)
- der Superierungsgrad (läßt Aussagen über den Abstraktionsgrad des Wissens zu)
- die Anzahl der operativen Variablen

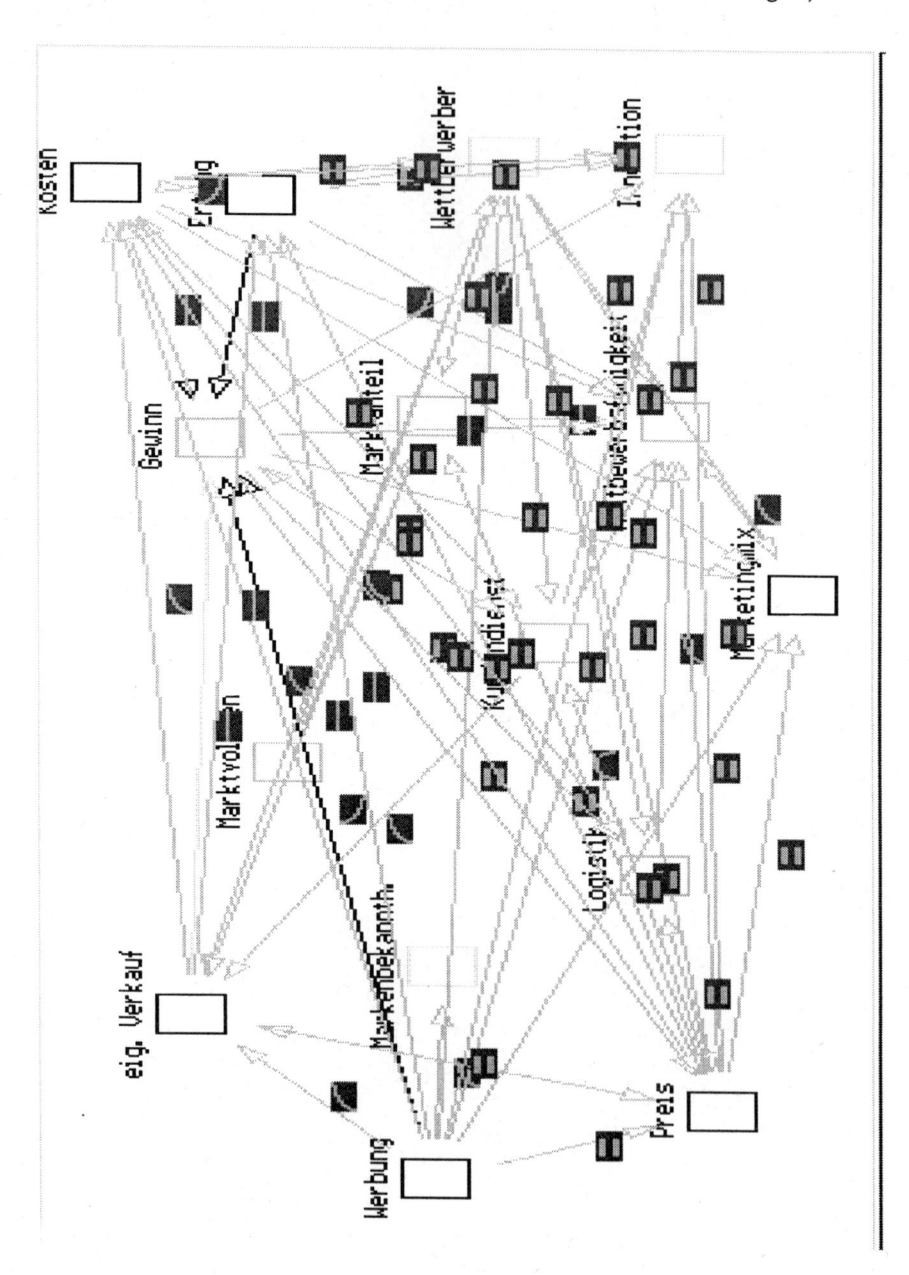

Abbildung 12-3: Die Wissensstruktur von VP146 über das Planspiel SchokoFin (stark vernetzte Wissensbestände, eher geringe Sicherheit hinsichtlich Variablen und Beziehungen)

Wissen und strategisches Handeln 441

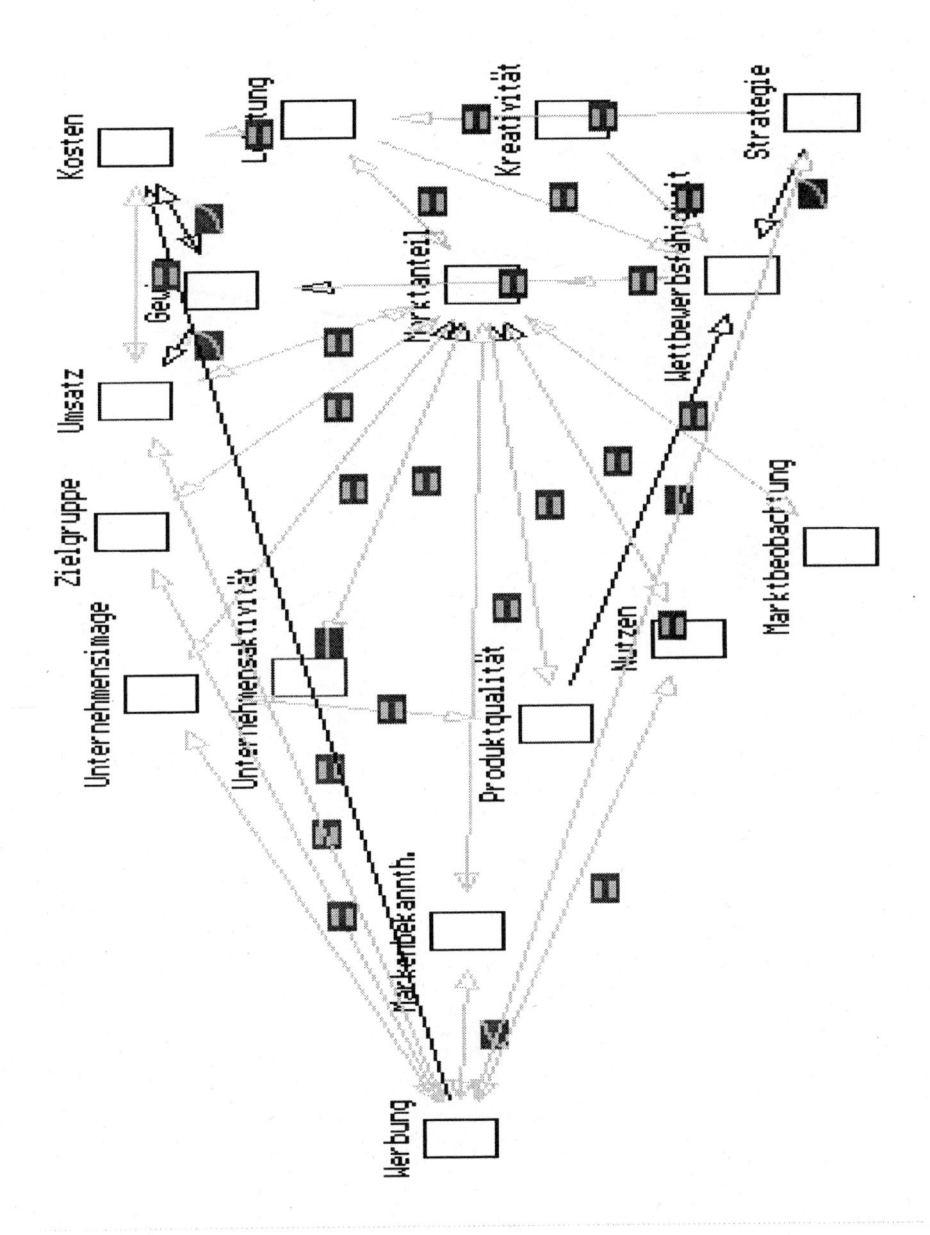

Abbildung 12-4: Die Wissensstruktur von VP123 über das Planspiel SchokoFin (Wissensbestände sind weniger vernetzt; Marktanteil und Werbung als zentrale Variablen; höhere Sicherheit als VP146)

Abbildung 12-5: Die Wissensstruktur von VP115 über das Planspiel SchokoFin (schwache Vernetzung und unverbundene Wissensinsel)

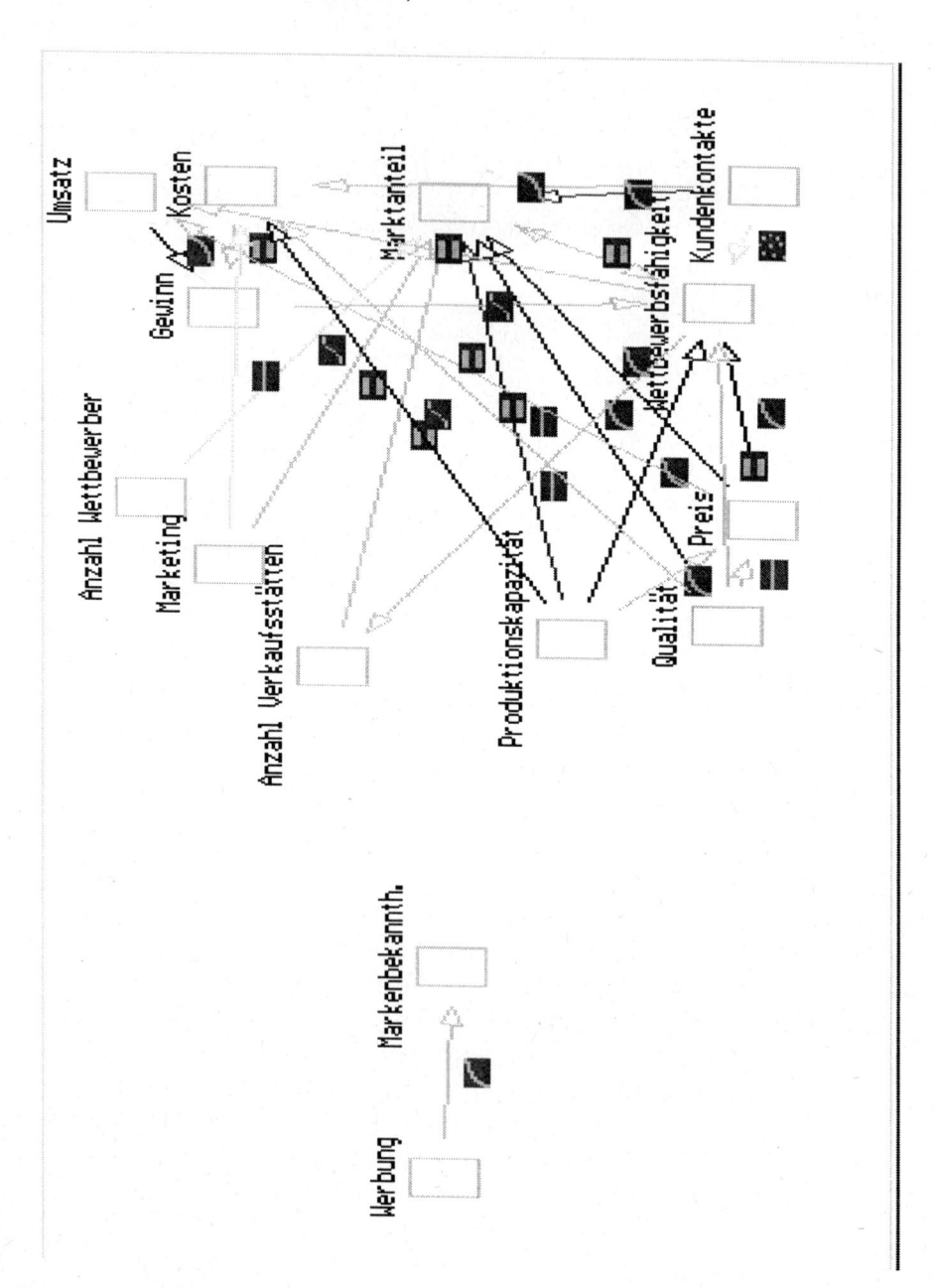

12.3.2 Die Zusammenhänge zwischen den Wissensmerkmalen und dem Problemlöseerfolg

Auch bei *SchokoFin* scheint es so zu sein, daß das Agieren auf der Basis der Kenntnisse weniger Kernvariablen erfolgreicher war. Tab. 12-1 enthält die Korrelationen (Kendall-Tau-b) zwischen Erlös und Kapital als Erfolgsvariablen in SchokoFin und den Wissensmerkmalen.

Tabelle 12-1: Korrelationen zwischen Erlös und Kapital als Erfolgsvariablen in SchokoFin und den Wissensmerkmalen aus RelaNet (bei n=34)

Wissensmerkmale	Erlös	Kapital
Menge der Variablen	-,127	-,072
Menge der Beziehungen	-,123	-,184
Menge der richtigen Variablen	-,079	,131
Menge der richtigen Beziehungen	-,296*	-,083
Zentriertheit auf eine Ursache	-,051	-,130
Zentriertheit auf einen Effekt	-,126	-,105
Differenziertheit der Funktionen	-,018	-,115
Differenziertheit der Gewichtung	-,071	-,084
Sicherheit hinsichtlich der Variablen	,053	-,239
Sicherheit hinsichtlich der Beziehungen	,297*	,233
Komplexität	-,111	-,168
Superierungsgrad	-,148	,031
Anzahl der operativen Variablen	,245	-,020

Mögliche Ursachen für diese Ergebnisse sind bereits in Abschnitt 12.1 diskutiert worden. Differenzierte Modellvorstellungen können erst bei geübteren Spielern zum Erfolg bei der Planspielbearbeitung beitragen. Daß die Anzahl richtiger Beziehungen negativ mit dem Erfolg korreliert, läßt sich wohl dadurch erklären, daß das durchaus richtige Wissen über die Verknüpfung bestimmter Größen für sich alleine noch nicht zum Erfolg in SchokoFin führt. Offensichtlich sind bei der Konfrontation mit einem völlig neuen Planspiel „handlichere" Systemmodelle hilfreicher. Die Untersuchung der Beschaffenheit solcher einfachen und effektiven Systemmodelle ist sicher eine lohnende Forschungsaufgabe. Einen Hinweis über ihren Aufbau liefern die Daten. Erfolgreichere Versuchspersonen sind sich bei ihren Modellen hinsichtlich der Beziehungen sicherer als hinsichtlich der Variablen. Eine angemessene Repräsentation scheint also möglicherweise auf einer besseren Abbildung der Beziehungen zu beruhen.

Ebenso wie in der ersten Untersuchung sprechen auch hier die Ergebnisse dafür, daß für eine erfolgreiche Planspielbearbeitung ein relativ einfaches Simulationsmodell, das nur die zentralen Systemvariablen enthält, ausreicht. Dafür spricht auch, daß die Konzentration auf das Wesentliche und die Flexibilität im Vorgehen, die ein erfolgreiches Planen und Handeln induziert haben (siehe hierzu auch Kapitel 10), einen systematischen Erwerb von Systemwissen nicht zuließen.

13 Erfahrung und strategisches Handeln

In den folgenden beiden Beiträgen werden Zusammenhänge zwischen verschiedenen Facetten der beruflichen Erfahrung und Merkmalen des strategischen Denken und Handelns untersucht.

Der erste Beitrag untersucht den Einfluß der Erfahrung auf die Flexibilität bei der Entwicklung von Handlungskonzepten. Er orientiert sich am Paradigma des Novizen-Experten-Vergleichs. Hierbei steht die Bedeutung der Dauer der Erfahrung für das Denken und Planen im Mittelpunkt des Interesses.

Der zweite Beitrag untersucht Zusammenhänge zwischen Erfahrungsniveau, Erfahrungsbreite, Erfahrungsqualität und der Differenziertheit des strategischen Handlungsrepertoires im Berufsalltag. Darüber hinaus werden die verschiedenen Facetten der Erfahrung mit strategiebildenden Handlungsmomenten (Strategemen) in Verbindung gebracht.

Der Herausgeber

MARKUS SCHÖBEL [1]

13.1 Der Einfluß von Erfahrung auf die strategische Flexibilität bei der Entwicklung von Handlungsplänen

Ziel dieser Untersuchung ist es, interindividuelle Unterschiede bei der Entwicklung von Handlungsplänen in komplexen Problemsituationen aufzudecken. Dabei sollen bei Fachkräften mit unterschiedlicher Berufserfahrung im absatzwirtschaftlichen Bereich Potentiale strategischer Flexibilität sichtbar gemacht und miteinander verglichen werden.

Die Bildung von Handlungszielen, die Sammlung und Verarbeitung von Informationen, die Antizipation von zukünftigen Ereignissen und Zuständen und die Entwicklung von Handlungskonzepten sind kognitive Prozesse, die eine Handlungsplanung in komplexen Situationen charakterisieren. Es wird davon ausgegangen, daß sich die unterschiedliche Dauer der beruflichen Erfahrung der Fachkräfte auf diese Prozesse der Handlungsplanung auswirkt.

Den Einfluß, den Pläne auf menschliches Handeln ausüben, wird vor allem durch handlungstheoretische Konzeptionen belegt, von denen zwei hinsicht-

---

1 Der Beitrag wurde vom Herausgeber gekürzt

lich ihrer für diese Untersuchung relevanten Aspekte im folgenden Abschnitt dargestellt werden.

13.1.1 Planen aus handlungstheoretischer Sicht

Stellen sie sich vor, Sie sind Anzeigenleiter einer kleinen Fachzeitschrift und stellen fest, daß die Anzeigenverkäufe drastisch zurückgegangen sind. Die finanzielle Gesamtlage Ihres Unternehmens ist sehr ernst. Was tun Sie, um die Ursachen für den Anzeigenrückgang zu ermitteln?

Mit diesen und ähnlichen Problemen sind die Probanden in unserer Untersuchung konfrontiert worden. Der Anzeigenleiter muß nun handeln, um sein Unternehmen zu retten. Er könnte den Außendienst oder die abgesprungenen Anzeigenkunden nach den Gründen für die fehlenden Umsätze befragen. Dort erfährt er möglicherweise, daß seine Zeitschrift nicht mehr genügend Leser anspricht oder die Anzeigenkunden bei einem Wettbewerber inserieren. So senkt er vielleicht seine Anzeigenpreise, um seine Kunden zurückzugewinnen.

Die Vielfalt möglicher Ursachen und unterschiedlicher Informationsquellen zwingen den Anzeigenleiter sein Handeln zu planen. Auch wenn er nur eine Möglichkeit sieht, die Gründe in Erfahrung zu bringen, erfordert dies bereits eine kognitive Auseinandersetzung mit der Situation, er zieht mögliche Informationsquellen in Betracht und erzeugt somit einen Plan.

Handlungstheorien versuchen die Zusammenhänge zwischen Planerzeugung und Zielbildung eines Handelnden und der Ausführung des Plans bzw. dem Handeln zu erklären. Miller, Galanter und Pribram, die in ihrem 1960 (deutsch: 1973) erschienenen Buch „Strategien des Handelns" der Frage nachgehen, inwieweit Handlungen durch die interne Repräsentation der Umwelt im Organismus reguliert werden, stellen das Grundmodell einer hierarchisch-sequentiellen Handlungsorganisation in den Mittelpunkt ihrer Arbeit. So umfaßt die Handlung „Anzeigenkunden nach den Gründen für ihr Desinteresse fragen" viele untergeordnete Teilhandlungen, wie z.B. „den Telefonhörer abnehmen" oder „die Nummer des Kunden wählen", deren Ausführung durch einen zeitlichen, sequentiellen Verlauf determiniert wird. Welche Handlungen bzw. Teilhandlungen bewußt geplant werden, bleibt offen und ist vermutlich interindividuell verschieden.

Die Autoren unterscheiden zwischen Plänen, die aus Hierarchien von Instruktionen, ähnlich einem Computerprogramm, bestehen und Plänen, die

Einfluß der Erfahrung auf die ... Entwicklung von Handlungsplänen

gröbere Entwürfe von Handlungsrichtungen darstellen und mit Hauptüberschriften in Inhaltsverzeichnissen gleichgesetzt werden.

Hacker (1973), der das Modell von Miller, Galanter & Pribram zu einer Theorie über die psychische Struktur und Regulation von Arbeitstätigkeiten weiterentwickelt hat, propagiert 3 Ebenen, auf denen Handlungen durch psychische Prozesse reguliert werden. Auf der Ebene der bewegungsorientierten Abbilder, auch die sensumotorische Ebene genannt (Hacker 1986), werden automatisierte Bewegungsprogramme, zumeist dem Handelnden nicht bewußt, ausgelöst und kontrolliert. Der Ebene der perzeptiv-begrifflichen Vorgänge ordnet Hacker bewußtseinsfähige, wahrnehmungsinterne Urteils- und Klassifikationsprozesse zu, die Handlungsschemata auslösen. Auf der obersten Ebene, der Ebene der intellektuellen Analyse, spielen sich Analyse- und Syntheseprozesse ab, die beim Entwerfen von Plänen (bei Hacker Aktionsprogramm) und bei der Ausführung und Überprüfung von Handlungen bewußt werden.

Abbildung 13.1-1: Schematische Darstellung der handlungsvorbereitenden Regulationskomponenten auf verschiedenen Regulationsebenen

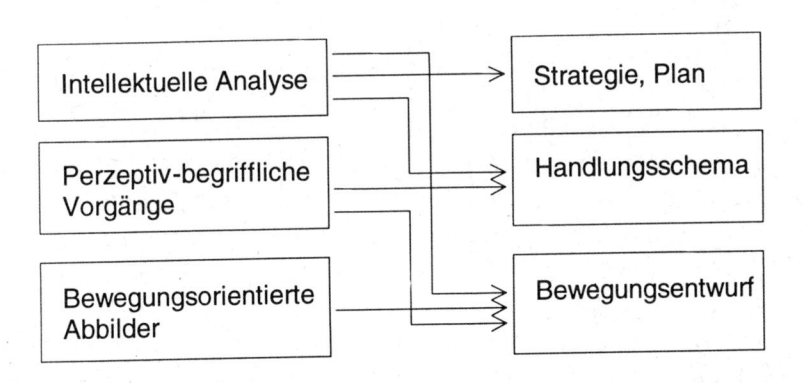

Intellektuelle Analyse	→	Strategie, Plan
Perzeptiv-begriffliche Vorgänge	→	Handlungsschema
Bewegungsorientierte Abbilder	→	Bewegungsentwurf

Eine Untersuchung zur Flexibilität psychischer Prozesse, die Handlungen regulieren, ist nur für die sensumotorische Ebene bekannt. Munzert (1989) untersuchte den Einfluß konkreter, materieller Umweltbedingungen auf die Flexibilität bei der Handlungsausführung. Er kann zeigen, daß bei der Handlungsausführung konkrete, materielle Gegebenheiten berücksichtigt werden, die nicht in allen Einzelheiten bei der Handlungsplanung antizipiert, sondern im aktuellen Handlungsvollzug genutzt werden.

Gegenstand dieses Beitrags sind dagegen die psychischen Prozesse, die auf der intellektuellen Regulationsebene ausgelöst werden, wobei die Handlungsausführung für die Analyse der Flexibilität dieser Prozesse eher eine untergeordnete Rolle spielt.

Wie Abbildung 1 zeigt, werden hier Pläne und Strategien, die nach Hacker (1986) als „allgemeinere" Pläne zur Konstruktion von Teilzielsequenzen und Heurismen definiert werden, angesiedelt. Dies hat zur Folge, daß Bedingungen, Abläufe und Resultate eigener Handlungen bewußt im Kopf vorweggenommen werden. Welche Aspekte und mögliche Handlungsalternativen bei der Handlungsplanung berücksichtigt werden, hängt von den individuellen Voraussetzungen eines Planers ab, zum Beispiel von seiner Wissensbasis. Miller et al. (1973) stellen dem Begriff Plan das „Bild" gegenüber, „welches aus all dem angehäuften, organisierten Wissen, das der Organismus über sich selbst und seine Umwelt gesammelt hat, besteht" (S.27). Zu der Beziehung zwischen Bild und Plan werden von den Autoren folgende Überlegungen angestellt:

- Ein Plan kann gelernt werden und ist somit ein Bestandteil des Bildes
- Die Namen, die Menschen ihren Plänen geben, müssen einen Teil ihres Selbstbildes einschließen, da es ja ein Bestandteil des Selbstbildes der Person ist, imstande zu sein, diesen und jenen Plan ausführen zu können.
- Wissen muß im Plan eingegliedert sein, sonst könnte es keine Grundlage für die Anleitung des Verhaltens zur Verfügung stellen. Folglich können Bilder Bestandteile von Plänen sein.
- Änderungen in Bildern können nur von ausgeführten Plänen für das Sammeln, Aufbewahren oder Umwandeln von Informationen ausgehen.
- Die Umwandlung von Beschreibungen in Instruktionen ist für Menschen ein einfaches sprachliches Kunststück (Miller, Galanter & Pribram 1973, S. 27-28).

In der Theorie Hackers (1973) sind Operative Abbildsysteme (OAS) die Voraussetzungen für den zielgerichteten Einsatz von Plänen (Aktionsprogrammen) zur psychischen Regulation von Arbeitstätigkeiten. Diese OAS, die sich aus selbstbezogenen Wissen und Wissen über die Welt zusammensetzen, haben einen antizipativen Charakter und regulieren Tätigkeiten mittels der Vorwegnahme von Resultaten, Tätigkeitsabläufen und handlungsbedeutsamen Bedingungen.

Sowohl Bilder als auch OAS erzielen ihre Wirkung in Prozessen der Handlungsplanung. So ist es auch nicht weiter verwunderlich, daß Miller et al. neben dem Verhalten und dem Wissen den Bereich des Plans ausmachen, „wo die Menschen in großem Maße und signifikant voneinander abweichen und wo die Unterschiede nicht so leicht auf verschiedene Bewertungsmaßstäbe zurückgeführt werden können" (1973, S.115 f).

13.1.2 Zum Begriff der strategischen Planungsflexibilität

Die strategische Flexibilität eines Individuums wird besonders bei Prozessen der Handlungsplanung sichtbar. Hier werden die Voraussetzungen geschaffen, die ein flexibles Handeln in komplexen Problemsituationen ermöglichen. Flexibilität wird als die Fähigkeit beschrieben, sich im Erleben und Verhalten an wechselnde Situationen anzupassen (DTV-Brockhaus-Lexikon, 1982). Eine umfassende Antizipation und das In-Beziehung-Setzen dieser Situationen zu den eigenen Zielen und Handlungsmöglichkeiten sind Leistungen, die von einem flexiblen Planer erwartet werden. Miller, Galanter und Pribram (1973) vermuten, daß sich der flexible Planer besonders dadurch auszeichnet, „an ganze Listen von Dingen zu denken, die er tun möchte. Der unflexible Planer möchte seine Zeit wie eine glatte Folge von Ursache-Wirkungs-Beziehungen geplant wissen. Der erste kann seine Liste umordnen, damit sie sich den sich bietenden Gelegenheiten anpaßt, während der andere das Eisen nicht schmieden kann, solange es heiß ist, und im allgemeinen beträchtliche Zeit benötigt, bevor er einen Alternativ-Unterplan einbauen kann"(S.117/118).

Die Autoren beschreiben flexibles bzw. unflexibles Planen anhand von zwei Dimensionen, die es ermöglichen, Flexibilitätspotentiale innerhalb von Handlungsplänen zu orten.

Die Größe und Strukturiertheit des strategischen Handlungsrepertoires eines Planers und der Zuschnitt des Handlungsplans auf den situativen Kontext sind Indizien für das Vorhandensein von strategischer Flexibilität.

Die Bildung von Zielhierarchien, eine umfassende Informationssuche und das Aufspannen eines großen Handlungsraums mit vielen Handlungsmöglichkeiten erhöht die Wahrscheinlichkeit, erfolgreich Probleme zu bewältigen. Man kann davon ausgehen, daß die Art bzw. die Strukturiertheit der Handlungsplanung eine Bedeutung für die strategische Flexibilität hat.

Darüber hinaus ist es aber auch notwendig, qualitative Merkmale der Handlungsplanung zu analysieren und somit neben strukturellen Komponenten den Kontextbezug der Handlungsplanung als Charakteristikum strategischer Planungsflexibilität zu verstehen.

Um eine optimale Anpassung der generierten Handlungskonzepte an den situativen Kontext zu erreichen, wird von einem flexiblen Planer das Vermeiden von Widersprüchen erwartet. Hier ist besonders die Verbindung der Handlungsplanung zum Kontext, in dem ein Problem eingebettet ist, zu berücksichtigen. Das Nicht-Beachten lösungsrelevanter Momente, das Festhalten an bestimmten Lösungswegen über unterschiedliche Problemkontexte hinweg oder eine unrealistische zeitliche Ordnung der geplanten Handlungsschritte kennzeichnen zum Beispiel unflexible Pläne.

Im folgenden soll hier von funktionellen Komponenten der Handlungsplanung gesprochen werden, die zwar durch strukturelle Komponenten bedingt werden, aber dennoch zum Aufspüren von strategischer Flexibilität unentbehrlich sind. Sie beziehen sich auf die inhaltliche Seite der Handlungsplanung bzw. auf die thematische Ausrichtung der entwickelten Handlungskonzepte. So ist es durchaus vorstellbar, daß ein Planer in einer komplexen Problemsituation eine Fülle von Informationen sammelt, aber nicht fähig ist, aus diesen Informationen ein realistisches, geschlossenes Abbild der Situation zu entwerfen. Er faßt mehrere Handlungsalternativen ins Auge, die aber in keinem Zusammenhang zur gegebenen Situation stehen, da sie nicht lösungsrelevante Momente betreffen, und somit flexibles Handeln fast unmöglich machen.

Dieser Extremfall, dessen Eintreten sehr stark von der Komplexität einer Problemsituation und den individuellen Voraussetzungen eines Planers abhängt, unterstreicht nochmals die Notwendigkeit, sowohl strukturelle wie auch funktionelle Komponenten der Handlungsplanung zu analysieren, um Aussagen über die strategische Flexibilität von Planern zu treffen.

13.1.3 Hypothesen

Es wird davon ausgegangen, daß Experten, die eine lange berufliche Erfahrung im absatzwirtschaftlichen Bereich vorzuweisen haben, über ein höheres Maß an strategischer Planungsflexibilität verfügen als Berufsanfänger. Die Determinanten strategischer Planungsflexibilität werden in der folgenden Hypothesensammlung herausgearbeitet. Dabei werden sie den strukturellen und den inhaltlichen Komponenten der Handlungsplanung zugeordnet. Zur Entwicklung der Hypothesen sind Befunde aus der Expertiseforschung herangezogen worden, die jeweils zu Beginn der beiden Hypothesenabschnitte kurz skizziert werden.

Hypothesen zu strukturellen Komponenten der Handlungsplanung

Experte wird man nicht von heute auf morgen. Holding (1985), der sich mit der Expertise im Schachspiel auseinandergesetzt hat, kommt zu dem Schluß, daß mindestens 10 Jahre intensive Beschäftigung innerhalb eines Bereiches einen Anfänger zum Experten machen. Sonnentag (1996) weist darauf hin, daß gerade im arbeitspsychologischen Kontext das Verhältnis von Erfahrung und Expertise differenziert betrachtet werden muß. So ist die Länge der Erfahrung nicht alleiniger Indikator für das Vorhandensein von Expertise. Vielmehr muß auch die Breite der Erfahrung gewährleistet sein. Gerade das Durchleben einer Vielzahl unterschiedlicher und immer wieder neuartiger Situationen über einen längeren Zeitraum - welches zum Beispiel beim Schachspiel garantiert ist, es sei denn man spielt 10 Jahre lang gegen den gleichen Gegner - formt und bereichert die bereichsspezifischen Wissensstrukturen, auf die nach den gegenwärtigen Theorien der Erwerb von Expertise zurückgeführt wird. So verbindet zum Beispiel Chase und Erricson`s „Skilled memory theory" (1982) Befunde aus der Gedächtnisforschung mit der Problemlöseforschung. Expertise resultiert aus einer Akkumulation eines Wissensrepertoires von domänenspezifischen Schemata. Diese ermöglichen eine Kategorisierung von Problemtypen und unterstützen das Gedächtnis bezüglich neu eintreffender Informationen. Langzeitgedächtnisstrukturen stellen so Verbindungen zu neu eintreffenden Informationen her.

In einer Untersuchung von McKeithen, Reitmann, Rueter und Hirtle (1981), die Experten und Anfänger im Bereich des Programmierens untersuchten, zeigte sich, daß Experten nicht nur über ein sehr umfangreiches Sachwissen verfügen, sondern, daß dieses auch besonders gut organisiert ist, so daß sie bei Bedarf auch schnell darauf zurückgreifen können. Hacker (1992) spricht von einem „anderen" Wissen. Informationen werden bedeutungmäßig, d.h., aufgaben- und funktionsmäßig, auf mehreren hierarchischen Ebenen gegliedert.

Auf den Einfluß, den Wissensstrukturen auf die Entwicklung von Handlungsplänen ausüben, ist bereits schon in Abschnitt 13.1.1 hingewiesen worden. Es wird vermutet, daß Experten „andere" Vorgehensweisen bei der Handlungsplanung in komplexen Problemsituationen zeigen.

Dies konnte zum Beispiel für Prozesse der Informationssuche bereits nachgewiesen werden. Eine Untersuchung von Schaub & Strohschneider (1992), die ihre Probanden das Simulationsspiel MORO bearbeiten ließen, ergab, daß erfahrene Problemlöser sich intensiver der Exploration eines Problems widmen und Prozesse der Informationssuche von Entscheidungsprozessen trennen, was sie befähigt, verschiedene Informationen zueinander in Beziehung zu setzen und sich ein kohärentes „mentales Modell" einer Situation zu bilden.

Die nun folgenden Hypothesen beziehen sich auf strukturelle Komponenten der Handlungsplanung in komplexen Problemsituationen. Es wird davon ausgegangen, daß Experten Vorgehensweisen der Handlungsplanung zeigen, die ein höheres Maß an Flexibilität sichern. Folgende Hypothesen sollen geprüft werden:

H 1: Experten generieren umfassendere Handlungspläne als Novizen.

H 2: Experten und Novizen zeigen ein unterschiedliches Informationsverhalten.

H 3: Experten generieren mehr Handlungsalternativen als Novizen.

H 4: Experten und Novizen zeigen unterschiedliche Strukturen von Planungsprozessen.

Hypothesen zu inhaltlichen Komponenten der Handlungsplanung

In einer Verdichtung empirischer Befunde zum Expertenkönnen charakterisiert Hacker (1992) das Vorgehen bzw. das Entwerfen von Maßnahmen von Experten als flexible und fallbezogene Nutzung heuristischer Entwurfsprozeduren. Gerade in komplexen Problemsituationen haben sie die Fähigkeit aufgrund ihrer regulativen Kenntnisse, Folgen von Maßnahmen weitsichtiger und differenzierter vorherzusehen. Chi, Feltovic und Glaser (1981) konnten Unterschiede bereits in der Wahrnehmung von Problemen nachweisen. Sie ließen fortgeschrittene Doktoranden (Experten) und Studienanfänger physikalische Probleme aufgrund ihrer ähnlichen Lösungswege kategorisieren, ohne die Probleme selbst lösen zu lassen. Die Ergebnisse ergaben keine quantitativen Unterschiede hinsichtlich der Anzahl der gefundenen Kategorien oder der gebrauchten Zeit zur Kategorisierung. Es zeigten sich jedoch qualitative Unterschiede innerhalb der Kategorien, in denen die Probleme von den Experten und Novizen eingestuft wurden. Novizen bildeten Gruppen von Problemen, die eine ähnliche Oberflächenstruktur aufwiesen (z.B. nach der Ähnlichkeit der Objekte aus der Formulierung der Aufgabenstellung); dagegen kategorisierten Experten die Probleme nach Tiefenmerkmale, d.h. sie verwendeten Hauptprinzipien, die die Lösung der Probleme beinhalteten, wie z.B. die Konservierung von Energie.

Die nun folgenden Hypothesen beziehen sich auf qualitative Merkmale der Handlungsplanung. Es wird davon ausgegangen, daß Experten andere Problemaspekte in ihren Lösungsentwürfe wahrnehmen, sorgfältiger auf die Vernetzung verschiedener Problemaspekte eingehen und ihre Handlungskonzepte kontextabhängiger gestalten als Novizen.

H 5: Experten und Novizen unterscheiden sich in der Perzeption und Gewichtunglösungskritischer Momente.

H 6: Über unterschiedliche Aufgabenkontexte mit ähnlichen Anforderungen orientieren sich Novizen in ihren Lösungsentwürfen mehr an den salienten Bedingungen (Anforderungen) aus den Aufgabenstellungen.

Aus darstellungsökonomischen Gründen erfolgt die Operationalisierung der Hypothesen am Ort der Darstellung der Ergebnisse dieser Untersuchung.

Im nun folgenden Methodenteil werden dem Leser das Untersuchungsinstrument und die Stichprobe vorgestellt, danach das dazu in Anlehnung an eine Design-rationale-Konzeption entwickelte Kodierungssystem, welches sowohl strukturelle als auch inhaltliche Merkmale der Handlungsplanung innerhalb von vier Konstituentenräume verortet und sichtbar werden lassen soll.

13.1.4 Methode

13.1.4.1 Stichprobe

Teilnehmer dieser Studie waren 22 Fachkräfte mit unterschiedlicher Berufserfahrung im absatzwirtschaftlichen Bereich aus der ersten Untersuchung.

Befunde aus der Expertiseforschung legen eine mindestens 10 Jahre lange Beschäftigung in einem bestimmten Bereich als Fixpunkt zum Erreichen von Expertise nahe. So war für die Einteilung der Probanden in Experten und Novizen das Kriterium der Dauer der beruflichen Erfahrung ausschlaggebend, deren Median für alle Probanden bei 102 und deren Mittelwert bei 118 Monaten lag. Jedoch reicht dieses Kriterium zur Einteilung aller Probanden nicht aus.

Der Übergang vom Experten zum Novizen erfolgt nicht sprunghaft. Vier Probanden, deren berufliche Erfahrung zwischen 9 bis 11 Jahren lag, wurden aufgrund eines weiteren Kriteriums der Gruppe der Experten oder Novizen zugeteilt. Es wird vermutet, daß die Position, die innerhalb eines Unternehmens bekleidet wird und die damit verbundene Personalverantwortung einen Einfluß auf die Entwicklung von Expertise hat, d.h., daß eine Position im mittleren Management oder in der Geschäftsführung und ein damit verbundener größerer

Verantwortungsbereich mit einer größeren Erfahrung beim Umgang mit komplexen Situationen einhergeht.

Es ergibt sich jeweils für die Gruppe der Novizen und der Experten ein n von 11. Die Probanden der Expertengruppe sind im mittleren Management (6 Probanden) und in der Geschäftsführung (5 Probanden) tätig, die der Novizengruppe hauptsächlich auf der Sachbearbeiterebene (9 Probanden) und zwei im mittleren Management.

13.1.4.2 Untersuchungsinstrumente

Zur Anregung des strategischen Denkens wurden 24 absatzwirtschaftliche Szenarien[2] konstruiert. Berücksichtigt wurden möglichst viele absatzwirtschaftliche Funktionen (Marktforschung, Controlling, etc.) und weitere Problemaspekte wie Zeitdruck, Informationsdefizite oder konfligierende Rahmenbedingungen. Die verschiedenen Problemeigenschaften sind systematisch miteinander kombiniert worden. (Eine detaillierte Beschreibung der Szenarien findet sich in Kapitel 9 und im Anhang 3)

Die Versuchspersonen bekamen die Szenarientexte vorgelegt und sollten Lösungsvorschläge entwickeln. Sie wurden aufgefordert, alles auszusprechen, was ihnen durch den Kopf geht und hatten die Möglichkeit, Fragen an den Versuchsleiter zu stellen. Zu diesem Zweck lagen dem Versuchsleiter bereits vorbereitete Zusatzinformationen vor. Anschließend sollten die Probanden jede Aufgabe hinsichtlich Schwierigkeit, Zufriedenheit mit der Lösung und der Bereitschaft, selbst realiter mit einem derartigen Problem konfrontiert zu sein, beurteilen.

Durch die Aufforderung an die Probanden, „laut zu denken", wird ein Einblick in die kognitiven Prozesse der Bearbeiter ermöglicht; wie sie ihr vages Problemverständnis präzisieren, um dann mit Hilfe ihres eigenen Wissens und ihrer Wertvorstellungen, Entscheidungen zu fällen und Maßnahmen zu planen.

Daraufhin ist ein Kodierungssystem konstruiert worden, welches mit Hilfe eines Design rationale-Ansatzes die Möglichkeit bietet, die interne Repräsentation der Problemsituation der Probanden darzustellen, ihre Informationssammlung zu analysieren und ihre geplanten Maßnahmen dazu in Beziehung zu setzen. Die Handlungspläne der Probanden werden in einem Planungs-

---

2 Die Ergebnisse werden anhand von 12 der 24 Problemlöseszenarien ermittelt. Ausgewählt wurden die Szenarien Nr. 01, 06, 07, 08, 10, 12, 14, 16, 19, 20, 23, 24 (vgl. Anhang 3).

raum angeordnet, der -soweit es geht- alle kognitive Repräsentationen, über die die Probanden verfügen, für jeweils ein Szenario integriert.

Dieses Kodierungsschema und seine Ursprünge sollen nun im folgenden vorgestellt werden.

13.1.4.3 Entwicklung eines Kodierungssystems in Anlehnung an Design rationale Konzeptionen

a) Was ist Design rationale?

Design rationale ist ein Sammelbegriff für verschiedene Ansätze, die zum Ziel haben, diejenigen Überlegungen festzuhalten, die während eines Entwurfprozesses angestellt werden, (Forkel 1995). Diese Ansätze kommen vor allem aus den Forschungsrichtungen Künstliche Intelligenz, Software Engineering, Maschinenbau, Bauwesen, rechnerunterstützte Gruppenarbeit und Mensch-Maschine Schnittstellen. Ende 1991 erschien in der Zeitschrift Human Computer-Interaction zum ersten Mal eine Sammlung von Aufsätzen zum Thema Design rationale, in der eine Reihe von Konzeptionen vorgestellt wurden.

Die Aufgaben, welche eine Design rationale-Repräsentation bewältigen kann, können auf mehreren Wegen in verschiedenen Abstraktionsebenen beschrieben werden. Mostow (1985) sieht die Aufgaben einer Design rationale-Repräsentation in der Dokumentation, Erklärung, Überprüfung, Modifizierung, Verifikation und Analyse von Entwurfsprozessen. Fischer, Lemke, McCall, und Morch (1991) zeigen, daß die Dokumentation mittels Design rationale die Wartung und die Überarbeitung eines Entwurfobjektes, die Wiederverwendung von Entwurfswissen und die kritische Reflexion während des Entwurfs unterstützen kann. Carrol & Moran (1991) listen 3 Motivationen für die Konstruktionen von Design rationale-Konzeptionen auf:

1. Die Unterstützung eines Begründungsprozesses in einer Entwurfstätigkeit
2. Die Erleichterung der Kommunikation zwischen den verschiedenen Mitspielern in einem Entwurfprozeß
3. Die Kumulation und Entwicklung von Entwurfswissen über mehrere Entwurfsprojekte und -produkte
4. Das Ziel dieser Untersuchungsansätze ist die Bereitstellung von verbesserten Konzepten, Methoden und Werkzeuge für Entwürfe. Lee & Lai (1991) vertreten in ihrem Überblicksartikel die Meinung, daß die im Design rationale festgehaltenen Erklärungen dazu dienen sollen, warum eine Entscheidung so und nicht anders getroffen wurde. Die Hilfe, die Design rationale

bietet, hängt von der Stärke der Formalisierung der Inhalte und von dem, was explizit festgehalten wird, ab.

Existierende Design rationale Systeme berufen sich zumeist auf frühe Studien des Entwurfsvorganges oder auf Ansätze zur Argumentationsstrukturierung. Dennoch sind die Grundelemente solcher Erklärungen, trotz spezifischer Designlogiken aufgrund interdisziplinärer Unterschiede, in allen Anwendungsbereichen sehr ähnlich. Die Unterschiedlichkeit der verschiedenen Ansätze zum Design rationale äußert sich darin, wer die Erklärungen liefert, wann er dies tut, wer der anvisierte Empfänger der Erklärung ist und welche Fragen durch die Erklärung beantwortet werden können.

Lee & Lai (1991) versuchen in ihrem Überblicksartikel ein allgemeines Modell (framework) für Design rationale zu entwickeln, und fassen drei unterschiedliche Wege, in denen der Term "Design rationale" benutzt wird, wie folgt zusammen:

1. Aufzeichnung eines Entscheidungsprozesses und damit das zeitliche Protokoll der Entscheidung, die zu einem Entwurf führt (Yakemovic & Conklin 1990).
2. Die Sammlung psychologischer Annahmen, die ein Entwurf verkörpert (Carrol & Rosson 1990).
3. Eine Beschreibung des gesamten Entwurfsraumes bzw. eine Beschreibung der Art, wie ein Entwurf im Raum möglicher anderer Entwurfsalternativen lokalisiert ist (MacLean, Young, & Moran 1989).

Um möglichst alle Dokumentationskonzeptionen in Anlehnung an das Design rationale darzustellen, entwickeln Lee & Lai fünf ineinander aufbauende Modelle, die an Komplexität und Differenziertheit zunehmen.

Abb.13.1-2 zeigt das differenzierteste Modell in der Arbeit von Lee & Lai. Es beinhaltet wie die ersten vier Modelle einen Alternativenraum, einen Argumentenraum, einen Bewertungsraum und einen Kriterienraum. Zusätzlich wird hier noch ein Fragenraum eingeführt.

Abbildung 13.1-2: Darstellung der einzelnen Konstituentenräume im Modell von Lee & Lai (1991)

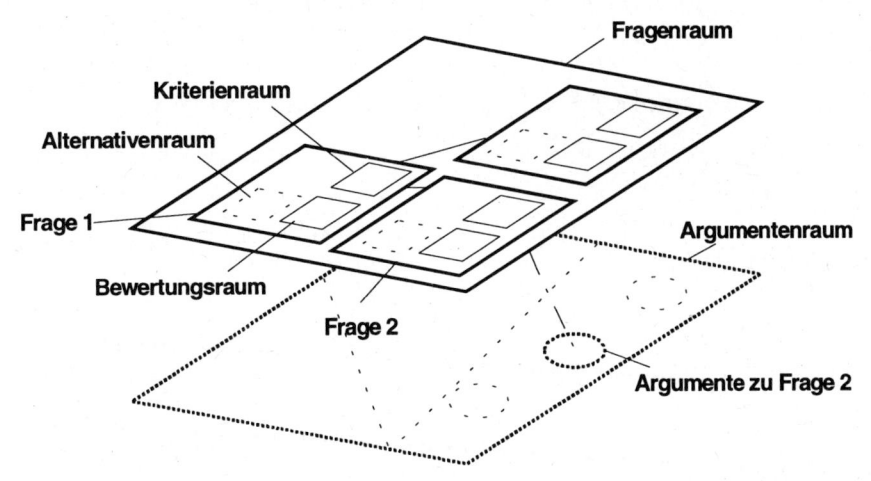

Die Autoren charakterisieren die einzelnen Räume und ihre Beziehungen zueinander, wie folgt:

Alternativenraum:

Es werden Alternativen explizit dargestellt und Aussagen über deren Attribute getroffen. Außerdem können logische und zeitliche Beziehungen zwischen den einzelnen Alternativen dargestellt werden.

Argumentenraum:

Es werden getroffene Entwurfsentscheidungen begründet, und der jeweilige Status der verschiedenen nicht ausgewählten Alternativen wird erklärt.

Bewertungsraum:

Es können unterschiedliche Bewertungsergebnisse einzelner Alternativen explizit gemacht und miteinander verknüpft werden. Es besteht auch die Möglichkeit, eine Einzelerklärung mit einer Gesamtbewertung zu verknüpfen.

Kriterienraum: Hier können alle Bewertungen zusammengefaßt werden, die sich auf ein einzelnes Kriterium beziehen und gegeneinander abgewogen werden. Es ist wichtig, die Attribute einzelner Kriterien und ihre Beziehung untereinander ausdrücken zu können.

Fragenraum:

Es werden einzelne Fragestellungen und ihre Beziehungen untereinander festgehalten.

b) Ein design rationale Ansatz: Die Design space analysis

Ziel bei der Konstruktion des Kodierungssystems war es, die unterschiedlichen Lösungsentwürfe der Probanden vergleichbar zu machen und geeignete Kategorien zu finden, die strukturelle und funktionelle Komponenten in den Handlungsentwürfen der Probanden erfassen. Mit Hilfe einer Dokumentationskonzeption in Anlehnung an das Design rationale soll dieses Kodierungssystem möglichst viele Denkrichtungen pro Szenario darstellen und Schritte zur Informationssuche, Vermutungen über vergangene und zukünftige Ereignisse und die Planung von Maßnahmen in Beziehung zueinander setzen.

Der hier gewählte Ansatz der Analyse im Sinne des Design rationale, auf dem das Kodierungssystem aufbaut, ist die *Design Space Analysis* (MacLean, Young, Belotti & Moran 1991). Sie setzt einen Entwurf (in diesem Fall das Handlungskonzept des Probanden) in einen Raum von Möglichkeiten und versucht darzustellen, warum dieser Entwurf aus anderen möglichen Entwürfen ausgewählt worden ist.

Die Design Space Analysis benutzt eine semiformale Notation, die Questions Options Criteria genannt wird, und dabei helfen soll, den Raum möglicher Lösungen eines Problems zu analysieren.

Die Hauptkonstituenten des QOC sind :
1. Fragen, die die Hauptthematiken identifizieren
2. Optionen, die mögliche Antworten zu den Fragen darstellen, d.h., Alternativen darstellen, die die Probanden in ihren Entwürfen abdecken
3. Kriterien, die Aussagen über die Einschätzung und den Vergleich der verschiedenen Optionen zulassen
4. Hierbei handelt es sich also um Elemente des Fragen-, Alternativen- und Kriterienraumes in dem oben dargestellten Modell von Lee & Lai (1991).

c) Die Konstruktion eines Planungsraums

Die Konstruktion eines Planungsraums für jedes Szenario, der die Entwürfe der Probanden strukturiert und hinsichtlich der unterschiedlichen Prozesse der Handlungsplanung vergleichbar macht, unterliegt einigen theoretischen Vorannahmen. So stellt sich die Frage, welche Prozesse nötig sind, um Probleme zu bewältigen.

D´Zurilla und Goldfried (1971) fanden vier Problemlösefertigkeiten, denen mehrere Teilfertigkeiten zugeordnet werden:
1. Problemorientierung[3] (Fähigkeit, ein Problem zu erkennen, wahrgenommene Kontrolle, etc.)
2. Problemdefinieren und -formulieren (Suche nach allen verfügbaren Informationen, Trennung von relevanten und irrelevanten Informationen, Faktoren benennen, die das Ziel ausmachen, etc.)
3. Produktion von Alternativen (Produktionsmenge, strategisches Vorgehen, Bewertungen der Lösungsalternativen
4. Lösungen ausführen und verifizieren (Lösungen im „real-life"-Kontext verifizieren)

Aufgrund der in dieser Untersuchung eingesetzten Szenariotechnik können die Fähigkeiten der Probanden, ein Problem zu erkennen sowie die Ausführung der Lösung nicht analysiert werden, da den Probanden bereits angekündigt worden ist, daß sie mit Problemstellungen konfrontiert werden und die Möglichkeit der Ausführung ihrer Lösungsentwürfe nicht gegeben ist.

Die Fertigkeiten Problemdefinieren und Produktion von Alternativen sind dagegen von großer Bedeutung; jedoch soll hier versucht werden, eine Verbindung und genauere Strukturierung dieser beiden Fertigkeiten herzustellen.
1. Es wird angenommen, daß die Probanden sich in ihren Lösungsentwürfen Fragen stellen, die der Informationssuche dienen und somit für die Definition des Problems hilfreich sind.
2. Aufgrund dieser Fragen stellen die Probanden gewisse Vermutungen an, die als mögliche Antworten der vorher gestellten Fragen dienen. Diese Annahmen betreffen zum einen Ereignisse, die in der Vergangenheit liegen, wie zum Beispiel mögliche Ursachen von denen ein Problem herrührt; zum anderen werden zukünftige Ereignisse antizipiert, die als Grundlage für die Generierung von Handlungsalternativen dienen.
3. Anhand dieser Annahmen werden nun Maßnahmen geplant, die mögliche Lösungen des Problems herbeiführen sollen.
4. Die geplanten Maßnahmen, aber auch Schritte der Informationssuche unterliegen Kriterien, die die Ziele der Probanden bei der Handlungsplanung verdeutlichen, d.h., was soll durch die Planung einer Maßnahme oder die Einholung einer Information bezweckt werden.

---

3   aus D`Zurilla & Nezu (1980)

Der in dieser Untersuchung konstruierte Planungsraum für die Kodierung aller Szenarien setzt sich also aus einem Fragenraum, einem Annahmenraum, einem Maßnahmenraum und einem Kriterienraum zusammen (Abb.13.1-3).

Abbildung 13.1-3: Konstituentenräume des künstlichen Planungsraums

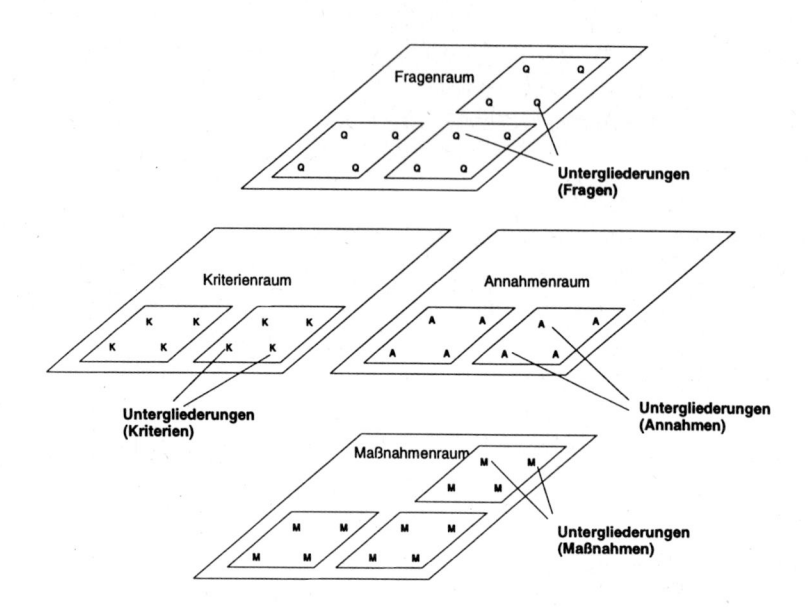

Es ergeben sich nun einige Modifikationen des oben erwähnten QOC-Ansatzes. Der Optionenraum wird in einen Annahmen- und einen Maßnahmenraum unterteilt und der Fragenraum, der konstruiert wird, beinhaltet nur Fragen, die der Informationssuche dienen. Mit Fragen sind nicht nur Äußerungen zu verstehen, die im grammatikalischen Sinne eine Frage darstellen. Vielmehr fallen auch jene Aussagen der Probanden in den Fragenraum, die eine Auseinandersetzung des Probanden mit einer Frage, die sich der Proband selbst stellt bzw. die den Anlaß zur Äußerung des Probanden gibt, erkennen lassen.

Natürlich berücksichtigen die Probanden in ihren Lösungsentwürfen nicht alle Konstituenten, da sie nur die Aufgabe hatten „laut zu denken" und nicht angehalten worden sind, z.B. ihre Kriterien bei der Planung der Maßnahmen zu verbalisieren. Dennoch sollen die einzelnen inhaltlichen Abschnitte der Lösungsentwürfe den vier Konstituentenräumen zugeordnet werden.

Diese vier entwickelten Konstituentenräume beinhalten spezifisch für jedes der zwölf Szenarien Untergliederungen, die alle Fragen, Annahmen, Maßnahmen und Kriterien, die von den Probanden in ihrer Handlungsplanung berücksichtigt werden, darstellen sollen. Die in Abbildung drei nur graphisch angedeuteten Untergliederungen innerhalb der einzelnen Konstituentenräume sollen nun am Beispiel des Szenarios Spedition vorgestellt werden :

Szenarientext „Spedition":

Sie sind Leiter einer Spedition, die hauptsächlich auf große und schwierige Umzugsprojekte spezialisiert ist. In ihrem Unternehmen findet bald ein Generationswechsel statt, weil ihre drei besten Akquisiteure in diesem Jahr in Rente gehen. Was tun sie, um auch danach die Qualität der Auftragsakquisition zumindest aufrechtzuerhalten?

Konstituenten & Untergliederungen des Planungsraums zu dem Szenario „Spedition":

Fragenraum :
- Wie ist die gegenwärtige Marktsituation ?
- Gibt es geeignete Nachfolger im eigenen Unternehmen ?
- Wie ist die finanzielle Situation des Unternehmens ?
- Wieviel Zeit bleibt noch, geeigneteNachfolger zu finden ?

Annahmenraum
- Keine Mitarbeiter vorhanden, die den Job übernehmen könnten
- Die Auftragslage ist schlecht
- Wenig Zeit geeigneten Nachwuchs zu finden

Maßnahmenraum
- Zeitungsanzeige schalten
- Personalberatung einschalten
- Vorhandenes Personal freistellen und einweisen
- Akquisiteure von Konkurrenz abwerben
- Neue Akquisiteure anwerben und einstellen
- Neue Mitarbeiter durch alte Akquisiteure einarbeiten lassen
- Mitarbeiterschulungen durchführen
- Alte Akquisiteure länger an Unternehmen binden (durch Prämien)
- Umstellung des Unternehmens
- Mit anderen Speditionen zusammenschließen
- Werbekampagnen starten

Kriterienraum
- Know-how -Transfer zwischen neuen und alten Akquisiteuren fördern
- Konjunkturbezogene Flexibilität im Dienstleistungsangebot

d) Kodierung der Lösungsentwürfe

In den Lösungsentwürfen (die als Transkripte des lauten Denkens vorliegen) lassen die Probanden ihren Gedanken freien Lauf. Sie versuchen einer Problemlösung schrittweise näher zu kommen. Um eine Vergleichbarkeit der unterschiedlichen Entwürfe herzustellen, ist es sinnvoll die Schritte der Probanden auf dem Weg zur Lösung in inhaltliche Abschnitte zu untergliedern.

Diese Abschnitte sind substantielle Assertionen und beinhalten Aussagen, bezogen auf einen inhaltlichen Aspekt, die sich gegenüber anderen Aussagen in den Lösungsentwürfen abgrenzen.

Substantielle Assertionen lassen sich nicht aufgrund grammatikalischer Strukturen bestimmen, entscheidend ist vielmehr der Inhalt durch den sie sich unterscheiden bzw. als zusammengehörig beschreiben lassen. Die substantiellen Assertionen werden in den Lösungsentwürfen durchlaufend numeriert und Assertionen mit gleicher inhaltlicher Aussage erhalten dieselbe Nummer. Aussagen der Probanden, die nicht der Lösung des Problems oder dem Verständnis des Aufgabentextes dienen, werden bei der Numerierung der Assertionen nicht berücksichtigt.

Die Assertionen aus den Lösungsentwürfen werden nun in einem ersten Schritt den Konstituenten und in einem zweiten Schritt den Untergliederungen der Planungsräume zugeordnet.

Da anzunehmen ist, daß einige der Probanden ihre Planung von Handlungskonzepten konditionalisieren und ihr Vorgehen bei der Handlungsplanung aus anderen Blickwinkeln reflektieren, werden Wenn-Dann-Beziehungen zwischen Elementen des Annahmenraumes oder Kriterienraumes mit Elementen des Maßnahmenraumes und Assertionen, die Strategeme oder Beurteilungen über die Problementstehung zum Inhalt haben, gesondert notiert.

13.1.4.4 Reliabilitätsuntersuchung zum Kodierungsverfahren

Die Unterteilung der Transkripte in substantielle Assertionen und deren Zuordnung zu den Untergliederungen der Konstituentenräume birgt einige methodische Probleme in sich.

Hacker (1992) betont, daß die Zuordnung von Daten zu einem Kategoriensystem Schlüssen (Interferenzen) folgt, die Wahrscheinlichkeitsaussagen darstellen und deren Zutreffen z.B. von der Validität des Gegenstandsmodell, der Eindeutigkeit der Kategorien, der verfügbaren Zuordnungsregeln oder der Qualifikation und Sorgfalt des Auswerters abhängen. Um die Zuordnung der

Daten verständlich, nachvollziehbar und transparent zu machen, werden im Ergebnisteil einzelne Ausschnitte aus den Lösungsentwürfen der Probanden und ihre Kodierung mit angegeben. Das Kodierungssystem, speziell die Entwicklung der Untergliederungen, wurde mehrmals korrigiert und nachgebessert, so daß fast alle Denkrichtungen der Probanden nachvollzogen und kodiert werden konnten. Dies zeigt auch eine Reliabilitätsuntersuchung, in der die Lösungsentwürfe der Probanden zu sieben der zwölf Szenarien von einem zweiten, unabhängigen Rater kodiert worden sind.

Zur Bestimmung der Urteilskonkordanz wurde eine Rangkorrelation (Kendall's tau-b) bestimmt, deren Wert für die Ermittlung aller kodierten Assertionen bei .72 liegt.

Die Interraterreliabilitätkoeffizienten für die Zuordnung der Assertionen zu den Fragen- und Maßnahmenräumen durch zwei Rater für sieben Szenarien werden in Tabelle 13.1-1 dargestellt.

Tabelle 13.1-1 : Kendall's tau-b-Koeffizienten (2 Rater) für die Zuordnung zu 2 Konstituentenräume

Szenarien	Gardine	Brauerei	Ostd. Molkerei	Cd-Player	HiFi-Einzelhandel	Schokoriegel	Spedition
Fragenraum	.78*	.61	.76*	.96*	.79*	.70*	.80*
Maßnahmenraum	.79*	.85*	.92*	.77*	.69	.83*	.98*

* Koeffizienten, die größer sind als .70, können für die Reliabilität als zufriedenstellend bezeichnet werden.

13.1.5 Überprüfung der Hypothesen

13.1.5.1 Ergebnisse der strukturellen Analyse der Handlungsplanung

Die Anzahl der kodierten Assertionen und ihre Zuordnung zu den einzelnen Konstituentenräume gibt Aufschluß über den Umfang der von den Probanden entwickelten Handlungsplänen und den Grad der kognitiven Auseinandersetzung mit einzelnen Teilaufgaben der Handlungsplanung. Die Ergebnisse der Untersuchung werden nun anhand der in Abschnitt 13.1.3 entwickelten Hypothesen dargestellt.

Hypothese 1:
Experten generieren umfassendere Handlungspläne als Novizen.

Zur Überprüfung dieser Hypothese sind Experten und Novizen aufgrund der Häufigkeiten der aus den Lösungsentwürfen kodierten Assertionen über alle Szenarien in eine Rangreihe gebracht worden. Der Mann-Whitney-U-Test ergibt hinsichtlich der Häufigkeit der kodierten Assertionen einen signifikanten Unterschied auf dem 5 %-Niveau (U=25,5; p=.02015). Die Hypothese wird durch das empirische Datenmaterial gestützt. Experten generieren umfangreichere Handlungspläne zu den Szenarien als die Novizen.

Hypothese 2:
Experten und Novizen zeigen ein unterschiedliches Informationsverhalten.

Aufgrund der Anzahl der kodierten Assertionen aus den Lösungsentwürfen zu den Fragenräumen über alle Szenarien, sind Experten und Novizen in eine Rangreihe gebracht worden. Der Mann-Whitney-U-Test ergibt, daß die Experten in ihren Handlungsentwürfen sich hochsignifikant mehr Fragen zu den 12 Problemszenarien stellen als die Berufsanfänger, (U=18,5; p=0.0057). Speziell bei den Szenarien Anzeigenleiter (p=.0371), Schokoriegel (p=.0418), Gardine (p=.0350), Brauerei (p=.0121), CD-Player (p=.0237) und Spedition (p=.0488) haben die Experten signifikant größere Fragenräume als die Novizen generiert. Die Hypothese wird somit durch das empirische Datenmaterial gestützt.

Die Möglichkeit der Nachfrage beim Versuchsleiter ist von den Experten signifikant öfter genutzt worden als von den Novizen (U= 24; p=.0138).

Bei der Größe der generierten Annahmen- und Kriterienräume haben sich jedoch keine signifikanten Unterschiede zwischen Experten und Novizen ergeben.

Hypothese 3:
Experten generieren mehr Handlungsalternativen als Novizen.

Die dritte Hypothese, daß die Anzahl der zugeordneten Assertionen zu den Maßnahmenräumen über alle Szenarien bei den Lösungsentwürfen der Experten größer ist als bei den Novizen, kann durch das empirische Datenmaterial nicht bestätigt werden. Der Mann-Whitney-U-Test ergibt keinen signifikanten Unterschied zwischen Experten und Novizen in der Anzahl der geplanten Handlungsalternativen (p=.1067). Lediglich zu zwei Szenarien, Gardine (p=.0302) und HiFi-Einzelhandel (p=.0043), planen die Experten signifikant mehr Maßnahmen als die Novizen.

Hypothese 4:
Experten und Novizen zeigen unterschiedliche Strukturen von Planungsprozessen.

Die Darstellung der Prüfung dieser Hypothese erfolgt in zwei Schritten. Zunächst soll überprüft werden, ob unterschiedliche Planungsformen identifizierbar sind bzw. in der Zuordnung der Handlungspläne zu den Konstituenten des Planungsraums ersichtlich werden. Anschließend wird überprüft, ob es einen Zusammenhang zwischen den identifizierten Planungstypen und dem Expertisegrad der Probanden gibt.

1. Teil: Gibt es verschiedene Planungstypen?

Bei der Zuordnung der durchnumerierten Assertionen zu den einzelnen Konstituentenräumen zeigen sich einige Konfigurationen der Handlungsplanung, die mehr oder weniger bei allen Probanden über die zwölf Szenarien zu finden sind.

Es können drei Konfigurationstypen von unterschiedlichen Entwurfsverläufen innerhalb der vier Konstituentenräume und ein Sonderfall der Handlungsplanung identifiziert werden. Zur Bestimmung der Typen sind folgende Kriterien aufgestellt worden, deren Festlegung die Bestimmung eindeutiger und nachvollziehbarer Typen zum Ziel gehabt hat:

Abbildung 13.1-4: Kriterien zur Bestimmung der Planungstypen

Typ 1: Anzahl kodierter Assertionen	im Fragenraum $\leq$ 1 Ass.
	im Annahmenraum $\leq$ 1 Ass.
	im Maßnahmenraum $\leq$ 1 Ass.
Typ 2: Anzahl kodierter Assertionen	im Fragen und Annahmenraum $\geq$ 3 Ass.
	Planung abstrakter Maßnahmen
Typ 3: Anzahl der kodierten Assertionen	im Fragenraum $\geq$ 2 Ass.
	im Annahmenraum $\geq$ 2 Ass.
	im Maßnahmenraum $\geq$ 2 Ass.

Wie aus der Abbildung 13.1-4 hervorgeht, erfolgt die Bestimmung der Planungstypen hauptsächlich anhand der Häufigkeit der zugeordneten Assertionen zu dem Fragen-, Annahmen- und Maßnahmenraum. Lediglich die Bestimmung des Typ zwei beinhaltet eine inhaltliche Komponente, die Planung abstrakter Maßnahmen. Bei diesem inhaltlichen Kriterium handelt es sich um Äußerungen der Probanden, die keine konkrete Maßnahme zur Bewältigung der Situation beinhalten, sondern das weitere Handeln offen lassen bzw. nicht genauer spezifizieren. Darunter sind u.a. Äußerungen zu verstehen, wie „ ich analysiere die Situation und erstelle ein Konzept" oder „ich erarbeite Gegenmaßnahmen".

36 Prozent der Lösungsentwürfe lassen sich nicht den drei Planungstypen zuordnen; sie stellen Mischtypen dar. Besonders bei den Szenarien Spedition, Knabbergebäck und Schokoriegel sind jeweils die Hälfte der Lösungsentwürfe der Probanden als Mischtypen identifiziert worden. Lösungsentwürfe, die doppelte Ausprägungen im Maßnahmen oder Kriterienraum aufweisen oder nur Fragen beinhalten, charakterisieren die Struktur der Mischtypen. Sie zeigen zwar systematische Ähnlichkeiten zu den drei Planungstypen, sind ihnen aber nicht zugeteilt worden, da sie den Kriterien nicht genügen.

Insgesamt können 64 Prozent der von den Probanden generierten Lösungsentwürfe den vier Typen der Handlungsplanung zugeordnet werden, die nun im folgenden am Beispiel des Szenarios Knabbergebäck vorgestellt werden sollen.

> Szenario „Knabbergebäck"
> Sie stellen in Ihrem Unternehmen seit langem Knabbergebäck her. Bei einem Ihrer zentralen Produkte hat es binnen weniger Wochen drastische Umsatzeinbrüche gegeben, die schnell behoben werden müssen, soll nicht die Existenz Ihres Unternehmens auf dem Spiel stehen. Was müssen Sie tun, um die Ursachen für den Umsatzeinbruch herauszufinden ?

Typ 1: Der „single-line"-Typ

Dieser Konfigurationstyp zeigt innerhalb der Konstituentenräume nur einen Lösungsstrang (single-line), der sich von der Frage, über die Annahme bis zu der Maßnahme, die geplant wird, durchzieht. Es wird nur eine Möglichkeit der Bewältigung dieser Situation in Betracht gezogen. 30 Prozent von allen generierten Lösungsentwürfen (n=22) zu den zwölf Szenarien können diesem Planungstyp zugeordnet werden. Als Beispiel für den single-line-Typ, soll nun der Handlungsentwurf des Probanden Nr. 22 zu dem Szenario „Knabbergebäck" vorgestellt werden:

> Ass.1:*Kurzfristige Befragung der Distributionswege, ist nicht wichtig, der Hauptabnehmer, und von denen die Gründe erfragen*
> (kodiert: Fragen-Untergliederung 1b: wichtige (ehemalige) Kunden nach Gründen befragen)
> Ass.2: *Ich vermute mal, daß ein Konkurrent sie unterboten hat, um in den Markt einzudringen.*
> (kodiert: Annahmen-Untergliederung 4: Wettbewerber ist im Geschäft)
> Ass.3: *Sollte sich das bewahrheiten, sollten wir entsprechend reagieren. Kurzfristig ihn auch unterbieten oder gleichziehen, oder so.*
> (kodiert: Maßnahmen-Untergliederung 6: Konkurrenz unterbieten)

Bei diesem Handlungsentwurf wird nur eine mögliche Ursache des Problems betrachtet und danach der gesamte Lösungsentwurf strukturiert. Dabei kann es durchaus vorkommen, daß nicht alle Konstituentenräume innerhalb der Handlungsplanung berücksichtigt werden und sich nur Assertionen im Kriterien- und Maßnahmenraum (jeweils eine Ausprägung) finden lassen.

Typ 2: Der „Effizienz-Divergenz"-Typ

Dieser Planungstyp beinhaltet eine höhere Anzahl von Fragen und Annahmen als der single-line-Typ. Die durchzuführenden Maßnahmen werden jedoch auf einem sehr abstrakten Niveau formuliert. Die Vermutung liegt nahe, daß bei diesem Konfigurationstyp der Proband seine Maßnahmen erst nach der Abschließung der Informationssuche plant und sich nicht voreilig auf die Planung konkreter Maßnahmen festlegen will.

Diese Form der Handlungsplanung kann durch ein Streben des Planenden nach Effizienz und Divergenz hervorgerufen werden. Effizienz und Divergenz geben die Vielfalt effizienter Handlungsmöglichkeiten von bestimmten Situationen an (Oesterreich 1981). Befindet sich ein Planer in einer sehr unsicheren Situation, so spannt er mögliche Handlungsspielräume auf, die jedoch nicht genauer konstruiert werden, um eventuell mögliche konfligierende Ziele nicht von vornherein gegeneinander auszuspielen. Insgesamt 16 Prozent aller generierten Lösungsentwürfe können diesem Planungstyp zugeordnet werden.

Beispiel: Vp 24

Ass.1 *Kurzanalyse der Situation: Warum gibt es Umsatzeinbrüche ?*
(kodiert: Frage 1: Was sind Gründe für den Umsatzrückgang ?)
Ass.2 *Auch da kann es unterschiedliche Ursachen geben: es kann an der Qualität liegen.*
(kodiert: Annahme 2: Qualitätsverschlechterung)
Ass.3 *Es kann am Mangel der Kundenbetreuung liegen und weiß ich was alles, es gibt ja hundert Gründe , worauf das zurückzuführen ist.*
(kodiert: Annahme 3: schlechte Kundenbetreuung)
Ass.4 *Dann ein Schnellmaßnahmeprogramm, das also dieser Situation entgegenwirken kann und wie das aussieht.*
(kodiert: Maßnahme 11: Gegenmaßnahmen einleiten)

Typ 3: Der „rationale" - Typ

Dieser Typus zeigt im Sinne der propagierten Konstituentenräume und ihrer Beziehungen untereinander einen optimalen Lösungsentwurf. Der Planer zeichnet sich durch Multiperspektivität aus (breit gestreute Fragen- und Annahmenräume) und seine Handlungsplanung weist kohärente Planstrukturen auf (Informationssuche wird mit „passendem" Maßnahmekatalog verknüpft).

Die Struktur dieses Planungstyp genügt den Forderungen der rationalen Entscheidungstheorie, die eine Reduktion von Komplexität durch die Zerlegung eines Entscheidungsproblems in seine Komponenten empfiehlt. Zwar trifft der Proband in seinem Handlungsplan zumeist mehrere Entscheidungen, dennoch lassen sich die hier propagierten Konstituentenräume in den zu modellierenden Komponenten eines Entscheidungsproblems wiederfinden:
1. Handlungsalternativen, zwischen denen zu wählen ist,
2. die mit dem Ergebnis verknüpften Ziele und Präferenzen des Entscheiders,
3. die Erwartungen über Umwelteinflüße,
4. die Konsequenz der Entscheidung (Eisenführ & Weber 1993).

Neben der höheren Anzahl der zugeordneten Assertionen zu fast allen Konstituentenräumen, fällt auf, daß der Antizipationsgrad deutlich höher ist als bei den anderen Planungstypen. Die Handlungspläne umfassen detailliertere, längerfristige Zeiträume und bestimmte Aspekte werden besonders hervorgehoben bzw. genauer antizipiert.

Insgesamt 16 Prozent aller generierten Handlungspläne können diesem Planungstyp zugeordnet werden. Im folgenden sollen einige Auszüge aus dem Lösungsentwurf der Vp 2 vorgestellt werden, der den „rationalen" Typ zu dem Szenario Knabbergebäck generiert:

Ass.2 Das ist ein Marktproduktproblem, können sie mal beantworten, ein Marktproduktproblem?
(kodiert: Frage 1c) Markt analysieren - Ursache suchen)
Ass.3 Ein Qualitätsproblem ! Also frage ich mal den Qualitätsingenieur.
(kodiert: Annahme 2: Qualitätsverschlechterung)
Ass.4 Wenn ich ins Regal reingehe, wenn ich die Menschen befrage, wie verteilt sich das über die Warenhäuser, sozusagen im Sortiment, gehen Konkurrenzprodukte besser.
(kodiert: Annahme 4: Wettbewerber ist im Geschäft)
Ass.5 Scheint die Branche zu treffen, also das Produktsortiment zu treffen.
(kodiert: Annahme 5: Konsumenten und Händler haben kein Interesse am Produkt)
Ass.6 Einfachster Schnellschuß wäre eine Werbeaktion zu machen, wie gut das geht, wenn man das mal benutzen kann, um mal zu testen im kleinen Bereich.
(kodiert: Maßnahme 7: Werbeaktion starten)

Forsetzung nächste Seite

Forsetzung

> *Ass.11 Das ganze Produktmarktkonzept muß neu sein und gleichzeitig den alten Markt verteidigen, d.h., wir müssen den cash-flow sichern, sage ich mal kurzfristig.*
> *(kodiert: Maßnahme 5: Marktpolitik ändern)*
> *Ass.15 Oder die Technik verkaufen, den Namen behalten und über den Namen mit neuem Design, Image und neuer Konzeption, was ganz neues zu machen. Das wird aber erst in 2 bis 3 Jahren stehen.*
> *(kodiert: Maßnahme 12: Unternehmen umstellen)*

Ein Sonderfall: Der „nomopragmatische"-Planungstyp

Der nomopragmatische-Typ stellt einen Sonderfall gegenüber den anderen Planungstypen dar. Er ist hauptsächlich aufgrund der Lösungsentwürfe eines Probanden identifiziert worden. Seine Handlungspläne zeigen eine sehr starke Orientierung an Handlungsmaximen. Er geht nur kurz auf die Problemsituation ein, identifiziert den Problemkern und transformiert ihn auf ein abstraktes Niveau, von dem er Handlungsanweisungen und Strategeme formuliert. Dieser Form der Planung ist das hier entwickelte Kodierungssystem nicht ganz gerecht geworden. Dennoch soll in der Darstellung der Ergebnisse nicht darauf verzichtet werden, die Lösungsentwürfe dieses Probanden (Nr.20) in Auszügen wiederzugeben, da er doch Bereiche der Handlungsplanung verbalisiert, die besonders für die Vermittlung von strategischem Know-How geeignet erscheinen.

> *Ass.5 Wenn irgendwas aus unerklärlichen Gründen passiert, kann jede Form der Intervention, die ich mache, eigentlich nur purer Zufall sein, weil, wie ich es mache, wo ich den Kunden nicht weiß, welche Entwicklungen eingetreten sind. Es hat keinen Sinn, permanent zu tanken und zu tanken, wenn ich nicht weiß, was es verursacht, daß ich jetzt einen Benzinverbrauch habe von 50 Liter. Dann ist mehr tanken und schneller tanken, das kann nicht die Lösung sein.......*
>
> *Ass.7 Also, wenn man an sich spürt, daß eine Situation dich anbrüllt, daß du schnell was tun sollst, dann drehe dich um und laß dich nicht davon beeinflussen und sondiere die Lage und halte den Ball am Fuß, also stoppe die, stoppe das. Laufe nicht, bleibe stehen. Immer gut geklappt.*
>
> *Ass.8 Das ist ein alter Grundsatz, wenn dich jemand beschuldigt, sage gar nichts, lasse dich nicht ein, halte die Klappe, Aussage verweigern, das ist so was Ähnliches hier. Man verstrickt sich nur.*

2. Teil: Besteht ein Zusammenhang zwischen Expertisegrad und Planungstyp?

Nachdem vier verschiedene Vorgehensweisen der Handlungsplanung identifiziert worden sind, ist nun von Interesse, ob sich der unterschiedliche Expertisegrad der Probanden auf die Generierung bestimmter Planungstypen auswirkt.

Die Konfigurationstypen eins bis drei können jeweils nur bei wenigen Probanden durchgehend über alle Szenarien beobachtet werden. Vielfach wechseln sich die Planungstypen ab. Auch produzieren keine Szenarien ein besonders hohes Vorkommen bestimmter Typen.

64 Prozent der entwickelten Handlungspläne können den drei Planungstypen zugeordnet werden. Den Zusammenhang zwischen Expertisegrad und dem generierten Konfigurationstyp verdeutlicht Tabelle 2.

Tabelle 2: Häufigkeiten der Planungstypen bei Experten und Novizen über alle zwölf Szenarien

	Experten	Novizen
Typ 1 („single-line")	18	58
Typ 2 („effizient-divergent")	33	8
Typ 3 („rational")	36	6

Es zeigt sich, daß vor allen Dingen die Lösungsentwürfe der Experten als Konfigurationstypen zwei und drei klassifiziert werden können. Ob die Zuordnung der Planungstypen zu den beiden Gruppen statistisch bedeutsam ist, wird mit Hilfe des $k \cdot 2 - Chi^2$-Test ermittelt. Es ergibt sich ein höchst signifikanter x^2-Wert (df=2; $p \leq 0.001$) zwischen dem Status des Probanden und dem Planungstyp. Novizen generieren hauptsächlich single-line -Pläne, wogegen Experten mehr die Generierung der Planungstypen zwei und drei bevorzugen.

13.1.5.2 Ergebnisse der inhaltlichen Analyse der Handlungsplanung

Nachdem herausgefunden worden ist, daß Experten andere Vorgehensweisen der Handlungsplanung favorisieren, stellt sich nun die Frage, ob dies sich auch auf die inhaltliche, thematische Ausrichtung der Handlungsplanung auswirkt. Hierbei ist die Wahrnehmung der inhaltlichen Anforderungen und der eigenen Handlungsmöglichkeiten der Probanden Gegenstand der Analyse. Die

Unterschiede der generierten Lösungsentwürfe der Novizen- und Expertengruppe sind mittels Mann-Whitney-U-Tests für unabhängige Stichproben auf Signifikanz geprüft worden. Zur Überprüfung dieser Hypothese sind Experten und Novizen aufgrund der Häufigkeit der Kodierung einzelner Untergliederungen bzw. der Nennung einzelner Assertionen in ihren Lösungsentwürfen zu den einzelnen Szenarien in eine Rangreihe gebracht worden.

Aufgrund der sehr geringen Stichprobengröße (n=22) sind nur sehr wenige signifikante Unterschiede zwischen Experten und Novizen gefunden worden. Zusätzlich werden einige inhaltliche Auffälligkeiten anhand von Beispielen vorgestellt, die auch einen Beitrag zum Verständnis von Expertise im absatzwirtschaftlichen Bereich leisten sollen.

Die Darstellung der Ergebnisse orientiert sich an den Hypothesen fünf und sechs.

Im folgenden werden aus Raumgründen Lösungsentwürfe nur von den Szenarien thematisiert, bei denen differentielle Effekte der Expertise signifikant nachweisbar sind.

Hypothese 5:
Experten und Novizen unterscheiden sich in der Perzeption und Gewichtung lösungskritischer Momente in den einzelnen Szenarien.

Szenario: HIFI-Einzelhandel

> Szenarientext:
> Sie sind Einkaufschef einer großen Einzelhandelskette für HiFi- und Kleinelektrogeräte. Ihre Sortimentsentscheidungen sind wichtig für das Image des Unternehmens. Der Repräsentant eines renommierten Markenartiklers im HiFi-Bereich möchte seine Produkte an zentraler Stelle in Ihren Regalen positionieren. Wie stehen Sie dazu?

Die zu diesem Szenario entwickelten Handlungspläne der Experten und Novizen ähneln sich sehr. Die zentrale Frage, die sich fast alle Probanden stellen, ob die Produkte des Markenartiklers in das eigene Sortiment passen, wird von der Mehrzahl der Probanden bejaht. Dabei werden an den Markenartikler bestimmte Bedingungen für das Zustandekommen des Geschäfts gestellt, wie zum Beispiel das Zahlen von Regalgeld oder die Bereitstellung von geschultem Fachpersonal. Für die Novizen ist dabei der Ort, an dem die Produkte des Markenartiklers plaziert werden, von signifikanter Bedeutung. Das Kriterium, den Umsatz nicht durch die zentrale Positionierung der Produkte des Markenartiklers zu gefährden, ist fast ausschließlich nur von den Novizen vorgeschlagen worden (U=22, p=.0030).

Bei den Experten hingegen spielt der Ort der Plazierung der Produkte keine Rolle und ist nicht thematisiert worden. Hauptinteresse gilt den Vorteilen, die durch die Integration der Produkte des Markenartiklers erlangt werden können, wie zum Beispiel zusätzliche Einnahmen durch Werbekostenzuschüsse oder mögliche Umsatzsteigerungen durch die neuen Produkte. Es werden aber auch weiterführende geschäftliche Allianzen mit dem Markenartikler in Betracht gezogen. Der Proband Nr.2, ein Experte, der einen Imageverlust seiner HiFi-Einzelhandelskette durch die hochwertigen Produkte des Markenartiklers befürchtet, schlägt den gemeinsamen Aufbau eines neuen Ladengeschäfts vor, in dem teurere und hochwertige HiFi-Geräte verkauft werden sollen.

„Es geht um einen neuen Markt, so Marktdifferenzierung zu machen, so Porsche nicht im VW-Laden zu verkaufen, sondern einen VW im VW-Laden und einen Porsche im Porsche-Laden, so ist die Unternehmensstrategie." (Vp 2, Experte, Ass.15)

Im Gegensatz zu vielen anderen Probanden, vermutet Versuchsperson 2 negative Auswirkungen auf das Image seiner HiFi-Kette durch die Produkte des Markenartiklers. Er berücksichtigt diese Möglichkeit in seiner Planung, indem er den Betrachtungsrahmen dieser Situation vergrößert, was dazu führt, daß sich für ihn und den Markenartikler neue Handlungsmöglichkeiten bieten.

Szenario: Ingenieurbüro

> Szenarientext:
>
> Sie sind Geschäftsführer eines Ingenieurbüros, das neben Konstruktionsentwürfen für Sondermaschinen auch selbst Kleinteile fertigt. Dieses Geschäft war stets eine wichtige und sichere zusätzliche Einnahmequelle durch einige Stammkunden mit immer wiederkehrenden, ähnlichen Aufträgen. Es lief nebenher in den gewohnten Bahnen, ohne daß Sie ihm große Beachtung schenkten. Eines Tages bekommen Sie ein freundliches, aber eindeutig formuliertes Schreiben von zwei Kunden, mit denen Sie sehr gute persönliche Kontakte pflegen. Sie könnten angesichts des technischen Standards und des Preises Ihre Produkte nicht mehr mit guten Gewissen abnehmen.
>
> Was tun Sie?

In den Handlungsentwürfen zu diesem Szenario kann ein signifikanter Unterschied zwischen Experten und Novizen gefunden werden. Ob das Ingenieurbüro eine mögliche Umstellung der Produktion verkraften würde, ist von fast allen Probanden gefragt worden, verstärkt interessieren sich aber besonders die Experten für die Rentabilität des Geschäftszweiges, wo die Reklamation herrührt (U= 38,5, p=.0308).

Sie spielen häufiger mit dem Gedanken, diesen Geschäftszweig aufzugeben, um sich auf das Hauptgeschäft zu konzentrieren oder neue Vertriebswege zu suchen, wenn sich das Image bei der Kundschaft verschlechtert oder die Rentabilität nicht ausreichend ist:

„Deswegen Lösung des Problems, erstemal eine Rentabilitätsrechnung zu machen, was bringen mir diese Kleinteile. Wenn das so ist, dann muß ich sehen, daß ich die Teile über einen anderen Vertriebsweg los kriege, weil die offensichtlich meine Stammkunden dahin bringen, daß sie ein Problem mit mir haben und ich möchte nicht mit meinen Stammkunden Probleme bekommen." (VP4, Experte, Ass.3-4)

Der Proband Nr.19 (Experte) faßte sich kürzer, *„kein gutes Geld einem schlechten Geschäft nachwerfen, verkaufen ...",* und verzichtet auf den Nebenverdienst, ohne sich über die Möglichkeit der Umstellung der Produktion zu informieren. Dies ist ungewöhnlich, da die Handlungsentwürfe dieses Probanden zu den anderen Szenarien dem rationalen Planungstyp zugeordnet worden sind, also eine Vielzahl von Handlungsalternativen ins Auge fassen. Man kann vermuten, daß durch bestimmte, saliente Merkmale die Komplexität einer Problemsituation entschärft werden kann und die Flexibilität bei der Handlungsplanung eingeschränkt wird.

Szenario: Knabbergebäck

> Szenarientext:
>
> Sie stellen in Ihrem Unternehmen seit langen Knabbergebäck her. Bei einem Ihrer zentralen Produkte hat es binnen weniger Wochen drastische Umsatzeinbrüche gegeben, die schnell behoben werden müssen, soll nicht die Existenz Ihres Unternehmens auf dem Spiel stehen. Was müssen Sie tun, um die Ursachen für den Umsatzeinbruch herauszufinden?

In dem Szenario „Knabbergebäck" beinhalten die Lösungsentwürfe der Experten signifikant häufiger (U=38,5, p=.0314) die Maßnahme, eine Projektgruppe zu bilden und über das weitere Vorgehen mit Vertretern der verschiedenen Abteilungen zu entscheiden. Sie tendieren mehr dazu, ihre Entscheidungen nicht alleine zu treffen, sondern zusammen mit dem für dieses Produkt verantwortlichen Mitarbeiter.

"Deshalb würde ich versuchen, mich mit allen dort betroffenen Personen zu unterhalten, sprich Einbeziehung aller, die davon betroffen sind, Marketing, Produktion, Vertrieb, Forschung, Entwicklung, Einkauf und Außendienst." (VP 7, Experte, Ass.2)

Mögliche Gründe für die stark absinkenden Umsätze, Verschlechterung der Qualität oder Auftreten eines neuen Konkurrenzproduktes, sind von fast allen Probanden vermutet worden. Auch bei den geplanten Gegenmaßnahmen, neue Produkte zu kreieren, Werbung zu verstärken oder die Qualität des Knabbergebäcks zu erhöhen, gab es keine unterschiedlichen Präferenzen zwischen den beiden Gruppen.

Szenario: Spedition

Szenarientext:

Sie sind Leiter einer Spedition, die hauptsächlich auf große und schwierige Umzugsprojekte spezialisiert ist. In ihrem Unternehmen findet bald ein Generationswechsel statt, weil ihre drei besten Akquisiteure in diesem Jahr in Rente gehen. Was tun sie um auch danach die Qualität der Auftragsakquisition zumindest aufrecht zu erhalten?

Die Frage nach vorhandenem Nachwuchs im eigenen Unternehmen und die Wege, neue Mitarbeiter zu finden, zum Beispiel durch Zeitungsanzeigen oder dem Beauftragen von Personalbüros, und einarbeiten zu lassen, sind die Hauptbestandteile der zu diesem Szenario generierten Handlungspläne. Auffällig ist, daß im Gegensatz zu den Novizen Experten signifikant häufiger die Entstehung der Problemsituation beurteilen (U=33, p=.0348). Sie bemerken, daß der Protagonist, in dessen Rolle sie schlüpfen sollen, einen großen Fehler gemacht hat und sich viel früher um die Nachfolgeregelung hätte kümmern müssen:

"Ich stelle mir die Frage, weshalb ich mir erst jetzt die Frage stelle und nicht schon vor 2 Jahren. Dann muß ich mir eine gute Ausrede überlegen, falls ich zur Rede gestellt werde. Dann muß ich mir erst einmal selbst Vorwürfe machen, weil ich ja auch seit Jahren weiß, daß die Leute jedes Jahr älter werden; das kommt also richtig überraschend, das ist sehr unangenehm." (Vp 4, Experte, Ass.1)

Szenario: Automobilzulieferer

> Szenarientext:
> Sie sind Vertriebsleiter bei einem Automobilzulieferer und erhalten die Aufgabe sich über die Neugestaltung und Straffung des Vertriebs Gedanken zu machen, da der Außendienst bisher nicht sehr effizient arbeitet. Da der Vorstand, der für den Verkauf zuständig ist, bald ausscheidet, sehen Sie die Chance für einen Karrieresprung, wenn Ihr Konzept einschlägt. Wie gehen Sie vor?

Hier fällt ins Auge, daß die Experten signifikant häufiger ihre geplanten Maßnahmen konditionalisieren ($U=37,0$, $p=.0489$). Ihre Fragen sind hauptsächlich auf Informationen, die das eigene Unternehmen betreffen, gerichtet ($U=31,5$, $p=.0426$). Dabei wird besonders die Frage nach der finanziellen Situation des eigenen Unternehmens gestellt ($U=33,0$, $p=.0129$), die in den Lösungsentwürfen der Novizen nur selten zu finden ist.

Schlagen die Experten Konzeptionen wie key-account-management oder co-makership-Strategien vor, wird ihre Etablierung und die Auswirkungen auf die Belegschaft prägnant und ausführlich beschrieben. Die Maßnahmen, die Mitarbeiterzahl zu verringern oder neue Gehaltssysteme einzuführen, sind von Experten wie Novizen gleichermaßen berücksichtigt worden.

Szenario: CD-Player

> Szenarientext:
> Als Produktmanager betreuen Sie CD-Player für einen führenden Hersteller von Konsumelektrogeräten. Ihre Firma hat in letzter Zeit nichts Neues mehr auf den Markt gebracht und eigentlich von ihrem guten Namen gelebt. Erarbeiten Sie die Grundlinien einer neuen Produktmarktstrategie.

Experten zeigen ein signifikant größeres Interesse für unternehmensexterne Informationen ($U=28,0$, $p=.0269$). Neben den freien Kapazitäten im eigenen Unternehmen bilden für sie die Kundenwünsche sowie der Entwicklungsstand der Konkurrenzprodukte die Informationsgrundlage, um ihre Maßnahmen zu planen. Mögliche Konzepte, wie die Modifizierung alter Produkte, die Entwicklung neuer Produkte oder die Entwicklung von Werbekampagnen sind von Experten wie von Novizen gleichermaßen geplant worden.

Szenario: Brauerei

> Szenarientext:
> Sie sind der neue Marketingchef in einem alteingesessenen Brauereiunternehmen, das Pils und Export herstellt und in ganz Süddeutschland vertreibt. Gewisse Markttrends, wie zum Beispiel der Leichtbierboom, sind an Ihrem Unternehmen vorübergegangen. Beschaffen Sie die nötigen Informationen für die Entwicklung einer neuen Marktstrategie.

Die Lösungsentwürfe der Experten zu dem Szenario „Brauerei" beinhalten einen hoch signifikant größeren Fragenraum als den der Novizen (U=26,5, p=.0121), wobei die Experten sich deutlich mehr für die Marktsituation, die Kunden des Unternehmens und die sich auf dem Markt befindende Konkurrenzprodukte interessieren (U=24,0, p=.0051).

Auffällig ist, daß einige Experten besonders die Etablierung ihrer geplanten Handlungskonzepte innerhalb der Organisation in den Vordergrund stellen. Es gilt Akzeptanz intern im Unternehmen für die Herstellung neuer Produkte zu schaffen, wobei zunächst über eine mögliche Ablehnung der Mitarbeiter gegenüber einer neuen Marktstrategie spekuliert wird:

„Entwickle ein Szenario, ohne daß es zu offensichtlich ist und in Richtung worst-case geht, und mache den Vorschlag, eine Projektgruppe aus Controlling, Braumeisterei, Marketing ins Leben zu rufen, die möglichst in einem dreiviertel Jahr zwei neue Produkte aus dem Boden stampft. Ich untersuche das psychologische, also das Meinungsklima dazu in Erfahrung zu bringen und zweitens oder drittens in homöopathischen Dosen, direkt auf die Sinnhaftigkeit, wäre doch schön, wenn wir sowas hätten, hinweisen, daß wir doch eigentlich Leichtbier oder so etwas bräuchten." (VP 19, Experte, Ass.8)

Auch Vp 20 äußert sich in seiner Art zu diesem Sachverhalt:

„Ja, das ist die Geschichte, ja, wenn es an fehlendem Problembewußtsein und Leidensdruck liegt, daß bestimmte Dinge nicht geschehen, und das ist hier der Problemkern, dann reicht es nicht, das Problem abstrakt darzustellen, sondern man muß es körperlich machen, man muß es erfahren können." (VP 20, Experte, Ass.7).

Die Novizen dagegen formulieren signifikant mehr Kriterien, wie etwa die Kundenwünsche zu befriedigen oder einen Imagegewinn zu erreichen (U=34,0, p=.0347). Ihre geplanten Handlungskonzepte, Werbekampagnen starten oder neue Biersorten herstellen, ähneln zwar denen der Experten, werden aber nicht auf die gegebenen Voraussetzungen abgestimmt bzw. werden ohne ausreichende Informationen über das Umfeld geplant.

Hypothese 6:
Über verschiedene Aufgabenkontexte mit ähnlichen Anforderungen orientieren sich Novizen in ihren Lösungsentwürfen mehr an den salienten Bedingungen (Anforderungen) aus den Aufgabenstellungen.

Eine weitere Möglichkeit, den situativen Zuschnitt der Handlungsplanung zu analysieren, ist der Vergleich der Handlungspläne der Probanden über mehrere Szenarien. Es wird vermutet, daß sich ähnliche inhaltliche Muster der Handlungsplanung über unterschiedliche Problemsituationen zeigen.

Um diese Hypothese zu überprüfen, ist inhaltsanalytisch vorgegangen worden.

Hierzu sind die Szenarien so gruppiert worden, daß deren Problemkerne bzw. Anforderungen an den Planer ähnlich gelagert sind, der Kontext, der das Problem einbettet, aber verschieden ist. So läßt sich feststellen, ob die Probanden innerhalb der Szenariengruppe immer wieder dieselben Pläne entwerfen oder ob sie Variationen bezüglich der Anpassung ihrer Handlungsplanung an den situativen Kontext einer Problemstellung zeigen.

Doch die Suche nach einem inhaltlichen Muster der Handlungsplanung hat sich schwieriger gestaltet als erwartet. Es sind nur sehr wenige signifikante inhaltliche Unterschiede zwischen Experten und Novizen gefunden worden. Lediglich bei vier Szenarien, welche die Erstellung eines Konzepts bei ihren Bearbeitern erfordern, unterscheiden sich die Handlungskonzepte der Experten und Novizen im Hinblick auf immer wiederkehrende thematische Ähnlichkeiten deutlich.

Die Szenarien Brauerei und CD-Player (Marketing), sowie Automobilzulieferer und Gardine (Vertrieb) erfordern bei ihren Bearbeitern die Entwicklung von Konzepten, die jedoch in unterschiedlichen Kontexten verwirklicht werden sollen. Eine Überprüfung der Voraussetzungen im Hinblick auf die Passung der entwickelten Konzepte ist notwendig.

Im folgenden werden Auszüge aus den Lösungsentwürfen von drei Probanden (ein Novize und zwei Experten) vorgestellt, die zu den vier Konzept-Szenarien generiert wurden. Es soll gezeigt werden, daß sowohl Novizen als auch Experten bestimmte inhaltliche Muster der Handlungsplanung zeigen, diese aber auf unterschiedlichen Abstraktionsebenen sichtbar werden.

1. Der Proband Nr.14 (Novize)

Auffällig ist, daß sich in den meisten Lösungsentwürfen der Novizen zu dieser Szenariengruppe ausschließlich Assertionen im Maßnahmen- und Kriterienraum finden lassen; zudem kann die Hälfte der Lösungsentwürfe der Novizen dem single-line-Planungstyp zugeordnet werden.

In Auszügen sollen nun exemplarisch die Lösungsentwürfe eines Novizen (VP 14) vorgestellt werden, bei dem inhaltliche Muster der Handlungsplanung sichtbar werden.

In den beiden Entwürfen zu den Szenarien „Automobilzulieferer" und „Gardine" steht das Kriterium der Kundenzufriedenheit im Vordergrund. Um diese zu gewährleisten, unabhängig von den Anforderungen der Szenarien - Straffung des Vertriebs (Automobilzulieferer) und Neuaufbau einer Vertriebsorganisation (Gardine) - plant der Proband eine schnellere Belieferung der Kundschaft zu erreichen:

„Dann noch Leute einstellen, daß ich halt schneller ausliefern kann, zuverlässiger, daß es schneller geht, daß der Kunde nicht warten braucht." (VP 14, Ass.2, Szenario: Automobilzulieferer)

„Dann werde ich anstreben da, ein Zwischenlager errichten zu lassen,.., daß ich da eben die Waren besser und zuverlässiger ausliefern kann." (VP14, Ass.1, Szenario: Gardine)

Auch bei den Szenarien „Brauerei" und „CD-Player" steht die Kundenzufriedenheit für den Probanden an höchster und einziger Stelle:

„Daß ich besser auf die Kundenwünsche eingehe, wenn der Kunde jetzt fragt nach Leichtbier, daß ich dann eben meine Produktion dementsprechend umstelle, ja Leichtbier zu produzieren und besser auf die Kundenwünsche eingehe." (VP14,Ass.2, Szenario: Brauerei)

„Ich würde eine Sonderaktion starten, um die alten Produkte, die jetzt auf dem Markt noch sind, einerseits immer noch schmackhaft für die Kundschaft zu machen, meinetwegen, ... Das eben schmackhaft machen, den Endpreis." (Vp 14, Ass. 1 & 2, Szenario: CD-Player)

Diese Art der Handlungsplanung zeichnet sich durch reduzierte Handlungsspielräume, wenig Freiheitsgrade und einer fehlenden Passung der geplanten Maßnahmen aus, da keiner dieser Pläne eine konkrete Informationssuche beinhaltet. Die gegebenen Informationen aus dem Szenarientext reichen anscheinend aus, um Maßnahmen zu planen und etablieren.

2. Die Probanden Nr.19 und Nr.2 (Experten)

In den Lösungsentwürfen der Experten können keine inhaltlichen Muster wie bei einigen Novizen identifiziert werden. Sie scheinen sich mehr an den situationalen Gegebenheiten zu orientieren. Auffällig ist nur, daß einige Experten, obwohl sie rationale Planungstypen hervorbringen und viele mögliche Aspekte in ihrer Handlungsplanung integrieren, bestimmte Momente ihrer Handlungsplanung sehr konkret im voraus antizipieren und eine genaue Vorstellung über ihr Handeln in diesen Momenten besitzen.

Diese antizipative Tiefe der Handlungsplanung soll nun im folgenden an einigen Auszügen der Lösungsentwürfe von einem Experten zu den Szenarien der Gruppe „Konzeptbildung" vorgestellt werden. Die Lösungsentwürfe des Probanden Nr.19 zu den Vertriebs-Szenarien machen deutlich, wie konkret dieser Proband sein zukünftiges Vorgehen planen bzw. antizipieren kann und es versteht, seine generierten Handlungskonzepte auch zeitlich zu koordinieren. Er zeigt dabei eine sehr starke Verknüpfung zwischen der Analyse der Problemsituation, meistens Kosten-Nutzen-Analysen, und der Planung von Handlungskonzepten.

„Ich habe die Kosten meines Außendienstes, ich überprüfe die dem Außendienst direkt zuordbaren Aktivitäten, mache mir (?) alle Mitarbeiter, die ich im Außendienst habe, stelle mir vor, daß ich zwei Drittel des Außendienstes freistellen kann und ersetze es durch Direkt-Marketing und Telefonmarketing. Mache einen Zeitplan oder einen Kostenplan, oder einen Sozialplan, in dem Sinne, was es denn kosten würde, mich von den Schwächsten zu befreien."

Ein wenig später äußert sich der Proband auch zu den zukünftigen Aufgaben des in seiner Mitarbeiterzahl nun reduzierten Außendienst:

„Ich würde den Außendienst drastisch reduzieren, um ihn durch wirkungsvolle Instrumente ersetzen und da dann auch eine Grundklassifikation, eine ABC-Klassifikation der Kunde durchführen. Die A-Kunden werden regelmäßig besucht, die B-Kunden werden einmal im Jahr besucht, die C-Kunden werden gar nicht mehr besucht, statt dessen wird die Kontaktqualität durch Telefon und Maildienst ganz stark forciert. Es ist den meisten Kunden sogar recht, wenn der Außendienst-Fuzzi nicht mehr kommt." (VP 19, Ass.1-7, Szenario: Automobilzulieferer)

Auch der Lösungsentwurf des Probanden Nr.19 zu dem Szenario „Gardine" verkoppelt Kosten-Nutzen Überlegungen mit durchzuführenden Maßnahmen.

„Ich würde zwei Vorschläge zu Ende denken und als Szenario weiterentwickeln, das eine ist das Kooperationsmodell, da würde ich heute noch anrufen bei (?, bei Logistikpartnern, bei DPD, bei anderen). Und das zweite ist, ich würde ein Großszenario Kosten und Aufwand für eine eigene Verteilungsorganisation aus dem Boden stampfen, das kann der Fachmann in ein bis zwei Stunden. Bei der Kosten-Nutzen-Analyse ist absolut klar, daß der Aufbau einer eigenen Verteilorganisation , etwa das 10-fache an Zeit und das 15 bis 2-fache an Kosten

erst einmal bedeuten würde und uns überhaupt keine Chance zum Überleben könnte. Und mit diesem Vorschlag würde ich auch morgen auftreten." (VP 19, Ass. 5-7, Szenario: Gardine)

Aus beiden Auszügen wird deutlich, wie der Proband seine geplanten Handlungskonzepte durch Kosten-Nutzen-Analysen rechtfertigt und begründet. Obwohl beide Handlungskonzepte sich deutlich voneinander unterscheiden, an situationale Gegebenheiten angepaßt sind, bleibt dieser Zug strategischen Vorgehens erhalten.

In den nun folgenden Auszügen seiner Lösungsentwürfe zu den Marketing-Szenarien zeigt sich, wie auch der Einsatz von Marketingstrategien an Kosten-Nutzen-Überlegungen gekoppelt wird. Dabei bleiben innovative Ideen für neue Produkte eher im Hintergrund, vielmehr stehen Marktanalysen und finanzielle Überlegungen im Mittelpunkt seiner Handlungsplanung. Zuerst erfolgt eine Analyse der gegebenen Situation.

„Als erstes mache ich (?), ich schreibe fort die Absatzzahlen in den beiden Produktkategorien, historisch in den letzten 5 Jahren. Wie hat sich was entwickelt? In Hektolitern einerseits, in Preisentwicklung andererseits. Spanne (marge ?), erstens.

Zweitens, schaue ich, was sich in unserem Einzugsbereich, also Süddeutschland, bei den Wettbewerber getan hat, erst einmal in den Segmenten, in den wir uns bewegen und dann in den Segmenten, wie light und alkoholfrei. Weise auf das Wachstum der Wettbewerber oder das Nichtwachstum in den Jahren hin."

Daraufhin werden Prognosen angestellt, über zukünftige Entwicklungen des Marktes und die entstehenden Kosten für das Unternehmen.

„Dann mache ich Hochrechnungen, normalerweise erstmal linear, damit erzielt ja erstmal gewisse (??)

D.h., ich beschreibe eine Situation, in der wir und der Markt sich befinden und beschreibe die Trends von Seiten des Verbrauchers, die sind auf dem Biermarkt sehr offenkundig, erstens.

Zweitens ich entwickle ein betriebwirtschaftliches und absatztechnisches Konzept für Light-Bier und alkoholfreies Bier, das ich einmal zu Vollkosten und einmal zu Grenzkosten kalkuliere, um die Spannbreite aufzuzeigen, also das ist ein, eventuell noch die Vertriebsorganisation noch mit einzupacken, noch ein Stück mitzufinanzieren." (VP19, Ass.1-4, Szenario: Brauerei)

Die Handlungsplanung des Probanden zu dem Szenario „CD-Player" gestaltet sich ähnlich wie zu dem Szenario „Brauerei". Auf die Situationsanalyse folgt ein Blick in die Zukunft des Unternehmens und seine finanziellen Ressourcen.

„Im CD-Spieler Bereich gibt es ungefähr 4 Zielgruppen, die unterschiedlich angesprochen werden. Versuche die Potentiale der einzelnen Zielgruppen, wenn dies nicht schon gemacht worden ist, zu bestimmen. Schaue, wo wir bei diesen Zielgruppen mit unseren Produkten positioniert sind. Welche Produktakzeptanz ich bei den Verbrauchern habe, und lege eine Prioritätenfolge fest, welche Produktverbesserung, welche Produkterneuerung, oder kombiniert, sprich Nutzung, Preis, etc., für uns sinnvoll und machbar sind; da gibt es so ein Idealziel, das ist nur mit Konzentration aller Mittel zu erreichen; und wird eine theoretische Meßlatte, die man normalerweise nicht erreichen kann. Dann gibt es ein definiertes Optimum, jetzt nur aus der Innensicht, was könnte optimaler Weise bewerkstelligen. Dann gibt es ein Konkurrenzszenario, wie müssen wir uns bezogen auf den Wettbewerb stellen, und das Vierte ist, nennen wir es mal eine (?)Strategie, wenn wir in diesem Markt sowieso ein Stück verpaßt, was wir jetzt machen, wir verramschen die nächsten 2 Jahre unsere Produkte, holen raus am Umsatz und Ertrag, was geht, und konzentrieren uns auf die Produktlinien, die wir überhaupt noch haben. Stecken dort die ganzen Mittel rein, die wir haben."
(VP 19, Ass. 2-9, Szenario: CD-Player)

Im Gegensatz zu dem Probanden Nr. 19 stehen bei dem Probanden Nr.2 Produktinnovationen im Mittelpunkt seiner Handlungsplanung zu den Szenarien Brauerei und CD-Player. Er berücksichtigt zwar auch die Analyse des Bier- bzw. CD-Player-Marktes und der finanziellen Möglichkeiten innerhalb seines Unternehmens, macht sich aber auch Gedanken zu dem Image und den Absatzchancen seines neu entwickelten Produktes. Dabei versteht er es durchaus anhand von Beispielen die Richtungen, Ziele und Zukunft seiner geplanten Strategien zu vermitteln.

In dem Lösungsentwurf zu dem Szenario „CD-Player" stellt der Proband Nr.2 mögliche Produkttrends auf der Verbraucherseite in den Mittelpunkt.

„Thema heißt Multimedia und interaktive CD. Das ist die nächste Generation, und da gibt es derzeit ganz kleine professionelle Lösungen. Und die Frage ist, wieweit es in den Bereich des consumer-Geschäfts geht. Das Thema heißt Photo-CD und Akustik CD, und beides genauso. Es verschmelzt mit dem Computergeschäft, und momentan scheint es so zu sein, daß diese Interaktive über den Computer mit abgewickelt wird und daß es an uns vorbeigeht." (VP2, Ass2/3)

Im weiteren werden auch spezielle technische Details der zu entwickelnden Produkte thematisiert.

"Was nicht erklärungsbedürftig ist, und wo es einfach Design entscheidet, die Armut an Batterieverbrauch beispielsweise, oder mit Solarenergie zum Beispiel, das unter der Lampe die Batterie gespeist wird, das ist alles möglich, muß mal gucken, wieviel wenig Reibungswiderstand haben in den Leitungen, d.h. , wir in die Technologie investieren sozusagen, Stromarmut zu forcieren bei den Billigprodukten. Das kann in der Menge das große Geschäft sein. Müßten wir noch mal genauer untersetzen. Frage ist, ob wir von Zukaufsteilen abhängig sind oder eben sehen, wer da schon dran ist auf der Strecke. Neuerdings sollen ja auch Kunststoffe leitfähig sein, d. h., man muß Leiter nicht mehr galvanisieren, da sparen sie viel Gewicht.

Sowas, aber das ist eine Sache , die 3 oder 4 Jahre dauert, bis es raus ist, und das mit dem Interaktiven wird auch 3 oder 4 Jahre dauern, aber da müssen wir jetzt die Weichen stellen." (VP2, Ass. 8-11, Szenario: CD-Player)

Zu dem Szenario „Brauerei" beschreibt er fast visionär anhand eines Beispiels (Flensburger-Bier) die zukünftigen Vermarktungsstrategien einer neuen Biersorte.

„ OK, nehmen wir mal Flensburger Bier, das ist ein ganz konventionelles und einfachster Art, man kriegt einen dicken Schädel davon. Hat über Marketing ein wahnsinniges gutes Image aufgebaut und hat den Qualitätspreis da unten in Schleswig-Holstein gewonnen. Da ist auch sowas denkbar.

Ob das in Bayern machbar ist, zweifle ich an. Kann entweder mitten im Trend gehen und da intervenieren, muß man (?) kaufen, oder auch verteidigen.

Im Flensburger - Beispiel, da ist der Blödel Otto, der macht immer so witzige Sachen, anscheinend gehört das dazu. Man muß mehr als nur das Produkt verkaufen, damit das rüber kommt. Die Verpackung, die Flasche ist wichtig und dann noch so einen Blödmann, der mit seinem Auto durch Schleswig-Holstein fährt.

Eine bestimmte Kultur des Trinkens der Leute und das wäre zu identifizieren, möglicherweise einen Gegenstand zu artikulieren, das ist ausdifferenziert. Das ist aus der Befragung vielleicht zu erfahren, was zu tun ist. Die große Weichenstellung sehe ich erst einmal." (VP2, Ass. 8/9, Szenario: Brauerei)

Zusammenfassend läßt sich sagen, daß beide Experten, ihre Handlungspläne auf die aus der Situation resultierenden Anforderungen zuschneiden. Dabei antizipieren sie gewisse Momente der Lösungsfindung tiefer als es die Novizen tun (vgl. Auszüge der VP14). Es lassen sich bestimmte Präferenzen der Handlungsplanung herausdestillieren. Diese Präferenzen sind nicht an inhaltliche Muster gekoppelt, sondern äußern sich in thematischen Aspekten, die besonders stark in Richtung der praktischen und konkreten Umsetzung der geplanten Maßnahmen weisen.

Sie sind zum einen geprägt von Kosten-Nutzen Überlegungen (im Falle des Probanden Nr.19), zum anderen von der detaillierten Analyse der Bedürfnisse der Kunden (im Falle des Probanden Nr.2).

13.1.6 Zusammenfassung und Diskussion

Novizen und Experten generieren unterschiedliche Handlungspläne und gehen dabei unterschiedlich vor.

Drei der vier Forschungsannahmen zu strukturellen Unterschieden der Handlungsplanung von Experten und Novizen in komplexen Situationen konnten durch das empirische Datenmaterial bestätigt werden. Experten zeigen eine umfangreichere Handlungsplanung als Novizen. Sie bemühen sich stärker um Informationen und zeigen zum Großteil andere Strukturen des Planens. Sie generieren bevorzugt effizient-divergente oder rationale Planungstypen, wogegen Novizen häufig die Generierung eines single-line-Typs zeigten. Die dritte Forschungsannahme konnte nicht bestätigt werden. Experten und Novizen unterscheiden sich nicht in der Anzahl ihrer geplanten Maßnahmen.

Umfassendere Lösungsentwürfe und eine erheblich höhere Anzahl generierter Fragen zu den Szenarien unterstreichen, daß die Informationssuche bzw. die Analyse der Problemsituationen einen hohen Stellenwert für das Entwerfen von Handlungsplänen bei Experten im absatzwirtschaftlichen Bereich besitzt. Die Planung von Maßnahmen erfährt dadurch eine bessere Anpassung an die aus der Problemsituation resultierenden Anforderungen. Sind Vermutungen über die Ursachen eines Problems zum Zeitpunkt der ersten Handlungsplanung zu vage, tendieren besonders Experten dazu, ihre Gegenmaßnahmen eher abstrakt zu planen und nicht weiter auszuführen.

Fast die Hälfte der Handlungspläne der Novizen sind single-line-Pläne, die auf einen eher unflexiblen Umgang mit Problemsituationen schließen lassen. Schon Maier stellte 1933 fest, daß schlechte Problemlöser sich besonders dadurch auszeichnen, daß sie nur eine Richtung der Lösungssuche verfolgen und dabei stundenlang versuchen, das Unmögliche zu schaffen. Die Generierung eines single-line-Plans zeigt auch eine Festlegung auf eine Richtung der Problemlösung, wobei hier natürlich nicht festgestellt werden kann, wie lange so ein Plan beibehalten wird, wenn er sich als nicht sehr wirklichkeitsnah herausstellt. Kluwe (1983) spricht von der Unbeweglichkeit des Denkens, welche aus einer eingeschränkten Entnahme von Informationen, durch die nur Teile der Situation lösungswirksam werden, und einer reduzierten Bereitschaft zur Kontrolle, Prüfung und Bewertung des eigenen Vorgehens und der erreichten Zustände resultiert.

Obwohl das eigentliche Handeln aufgrund der generierten Handlungsentwürfe nicht untersucht worden ist, kann man davon ausgehen, daß die Generierung eines single-line-Plans sich negativ auf das problemlösende Handeln auswirkt.

Es lassen sich aber auch Situationen vorstellen, in denen eine vorab geplante Verfolgung einer Richtung der Problemlösung optimale Ergebnisse erzeugt. Auch Experten generieren single-line-Typen. Jedoch hängt hier vermutlich viel von einer realistischen Einschätzung der Problemsituation ab. Auch könnten bestimmte Persönlichkeitseigenschaften des Planenden, wie z.B. der Wille und die Fähigkeit zur Durchsetzung der geplanten Handlungskonzepte, einen Einfluß auf die erfolgreiche Umsetzung eines single-line Plans haben (vgl. auch Kapitel 2).

Im allgemeinen dürfte es jedoch sinnvoller sein, effizient-divergent oder rational zu planen, da die Wahrscheinlichkeit, einen optimalen Lösungsweg zu finden und auf unvorhersehbare Umwelteinflüsse flexibel zu reagieren, deutlich höher ist, als wenn man von vornherein nur eine mögliche Lösung in Betracht zieht.

Der nomopragmatische Planungstyp stellt einen Sonderfall von Experten-Plänen dar.

Unabhängig von den Anforderungen, mit denen Proband Nr. 20 konfrontiert worden ist, war er immer in der Lage, den Kern eines Problems zu identifizieren, und Handlungsmaximen in Form von Strategemen zu formulieren. Bemerkenswert ist, daß er die gleichen Aspekte wie die anderen Experten thematisiert, seine Lösungsentwürfe sich also als qualitativ hochwertig bezeichnen lassen.

Die inhaltliche Analyse der Handlungsplanung ergab nur sehr wenige Unterschiede zwischen Experten und Novizen. Betrachtet man die Assertionen, die signifikant häufiger von einer der beiden Gruppen verbalisiert worden sind (Hypothese fünf), so stammen sie vor allen Dingen aus den Lösungsentwürfen zu den Szenarien Spedition, Ingenieurbüro und HiFi-Einzelhandel. Die Überprüfung der Hypothese sechs zeigte, daß einige Lösungsentwürfe von Novizen und Experten inhaltliche Ähnlichkeiten über mehrere Szenarien beinhalten, diese aber erst auf verschiedenen Abstraktionsebenen sichtbar werden.

Es wird deutlich, daß Novizen sich stärker mit den aus der Aufgabenstellung resultierenden Anforderungen auseinandersetzen, wogegen Experten mehr kontextuelle Faktoren in ihrer Handlungsplanung berücksichtigen.

Die Kritik an dem Speditionsunternehmer, der sich erst verspätet um die Nachfolgeregelung seiner Akquisiteure kümmert und der Gedanke, das Nebengeschäft des Ingenieurbüros eventuell aufzugeben, obwohl es bisher sehr lukrativ zu sein scheint, sind Charakteristika, die fast nur in Expertenplänen ihren Platz finden. Eine Beachtung dieser thematischen Aspekte wird nicht unbedingt aufgrund der sich aus den Szenarientexten ergebenden Anforderungen forciert.

Dagegen nimmt der Ort der Plazierung der Produkte des Markenartiklers in der HiFi-Einzelhandelskette, der im Szenarientext thematisiert wird („an zentraler Stelle"), in der Handlungsplanung der Novizen einen gewichtigen Platz ein. Bei den Experten spielt er nur eine untergeordnete Rolle. Gedanken über Imageprobleme aufgrund der möglicherweise höherwertigen Produkte des Markenartiklers überwiegen.

Diese unterschiedlichen thematischen Ausrichtungen, die in der Situationswahrnehmung von Experten und Novizen einen verschieden hohen Stellenwert besitzen, sollten eigentlich bei allen zwölf Szenarien in ähnlicher Form auftreten.

Doch stellt sich heraus, daß die Anforderungen an die Probanden nicht bei allen Szenarien interindividuelle Unterschiede, die auf Expertise zurückzuführen sind, produzieren. Zu der Mehrzahl der komplexen Situationen, die in dieser Untersuchung eingesetzt worden sind, bringen Experten und Novizen ähnliche inhaltliche Aspekte in die Handlungsplanung ein.

Dieser Umstand findet eine mögliche Erklärung in dem nicht ausreichend hohen Auflösungsgrad der hier eingesetzten Kodierungsmethode. Ebenso kann aber auch angenommen werden, daß die Gleichartigkeit der Handlungsplanung auf gerade nicht bestehende Unterschiede zwischen Experten und Novizen bezüglich der Bewältigung komplexer Situationen zurückzuführen ist.

Die in den Lösungsentwürfen ins Spiel gebrachten inhaltlichen Aspekte lassen sich nur anhand der inhaltlichen Ausprägungen der Untergliederungen bestimmen und können nicht auf einer höheren, weiterführenden Ebene erfaßt werden. So kann die Kodierung mittels einer Untergliederung nur die Richtung der Antizipation angeben, aber nicht ihre Stärke, d.h., es kann nicht zwischen unterschiedlich detaillierten Äußerungen zu einer Untergliederung unterschieden werden.

Doch gerade da liegt vermutlich ein weiterer fundamentaler Unterschied zwischen Experten und Novizen, was auch in der Analyse von inhaltlichen Mustern über mehrere Szenarien mit ähnlichen Anforderungen und unterschiedlichen Kontexten deutlich wird.

Für die Novizen lassen sich durchaus inhaltliche Muster intentionalen Handelns nachweisen. Die generierten Handlungspläne des Probanden Nr. 14 zu den vier Konzept-Szenarien zeigen deutlich inhaltliche Ähnlichkeiten. Das Kriterium der Kundenzufriedenheit wird an eine geplante Maßnahme gekoppelt, die je nach Kontext der Szenarien - Marketing oder Vertrieb- dieselbe ist. Es werden keine weiteren Aspekte berücksichtigt. Alle vier Lösungsentwürfe stellen single-line - Typen dar.

Die Handlungspläne der im Ergebnisteil vorgestellten zwei Experten sind rationale Pläne, die eine Vielzahl von Aspekten berücksichtigen. Es gibt aber Hinweise, daß diese Handlungspläne einen höheren Detaillierungsgrad besitzen. Dieser äußert sich nicht in allen geplanten Schritten, sondern nur in einigen. Besonders in der Planung von Maßnahmen und in der Formulierung von Kriterien lassen sich solche Schwerpunkte bei der Konzeptbildung finden.

Der Hang des Probanden Nr. 19 zur Etablierung von Handlungskonzepten anhand von Kosten-Nutzen-Überlegungen oder detaillierte Beschreibungen des Probanden Nr. 2 von neu zu entwickelnden Produkten und ihrer Wirkung auf den Kunden sind Facetten strategischen Denkens, die sich im Ansatz auch in den Handlungsplänen der Novizen finden lassen, aber hier durch die geringe Detailliertheit der Überlegungen nur einen Schlagwortcharakter besitzen.

Sicherlich ist die Konfrontation mit vielen unterschiedlichen Problemsituationen und das Sammeln von Erfahrung in der Bewältigung dieser Situationen über mehrere Jahre für den Erwerb von Expertise unverzichtbar; doch ist es denkbar, daß eine bewußte und strukturierte Entwicklung von Handlungswissen den Weg zum Experten optimiert. Deshalb ist es wichtig, Berufsanfängern bestimmte Techniken zu vermitteln, die helfen sollen, auftretende Problemsituationen in ihrer beruflichen Laufbahn zu strukturieren und das Generieren von Handlungsplänen zu erleichtern.

Auch im Hinblick auf einen flexiblen Umgang mit Problemsituationen stellt die in dieser Untersuchung eingesetzte Technik, Handlungspläne innerhalb von vier Konstituentenräumen zu strukturieren, eine Vorgehensweise dar, um einen möglichst hohen Auflösungsgrad einer Problemsituation zu erreichen :

1. Die Sammlung aller Fragen (Generierung des Fragenraum), die aus einer Problemsituation resultieren,
2. die Vermutungen und Annahmen (Generierung des Annahmenraum), die mögliche Antworten auf die Fragen bilden, (Erleichterung der Modellbildung, besseres Finden von Handlungsalternativen)
3. die Planung von „passenden" Maßnahmen (Generierung des Maßnahmeraum) und

4. die Formulierung von Kriterien (Generierung des Kriterienraum), auf die die Handlungsplanung abzielt.

Die Reihenfolge der Generierung der einzelnen Konstituentenräume sollte von den Präferenzen des Planers abhängen, wobei die Generierung von Fragen oder Annahmen zu Beginn einer Handlungsplanung empfohlen wird. Wichtig ist, daß die Probleme bewußt artikuliert werden (Aebli, Ruthemann & Staub 1986). Dadurch können immer wiederkehrende Probleme leichter erkannt und kategorisiert und die eingesetzten Handlungsstrategien von mal zu mal effizienter gestaltet werden.

Einige der Experten stellten sich Fragen, nachdem sie bereits einen „kompletten" Maßnahmekatalog geplant hatten. So bietet sich die Möglichkeit, anfänglich gestellte Fragen in einem neuen Licht zu sehen und durch die fortgeschrittene Exploration der Situation neue Ideen innerhalb der Handlungsplanung zu entwickeln und zu integrieren.

Die Formulierung noch spezifischerer Regeln, besonders für Problemlösungen im absatzwirtschaftlichen Bereich, erscheint fragwürdig. Die Beachtung unternehmensexterner und -interner Informationen, eine Sensibilisierung für auftretende Schwierigkeiten bei der Durchsetzung geplanter Maßnahmen, eine genauere Vorstellung über die zeitliche Erstreckung der geplanten Handlungskonzepte, höhere Variabilität bei der Planung von Maßnahmen und das Auftun von Chancen für eine Geschäftsanbahnung sind Charakteristika von Expertenplänen, wie die inhaltliche Analyse der Pläne zu den einzelnen Szenarien ergab. Derartige Befunde lassen sich aber nur schwer in „anwendungsfreundliche" Regeln übersetzen. Gerade komplexe Systeme wie der absatzwirtschaftliche Bereich, in dem zumeist unbekannte Kausalbeziehungen zwischen den multiplen Umweltbedingungen vorherrschen, erschweren eine optimale Passung von Regeln; es besteht die Gefahr, daß durch die Anwendung zu spezifischer Regeln Aspekte der Situation stärker gewichtet werden, die eigentlich nur eine untergeordnete Rolle für das problemlösende Handeln spielen. Doch dagegen ist niemand immun, und so bleibt die Einsicht, die Miller, Galanter und Pribram schon 1960 ihren Lesern mitgeteilt haben:

„Jeder von uns ist ein kognitiver Glücksspieler, der eine mehr als der andere, aber die meisten mehr, als sie denken."

GUIDO FRANKE

13.2 Auswirkungen der Erfahrung auf die Herausbildung strategischer Handlungspotentiale

13.2.1 Zur Bestimmung des Begriffs Erfahrung

1. Berufliche Kompetenz entwickelt sich zu einem wesentlichen Teil auch in der Auseinandersetzung mit den Anforderungen im Arbeitsprozeß. Die im Rahmen der arbeitsbezogenen Handlungsprozesse einlaufenden Informationen aus der Umwelt und der eigenen Person werden vom Akteur in Abhängigkeit von seinen aktuell verfolgten Interessen und Zielen und seinem Vorwissen perzipiert. Auf diese Weise werden die Informationen gefiltert und strukturiert; sie werden zu Erfahrungen, die im Gedächtnis gespeichert werden.

2. Erfahrungen sind Wissensbestandteile, die verknüpft sind mit Wissenselementen, welche sich auf das emotional-motivationale System der handelnden Person beziehen; d. h. das erfahrungsbasierte Wissen ist emotional gefärbt. Es ist konfundiert mit den subjektiven Valenzen und Sinngehalten der Tätigkeit und mit den persönlichen Kompetenzeinschätzungen und Selbstwertgefühlen des Individuums.

3. Das Wissen der Person läßt sich darstellen als semantisches Netz mit Begriffen als „Knoten" und Relationen als „Kanten". Durch Informationszuflüsse aus vielen Quellen (z. B. durch Lesen der Tageszeitung, Nachschlagen in einem Fachbuch, Verfolgen einer Fernsehsendung, Diskussion mit Kollegen in der Mittagspause oder mit Freunden abends am Stammtisch) wird das semantische Netz mit den eingestreuten erfahrungsbasierten Wissenskernen (Episoden) laufend ausdifferenziert und in verschiedene Richtungen weiterentwickelt.

4. Die Erfahrungen sind fluide Gebilde, die durch peri- und postaktionale Prozesse der Wissensgenerierung weiterverarbeitet werden. Die Weiterverarbeitung erfolgt beispielsweise durch Prozesse der Abstraktion, durch begriffliche Differenzierungen und multirelationale Verknüpfungen mit anderen Wissensbausteinen.

Durch Abstraktion und Subsumtion werden die Erfahrungen in die Abstraktionshierarchien und mit Hilfe von Teil-Ganzes-Relationen in die Komplexionshierarchien (sensu Dörner 1976) des Begriffssystems des Individuums eingebaut. Die Erfahrungen lassen sich auch systematisieren und in Erklärungs-

oder Begründungszusammenhänge integrieren. Mit Hilfe von Analogien können darüber hinaus Brücken zu anderen Wissensgebieten bzw. Lebensbereichen geschlagen werden.

5. Die Qualität und Intensität der Verknüpfung der Erfahrungen mit anderen Wissenskomponenten dürfte in starkem Maße durch Reflexionsprozesse des Individuums vorangetrieben werden. Die Reflexionsprozesse selbst können unterschiedlich differenziert verlaufen. Im einfachsten Fall vergegenwärtigt man sich lediglich die Handlungssituation und den Handlungsablauf; in elaborierten Reflexionsprozessen wird die Situation systematisch durchgearbeitet, und es erfolgt ein mehrperspektivisches gedankliches Durchdringen der Situation aus verschiedenen Blickwinkeln.

6. Der Elaborationsgrad der Reflexion dürfte in signifikanter Weise von der emotionalen Färbung der Erfahrung abhängen. Erfahrungen mit attachierten Lustgefühlen, Sinn- und Erfolgserlebnissen dürften die Reflexionsprozesse stimulieren und darüber hinaus eine größere Offenheit für neue Informationen bewirken, die eine Affinität zu den gemachten Erfahrungen haben.

7. Die emotionale Färbung (die gefühlsmäßige „Valenz") der Wissenselemente (der Begriffe, Operatoren und Handlungsschemata) beeinflußt die Wissensnutzung beim Handeln. Die spontane und selbständige Verwendung erworbenen Wissens ist auch eine Frage der affektiv-motivationalen Besetzung. Begriffe und Prozeduren, die eine positive gefühlsmäßige Besetzung aufweisen, haben die Tendenz, sich spontan zu aktivieren. Dagegen werden Wissenselemente mit negativer affektiv-motivationaler Besetzung gemieden und gelangen selten spontan zur Anwendung (vgl. Messner 1978, S. 41 ff).

8. Der Nutzen und die Ergiebigkeit des Arbeitshandelns für die Erfahrungsgewinnung und die Kompetenzentwicklung hängen von einer Vielzahl arbeitsseitiger und personseitiger Faktoren ab, nicht zuletzt auch vom präaktionalen Wissen, das ein Individuum in die Handlungssituation einbringt („Man sieht, was man weiß").

13.2.2 Lerntheoretische Modellierung des Erfahrungslernens

Handlungskompetenz und Handlungssicherheit kann nur erworben werden, wenn gelernt wird, unter welchen Bedingungen welche Aktionen/Operationen zu welchen Konsequenzen führen. Dies setzt einen Lernprozeß voraus, in dem die Ausgangsbedingungen, unter denen ein Verhaltensakt zur Anwendung kommt, der Verhaltensakt selbst und mit seiner Ausführung eintretenden Konsequenzen in einen integrativen Zusammenhang gebracht werden.

Hoffmann (1992, S. 605 ff) postuliert für das Erfahrungslernen folgenden Lernmechanismus:

1. Lernen setzt voraus, daß gehandelt wird, um ein bestimmtes Ziel zu erreichen.

2. Das intentionale Verhalten ist stets mit zwei Antizipationen verbunden: Es gibt eine Antizipation von Eigenschaften des zu erreichenden Zielzustandes, die als Konsequenz der Aktion nach bisherigen Erfahrungen erwartet werden können, und es gibt eine Antizipation von Eigenschaften der Ausgangssituation, die erfahrungsgemäß gegeben sein müssen, damit das Handeln zu den erwarteten Konsequenzen führt.

3. Die Antizipationen werden mit den realen Konsequenzen verglichen. Übereinstimmungen verstärken die Bindungen der bestätigten Zielantizipationen an die Aktion und der Aktion an die Ausgangssituation.

4. Eine unzureichende Übereinstimmung zwischen antizipierten und eintretenden Konsequenzen führt zu einer Differenzierung der Ausgangssituationen hinsichtlich der mit ihnen verbundenen Handlungskonsequenzen. Das Nichteintreten der erwarteten Konsequenzen weist ja darauf hin, daß sich die aktuelle Situation von den früheren Situationen unterscheidet.

5. Durch die Verstärkung der assoziativen Bindungen zwischen den jeweils gegebenen Ausgangsbedingungen und den jeweils bestätigten Antizipationen kommt es zu Abstraktionen. Es werden nur Verbindungen zwischen sich wiederholenden Situations- und Aktionsmerkmalen kontingent bekräftigt; damit wird von variierenden Merkmalen abstrahiert.

„Der Lernprozeß führt zu Klassen von Ausgangsbedingungen, bei denen die Anwendung eines Verhaltensaktes zu gleichen (vorhersagbaren) Konsequenzen führt. Er bildet verhaltensbezogene Äquivalenzklassen, die durch (invariante) Merkmale gekennzeichnet werden, an die die Antizipationen jeweils gebunden sind." (S. 606)

13.2.3 Die Bedeutung der Arbeitserfahrung für die Kompetenzentwicklung

Es stellt sich die Frage nach der genuinen Funktion und der spezifischen Wirksamkeit des Erfahrungslernens im Arbeitsprozeß. Welche Facetten beruflicher Kompetenz werden primär durch Arbeitshandeln und die hierbei gemachten Erfahrungen entwickelt?

Die Diskussion um die Bedeutung des Erfahrungslernens krankt ebenso wie die Diskussion um den „Lernort Arbeitsplatz" und das Lernen in der Arbeit und an der Arbeit daran, daß häufig recht apodiktisch dem arbeitsintegrierten Lernen bestimmte Funktionen zugeschrieben werden. Dabei kommt es häufig zu klischeehaften Vereinfachungen. Zum einen werden die Funktionen meist isoliert aneinandergereiht, nicht – an einem lerntheoretischen Modell orientiert – in einen Systemzusammenhang gebracht und nicht von daher in der Weise relativiert, daß die jeweils notwendigen Realisierungsbedingungen genannt werden. Zum anderen wird nicht gesagt, ob es sich um notwendige oder um mögliche Funktionen handelt. Auch wird nicht der Versuch gemacht, spezifische – d. h. nur dem Lernort Arbeitsplatz zukommende – von unspezifischen Funktionen zu trennen.

Franke & Kleinschmitt (1987) weisen darauf hin, daß fast jede Funktion, die der arbeitsplatzgebundenen Ausbildung zugeschrieben wird, in Frage gestellt werden kann.

„Es ist nicht leicht, Lernergebnisse anzugeben, die nicht prinzipiell auch mit Hilfe von produktionsungebundenen Lernarrangements erreicht werden können: So können Fertigkeiten durch Übungen und Trainingsprogramme in der Lehrwerkstatt, Faktenwissen und Sachkenntnisse durch Schulunterricht, Einsicht in die Grundlagen technologischer und wirtschaftlicher Prozesse durch verbale Unterrichtung, Experimentalunterricht oder Modellsimulation, soziale Verhaltensweisen durch Rollenspiele usw. vermittelt werden.

Wahrscheinlich besteht der besondere Effekt des Lernens am Arbeitsplatz in der Prägung bzw. Ausrichtung der individuellen Handlungsstrukturen auf eine möglichst effiziente Bewältigung bestimmter Arbeitsaufgaben in bestimmten soziotechnischen Kontexten, somit also in der Vermittlung der qualifikatorischen Voraussetzungen für einen unmittelbaren Einsatz des jungen Facharbeiters an bestimmten betrieblichen Arbeitsplätzen – ohne lange Einarbeitungszeiten bzw. Zeiten der „Weiterausbildung„ nach der Ausbildung. Im Rahmen dieser Anpassung des Einzelnen an die aktuellen Anforderungen von Arbeitsplätzen erfolgt eine Optimierung der Organisation des Zusammenspiels der einzelnen sensumotorischen, kognitiven und motivationalen Prozesse beim Handlungsvollzug; die Strukturierung des vorrätigen, meist im Unterricht in bestimmten „Fächern„ erworbenen und so zersplitterten Wissens nach dessen Handlungsrelevanz; die Internalisierung von betrieblichen Normen, Wertvorstellungen und Rollenerwartungen; schließlich der Erwerb der alltäglichen (teilweise betriebs- und personenspezifisch gefärbten) Fachsprache, die häufig mit Kürzeln durchsetzt ist und sich von der in Lehrbüchern verwendeten Sprache unterscheidet." (S. 4)

Diese 'Ausrichtung der individuellen Handlungsstrukturen' verweist aus meiner Sicht auf die spezifische qualifikatorische Wirkung des Erfahrungslernens: Durch Praxiserfahrungen im Arbeitsprozeß wird primär die Fähigkeit erworben, komplexe Situationen zu bewältigen.

Um komplexe Situationen im Berufsalltag – die mit Stichworten „wechselnde Anforderungen", „Entscheidungen unter Unsicherheit", „Unklarheit von Zielen", „Unterschiedlichkeit von Interessen" sowie „Planen und Entscheiden unter Zeitdruck" beschrieben werden können – erfolgreich bewältigen zu können, ist ein routinemäßiges Vorgehen häufig nicht möglich oder nicht von Vorteil: Es ist strategisches, flexibles Handeln gefordert.

13.2.4 Das Konzept der „progressiven" Erfahrung

In den einführenden Bemerkungen im ersten Abschnitt wurde bereits angedeutet, daß die Erfahrungsgewinnung und die Entwicklung erfahrungsbasierter Wissensstrukturen in einem komplexen Wechselwirkungsgefüge vieler Faktoren zu sehen sind (vgl. Abbildung 13.2-1). Es ist nicht zu erwarten, daß bestimmte Erfahrungspotentiale der Arbeit eo ipso positiv wirken.

Obwohl die Kompetenzfacette strategische Flexibilität in Abschnitt 3 noch nicht sehr präzise beschrieben wurde, seien hier einige Bedingungen für die Entwicklung der strategischen Flexibilität zusammengestellt, die teilweise auch durch empirische Befunde gestützt werden (vgl. z.B. Franke 1987; 1989; Volpert 1989; Hacker 1992; Bergmann u. a. 1997).

„Progressive" Erfahrung bedeutet, daß die Erfahrungspotentiale der Arbeit so auf die Handlungsvoraussetzungen des Akteurs, die Rahmenbedingungen seiner Tätigkeit, die außerberuflichen Lebenskontexte und die hier möglichen peri- und postaktionalen Prozesse der Wissensgenerierung abgestimmt sind, daß der Akteur einen Entwicklungsimpuls bekommt und sein Handlungsrepertoire mit den entsprechechenden Wissenskorrelaten erweitern bzw. qualitativ verbessern kann. Der Begriff der progressiven Erfahrung ist ein idealtypisches Konzept, das optimale individuumzentrierte synchrone und diachrone Bedingungskonstellationen für den Aufbau strategisch relevanter Handlungspotentiale thematisiert.

Wichtige Bedingungen für die Kompetenzentwicklung und die Herausbildung strategischer Handlungspotentiale:

(1) *Problemerfahrung:* Diese Dimension bezieht sich auf das Ausmaß der erforderlichen Denkprozesse in der Arbeit.

Die Problemhaltigkeit wächst mit der Komplexität des Arbeitsprojektes sowie mit der Anzahl der Operationen, die für die Transformation des Objektes vom Ausgangs- in den Zielzustand erforderlich ist. Sie wird ferner durch folgende Merkmale bestimmt (vgl. Dörner u. a. 1983): Intransparenz (d. h. es fehlen Informationen darüber, welche Variablen relevant sind, und über die Verknüpfung der Variablen), Vernetztheit (d. h. die Variablen sind miteinander verknüpft, was dazu führt, daß Maßnahmen auch Neben- und Fernwirkungen aufweisen können), Eigendynamik (d. h. auch wenn der Arbeitende nichts unternimmt, verändert sich das System, Polytelie (d. h. es müssen gleichzeitig mehrere Ziele verfolgt werden), Unbestimmtheit (d. h. das Ziel ist nicht eindeutig definiert).

(2) *Handlungsspielraum:* Diese Dimension betrifft die Menge der objektiven „Freiheitsgrade" bei der Verrichtung der Arbeit, also die unterschiedlichen Möglichkeiten zu aufgabengerechten Handeln. Der Handlungsspielraum hängt davon ab, ob der Arbeitende an der Organisation des Arbeitsablaufs beteiligt ist, selbst über die Vorgehensweise bei der Arbeit entscheiden kann, ob er die Arbeitszuteilung beeinflussen kann, ob er bei der Arbeit neue Vorgehensweisen ausprobieren kann und nicht unter Zeitdruck steht.

(3) *Zentrierte Variabilität:* Die Aufgaben sollen jeweils innerhalb eines bestimmten Zeitraums um einen Aufgabenkern streuen. Volpert (1989, S. 128) spricht vom Merkmal der „zentrierten Variabilität", die entwicklungsförderliche Arbeitsaufgaben tragen sollen, d.h. sie sollen bei gleicher Grundstruktur unterschiedliche Realisierungsbedingungen enthalten. Zur Begründung dieses Prinzips ist darauf hinzuweisen, daß die Herausbildung flexibler Muster/Handlungsschemata in einem komplexen Gegenstandsbereich erfordert, daß man sich derselben Grundfrage, der gleichen Art von Problemen oder Aufgaben in variierenden Ausprägungen, in unterschiedlichen Situationen zuwenden kann.

Abbildung 13.2-1: Rahmenmodell für die Untersuchung der Auswirkungen der Erfahrung auf die Entwicklung strategischer Handlungspotentiale

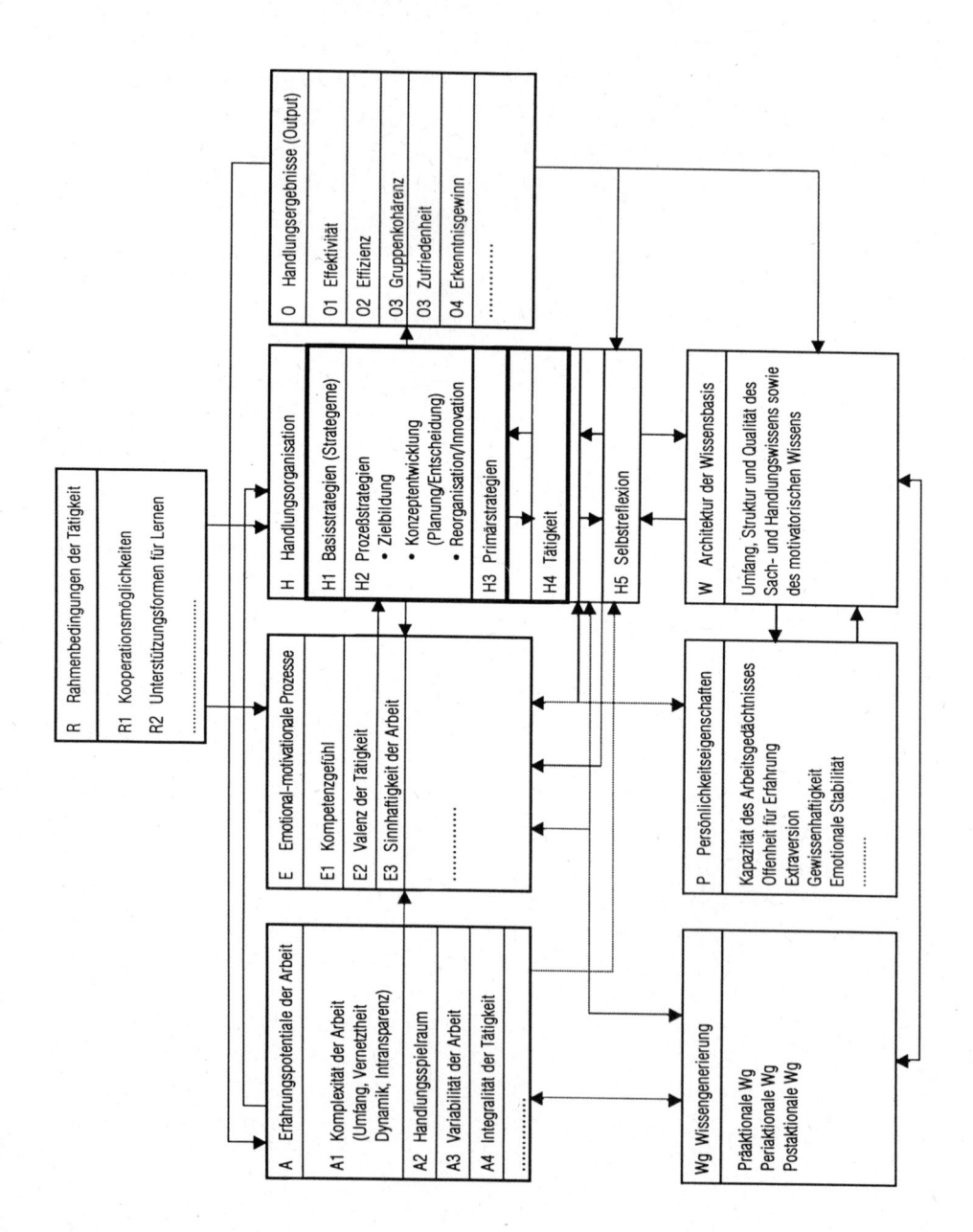

R Rahmenbedingungen der Tätigkeit
R1 Kooperationsmöglichkeiten
R2 Unterstützungsformen für Lernen
....

O Handlungsergebnisse (Output)
O1 Effektivität
O2 Effizienz
O3 Gruppenkohärenz
O3 Zufriedenheit
O4 Erkenntnisgewinn
....

H Handlungsorganisation
H1 Basisstrategien (Strategeme)
H2 Prozeßstrategien
 • Zielbildung
 • Konzeptentwicklung (Planung/Entscheidung)
 • Reorganisation/Innovation
H3 Primärstrategien
H4 Tätigkeit
H5 Selbstreflexion

W Architektur der Wissensbasis
Umfang, Struktur und Qualität des Sach- und Handlungswissens sowie des motivatorischen Wissens

E Emotional-motivationale Prozesse
E1 Kompetenzgefühl
E2 Valenz der Tätigkeit
E3 Sinnhaftigkeit der Arbeit
....

P Persönlichkeitseigenschaften
Kapazität des Arbeitsgedächtnisses
Offenheit für Erfahrung
Extraversion
Gewissenhaftigkeit
Emotionale Stabilität
....

A Erfahrungspotentiale der Arbeit
A1 Komplexität der Arbeit (Umfang, Vernetztheit, Dynamik, Intransparenz)
A2 Handlungsspielraum
A3 Variabilität der Arbeit
A4 Integralität der Tätigkeit
....

Wg Wissengenerierung
Präaktionale Wg
Periaktionale Wg
Postaktionale Wg

(4) *Integralität:* Der Mensch soll mit Aufgaben konfrontiert werden, zu deren Erfüllung möglichst viele verschiedenartige Handlungsoperationen erforderlich sind. Der Mensch soll an vollständige Arbeitstätigkeiten herangeführt werden, d.h. er soll nicht nur das Ausführen einer Tätigkeit beherrschen lernen, sondern auch Vorbereitungsschritte (das Aufstellen von Zielen, Entwickeln von Vorgehensweisen, Auswählen zweckmäßiger Alternativen), Organisationsschritte (das Abstimmen mit anderen Arbeitenden) und Kontrollschritte als rückkoppelnden Vergleich mit den Zielen und erforderlichenfalls Korrekturen usw.

(5) *Soziale Unterstützung:* Diese Dimension bezieht sich auf die Anregungen und die Hilfe, die der Arbeitende von den Mitarbeitern des Betriebes bekommt. Soziale Unterstützung wird wesentlich durch Organisation und Führung mitbestimmt. Führungsfunktionen sind Ziele setzen, Bewerten von Vorkommnissen, In-Bewegung-Setzen (Aktivieren, Motivieren, Initiieren), Informieren, Koordinieren usw.

(6) *Individualisierung:* Die Aufgaben, mit denen der Mensch konfrontiert wird, sollen seinem Entwicklungsstand entsprechen, d.h. sie dürfen ihn nicht unter- oder überfordern („Prinzip der differentiellen Arbeitsgestaltung", Ulich 1978).

Sie sollen dem Akteur darüber hinaus ermöglichen, auf der Basis seines Wissens, persönliche Wertvorstellungen und Interessen, eigene Sicht- und Interpretationsweisen der Aufgabenstellung und persönlich geprägte Arbeitsweisen zu entwickeln („Prinzip der flexiblen Arbeitsgestaltung"). Interindividuell unterschiedliche Vorgehensweisen sind möglich, ohne daß damit notwendigerweise Unterschiede in der Effizienz erkennbar werden (vgl. z.B. Triebe 1978).

Das dem Menschen zur Unterstützung seiner Arbeit zur Verfügung gestellte Informationsmaterial muß von ihm an früher erworbene Wissensstrukturen angeschlossen werden können; nur so wird es für ihn bedeutungsvoll und ermöglicht sinnvolles Lernen (Prinzip der Kohärenz).

Um die richtige Passung zwischen den Arbeitsaufgaben und den Handlungsvoraussetzungen des Individuums zu erreichen, ist es erforderlich, daß das Individuum an der Arbeitsplanung und an der Gestaltung von Lernarrangements und Lernwegen beteiligt wird.

Aus der sog. ATI-Forschung (das Akronym steht für „Aptitude-Treatment-Interaction") steht bislang zu wenig gesichertes nomologisches Wissen über die Zusammenhänge zwischen Lernermerkmalen und Lernbedingungen zur Verfügung, um hieraus eine Technologie für die Strukturierung der Lehr-/Lernprozesse entwickeln zu können.

An der Existenz individuell unterschiedlich günstiger externer Lernbedingungen kann zwar nicht gezweifelt werden. Doch erlaubt der gegenwärtige theoretische und empirische Forschungsstand eben keine sichere Vorhersage des Lernerfolgs unter bestimmten externen Lernbedingungen und keine Maximierung des Lernerfolgs durch optimale externe Steuerung der individuellen Lernprozesse.

Versuche weisen darauf hin, daß Lernende – nach entsprechendem Training treffsicher geeignete Lernmethoden auswählen und ihren Lernstand realistisch einschätzen können (Garten, 1977). Auch eine vorhersagekräftige Einschätzung der Bedeutsamkeit der eigenen Persönlichkeitsmerkmale für den Lernerfolg scheint Lernenden möglich zu sein: In einer Untersuchung von Rock (1975, nach Rüppel, 1977, S. 103) konnte mit Hilfe der subjektiven Überzeugungsstärken der Lernenden über die Relevanz der Persönlichkeitsmerkmale für den Lernerfolg eine bessere Prädikation des Lernerfolgs erzielt werden als auf rein empirischem Wege über die multiple Regressionsanalyse.

(7) *Rationalität:* Der zeitliche Verlauf der psychischen Regulation von Arbeitstätigkeiten läßt sich u.a. dadurch charakterisieren, daß der Arbeitende zunächst Freiheitsgrade nutzt und aufgrund von Rückkoppelungseffekten die Zahl der Freiheitsgrade schließlich immer mehr reduziert – bis hin zu einem subjektiven „one best way".

Die fortdauernde Erfüllung einer bestimmten Arbeitsaufgabe führt zu einer Geübtheit im Arbeitsvollzug, die mindestens partiell eine hochgradige Automatisierung nicht nur sensumotorischer, sondern auch intellektueller Regulationsprozesse bedeutet. Dadurch kann beispielsweise der Entscheidungsspielraum eine massive Dequalifizierung erfahren, d.h. ursprünglich echte Entscheidungsleistungen werden ersetzt durch reine Abruffunktionen. Befunde der Expertisefoschung weisen darauf hin, daß der Mensch im Laufe der Zeit aufgrund seiner Erfahrung die Wahrnehmung seines Aufgabengebiets und die Art der Steuerung und Kontrolle seines Handelns verändert. Nach dem Stufenmodell der Entwicklung beruflicher Tüchtigkeit von Dreyfus und Dreyfus (1987), durchläuft der Mensch bei seiner Expertiseentwicklung fünf Stufen – vom Neuling (Novice) über die Stufe des fortgeschrittenen Anfängers (Advanced Beginner), die Stufe der Kompetenz (Competence) und die Stufe der Gewandtheit (Proficency) zum Expertentum (Expertise). Expertentum wird von Dreyfus und Dreyfus wie folgt charakterisiert:

„Wenn keine außergewöhnlichen Schwierigkeiten auftauchen, lösen Experten weder Probleme noch treffen sie Entscheidungen; sie machen einfach

Auswirkungen der Erfahrung auf die Basis- und Prozeßstrategien

das, was normalerweise funktioniert" (S. 55). Ihre Handlungsprozesse verlaufen daher flüssig und schnell.

„Ein gewandt Handelnder nimmt verschiedene Situationen, die eine jeweils unterschiedliche Taktik erfordern, immer aus dem gleichen Blickwinkel oder mit demselben Ziel vor Augen wahr. Nachdem er genug Erfahrungen über solche Situationen gesammelt hat, scheint er sie zu Gruppen zusammenzustellen, die nicht nur Ziel oder Perspektive gemeinsam haben, sondern auch gleiche Entscheidungen, Aktionen oder Taktiken erfordern. Von nun an durchschaut er eine Situation nicht einfach nur, wenn sie einer früheren ähnelt, sondern ihm kommen gleichzeitig die damit verbundenen Entscheidungen, Aktionen und Taktiken in den Sinn.

So baut er auf der Grundlage seiner Erfahrungen eine ungeheure Bibliothek von unterscheidbaren Situationen auf. Ein Schachmeister, so schätzt man, kann etwa 50 000 verschiedene Positionstypen erkennen ..." (S. 56 ff.).

„Kompetentes Handeln ist rational, Gewandtheit kennzeichnet den Übergang, Experten handeln arational" (S. 62).

„Rationalität ... ist zum Synonym für kalkulierendes Denken geworden und daher konnotiert mit einem Vorgehen, das „Komponenten oder Teile zu einem Ganzen zusammensetzen" will. Arational nennen wir im Gegensatz dazu Handlungen, die ohne bewußtes, analytisches Zerlegen und Rekombinieren auskommen" (S. 61 ff).

Um die für rationales Handeln erforderlichen Kompetenzen nicht verkümmern zu lassen, muß der Mensch immer wieder zu rationalem Handeln herausgefordert werden.

Im Betrieb gibt es hierfür viele Gelegenheiten: Arbeitsplatzwechsel, Einführung neuer Arbeitsmittel/Arbeitstechniken, Institutionalisierung von Qualitätszirkeln oder Lernstatt-Modellen oder die Verpflichtung der Fachkraft zum Knowhow-Transfer. Gerade die letzte Maßnahme zwingt die Fachkraft, in der Diskussion mit dem Auszubildenden Erklärungen und Begründungen für das Tun abzugeben, sich mit alternativen Vorgehensweisen auseinanderzusetzen usw. – also zu Operationen, die konstitutiv sind für Rationalität.

Ein wichtiger Ansatz zur Förderung der Denkfähigkeit und der Rationalität ist auch die Selbstreflexion. Wie die Ergebnisse der experimentellen Arbeiten von Reither (1979) und Hesse (1979) zeigen, kann die Betrachtung des eigenen Tuns und Denkens – ohne jede Anleitung! – zu einer bedeutsamen Verbesserung des eigenen Denkens führen.

13.2.5 Auswirkungen progressiver Erfahrung auf die Architektur der Wissensbasis

In den folgenden beiden Thesen beschäftige ich mich mit den hypothetischen Auswirkungen progressiver Erfahrung auf einige Strukturmerkmale des Sachwissens und des Handlungswissens, insofern diese für die strategische Handlungsflexibilität bedeutsam erscheinen. Die Zusammenhänge zwischen den Wissensmerkmalen und den Facetten des strategischen Handelns können aus Raumgründen hier nicht expliziert, nur angedeutet werden.

These 1: Strukturveränderungen im Bereich des Sachwissens

Sachwissen besteht aus Begriffen und aus den zwischen ihnen bestehenden Beziehungen, den semantischen Relationen.

Ich gehe im folgenden nur auf die zwischenbegriffliche Ordnungsbildung ein, da die innerbegriffliche Ordnung nicht primär von den individuellen Erfahrungen abhängt.

Die zwischenbegriffliche Ordnung spiegelt die räumlichen, zeitlichen, modalen, kausalen und finalen Zusammenhänge in kohärent erlebbaren Ausschnitten der Realität wider (z.B. in den Orientierungsbereichen Schule, Arbeitsplatz, Haushalt).

Drei Aspekte der zwischenbegrifflichen Ordnungsbildung sind m.E. im besonderem Maße erfahrungsabhängig und im Hinblick auf die Handlungswirksamkeit des Sachwissens besonders wichtig: die Chunkbildung, die Typikalität der zwischenbegrifflichen Beziehungen und die „Prozeduralisierung" des im Chunk repräsentierten Wissens: Das Konzept des Chunks wurde von Miller (1956) in die Gedächtnispsychologie eingeführt. Es sind damit Wissenseinheiten gemeint, die sich vermutlich als Folge vielfältiger Erfahrungen mit einem Sachverhalt ausbilden. Man kann sich darunter „Verdichtungen" von vorher separaten Wissenselementen vorstellen, die zu einer komplexeren Einheit, dem Chunk, zusammengefaßt werden. Sie sind eine Form der Superzeichenbildung. Die Chunks haben eine wichtige Funktion für das Kapazitätsmanagement des Arbeitsgedächtnisses beim Handeln.

Es ist anzunehmen, daß die Chunks auch die Generierung des Erwartungshorizonts beim Handeln beeinflussen und hierüber auch den Grad an „holistischem Denken" bestimmen.

Unter Typikalität wird hier verstanden, wie treffend, charakteristisch oder dominierend die Zusammenhänge zwischen den im Chunk repräsentierten

Begriffen/ Wissenselementen sind. Typikalität bezieht sich auf die Häufigkeit oder Regelmäßigkeit von Dingzusammenhängen in Wahrnehmungssituationen.

Es ist anzunehmen, daß hohe Relationstypikalität, d.h. eine starke Verbundenheit der ein Geschehen bzw. eine Situation beschreibenden Begriffe, im Normalfall die Orientierungsprozesse beim Handeln erleichtert und so die Handlungseffizienz steigert; andererseits dürfte jedoch eine hohe Typikalität in „untypischen" bzw. neuartigen Situationen die Flexibilität des Handelns beeinträchtigen und so die Handlungseffizienz vermindern.

Der Aspekt der Proceduralisierung des semantisch-deklarativen Wissens wurde von Anderson (1982) ins Spiel gebracht. Es geht hierbei um die Einlagerung von operativem Wissen in die Chunks („attached procedures").

Es ist anzunehmen, daß auf diese Weise die Planungsprozesse beim Handeln erleichtert und so die Handlungseffizienz gesteigert wird.

These 2: *Strukturveränderungen im Bereich des tätigkeitsspezifischen Handlungswissens*

In dem aufgrund progressiver Erfahrung entwickelten Handlungswissen sind sowohl abstrakte als auch konkrete Wissenselemente inkorporiert. Elaborierte Formen des Handlungswissens zeichnen sich durch folgende Merkmale aus:

(1) Das Handlungswissen enthält die Schemata für die Bewältigung bestimmter Klassen von Aufgaben. Ein Schema bildet die Makrostruktur einer Handlung ab. Es ist ein Operationsprogramm zur Bewältigung bestimmter Typen von Aufgaben (z.B. Montage, Instandsetzung). Es ist eine innere (kognitive) Repräsentation eines Handlungsprozesses. Es hebt aus dem Strom der Ereignisse und der Vielfalt der Sinneseindrücke das hervor, was konstant und wesentlich für eine Handlung ist. Um auf viele Fälle anwendbar zu sein, muß es von den zufälligen und nebensächlichen Aspekten einzelner konkreter Anwendungssituationen gereinigt sein.

(2) Es existieren Schemata auf verschiedenen Abstraktionsstufen. Neben dem bereichsspezifischen gibt es auch bereichsübergreifende Operationsprogramme.

(3) Die Schemata auf den verschiedenen Abstraktionsstufen sind miteinander verbunden. Es gibt eine Hierarchie der Schemata, bei der die weniger abstrakten Schemata Instantiierungen der abstrakten Schemata sind.

(4) In die Schemata ist episodisches Wissen eingelagert – besonders an den Stellen, wo erfahrungsgemäß in der Praxis häufig Fehler oder Schwierigkeiten auftreten. Das episodische Wissen repräsentiert möglichst prägnant musterhafte Fälle des Vorgehens.

(5) Das Operationsgefüge der Schemata ist stark – im Sinne der „hypothetischen Repräsentation" von Abelson (1976) – konditionalisiert. Beispielsweise enthalten die Schemata auch „Feuerwehrregeln" (vgl. Aebli 1986, S. 626), die Hinweise liefern, wie bestimmte Pannen oder Störungen zu beheben sind.

(6) Es gibt mehrere funktionsäquivalente Schemata, die dem Akteur ein flexibles Handeln ermöglichen.

Beispielsweise gibt es bei der Planung recht unterschiedliche Schemata: (a) Planen als lineare Verkettung von Einzeloperationen; (b) Planen als hierarchisch-sequentieller Organisationsprozeß (z.B. Hacker 1978); (c) Planen im Sinne der von Kotarbinski (1966; zitiert in Volpert, 1976; S. 22) aufgestellten Prinzipien der „optimalen zeitlichen Reichweite" und der „angemessenen Begrenzung der Detaillierung"; (d) das Mehrebenenplanungsmodell von Miller/Goldstein (1976; nach Neber 1987, S. 52), nach dem Plangenerierungsprozesse auf vier Planebenen ablaufen und durch unterschiedliche Information gesteuert werden; (e) Das Mehrebenenmodell des „opportunistischen" Planens von Hayes-Roth/Hayes-Roth (1979), wonach Pläne nicht vollständig ausgearbeitet, unsystematisch von erfolgversprechenden Punkten aus entwickelt und in verschiedene Richtungen gleichzeitig entwickelt werden.

13.2.6 Hypothesen für die Untersuchung der Zusammenhänge zwischen Erfahrungsmerkmalen und Aspekten strategischen Handelns

Es wurde bereits eingangs in diesem Kapitel auf die komplexen Prozesse der Erfahrungsgewinnung und Erfahrungsverarbeitung und auf die komplizierten Wechselwirkungen zwischen Faktoren der Arbeit, der Person und der Handlungsorganisation hingewiesen (vgl. Abbildung 13.2-1). Daher ist nicht zu erwarten, daß ein einzelnes Arbeitsmerkmal, Erfahrungsmerkmal oder Persönlichkeitsmerkmal hohe korrelative Zusammenhänge mit einzelnen Aspekten des strategischen Handelns aufweist. Naheliegend ist daher folgende Hypothese:

Auswirkungen der Erfahrung auf die Basis- und Prozeßstrategien

H1: *Der Zusammenhang zwischen einzelnen Erfahrungsmerkmalen und bestimmten Aspekten des strategischen Handelns ist schwach.*

Die empirischen Befunde der explorativen Studie stützen die Annahme, daß die Komplexität des Arbeitsumfeldes die Strategiebildung (in der Computersimulation) beeinflußt: Beispielsweise kovariiert die hierarchische Position im Unternehmen hochsignifikant mit einem an Regeln und Maximen orientierten Vorgehen. In höheren Positionen ist das Handeln in stärkerem Maße fachwissensbasiert, d.h., die Versuchsperson engagiert sich stärker im Vertriebsbereich, wenn sie aus dem Vertriebsbereich kommt, und stärker im Bereich der Werbung und Marktforschung, wenn sie aus dem Marketingbereich kommt. Ferner korreliert die hierarchische Position mit einem stärker fallbasierten Handeln, das sich in der aktuellen Situation häufig an Vergleichsfällen der Vergangenheit orientiert. Demzufolge wird folgende Hypothese aufgestellt:

H2: *Die Komplexität der Tätigkeit und des Arbeitsumfeldes kovariiert mit Präferenzen für bestimmte Basisstrategien.*

Es ist anzunehmen, daß viele und vielfältige Probleme und Anforderungen in der Berufstätigkeit die Herausbildung eines umfangreichen und differenzierten Handlungsrepertoires begünstigen, mit dem diese Probleme bewältigt werden können. Beispielsweise berichtet Kohn (1985) über eine große Längsschnittstudie, in der ein Zusammenhang zwischen der Komplexität der Arbeit und der geistigen Beweglichkeit von Arbeitenden nachgewiesen wurde. Es ist anzunehmen, daß sich neben einem bereichsspezifischen Handlungswissen auch ein elaboriertes heuristisches Handlungswissen entwickelt. Auch sollte die Offenheit und Bereitschaft zur Aufnahme neuer Information bei vielfältigen Problemen stärker ausgeprägt sein, da neue Informationen eine Quelle zur Erweiterung des Handlungsrepertoires darstellen. Folgende Hypothese wird formuliert:

H3: *Je größer die Problemvielfalt im Arbeitsumfeld ist, desto differenzierter ist das Handlungsrepertoire im Bereich der Zielbildung, bei den Planungs- und Entscheidungsprozessen und im Bereich der Stützprozesse des Handelns.*

Freiheitsgrade bei der Arbeit sind eine Voraussetzung, um neue Wege zu erproben und Handlungsmuster entwickeln, die den eigenen Interessen und Fähigkeiten entsprechen. Einflußmöglichkeiten auf die Ziele der Arbeit, Partizipationsmöglichkeiten bei der Organisationsentwicklung und Gestaltung von Arbeitsstrukturen, das Fehlen von detaillierten Vorgaben sowie Gelegenheiten zur Selbstreflexion sind wichtige Erfahrungspotentiale für die Entwicklung des strategischen Denkens und Handelns. Es wird die Hypothese aufgestellt:

H4: *Handlungsspielräume im Arbeitsprozeß kovariieren mit der Differenziertheit des Handlungsrepertoires im Bereich der Zielbildung, Planung, Entscheidung, Ideenfindung und Selbstreflexion.*

Die Erfahrungsbreite ist wichtig für die Entwicklung flexibler Handlungsschemata. Bei der Untersuchung dieser Erfahrungsdimension muß die Variabilität der Tätigkeit auf verschiedenen Systemebenen untersucht werden (vgl. Strauss/Corbin 1996, S. 135 ff.): Neben der Anzahl unterschiedlicher Tätigkeiten im absatzwirtschaftlichen Bereich, in denen der Akteur Erfahrungen sammeln konnte, sind auch Veränderungen zu berücksichtigen, die den Wechsel zwischen verschiedenen Unternehmen, Betriebsgrößen und Wirtschaftszweigen betreffen. Nicht zuletzt die Handlungsspielräume, Handlungsmaxime und Wertvorstellungen dürften durch Bedingungen auf den von der aktuellen Tätigkeit weiter entfernt liegenden Ebenen beeinflußt werden. Es werden zur Erfahrungsbreite vier Hypothesen aufgestellt:

H5: *Die Variabilität der Arbeit beeinflußt die von den Fach- und Führungskräften bei der Bewältigung komplexer Situationen genutzten Basisstrategien.*

H6: *Mit zunehmender Erfahrungsbreite wird das Handlungsrepertoire differenzierter, und es wächst der Umfang des Handlungsrepertoires.*

H7: *Mit zunehmender Erfahrungsbreite sinken Problemvielfalt und Problemumfang im Arbeitsleben.*

H8: *Die Variabilität der Arbeit erhöht den Konditionalisierungsgrad der Prozeßstrategien und trägt so zu einer größeren Handlungsflexibilität bei.*

Die Kompetenz der strategischen Flexibilität setzt umfängliches Wissen voraus über die verschiedenen Funktionen und Aufgaben in bestimmten Tätigkeitsfeldern und darüber hinaus über die betriebswirtschaftlichen und organisatorischen Abläufe im Unternehmen. Die Integralität der Erfahrung wird durch die Tätigkeitsvielfalt und die Funktionsvielfalt bestimmt: Unter Tätigkeitsvielfalt wird hier verstanden, daß der Arbeitende nicht nur mit einer Spezialaufgabe (z.B. Preiskalkulation), sondern möglichst alle Bereiche seines Tätigkeitsfeldes kennengelernt hat (in der Absatzwirtschaft beispielsweise den Vertrieb im Innendienst und Außendienst, die Werbung, die Produktentwicklung, die Kondionenpolitik, Verteilungs- und Logistikaufgaben, die Marktforschung, die Marktforschung und das Marketingcontrolling). Funktionsvielfalt bedeutet, daß nicht nur das Ausführen einer Tätigkeit gelernt wurde, sondern Erfahrungen auch gewonnen wurden in der Leitung und Führung von Mitarbeitern, im Bereich der Koordinierung von und der Kooperation mit anderen betrieblichen Organisationseinheiten sowie im Bereich der Organisationsentwicklung und Innovation. Zur Integralität der Erfahrung wird folgende Hypothese aufgestellt:

H9: *Mit zunehmender Integralität der Arbeit erhöhen sich Differenziertheit und Umfang des Handlungspotentials im Bereich der Prozeßstrategien.*

Die empirischen Daten unserer explorativen Studie legen die Annahme nahe, daß die Erfahrungsqualität der aktuellen Berufstätigkeit die Präferenzen für einige Basisstrategien (Strategeme) beeinflussen.

Beispiele:

Je schwieriger die Arbeit vom Berufstätigen empfunden wird, desto stärker ist sein „Effizienz-Divergenz-Streben". Der Akteur ist dann stärker bestrebt, sich immer möglichst viele gute Handlungsoptionen zu verschaffen. Dies an sich sinnvolle Vorgehen kann im Extremfall zur Vernachlässigung der eigentlichen Ziele und zu Entscheidungsschwäche führen.

Je positiver das Kompetenzgefühl der Fachkraft entwickelt ist, desto weniger häufig wird die Handlungssituation im Hinblick auf Risiken analysiert und desto weniger intensiv werden die Maßnahmen hinsichtlich ihrer Neben- und Fernwirkungen kontrolliert. Diese Befunde legen folgende Hypothese nahe:

H10: *Eine positive emotionale Befindlichkeit im Berufsleben, insbesondere ein positives Kompetenzgefühl, begünstigt die Tendenz zu risikovolleren Strategien.*

Bei der Erläuterung des Erfahrungsbegriffs (in Abschnitt 13.2.1) wurde darauf hingewiesen, daß die Erfahrungen durch peri- und postaktionale Prozesse der Wissensgenerierung weiterverarbeitet werden.. Dies geschieht beispielsweise durch begriffliche Differenzierungen, durch Prozesse der Abstraktion und multirelationale Verknüpfungen mit anderen Wissensbausteinen. Die Qualität und Intensität der Verknüpfung der Erfahrungen mit anderen Wissenselementen dürfte in starkem Maße durch Reflexionsprozesse des Individuums beeinflußt werden. Die Intensität der Reflexionsprozesse selbst wiederum dürfte nicht unwesentlich von der emotionalen Färbung der Erfahrung abhängen, insbesondere von der Valenz der Tätigkeit und der subjektiven Einschätzung der eigenen Kompetenz im entsprechenden Handlungsfeld. Es läßt sich daher begründet folgende Hypothese aufstellen:

H11: *Die Erfahrungsqualität der Arbeit beeinflußt die Differenziertheit des strategischen Handlungsrepertoires.*

Die Erfahrungsqualität (E) als Resultat verschiedener emotional-motivationaler Prozesse ist Teil eines komplexen Wirkungsgefüges (vgl. Abbildung 13.2-1). Ein zentrales Merkmal der Erfahrungsqualität ist das individuelle Kompetenzgefühl. Eine Reihe von Untersuchungen im Bereich der Problemlöseforschung (vgl. Dörner et al. 1983) haben die Bedeutung des Kompetenzgefühls als Steuergröße in Handlungsprozessen unterstrichen. Zur Erhellung der Determinanten des Kompetenzgefühls wird folgende Hypothese aufgestellt:

H12: *Das Kompetenzgefühl wird sowohl durch das Erfahrungspotential der Arbeit, als auch durch die Differenziertheit des dem Individuum zur Verfügung stehenden strategischen Handlungspotentials beeinflußt.*

13.2.7 Untersuchungsmethode

Es werden mehrere Analysen durchgeführt, um die Hypothesen zu den Zusammenhängen zwischen den Erfahrungspotentialen der Arbeit (A-Variablen), der Erfahrungsqualität (E-Variablen) und – erstens – den Basisstrategien (H1-Variablen) sowie – zweitens – den Prozeßstrategien (H2-Variablen) zu prüfen. Aus Platzgründen, aber auch wegen der geringen Größe der Stichprobe beschränkt sich die Analyse auf diesen Ausschnitt aus dem „Rahmenmodell für die Untersuchung der Auswirkungen der Erfahrung auf die Entwicklung strategischer Handlungspotentiale" (vgl. Abbildung 13.2-1).

Die erste Analyse (A-E-H1-Analyse) nutzt Daten aus den computersimulierten Planspielen. Die Datengenerierung wird in Kapitel 8.5 und im Anhang 5 dieses Buches beschrieben.

Die zweite Analyse (A-E-H2-Analyse) nutzt Daten aus den strukturierten Interviews mit den Fach- und Führungskräften zu bestimmten Funktionskomplexen des Alltagshandelns. Die Datengenerierung wird in Kapitel 7.2 beschrieben.

Das Datenmaterial zum Erfahrungshintergrund der Versuchsteilnehmer wurde durch eine schriftliche Befragung gewonnen. Die Befragung war strukturiert und fast durchweg auch standardisiert.

In die Analysen wurden 30 Erfahrungsmerkmale einbezogen, die sich sechs Dimensionen der Erfahrung zuordnen lassen: Komplexität/Problemhaltigkeit der Arbeit, Handlungsspielraum, Abwechslungsreichtum/Variabilität, Integralität, Erfahrungsdauer, Erfahrungsqualität. Die Erfahrungsmerkmale wurden wie folgt operationalisiert:

Die Operationalisierung der Variablen der *Komplexität/Problemhaltigkeit* und des *Handlungsspielraums* geht aus der Legende zur Abbildung 13.2-2 hervor. Hier wurden die Itemformulierungen im Fragebogen und die Variablen – Labels listenartig zusammengestellt.

Bei der Bestimmung der Variablenwerte der *Variabilität* werden verschiedene Systemebenen berücksichtigt: Die Versuchsteilnehmer sollten jeweils angeben, wie lange sie in einzelnen Wirtschaftszweigen (z.B. Industrie, Handel), Betriebsstrukturtypen (erfaßt mit Hilfe des Indikators Betriebsgrößenklasse), Betrieben, kaufmännischen Funktionsbereichen (z.B. Einkauf/Beschaffung, Personal, Absatz/Marketing) und absatzwirtschaftlichen Funktionsbereichen (z.B. Vertrieb, Werbung, Marktforschung) beschäftigt waren. Bei der Auswertung wird jeweils sowohl die Wechselfrequenz als auch die Streuung der Beschäftigungszeiten berechnet.

Bei der *Integralität* werden die Variablen Tätigkeitsvielfalt und Funktionsvielfalt berücksichtigt. Der Variablenwert der Tätigkeitsvielfalt ergibt sich als Summe der Funktionsbereiche der Absatzwirtschaft, in denen der Versuchsteilnehmer im Laufe seines Berufslebens tätig war; es werden insgesamt 10 Funktionsbereiche unterschieden (Werbung, Produktentwicklung, preisgestaltende Aufgaben usw.). Der Variablenwert der Funktionsvielfalt resultiert aus der Anzahl der Tätigkeitsarten, in denen die Versuchsperson länger als 10 % ihrer Arbeitszeit in den letzten 12 Monaten tätig war. Fünf Tätigkeitsarten werden unterschieden: operative (ausführende) Tätigkeit, Führungstätigkeit, Koordinieren, Kooperation mit anderen betrieblichen Funktionsbereichen, Konzeptentwicklung für Innovationen.

Hinsichtlich der *Erfahrungsqualität* werden die Valenz der Tätigkeit, das Kompetenzgefühl und die Arbeitszufriedenheit operationalisiert:

Zur Bestimmung der *Valenz der Tätigkeit* sollten die Versuchsteilnehmer bei allen von ihnen ausgeübten Einzeltätigkeiten im Bereich der Absatzwirtschaft auf einer 7stufigen Rating-Skala die jeweilige Einzeltätigkeit beurteilen mit 1 = „gefällt mir nicht", 7 = „gefällt mir sehr". Der vorgegebene Tätigkeitskatalog umfaßte 45 Einzeltätigkeiten. Zusätzlich sollten die Probanden angeben, wieviel Prozent ihrer Arbeitszeit diese Tätigkeiten in Anspruch nahmen. Als Variablenwerte wurden das arithmetische Mittel und die Standardabweichung der mit den Prozentwerten (der Arbeitszeit) gewichteten Punktwerte berechnet.

Analog wurden die Variablenwerte zum *Kompetenzgefühl* ermittelt:

Die Versuchsteilnehmer sollten bei allen von ihnen ausgeübten Einzeltätigkeiten im Bereich der Absatzwirtschaft auf einer 7stufigen Rating-Skala angeben, wie kompetent sie sich bei der Ausübung der Tätigkeit fühlen. Bei der Kompetenzbeurteilung wurde auch ein Bezugsmaßstab ins Spiel gebracht: Die Versuchspersonen sollten jeweils ihre Fähigkeiten mit denen einer „Spitzenkraft auf diesem Gebiet" (entspricht dem Skalenwert 7 = „sehr kompetent") vergleichen. Das Kompetenzgefühl ergibt sich wieder als arithmetisches Mittel der mit den Prozentwerten (der Arbeitszeit) gewogenen Punktwerte.

Die *Arbeitszufriedenheit* wurde mit Hilfe 7stufiger Rating-Skalen erfaßt mit 1 = „sehr unzufrieden" und 7 = „sehr zufrieden". Es wurden sechs Arbeitsaspekte beurteilt: Kollegen, Vorgesetzte, die Tätigkeit, die Arbeitsbedingungen, die Organisation und Leitung des Betriebes sowie die Entwicklungsmöglichkeiten. Aus diesen Daten wurden dann individuelle Mittelwerte und Streuungswerte als Variablen berechnet.

Bei der Analyse der Zusammenhänge zwischen den Erfahrungsmerkmalen und den strategischen Handlungspotentialen gibt es eine doppelte Zielrichtung: eine effektanzanalytische und eine dependenzanalytische. Die effektanzanalytische Fragestellung richtet sich auf die Untersuchung der strategischen Wirkungen von Erfahrungen; die dependenzanalytische Fragestellung untersucht primär das relative Gewicht von Erfahrungsmerkmalen im Hinblick auf bestimmte Kriterien des strategischen Handelns.

Auswirkungen der Erfahrung auf die Basis- und Prozeßstrategien

Abbildung 13.2-2: Strategisch relevante Handlungsmomente im Berufsleben

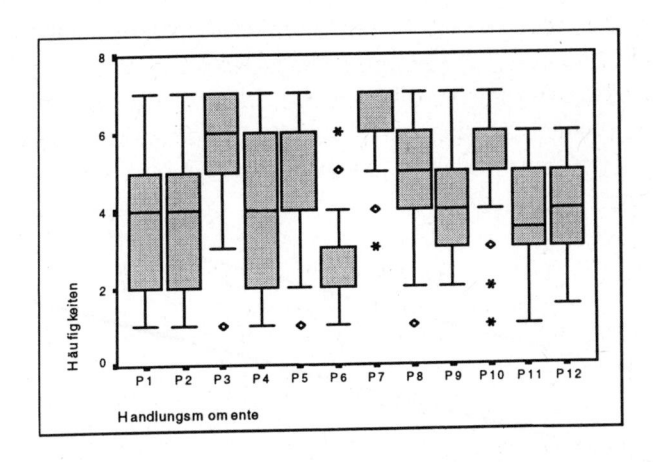

Legende:

In den Boxplots (zur Notation der Boxplots siehe Legende unter Abb.6-2) finden sich Angaben zu den Häufigkeiten verschiedener strategisch relevanter Anforderungen im beruflichen Alltag. Die verwendete Rating-Skala war 7stufig mit 1=„nie", 7=„sehr häufig". Variablen und Itemformulierungen im Fragebogen:

P1   *Vage Zielvorgaben:* Die Zielvorgaben bei der Arbeit waren vage.
P2   *Widersprüchliche Anforderungen:* Die Anforderungen, die an meine Arbeit gestellt wurden, waren widersprüchlich.
P3   *Multiperspektivität:* Bei meiner Arbeit mußte ich Ziele und Wünsche verschiedener Personen und Personengruppen berücksichtigen.
P4   *Konflikte zwischen Lebensbereichen:* Es gab Konflikte zwischen meiner Arbeit und meinen anderen Lebensbereichen (z.B. Familie, Freizeit).
P5   *Einfluß auf Ziele der Arbeit:* Ich konnte auf die Ziele meiner Arbeit Einfluß nehmen.
P6   *Detaillierte Vorgaben:* Die Art und Weise der Durchführung einer Aufgabe wurde detailliert vorgegeben.
P7   *Mehrfachaufgabenstellung:* Ich mußte mehrere Aufgaben im gleichen Zeitraum bearbeiten.
P8   *Partizipationsmöglichkeiten:* Ich hatte die Möglichkeit, an Maßnahmen zur betrieblichen Organisationsentwicklung oder der Arbeitsgestaltung mitzuwirken.
P9   *Entscheidungskonflikte:* Ich hatte Entscheidungskonflikte bei der Auswahl von Handlungsalternativen.
P10   *Neue Ideen:* Ich mußte mir etwas Neues einfallen lassen, um meinen Arbeitsauftrag erfüllen zu können.
P11   *Diskrepanzen bei der Arbeitsbewertung:* Es gab im Betrieb Meinungsverschiedenheiten über die Bewertung von Arbeitsergebnissen.
P12   *Reflexionsmöglichkeiten:* Ich fand genügend Zeit, über mich und meine Arbeitstätigkeit nachzudenken.

13.2.8 Ergebnisse

Die Hypothesen wurden im Abschnitt 13.2.6 relativ datennah formuliert. Wenn das zur Hypothesenprüfung herangezogene empirische Datenmaterial im folgenden eine Präzisierung der Hypothesen oder tiefergehende Erklärungshypothesen nahegelegt, werden im Anschluß an die jeweilige Hypothesenprüfung neue Hypothesen formuliert, die freilich an neuen Stichproben überprüft werden müssen. Die neuen Hypothesen werden mit einem Sternchen (*) markiert.

13.2.8.1 Zusammenhänge zwischen Erfahrungsmerkmalen und Basisstrategien

Hypothese 1:

Der Zusammenhang zwischen einzelnen Erfahrungsmerkmalen und bestimmten Aspekten des strategischen Handelns ist schwach.
Hypothesenprüfung:
Die Hypothese wird durch das empirische Datenmaterial gestützt.

Definiert man einen schwachen Zusammenhang als eine Korrelation in der Größenordnung von $r < 0{,}3$, so zeigt die Inspektion der Korrelationstabellen in diesem Abschnitt ebenso wie im nächsten Abschnitt, daß der größte Teil der Korrelationskoeffizienten niedrig ist.

Anmerkung:
Es fällt auf, daß die Koeffizienten im Bereich der Basisstrategien öfter etwas höher sind als im Bereich der Prozeßstrategien. Dies hängt möglicherweise damit zusammen, daß die Beobachtungsdaten der Computersimulation reliabler sind als die Befragungsdaten zum Alltagshandeln, auf deren Basis Aussagen zu den Prozeßstrategien gemacht werden.

Hypothese 2:

Die Komplexität der Tätigkeit und des Arbeitsumfeldes kovariiert mit Präferenzen für bestimmte Basisstrategien.
Hypothesenprüfung:
Die Hypothese wird durch das empirische Datenmaterial gestützt, wenn man

unterstellt, daß das Komplexitätsniveau von Tätigkeiten im Managementbereich im allgemeinen höher ist als im Bereich der ausführenden Tätigkeiten: Es läßt sich feststellen, daß Personen, die mehr Zeit investieren in Führungsaufgaben, Koordinationsaufgaben oder in die Entwicklung von Innovationskonzepten, andere Basisstrategien favorisieren als Personen auf der operativen Ebene, teilweise sogar entgegengesetzte Verhaltenstendenzen zeigen (vgl. Tabelle 13.2-1):

Auf drei gegenläufige Tendenzen sei hingewiesen:

(1) Je länger sich die Person mit ausführenden Tätigkeiten beschäftigt, desto weniger impulsiv ist ihr Vorgehen. Je mehr sich eine Person demgegenüber mit Führungsaufgaben beschäftigt, desto stärker neigt sie zu einem impulsiven Vorgehen (C29). Impulsives Vorgehen zeigt sich in einem hohen Anteil an Entscheidungen, die mit wenig vorheriger Informationssuche und Analyse verknüpft sind. Hierzu paßt auch, daß mit verstärkter Führungstätigkeit die Tendenz, das Verhalten an Regeln und Maximen zu orientieren, abnimmt (C10).

(2) Kohärent zu Punkt (1) ist der Befund, daß die prozeßorientierte Systematik des Handelns mit zunehmender Führungs- und Koordinationstätigkeit signifikant abnimmt und mit steigenden Arbeitsanteilen im Bereich der ausführenden Tätigkeiten tendenziell zunimmt. Charakteristisch für diese Ordnungsform des Handelns ist, daß die Person bestimmte Prozeßschritte systematisch durchgeht (z.B. Informationen sammeln, Informationen analysieren, Maßnahmen treffen).

(3) Personen, die sich stärker mit der Koordinierung der Arbeit verschiedener Fachkräfte beschäftigen, bemühen sich tendenziell intensiver darum, Wissen zu erwerben, das ihnen bei der Systemsteuerung behilflich ist. Je mehr sich demgegenüber eine Person mit der Ausführung konkreter Tätigkeiten beschäftigt, desto weniger stark verfolgt sie tendenziell das Ziel, das System, mit dem sie es zu tun hat, möglichst genau zu verstehen, um es effektiver steuern zu können.

Anmerkung:
Die empirischen Befunde könnten allerdings auch so interpretiert werden, daß komplexere Tätigkeiten mit höheren Positionen, die über mehr Macht verfügen, verknüpft sind – so daß die hier sichtbar gewordenen Handlungstendenzen vielleicht nicht so sehr mit dem Komplexitätsniveau der Tätigkeit als vielmehr mit einem gewissen Machtbewußtsein und dem Willen, Einfluß zu nehmen, zusammenhängen könnten.

Hypothese 5:

Die Variabilität der Arbeit beeinflußt die von den Fach- und Führungskräften bei der Bewältigung komplexer Situationen genutzten Basisstrategien.

Hypothesenprüfung:
Die Hypothese wird durch das empirische Datenmaterial gestützt.

Es lassen sich eine Reihe signifikanter korrelativer Bezüge zwischen verschiedenen Indikatoren für die Erfahrungsbreite und den Strategemen bei der Steuerung der Planspiele feststellen (vgl. Tabelle 13.2-2).

Elf Indikatoren der Erfahrungsbreite wurden berücksichtigt, z.B. die Anzahl der von den Probanden ausgeübten Tätigkeiten im absatzwirtschaftlichen Bereich (wie Vertrieb, Werbung, Marketing-Controlling) oder die Anzahl der kaufmännischen Funktionsbereiche, in denen gearbeitet wurde.

In der ersten Untersuchung ergaben sich für das Planspiel Markstrat folgende signifikante Zusammenhänge:

(1) Je Mehr Einzeltätigkeiten im absatzwirtschaftlichen Bereich wahrgenommen werden, desto stärker ist die Neigung zu fallbasiertem Handeln und

(2) zur Bevorzugung von Breitbandoperatoren.

(3) Die Tendenz zur Konzentration auf Kernbereiche wird begünstigt durch die Wechselfrequenz zwischen verschiedenen Arbeitskontexten, konkret durch die Streuung der Beschäftigungszeiten über verschiedene kaufmännische Funktionsbereiche, absatzwirtschaftliche Teilfunktionsbereiche, verschiedene Betriebsgrößenklassen und verschiedene Wirtschaftsbereiche.

(4) Je mehr Erfahrungen die Praktiker mit verschiedenen Betrieben und Wirtschaftszweigen machen konnte, desto größeren Wert legen sie auf einen guten Überblick über ihr aktuelles Tun.

(5) In je mehr kaufmännischen Funktionsbereichen Erfahrungen gesammelt wurden, desto weniger offensiv ist das Vorgehen.

(6) Je stärker die Beschäftigungszeiten über die verschiedenen absatzwirtschaftlichen Funktionsbereiche streuen, desto geringer ist die Tendenz, viel Systemwissen zu erwerben und das System möglichst genau zu verstehen.

Dieses Zusammenhangsmuster ließ sich in der zweiten Untersuchung nicht in toto reproduzieren. Dieser Befund läßt sich sicher zu einem Teil durch die unterschiedlichen Stichproben und die verschiedenen Komplexitätsprofile der eingesetzten Planspiele erklären.

Auswirkungen der Erfahrung auf die Basis- und Prozeßstrategien 511

Drei konsistente Befunde in den beiden Untersuchungen seien jedoch hervorgehoben:
- Die Streuung der Beschäftigungszeiten über die absatzwirtschaftlichen Teilfunktionen wie Marktforschung, Produktentwicklung, Verteilung/Logistik usw. (EB6) kovariiert signifikant mit einer analytischen Systematik bei der Handlungsplanung (C3C), wodurch die Problemsituation mit Hilfe bestimmter Denkprozesse wie Gegenstandsanalysen, Funktionsanalysen oder Wirkungsanalysen strukturiert wird.
- Je größer die Anzahl der Betriebe, in denen die Fach- bzw. Führungskraft gearbeitet hat (EB7), desto ausgeprägter ist tendenziell der Wunsch, das eigene bereichsspezifische Fachwissen in Problemsituationen zu nutzen (C11).
- Je mehr kaufmännische Funktionsbereiche die Fach- bzw. Führungskraft im Laufe ihres Berufslebens kennengelernt hat (EB3), desto weniger offensiv ist ihr Verhalten.

Diese drei konsistenten Befunde legen die Formulierung einer verallgemeinerten Hypothese nahe:

H5*: *Je größer die Variabilität der Arbeit (und die hieraus resultierende größere Erfahrungsbreite) ist, desto größer ist das Kontrollbedürfnis des Menschen. Zur Befriedigung des Kontrollbedürfnisses werden verschiedene Prozeduren eingesetzt. Eine Kontrollfunktion können das Denken (vgl. C3C), das Wissen (vgl. C11) und die emotionale Steuerung (vgl. C21) ausüben.*

Hypothese 10:

Eine positive emotionale Befindlichkeit im Berufsleben, insbesondere ein positives Kompetenzgefühl, begünstigt die Tendenz zu risikovolleren Strategien.

Hypothesenprüfung:
Die Hypothese wird durch das empirische Datenmaterial teilweise gestützt.

Die korrelativen Zusammenhänge zwischen der Erfahrungsqualität und den Strategemen bei der Steuerung des Planspiels SchokoFin ist Tabelle 13.2-3 zu entnehmen:

(1) Je größer die durchschnittliche Arbeitszufriedenheit ist, desto geringer ist die Konkurrenzorientierung (C19) und die Kundenorientierung (C18), desto stärker offensiv ist das Vorgehen tendenziell, desto weniger penibel kontrolliert man die Situation und die Handlungseffekte (C12) und desto weniger stark ist

das Handeln tendenziell an Regeln und Maximen orientiert (C10).

(Die geringere Aufmerksamkeit, die man der Konkurrenz und dem Kunden widmet, ist risikoreich und kann zu Fehlentscheidungen führen.

(2) Die Verhältnisse verkehren sich allerdings ins Gegenteil, wenn man die Schwankungen der Arbeitszufriedenheit betrachtet. Je uneinheitlicher die Verhältnisse im Unternehmen beurteilt werden, je stärker die Zufriedenheit je nach Arbeitsaspekt differiert, desto stärker die Kundenorientierung und die Konkurrenzorientierung, desto weniger offensiv ist das Vorgehen und desto gewissenhafter ist das Handeln (C23). Charakteristisch für gewissenhafte Personen ist, daß sie genau kontrollieren und analysieren, Unklarheiten zu beheben versuchen und Fehlern und unerwarteten Ergebnissen nachgehen.

(3) Mit steigendem Kompetenzgefühl und mit steigender Valenz/Attraktivität der Tätigkeit schwächt sich die Tendenz zu gewissenhaftem Handeln ab (C23).

Punkt (2) der empirischen Befunde legt eine Reformulierung der Hypothese nahe:

H10*: *Eine stabile, konsistente positive emotionale Befindlichkeit im Berufsleben, insbesondere ein positives Kompetenzgefühl, begünstigt die Tendenz zu risikovolleren Strategien.*

Auswirkungen der Erfahrung auf die Basis- und Prozeßstrategien

Tabelle 13.2-1: Korrelative Zusammenhänge zwischen den prozentuierten Arbeitszeitanteilen in verschiedenen Tätigkeitsarten und den Strategemen bei der Steuerung des Planspiels SchokoFin

Art der Tätigkeit	Funktionsbezug der Strategeme			
	Zielbildung	Planung	Reflexion & Kontrolle	Globale Handlungsorganisation
Ausführung konkreter absatzwirtsch. Tätigkeiten (z.B. Angebote erstellen, Kunden besuchen, Festlegen des Verkaufspreises	C21: .26 C27:-.23		C29:-.30*	C3B: .24 C4: .25 C9:-.36**
Führungsaufgaben (z.B. Personaleinstellung, Lösung von Konflikten zwischen Mitarbeitern)	C17: .30*	C2: .24	C10:-.25 C29: .27*	C3B:-.31*
Koordinierung der Arbeit verschiedener Fachkräfte im absatzwirtschaftlichen Bereich	C27: .25		C12: -.32*	C3B:-.31*
Kooperation mit anderen betrieblichen Funktionsbereichen (z.B. Einkauf, Produktion)	C22: .34**		C12:-.26	
Mitarbeit an Konzepten für Innovationen im absatzwirtschaftlichen Bereich		C6: .31*		C15:-.26

Legende:
In der Tabelle sind Korrelationskoeffizeiten (Kendall tau b) eingetragen.
*$p<0,05$; **$p<0,01$; bei den übrigen Koeffizienten besteht nur ein tendenzieller Zusammenhang: $p<0,1$.
Eine ausführliche Beschreibung der Strategeme findet sich im Kapitel 8.5.

C2	Planungspessimismus	C15	Taktische Flexibilität
C3B	Prozeßorientierte Systematik	C17	Deckungsbeitrags- bzw. Gewinnorientirung
C4	Wissensbasiertes strategisches Handeln	C21	Offensives Vorgehen
C6	Effizienz-Divergenz-Streben	C22	Defensives Vorgehen
C9	Fallbasiertes Handeln	C27	Systemsteuerung
C10	An Maximen orientiertes Handeln	C29	Impulsivität
C12	Stützung durch externe Protokollierung		

Tabelle 13.2-2: Korrelative Zusammenhänge zwischen der Erfahrungsbreite und den Strategemen bei der Steuerung der Planspiele.

Indikatoren für die Erfahrungsbreite	Funktionsbezug der Strategeme			
	Zielbildung	Planung	Reflexion & Kontrolle	Globale Handlungsoranisation
EB1: Anzahl unterschiedlicher Tätigkeiten im absatzwirtschaftlichen Bereich	**C17:0,25** C16:0,32 C19:0,32	C7:0,40*	**C23:0,28***	**C3B:-0,27** **C15:-0,32*** C9:0,47*
EB2: Streuung der Arbeitszeitanteile über die verschiedenen Tätigkeiten		C5:0,35	**C23:-0,24**	
EB3: Anzahl der kaufmännischen Funktionsbereiche in denen gearbeitet wurde	**C21:-0,31*** C21:-0,41* C20:0,42*	**C1:0,35*** **C6:0,30*** **C2:-0,27** C3C:-0,38 C5:0,35	C10:0,29	
EB4: Streuung der Beschäftigungszeiten über die kaufm. Funktionsbereiche		**C1:0,44**** **C2:-0,37*** **C6:0,38*****		
EB5: Anzahl der Funktionsbereiche in der Absatzwirtschaft, in denen gearbeitet wurde	**C21:-0,29** **C27:0,40**** **C28B:0,38*** C16:0,50** C17:-0,33	C3A:0,40 C11:-0,40		
EB6: Streuung der Beschäftigungszeiten über die absatzwirtschaftlichen Teilfunktionen	**C21:-0,27** **27:0,58***** C17:-0,39* C25:-0,48	C3C:0,36* C3C:0,45* C3A:0,40 C5:0,38	**C23:0,31** **C29:0,43****	**C4:-0,31**
EB7: Anzahl der Betriebe, in denen gearbeitet wurde	C19:0,29 C24:0,54**	**C2:0,26** **C11:0,28** C11:0,37	C10:0,35	C9:0,46*
EB8: Beschäftigung in unterschiedlich großen Betrieben		C7:-0,26		C9:0,39
EB9: Streuung der Beschäftigungszeiten über die Betriebsgrößenklassen		C5:0,35		C9:0,37
EB10: Anzahl der Wirtschaftsbereiche, in denen gearbeitet wurde	C24:0,37 C28B:0,38		**C23:-0,33***	C9:0,56**
EB11: Streuung der Beschäftigungszeiten über die Wirtschaftsbereiche		C5:0,36	**C23:-0,25**	C9:0,51**

Legende:
In der Tabelle sind signifikante Korrelationskoeffizienten (Kendalls tau b) eingetragen. Die Koeffizienten, die sich auf das Planspiel SchokoFin beziehen, sind **fett** gedruckt; die übrigen Koeffizienten beziehen sich auf das Planspiel Markstrat.
Fortsetzung der Legende nächste Seite

Auswirkungen der Erfahrung auf die Basis- und Prozeßstrategien

Fortsetzung der Legende zur Tabelle 13.2-2
*p<0,05 ; **p<0,01 ; ***p<0,001 ; bei den übrigen Korrelationskoeffizienten besteht nur ein tendenzieller Zusammenhang: p<0,1
Eine ausführliche Beschreibung der Strategeme findet sich in Kapitel 8.5.

C1	: Planungsoptimismus	C15	: Taktische Flexibilität
C2	: Planungspessimismus	C16	: Marktanteilsorientierung
C3A	: Bereichsorientierte Systematik	C17	: Deckungsbeitrags-/Gewinnorientierung
C3B	: Prozeßorientierte Systematik	C19	: Konkurrenzorientierung
C3C	: Analytische Systematik	C20	: Kostenorientierung
C4	: Wissensbasiertes strateg. Handeln	C21	: Offensives Vorgehen
C5	: Konzentration auf Kernbereiche	C23	: Gewissenhaftes Handeln
C6	: Effizienz-Divergenz-Streben	C24	: Aufgabenorientierung
C7	: Bevorzugung von Breitbandoperatoren	C25	: Wissenserwerbsorientierung
C9	: Fallbasiertes Handeln	C27	: Systemsteuerung
C10	: An Maximen orientiertes Handeln	C28B	: Kompetenzschutz (Einkapselung)
C11	: Fachwissensbasiertes Handeln	C29	: Kompetenzschutz (Datensammlung)

Tabelle 13.2-3: Korrelative Zusammenhänge zwischen der Erfahrungsqualität und den Strategemen bei der Steuerung des Planspiels SchokoFin.

Indikatoren für die Erfahrungsqualität	Funktionsbezug der Strategeme			
	Zielbildung	Planung	Reflexion & Kontrolle	Globale Handlungsoranisation
EQU1: Durchschnittliche Valenz der Arbeitstätigkeit			C23:-0,33*	
EQU2: Schwankungen der Valenzwerte über die Einzeltätigkeiten			C23:-0,34*	
EQU3: Arbeitszufriedenheit (Mittelwert über sechs Arbeitsaspekte)	C18:-0,26 C19:-0,31* C21:0,22	C1:-0,27 C10:-0,23	C12:-0,26	
EQU4: Arbeitszufriedenheit (Streuung über sechs Arbeitsaspekte)	C16:0,39** C18:0,25 C19:0,29* C21:-0,25*	C11:0,23		
EQU5: Durchschnittliches Kompetenzgefühl			C23:-0,33*	
EQU6: Schwankungen des Kompetenzgefühls	C19:0,23		C23:-0,30*	

Legende:
In der Tabelle sind die Korrelationskoeffizienten Kendalls tau b eingetragen.
*p<0,05 ; **p<0,01 ; bei den übrigen Korrelationskoeffizienten besteht nur ein tendenzieller Zusammenhang: p<0,1
Fortsetzung der Legende nächste Seite

Fortsetzung der Legende zur Tabelle 13.2-3
Eine ausführliche Beschreibung der Strategeme findet sich in Kapitel 8.5.

C1 : Planungsoptimismus
C10: An Maximen orientiertes Handeln
C11: Fachwissensbasiertes Handeln
C12: Stützung durch externe Protokollierung
C16: Marktanteilsorientierung
C18: Kundenorientierung
C19: Konkurrenzorientierung
C21: Offensives Vorgehen
C23: Gewissenhaftes Handeln

13.2.8.2 Zusammenhänge zwischen Erfahrungsmerkmalen und Prozeßstrategien

Hypothese 3:

Je größer die Problemvielfalt im Arbeitsumfeld ist, desto differenzierter ist das Handlungsrepertoire im Bereich der Zielbildung, bei den Planungs- und Entscheidungsprozessen und im Bereich der Stützprozesse des Handelns.

Hypothesenprüfung:

Die Hypothese wird durch das empirische Datenmaterial nicht in toto gestützt. In Tabelle 13.2-4 sind die Zusammenhänge zwischen Problemvielfalt der Arbeit und der Differenziertheit des Handlungsrepertoires in den einzelnen Funktionskomplexen des Handelns dargestellt. Die Produkt-Moment-Korrelationen sind zwar allesamt hochsignifikant, sie sind jedoch artifiziell: Wird die Länge der Protokolle (= Anzahl der Segmente) herauspartialisiert, findet sich nur noch *eine* signifikante Korrelation im Bereich der Entscheidung. Die signifikanten Produkt-Moment-Korrelationen resultieren aus der unterschiedlich intensiven Gesprächsbereitschaft bzw. „Redseligkeit" der Versuchsteilnehmer.

Hypothese 4:

Handlungsspielräume im Arbeitsprozeß kovariieren mit der Differenziertheit des Handlungsrepertoires im Bereich der Zielbildung, Planung, Entscheidung, Ideenfindung und Selbstreflexion.

Hypothesenprüfung:
Die Hypothese wird durch das empirische Datenmaterial nicht gestützt:
Die Betrachtung der Variablen V7 bis V10 in Tabelle 13.2-7, die den Handlungsspielraum charakterisieren, weisen keine signifikanten Beziehungen zu den Differenziertheitswerten des Handlungsrepertoires in den einzelnen Funktionskomplexen auf.

Hypothese 6:

Mit zunehmender Erfahrungsbreite wird das Handlungsrepertoire differenzierter, und es wächst der Umfang des Handlungsrepertoires.

Hypothesenprüfung:
Das empirische Datenmaterial widerspricht der Hypothese.
In Tabelle 13.2-6 finden sich bei den Variablen V11 und V12, die sich auf die Variabilität beziehen, keine signifikanten positiven Zusammenhänge; sämtliche Korrelationskoeffizienten sind negativ.
Wie läßt sich dieser Befund erklären?
Möglicherweise führt die Erfahrungsbreite zu einer Chunkbildung im Sinne unserer These 1 in Abschnitt 13.2.5. Das würde bedeuten, daß die Fach- und Führungskräfte in den Selbstbeschreibungen ihrer Tätigkeiten mit Begriffen operieren, die komplexere Einheiten darstellen, die stärker „verdichtet" sind. Eine bloße Auszählung der im Interview genannten Begriffe würde daher dem realiter vorhandenen Wissen nicht gerecht werden. Zur Klärung dieses Problems wäre es notwendig, ein Verfahren zu entwickeln für die Messung des Ausmaßes der Chunkbildung.

Hypothese 7:

Mit zunehmender Erfahrungsbreite sinken Problemvielfalt und Problemumfang im Arbeitsleben.

Hypothesenprüfung:
Die Hypothese wird durch das empirische Datenmaterial gestützt.
Beide Indikatorvariablen der Variabiltät: Die Anzahl der Funktionsbereiche der Absatzwirtschaft, in denen gearbeitet wurde (V11) und die Wechselfrequenz zwischen Betrieben (V12) korrelieren negativ mit der Problemvielfalt und dem Problemumfang im Berufsleben, allerdings ist lediglich die Korrelation für V11 mit der Problemvielfalt statistisch signifikant (vgl. Tabelle 13.2-6).

Hypothese 8:

Die Variabilität der Arbeit erhöht den Konditionalisierungsgrad der Prozeßstrategien und trägt so zu einer größeren Handlungsflexibilität bei.

Hypothesenprüfung:
Die Hypothese wird durch die empirischen Befunde nicht widerlegt.
Es sind differentielle Wirkungen der Erfahrung von Variabilität je nach Funktionsbereich des Handelns zu konstatieren.

Es wurden elf Indikatoren der Variabilität zu den Facetten Z3, P8, E5, I4 und S8 in Bezug gesetzt. (Die Methode der Facettenbildung und der Datengenerierung wurde in Kapitel 7.2 beschrieben.) Die hier ausgewählten Facetten beziehen sich auf die Flexibilität der funktionsspezifischen Operationen, d.h. es werden Bedingungen, Anlässe oder Voraussetzungen für die Operationen angegeben.

Folgende Analysebefunde seien hervorgehoben:
(1) Es fällt auf, daß sämtliche Indikatoren der Erfahrungsbreite/Variabilität negativ mit der differentiellen Gestaltung der Zielbildung (Z3) korrelieren. *Signifikant negativ* wirkt sich die Variabilität eher auf den höheren Systemebenen aus; konkret: Die Wechselfrequenz zwischen Betrieben und zwischen Wirtschaftsbereichen korreliert negativ mit dem Konditionalisierungsgrad der Zielbildung. (• = -0,323 und • = -0,316 ; p<0,05)
(2) Die Flexibilität beim Entscheiden wächst mit der Funktionsvielfalt der Tätigkeit (• = 0,265 ; p<0,05).
(3) Der Wechsel der Tätigkeit zwischen verschiedenen kaufmännischen Funktionsbereichen wirkt sich tendenziell positiv auf die differentielle Gestaltung von Ideenfindungs- und Innovationsprozessen aus (• = 0,271 ; p<0,067).
(4) Je größer die aktuelle Tätigkeitsvielfalt im Bereich der Absatzwirtschaft ist, desto stärker werden die Voraussetzungen und Bedingungen der Selbstreflexion mitbedacht (• = 0,33 ; p<0,01).

Es wird folgende Spezifikation der Hypothese vorgeschlagen:
H8*: Die diachrone und synchrone Variabilität der Arbeit hat differentielle Auswirkungen auf die Konditionalisierung des Handlungsrepertoires in den einzelnen Funktionskomplexen des Handelns.

Hypothese 9:

Mit zunehmender Integralität der Arbeit erhöhen sich Differenziertheit und Umfang des Handlungspotentials im Bereich der Prozeßstrategien.

Hypothesenprüfung:
Die Hypothese wird durch das empirische Datenmaterial nicht gestützt.
Weder die Tätigkeitsvielfalt (V13) noch die Funktionsvielfalt (V14) korrelieren signifikant mit der Differenziertheit und dem Umfang des Handlungspotentials im Bereich der Prozeßstrategien.

Hypothese 11:

Die Erfahrungsqualität der Arbeit beeinflußt die Differenziertheit des strategischen Handlungsrepertoires.

Hypothesenprüfung:
Die Hypothese wird durch das empirische Datenmaterial nicht gestützt:
Die korrelativen Zusammenhänge zwischen den sechs Indikatoren für die Erfahrungsqualität und der Differenziertheit des strategischen Handlungsrepertoires in den von uns untersuchten Funktionskomplexen Zielbildung, Planung, Entscheidung, Ideenfindung und Selbstreflexion sind zwar überwiegend positiv (71 % der Korrelationskoeffizienten), aber durchweg nicht signifikant. Die Korrelationen liegen zwischen -0,07 und +0,21.

Hypothese 12:

Das Kompetenzgefühl wird sowohl durch das Erfahrungspotential der Arbeit als auch durch die Differenziertheit des dem Individuum zur Verfügung stehenden strategischen Handlungspotentials beeinflußt.

Hypothesenprüfung:
Die Hypothese wird durch das empirische Datenmaterial nicht widerlegt.
Zur Überprüfung der Hypothese wurde eine multiple lineare Regression durchgeführt. In die Regressionsrechnung wurden 17 Erfahrungsmerkmale und fünf Variablen der Differenziertheit des strategischen Handlungsrepertoires (Z, P, E, I, S) einbezogen.

Als Methode zur Auswahl der unabhängigen Variablen für die Regressionsschätzung wurde das *Rückwärts-Verfahren* gewählt. Die Modellzusammenfassung und die Koeffizienten der Regressionsanalyse finden sich in den Tabellen 13.2-8 und 13.2-9.

Nach dem hier ausgewählten Regressionsmodell wird die Kriteriumsvariable „Kompetenzgefühl" zu 70 Prozent durch 9 Variablen erklärt. Es zeigt sich, daß lediglich zwei Variablen einen signifikanten positiven Beitrag zur Erklärung leisten: Vage Zielvorgaben bei der Arbeit (V1) und die Differenziertheit des Handungsrepertoires im Bereich der Ideenfindung (I). Beide Variablen weisen auf die Bedeutung der Gestaltungskompetenz für die Entwicklung des Kompetenzgefühls hin: In Situationen, in denen die Ziele vage bestimmt sind, ist das Individuum herausgefordert, Ziele zu präzisieren, zu hierarchisieren, zu priorisieren usw.; dies sind gestalterische Aufgaben. Die Variable I verweist auf kreative Potentiale zur Gestaltung der beruflichen Arbeit.

Die übrigen Variablen der Komplexität der Arbeit (V2, V3, V4), des Handlungsspielraums (V8) und der Integralität (V13), die einen signifikanten Beitrag in der Regressionsschätzung leisten, affizieren das Kompetenzgefühl bei steigendem Ausprägungsgrad negativ; d.h. einige gemeinhin als persönlichkeitsförderlich eingeschätzten Erfahrungsmerkmale „nagen" gewissermaßen am Kompetenzgefühl, und andere Erfahrungsmerkmale, die ebenfalls als lernrelevant angesehen werden, spielen (in unserem Regressionsmodell) überhaupt keine Rolle.

Bemerkenswert ist, daß auch die Differenziertheit des Handlungsrepertoires im Bereich der Zielbildung und Entscheidung negativ mit dem Kompetenzgefühl korreliert. Eine höhere Differenziertheit des Handlungsrepertoires bedeutet einerseits Freiheitsgrade beim Handeln, andererseits kommt es aber auch – ähnlich wie bei der Steigerung der Problemhaltigkeit, des Handlungsspielraums, der Variabilität oder Intergralität der Arbeit zu einer potentiellen Steigerung der kognitiven Komplexität – mit der Folge möglicher frustrierender Konflikte, Unsicherheiten und eines Gefühls, suboptimal gehandelt zu haben, weil man häufig nicht alle Aspekte und gesehenen Möglichkeiten beim Handeln berücksichtigen bzw. nutzen konnte (beispielsweise wegen Zeitdrucks).

Diese Befunde legen eine Spezifikation der Hypothese nahe:

H12*: Die Möglichkeit, Einfluß auf die Konstruktion der Ziele zu nehmen, und die Fähigkeit, innovativ tätig sein zu können, sind für die Entfaltung eines positiven Kompetenzgefühls wichtiger als die Erfahrung anderer Facetten kognitiver Komplexität.

Tabelle 13.2-4: Zusammenhänge zwischen Problemvielfalt der Arbeit und der Differenziertheit des Handlungsrepertoires

Funktionskomplexe	Produkt-Moment-Korrelationen	Partialkorrelationen+
Z- Zielbildung	0,50**	0,09
P- Planung	0,49**	0,02
E- Entscheidung	0,51**	0,39*
I- Ideenfindung	0,46**	0,21
S- Selbstreflexion	0,47**	0,13

+ Die Länge der Protokolle (=Anzahl der Segmente) wurde herauspartialisiert.

Auswirkungen der Erfahrung auf die Basis- und Prozeßstrategien

Tabelle 13.2-5: Korrelative Zusammenhänge zwischen den prozentuierten Arbeitszeitanteilen in den verschiedenen Tätigkeitsarten und der Differenziertheit des strategischen Handlungsrepertoires sowie der Problemintensität des beruflichen Handelns.

Art der Tätigkeit	Differenziertheit des strateg. Handlungsrepertoires/ Problemintensität des Handelns					
	Z	P	E	I	S	G
Ausführung konkreter absatzwirtsch. Tätigkeiten (z.B. Angebote erstellen, Kunden besuchen, Festlegen des Verkaufspreises)	-0,05 0,06	-0,01 -0,18	-0,25* -0,33**	-0,17 -0,11	0,15 0,06	-0,02 -0,04
Führungsaufgaben (z.B. Personaleinstellung, Lösung von Konflikten zwischen Mitarbeitern)	0,06 0,08	0,08 0,02	0,18 0,20	0,01 0,09	0,00 -0,11	0,07 0,04
Koordinierung der Arbeit verschiedener Fachkräfte im absatzwirtschaftlichen Bereich	-0,04 0,01	-0,13 0,03	-0,01 0,19	0,05 0,10	-0,25* -0,11	-0,12 -0,04
Kooperation mit anderen betrieblichen Funktionsbereichen (z.B. Einkauf, Produktion)	-0,16 -0,04	-0,10 -0,02	0,05 0,18	-0,14 -0,01	-0,19 0,03	-0,14 -0,06
Mitarbeit an Konzepten für Innovationen im absatzwirtschaftlichen Bereich	-0,02 0,01	-0,08 0,16	0,26* 0,08	0,03 0,14	-0,01 -0,01	-0,02 0,07

Legende:
In den Zellen sind die Korrelationskoeffizienten (Kendalls tau b) eingetragen. Im oberen Teil stehen jeweils Werte für die Differenziertheit, im unteren Teil für die Problemintensität.
Z: Zielbildung; P: Planung; E: Entscheidung; I: Ideenfindung/Innovation; S: Selbstreflexion; G: Gesamtwerte (Summe aus den entsprechenden Werten der Funktionskomplexe Z, P, E, I, S).
*p<0,05 und **p<0,01

Tabelle 13.2-6: Korrelative Zusammenhänge zwischen Erfahrungsmerkmalen und verschiedenen Aspekten des beruflichen Handlungsrepertoires (Kendalls tau b)

Dimensionen der Erfahrung	V-Nr.	Variablen	Handlungsrepertoire		Schwierigkeiten und Probleme	
			Differenziertheit	Umfang	Problemvielfalt	Problemumfang
Komplexität (Problemgehalt der Arbeit)	V1	Vage Zielvorgaben	-0,06	-0,00	0,05	0,03
	V2	Widersprüchliche Anforderungen	-0,14	-0,09	0,05	0,10
	V3	Multiperspektivität	-0,19	-0,10	-0,02	0,04
	V4	Neue Ideen	0,06	-0,05	0,11	-0,04
	V5	Entscheidungskonflikte	0,13	0,16	0,13	0,26*
	V6	Diskrepanzen bei der Arbeitsbewertung	0,04	0,13	0,15	0,06
Handlungsspielraum	V7	Detaillierte Vorgaben	-0,13	-0,07	0,03	0,08
	V8	Einfluß auf Ziele der Arbeit	0,05	-0,03	-0,04	-0,08
	V9	Partizipationsmöglichkeiten	0,02	-0,03	0,01	-0,02
	V10	Reflexionsmöglichkeiten	0,01	-0,11	0,00	-0,06
Variabilität	V11	Anzahl der Funktionsbereiche in der Absatzwirtschaft	-0,15	-0,11	-0,26*	-0,17
	V12	Anzahl der Betriebe, in denen gearbeitet wurde	-0,21	-0,27*	-0,15	-0,16
Integralität	V13	Tätigkeitsvielfalt	0,03	-0,01	-0,04	-0,02
	V14	Funktionsvielfalt	-0,13	-0,03	0,01	0,17
Erfahrungsqualität	V15	Kompetenzgefühl	0,07	0,08	0,00	-0,07
	V16	Valenz der Tätigkeit	0,07	0,09	0,03	-0,03
Erfahrungsdauer	V17	Dauer der Tätigkeit im Bereich Absatzwirtschaft	-0,01	0,05	-0,07	-0,10

Auswirkungen der Erfahrung auf die Basis- und Prozeßstrategien

Tabelle 13.2-7: Korrelative Zusammenhänge zwischen Erfahrungsmerkmalen und der Differenziertheit des Handlungsrepertoires (Kendalls tau b)

Dimensionen der Erfahrung	V-Nr.	Variablen	Differenziertheit des Handlungsrepertoires im Funktionskomplex...				
			Z	P	E	I	S
Komplexität (Problemgehalt der Arbeit)	V1	Vage Zielvorgaben	0,01	-0,06	0,05	-0,10	-0,06
	V2	Widersprüchliche Anforderungen	-0,07	-0,17	-0,02	-0,09	-0,15
	V3	Multiperspektivität	-0,08	-0,14	-0,10	-0,11	-0,19
	V4	Neue Ideen	0,08	-0,01	0,12	-0,00	0,04
	V5	Entscheidungskonflikte	0,16	0,12	0,12	0,14	0,01
	V6	Diskrepanzen bei der Arbeitsbewertung	0,03	-0,01	0,02	-0,03	0,12
Handlungsspielraum	V7	Detaillierte Vorgaben	-0,18	0,03	-0,16	-0,18	0,01
	V8	Einfluß auf Ziele der Arbeit	0,07	0,07	0,02	0,09	-0,01
	V9	Partizipationsmöglichkeiten	0,03	0,07	0,01	0,05	-0,04
	V10	Reflexionsmöglichkeiten	-0,06	0,09	-0,10	0,07	0,03
Variabilität	V11	Anzahl der Funktionsbereiche in der Absatzwirtschaft	-0,13	-0,05	-0,11	-0,15	-0,26*
	V12	Anzahl der Betriebe, in denen gearbeitet wurde	-0,24*	-0,13	-0,05	-0,08	-0,22
Integralität	V13	Tätigkeitsvielfalt	0,12	-0,10	-0,09	0,07	-0,03
	V14	Funktionsvielfalt	-0,17	-0,12	0,16	-0,05	-0,15
Erfahrungsqualität	V15	Kompetenzgefühl	-0,03	0,20	0,04	0,00	0,15
	V16	Valenz der Tätigkeit	-0,02	0,19	0,06	0,03	0,14
Erfahrungsdauer	V17	Dauer der Tätigkeit im Bereich Absatzwirtschaft	-0,02	0,07	0,00	-0,07	0,00

Legende:
Z: Zielbildung; P: Planung; E: Entscheidung; I: Ideenfindung; S: Selbstreflexion

Tabelle 13.2-8: Regressionsanalyse 1: Determinanten des Kompetenzgefühls

Modellzusammenfassung

Modell	R	R-Quadrat	Korrigiertes R-Quadrat	Standardfehler des Schätzers	Änderungsstatistiken				
					Änderung in R-Quadrat	Änderung in F	df1	df2	Änderung in Signifikanz von F
1*	,889	,791	,592	18,94690	,791	3,971	20	21	,001
2	,889	,791	,610	18,51137	,000	,000	1	23	,989
3	,889	,791	,627	18,10495	,000	,001	1	24	,973
4	,889	,791	,643	17,72494	,000	,003	1	25	,956
5	,889	,791	,657	17,36979	,000	,008	1	26	,929
6	,889	,790	,669	17,04686	,000	,042	1	27	,839
7	,889	,790	,681	16,75612	-,001	,087	1	28	,771
8	,888	,789	,691	16,49265	-,001	,126	1	29	,725
9	,887	,786	,698	16,30650	-,003	,349	1	30	,559
10	,886	,784	,705	16,09829	-,002	,239	1	31	,629
11	,884	,781	,710	15,95564	-,003	,453	1	32	,506
12	,876	,767	,701	16,21530	-,014	2,050	1	33	,162

* Einflußvariablen: (Konstante);V1: Vage Zielvorgaben; V2: Widersprüchliche Anforderungen; V3: Multiperspektivität; V4: Neue Ideen; V5: Entscheidungskonflikte; V6: Diskrepanzen bei der Arbeitsbewertung; V7: Detaillierte Vorgaben; V8: Einfluß auf Ziele der Arbeit; V9: Partizipationsmöglichkeiten; V10: Reflexionsmöglichkeiten; V11: Anzahl der Funktionsbereichen in der Absatzwirtschaft; V12: Anzahl der Betriebe, in denen gearbeitet wurde; V13: Tätigkeitsvielfalt; V14: Funktionsvielfalt; V15: Kompetenzgefühl; V16: Valenz der Tätigkeit; V17: Tätigkeitsdauer Z: Differenziertheit der Zielbildung; P: Differenziertheit der Planung; E: Differenziertheit der Entscheidung; I: Differenziertheit der Ideenfindung; S: Differenziertheit der Selbstreflexion

Tabelle 13.2-9: Regressionsanalyse 1: Determinanten des Kompetenzgefühls

Koeffizienten [a]

Modell 12	Nicht standardisierte Koeffizienten		Standardisierte Koeffizienten	T	Signifikanz	95 % Konfidenzintervall für B	
	B	Standard-fehler	Beta			Untergrenze	Obergrenze
(Konstante)	171,572	15,884		10,8	,000	139,22	203,93
Vage Zielvorgaben	4,955	1,856	,325	2,670	,012	1,175	8,735
Widersprüchliche Anforderungen	-4,165	1,858	-,251	-2,24	,032	-7,949	-,381
Multiperspektivität	-6,499	2,120	-,302	-3,06	,004	-10,817	-2,180
Neue Ideen	-4,137	1,892	-,217	-2,19	,036	-7,990	-,283
Einfluß auf Ziele der Arbeit	-4,035	1,739	-,220	-2,32	,027	-7,577	-,492
Tätigkeitsvielfalt	-6,966	1,223	-,574	-5,70	,000	-9,457	-4,475
Z: Differenziertheit der Zielbildung	-,569	,259	-,219	-2,20	,035	-1,095	-,042
E: Differenziertheit des Entscheidendes	-1,281	,659	-,196	-1,94	,061	-2,624	,063
I: Differenziertheit der Ideenfindung	1,154	,376	,307	3,072	,004	,389	1,919

[a] Abhängige Variable: Kompetenzgefühl

13.2.9 Zusammenfassung und Diskussion der Ergebnisse

Die theoretischen Überlegungen und die empirischen Befunde in diesem Kapitel weisen darauf hin, daß das Erfahrungspotential der Arbeit verschiedene Eigenschaften der Basisstrategien und der Prozeßstrategien in recht differenzierter Weise beeinflußt.

Die komplexen Prozesse der Erfahrungsgewinnung und -verarbeitung und die komplizierten Wechselwirkungen zwischen den Faktoren der Arbeit, der Person und der Handlungsorganisation lassen nicht erwarten, daß ein einzelnes Arbeitsmerkmal, Erfahrungsmerkmal oder Persönlichkeitsmerkmal hohe korrelative Zusammenhänge mit einzelnen Aspekten des strategischen Handelns aufweist.

Die Komplexität der Tätigkeit und des Arbeitsumfeldes sowie die Variabilität der Arbeit kovariieren signifikant mit Präferenzen für bestimmte Basisstrategien und teilweise auch mit der Differenziertheit und dem Umfang des Handlungsrepertoires im Bereich der Prozeßstrategien.

Eine Reihe von Forschungsfragen konnte hier nicht angegangen werden:

Die als lernrelevant apostrophierten Arbeitsmerkmale wirken keineswegs zwangsläufig in dieser oder jener Richtung; ob sie fördernd oder behindernd sind bei der Herausbildung strategischer Handlungspotentiale, hängt höchstwahrscheinlich von einer Reihe von Bedingungen ab, die im einzelnen zu untersuchen sind:

1. Übergeordnete Rahmenbedingungen wie Betriebsklima, Organisationsstruktur, Stand der Technologieentwicklung, Lage auf dem Arbeitsmarkt beeinflussen die Wahrnehmung und Interpretation einer Arbeitssituation durch das Individuum und bestimmen so letztlich mit, ob und wie das Lernpotential einer Arbeit genutzt wird.

2. Die arbeitsseitigen Merkmale wirken stets in Abhängigkeit von personseitigen Merkmalen. Interindividuelle Differenzen müssen bei der Bestimmung der Lernrelevanz von Arbeit im konkreten Fall immer mitberücksichtigt werden. Je nach Motivation, Fachwissen, Intelligenz usw. wird z. B. ein bestimmter Problemhaltigkeitsgrad der Arbeit als Überforderung, als Herausforderung oder als Unterforderung erlebt werden. Es gibt individuelle Schwellenwerte, unterhalb und oberhalb derer die Arbeit nicht mehr qualifizierungsrelevant ist.

3. Die Einzelmerkmale wirken nicht isoliert, sondern in ihrer wechselseitigen Abhängigkeit. Dabei darf man nicht von einem additiven Wirkungsmodell

ausgehen; das Lernpotential einer Arbeit ergibt sich nicht einfach als Summe der Lernimpulse der Einzelmerkmale. Konkret: Hohe Problemhaltigkeit, Abwechslungsreichtum und großer Handlungsspielraum bei der Arbeit können im Einzelfall durchaus zuviel des Guten sein.

4. Die Lernpotentiale der Arbeit haben differentielle Wirkungen auf die Kompetenzentwicklung in Abhängigkeit vom jeweiligen Kompetenzniveau des Akteurs. Die spezifischen Bedingungsgefüge zur Stimulierung der Kompetenzentwicklung auf den einzelnen Kompetenzstufen müssen noch erforscht werden.

5. Der Einfluß arbeitsexterner Lebensbereiche wie Familie, Partei, Kirche auf die Entwicklung der Kompetenz ist unzureichend erforscht. Ebenso sind die Auswirkungen von Kontinuität und Diskontinuität, von Konsistenz und Inkonsistenz der Strukturen in den einzelnen Lebensbereichen auf die Entwicklung der strategischen Handlungsflexibilität unzureichend erforscht.

GUIDO FRANKE

14 Resümee und Ausblick

14.1 Ertrag der Forschungsarbeit[1]

1. Zum Strategiebegriff

Der Begriff der Strategie ist schillernd und wird von vielen Autoren nur vage oder gar nicht definiert. Noch unklarer stellt sich die Situation für den Begriff der strategischen Flexibilität dar. Es gibt keine einheitliche Definition des Begriffs der Strategie. Viele Definitionsversuche sind ohne erkennbaren theoretischen Bezug. Oft wird ganz auf eine explizite Definition verzichtet.

Es lassen sich jedoch Merkmale finden, die einzeln oder gemeinsam in den meisten Definitionsversuchen bzw. Verwendungen des Strategiebegriffs auftreten und auch eine Orientierungsfunktion bei der Definition von Strategien in dieser Arbeit hatten:

Strategien sind Programme zur Beschreibung bzw. Regeln zur Erklärung von Denk- und Handlungsabläufen in komplexen Situationen. Sie liefern Informationen darüber, wie man vorgehen sollte, wenn man ein Gesamtziel unter bestimmten Bedingungen erreichen will. Strategien definieren Zwischenziele, Teilziele und Eigenschaften des Vorgehens und schränken dadurch die Zahl möglicher Handlungen ein.

2. Voraussetzungen der strategischen Handlungsflexibilität

Komplexe Situationen verleiten zu offensichtlich unangemessenen Handlungsweisen. Es wurde eine Fülle typischer Vorgehensfehler in verschiedenen Phasen des Handelns (etwa bei der Informationssuche, der Modellbildung, Planung oder bei der Kontrolle von Maßnahmen) beobachtet.

Um situationsangemessen handeln zu können, ist strategisches Denken erforderlich, wodurch die verschiedenen Handlungskomponenten: die Ziele, Bedingungen und Ursachen, Aktionen/Maßnahmen, Erwartungen, Folgen und

---

[1] Prägnante Textpassagen aus den entsprechenden Kapiteln des Buches wurden in diesen Abschnitt eingearbeitet

Effekte zu in sich schlüssigen, konsistenten Handlungskonzepten verknüpft werden.

Wichtige Voraussetzungen der strategischen Handlungsflexibilität sind:

1) Der Akteur muß ein Zielsystem entwickeln mit klar formulierten Oberzielen und möglichst widerspruchsfreien Teil- und Zwischenzielen.

2) Da es in dynamischen und komplexen Arbeitsfeldern prinzipiell unmöglich ist, im voraus detaillierte Pläne rational hinreichend begründet zu entwickeln, müssen die Handlungsentwürfe im Hinblick auf kritische Momente gedanklich durchgespielt werden, „Sollbruchstellen" müssen festgelegt werden und für den Fall, daß der Plan nicht realisierbar ist, müssen von vornherein alternative Maßnahmen und/oder Ziele bei der Planung in Erwägung gezogen werden. So läßt sich ein planloses „Vagabundieren" vermeiden.

3) Um den Nutzwert der Handlung zu steigern, sollten mehrere Ziele verfolgt werden – möglichst natürlich die jeweils wichtigsten und dringlichsten. Konkret bedeutet dies beispielsweise, daß der Akteur nicht nur schnell seinen Auftrag erledigen will, sondern bei seiner Arbeit auch etwas für ein gutes soziales Klima tut und versucht, neue Erkenntnisse bei seiner Arbeit zu gewinnen. Die Menge der im Handlungsprozeß wirksamen Absichten und die Summe ihrer Wichtigkeit bestimmen zweifellos die Aktiviertheit und Motiviertheit des Handlungsträgers.

4) Wichtig ist eine ganzheitliche Wahrnehmung und Analyse der Handlungssituation. Man sollte nicht an Einzelheiten „herumdoktern" oder einzelne Bedingungen nacheinander, isoliert in Betracht ziehen, sondern größere Einheiten überblicken, so daß die Auswahl von Maßnahmen untereinander abgestimmt erfolgt.

5) Damit diese Ganzheitlichkeit in der Wahrnehmung einer Situation zustandekommt, muß man gewissermaßen das Auge schweifen lassen und mit der „Schärfe" des Bildes spielen. Die „Korngröße" der Situationswahrnehmung bestimmt den Detailreichtum der Umgebungsbilder und außerdem die Anzahl der beim Denken in Betracht gezogenen Konditionen. Ein hoher oder ein niedriger Auflösungsgrad hat unterschiedliche Konsequenzen. Der Vorteil eines hohen Auflösungsgrades wäre z. B. die Präzision des Bildes, das ich mir von einem Sachverhalt mache; das hat einen weiteren Vorteil für das Handeln, denn man kann nun mit hoher Sicherheit sagen, welche Maßnahme wie und wann angesetzt werden muß, um erfolgreich zu sein. Dieser Prozeß beansprucht viel Zeit und Gedächtniskapazität, steht also im Widerspruch zu Zeitdruck und den Vereinfachungstendenzen im menschlichen Denken. Der Vorteil

Resümee und Ausblick

eines groben Auflösungsgrades besteht eher darin, Situationen recht schnell und 'wie im Fluge' zu überblicken, rasch ein Bild von der Sache zu bekommen und eine halbwegs passende Maßnahme einzuleiten. Bei oberflächlicher Betrachtung von Zusammenhängen besteht aber die Gefahr, allzu einfache Pläne zu machen und Systemveränderungen nicht rechtzeitig zu bemerken.

6) Zum erfolgreichen Umgang mit komplexen Situationen gehört ein angemessener Einsatz von Maßnahmen. Die angemessene Maßnahmenstärke beruht auf Erfahrungen im Einsatz der Maßnahmen unter verschiedenen Bedingungen. Günstig für die richtige Dosierung von Maßnahmen zum richtigen Zeitpunkt ist es, wenn vor der Entscheidung eine Fern- und Nebenwirkungsanalyse stattfindet.

7) Bei Mehrfachzielentscheidungen müssen die unterschiedlichsten Eigenschaften (Konsequenzen) der zur Entscheidung stehenden Alternativen miteinander verglichen werden. Es müssen Bewertungs- und Gewichtungsverfahren eingesetzt werden, um die Nutzwerte und den Gesamtnutzwert einer Entscheidungsalternative zu bestimmen.

8) In jeder Phase des Handelns können „Stocksituationen" auftreten. Dies sind Situationen, in denen der Akteur nicht weiter weiß, weil ihm Wissen fehlt. In diesem Fall wird heuristisches Handlungswissen benötigt, wie z.B. Fragen stellen, sich Hilfe holen, die Effekte von Maßnahmen kontrollieren, das Ziel ändern oder Zweck-Mittel-Analysen durchführen.

9) Eine wichtige Rolle spielt das Selbstmanagement, insbesondere die Kanalisierung der Emotionen der Beteiligten: Im Verlauf des Handlungsprozesses können Emotionen auftauchen, die bestimmte Charakteristika des Handlungssystems widerspiegeln (z.B. Unbestimmtheit der Situation oder geringe Handlungskompetenz) und bestimmte Verhaltenstendenzen auslösen. So ist beispielsweise die Furcht mit der Tendenz zur Flucht verbunden, der Ärger mit Aggression und Trauer mit Resignation. Es ist gut, wenn der Akteur seine Emotionen bewußt wahrnimmt und zur Realisierung seiner eventuell zu modifizierenden Ziele nutzt.

10) Die Selbstkontrolle ermöglicht über eine Vorgehens- und Fehleranalyse die Bewußtmachung des eigenen unproduktiven Denkens und Verhaltens. Sie dient darüber hinaus der Entwicklung von Plänen und Denkabläufen in der Zukunft. Durch Selbstkontrolle wird über eine bewußte Prozeßanalyse eine fehlerkorrigierte „Projektion" zukünftigen Verhaltens hergestellt (vgl. Kapitel 2).

3. Idealtypische strategische Handlungsmuster für den Umgang mit Komplexität

Beobachtungen von Menschen bei der Steuerung computersimulierter Planspiele und die Analyse und Bewertung ihres Verhaltens und ihres Handlungserfolgs, aber auch methodologische Überlegungen zum Komplexitätsmanagement in solchen Situationen/Settings lassen sich gewissermaßen verdichten zu einem „Kanon" guten strategischen Handelns (vgl. Buerschaper):

Modellbildung: System explorieren, Relationen zwischen den vorhandenen Subsystemen erfassen, Vernetzungen erkennen, Veranschaulichungsmedien nutzen, abstrakte Funktionsmodelle erstellen; Überprüfen des konstruierten 'mentalen Modells' zunächst auf interne Konsistenz, dann auf Abbildungskonsistenz des explorierten Problems, kritisch-bewußte Ersetzung unbekannter Relationen /Subsysteme durch Vorwissen oder plausible Annahmen. Diese Arbeitsschritte kann man bei guten Systemanalytikern in der Anfangsphase einer Problemlösung beobachten. Kognitionspsychologisch steht dahinter, daß sich diese Personen die Logik des Explorierens und Rekonstruierens eines intransparenten, dynamischen Problems bewußt machen, also den Prozeß, mit dem sie zu 'Erkenntnissen' über ein System kommen.

Allgemeines Kennzeichen dieser Strategie ist ein distanziert-hypothetisierendes Analysieren, in dessen Ergebnis ein grobes, qualitatives mentales Modell entsteht, das vor allem die dynamischen und zeitkritischen Aspekte vermerkt. Der Problemlöser verfolgt also mit dieser Strategie die Zuordnung der identifizierten Systemmerkmale zu ihm bekannten Beschreibungsmitteln; diese Aktivierung der Beschreibungsmittel kann als konkreter Denkvorgang verschiedene Inhalte annahmen (z.B. Allgemeine Ratschläge, Sprichwörter, Selbstwarnungen, Vorstellungsbilder...).

Zielausarbeitung: Ziele hinterfragen, Sinn und Zweck von Zielen ermitteln, Identifikation mit vorgegebenen Zielen oder klare Positionierung zu selbigen, eigene Oberziele fixieren, die Zwischenziele herleiten, rangieren, priorisieren und miteinander vernetzen, Widersprüche benennen, operative Ziele aufstellen (etwa: Informationsdefizite beseitigen, Unsicherheit bezüglich Subsystem artikulieren, eigene Werthaltungen explizieren, wie man mit emotional/affektiv besetzten Zielen umgehen will). Diese Zielbildungsprozesse konzentrieren sich auf den Beginn der Problemlösung, werden aber bei guten strategischen Denkern fortgesetzt über die gesamte Bearbeitung. Das Zielsystem differenziert sich erst mit dem Übergang in die Planungsphase aus; hier ist entscheidend, daß die Zieloffenheit auf die zentralen Problemaspekte reduziert wird und dabei noch möglichst viele Teilziele 'jongliert' werden. Als Kennzeichen dieser Strategie sei die Polyvalenz und multioptionale Zielelaboration hervorgehoben. Der Problemlöser verfolgt mit dieser Strategie eine Klärung über die Ziele, die er erreichen will und über die Merkmale der Zielfigur (Schwierigkeit der Erreichung, instrumenteller Nutzen, Optionen des Zielwechsels, Aufwand, Zentralität...).

Planung: Planungsaktivitäten erfolgen top down, meist nur sehr grob; grobe Passung von Teilzielen; Ausschließen von kontradiktorischen Maßnahmen; die Ordnung des Plans ist meist an wenigen Dimensionen ausgerichtet (bspw. an zeitliche Abarbeitungsfolge). Die Tiefe des Plans wird an den Schwerpunkten ausgerichtet. Abbruchkriterien für planerische Tiefe werden explizit benannt (z.B. Nichtwissen, Intransparenz, Unwichtigkeit...). Diese verkürzten Planungsstrategien finden wir vor allem bei hohem Zeitdruck; sie sind gerade deshalb nützliche Produkte strategischen Denkens, weil sie eine Balance zwischen der zeitintensiven Durchplanung einer Lösung und der notwendigen Ausarbeitung von konkreten Operationen an bestimmten Schwerpunkten herstellen. Der Problemlöser verfolgt mit dieser Planungsstrategie die Absicht, die notwendigen Operationen zu den wichtigen Teilzielen zu konzipieren und einen Überblick über die anderen Teilgebiete zu behalten. Die strategisch guten Pläne sind von ihrer Logik her gekennzeichnet durch einfache, zirkuläre und alternativ angelegte Konditionalkonstruktionen; es treten nur wenige Linearitäten auf.

Nachdenken über die Folgen von Maßnahmen: Maßnahmen als Bündel miteinander wirkender Veränderungen konzipieren; Maßnahmenwirkungen in die mittel- und langfristige Zukunft des Systems fortschreiben; Maßnahmendosierung auf die Struktur der Variablennetze abstimmen; Konsequenzen einer Maßnahme mindestens für das Umfeld der offensichtlich affizierten Subsysteme prüfen; Maßnahmen auf ihre mögliche Wiederholbarkeit prüfen; Gegenmaßnahmen erforschen; bedenken, was im Falle eines Fehlschlagens alternativ zu tun ist. Klarheit der Definition des zu erreichenden Zustandes prüfen; Analyse der Auswirkungen unterschiedlicher Ressourcen auf die Durchführung von Maßnahmen; Klärung des instrumentellen Nutzens einer Maßnahme für das System. Für die Gestaltung und Durchführung von Maßnahmen im Sinne einer guten strategischen Denkweise ist kennzeichnend, daß sie sehr stark kontextbezogen dosiert sind, daß sie im Zusammenwirken eine langfristige wünschenswerte Emergenz entfalten. Im Denkprozeß über Maßnahmen spielt die Fortschreibung derselben und ihrer Wirkungen in die Zukunft eine große Rolle. Im strategischen Denken wird der Maßnahmeeinsatz über einen größeren Zeitrahmen gesehen; der Erwartungshorizont wird erweitert und aus dieser

Perspektive werden Implikationen für Art, Dosierung und erwartungsgemäßes Eintreten von Systementwicklungen abgeleitet.

Effektkontrolle: Systemkontrolle und Monitoring wechseln mit aktiver Beobachtung; relevante Information erfassen, Informationsreduktion und -aufbereitung. Herstellen von Beziehungen zwischen Kontrolldaten und Zielvorgaben; punktuelles Vertiefen der Kontrolle, frühzeitiges Erkennen der Unterschiede in den Kontrolldaten, die eine Indikatorfunktion für Systemveränderungen haben. Die strategisch gute Denkweise bezüglich der Effektkontrolle hat also die Funktion, ein Sensorium zu entfalten, das wechselnde Auflösungsgrade realisiert und relevante Systembeziehungen in ihrer Dynamik erfaßt. Strategisches Denken heißt in diesem Sinne auch, daß neue Kontrollmaße/Indikatoren konstruiert werden, die so gar nicht als Variable im System vorkommen; entscheidend ist, daß der gute Stratege seine Effektkontrolle adaptiv organisiert (daher können so gegensätzliche Verhaltensweisen wie 'Beobachtung' und 'aktive Informationsaufnahme' über verdeckte Variable hier nebeneinander stehen).

4. Dysfunktionale Strategien

Soweit die oben ausgeführten Operationen durch eine antonyme Relation sinnvoll erfüllt sind, könnte man damit schlechtes strategisches Denken kennzeichnen. Spezielle strategische Überlegungen, die sich negativ auf die Lösungsgüte in computersimulierten Planspielen auswirken, also unangemessen, dysfunktional und dem Realitätsbereich fern sind, könnte man wie folgt charakterisieren:

Schlechte Prognosen haben alle strategischen Denkformen, die zur Erkenntnisbeschaffung Systemveränderungen vornehmen, Reversibilität und Stabilität postulieren, wo Eigendynamik herrscht (quasi-experimentelles Variieren von Variablen, lange Beobachtungsphasen mit großen Toleranzen für negative Systemdrift erfüllen diesen Tatbestand).

Andere schlechte strategische Denkmuster beschreiben z. B. Dörner et al. (1983, 1989) oder Watzlawick (1994): Verzicht auf Rückkopplung/Veränderungsdaten, aktionistisches Handeln ohne elaborierte Zielbildungs- und Planungsprozesse, Über- und Unterplanung, Einkapselung, thematisches Vagabundieren, Fluchtverhalten, Über- und Unterdosierung von Maßnahmen, starker Bezug zum 'Hier und Jetzt', Verkürzung des Zeit- und Erwartungshorizonts, keine Extrapolation von Entwicklungstendenzen in der Umwelt, Verengung des

Spektrums der im Planungsprozeß bedachten Alternativen, Konfliktscheu, Wahl des Auflösungsgrades zu fein/grob usw.

5. Das strategische Handlungsrepertoire im Berufsalltag

Die empirischen Befunde zeigen, daß es bei den Fach- und Führungskräften einerseits bislang ungenutzte strategische Flexibilitätsreserven gibt, andererseits aber auch, daß der Umfang und die Differenziertheit des aktuellen Handlungsrepertoires für die Zielbildung, für die Planungs- und Entscheidungsprozesse bei der Entwicklung von Handlungskonzepten und für die Stützprozesse der Innovation und Reorganisation in erheblichem Maße verbessert werden könnten.

Es fällt beispielsweise auf, daß die Mehrzahl der Praktiker nicht die Bedeutung der Zielbildung für die Handlungsorganisation und eine bessere Wahrnehmung von Entwicklungs- und Entscheidungschancen hervorhebt; daß kaum jemand explizit auf die Notwendigkeit rekursiver Prozesse bei der Planung hinweist, d.h. daß die einzelnen Planungskomponenten (die Ziele und Präferenzen, die Umweltfaktoren, Handlungsalternativen und erwarteten Handlungsfolgen) sich gegenseitig beeinflussen und daher nicht in einem einzigen linearen Durchlauf entwickelt werden können; daß der Umgang mit Unsicherheit bei der Beurteilung und Auswahl von Alternativen nur sehr selten thematisiert wird und daß dementsprechend auch nur sehr selten Entscheidungsregeln formuliert werden, die angeben, wie Nutzwerte mit den Eintrittswahrscheinlichkeiten der Konsequenzen verknüpft werden (sollten); daß nur sehr wenige Methoden und Techniken der Ideenfindung angewendet werden; daß nur eine kleine Gruppe bei der Selbstreflexion sich Gedanken macht über die Richtigkeit und Stimmigkeit (Konsistenz) ihres Handelns.

Die Mehrzahl der Praktiker hat in den im Projekt untersuchten Teilprozessen des Handelns Schwierigkeiten. So gaben fast alle der Befragten an, beim Planen Schwierigkeiten zu haben. Hierzu gehören beispielsweise der Umgang mit unscharfen, nicht operativ formulierten Zielen; Unsicherheit über die Auswirkungen (insbesondere auch die Neben- und Fernwirkungen) von Maßnahmen; die Modifikation ausgearbeiteter Pläne aufgrund veränderter Rahmendaten; Probleme bei der Bestimmung des angemessenen Feinheitsgrades der Planung; Probleme bei der zeitlichen Koordinierung und der effizienten Bündelung von Maßnahmen.

Die meisten Fachkräfte haben Schwierigkeiten beim Entscheiden. Als problematisch wird beispielsweise empfunden der Zwang zur schnellen Entscheidung, der keine Zeit zum gründlichen Abwägen läßt; daß bei komplexen Entscheidungen mehrere Personen und Instanzen einbezogen werden müssen; daß eine gewählte Alternative nicht nur Vorteile, sondern auch Nachteile hat; die fehlende Integration von Einzelentscheidungen in ein Gesamtkonzept; die Tatsache, daß weder die Präferenz für intuitive Entscheidungen ("aus dem Bauch heraus") noch die Anwendung rationaler Entscheidungsprozeduren die soziale Akzeptanz einer Entscheidung sichert; die Unsicherheit über die Qualität der getroffenen Entscheidung (Auswirkungen strategischer Entscheidungen werden oft erst nach Jahren sichtbar) (vgl. Kapitel 7).

6. Über das Verfertigen von Strategien beim Umgang mit komplexen Problemen

Die Beobachtungen in unseren Untersuchungen haben gezeigt, daß der Abruf und die Umsetzung kompletter Pläne oder ganzer Strategien in neuartigen und komplexen Situationen sehr unwahrscheinlich ist. In Analogie zu Kleist spricht von der Weth daher eher von einer „Verfertigung der Pläne beim Handeln." Die Kernaussagen seines Modells sind:

- Beim Umgang mit komplexen Problemen müssen Strategien meist erst aus den Erfordernissen der Situation heraus entwickelt werden.
- Dazu bedarf es vor allem eines problemangemessenen Vorgehens bei der Informationssammlung und Modellbildung.
- Angesichts der riesigen Fülle von Informationen kommt man bereits vor und bei der Informationssammlung und Modellbildung nicht umhin, mit Hilfe von Strategemen die Vielzahl von Handlungsmöglichkeiten einzuschränken, was die grobe Richtung für das weitere Handeln vorgibt.
- Von dieser groben Ausrichtung wird in dem meisten Fällen nicht mehr wesentlich abgewichen.
- Das Problemverständnis und die ersten Ideen für das weitere Vorgehen sind dabei von entscheidender Bedeutung für den Erfolg oder Mißerfolg des Handelns.

Strategeme sind gewissermaßen unvollständige Regeln, in denen bestimmte Eigenschaften der komplexen Problemkonstellation mit bestimmten, möglichst erfolgversprechenden Eigenschaften von Vorgehensweisen verknüpft sind. Diese Strategeme können sich auf die verschiedensten Aspekte der Problemkonstellation beziehen und werden bei der Identifikation entsprechender Situationseigenschaften aktiviert. Sie schränken den Problemraum schnell ein, so daß sich die weitere Strategieentwicklung bereits auf wenige, möglichst erfolgsversprechende Alternativen konzentrieren kann, die dann durch die Anwendung von heuristischem Wissens neu entwickelt oder aus vorhandenem Wissen abgeleitet werden können.

Die empirischen Befunde belegen die schnelle Ausrichtung des Handelns ohne Differenzierung von Zielen und ohne eine umfassende Analyse der Situation. Eine an der rationalen Planungslehre orientierte Vorgehensweise ist eher selten zu finden.

Eine Reihe von Beispielen zeigt das große Risiko, das unreflektiertes Handeln auf der Basis von sehr groben Grundideen mit sich bringt. In solchen Fällen sind Strategien lediglich Vorurteile über das richtige Vorgehen, die den Gesichtskreis für eine problemadäquate Lösung nur unnötig einschränken. Andererseits ist es aber so, daß Strategien vor allem in komplexen und neuartigen Situationen unbedingt nötig sind, um überhaupt sinnvoll handeln zu können. Die Flut von Handlungsmöglichkeiten ist so groß, daß man ohne Strategien unweigerlich ertrinken würde.

Bei der Gestaltung der einzelnen (funktionsspezifischen) Teilprozesse des Handelns werden von den Akteuren verschiedenartige und unterschiedlich viele Strategien genutzt:

- Es gibt große Unterschiede in der Zielbildung; manche Vpn sind beispielsweise in starkem Maße kundenorientiert, andere kostenorientiert oder konkurrenzorientiert.
- Um die Aktionsplanung befriedigend erklären zu können, müssen mindestens sieben Strategien postuliert werden, z.B. Bevorzugung von Breitbandoperatoren, die Tendenz zum detailgenauen Planen oder das Effizienz-Divergenz-Streben.
- Es lassen sich verschiedene Strategien der Reflexion und Handlungskontrolle identifizieren, z.B. ein an Regeln und Maximen orientiertes Vorgehen, die Stützung des Handelns durch regelmäßige Protokollierung der Handlungsergebnisse oder die kritische Selbstreflexion.
- Bei der Elaboration der Handlungskonzepte, d.h. bei der Verknüpfung der Ziele, Bedingungen, Maßnahmen und Erwartungen über die Folgen zu einem handlungsleitenden Konzept, orientieren sich manche Vpn an prägnanten (ähnlichen) Fällen, die sie aus einer Art „Gedächtnisbibliothek" abrufen; andere favorisieren eher eine analytische Systematik, d.h. sie orientieren sich an einem allgemeinen Problemlöseschema.
- Auch bei der Verknüpfung des präferierten Handlungskonzepts mit der Tätigkeit gibt es unterschiedliche Strategien; manche Vpn passen ihr

Vorgehen schnell den Situationserfordernissen an, andere kleben an ihrer Idee und versuchen sie unbedingt (mit leichten Modifikationen) in die Tat umzusetzen.

Selbstverständlich spielen auch professionelle Strategien (Marketingstrategien) bei der Handlungsorganisation eine Rolle, aber man kann mit diesen Strategien allein den Handlungsprozeß nicht vollständig erklären (vgl. Kapitel 8).

7. Strategische Flexibilität bei der Entwicklung von Handlungskonzepten

Flexible Fachkräfte unterscheiden sich von weniger flexiblen Fachkräften in einer Reihe von Prozeß-, und Primärstrategien. Indikator für hohe Flexibilität waren durchgängig hochwertige Lösungsvorschläge in den verschiedenen vorgegebenen Problemszenarien. Die Qualität der Lösungsvorschläge wurden hierbei aus betriebswirtschaftlicher Sicht beurteilt. Hat ein Versuchsteilnehmer über alle Szenarien hinweg gute Lösungen, ist er in der Lage, jeweils die wesentlichen Problemparameter richtig zu erfassen und seine Planung flexibel den Situationserfordernissen anzupassen.

Es fällt auf, daß die Informationssuche bei den flexiblen Personen in wesentlich stärkerem Maße auf möglichst exakte Informationen ausgerichtet ist. Bei der Informationssuche achten die flexiblen Personen auf Autonomie. Sie verlassen sich lieber auf eigene Recherchen oder die Ergebnisse von klar delegierten Informationssuchaufträgen. Sie sind bestrebt, die Formate von Informationen (Auflösungsgrad, Darstellungsform, Inhaltsbereiche) möglichst selbst bestimmen zu können.

Offensichtlich sind die Handlungskonzepte der flexiblen Personen hinsichtlich der Umsetzungsmöglichkeiten bereits konkreter als die der weniger flexiblen Personen und das, obwohl sich die flexiblen Fachkräfte nicht so schnell festlegen. Sie neigen dazu, ihre Vorschläge erst weiter zu konkretisieren, ehe sie sich zu ihrer Umsetzung entschließen. Um sich nicht festzulegen, bis ein hoher Konkretisierungsgrad erreicht ist, ist eine Unbestimmtheitstoleranz nötig.

Die größere Konkretheit und Situationsbezogenheit der Planung wird vor allem auch auf der *sozialen und kommunikativen Ebene* deutlich. Die flexiblen Personen benennen häufiger bestimmte Interaktionspartner und mehr soziale Strategien, die auf die ganz konkrete Aufgabe bezogen sind und deren Wirkdauer begrenzt ist. Sie versuchen, den jeweiligen sozialen Kontext aktiv und durchaus auch dominant zu gestalten, versuchen aber nicht in erhöhtem Maße allgemein Dominanz zu erwerben.

Flexible Personen orientieren sich nicht an einem „allgemeinen Plan strategischen Handelns", sondern nutzen dem Problemtyp angepaßte Strategievarianten, die situationsbezogen aktiviert werden. Die *sozialen und kommunikativen Beziehungen* werden von den flexiblen Probanden immer „mitgedacht". Es existiert in ihrem Kopf vermutlich keine getrennte Sphäre der fachlichen und der sozialen Probleme, sondern die größere Konkretheit ihrer Problemrepräsentation bedingt auch, daß jedes fachliche Problem immer auch ein konkretes soziales Geschehen ist, bei dem ganz bestimmte Individuen nach ganz bestimmten Gesetzen agieren. Es ist zu vermuten, daß selbst, wenn diese Menschen unbekannt sind, allgemeine Prinzipien menschlichen Handelns berücksichtigt werden, die in der jeweils beschriebenen Situation eine Rolle spielen. Dies bedingt die konkreteren sozialen Strategien und die bessere Rolleneinfühlung der flexiblen Personen (vgl. Kapitel 9).

8. *Strategisches Denken und Handlungserfolg*

In beiden Simulationen führten relativ unterschiedliche strategische Denkmuster zum Erfolg:

Bei Markstrat war ein relativ systematisches strategisches Vorgehen, das sich an klassischen Werthaltungen des Marketing orientierte, erfolgswirksam.

Bei SchokoFin, das man eher als Krisenmanagementszenario betrachten kann, waren die Fachkräfte mit einem derartig umfassenden Ansatz im allgemeinen wohl eher überfordert. Richtiger war es hier, sich auf das Wesentliche zu konzentrieren, während des Spiels zu schnellen Änderungen des Vorgehens bereit zu sein und gegebenenfalls sein Maßnahmenspektrum völlig zu ändern (situationsbezogene Flexibilität). Wichtig war auch, emotional und motivational angemessen mit der Aufgabe umzugehen (Vermeidung von Kompetenzschutzmechanismen, Optimismus beim Planen).

Nur wenige Strategien erweisen sich durchgängig als positiv. In beiden Simulationen scheint der angemessene Umgang mit Breitbandoperatoren nützlich gewesen zu sein. Immer positiv wirkte sich auch die „prozeßorientierte Systematik" aus, also die Ordnung des Verhaltens in Zyklen von Informationssuche, -auswertung und Maßnahmenplanung.

Welche Eigenschaften müßte der „optimale Stratege" haben, der in SchokoFin das perfekte „trouble shooting" betreibt und in Markstrat sein Handeln in klassischer Weise strategisch ausrichtet. Was müßte diese Person können, damit sie flexibel ist und beide strategischen Grundausrichtungen des Verhaltens im Prinzip realisieren kann?

Dieser Mensch müßte zunächst erkennen können, welche Eigenschaften die Problemsituation besitzt, d.h. er müßte über eine Art „Komplexitätssensorium" verfügen, das ihm sehr rasch ein in groben Zügen richtiges Bild von der Problemsituation vermittelt, damit er recht schnell die wesentlichen Eigenschaften seiner künftigen Strategie bestimmen und Handlungskonzepte entwickeln kann. Dieses Komplexitätssensorium müßte auch in der Lage sein, bereits kleine Veränderungen bei den Komplexitätsfaktoren zu registrieren, um, falls dies notwendig ist, die Strategie den neuen Gegebenheiten anzupassen.

Darauf aufbauend muß er natürlich auch das nötige Wissen und Können besitzen, um diesen – richtig erkannten – Anforderungen begegnen zu können. Er benötigt also den fachlichen Hintergrund und das heuristische Wissen zur Entwicklung eines angemessenen Plans (vgl. Kapitel 10).

9. *Erfahrung und strategisches Handeln*

Vier Facetten der Erfahrung wurden berücksichtigt: *Erfahrungsdauer* (im Bereich Absatzwirtschaft/Marketing), *Erfahrungsniveau* (betrifft die Anforderungen an die kognitive Komplexität und Flexibilität der Fach- und Führungskräfte), *Erfahrungsbreite* (betrifft die aktuelle Tätigkeitsvielfalt und die Variation der Arbeitskontexte im Verlauf des Berufslebens) und die *Erfahrungsqualität* (verstanden als Attraktivität der Berufstätigkeit und als Kompetenzgefühl bei der Arbeit).

Es gibt zahlreiche signifikante Zusammenhänge zwischen bestimmten Erfahrungsmerkmalen und den Handlungsstrategien. Einige Beispiele:

Analysiert man das Planungsverhalten der Fachkräfte bei der Bearbeitung der Problemszenarien hinsichtlich der von ihnen ins Spiel gebrachten Fragen, Annahmen, Maßnahmen und Zielkriterien, lassen sich vier Planungsstrategien ermitteln, in denen sich Berufsanfänger und Berufserfahrene unterscheiden:

Der *„single-line"-Typ* zeigt nur einen Lösungsstrang (single-line) der sich von der Frage über die Annahmen zur Situation bis zu der Maßnahme, die geplant wird, durchzieht. Es wird nur eine Möglichkeit der Bewältigung der Situation in Betracht gezogen.

Der *„Effizienz-Divergenz"-Typ* thematisiert eine höhere Anzahl von Fragen und Annahmen als der „single-line"-Typ. Die durchzuführenden Maßnahmen werden jedoch auf einem sehr abstrakten Niveau formuliert. Die Vermutung liegt nahe, daß bei dieser Planungsstrategie der Akteur seine Maßnahmen erst nach der Abschließung der Informationssuche plant und sich nicht voreilig auf die Planung konkreter Maßnahmen festlegen will. Diese Form der Handlungsplanung kann durch ein Streben des Planenden nach Effizienz und Divergenz hervorgerufen werden. Effizienz und Divergenz geben die Vielfalt effizienter Handlungsmöglichkeiten in bestimmten Situationen an (Oesterreich 1981). Befindet sich der Planer in einer sehr unsicheren Situation, spannt er mögliche Handlungsräume auf, ohne sie detailliert auszugestalten – um so eventuell mögliche konfligierende Ziele nicht von vornherein gegeneinander auszuspielen.

Der *„rationale"-Typ* zeichnet sich durch Multiperspektivität aus (breitgestreute Fragen und viele Annahmen), seine Planung weist kohärente Strukturen auf, d.h. Informationssuche wird mit „passendem" Maßnahmenkatalog verknüpft. Dieser Planungstyp genügt den Forderungen der rationalen Entscheidungstheorie, die eine Reduktion von Komplexität durch die Zerlegung eines Entscheidungsproblems in seine Komponenten empfiehlt.

Der *„nomopragmatische"-Typ* orientiert sich bei der Planung stark an (quasi-) nomologischen Zusammenhängen, allgemeinen Regeln, verallgemeinerten Erfahrungen und Handlungsmaximen. Er geht bei der Problemlösung nur kurz auf die konkrete Situation ein, identifiziert den Problemkern und transformiert ihn auf ein abstraktes Niveau, von dem aus er Handlungskonzepte und Pläne formuliert.

Die empirischen Befunde zeigen, daß die Lösungsentwürfe der Berufsanfänger erwartungsgemäß signifikant häufiger dem „single-line"-Typ, die Lösungsentwürfe der Berufserfahrenen häufiger den anderen drei Planungstypen zugeordnet werden können.

Auch das *Erfahrungsniveau* beeinflußt die Strategiebildung (in der Computersimulation): Beispielsweise kovariiert die hierarchische Position im Unternehmen hochsignifikant mit einem an Regeln und Maximen orientierten Vorgehen. In höheren Positionen ist das Handeln in stärkerem Maße fachwissensbasiert, d.h. die Versuchsperson engagiert sich stärker im Vertriebsbereich, wenn sie aus dem Vertriebsbereich kommt und stärker im Bereich der Werbung und Marktforschung, wenn sie aus dem Marketingbereich kommt. Ferner korreliert die hierarchische Position mit einem stärker fallbasierten Handeln, das sich in der aktuellen Situation häufig an Vergleichsfällen der Vergangenheit orientiert.

Die *Erfahrungsbreite* beeinflußt das strategische Denken und Handeln ebenfalls in zahlreichen Punkten: Beispielsweise wird die Tendenz zur Konzentration auf Kernbereiche begünstigt durch die Wechselfrequenz zwischen verschiedenen Arbeitskontexten.

Auch die *Erfahrungsqualität* der aktuellen Berufstätigkeit kovariiert mit einigen Handlungsstrategien: Je schwieriger die Arbeit vom Berufstätigen empfunden wird, desto stärker ist sein „Effizienz-Divergenz-Streben". Der Akteur ist dann stärker bestrebt, sich immer möglichst viele gute Handlungsoptionen zu verschaffen. Dies an sich sinnvolle Vorgehen kann im Extremfall zur Vernachlässigung der eigentlichen Ziele und zu Entscheidungsschwäche führen.

Je positiver das Kompetenzgefühl der Fachkraft entwickelt ist, desto weniger häufig wird die Handlungssituation im Hinblick auf Risiken analysiert und desto weniger intensiv werden die Maßnahmen hinsichtlich ihrer Neben- und Fernwirkungen kontrolliert (vgl. Kapitel 13).

14.2 Perspektiven für die künftige Forschungsarbeit

1. Weiterentwicklung methodischer und methodologischer Standards

Unser Forschungsfeld ist mit konzeptuellen und methodologischen Fallstricken durchzogen. Zu dem in Kapitel 1 konstatierten „semantic chaos" kommt eine tendenzielle Erosion methodologischer Standards.

Bei der künftigen Forschung ist folgendes zu beachten:

(1) Der Strategiebegriff sollte nur zusammen mit einer möglichst klaren Definition und einer Einordnung in das semantische Umfeld anderer Wissensbegriffe verwendet werden.

(2) Strategien sind als Programme bzw. Regeln des Denkens und Handelns zu begreifen. Als solche haben sie den Status wissenschaftlicher Hypothesen. Daraus folgt methodologisch, daß ihre empirische Erforschung einem hypothetico-deduktiven Vorgehen folgen muß. Die Extraktion beliebiger „strategischer" Verhaltensparameter aus Verhaltens- oder Verbalprotokollen ist als theorielos zurückzuweisen.

(3) Strategien sind nicht isoliert zu sehen. Sie sind eine Teilmenge des Handlungswissens. Daher ist zu erwarten, daß sie mit spezifischerem Handlungswissen und mit Sachwissen über den entsprechenden Handlungsbereich in Wechselwirkung stehen. Die Struktur und die Qualität des jeweils relevanten Sachwissens und Handlungswissens sollten daher in jeder Untersuchung entweder durch die Bedingungen kontrolliert oder gemessen werden.

2. Entwicklung komplexer Theorien über die Wechselwirkungen der Handlungskonstituenten

Es sind Überlegungen anzustellen, wie bestimmte situative Anforderungen in komplexen Situationen (z.B. vage Ziele, Intransparenz) bei bestimmten Handlungsvoraussetzungen des Individuums die Handlungsorganisation beeinflussen. Der gegenwärtige Erkenntnisstand bezieht sich meist auf bivariate Zusammenhänge. Ungeklärt sind dagegen multivariate Zusammenhänge und insbesondere Wechselwirkungen zwischen den verschiedenen Merkmalen. Es fehlen vor allem auch Erkenntnisse über die Entwicklung von Handlungskonzepten und die hierfür erforderlichen rekursiven Denkprozesse.

Es ist eine Rahmentheorie des strategischen Handelns zu entwickeln in der das Zusammenspiel folgender Faktoren modelliert wird: Erfahrung – Architektur der Wissensbasis – Erfahrungsverarbeitung und Wissensgenerierung – Handlungssituation – Strategische Denk- und Handlungsprozesse – Handlungsergebnisse / Leistungen. Eine derartige Theorie würde beispielsweise verdeutlichen wie hohe oder niedrige Problemhaltigkeit der Arbeit bei großem bzw. geringem Sachwissen, intensiver oder mangelnder Selbstreflexion und vagen bzw. präzisen Zielen mit rationalen bzw. arationalen Planungsprozeduren verknüpft werden.

Wichtig ist in diesem Zusammenhang auch die Explikation der Vermittlungsprozesse beispielsweise zwischen den objektiven Gegebenheiten im Berufsleben und deren Niederschlag in den subjektiven Handlungsgrundlagen, insbesondere im Wissenssystem der Person.

3. Untersuchung der Dynamik des strategischen Denkens und Handelns

Theoretische und statistische Analysen sind für die weitere Strukturierung des Ensembles von Strategien erforderlich. Untersucht werden muß beispielsweise die Kovariation der Strategien und die Relevanz strategischer Konfigurationen hinsichtlich der Leistung.

Eine interessante Forschungsfrage betrifft die Rekonstruktion der psychodynamischen Prozesse bei den verschiedenen Handlungstypen. Eine genauere Analyse der unterschiedlich akzentuierten Operationsgefüge würde sicher sehr viele komplementäre und kompensatorische Bezüge zwischen den Operationskomplexen auf der Ebene der Handlungsfunktionen und Handlungsfacetten sichtbar werden lassen (vgl. Kapitel 7).

Man könnte versuchen, Klassen von Handlungstypen zu identifizieren, die hinsichtlich bestimmter Kriterien und Settings äquivalent sind:

Kann etwa eine nachlässige und wenig antizipatorische Suche nach Alternativen bei der Planung durch hohe Sensibilität bei der Umsetzung von Lösungsideen korrigiert werden – durch große Offenheit für neue Informationen während der Tätigkeit, durch ein gut strukturiertes Zielsystem mit präzisen Erfolgskriterien oder durch ein gutes soziales Management mit „Horchposten an der Front", um rechtzeitig kritischen Entwicklungen begegnen zu können?

4. Untersuchung der Auswirkungen des gesellschaftlichen und ökonomischen Umfeldes auf das strategische Denken und Handeln

Im Rahmen von Mehrebenenanalysen ist zu klären, welche Bedeutung bestimmte Umweltbedingungen auf das Handeln haben. Beispielsweise weist Frese (1998) auf kulturelle und ökonomische Faktoren hin, die Strategien und Erfolg bei Kleinunternehmern beeinflussen. Seine Befunde zeigen, daß die Brauchbarkeit von Planungsstrategien von Umgebungsbedingungen abhängt. Planungsverhalten wurde von ihm sowohl in Irland als auch in Deutschland untersucht und dabei festgestellt, daß detaillierte Planung in Irland (einem Land mit niedriger Unsicherheitsvermeidung) negativ mit Erfolg zusammenhängt, während in Deutschland (einem Land mit hoher Unsicherheitsvermeidung) ein positiver Zusammenhang von Planung und Erfolg festgestellt wird. Frese konnte auch Moderatoreffekte feststellen. Beispiel: Planungsverhalten in Deutschland korreliert positiv mit dem Erfolg, wenn ein hoher Wettbewerbsdruck existiert.

Interessante Forschungsfragen ergeben sich auch aus epochalen Trends. Beispielsweise wäre zu prüfen, ob die Globalisierung – wie Sennett (1998) meint – dazu führt, daß der arbeitende Mensch das langfristige Denken aufgibt und sich lediglich an kurzfristigen Jobs und Aufgaben orientiert.

5. Intensivierung der Strategieforschung im Rahmen der beruflichen Kompetenzforschung

In verschiedenen beruflichen Tätigkeitsfeldern und organisatorischen Kontexten sind strategisch relevante Handlungsprobleme zu identifizieren und zu typologisieren. Eine heuristische Funktion bei der Problemsuche können die Eigenschaften von Komplexität haben; eine wesentliche Aufgabe der Forschung wird darin bestehen, diese formalen Eigenschaften (Vernetztheit, Dynamik, Intransparenz usw.) für die jeweiligen beruflichen und betrieblichen „Settings" zu "materialisieren". Die Typologisierung der Handlungsprobleme sollte von den hypothetischen Denkanforderungen her erfolgen.

Eine wichtige Aufgabe ist die Untersuchung der strategischen Denkmuster von Fachkräften mit unterschiedlichem Expertisegrad bei verschiedenen Handlungsproblemen. Besonders beachtet werden müssen hier auch die Defizite und Dysfunktionalitäten im strategischen Denken.

6 Mikroanalytische Qualifikationsforschung

Das Probleminventar in dem von uns untersuchten Tätigkeitsfeld ist umfangreich. Die von den Praktikern thematisierten Schwierigkeiten und Probleme sind mehr als 100 Kategorien zuzuordnen. Hier wird ein weites Feld für eine mikroanalytische Qualifikationsforschung sichtbar. Eine praxisorientierte Forschung müßte beispielsweise Antworten auf folgende Fragen geben:
- Wie geht man vor, um konkurrierende Ziele auszubalancieren?
- Auf welche Weise stellt man die „Relevanz" eines Faktors fest bei der Modellierung der Umwelt?
- Worin besteht eine „gute" bzw. „vernünftige" Entscheidung?
- Wie bestimmt man die Gesamtnutzwerte von Handlungsalternativen, bei denen die unterschiedlichsten Eigenschaften miteinander verglichen werden müssen (also beispielsweise nicht nur monetäre, sondern auch ethische und ästhetische Attribute)?
- Wann kann man sich beim Entscheiden auf sein Gefühl verlassen und „aus dem Bauch heraus" entscheiden?
- Wie verkürzt man Planungs- und Entscheidungsprozesse bei hohem Zeitdruck?

7. Entwicklung von Konzepten zur Förderung der strategischen Handlungsflexibilität

Auf der Basis theoretischer Überlegungen und empirischer Untersuchungsbefunde zu den Anforderungen, Problemen, Handlungsstrukturen und Expertiseformen in ausgewählten beruflichen Tätigkeitsfeldern sollten Trainingsprogramme konzipiert werden.

In einem vom Bundesinstitut für Berufsbildung entwickelten Trainingsprogramms[2] beispielsweise werden die Trainingsteilnehmer mit verschiedenarti-

---

2 Vgl. G. Franke (Hrsg.), Entwicklung und Förderung der strategischen Handlungsflexibilität. Bielefeld: W. Bertelsmann Verlag (in Vorbereitung).

gen komplexen (z.T. computersimulierten) Problemsituationen konfrontiert, die sie lösen sollen. Dabei geht es nicht nur um die Lösungen, Planungen und Entscheidungen selbst, sondern die Trainingsteilnehmer sollen auch die Handlungsspielräume erkennen und verschiedene strategische Varianten im Vorgehen vergleichen und bewerten. Die Teilnehmer werden angeregt, ihr Denken und Tun zu reflektieren und zu verbalisieren. Umgekehrt sollen sie auch thematisierte Handlungsstrategien oder Handlungsfehler in ihrem Arbeitskontext wiederentdecken. Konstitutiv für das Training ist, daß alle – wie auch immer (durch Instruktion, Reflexion oder Diskussion) ins Spiel gebrachten – Maximen, Strategien oder Regeln des Handelns, auf berufliche Alltagssituationen im Betrieb bezogen werden.

Dem Trainingsprogramm liegen sechs Gestaltungspinzipien zugrunde:

Komplexität und Unbestimmtheit: Die Trainingsteilnehmer werden mit Problemstellungen konfrontiert, die Denkprozesse anregen.

Multiple Kontexte: Das Training bietet den Teilnehmern verschiedenartige Kontexte an, um sicherzustellen, daß das Wissen nicht auf einen Kontext fixiert bleibt, sondern flexibel auf andere Problemstellungen übertragen werden kann.

Kontextualisierung und Dekontextualisierung: Es erfolgt regelmäßig ein Wechsel zwischen der Extraktion pragmatischer Denkmuster aus dem Handlungsstrom und der Anwendung der abstrahierten Denkmuster auf konkrete Problemstellungen.

Multimodales Training: Durch Kombination verschiedener Trainingsmethoden (selbständiges Planen und Entscheiden, Beobachtung anderer Trainingsteilnehmer beim Problemlösen, Selbstreflexion, Verbalisierung des eigenen Tuns, Gruppendiskussionen usw.) sollen Wissensgrundlagen vermittelt werden, die in mehrfach kodierter und elaborierter Form im Gedächtnis präsent sind. Hierdurch soll die Strategienbildung in Richtung Differenzierung, Rationalität und Flexibilität beeinflußt werden.

Multiple Perspektiven: Den Trainingsteilnehmern wird die Möglichkeit gegeben, Probleme aus verschiedenen Perspektiven zu betrachten. Sie lernen, Inhalte unter verschiedenen Aspekten bzw. von verschiedenen Standpunkten aus zu sehen und zu bearbeiten, was sicher die flexible Anwendung des Wissens fördert.

Transfersicherung: In jeder Trainingseinheit wird ein Brückenschlag vorgenommen zwischen den Problemstellungen, Vorgehensweisen und Erfahrungen in der Trainingssituation und analogen Anforderungen und Handlungsmöglichkeiten im betrieblichen Berufsalltag.

8. Untersuchung komplexer Handlungsprozesse als Mischungen verschiedener Handlungsformen

In den westlichen, europäisch und US-amerikanisch geprägten Gesellschaften ist das „zielgerichtete Handeln" und insbesondere das „strategische Handeln" als Unterform ein besonders salienter Prototyp des Handelns. Wahrscheinlich wäre unsere hochtechnisierte Zivilisation ohne die Existenz dieser rationalen Handlungsform gar nicht denkbar.

Im realen alltäglichen Handeln treten jedoch häufig Mischformen verschiedener Handlungsformen auf. In der Wissenschaft wie auch in der Alltagspsychologie werden prototypische Handlungsformen unterschieden, die sich durch besonders ausgeprägte Konfigurationen ihrer Merkmale auszeichnen. Beispielsweise unterscheidet Mario von Cranach (1994) sechs Handlungsformen mit verschiedenen Unterformen. Zur Typologisierung der Handlungen nutzt er 28 Kriterien die sich z.B. auf den Gegenstand, den Zweck, die Energetisierung, Steuerung, Offenheit und Kontrolle des Handelns beziehen. Vier ausgewählte Handlungsformen werden hier kurz beschrieben:

Zielgerichtetes Handeln ist die prominenteste Handlungsform in der Forschung. Es ist bewußt, motiviert und gewollt und geplant auf ein konkretes Endziel ausgerichtet und durch eine hierarchisch-sequentielle Steuerung gekennzeichnet.

Emotional-intuitives Handeln ist auf konkrete oder interaktive Gegenstände und auf (wenn auch unklar definierte) Ergebnisse hin orientiert, emotional energetisiert, „heterarchisch" gesteuert, bewußtseinsfähig aber nicht – pflichtig und wohl meist nur schwach, wenn überhaupt, im Bewußtsein repräsentiert.

Bedeutungsorientiertes Handeln richtet sich darauf, soziale Bedeutungen zu schaffen; es hat primär keine materiellen Folgen. Hierzu gehören alle Arten von Ritualen; Beispiele sind Zeremonien, aber auch Formen der „Selbstdarstellung".

Prozeßorientierte Handlungen werden nicht um eines Endziels, sondern um ihrer selbst willen ausgeführt, weil der Handlungsprozeß an sich als belohnend empfunden wird. Ein Merkmal ist das „Flow-Erlebnis" (vgl. Csikzentmyhalyi 1985, 1992). Merkmal seiner zentralen Phase sind das Zusammenfallen von Energetisierung und Steuerung in nicht-bewußten oder unterbewußten rekursiven Selbstregulationsprozessen sowie eine Art veränderter Bewußtseinszustand. Klar bewußte und willentlicher Steuerung stören den Flow.

Vor diesem Hintergrund wird ein weites Forschungsfeld sichtbar. Es stellt sich nun die Frage nach der „Dramaturgie" komplexer Handlungsprozesse z.B. bei der Abwicklung langfristiger Projekte und nach dem Stellenwert und der Verflechtung des strategischen Handelns mit anderen Handlungsformen.

Literaturverzeichnis

Abelson, R. P. (1976). Script processing in attitude formation and decision making. In Caroll, J.S. u. Payne, J.W. (hrsg.): Cognition and social behavior, S. 33-46. Hilsdale, New York: Erlbaum

Adelson, B. (1981). Problem solving and the development of abstract categories in programming languages. Memory & Cognition, 4, 422-433.

Aebli, H., Ruthemann, U. & Staub, F. (1986). Sind Regeln des Problemlösens lehrbar ? Zeitschrift für Pädagogik, 5, 617-638.

Aebli, H. (1980). Denken: Das Ordnen des Tuns, Band 1. Stuttgart: Klett Cotta.

Anderson, J. R. (1982). Acquisition of cognitive skill. Psychological Review, 89, 369-406.

Anderson, J. R. (1987). Methodologies for studying human knowledge. Behavioral and Brain Sciences, 10, 467-478.

Anderson, J. R. (1983). The architecture of cognition. Cambridge: Harvard University Press.

Ansoff, H. J. (1965). Corporate Strategy: Analytical approach to business policy for growth and expansion. New York: McGraw-Hill.

Ansoff, H. J. (1966). Management-Strategie. München.

Atkinson, R. C. & Shiffrin, R. M. (1968). Human memory: A proposed system and its control processes. In K. W. Spence & J. T. Spence (Eds.), The psychology of learning and motivation: Advances in research and theory (Vol. 2). NewYork: Academic Press.

Bainbridge, L. (1974). Analysis of verbal protocols from a process control task. In E. Edwards & F. P. Lees (Eds.), The human operator in process control (pp. 146-158). London: Taylor & Francis.

Baltes, P.B. & Smith, J. (1990). Weisheit und Weisheitsentwicklung: Prolegmomena zu einer psychologischen Weisheitstheorie. Zeitschrift für Entwicklungspsychologie und Pädagogische Psychologie, 22, 95-135.

Bamberg, G. & Coenenberg, A. G. (1994). Betriebswirtschaftliche Entscheidungslehre (8.Auflage). München: Vahlen.

Baron, J. (1985). What kinds of intelligence components are fundamental? In S. Chipman, J. W. Segal & R. Glaser (Eds.), Thinking and learning skills (Vol. 2, pp. 365-390). Hillsdale: LEA.

Braun, G. E. (1977). Methodologie der Planung. Eine Studie zum abstrakten und konkreten Verständnis der Planung. Meisenheim zu Glan: Hain.

Braybrooke, D. & Lindblom, C. E. (1970). A Strategy of Decision: Policy Evaluation as a Social Process. New York: The Free Press.

Becker, J. (1986). Steuerungsleistungen und Einsatzbedingungen von Marketingstrategien. ZFP, 3, 189-198.

Becker, J. (1983). Grundlagen der Marketingkonzeption: Marketingziele, Marketingstrategien, Marketinginstrumente. München: Vahlen.

Becker, J. (1993). Marketing-Konzeption. Grundlagen des strategischen Marketing-Managements (5. Auflage). München: Vahlen.

Beishon, R. J. (1974). An operator´s behaviour in controlling continuous baking ovens. In E. Edwards & F. P. Lees (Eds.), The human operator in process control (pp. 79-90). London: Taylor & Francis.

Belmont, J. M. & Butterfield, E. C. (1977). The instructional approach to developmental cognitive research. In R. V. Kail & J. W. Hagen (Eds.), Perspectives on the development of memory and cognition (pp. 437-481). Hillsdale: LEA.

Benner, H. (1981). Arbeitsplatzgebundenes Lernen in der Berufsausbildung. In Wirtschaft und Berufserziehung, 33, 337 - 340.

Berekoven, L., Eckert, W. & Ellenrieder, P. (1991). Marktforschung. Wiesebaden: Gabler.

Bergmann, B. u.a. (1997). Zum Zusammenhang von Arbeitsinhalten in der Berufsbiografie und der individuellen Kompetenzentwicklung. Zeitschrift für Arbeitswissenschaft, 51, 85-95.

Berry, D. C. & Broadbent, D. E. (1989). Problem solving and the search for crucial evidence. Psychological Research, 50, 229-236.

Bisanz, J. & LeFevre, J. A. (1990). Strategic and nonstrategic processing in the development of strategic cognition. In D. F. Bjorklund (Eds.), Children´s strategies (pp. 213-244). Hillsdale: LEA.

Borkowski, J. G. & Turner, L. A. (1990). Transsituational characteristics of metacognition. In W. Schneider & F. E. Weinert (Eds.), Interactions among attitudes, strategies, and knowledge in cognitive performance (pp. 159-176). Berlin: Springer.

Brander, S., Kompa, A. & Peltzer, U. (1985). Denken und Problemlösen: Einführung in die kognitive Psychologie. Opladen: Westdeutscher Verlag.

Braun, G. E. (1977) Methodologie der Planung: Eine Studie zum abstrakten und konkreten Verständnis der Planung. Meisenheim am Glan: Hain.

Brehmer, B. (1986). In one word: Not from experience. In H. R. Arkes & K. R. Hammond (Eds.), Judgment and decision making (pp. 705-720). Cambridge: Cambridge University Press.

Broadbent, D. E. (1977). Levels, hierarchies and the locus of control. Quarterly Journal of Experimental Psychology, 29, 181-201.

Broadbent, D. E., Fitzgerald, P. & Broadbent, M. H. P. (1986). Implicit and explicit knowledge in the control of complex systems. British Journal of Psychology, 77, 33-50.

Brosius, G. & Brosius, F. (1995). SPSS. Base System und Professional Statistics. Bonn; Albany (u.a.): International Thomson Publishing.

Brown, A. L. (1984). Metakognition, Handlungskontrolle, Selbststeuerung und andere noch geheimnisvollere Mechanismen. In F. E. Weinert & R. H. Kluwe (Hrsg.), Metakognition, Motivation und Lernen (pp. 60-109). Stuttgart: Kohlhammer.

Carrol, J. M. & Morran, T. P. (1991). Introduction to this special issue on design rational. Human Computer Interaction, 6, 197-200.

Chi, M. T. H. (1984). Bereichsspezifisches Wissen und Metakognition. In F. E. Weinert & R. H. Kluwe (Hrsg.), Metakognition, Motivation und Lernen (pp. 211-232). Stuttgart: Kohlhammer.

Chi, M. T. H., Feltovich, P. J. & Glaser, R. (1981). Categorisation and representation of physics problems by experts and novices. Cognitive Science, 5, 121-152.

Chi, M. T. H., Glaser, R. & Farr, M. J. (1988). The nature of expertise. Hillsdale, N.J.: Erlbaum.

Claxton, G. (1997). Der Takt des Denkens. Über die Vorteile der Langsamkeit. Berlin: Ullstein Buchverlage GmbH.

Crossmann, E. R. F. W. & Cooke, J. E. (1974). Manual control of slow-response systems. In E. Edwards & F. P. Lees (Eds.), The human operator in process control (pp. 51-66). London: Taylor & Francis.

Csikszentmihalyi, M. (1985). Das Flow-Erlebnis. Stuttgart: Kett-Cotta.

Csikszentmihalyi, M. (1992). Flow. Das Geheimnis des Glücks. Stuttgart: Klett-Cotta

Didi, H.-J., Fay, E., Kloft, C. & Vogt, H. (1993). Einschätzung von Schlüsselqualifikationen aus psychologischer Perspektive. Gutachten im Auftrag des Bundesinstituts für Berufsbildung. Bonn: Institut für Bildungsforschung.

D`Zurilla, T. J. & Goldfried, M. R. (1971). Problem solving and behavior modification. Journal of Abnormal Psychology, 78, 107-126.

D`Zurilla, T. J. & Nezu, A. (1980). A study of the generation of alternatives process in social problem solving. Cognitive Therapy and Research, 4, 67-72.

Dörner, D. & Pfeifer, E. (1992). Strategisches Denken, Strategische Fehler, Streß und Intelligenz. Sprache & Kognition, 11, 75-90.

Dörner, D. & Schaub, H. (1992). Spiel & Wirklichkeit: über die Verwendung und den Nutzen computersimulierter Planspiele. Kölner Zeitschrift für Wirtschaft und Pädagogik, 12, 55-78.

Dörner, D. (1976). Problemlösen als Informationsverarbeitung. Stuttgart: Kohlhammer.

Dörner, D. (1978). Self reflection and problem solving. In F. Klix (Eds.), Human and artificial intelligence (pp. 101-107). Amsterdam: North Holland.

Dörner, D. (1981) Über die Schwierigkeiten menschlichen Umgangs mit Komplexität. Psychologische Rundschau, 31, 163-179.

Dörner, D. (1986). Diagnostik der operativen Intelligenz. Diagnostica, 32, 290-308.

Dörner, D. (1988). Wissen und Verhaltensregulation: Versuch einer Integration. In H. Mandl & H. Spada. (Hrsg.): Wissenspsychologie. München: Psychologie Verlagsunion.

Dörner, D. (1989). Die Logik des Mißlingens. Reinbek: Rowohlt.

Dörner, D. (1989). Expertise beim Lösen komplexer Probleme oder: Die Bedeutung von Großmutterregeln. In D. Dörner & W. Michaelis (Hrsg.), Idola fori et idola theatri (pp. 121-143). Göttingen: Hogrefe.

Dörner, D. & Detje, F. (1993). RelaNet. Bamberg: Universität Bamberg Lehrstuhl Psychologie II.

Dörner, D. u.a. (1983). Lohhausen: Vom Umgang mit Unbestimmtheit und Komplexität. Bern u.a.: Huber.

Dreyfus, H. L. & Dreyfus St. E. (1987). Künstliche Intelligenz: Von den Grenzen der Denkmaschine und dem Wert der Intuition. Reinbek bei Hamburg: Rowohlt.

Dreyfus, H. L. & Dreyfus, St. E. (1986). Mind over machine. Oxford: Basil Blackwell.

Dunkler, O. Mitchell, C. M. Govindaraj, T. & Ammons, J. C. (1988).The effectiveness of supervisory control strategies in scheduling flexible manufacturing systems. IEEE Transactions on Systems, Man, and Cybernetics, 18, 223-237.

Eichenberger, R. (1992). Verhaltensanomalien und Wirtschaftswissenschaften: Herausforderung, Reaktionen, Perspektiven. Wiesbaden: Gabler.

Eisenfuhr, F. & Weber, M. (1993). Rationales Entscheiden. Berlin, Heidelberg: Springer-Verlag.

Eisenführ, F. & Weber, M. (1994). Rationales Entscheiden (2. Auflage). Berlin, Heidelberg: Springer-Verlag.

Ericsson, K. A. & Simon, H. A. (1984). Protocol analysis: Verbal reports as data. Cambridge: MIT Press.

Ericsson, K. A. & Pennington, N. (1993). The structure of memory performance in experts: Implications for memory in everyday life. In G. M. Davies & R. H. Logie (Eds.), Memory in everyday life. Amsterdam: Elsevier.

Evans, J. St. B. T. (1990). Bias in human reasoning. Hillsdale, N. J.: Erlbaum.

Fisch, R. & Wolf, M. (1990). Die Handhabung von Komplexität beim Problemlösen und Entscheiden. In R. Fisch & M. Boos (Hrsg.), Vom Umgang mit Komplexität in Organisationen: Konzepte, Fallbeispiele, Strategien (pp. 11-39). Konstanz: Univ.-Verl..

Fischer, G., Lemke, A. C., McCall, R. & Morch, A. I. (1991). Making argumentation serve design. Human-Computer Interaction, 6, 339-419.

Flavell, J. H. (1984). Annahmen zum Begriff Metakognition sowie zur Entwicklung von Metakognition. In F. E. Weinert & R. H. Kluwe (Hrsg.), Metakognition, Motivation und Lernen (pp. 23-31). Stuttgart: Kohlhammer.

Fodor, J. A. (1975). The language of thought. New York: Crowell.

Forkel, M. (1995). Kognitive Werkzeuge: Ein Ansatz zur Unterstützung des Problemlösens. München; Wien: Hanser.

Franke, G. u.a. (1987). Der Lernort Arbeitsplatz. Berlin: Beuth

Franke, G. & Kleinschmitt, M. (1987). Ansätze zur Intensivierung des Lernens am Arbeitsplatz. Berlin: Bundesinstitut für Berufsbildung. (Berichte zur beruflichen Bildung, Heft 90).

Franke, G. (1988). Lernen im Arbeitsprozeß. In F. Achtenhagen & E.G. John (Hrsg.), Lernprozesse und Lernorte in der beruflichen Bildung (pp 495-507). Göttingen: Seminar für Wirtschaftspädagogik der Georg-August-Universität.

Franke, G. (1989). Ansätze zur Bewertung des Arbeitshandelns. In A. Kell & A. Lipsmeier (Hrsg.), Lernen und Arbeiten. (Zeitschrift für Berufs- und Wirtschaftspädagogik, 8. Beiheft) (pp 135-145). Stuttgart.

Freier, B. & Huybrechts, R. (1980). Untersuchungen zum Training kognitiver Grundlagen von Arbeitsverfahren. In. W. Hacker & H. Raum (Hrsg.), Optimierung kognitiver Arbeitsanforderungen (pp. 229-235). Berlin: VEB Deutscher Verlag der Wissenschaften.

Frese, M. (1998). Handlungstheorien angewandt: Strategien und Erfolg bei Kleinunternehmern. Vortrag gehalten auf dem 41. Kongreß der Deutschen Gesellschaft für Psychologen in Dresden.

Frey, D. (1981). Informationssuche und Informationsbewertung bei Entscheidungen. Bern u.a.: Huber.

Friedrich, H. F. & Mandl, H. (1992). Lern- und Denkstrategien - ein Problemaufriß. In H. Mandl & H. F. Friedrich (Hrsg.), Lern- und Denkstrategien (pp. 3 bis 54). Göttingen: Hogrefe.

Funke, J. & Müller, H. (1988). Eingreifen und Prognostizieren als Determinanten von Systemidentifikation und Systemsteuerung. Sprache & Kognition, 7, 176-186.

Funke, U. (1991). Die Validität einer computergestützten Systemsimulation zur Diagnose von Problemlösekompetenz. In H. Schuler & U. Funke (Hrsg.), Eignungsdiagnostik in Forschung und Praxis (pp. 114-122).

Gibson, J. J. (1982). Wahrnehmung und Umwelt. München: Urban & Schwarzenberg.

Gick, M. L. & Holyoak, K. J. (1987). The cognitive basis of knowledge transfer. In S. M. Cormier & J. D. Hagman (Eds.), Transfer of Learning (pp. 9-46). San Diego: Academic Press.

Glaser, R. & Chi, M. T. H. (1988). Overview. In M. T. H. Chi, R. Glaser & M. J. Farr (Eds.), The nature of expertise (pp. xv-xxviii). Hillsdale: LEA.

Gomez, P. & Probst, G.J.B. (1987). Vernetztes Denken im Management: Eine Methodik des ganzheitlichen Problemlösens. Die Orientierung, 89.

Gomez, P. & Probst, G. J. B. (1991). Vernetztes Denken: Ganzheitliches Führen in der Praxis. 2. Auflage. Wiesbaden: Gabler.

Gopher, D., Weil, M., & Bareket, T. (1994). Transfer of skill from a computer game trainer to flight. Human Factors, 3, 387-405.

Groeben, N. (1986). Handeln, Tun, Verhalten als Einheiten einer verstehend-erklärenden Psychologie. Tübingen: Francke.

Groeben, N., Wahl, D., Schlee, J. & Scheele, B. (1988). Forschungsprogramm Subjektive Theorien. Tübingen: Francke.

Grube, A. & Strube, G (1989). Zweierlei Experten: Eine experimentelle Untersuchung zur Expertise im Schachspiel und beim Lösen von Schachproblemen. Sprache und Kognition, 8, 72-85.

Gruber, H. (1994) Expertise: Modelle und empirische Untersuchungen. Wiesbaden: Westdeutscher Verlag.

Gruber, H., Renkl, A., Mandl, H. & Reiter, W. (1993). Exploration Strategies in an economics simulation game. München: Ludwig-Maximilians-Universität, Institut für Empirische Pädagogik und Pädagogische Psychologie, Research report No. 21.

Hacker, W. (1980). Allgemeine Arbeits- und Ingenieurspsychologie. Berlin: Deutscher Verlag der Wissenschaften.

Hacker, W. (1986). Arbeitspsychologie. Berlin: Deutscher Verlag der Wissenschaften.

Hacker, W. (1986). Arbeitspsychologie. Bern: Huber.

Hacker, W. (1992). Expertenkönnen: Erkennen und Vermitteln. Stuttgart: Verlag für angewandte Psychologie.

Hacker, W. (1990). Experten"wissen" - Leistungsvoraussetzungen für Spitzenleistungen. In D. Frey (Hrsg.). Bericht über den 37. Kongreß der Deutschen Gesellschaft für Psychologie in Kiel 1990, 1. Göttingen: Hogrefe.

Hacker, W., Großmann, N. & Teske, S. (1991). Knowledge elicitation: A comparison of models and of methods. In H.-J. Bullinger (Eds.), Human aspects in computing: Design und use of interactive systems and information management (p.p. 861-865). Elsevier Science Publishers B.V.,.

Hacker, W. (1998). Zukunft gehalten? Probleme und Ergebnisse einer Psychologie vielgerichteten Handelns. Vortrag zur Eröffnung des 41. Kongresses der Deutschen Gesellschaft für Psychologie vom 27.09. bis 01.10.1998 an der Technischen Universität Dresden.

Hammond, K. R., Hamm, R .M., Grassia, J. & Pearson, T. (1987). Direct comparison of the efficacy of intuitive and analytical cognition in expert judgment. IEEE Transactions on Systems, Man, and Cybernetics, 17, 753-770.

Hany, E. A. (1993). Kreativitätstraining: Positionen, Probleme, Perspektiven. In K. J. Klauer (Hrsg.), Kognitives Training (pp. 189-216). Göttingen: Hogrefe.

Harnishfeger, K. K. & Bjorklund, D. F. (1990). Children´s strategies: A brief history. In D. F. Bjorklund (Eds.), Children´s strategies (pp. 1-22). Hillsdale: LEA.

Hayes, J. R. (1981). The complete problem solver. Philadelphia: Franklin Institute Press.

Hayes-Roth, B. & Hayes-Roth, F. (1979). A cognitive model of planing. Cognitive Science, 3, 275-310.

Heckhausen, H. (1989). Motivation und Handeln (2. Auflage). Berlin: Springer.

Heidrick & Struggles (1986). Der Vertriebsleiter in Deutschland 1986. Marketing Journal, 6, 542-544.

Heinen, E. (1991). Industriebetriebslehre: Entscheidungen im Industriebetrieb (9. Auflage). Wiesbaden: Gabler.

Hesse, F. W. (1979). Trainingsinduzierte Veränderungen in der heuristischen Struktur und ihr Einfluß auf das Problemlösen. Dissertation: RWTH Aachen.

Hesse, F. W. (1982). Training-induced changes in problem solving. Zeitschrift für Psychologie, 190, 405-422.

Hinterhuber, H. H. (1989). Strategische Unternehmensführung. München.

Hoffmann, J. (1993). Lernen: S - R, S - S oder R - S Verbindungen und der Aufbau einer antizipativen Verhaltenssteuerung. In L. Montana (Hrsg.): Bericht über den 38. Kongreß der Deutschen Gesellschaft für Psychologie in Trier 1992, 601 - 608. Göttingen: Hogrefe.

Holding, D. H. (1985). The psychology of chess. Hillsdale, N. J.: Lawrence Erlbaum Associates.

Höpfner, H. D. & Skell, W. (1983). Zur Systematisierung von Formen der Übung kognitiver Prozesse - Klassifikationsgesichtspunkte und Darstellung entscheidender Variabler. Forschung der sozialistischen Berufsbildung, 17, 161-166.

Höpfner, H. D. (1983). Untersuchungen zum Einsatz heuristischer Regeln beim Üben im berufspraktischen Unterricht. Forschung der sozialistischen Berufsbildung, 17, 28-33.

Hussy, W. & Granzow, S. (1987). Komplexes Problemlösen, Gedächtnis und Verarbeitungsstil. Zeitschrift für experimentelle und angewandte Psychologie, 34, 212-227.

Jüngst, K. L. (1987). Lehrertätigkeit zur Förderung des Problemlösens. In H. Neber (Hrsg.). Angewandte Problemlösepsychologie (pp. 152-172). Münster: Aschendorff.

Kahle, E. (1981). Betriebliche Entscheidungen: Lehrbuch zur Einführung in die betriebswirtschaftliche Entscheidungstheorie. München: Oldenbourg.

Karmiloff-Smith, A. (1984). Children´s problem solving. In M. E. Lamb, A. L. Brown & B. Rogoff (Eds.), Advances in developmental psychology (Vol. 3, pp. 39-89). Hillsdale: LEA.

Kieras, D. E. & Bovair, S. (1984). The role of a mental model in learning to operate a device. Cognitive Science, 8, 255-273.

Kirsch, W. (1977). Einführung in die Theorie der Entscheidungsprozesse (2. Auflage der Bände 1-3). Wiesbaden: Gabler.

Kirsch, W. (1988). Die Handhabung von Entscheidungsproblemen. Einführung in die Theorie der Entscheidungsprozesse (3. Auflage). München: Kirsch.

Kirsch, W. (1970). Entscheidungsprozesse. Band 1: Verhaltenswissenschaftliche Ansätze der Entscheidungstheorie. Wiesbaden: Gabler.

Kirsch, W. (1971). Entscheidungsprozesse. Band 3: Entscheidung in Organisation. Wiesbaden: Gabler.

Klauer, K. C. (1995). Grundlagen der Problemlöseforschung. In B. Strauss & M. Kleinmann (Hrsg.), Computersimulierte Szenarien in der Personalarbeit (pp. 17-42). Göttingen: Hogrefe.

Klauer, K. J. (1992). Problemlösestrategien im experimentellen Vergleich: Effekte einer allgemeinen und einer bereichsspezifischen Strategie. In H. Mandl & H. F. Friedrich (Hrsg.), Lern- und Denkstrategien (pp. 55-78). Göttingen: Hogrefe.

Klix, F. (1984). Über Wissensrepräsentation im menschlichen Gedächtnis. In F. Klix (Hrsg.), Gedächtnis, Wissen, Wissensnutzung (pp. 9-73). Berlin: Deutscher Verlag der Wissenschaften.

Klix, F. (1992). Die Natur des Verstandes. Göttingen: Hogrefe.

Kluwe, R. H. & Schiebler, K. (1984). Entwicklung exekutiver Prozesse und kognitiver Leistungen. In F. E. Weiner & R. H. Kluwe (Hrsg.), Metakognition, Motivation und Lernen (pp. 31-60). Stuttgart: Kohlhammer.

Kluwe, R. H. (1987). Denken wollen: Zum Gegenstand der Steuerung bei komplexen Denkprozessen. In H. Heckhausen, P. M. Gollwitzer & F. E. Weinert (Hrsg.), Jenseits des Rubikon: Der Wille in den Humanwissenschaften (pp. 216-237). Berlin, Heildelberg: Springer.

Kluwe, R. H. (1990). Understanding and problem solving. In W. Schneider & F. E. Weinert (Eds.), Interactions among aptitudes, strategies and knowledge in cognitive performance (pp. 59-72). Berlin: Springer.

Kluwe, R. H. (1983). Beweglichkeit des Denkens. In L. Montada, K. Reusser, & G. Stener (Hrsg.), Kognition und Handeln (pp. 127-145). Stuttgart: Klett.

Kluwe, R. H., Haider, H. (1990). Modelle zur internen Repräsentation komplexer technischer Systeme. Sprache & Kognition, 9, 173-192.

Kluwe, R. H., Haider, H., & Misiak, C. (1990). Learning by doing in the control of a complex system. In H. Mandl, N. Bennett, E. de Corte & H. F. Friedrich, (Eds.), Learning and instruction (pp. 197-218). Oxford: Pergamon Press.

Knaeuper, A. & Rouse, W. B. (1985). A rule-based model of human problem solving behavior in dynamic environments. IEEE Transactions on Systems, Man, and Cybernetics, 15, 708-719.

Költzsch-Ruch, K. (1995). Von einer hinterwälderischen Idee. Stimmen Wissen und Können beim Problemlösen überein? Dissertation. Bern: Universität.

Köhler, R. (1991). Beiträge zum Marketing-Management. Stuttgart: Poeschel.

Kohn, M. (1985). Arbeit und Persönlichkeit: Ungelöste Probleme der Forschung. In E. Hoff, L. Lappe & W. Lempert (Hrsg.): Arbeitsbiographien und Persönlichkeitsentwicklung. Bern: Huber.

Konradt, U. (1992). Analyse von Strategien bei der Störungsdiagnose in der flexibel automatisierten Fertigung. Bochum: Brockmeyer.

Kotler, P. & Bliemel, F. (1992). Marketing-Management. Stuttgart: Poeschel.

Kotler, P. (1989). Marketing-Management, Stuttgart: Poeschel.

Kragt, H. & Landeweerd, J. A. (1974). Mental skills in process control. In E. Edwards & F. P. Lees (Eds.), The human operator in process control (pp. 135-145). London: Taylor & Francis.

Krems, J. & Bachmaier, M. (1991). Hypothesenbildung und Strategieauswahl in Abhängigkeit vom Expertisegrad. Zeitschrift für experimentelle und angewandte Psychologie, 38, 394-410.

Lempert, W., Hoff, W. & Lappe, L. (1979). Konzeption zur Analyse der Sozialisation durch Arbeit. Theoretische Vorstudien für eine empirische Untersuchung. (Hektographiertes Manuskript). Berlin: Max-Planck-Institut für Bildungsforschung

Larkin, J. H., McDermott, J., Simon, D. & Simon, H. A. (1980). Expert and novice performance in solving physics problems. Science, 208, 1335-1342.

Larreche, J.-C. & Gatignon, H. (1990): Markstrat 2 Instruktors Manual. The Scientific Press.

Lauth, G. W. (1988). Trainingsmanual zur Vermittlung kognitiver Fertigkeiten bei retardierten Kindern (2. Auflage). Oldenburg: Universität Oldenburg (Zentrum für pädagogische Berufspraxis) und Deutsche Gesellschaft für Verhaltenstherapie e.V.

Lee, J. & Lai, K-Y. (1991). What`s in design rational. Human-Computer Interaction,6, 251-280.

Leutner, D. (1992). Erwerb von Wissen und von Handlungskompetenz beim Explorieren computersimulierter dynamischer Systeme: Der Effekt adaptiver und nicht-adaptiver Problemlösehinweise (Vortrag auf dem 38. Kongreß der DGfP in Trier).

Lindblom, C. E. (1975). Inkrementalismus: Die Lehre vom Sich-Durchwursteln. In W.-D. Narr und C. Offe (Hrsg.), Wohlfahrtsstaat und Massenloyalität (pp. 161-177). Köln: Kiepenheuer & Witsch.

Lindblom, C. E. (1977). Politics and markets: The world's political-economic systems. New York: Basic Books.

Lindblom, C. E. (1979). Still muddling, not yet through. Public Administration Review, 39, 517-526.

Lopes, L. (1991). The rhetoric of irrationality. Theory & Psychology, 1, 65-82.

Luchins, A. S. & Luchins, E. H. (1950). New experimental attempts at preventing mechanization in problem solving. The Journal of General Psychology, 42, 279-297.

MacLean, A., Young, R., Belotti, V. & Moran, T. (1991). Questions, options, and criteria: Elements of design space analysis. Human-Computer Interaction, 6, 201-250.

Maier, N. R. F. (1933). An aspect of human reasoning. British Journal of Psychology, 24, 144-155.

Mandl, H., Prenzel, M. & Gräsel, C. (1991). Das Problem des Lerntransfers in der betrieblichen Weiterbildung. Universität München. Institut für Empirische Pädagogik und Pädagogische Psychologie (Vervielfältigtes Manuskript).

Mandl, H. & Spada, H. (1988): Wissenspychologie. München, Weinheim: Psychologie Verlags Union

Mandl, H. & Friedrich, H. F. (1992). Lern- und Denkstrategien. Göttingen: Hogrefe.

Manz, K., Dahmen, A. & Hoffmann, L. (1993). Entscheidungstheorie. München: Vahlen.

March, J. G. & Simon, H. A. (1958). Organizations. New York: Wiley.

March, J. G. & Simon H. A. (1977). Das Konzept der Rationalität. In E. Witte & A. L. Thimm (Hrsg.), Entscheidungstheorie: Texte und Analysen. Wiesbaden: Gabler.

March, J. G. (1994). A primer on decision making: How decisions happen. New York: The Free Press.

Marshall, E. C., Duncon, K. D. & Baker, S. M. (1981). The role of withheld information in the training of process plant fault diagnosis. Ergonomics, 24, 711-724.

Matern, B. & Hacker, W. (1984). Erlernen von Arbeitsverfahren. Psychologische Praxis, 25-38.

McKeithen, K. B., Reitman, J. S., Rueter, H. H. & Hirtle, S. C. (1981). Knowledge organization and skill differences in computer programmers. Cognitive Psychology, 13, 307-325.

Meffert, H. (1994): Marketing-Management. Wiesbaden: Gabler.

Messner, H. (1978). Wissen und Anwenden. Zur Problematik des Transfers im Unterricht. Stuttgart: Klett.

Miller, G. A., Galanter, E. & Pribham, K. H. (1960). Plans and the structure of behavior. New York: Holt. Deutsche Ausgabe: Miller, G. A., Galanter, E. & Pribham, K. H. (1973). Strategien des Handelns. Stuttgart: Klett.

Milne, R. (1987). Strategies for diagnosis. IEEE Transactions on Systems, Man, and Cybernetics, 17, 333-339

Moray, N., Dessouky, M. I., Kijowski, B. A. & Adapathya, R. (1991). Strategic behavior, workload and performance in task scheduling. Human Factors, 33, 607-629.

Morris, N. M. & Rouse, W. B. (1985a). Review and evaluation of empirical research in troubleshooting. Human Factors, 27, 503-530.

Morris, N. M. & Rouse, W. B. (1985b). The effects of type of knowledge upon human problem solving in a process control task. IEEE Transactions on Systems, Man, and Cybernetics, 15, 698-707.

Morrison, D. L. & Duncan, K. D. (1988). Strategies and tactics in fault diagnosis. Ergonomics, 31, 761-784.

Mostow, J. (1985). Toward better models of the design process. AI Magazine, 1, 44-56.

Müller, B. & Funke, J. (1995). Das Paradigma "Komplexes Problemlösen". In B. Strauss & M. Kleinmann (Hrsg.), Computersimulierte Szenarien in der Personalarbeit (pp. 57-102). Göttingen: Verlag für Angewandte Psychologie.

Munzert, R. (1983). Das Planen von Handlungen. Frankfurt/Main, Berlin, New York: Peter Lang.

Neber, H. (1987). Angewandte Problemlösepsychologie. In Neber, H. (Hrsg.): Angewandte Problemlösepsychologie, 1 - 117. Münster: Aschendorffsche Verlagsbuchhandlung.

Neber, H. (1993). Training zur Wissensnutzung als objektgenerierende Instruktion. In K. J. Klauer (Hrsg.). Kognitives Training (pp. 217-243). Göttingen: Hogrefe.

Neber, H. (1996). Förderung der Wissensgenerierung in Geschichte: Ein Beitrag zum entdeckenden Lernen durch epistemisches Fragen. Zeitschrift für Pädagogische Psychologie, 1, 27-28.

Newell, A. & Simon, H. A. (1972). Human Problem Solving. Englewood Cliffs, N. J.: Prentice Hall.

Nickerson, R. S., Perkins, D. N. & Smith, E. E. (1985). The teaching of thinking. Hillsdale, N. J.: Lawrence Erlbaum Associates.

Nieschlag, R., Dichtl, E. & Hörschgen, H. (1988). Marketing. Berlin: Duncker & Humblot.

Oesterreich, R. (1981). Handlungsregulation und Kontrolle. München: Urban & Schwarzenberg.

Oesterreich, R. (1984). Zur Analyse von Planungs- und Denkprozessen in der industriellen Produktion - Das Analyseinstrument VERA. Diagnostika, 3, 216-234.

Oesterreich, R. (1994). Gebrauch des Gedächtnisses beim Handeln: Ein theoretisches Modell. Sprache & Kognition, 13, 26-40

Oesterreich, R. (1981). Handlungsregulation und Kontrolle. München: Urban & Schwarzenberg.

Oswald, M. & Gadenne, V. (1984). Wissen, Können und Künstliche Intelligenz. Sprache & Kognition, 3, 173-184.

Parente, D. H. (1995). A large-scale-simulation for teaching business strategy. In D. Crookall & K. Arai (Eds.), Simulation and gaming across disciplines and cultures (pp. 75-82). Thousand Oaks: Sage Publications.

Patel, V. L. & Groen (1989). The generality of medical expertise: A critical review. Draft (zitiert nach Hacker 1992).

Patrick, J. & Haines, B. (1988). Training and transfer of fault-finding skill. Ergonomics, 31, 193-210.

Patrick, J., Haines, B., Munley, G. & Wallace, A. (1989). Transfer of fault-finding between simulated chemical plants. Human Factors, 31, 503-518

Payne, J. W., Bettman, J. R. & Johnson, E. J. (1988). Adaptive strategy selection in decision making. Journal of Experimental Psychology: Learning, Memory, and Cognition, 14, 534-552.

Perkins, D. N. (1985). General cognitive skills: Why not? In S. Chipmann, J. W. Segal & R. Glaser (Eds.), Thinking and learning skills (Vol. 2, pp. 339-363). Hillsdale: LEA.

Polya (1967). Die Schule des Denkens. Bern: Francke (Sammlung Dalp).

Porter, M. (1986). Wettbewerbsvorteile. Frankfurt: Campus.

Preiß, P. (1994). Planspiel Jeansfabrik. Betriebliche Leistungsprozesse. Wiesbaden: Gabler.

Pressley, M., Forrest-Pressley, D. L., Elliott-Faust, D. & Miller, G. (1985). Children's use of cognitive strategies, how to teach strategies, and what to do if they can't be taught. In M. Pressley & C. J. Brainerd (Eds.), Cognitive learning and memory in children (pp. 1-47). New York: Springer.

Pressley, M., Snyder, B. L. & Cariglia-Bull, T. (1987). How can good strategy use be taught to children? Evaluation of six alternative approaches. In S. M. Cormier & J. D. Hagman (Eds.), Transfer of Learning (pp. 81-120). San Diego: Academic Press.

Putz-Osterloh, W. & Hoffmann, D. (1992). Erwerb und Reichweite des Wissens bei der Steuerung eines dynamischen Systems (Vortrag auf dem 38. Kongreß´der DGfP in Trier).

Putz-Osterloh, W. (1985). Selbstreflexion, Testintelligenz und interindividuelle Unterschiede in der Bewältigung komplexer Probleme. Sprache & Kognition, 4, 203-216.

Putz-Osterloh, W. (1987) Gibt es Experten für komplexe Probleme? Zeitschrift für Psychologie, 193, 63-84.

Putz-Osterloh, W. (1988). Wissen und Problemlösen. In H. Mandl & H. Spada (Hrsg.), Wissenspsychologie (pp. 247- 263). München: PVU.

Putz-Osterloh, W. (1993). Unterschiede im Erwerb und in der Reichweite des Wissens bei der Steuerung eines dynamischen Systems. Zeitschrift für experimentelle und angewandte Psychologie, 3, 386-410.

Rasmussen, J. & Jensen, A. (1974). Mental procedures in real-life tasks: a case study of electronic trouble shooting. Ergonomics, 17, 293-307.

Rasmussen, J. (1986). Information processing and human-machine interaction. New York: Elsevier North Holland.

Reither, F. (1979). Über die Selbstreflexion beim Problemlösen. Dissertation: Universität Gießen.

Reither, F. (1980). Self reflective cognitive processes: It's characteristics and effects. Referat auf dem XXII Internat. Kongreß für Psychologie, Leipzig.

Reither, F. (1985). Wertorientierung in komplexen Entscheidungssituationen. Sprache & Kognition, 1, 21-27.

Renkl, A., Gruber, H. & Mandl, H. (1995). Kooperatives problemorientiertes Lernen in der Hochschule. München: Lehrstuhl für Empirische Pädagogik und Pädagogische Psychologie, Universität München, Forschungsbericht, 46.

Resch, M.. (1988). Die Handlungsregulation geistiger Arbeit: Bestimmung und Analyse geistiger Arbeitstätigkeiten in d. industriellen Produktion. Bern, Stuttgart, Toronto: Huber.

Rühle, R. (1988). Kognitives Training in der Industrie: Spezielle Arbeits- und Ingenieurpsychologie in Einzeldarstellungen (Ergänzungsband 2). Berlin: Deutscher Verlag der Wissenschaften.

Rühle, R., Matern, B. & Skell, W. (1980). Training kognitiver Regulationsgrundlagen. In W. Hacker & H. Raum (Hrsg.), Optimierung kognitiver Arbeitsanforderungen (pp. 223-228). Berlin: VEB Deutscher Verlag der Wissenschaften.

Ryle, G. (1969). Der Begriff des Geistes. Stuttgart: Reclam.

Sacerdoti, E. (1977). A structure for plans and behavior. New York: Elsevier.

Sanderson, P. M. (1989). The human planning and scheduling role in advanced manufacturing systems: An emerging human factors domain. Human Factors, 31, 635-666.

Sanderson, P. M. (1990). Knowledge acquisition and fault diagnosis: experiments with PLAULT. JEEE Transactions on Systems, Man, and Cybernetics, 20, 225-242.

Sanderson, P. M., James, J. M. & Seidler, K. S. (1989). SHAPA: An interactive software environment for protocol analysis. Ergonomics, 32, 1271-1302.

Schank, R., Abelson, R. (1977). Scripts, plans, goals and understanding: An inquiry into human knowledge structures. Hilsdale, N. J: Erlbaum.

Schaub, H. & Tisdale, T. (1988). Manutex - Programmdokumentation. (unpub).

Schaub, H. (1988). Die Situationsspezifität des Problemlöseverhaltens. Bamberg: Lehrstuhl Psychologie II, Universität Bamberg, Memorandum, 61.

Schaub, H. (1993). Modellierung der Handlungsorganisation. Bern: Huber

Schaub, H. & Strohschneider, S. (1992). Diese Auswirkungen unterschiedlicher Problemlöseerfahrung auf den Umgang mit einem unbekannten System. Zeitschrift für Arbeits- und Organisationspsychologie, 36, 117-126.

Scheele, B. & Groeben, N. (1988). Dialog-Konsens-Methoden zur Rekonstruktion subjektiver Theorien. Tübingen: Francke.

Schelten, A. & Cofer, U. (1990). Ermittlung von Handlungsstrategien komplexer Arbeitstätigkeiten. In H.-H. Sommer (Hrsg.), Betriebspädagogik in Theorie und Praxis (pp. 237-244, Festschrift: Wolfgang Fix zum 70. Geburtstag). Esslingen: DEUGRO.

Schlicksupp, H. (1977). Kreative Ideenfindung in der Unternehmung. Berlin: de Gruyter.

Schmuck, P. (1991). Strategische Flexibilität und Verhaltensstabilität beim mehrfachen Lösen eines komplexen Problems. Berlin: Projektgruppe Kognitive Anthropologie, Max-Planck-Gesellschaft, Memorandum, 10.

Schmuck, P. (1996). Flexibilität bei der Auswahl von Problemlöseprozeduren - ein Ost-West-Vergleich. In S. Strohschneider (Hrsg.), Denken in Deutschland (pp. 59-70). Bern: Huber.

Schmuck, P., Klein, R., Strohschneider, S. & Dubrowsky, A.. (1992). Central regulation processes and complex dynamic problems (Paper presented at the XXV. International Congress of Psychology, Brussels).

Schneider, W. & Shiffrin, R. M. (1977). Controlled and automatic human information processing: Detection, search, and attention. Psychological Review, 84, 1-66.

Schneider, W. & Weinert, F. E. (1990). Interactions among aptitudes, strategies, and knowledge in cognitive performance. Berlin: Springer.

Schneider, W., Körkel, J. & Weinert, F. E. (1990). Expert knowledge, general abilities and text processing. In W. Schneider & F. E. Weinert (Eds.), Interactions among attitudes, strategies, and knowledge in cognitive performance (pp. 235-251). Berlin: Springer.

Schneeweiß, H. (1967). Entscheidungskriterien bei Risiko. Berlin / Heidelberg / New York.

Schoch, F. (1983). Zur Funktion "erschließender" und "weiterführender" Fragen beim Lernen und Erkennen. In L. Montada, K. Reusser & G. Steiner (Hrsg.), Kognition und Handeln. Stuttgart: Klett-Cotta.

Schoenfeld, A. H. (1979). Can heuristics be taught? In J. Lochhead & J. Clement (Eds.), Cognitive process instruction (pp. 315-338). Philadelphia: Franklin Institute Press.

Schoenfeld, A. H. (1980). Teaching problem-solving skills. American Mathematical Monthly, 87, 10, 794-805.

Schoenfeld, A. H. & Herman, D. J. (1982). Problem perception and knowledge structure in expert and novice mathematical problem-solvers. Journal of Experimental Psychology: Learning, memory and cognition, 8, 484-494.

Schoenfeld, A. H. (1982). Measures of problem-solving performance and of problem-solving instruction. Journal for Research in Mathematics Education, 13, 1, 31-49.

Schoenfeld, A. H. (1983). Theoretical and pragmatic issues in the design of mathematical "problem solving" instruction (Paper presented at the 1983 Annual Meeting of the American Educational Research Association, Montreal, April 1983).

Schönpflug, W. (1979). Reguation und Fehlregulation im Verhalten. I. Verhaltensstruktur, Effizienz und Belastung - theoretische Grundlagen eines Untersuchungsprogramms. Psychologische Beiträge, Band 21, S. 174-202.

Schoppek, W. (1991). Spiel und Wirklichkeit - Reliabilität und Validität von Verhaltensmustern in komplexen Systemen. Sprache & Kognition, 10, 15-27.

Schregenberger, J. W. (1982). Methodenbewußtes Problemlösen: Ein Beitrag zur Ausbildung von Konstrukteuren, Beratern und Führungskräften. Bern, Stuttgart: Haupt.

Schroeder, H. M. (1989). Managerial Competence: The key to excellence. Dubuque, Jowa: Kendall/Hunt Publishing Company.

Seifert, R. (1980). Zum Strategieaufbau bei Zustandsidentifikationsprozessen. In W. Hacker & H. Raum (Hrsg.), Optimierung von kognitiven Arbeitsanforderungen (pp. 49-55). Berlin: VEB Deutscher Verlag der Wissenschaften.

Sennet, R. (1998). Der flexible Mensch. Die Kultur des neuen Kapitalismus. Berlin: Berlin Verlag.

Shepherd, A., Marshall, E. C., Turner, A. & Dancan. K. D. (1977). Diagnosis of plant failures from a control panel: a comparison of three training methods. Ergonomics, 20, 347-361.

Shrager, J. & Klahr, D. (1986). Instructionless learning about a complex device: The paradigm and observations. International Journal for Man-Machine Studies, 25, 153-189.

Siegler, R. S. (1990). How content knowledge, strategies, and individual differences interact to product strategy choices. In W. Schneider & F. E. Weinert (Eds.), Interactions among attitudes, strategies, and knowledge in cognitive performance (pp. 73-89). Berlin: Springer.

Simon (1957). Models of man: Social and rational essays on rational human behavior in a social setting. New York: Wiley.

Simon, H. A. (1974). How big is a chumk? In Science 83, 482-488.

Skell, W. (1980). Erfahrungen mit Selbstinstruktionstraining beim Erwerb kognitiver Regulationsgrundlagen. In. W. Volpert (Hrsg.), Beiträge zur psychologischen Handlungstheorie (pp. 50-70). Bern: Huber.

Sonntag, K. & Schaper, N. (1988). Kognitives Training zur Bewältigung steuerungstechnischer Aufgabenstellungen. Zeitschrift für Arbeits- und Organisationspsychologie, 32, 128-138.

Stadler, M. & Seeger, F. (1981). Psychologische Handlungstheorie auf der Grundlage der materialistischen Tätigkeitsbegriffe. In H. Lenk (Hrsg.), Handlungstheorien interdisziplinär Bd. III, Erster Halbband. München:

Stangel-Meseke, M. (1994). Schlüsselqualifikation in der betrieblichen Praxis. Wiesbaden: Deutscher Universitätsverlag.

Stark, R., Gruber, H., Graf, M., Renkl, A., & Mandl, H. (1995). Komplexes Lernen in der kaufmännischen Erstausbildung: Kognitive und motivationale Aspekte. München: Ludwig-Maximilians-Universität München, Institut für Pädagogische Psychologie und Empirische Pädagogik, Forschungsbericht Nr. 58.

Strauss, A. & Corbin, J. (1996). Grounded Theory: Grundlagen Qualitativer Sozialforschung. Weinheim: Beltz, Psychologie Verlags Union.

Streufert, S. (1990). Zur Simulation komplexer Entscheidungen. In R. Fisch & M. Boos (Hrsg.), Vom Umgang mit Komplexität in Organisationen: Konzepte, Fallbeispiele, Strategien (pp. 197-213). Konstanz: Univ.-Verl..

Streufert, S., Nogami, G., Swezey, R. W., Pogash, R. M. & Piasecki, M.T. (1988). Computer assisted training of complex managerial performance. Computers in Human Behavior, 4, 77-88.

Strohschneider, S. (1990). Wissenserwerb und Handlungsregulation. Wiesbaden: Gabler.

Strohschneider, S. & Schaub, H. (1995). Problemlösen. In T. Geilhardt & T. Mühlbradt (Hrsg.). Planspiele im Personal- und Organisationsmanagement (pp. 187-203). Göttingen: Verlag für Angewandte Psychologie.

Strohschneider, S. & von der Weth, R. (1993). Ja mach nur einen Plan: Pannen und Fehlschläge - Ursachen, Beispiele, Lösungen. Bern: Huber.

Strohschneider, S. (1990). Wissenserwerb und Handlungsregulation. Weinheim: Deutscher Universitätsverlag.

Strohschneider, S. (1992). Wissenserwerb beim Umgang mit unbekannten dynamischen Systemen (Vortrag auf dem 38. Kongreß der DGfP in Trier).

Strohschneider, S. (1996). Computersimulationen als Denkzeuge und Prognoseinstrumente für die Unternehmensplanung. Planung + Produktion, 5, 16 bis 21.

Suedfeld, P. (1978). Integrative Komplexität als eine Variable historischer Forschung und internationaler Beziehungen. In H. Mandl & G. L. Huber (Hrsg.), Kognitive Komplexität. Göttingen: Hogrefe.

Süß, H.-M. (1996). Intelligenz, Wissen und Problemlösen: kognitive Voraussetzungen für erfolgreiches Handeln bei computersimulierten Problemen. Göttingen: Hogrefe, Verlag für Psychologie.

Süß, H.-M., Kersting, M. & Oberauer, K. (1993). Zur Vorhersage von Steuerungsleistungen an computersimulierten Systemen durch Wissen und Intelligenz. Zeitschrift für Differentielle und Diagnostische Psychologie, 14, 189 bis 203.

Tisdale, T. (1998). Selbstreflexion, Bewußtsein und Handlungsregulation. Weinheim:PVU.

Tversky, A. & Kahnemann, D. (1974). Judgement under uncertainty: Heuristics and biases. Science, 185, 1124-1131.

Ulich, E. u.a. (1980). Zur Frage der Individualisierung von Arbeitstätigkeiten. In W. Hacker & H. Raum (Hrsg.), Optimierung von kognitiven Arbeitsanforderungen (pp 65-69). Stuttgart, Wien: Huber.

Van der Meer, E. (1991). Die dynamische Struktur von Ereigniswissen. In F. Klix, E. Roth & E. van der Meer (Hrsg.), Kognitive Prozesse und geistige Leistung. Berlin: Deutscher Verlag der Wissenschaften, S. 4-63.

Van Lehn, K. (1988). Toward a theory of impasse-driven learning. In H. Mandl & A. Lesgold (Eds.), Learning issues for intelligent tutoring systems (pp. 19 bis 41). Berlin: Springer.

Volpert, W. (1976). Überlegungen zum Vorgang der Planerzeugung. Probleme und Ergebnisse der Psychologie (pp 19-24).

Volpert, W. (1989). Entwicklungsförderliche Aspekte von Arbeits- und Lernbedingungen. In A. Kell & A. Lipsmeier (Hrsg.), Lernen und Arbeiten. (Zeitschrift für Berufs- und Wirtschaftspädagogik, 8. Beiheft) (pp 117-134). Stuttgart.

Volpert, W. Frommann, R. & Munzert, J. (1984). Die Wirkung allgemeiner heuristischer Regeln im Lernprozeß - eine experimentelle Studie. Zeitschrift für Arbeitswissenschaft, 38, 235-240.

Von Cranach, M. (1980): Zielgerichtetes Handeln. Bern, Stuttgart, Wien: Huber.

Von Cranach, M. (1994):Die Unterscheidung von Handlungstypen. Ein Vorschlag zur Weiterentwicklung der Handlungspsychologie. In: B. Bergmann & P. Richter (Hrsg.), Von der Praxis einer Theorie – Ziele, Tätigkeit und Persölichkeit. Göttingen, Hogrefe.

Von der Weth, R. & Strohschneider, S. (1993). Planungsprozesse aus psychologischer Sicht. In Strohschneider, S. & von der Weth, R. (Hrsg.), Ja mach nur einen Plan (pp. 12-35). Bern: Huber.

Von der Weth, R. (1990). Zielbildung bei der Organisation des Handelns. Frankfurt/Main: Peter Lang.

Von der Weth, R. (1994). Konstruieren: Heuristische Kompetenz, Erfahrung und individuelles Vorgehen. Zeitschrift für Arbeits- und Organisationspsychologie, 38, 102-111.

Von Schmerfeld, F. (1925). Graf von Moltke. Ausgewählte Werke. Berlin:

Weinert, F. E. & Kluwe, R. H. (1984). Metakognition, Motivation und Lernen. Stuttgart: Kohlhammer.

Wiesner, B. (1992). Untersuchung des individuellen Planungsverhaltens (Manuskript). Dresden: TU Dresden.

Wilenski, R. (1981). Meta-planning. Cognitive Science, 5, 197-210.

Witte, E. & Thimm, A. L. (1977). Entscheidungstheorie. Texte und Analysen. Wiesbaden: Gabler.

Yakemovic, K. C. B. & Conklin, E. J. (1990). Report on a development project use of an issue-based information-system. CSCW`90, 3, 105-118.

Yuan, G. (1995). Lock den Tiger aus den Bergen. 36 Weisheiten aus dem alten China für Manager von heute. München: Droemersche Verlagsanstalt Th. Knaur.

Zangemeister, C. (1973). Nutzwerkanalyse in der Systemtechnik. Eine Methodik zur multidimensionalen Bewertung und Auswahl von Projektalternativen. München.

Zahn, E. & Kleinhans, A. (1989). Systeme zur Entscheidungsunterstützung. WISU, 10, 558-563.

Zerr, K., von der Weth, R. & Heitkötter, C. (1997). Komplexitätsbewältigung durch Problemlösekompetenz. Jahrbuch der Absatzwirtschaft,

Anhang

Anhang 1

Handlungskonzepte und Erfahrungen im absatzwirtschaftlichen Bereich
(Interviewleitfaden zur Erfassung des beruflichen Erfahrungshintergrunds)

Wir interessieren uns für Ihre Handlungskonzepte im Bereich Absatzwirtschaft/ Marketing, für die Art der Aufgaben, mit denen Sie in den letzten Jahren beschäftigt waren, für die Probleme bzw. Schwierigkeiten, die bei der Arbeit aufgetaucht sind und wie Sie bei der Arbeit vorgegangen sind.

Um eine differenzierte Analyse Ihrer Ausführungen vornehmen zu können, werden Ihre Angaben auf Video/Tonband aufgezeichnet.

I. Handlungskonzepte

1. Beschreibung idealtypischen Handelns

Was ist in einem Betrieb alles zu bedenken und zu tun, um im absatzwirtschaftlichen Bereich dauerhaft erfolgreich sein zu können?

Was müssen die Menschen in einem Betrieb alles bedenken und tun, damit man Ihrer Meinung nach von "gutem" Handeln im absatzwirtschaftlichen Bereich sprechen kann?

....

Nachfrage: Was fällt Ihnen noch ein?

2. Die wesentlichen Handlungsschwerpunkte

Worauf kommt es beim Handeln im absatzwirtschaftlichen Tätigkeitsbereich vor allem an?

....

Nachfrage: Was fällt Ihnen noch ein?

3. Konditionalisierung der Handlungsprozesse

Das Handeln des Menschen im absatzwirtschaftlichen Bereich wird zunächst einmal zweifellos durch die konkrete Tätigkeit bzw. Aufgabenstellung bestimmt.

Daneben wird das Handeln (d.h. das Denken, Fühlen, Wollen und Streben, die Zielsetzung, Planung, Entscheidung usw.) sicher auch durch andere Faktoren/Bedingungen beeinflußt.

Welche Faktoren spielen Ihrer Meinung beim Arbeitshandeln im Bereich Absatzwirtschaft/Marketing eine Rolle?

Versuchen Sie auch etwas darüber zu sagen, auf welche Weise diese Faktoren das Handeln im absatzwirtschaftlichen Bereich beeinflussen.

....

Nachfrage: Was fällt Ihnen noch ein?

II. Berufliche Arbeitsaufgaben

Beschreiben Sie bitte die Aufgabenkomplexe, mit denen Sie in den letzten 3 Jahren im Rahmen Ihrer beruflichen Tätigkeit befaßt waren.

Geben Sie bitte an, wieviel Prozent Ihrer monatlichen Arbeitszeit diese Aufgabenkomplexe durchschnittlich in Anspruch nahmen.

Geben Sie zusätzlich auch an, über welchen Zeitraum (= Anzahl der Monate in den letzten 3 Jahren) sich die einzelnen Aufgabenkomplexe erstreckten.

Geben Sie auch jeweils die komplizierteste Entscheidung an, die in dem jeweiligen Aufgabenkomplex von Ihnen persönlich zu treffen war.

Der Grad der Kompliziertheit einer Entscheidung hängt von der Anzahl der verschiedenen Aspekte ab, die bei der Entscheidung zu berücksichtigen sind.

Hinweis für den Untersucher:

Protokollieren Sie bitte stichwortartig die Aufgabenkomplexe und die für diese wesentlichen Operationen/Aktionen im Protokollblatt zum Interview (als Hilfe zur Strukturierung der Videoaufzeichnung).

Versuchen Sie durch geschicktes Nachfragen die jeweiligen Freiheitsgrade in der Tätigkeit, die Entscheidungsknotenpunkte und Entscheidungsleistungen herauszuarbeiten, so daß Tätigkeitsbeschreibungen möglich werden, die dem Niveau des Musters in der Anlage zu diesem Interviewleitfaden entsprechen.

Protokollblatt zu II. (Berufliche Arbeitsaufgaben)

lfd. Nr.	Aufgabenkomplexe	Prozent der Arbeitszeit	Zeitraum (Monate)

III. Strategien in der Berufstätigkeit

Berufliche Handlungsprozesse können recht unterschiedlich verlaufen und vom Akteur unterschiedlich organisiert sein (auch bei gleicher Aufgabenstellung!)Wir interessieren uns, wie Sie einige Teilprozesse in Ihrer Berufstätigkeit in der letzten Zeit (d.h. in den letzten 12 Monaten) gestaltet haben.

1. Zielbildung

Bei der Bestimmung der Ziele, die man bei der Arbeit verfolgt, kann man unterschiedlich vorgehen.

Man kann bei der Arbeit verschiedene Ziele verfolgen und diese unterschiedlich gewichten: Die Ziele können fachlicher Art sein (z.B. Umsatzsteigerung) oder sozialer Art (z.B. Sicherung eines guten Betriebsklimas) oder persönlicher Art (z.B. Beförderung der eigenen Karriere).

Ist man mit mehreren Aufgaben gleichzeitig konfrontiert, kann man verschiedene Kriterien nutzen, um festzulegen, wie und in welcher Reihenfolge die Aufgaben bearbeitet werden.

Man kann bei der Arbeit langfristige und kurzfristige Ziele verfolgen.

Die Ziele können unterschiedlich präzise gefaßt werden. Sie können global oder spezifisch sein. Sie können auf verschiedene Weise miteinander verknüpft sein usw.

(1) Welche Ziele verfolgten Sie gewöhnlich bei Ihrer beruflichen Arbeit?

(2) Gab es Situationen, in denen Sie andere Zielentscheidungen trafen?

(3) Wie gingen Sie gewöhnlich bei der Zielbildung vor?

(4) Gab es Probleme bei der Zielbestimmung? (Unter "Problem" verstehen wir Schwierigkeiten, die beim Handeln zu Stockungen führen und Nachdenen erfordern.)

(5) Was machten Sie, als Probleme/Schwierigkeiten auftraten?

(6) Können Sie sich in Ihrem beruflichen Tätigkeitsfeld Situationen vorstellen, in denen Sie bei der Zielbildung anders vorgehen würden?
Beschreiben Sie solche Situationen und mögliche andere Vorgehensweisen bei der Zielbildung!

2. Planung

Man kann bei der Planung der Durchführung von Arbeitsaufträgen/Projekten unterschiedlich vorgehen.

Man kann beispielsweise mehr oder weniger detailliert die einzelnen Handlungsschritte und Zwischenziele festlegen; man kann Pläne mit unterschiedlicher zeitlicher Reichweite entwickeln; oder man kann bei der Planung die aktuelle Situation unterschiedlich genau analysieren usw.

Viele Hilfsmittel, Techniken, Programme und Verfahren stehen dem Planenden heute zur Verfügung.

(1) Wie gingen Sie gewöhnlich bei der Planung vor?
(2) Gab es Situationen, in denen Sie beim Planen anders vorgegangen sind?
(3) Gab es Schwierigkeiten bei der Planung?
(4) Wie gingen Sie bei der Lösung der Planungsprobleme vor?
(5) Können Sie sich Situationen vorstellen, in denen Sie beim Planen anders vorgehen würden?

3. Ideenfindung

Es gibt Situationen, in denen man sich etwas Neues einfallen lassen muß, weil alte Konzepte und erprobte Handlungsmuster wenig nutzen. Man kann verschiedene Wege gehen, um neue Ideen zu finden.

(1) Haben Sie im Berufsalltag schon Situationen erlebt, die neue Ideen verlangten? Wenn ja, schildern Sie ein Beispiel.
(2) Wie gingen Sie vor, um auf neue Ideen zu kommen?
(3) Welche Probleme ergaben sich bei der Ideensuche?
(4) Was machten Sie, um die Probleme zu lösen?
(5) Können Sie sich Situationen vorstellen, in denen Sie bei der Suche nach neuen Ideen anders vorgehen würden?

4. Entscheidung

Man kann in Entscheidungssituationen bei der Auswahl einer Handlungsmöglichkeit unterschiedlich vorgehen.

Man kann die möglichen Konsequenzen/Ergebnisse der einzelnen Handlungsmöglichkeiten nach verschiedenen Kriterien bewerten. Man kann die Wahrscheinlichkeiten berücksichtigen, mit denen die Konsequenzen/Ergebnisse zu erwarten sind.

Man kann beispielsweise auf günstige Bedingungen hoffen und sich für die Alternative mit dem größten Nutzen (im günstigsten Fall) entscheiden. Oder man kann sich eher gegen einen möglichen Verlust absichern wollen und diejenige Alternative wählen, die im ungünstigsten Fall den größten Nutzen erbringt, usw.

(1) Wie gingen Sie gewöhnlich vor, wenn Sie im Arbeitsprozeß verschiedene Handlungsmöglichkeiten sahen?

(2) Gab es Situationen, in denen Sie bei der Auswahl einer Handlungsalternativen anders vorgingen?

(3) Gab es Schwierigkeiten bei der Entscheidung für eine Alternative?

(4) Was machten Sie, um die Probleme zu lösen?

(5) Können Sie sich Situationen vorstellen, in denen Sie bei der Auswahl einer Handlungsalternativen anders vorgehen würden?

5. *Selbstreflexion*

Man kann über sich und die eigene Handlungsweise bei der Arbeit unter verschiedenen Gesichtspunkten und bei unterschiedlichen Gelegenheiten nachdenken.

Man kann beispielsweise die Erfolge und Mißerfolge, die Anforderungen und Schwierigkeiten, die eigenen Fähigkeiten und Motive, die Taktiken und Strategien analysieren und bewerten; man kann Rückschlüsse ziehen, Vorsätze fassen usw.

Dieses Nachdenken über das eigene Handeln und die persönlichen Erfahrungen wird im folgenden Selbstreflexion genannt.

(1) Worüber dachten Sie gewöhnlich nach, wenn Sie Selbstreflexion betrieben?

(2) Gab es Situationen, in denen die Selbstreflexion für Sie besonders wichtig war?

(3) Hatten Sie Schwierigkeiten mit der Selbstreflexion?
Was machten Sie in solchen Fällen?

(4) Können Sie sich vorstellen, daß es Situationen in Ihrem Berufsalltag gibt, in denen mehr Selbstreflexion sinnvoll wäre?

(5) Was müßte man persönlich tun oder im Betrieb organisieren, um die Selbstreflexion zu fördern?

Anhang 1

Muster für Tätigkeitsbeschreibungen

Quelle: Leitner et al.: 1993, S. 53-57
Beispiel: Einführung und Erweiterung der EDV (Stufe 5(R))

Der Arbeitende ist EDV-Verantwortlicher in einem mittelständischen Unternehmen der chemischen Industrie. Die Aufgabe des Arbeitenden ist es, in den Verwaltungsabteilungen EDV einzuführen und bereits vorhandene EDV-Anwendungen zu verbessern und zu erweitern. Er muß den Bedarf und die Benutzerwünsche in den Abteilungen ermitteln, neue Hard- und Software anschaffen oder selbst Programme schreiben bzw. abändern.
Seine Arbeit beginnt häufig mit Anfragen von Abteilungsleitern, die z.b. wissen möchten,
- ob und wie bestimmte Arbeitsschritte (z.B. in der Lohnbuchhaltung die Berechnung des Bruttolohns der einzelnen Beschäftigten) an die EDV übertragen werden könnten.
- ob bereits vorhandene Programme erweitert oder verbessert werden könnten.

Der Arbeitende informiert sich nun im Gespräch mit den Abteilungsleitern und den Mitarbeitern der jeweiligen Abteilung genau über den Ist-Zustand (d.h. den bisherigen Arbeitsablauf und den Soll-Zustand (d.h. welche Veränderungen werden im einzelnen gewünscht und an welchen Stellen sollten sie ansetzen).
Er überlegt dann, wie die angestrebten Veränderungen technisch zu realisieren sind (z.B. ob neue Hardware und Software gekauft werden muß oder vorhandene Software erweitert werden kann), wie sich der Arbeitsablauf in der entsprechenden Abteilung verändern würde und welche Auswirkungen die Veränderungen auf die Arbeit in anderen Abteilungen hätten. Seine Überlegungen faßt er in einem vorläufigen Konzept zusammen und kalkuliert grob die anfallenden Kosten.
Bevor er einzelne Schritte genauer plant, stellt er das Konzept den Mitarbeitern, den Abteilungsleitern, ggf. auch dem Betriebsrat sowie der Geschäftsleitung vor und klärt den finanziellen Rahmen der Maßnahme, ggf. überarbeitet er anschließend Teile des Konzepts. Wenn alle Beteiligten zugestimmt haben, beginnt der Arbeitende mit der Umsetzung.
Soll z.B. ein neues Programm angeschafft werden, orientiert er sich über auf dem Markt verfügbare, testet in Frage kommende Programme, wählt ein geeignetes aus und bestellt es. Parallel dazu muß er klären, welche arbeitsorganisatorischen Veränderungen durch die Einführung des neuen Programmes notwendig werden, um diese mit der entsprechenden Abteilung abzustimmen. Gemeinsam mit den Beschäftigten überlegt er, in welchem Umfang Schulungen erforderlich sind und entscheidet dann, ob er diese selbst durchführen kann oder externe Personen damit beauftragt. Sofern sich die Veränderungen auf andere Abteilungen auswirken (z.B. weil innerbetriebliche Formulare überflüssig werden), muß er dies ebenfalls mit den betroffenen Beschäftigten abstimmen. Schließlich erstellt er in Absprache mit allen Beteiligten einen Zeitplan für die Einführung des neuen Programms.
Der Arbeitende installiert dann das Programm und überprüft es in mehreren Testläufen. Eventuell schreibt er für die künftigen Anwender eine genaue Bedienungsanleitung.
Der Arbeitende muß für gewünschte Veränderungen eine technisch, arbeitsorganisatorisch und finanziell realisierbare Lösung konzipieren und umsetzen. Ergebnis seiner Arbeit sind neu eingeführte oder erweiterte EDV-Anwendungen und – damit verbunden – veränderte Arbeitsabläufe in den Verwaltungsabteilungen.

Anhang 2

Das Planspiel SchokoFin

Die Programmstruktur

„...Stellen Sie sich vor, Sie sind Produktmanager in einem Wiener Unternehmen, das Süßwaren herstellt.
  Während Ihrer Zeit als Produktmanager sind Sie für verschiedene Schokoladensorten in der SchokoFin zuständig und sollen versuchen:
- einen möglichst hohen Gewinn zu erwirtschaften,
- die Marktposition Ihrer Produkte zu stärken und
- auf diese Weise zur Sicherung der langfristigen Wettbewerbsfähigkeit des Unternehmens beizutragen.

(...)"
  So beginnt die Aufgabenstellung für das Planspiel SchokoFin. In dieser Computersimulation geht es inhaltlich um die Vermarktung von acht verschiedenen Schokoladensorten in einer fiktiven Stadt Wien. Man kann SchokoFin alleine am Computer spielen. Die Konkurrenz ist, im Gegensatz zu anderen Marketingplanspielen, ebenfalls fiktiv. In SchokoFin wird zwar ein ganzes Unternehmen simuliert, dies jedoch wegen der Ausrichtung auf absatzwirtschaftliche Aspekte unterschiedlich detailliert. Wer SchokoFin spielt, muß sich z.B. nicht um Personalverwaltung und -entwicklung kümmern, ebensowenig um den Rohstoffeinkauf und um die Gestaltung des Maschinenparks o. ä.. Soweit dies für ein plausibles Simulationsgeschehen im Bereich Marketing/Vertrieb notwendig ist, werden diese betrieblichen Funktionen automatisch realisiert.
  Die beigelegte große Übersichtstafel gibt einen Überblick über die verschiedenen Module, aus denen SchokoFin aufgebaut ist. Die einfachen durchnumerierten Kästchen stellen dabei Programmteile dar, auf die man direkt zugreifen kann. Die mit Buchstaben markierten Kästchen sind diejenigen Module, auf die man nur indirekt Einfluß nehmen kann. Die Zielgrößen und einige weitere wichtige betriebswirtschaftliche Kenngrößen sind durch dicke Pfeile bzw. Doppelpfeile dargestellt. Die nachfolgende Kurzbeschreibung der einzelnen Module richtet sich nach den Nummern und Buchstaben auf der Übersichtstafel.

Anhang 2

① *Werbung*: In SchokoFin kann einerseits sehr global geworben werden. Andererseits können aber auch sehr differenzierte Werbeeffekte erzielt werden. Der Werbeerfolg einer bestimmten Maßnahme wird durch das Budget und langfristig auch durch die Nähe der Werbeargumente zu den tatsächlichen Eigenschaften der Produkte und den eigentlichen Wünschen der Kunden bestimmt. Der Werbeeffekt läßt im Laufe der Zeit bei gleichem Kapitaleinsatz nach. Man sollte dann die Werbekampagne beenden und gegebenenfalls durch eine neue ersetzen. Grundsätzlich existieren zweierlei Möglichkeiten der Einflußnahme.

Ein Weg der Werbung ist die *produktbezogene* Werbung. Für das gesamte Schokoladensortiment der Firma SchokoFin, aber auch für einzelne Schokoladen können bestimmte Eigenschaften durch die Werbung hervorgehoben werden. Man kann z.B. Werbung in der Weise betreiben, daß die Qualität und der günstige Preis der Nuß-schokolade angepriesen wird. Produktbezogene Werbung nimmt Einfluß auf das Image des Produkts. Dieses ist in SchokoFin Bestandteil der Angebotsstruktur (A).

Man kann auch *personenbezogene* Werbung betreiben. Das bedeutet, daß allen Kunden oder ausgesuchten Kundengruppen (Segmenten) bestimmte Eigenschaften einer Schokolade als wünschenswert erscheinen sollen. Man kann z.B. als gewünschte Werbewirkung angeben, daß Kinder beim Schokoladenkauf verstärkt auf Gesundheit achten. Diese Art der Werbung nimmt Einfluß auf die Kaufpräferenzen der Kunden (B).

② *Marktforschung* ermöglicht die Sammlung wichtiger Informationen über diejenigen Größen, die nur indirekt beeinflußbar sind (A-E), also über Kundenwünsche, Konkurrenzprodukte, Umsatzzahlen des Handels und Verkaufszahlen, differenziert nach verschiedenen Kundensegmenten und Bezirken Wiens. Für diese Informationen fallen mehr oder minder große Kosten an.

③ Der *Vertrieb* ist in SchokoFin nach Absatzgebieten, die mit den Wiener Stadtteilen identisch sind, gegliedert. Die Vertreter der SchokoFin können auf diese Absatzgebiete verteilt werden. Dabei kann ein Vertreter auch mehrere Gebiete betreuen. Es können umgekehrt aber auch mehrere Vertreter für ein einziges Verkaufsgebiet zuständig sein. Der Vertrieb wirkt sich neben anderen Faktoren auf das Bestellverhalten des Handels aus und verursacht natürlich Kosten. Der Spieler kann die Vertreterzahl durch "Heuern und Feuern" erhöhen oder verringern. Des weiteren kann der Spieler die verschiedenen Absatzgebiete unterschiedlich intensiv bearbeiten, indem er die Anzahl der Vetreter für die einzelnen Bezirken variiert.

Auf diese Weise hat er die Möglichkeit, verstärkt auf solche Bezirke Wiens einzugehen, in denen besonders interessante Kundengruppen einkaufen.

④ Die *Preisgestaltung* hat ebenfalls Einfluß auf die Angebotsstruktur, deren Bestandteil auch die Preise der Produkte aller Firmen sind. Zu beachten ist, daß ein niedriger Preis nicht für alle Gruppen ein Kaufkriterium ist.

⑤ Durch *Forschungs- und Entwicklungsmaßnahmen* kann man in SchokoFin die Eigenschaften der einzelnen Schokoladen verändern. Auch durch Forschung und Entwicklung entstehen natürlich Kosten.

⑥ *Lager und Logistik*: In SchokoFin wird die produzierte Schokolade in ein Lager gebracht. Von hier aus wird der Handel mit Lastwagen beliefert. Die Lieferkapazität (Menge der Lastwagen) ist ebenfalls durch den Spieler veränderbar. Für Lagerhaltung und Logistik fallen laufende Kosten an. Zu lange gelagerte Schokolade verdirbt. Die Geschwindigkeit des Lagerverderbs ist abhängig von der Jahreszeit.

⑦ Die *Produktion* findet im firmeneigenen Maschinenpark statt. Die Maschinenbelegung erfolgt für einen ganzen Monat. Im Belegungsplan kann das Produkt halbtageweise gewechselt werden, allerdings dauert die Umrüstzeit bei der Umstellung auf ein neues Produkt einen zusätzlichen halben Tag. Jede der Maschinen kann nur ganz bestimmte Schokoladensorten herstellen. Die Produktionskosten sind bei den Maschinen ebenfalls unterschiedlich. Der Einkauf von notwendigen Rohstoffen und Betriebsmitteln erfolgt automatisch. Die Produktionskosten können durch eine geschickte Belegung der Maschinen erheblich minimiert werden.

⑧ Im Bereich *"Controlling"* hat man die Möglichkeit alle wichtigen betriebsinterne Daten aufzurufen, z.B. einen Überblick über den Kontostand, die Kosten und Erlöse, aber auch weitergehende Informationen wie die Rentabilität der einzelnen Schokoladensorten, Kosten aufgeschlüsselt nach Produktionsmaschinen, Liefermengen u.v.a.m..

Die in den Modulen ① bis ⑧ beschriebenen Handlungsmöglichkeiten greifen auf folgende externe Module zu und führen zu Veränderungen im Marktgeschehen:

(A) Die *Angebotsstruktur* umfaßt die Produkte und Produkteigenschaften aller Anbieter, also neben den Schokoladen von SchokoFin die der konkurrierenden Unternehmen. Eine Schokolade wird in SchokoFin durch eine Liste von Eigenschaften definiert. Der *Preis* ist der Einfachheit halber in DM angegeben. Für die *Form* gibt es drei Alternativen: Tafel, Sonderform (Riegel, Weihnachtsmann o.ä.) oder Schokoladenprodukt mit Zusatzgeschenk (z.B. "Überraschungsei"). Neben diesen beiden Merkmalen gibt es weitere Produkteigenschaften, die im Programm jeweils auf einer Skala zwischen 0 und 1 realisiert sind (0 = sehr gering; 1= sehr hoch): *Qualität, Modernität* (1= sehr modern 0 = sehr nostalgisch), *gesundheitliche Verträglichkeit, Umweltverträglichkeit, Exklusivität.* Zu beachten ist, daß es für jede Schokolade jeweils zwei Werte für jede Eigenschaft gibt: den tatsächlichen Wert und das Image. Eine Schokolade kann also z.B. das Image haben, eine hohe Qualität zu besitzen, aber tatsächlich minderwertig sein.

SchokoFin bietet am Anfang eher durchschnittliche Ware zu durchschnittlichen Preisen an. Dies gilt ebenso für die Marke *"Danunbia".* Der Marktführer *"Vienna Style"* hat seine Position durch eine aggressive Preispolitik erzielt. Ihm sitzt allerdings ein noch billigerer Konkurrent im Nakken: *"Magyaroimpex".* Dieser versucht durch günstige Importe aus dem ehemaligen Ostblock den Markt aufzurollen. Die Marken *"Dehmel"* und *"Natursonne"* wenden sich an bestimmte Zielgruppen, wohlhabende bzw. ökologisch orientierte Personen.

(B) Welche Schokolade gekauft wird, hängt nun in entscheidendem Maße von den *Kundenpräferenzen* ab. Diese Kundenpräferenzen bestehen aus zwei Werten: Einerseits aus dem *gewünschte Wert* für die einzelnen Eigenschaften, andererseits aus der *Wichtigkeit,* die die jeweiligen Eigenschaften für die einzelnen Kundensegmente haben. Ein Kunde kann es z.B. einerseits sehr wünschenswert finden, daß seine Schokolade umweltverträglich ist (z.B. Wert Ökologie: 0,90). Anderseits kann es aber sein, daß diese Einstellung für die Kaufentscheidung nur eine untergeordnete Rolle spielt (Wichtigkeit Ökologie: 0,20). Beide Werte werden durch die Werbung der Unternehmen, die tatsächlichen Eigenschaften der Schokoladen, dem individuell wahrgenommenen Nutzen für die jeweilige Kundengruppe, die Zielvorstellungen der Kunden und durch gewisse lang- und kurzfristige Eigentrends (Jahreszeit, steigendes Gesundheitsbewußtsein, ökologischer Trend u.a.) beeinflußt. Es gibt neun unterschiedliche Kundengruppen mit jeweils verschiedenen Präferenzen: *Kinder und Jugendliche, Studenten und alternativ orientierte Personen Junge Erwachsene, Erwachsene mittleren Alters* mit *geringem, durchschnittlichem und hohem* Einkommen, sowie *Senioren* mit *geringem, durchschnittlichem und hohem* Einkommen.

(C) Die *Kundenverteilung* gibt an, wieviele Kunden aus jeder Kundengruppe in den einzelnen Wiener Bezirken einkaufen. Die Absatzgebiete haben eine unterschiedliche Kundenstruktur, was auch unterschiedliche Absatzzahlen in den einzelnen Bezirken nach sich zieht.

(D) Der *Handel* in den einzelnen Bezirken bestellt die Schokolade entsprechend der Kundennachfrage beim Händler. Die Nachfrage des Handels wird aber auch von den Vertriebsaktivitäten beeinflußt, also durch die *Vertretermenge* im jeweiligen Verkaufsgebiet und durch die Gewährung von *Rabatten*. Zu beachten ist außerdem, daß der Handel ebenfalls geographisch organisiert ist. Das bedeutet, daß das Nachfrageverhalten des Handels in den einzelnen Gebieten aufgrund der unterschiedlichen Kundenstruktur variiert.

(E) Die Nachfrage des Handels erzeugt die *Verkaufszahlen*, aufgeschlüsselt für alle Schokoladensorten von allen Anbietern in allen Bezirken.

Das Zusammenwirken der beschriebenen Module erzeugt schließlich die betriebswirtschaftlichen Kenndaten. Von zentraler Bedeutung für das Spiel sind z.B. die *Nachfrage* (sie errechnet sich aus Kundenpräferenzen und Kundenverteilung und wird langfristig auch von der Warenpräsenz im Handel beeinflußt), der *Marktanteil* von SchokoFin (errechnet sich aus den Verkaufszahlen aller Firmen), die *Kosten* und Erlöse, die schließlich über *Gewinn* oder Verlust entscheiden.

Bedienung

Das Hauptmenü enthält die Informationen für das Controlling und verzweigt sich in zwei weitere Vollfenster für Belegung (Produktion) und Marketing. Das Marketingfenster enthält wiederum eine größere Zahl von Untermenüs für Werbung, Marktforschung, Vertrieb u. a. Nach der Abfrage von Daten über das aktuelle Spiel erscheint zunächst der Titel und dann das Hauptmenü. Das Spiel startet mit einem *Simulationslauf*, in dem die Ausgangsdaten für den Spieler erzeugt werden. Während des Simulationslaufs können *keine Eingaben* vorgenommen werden. Man erkennt ihn daran, daß rechts unten ein Lieferwagen von SchokoFin fährt. Im Simulationslauf werden für jeden Tag eines Monats Daten wie Produktions-, Verkaufsmengen und Lagerbestände errechnet und auf dem Bildschirm des Hauptmenüs angezeigt (s.u.). Nach Ende des Simulationslaufs beginnt die *Eingriffsphase*, in der die Entscheidungen für den nächsten Monat getroffen werden. Sind alle Entscheidungen getroffen, kann der Spieler den nächsten Simulationslauf starten usw.. Nach Beendigung des Spiels durch Anklicken des entsprechenden Schaltfeldes im Hauptmenü kann der Spieler auf Wunsch seine Verhaltensdaten und den Spielstand durch Eingabe eines Protokollnamens abspeichern. Ruft man SchokoFin ergänzt durch den Protokollnamen und der Angabe eines Geschwindigkeitsfaktors erneut auf, wird die Eingabesequenz des Spiels wiederholt.

Hauptmenü

Der Bildschirm auf der obersten Menüebene (Abb. 1) ist in vier Felder unterteilt, die sich während eines Simulationslaufs (ein fiktiver Monat) täglich verändern.

Links oben wird der tägliche Ausstoß der sechs Maschinen von SchokoFin durch farbige Balken für die verschiedenen Schokoladensorten dargestellt. Erscheint an bestimmten Tagen ein Karomuster, produziert die jeweilige Maschine nichts.

Links unten sind die Lagerbestände (in Tausend) durch farbige Säulen und die offenen Bestellungen (in Hundert) durch schraffierte Säulen für die einzelnen Schokoladensorten dargestellt.

Rechts oben wird durch farbige Punkte je Tag die Produktion, die Bestellungen und der Verkauf eingetragen. Außerdem ist der Kontostand (vom jeweiligen Monatsanfang) durch eine rote Linie gekennzeichnet.

Rechts unten erscheint während des *Simulationslaufs* die tägliche Liefermenge für alle Schokoladensorten und in manchen Runden auch spielrelevante Nachrichten. In der *Eingriffsphase* erscheint ein Block mit Schaltern für die Maus, von dem aus man verschiedene Informationen abrufen oder in andere Menüs gelangen kann. Der Informationsabruf kann hier und auch in vielen anderen Fenstern durch Anklicken der Zielscheibe rechts unten im Bild beendet werden. Weiterhin befinden sich im Schalterblock auch die Menüpunkte zum Start eines weiteren Simulationslaufs und zur Beendigung des Spiels. Die Menüpunkte werden im folgenden von links oben nach rechts unten im einzelnen beschrieben:

Produktion: Je Schokoladensorte: Informationen über die Bestellungen (in Tausend) und die Produktionskosten.

Lager: Je Sorte: Lagerbestände und offene Bestellungen (in Tausend), aktuelle Einzelhandelspreise.

Rohmaterial: Aktueller Verbrauch an Rohstoffen für die Produktion und dadurch anfallenden Materialkosten.

Verkauf: Erlöse je Sorte in TDM, Deckung pro Stück für je Sorte (die Deckung errechnet sich als Quotient aus Preis pro Einheit und direkt zurechenbaren Kosten je Einheit).

Kosten: Je Posten (Personal, Rohwaren, Werbung u.a.), Gesamtkosten, Lagerverderb.

Saldo: Erlöse, Kosten, Gewinn/Verlust für den aktuellen Monat, Kontostand.
Maschinen: (Die jeweilige Maschine muß links oben angeklickt werden). Hergestellte Produkte und Produktionsmengen in diesem Monat, Kapazität der Maschine (in tausend.), Kosten für die Produktion von tausend Stück.
Prognose: Nach dem 1. Jahr werden dort die Vergleichszahlen des Vorjahres geliefert.
Belegung: Siehe dort.
Weiter: Berechnung der Ergebnisse des letzten Monats. Entscheidungen für den aktuellen Monat sind nach dem Betätigen dieses Schalters nicht mehr reversibel.
Marketing: Siehe dort.
ENDE: Ende des Spiels. Für Fehleingaben erscheint eine Sicherheitsabfrage.

Abbildung 1: Das Hauptmenü

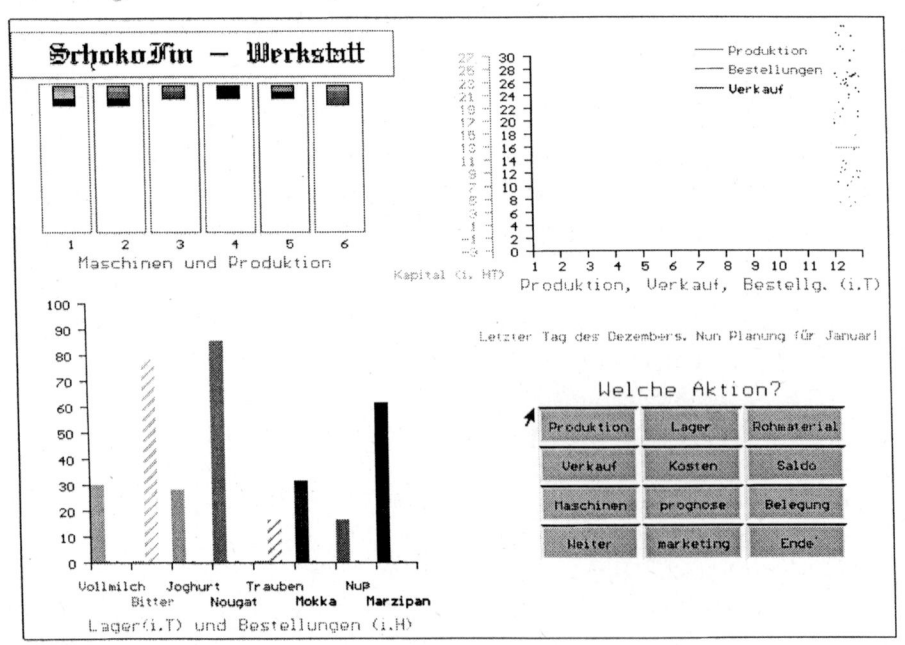

➲ Belegung (Produktion)

Im Menü *Belegung* werden die Produktionsmengen für den nächsten Monat festgelegt. Die Belegung der sechs Maschinen kann wochen- oder halbtagesweise vorgenommen werden. Jede Zeile im großen oberen Feld symbolisiert den Belegungsplan einer Maschine für einen Monat á vier Wochen. Ganz links steht die Maschinennummer. Dann folgt die maximale Maschinenkapazität (in tausend Stück pro Tag). Das kleine Feld daneben enthält die Kennfarben derjenigen Schokoladensorten, die man auf der jeweiligen Maschine produzieren kann (die Namen der Sorten kann man dem Schaltfeld links unten entnehmen; auf Maschine 4 kann man z.B. Mokka- und Marzipanschokolade produzieren).

Der Produktionsplan wird in folgender Weise erstellt. Zunächst wird im Feld unten links durch einen Klick mit der *linken* Maustaste eine Schokoladensorte ausgewählt. Für diese Schokoladensorte kann man auf denjenigen Maschinen, die zu ihrer Produktion geeignet sind, Produktionszeiten eintragen. Dies kann entweder halbtagesweise geschehen oder durch Anklicken des Rechtecks direkt unterhalb der Maschinenzeile für die ganze Woche. Beim Wechsel zwischen zwei Sorten ergibt sich automatisch ein halber Tag Umrüstzeit und entsprechende Umrüstkosten. Ist die Belegung für eine Schokoladensorte abgeschlossen, gelangt man durch einen Klick mit der *rechten* Maustaste zurück in das Sortenwahlmenü. Hier kann man sich entweder durch einen erneuten Klick mit der *linken* Taste eine neue Sorte aussuchen - wobei auch Stillegung eine mögliche Option ist - oder mit der *rechten* Taste zum Hauptmenü zurückkehren. Der Belegungsplan kann in einer Eingriffsperiode jederzeit revidiert werden und wird erst durch Betätigung des "Weiter"-Schalters im Hauptmenü wirksam.

➲ Marketing

Das Untermenü Marketing enthält alle im Spiel verfügbaren Informationen über das Marktgeschehen. Außerdem werden von dort die Werbe-, Vertriebs- und Logistikaktivitäten gesteuert. Links ist jeweils der Marktüberblick für Wien zu sehen (Marktanteile der einzelnen Hersteller als Tortendiagramme für die einzelnen Bezirke, Stückzahlen). Rechts ist ein Menü mit Schaltflächen zu sehen, von denen die einzelnen Informations- und Eingriffsmöglichkeiten im Marketingbereich ausgewählt werden können (vgl. Abb. 2).

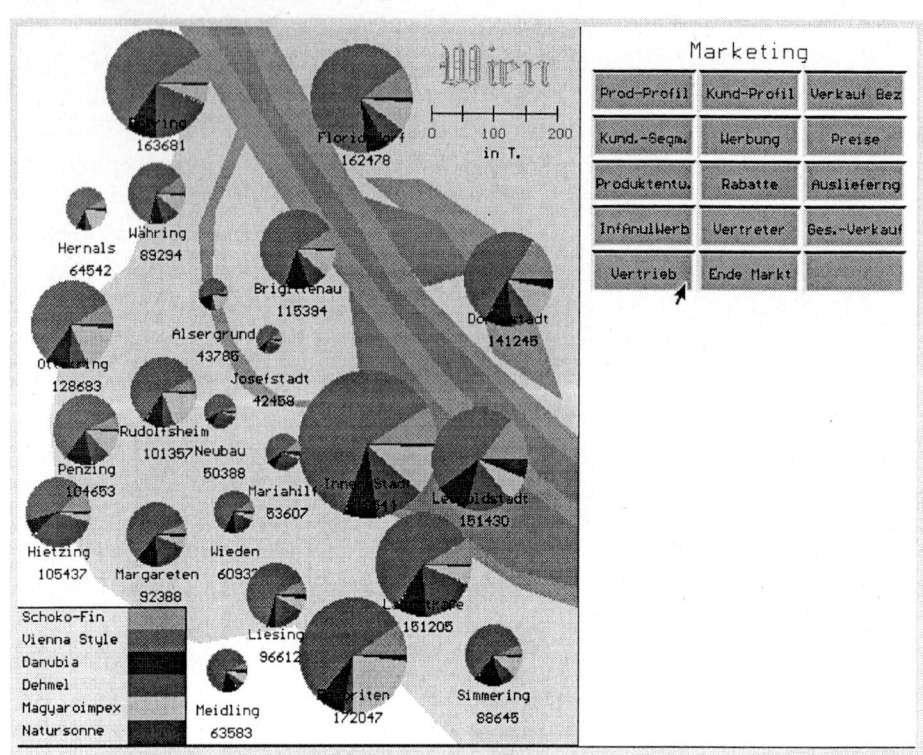

Abbildung 2: Das Marketingmenü von SchokoFin

Die Menüpunkte im einzelnen:

Produktprofil:

Hier können Marktforschungsdaten über die Einschätzung einzelner Schokoladensorten durch die Kundschaft angefordert werden. Geschieht dies erstmals in einer Eingriffsperiode, entstehen Marktforschungskosten. Der wiederholte Aufruf der gleichen Daten ist kostenlos. Die kumulierten Marktforschungskosten, die bis zum jeweiligen Eingriff in einer Eingriffsperiode angefallen sind, werden bei jeder Marktforschungsaktivität angezeigt. Wird "Produktprofil" gewählt, muß man zunächst den Markennamen und dann die Sorte der Schokolade wählen, deren Image man wissen will. Ist dies geschehen, wird ein Imageprofil für das Produkt ausgegeben, in dem die Wahrnehmung des Produkts durch die Kunden wiedergegeben wird. Oben

Anhang 2 587

stehen zunächst die Marke, die Sorte und die Form der Schokolade und der von den Kunden geschätzte Preis. Die anderen Eigenschaften der jeweiligen Schokolade sind als Profilwerte zwischen 0 und 1 angegeben [s.o. (A)].

Kundenprofil:
Hier können ebenfalls kostenpflichtige Marktforschungsdaten angefordert werden und zwar über Kundenwünsche. Zunächst wird eines der Kundensegmente gewählt, danach erscheint ein Profil mit zwei Werten. Abb. 3 zeigt ein solches Doppelprofil für die Gruppe der „Kinder".

Abbildung 3: Das Kundenprofil "Kinder"

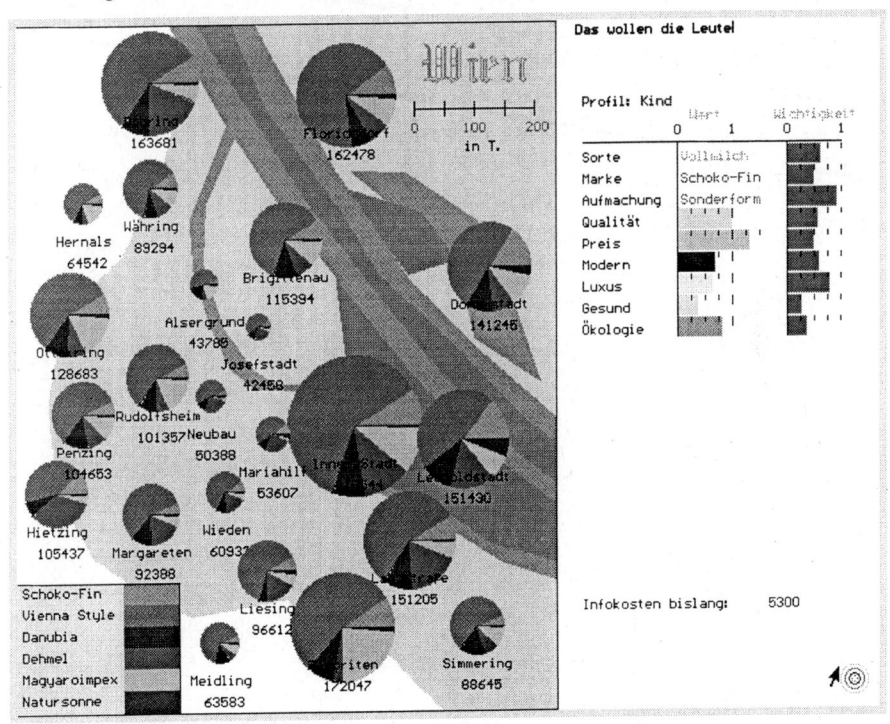

Links sieht man die *Ausprägung* der jeweiligen Eigenschaft. Die Kinder im Spiel bevorzugen z.B. Vollmilchschokolade, am liebsten von der Firma "SchokoFin" und legen Wert auf Sonderformen. Qualität und Umweltverträglichkeit sollten hoch sein. Diese Eigenschaften sind allerdings unterschiedlich *wichtig*. Die Sonderform ist von herausragender Bedeutung, während die Wahl von "SchokoFin" und die Umweltverträglichkeit des Produkts in diesem Beispiel nicht unbedingt ein Muß ist.

Verkauf:
Das Anklicken dieser Schaltfläche erzeugt zusammen mit dem Anklicken eines Bezirks der Stadt Wien eine Liste mit Informationen über den Handel in diesem Verkaufsgebiet. Dort sind die Umsätze nach Unternehmen und Sorten aufgeschlüsselt.

Kundensegmente:
Auch nach Betätigen dieser Schaltfläche muß ein Bezirk angeklickt werden. Es erscheint die Zahl der Kunden, aufgeschlüsselt nach den verschiedenen Kundengruppen (Segmenten), die im gewählten Bezirk Schokolade gekauft haben.

Werbung:
Mit diesem Menü können sehr unterschiedliche Formen von Werbefeldzügen initiiert werden. Die Strukturierung einer solchen Werbemaßnahme erfolgt in mehreren Stufen. Zunächst muß man sich zwischen "Produkt-" und "Kundenwerbung" entscheiden. Zur Erinnerung: *Produktwerbung* stellt bestimmte Eigenschaften eines Produktes oder einer Marke heraus. *Kundenwerbung* läßt allen Kunden oder ausgewählten Kundengruppen bestimmte Schokoladeneigenschaften als wünschenswert erscheinen. Anschließend ist festzulegen, ob man *allgemeine* Werbung betreiben will, also Aussagen über das ganze Sortiment von "SchokoFin" macht bzw. alle Kunden anspricht, oder ob man mit *spezieller* Werbung die Eigenschaften einer bestimmten Sorte herausstellt bzw. gezielt einzelne Kundensegmente anspricht. Der nächste Schritt ist die Festsetzung eines Werbebudgets für diese Maßnahme. Bei spezieller Werbung muß dann angegeben werden, auf welche Sorte bzw. welches Kundensegment sich die Werbemaßnahme bezieht. Als letztes kann eine Liste herauszuhebenden Eigenschaften zusammengestellt werden. Die Auswahl der Eigenschaften und die gesamte Eingabe der Werbemaßnahme wird durch Anklicken des Schaltfeldes "Ende" beendet.

Zwei Beispiele:
Eine Werbekampagne für 10000,- im Monat, die die Qualität aller SchokoFin-Produkte hervorheben soll, wird durch die Eingabesequenz {Produktwerbung -> Allgemein -> 10000 -> Qualität, Ende} erzeugt. Eine Werbekampagne für 5000,- monatlich, die sich an Kinder wendet und dafür plädiert, beim Schokoladenverkauf auf Umweltverträglichkeit und Gesundheit

zu achten, wird folgendermaßen eingegeben: {Kundenwerbung -> Speziell -> 5000 -> Kinder -> Umwelt, Gesundheit, Ende}.
Werbemaßnahmen können im Menü "InfAnulWerb" (s.u.) überprüft und gegebenenfalls zurückgenommen werden. Sie werden erst nach Betätigen des Schaltfeldes "Weiter" im Hauptmenü wirksam.

Preise:
Hier können die *Abgabepreise an den Handel* für die einzelnen Schokoladen der Firma SchokoFin festgesetzt werden. Bitte immer Angaben in DM und mit Punkt als Trennungszeichen zwischen DM und Pf machen.

Produktentwicklung:
Hier kann man die tatsächlichen Eigenschaften der einzelnen Schokoladensorten, die SchokoFin herstellt, verändern. Nach Anklicken der Schaltfläche und Auswahl einer Sorte erscheint das Profil mit den tatsächlichen Produkteigenschaften (es kann sich von dem Image, das unter *Produktprofil* abgerufen werden kann, unterscheiden!). Dieses Profil kann dann verändert werden. Am Ende jeder Produktinnovation wird gefragt, ob die Restposten des alten Produkts ebenfalls umgestaltet oder als Sonderangebot billig abgegeben werden sollen.

Rabatte:
Rabatte können den Händlern in den einzelnen Verkaufsgebieten gewährt werden können: Nach Anklicken der Schaltfläche "Rabatt" muß ein Bezirk gewählt werden. Der Rabatt für die Händler in diesem Bezirk wird in Form eines %-Wertes eingegeben werden. Bitte verwenden Sie auch hier bei nicht ganzzahligen Werten einen Punkt an Stelle eines Kommas.

Auslieferung:
In diesem Menü sind die *Absatzmengen von SchokoFin* nach Absatzgebieten aufgeschlüsselt.

InfAnulWerb:
Information über und Annullierung von Werbemaßnahmen. Beim Anklicken dieses Schaltfeldes erscheint für jede eigene Schokoladensorte bzw. jedes Kundensegment die Summe, die für Werbemaßnahmen ausgegeben wird und eine Abfrage, ob diese Werbemaßnahme annulliert werden soll. Bei Eingabe von "j" wird die entsprechende Maßnahme für die Sorte oder das Kundensegment rückgängig gemacht. Für diejenigen Maßnahmen, die nicht annulliert werden (Eingabe "n"), können auf Wunsch die resultierenden Imageprofile ausgegeben werden.

Vertreter:
  Wird dieses Schaltfeld betätigt, kann man zunächst die geographische Verteilung des Außendienstes sehen. Der Wert, der jedem Bezirk zugeordnet ist, gibt gewissermaßen die "Vetretermenge pro Bezirk" an. Eine "2" beim Bezirk Leopolden würde bedeuten, daß dort zwei Vertreter tätig sind. Eine "0,5" jeweils bei Währing und Hernals heißt, daß ein Vertreter für beide Bezirke zuständig ist. Diese Verteilung kann geändert werden. Im Menü muß man daher als nächstes zwischen Entlassungen und Einstellungen oder keiner Änderung der Vertretermenge wählen. Anschließend springt der Cursor in das Landkartenfeld. Durch Ansteuern eines Bezirks und Klicken mit der *linken Maustaste* kann man für diesen Bezirk eine neue Vertretermenge eingeben, mit der *rechten Mausteste* kann man das Menü "Vertreter" verlassen.

Gesamtverkauf:
  Hier wird der Verkauf von SchokoFin-Produkten *durch die Händler* in den einzelnen Bezirken und für die ganze Stadt angegeben (Stückzahlen und Marktanteil). Der Gesamtverkauf ist eine Marktforschungsinformation, für die Kosten anfallen.

Vertrieb:
  Hier geht es um die Regulierung der maximalen Liefermenge. In SchokoFin ist diese Vertriebskapazität durch die Menge der Lastwagen der Firma SchokoFin definiert. Man kann Lastwagen zukaufen und veräußern.

Ende Markt:
  Mit Betätigen dieses Schaltfeldes verläßt man das Marketingmenü. Die Eingaben können bei Rückkehr in dieses Menü jederzeit geändert werden. Sie werden erst unumkehrbar, wenn im Hauptmenü der Schalter "Weiter" betätigt wird.

Anhang 3

Die Szenarien

Überblick über die Anordnung der Szenarien in den Untersuchungen

1. Untersuchung	2. Untersuchung
S1 Schokoriegel (MRZI)	S13 Weihnachtsfeier (VRZI)
S2 Vorstandsassistent Maschinenbau (MRzI)	S20 Regionalleiter im Vertrieb (VrzI)
S3 Holzverarbeitender Betrieb (MRZS)	S3 Holzverarbeitender Betrieb (MRZS)
S4 Leichtmargarine (MRzS)	S8 Brauerei (MrzI)
S5 Videorecorder (MRZO)	S17 Sondermaschinenbau (VRZO)
S6 Ingenieurbüro (MRzO)	S5 Videorecorder (MRZO)
S7 Knabbergebäck (MrZI)	S24 Spedition (VrzO)
S8 Brauerei (MrzI)	S10 HiFi-Einzelhandel (MrzS)
S9 Weichspülerverpackung (MrZS)	S12 CD-Player (MrzO)
S10 HiFi-Einzelhandel (MrzS)	S15 Herausforderung Ost (VRZS)
S11 Abmahnung (MrZO)	S22 Kugellagerhersteller (VrzS)
S12 CD-Player (MrzO)	S1 Schokoriegel (MRZI)
S13 Weihnachtsfeier (VRZI)	
S14 Anzeigenleiter (VRzI)	S9* Weichspülerverpackung (MrZS)
S15 Herausforderung Ost (VRZS)	S2* Vorstandsassistent Maschinenbau (MRzI)
S16 Automobilzulieferer (VRzS)	S23*Gardine (VrZO)
S17 Sondermaschinenbau (VRZO)	S21*Liefertermin geplatzt (VrZS)
S18 Lauter Kunde (VRzO)	S19*Ostdeutsche Molkereiprodukte (VrZI)
S19 Ostdeutsche Molkereiprodukte (VrZI)	
S20 Regionalleiter im Vertrieb (VrzI)	
S21 Liefertermin geplatzt (VrZS)	
S22 Kugellagerhersteller (VrzS)	
S23 Gardine (VrZO)	
S24 Spedition (VrzO)	

Legende:
M Marketing
V Vertrieb
R Konfligierende Rahmenfaktoren
r Keine konfligierenden Rahmenfaktoren
Z Zeitdruck
z kein Zeitdruck
I Informationsdefizit über den Ist-Zustand
S Informationsdefizit über den Soll-Zustand
O Informationsdefizit über die Operatoren
• *Nachfragen zu den Szenarien

Allgemeine Instruktion für die Bearbeitung der Szenarien

(Im Gespräch ankündigen, daß nun die Instruktion <u>vorgelesen</u> wird, damit alle Untersuchungsteilnehmer den gleichen Wortlaut der Informationen bekommen.)
(ab hier vorlesen)

Wir werden Ihnen im folgenden kurze Texte vorlesen, die verschiedene Probleme beschreiben. Mit solchen Problemen kann man bei absatzwirtschaftlichen Tätigkeiten (also im Marketing oder im Vertrieb) konfrontiert werden. Sie werden jeweils gebeten, sich in eine ganz bestimmte Situation hineinzuversetzen und zu beschreiben, was sie persönlich in dieser Situation tun würden. Beschreiben Sie bitte dabei das Vorgehen, das für Sie selbst nach Ihrer bisherigen persönlichen Erfahrung am besten geeignet ist, auch wenn andere Leute in der gleichen Situation vielleicht etwas anderes tun würden.

Für die beschriebenen Probleme gibt es eine Vielzahl möglicher erfolgversprechender Lösungen. Es gibt also nicht die eine, gute Vorgehensweise. Sie sollten daher nicht glauben, daß wir bestimmte Antworten bzw. ganz bestimmte Lösungen erwarten. Im Gegenteil - uns interessiert, wie groß die Vielfalt von Vorschlägen ganz unterschiedlicher Menschen ist.

Wie geht das Ganze vor sich?

Wir werden Ihnen also den Text eines Kärtchens vorlesen, in dem Sie gebeten werden, sich in die Rolle einer bestimmten Person hineinzuversetzen, die mit einem Problem aus dem Arbeitsleben konfrontiert wird und Ihnen dieses Kärtchen dann geben. Stellen Sie anschließend Ihr Vorgehen in dieser Situation dar. Bitte sprechen Sie dabei alles laut aus, was Ihnen durch den Kopf geht, alle ihre Ideen, ihre Vorschläge, ihre Annahmen, die sie über die Zusammenhänge und Hintergründe in dem Fallbeispiel machen, alles unwichtige und nebensächliche. Lassen Sie also nichts von den Dingen aus, die Ihnen durch den Kopf gehen, auch nicht solche Dinge, die scheinbar gar nicht hierher gehören.

Wenn Sie glauben, daß sie mit dem Text auf dem Kärtchen noch nicht genügend wissen, um Vorschläge für die Lösung des Problems machen zu können, können Sie auch Fragen an den Interviewer stellen. Wir haben für die Untersuchungsteilnehmer zu jedem der Probleme eine Reihe von Zusatzinformationen vorbereitet. Falls ihre Frage eine dieser Informationen betrifft, können wir Ihnen eine Antwort geben, sonst nicht. Diese Einschränkung machen wir deshalb, damit alle Personen die *gleichen* Antworten auf Ihre Fragen bekommen können. Der Interviewer wird Ihnen daher manchmal eine Antwort geben können, manchmal auch nicht. Lassen Sie sich also nicht irritieren, wenn er öfters keine Informationen für Sie hat oder solche, die nicht ihren Erwartungen entsprechen. Fragen Sie trotzdem immer, wenn Sie weitere Informationen für Ihre Problemlösungen benötigen. Aber wie gesagt, es kann auch sein, daß Sie nicht alle Informationen bekommen, die Sie eigentlich haben wollen. Dann ist es notwendig, daß Sie über die unbekannten Aspekte der Problemstellung Annahmen machen. Wir möchten Sie hier nochmals bitten, auch alle diese Annahmen laut auszusprechen.

Nach der Darstellung Ihres persönlichen Lösungsweges werden wir Ihnen jeweils einige schriftliche Fragen vorlegen, bei denen Sie die Antworten nur ankreuzen müssen.

Kommen wir nun zur ersten Problemstellung. Sie dient dazu, das sogenannte "Laute Denken" ein wenig zu üben und Ihnen den Ablauf der Fallbeispiele etwas klarer zu machen. Sie ist daher noch nicht aus dem absatzwirtschaftlichen Bereich, sondern eher ein Alltagsproblem, wenn auch ein ziemlich schwieriges.

Vergessen Sie nicht, sich sozusagen mit Haut und Haaren in die beschriebene Person hineinzuversetzen und denken Sie daran, daß Sie jederzeit Fragen stellen können!

Übungsbeispiel:
Stellen Sie sich vor, Sie ziehen in ein neues Haus um. Ein Freund von Ihnen besitzt eine Firma, die zwei kleine 7,5t Lastwagen ihr eigen nennt, die Sie kostenlos benutzen dürfen. An einem frühen Sonntagmorgen haben sich viele andere Freunde von Ihnen versammelt, um Ihnen zu helfen, da Ihre alte Wohnung Montag morgens geräumt sein muß. Alle Kisten stehen bereit, nur Ihr Freund mit den Lastwagen fehlt. Nach langem Herumtelefonieren erfahren Sie, daß er wegen eines dringenden Auftrages mit beiden Lastwagen nach Frankreich unterwegs ist - "die Umzugssache muß er irgendwie vergessen haben!" - Was tun Sie jetzt?

(Karte übergeben)

(falls Vp schweigt:) Schildern Sie bitte, wie Sie persönlich jetzt vorgehen würden...

(...)

Fällt Ihnen noch etwas dazu ein?

(...)

Sind Sie soweit fertig?

(...)

Können Sie Ihren Vorschlag zur Problemlösung noch einmal kurz zusammenfassen?

Kreuzen Sie bitte nun ihre Antworten auf dem Beiblatt an!

Rückmeldung über die Qualität des lauten Denkens und des Frageverhaltens und Hinweis, daß Annahmen gemacht werden können

Das war unser Übungsbeispiel. Die nun folgenden Geschichten sind fachlicher Natur. Denken Sie bitte daran, sich in die Rolle hineinzuversetzen, die in der Geschichte beschrieben ist und anschließend darzustellen, wie Sie ganz persönlich handeln würden.

Anhang 3

Hinweise zur Durchführung der Untersuchung

1. Vor dem ersten Szenario bzw. während das letzte angekreuzte Beiblatt eingesammelt wird: Bitte denken Sie daran: Sagen Sie alles laut, was Ihnen durch den Kopf geht und fragen Sie alles, was Sie wissen wollen.
   (...)
2. Problem vorlesen
   (...)
3. Karte übergeben
   (...)
4. *(falls Vp schweigt:)* Schildern Sie bitte, wie Sie persönlich jetzt vorgehen würden...
   (...)
5. Fällt Ihnen noch etwas dazu ein?
   (...)
6. Sind Sie soweit fertig?
   (...)
7. Können Sie Ihren Vorschlag zur Problemlösung noch einmal kurz zusammenfassen?
   (...)
8. Kreuzen Sie bitte nun ihre Antworten auf dem Beiblatt an!
   (...)

Beurteilung der Bearbeitung des Szenarios Nr. __

(1) Wie schwierig fanden Sie die Aufgabe?

    1   2   3   4   5   6   7

sehr leicht   sehr schwierig

(2) Würden Sie sich gern mit einem solchen Problem in Ihrem beruflichen Alltag auseinandersetzen?

    1   2   3   4   5   6   7

sehr ungern   sehr gern

(3) Wie zufrieden sind Sie mit Ihrem Vorschlag?

    1   2   3   4   5   6   7

sehr unzufrieden   sehr zufrieden

Hinweise zur Durchführung der Untersuchung bei den Szenarien mit Nachfrage (S9, S2, S23, S21, S19)

Bei den fünf folgenden Geschichten möchten wir Sie bitten, wie bisher einen Lösungsvorschlag auszuarbeiten. Anschließend werden wir Ihnen jeweils einige Fragen darüber stellen, wie Sie sich die betreffende Situation vorstellen. Danach geben wir Ihnen weitere Zusatzinformationen. Sie können Ihren ursprünglichen Plan dann noch einmal ändern.

1. Vor dem ersten Szenario bzw. während das letzte angekreuzte Beiblatt eingesammelt wird: Bitte denken Sie daran: Sagen Sie alles laut, was Ihnen durch den Kopf geht und fragen Sie alles, was Sie wissen wollen.
   (...)
2. Problem vorlesen
   (...)
3. Karte übergeben
   (...)
4. (falls Vp schweigt:) Schildern Sie bitte, wie Sie persönlich jetzt vorgehen würden...
   (...)
5. Fällt Ihnen noch etwas dazu ein?
   (...)
6. Wie könnte es danach weitergehen?
   (...)
7. Können Sie Ihren Vorschlag zur Problemlösung noch einmal kurz zusammenfassen?
   (...)
8. Wie würden Sie Ihren Vorschlag gegenüber einem Freund/einer Freundin begründen? (gleichgeschlechtliche Variante wählen!)
   (...)
9. Kreuzen Sie bitte die Fragen auf Beiblatt <Nr.> unter A an.
   (...)
10. Nun einige Fragen [Achtung: Verschiedene Fragen zu den verschiedenen Szenarien]
11. Sie haben möglicherweise neue Ideen bekommen, als Sie meine Fragen beantwortet haben und würden jetzt vielleicht etwas an Ihrem Lösungsvorschlag ändern. Sie können jetzt noch einmal Fragen stellen und Änderungsvorschläge unterbreiten. Vergessen Sie nicht, dabei laut zu denken!
    (...)
12. *Falls anderer Lösungsvorschlag gekommen ist:* Kreuzen Sie bitte auf dem Beiblatt die Fragen unter B an.

Anhang 3

Szenario 1: Schokoriegel (MRZI)

Sie arbeiten als Produktmanager für Schokoladenriegel. Sie bekommen einen Anruf von Ihrem Chef. Ein alter Gegner von Ihnen, der jetzt im Vertrieb arbeitet hat ihm - aber leider noch nicht Ihnen - Informationen vorgelegt, die sehr kritisch für Sie sind: das Produkt, das Sie betreuen, ist bei mehreren großen Lebensmittelmarktketten von den Regalen direkt an der Kasse verdrängt worden, massive Umsatzeinbußen waren die Folge. Ihr Chef tobt am Telefon - sie sollen Ihm sofort erklären, wie das passieren konnte.

Zusatzinformationen:

R

Ihr Kollege aus dem Vertrieb ist ein sehr ehrgeiziger Mitarbeiter, der es nicht verwunden hat, daß Sie ihm vorgezogen worden sind. Er leitet mittlerweile den Außendienst und ist bei seinem Mitarbeitern, die er bis zur Leistungsgrenze fordert, wegen seines autoritären Führungsstil bekannt. Ihr Kollege hat seine Mitarbeiter wegen dieses Umsatzeinbruches auch schwer angegriffen.

Z

Ihr Vorgesetzter muß sich seinerseits wegen dieser Angelegenheit übermorgen vor dem Vorstand in einer Krisensitzung rechtfertigen.

I

Folgende Informationen können sie aus den genannten Quellen schöpfen:

Quelle	Art der Information
Außendienstmitarbeiter	Informationen über die Stimmung vor Ort und im Vertrieb
Handelsunternehmen (Kunden)	Begründung des H. für den Wechsel
Produktion	Eigenschaften u. Qualität des Produktes
Logistik	Lieferbereitschaft, Lieferzeiten, Zuverlässigkeit

S

Die Produkte befanden sich bisher in Griffhöhe und im Blickfeld von Kleinkindern direkt an der Kasse.

O

Es ist Sache des Vorgesetzten, die nun notwendigen strategischen Entscheidungen zu treffen. Sie selbst haben dazu keine Befugnisse.

Szenario 2: Vorstandsassistent Maschinenbau (MRzl)

Sie sind Vorstandsassistent in einem Maschinenbauunternehmen. Ihr Chef hat Ihnen den Auftrag gegeben, Informationen über die Effizienz anderer Abteilungen des Marketingbereiches bei den dortigen Mitarbeitern zu sammeln. Er braucht Argumente für ein Strategiepapier, daß er dem Vorstand vorlegen will. "Bei der Gelegenheit werde ich dem Vorstand zeigen, das einige meiner Kollegen Abteilungsleiter riesige Teams von Nichtstuern bei sich 'rumsitzen haben - das wissen die auch und die werden mir jeden erdenklichen Knüppel zwischen die Beine werfen. Die Daten müssen also hieb- und stichfest sein - ich verlasse mich auf Sie!" Was tun Sie?

Zusatzinformationen:

R

Der Vertrieb wird seit 25 Jahren von Dipl.-Ing. Rosenbacher geleitet, er unterstreicht bei Sitzungen immer wieder die Bedeutung und bewährte Arvbeitsweise seiner Abteilung, was er vor allem mit der starken personellen Ausstattung seiner Abteilung begründet. Herr Rosenbacher und seine Mitarbeiter stehen dem Vorhaben sehr skeptisch gegenüber.

Im Produktmanagement wurden die Ideen ihres Vorgesetzten in informellen Gesprächen sehr begrüßt. Hier wird in kleinen Teams gearbeitet.

Die Werbeabteilung wird seit kurzem von einem neuen, vielversprechenden Mitarbeiter geführt. Er hat mehrmals angedeutet, daß er am Kauf der Werbeabteilung im Rahmen von Outsourcing-Konzepten interessiert ist. Die Zahl der Mitarbeiter müßte jedoch in diesem Fall reduziert werden.

z

Da es um sich ein Reorganisationskonzept mit großer Bedeutung handelt, hat Ihnen ihr Vorgesetzter keine Zeitvorgaben zur Erledigung der Angelegenheit gemacht.

Anhang 3

I

Quelle	Datenangebot
Allgemeine Informationen (z.B. in der Personalabt. erhältlich	Stellenbeschreibungen, Organigramme, Leistungsbeurteilungen durch Vorgesetzte
Vertrieb	Daten über Organisation und EDV-Einsatz, Auftragsvolumina von Außendienstmitarbeitern, Reklamationen, Persönliche Einschätzungen über die Effizienz der Abteilung durch Vorgesetzte und Mitarbeiter
Produktmanagement	Daten über Organisation und EDV-Einsatz, Informationen über eigenes Tätigkeitsfeld, Daten über Zusammenarbeit mit anderen Abteilungen, Einschätzungen über die Effizienz der eigenen und anderer Abteilungen durch Vorgesetzte und Mitarbeiter
Werbeabteilung	Daten über Organisation und EDV-Einsatz, Studien über Werbeffizienz, Outsourcing-Konzepte des Vorgesetzten, Effizienz der eigenen und anderer Abteilungen durch Vorgesetzte und Mitarbeiter

S

Ihr Vorgesetzter läßt durchblicken, daß ein Erfolg des Reorganisationskozeptes auch Ihrer Karriere sehr förderlich wäre.

O

Es ist Sache des Vorgesetzten, die nun notwendigen strategischen Entscheidungen zu treffen. Sie selbst haben dazu keine Befugnisse.

Nachfragen zu Szenario S2: Vorstandsassistent

Wie stellen Sie sich Ihre Rolle im Unternehmen vor, z.B. welche Befugnisse Sie haben und wie Ihre Beziehungen zu den anderen Mitarbeitern sind?

Nachfrage nur, wenn Sozialaspekte in der Antwort nicht enthalten sind:
Wie stellen Sie sich die Situation im Unternehmen vor, die Stimmung unter ihren Kollegen und Vorgesetzten in den verschiedenen Abteilungen?

Wenn Sie sich in die beschriebene Situation hineinversetzen, haben Sie das Gefühl, unter Zeitdruck zu stehen? Wenn ja, worin äußert sich das?

Was haben Sie für Vorstellungen über die Ausgangssituation im Unternehmen und über die Mittel und Informationsquellen, die Ihnen für Ihre Aufgabe zur Verfügung stehen?

Wie müßte das Ergebnis aussehen, damit Sie das Gefühl haben, daß Sie die Situation zu Ihrer persönlichen Zufriedenheit bewältigt haben?

Gibt es Handlungsmöglichkeiten, die Ihnen während der Problemlösung durch den Kopf gegangen sind und die Sie später nicht mehr weiter verfolgt haben?

Gibt es eine Geschichte aus Ihrer eigenen Praxis oder kennen Sie sonst einen Fall, an dem Sie sich bei der Problemlösung orientiert haben?

Sie haben möglicherweise neue Ideen bekommen, als Sie meine Fragen beantwortet haben und würden jetzt vielleicht etwas an Ihrem Lösungsvorschlag ändern. Sie können jetzt noch einmal Fragen stellen und Änderungsvorschläge unterbreiten. Vergessen Sie nicht, dabei laut zu denken!

(...)

Falls anderer Lösungsvorschlag gekommen ist: Kreuzen Sie bitte auf dem Beiblatt die Fragen unter B an.

Anhang 3

Szenario 3: Holzverarbeitender Betrieb (MRZS)

Sie sind gerade leitender Angestellter eines holzverarbeitenden Betriebes in den neuen Bundesländern geworden. Sie haben hauptsächlich Bauteile für standardisierte Möbel geliefert, die in fast allen öffentlichen Gebäuden des Ostblocks zu sehen waren. Sie sollen für Ihr Unternehmen, um das es im Augenblick gar nicht gut bestellt ist, eine neue Produktlinie entwickeln. Diese Aufgabe ist sehr dringend: Ihre Bank hat sich heute gemeldet und angedeutet, daß sie zwar verstünden, daß Sie sich einarbeiten müssen - aber angesichts der Schuldenlast sollte doch endlich wenigstens ansatzweise klar werden, was eigentlich in Zukunft produziert werden soll - die alten Produkte kann man ja nun wirklich niemandem mehr verkaufen. Die Bank will sehr schnell über die Weiterfinanzierung entscheiden und will von Ihnen wenigstens ihre Ziele für die nächste Zeit wissen. Leider konnten Sie ein entsprechendes Konzept bisher noch nicht erarbeiten: der Fertigungsleiter hält sie immer wieder hin, wenn sie ihn nach Produktionsmöglichkeiten fragen. Er scheint Sie auch nicht zu mögen. "Wozu brauchen wir so einen Marketingfritzen überhaupt? Wir liefern solide Ware die verkauft sich schon!" Solche und ähnliche Aussagen dieses Mannes sind Ihnen immer wieder von Dritten hinterbracht worden. Skizzieren Sie kurz, was Sie nun tun.

<u>Zusatzinformationen:</u>

R

Der Fertigungsleiter ist im Unternehmen ein sehr beliebter Mann mit großen Verdiensten, der sich insbesondere in der Zeit der Wende positiv hervorgetan hat. Er lehnt Neuerungen im Unternehmen nicht prinzipiell ab, sondern ist verbittert, wegen des starken Personalabbaus der letzten Monate.

Z

Ihr Sachbearbeiter bei der Bank steht seinerseits unter Zugzwang, da er die weitere Kreditvergabe lange befürwortet hat. Er würde in den Gremien Ihre Sache weiterhin vertreten, benötigt aber eigentlich schon heute Informationen über die geplante weitere Ausrichtung

I

Der Umsatz der Firma ist seit der Währungsreform v.a. durch das Fehlen öffentlicher Aufträge drastisch zurückgegangen. 40% der Belegschaft ist entlassen worden, weitere 35% arbeiten "Kurzarbeit 0".

S

Die Personen, mit denen Ihr Unternehmen über die Vergabe von öffentlichen Aufträgen zur Ausstattung mit Möbeln zu DDR-Zeiten zu verhandeln pflegte, sind alle nicht mehr in Amt und Würden. Sie sind größtenteils durch Westbürger ersetzt worden. Nach wie vor bestehen Kontakte zu großen Möbeldiscountern, die früher schon Teile bei Ihnen fertigen ließen. Auf einer Fachmesse haben Sie den Vertreter einer großen Möbelfachhandelskette gesprochen, der sehr an naturbelassenen, inländischen Möbeln interessiert ist.

O

Die vorhandenen Maschinen sind nach zwar nicht auf dem neuesten technischen Stand, aber bieten bei einem gewissen Know-How sehr differenzierte Fertigungsmöglichkeiten, die handwerklichen Fähigkeiten des Personals sind sehr groß, vielleicht besser als bei einigen Konkurrenten im Westen, v.a. durch den in DDR-Zeiten immer wieder notwendigen Zwang zur Improvisation.

Anhang 3

Szenario 4: Leichtmargarine (MRzS)

Sie sind in einem großen Lebensmittelkonzern Produktmanager für eine Leichtmargarine aus einer ganzen Serie von Lightprodukten. Sie haben nach Marktanalysen ein Werbekonzept entworfen, dem v.a. Jugendlichkeit und Dynamik als Werthaltungen zugrundeliegen. Erste kleinere Markttests des Produktes, daß durch eine interessante Verpackung mit grellen und modernen Farben hervorsticht, verliefen erfolgversprechend. Sie erfahren allerdings von Dritten, daß ein Kollege, der für ein Müsli aus der gleichen Reihe zuständig ist, Sie Ihrem Vorgesetzten gegenüber kritisiert hat. Man habe bei der Werbung für diese Reihe immer mit Gesundheit und Umweltfreundlichkeit argumentiert, sie würden "das alles kaputtmachen". Was tun Sie?

Zusatzinformationen:

R

Ihr Kollege ist nach Ihrer ersten Einschätzung und der Meinung Dritter im Grunde genommen ein verträglicher und kooperativer Kollege, der jedoch nach einigen schlechten Erfahrungen häufig Ängste entwickelt, über den Tisch gezogen oder in wichtigen Dingen übergangen zu werden.

Z

Für die Lösung des Problems besteht kein Zeitdruck.

I

Die gesamte Produktlinie wird bisher mit einem einheitlichen, naturbetonten Werbekonzept vertrieben. Interne Studien besagen allerdings, daß die beworbenen Produkte hinsichtlich Ökologie und Gesundheit nicht wesentlich von anderen Produkten unterscheiden, sondern das natürliche Image durch Verpackung und Werbung forciert wird.

S

Die Naturprodukte laufen in dem angezielten Kundenkreis sehr gut und haben dort ohne größeren Werbeaufwand ein gutes Image und hohen Bekanntheitsgrad. Wie ihre eigenen zusätzlichen Marktanalysen zeigen, gibt es für Lightprodukte einen großen Markt, der durch diese Produkte nicht gezielt angesprochen wird, obwohl sie von ihren Eigenschaften her durchaus zur Vermarktung als Lightprodukte eignen würden.

O

Ihr Unternehmen ist in der Lage, Marketingkonzepte jeglicher Art aufgrund eines entsprechenden Budgets zu realisieren, wenn sie sich als erfolgversprechend erweisen.

Szenario 5: Videorecorder (MRZO)

Sie sind Produktmanager für Videorecorder und haben gerade von der Marktforschung eine ganz frische Studie bekommen. Sie zeigt, daß sich bei Videorecordern ein immer stärkerer Trend dazu abzeichnet, daß die Konsumenten auf einfach zu bedienende Geräte Wert legen, die auch den einen oder anderen beiden Fehler gut verkraften. Gegen Ihren Widerstand ist in der Forschungs- und Entwicklungsabteilung aber ein Konzept für ein technisch führendes, sehr raffiniertes, aber sehr kompliziertes Gerät vorgelegt worden. Morgen soll in einer Sitzung entschieden werden, ob dieses Projekt in die Entwurfsphase der Konstruktion übergeht. Was tun Sie?

<u>Zusatzinformationen:</u>

R

Die Forschungs- und Entwicklungsabteilung in Ihrem Unternehmen hat eine lange Tradition bei der Neuentwicklung anerkannter technischer Spitzengeräte. Auf konkrete Produktwünsche von Marketingfachleuten wurde bisher nur wenig Rücksicht genommen. Die nach der letzten Reorganisation im Unternehmen geforderte Kooperation zwischen Marketing und F&E in Fragen der Produktentwicklung steht bis jetzt nur auf dem Papier.

Z

Wenn das Konzept für den Videorecorder von der Geschäftsführung angenommen wird, ist die Entwicklung des Gerätes praktisch nicht mehr zu stoppen.

I

Die Marktanalysen belegen eindeutig den Kundenwunsch nach leichter Bedienbarkeit und zeigen, daß es sich dabei um einen langfristigen Trend handelt. Nur wenige Nischenanbieter planen derartige "High-Tech"-Videorecorder wie ihr Unternehmen, die anderen Konkurrenten haben sich auf den Kundenwunsch nach leichter Bedienbarkeit in ihrer Produktplanung bereits eingestellt.

S

Die Neuentwicklung wurde von der Geschäftsleitung v.a. deswegen angeregt, weil die derzeitige Produktpalette überaltert ist.

O

Es ist 15^{30}. Sie haben die Informationen aus Ihren Marktanalysen zur Verfügung, die Ihre Argumente eindeutig belegen. Ihre Sekretärin wird demnächst gehen. Sie wissen zwar, daß das Handwerkszeug für die Gestaltung einer Präsentation im Büro da ist, wissen aber nicht genau wo.

Anhang 3

Szenario 6: Ingenieurbüro(MRzO)

Sie sind Geschäftsführer eines Ingenieurbüros, das neben Konstruktionsentwürfen für Sondermaschinen auch selbst Kleinteile fertigt. Dieses Geschäft war stets eine wichtige und sichere zusätzliche Einnahmequelle durch einige Stammkunden mit immer wiederkehrenden, ähnlichen Aufträgen. Es lief nebenher in den gewohnten Bahnen, ohne daß Sie ihm große Beachtung schenkten. Eines Tages bekommen Sie ein freundliches, aber eindeutig formuliertes Schreiben von zwei Kunden, mit denen Sie sehr gute persönliche Kontakte pflegen. Sie könnten angesichts des technischen Standards und des Preises Ihre Produkte nicht mehr guten Gewissens abnehmen. Was tun Sie?

<u>Zusatzinformationen:</u>

R

Die beiden Kunden haben zu Ihrem Unternehmen langjährige Geschäftsbeziehungen, und sie persönlich haben auch häufig private Kontakte gehabt. Sie können sicher sein, daß die vorgetragene Kritik offen, ehrlich und konstruktiv gemeint ist und diese Kunden Ihrem Unternehmen nach wie vor mit Sympathie gegenüber stehen.

Z

Es besteht zunächst kein dringender Handlungsbedarf. Das Schreiben ganz eindeutig so formuliert, daß Ihre Kunden die Produkte in dieser Form nicht mehr abnehmen werden.

S

Eine Aufgabe dieses Geschäftszweiges würde erhebliche Nachteile mit sich bringen. Durch die Auslastung ohnehin bestehender Kapazitäten kann dieses Zusatzgeschäft im Vergleich zur Konkurrenz mit sehr niedrigen Kosten betrieben werden.

I

Aufgrund der langjährigen Zusammenarbeit hat man bei der Verteilung der Produktionskapazitäten diese erwarteten Aufträge bereits berücksichtigt.

O

Die Maschinen, mit denen diese Produktion bisher betrieben wurde, sind zwar funktionsfähig, aber überaltert. Es existieren Pläne für neue Maschinen, die sowohl kostengünstiger als auch mit höherer Qualität fertigen können. Bisher bestand jedoch nicht die Notwendigkeit, die Entwicklung dieser Maschinen voranzutreiben, andere Aufträge waren dringlicher.

Szenario 7: Knabbergebäck (MrZI)

Sie stellen in Ihrem Unternehmen seit langem Knabbergebäck her, bei einem Ihrer zentralen Produkte hat es binnen weniger Wochen drastische Umsatzeinbrüche gegeben, die schnell behoben werden müssen, soll nicht die Existenz des Unternehmens auf dem Spiel stehen. Was müssen sie tun um die Ursachen für den Umsatzeinbruch herauszufinden?

Zusatzinformationen:

R

Die Leistung der eigenen Vertriebsorganisation war immer tadellos. Die Mitarbeiter sind bedrückt über den Umsatzeinbruch und hoch motiviert, den Absatz wieder auf den alten Stand zu bringen.

Z

Das Unternehmen hat auf Grund von hohen Investitionen in den letzten Jahren ohnehin viele Schulden. Die Banken verweigern weitere Kredite, falls die Ursachen für den Umsatzeinbruch nicht schnell beseitigt werden.

I

Quelle	Informationen
eigener Außendienst	Eindrücke über Stimmung bei den Kontaktpersonen im Handel
Marktforschungsabteilung	Informationen über Kundenwünsche, Trends, Markenbekanntheit, Konkurrenz und Markt-entwicklung
Produktion	I. über Produktqualität, Herstellkosten, Kapazitäten
Forschung & Entwicklung	geplante Innovationen

S

Der Absatz muß wieder mindestens auf den alten Stand gebracht werden.

O

Die Entwicklung von Strategien und Maßnahmen zur Absatzsteigerung fallen nicht in Ihren Aufgabenbereich. Ihre Vorgesetzten erwarten möglichst rasche Ursachenanalysen.

Szenario 8: Brauerei (Mrzl)

Sie sind der neue Marketingchef in einem alteingesessenen Brauereiunternehmen, daß Pils und Export herstellt und in ganz Süddeutschland vertreibt. Gewisse Markttrends, wie z.B. der Leichtbierboom sind an diesem Unternehmen vorübergegangen. Beschaffen Sie die nötigen Informationen für die Entwicklung einer neuen Marktstrategie.

Zusatzinformationen:

R

Der Chef dieses Familienunternehmens ist zwar einerseits traditionsbewußt, erkennt aber die Notwendigkeit einer Neuausrichtung des Unternehmens an. Ihr Vorgänger hatte dafür keine schlüssigen Konzepte. Sie gehen mit einem großen Vertrauensvorschuß an die Aufgabe heran.

Z

Das Unternehmen ist im Kern bisher noch gesund. Die Umsätze stagnieren jedoch leicht. Langfristig ist in der ganzen Branche mit einem Umsatzrückgang zu rechnen.

I

Die Qualität ihrer beiden Produkte ist vorbildlich. Das Know-How der Mitarbeiter und die Produktionsmöglichkeiten ermöglichen die Herstellung auch anderer Biersorten bei nur geringen Investitionen. Das Bier wird zur Zeit hauptsächlich über den Getränkefachhandel in Süddeutschland vertrieben, daneben sind an die Brauerei noch einige gutbürgerliche Restaurants in der Heimatstadt (220000 Einw.) gebunden.

S

Folgende langfristige Trends sind auf dem Biermarkt zu erkennen: Es wird weniger Export getrunken. Pils und v.a. Premium-Pils verzeichnen weiterhin Zuwachsraten. Biersorten, die das Gesundheits- und Figurbewußtsein ansprechen verzeichnen sogar starke Zuwächse.

O

Die Brauerei hat im Prinzip die technischen Voraussetzungen alle genannten Biersorten herzustellen. Werbemaßnahmen wurden bisher kaum betrieben, aber der Besitzer hat die Nowendigkeit dafür erkannt und ein großzügiges Budget zur Verfügung gestellt. Er sit zudem bereit, auch im Vertrieb neue Wege zu gehen.

Szenario 9: Weichspülerverpackung (MrZS)

Sie arbeiten in einer Werbeagentur und bekommen von Ihrem Chef den Auftrag, möglichst schnell Ideen für die Verpackung eines neuen Wichspülers zu entwickeln und zu einer Präsentation zusammenzustellen, die er dem Kunden in vier Tagen präsentieren muß. Wa tun Sie?

Zusatzinformationen:

R

Ihr Chef hält große Stücke auf Sie und hat im allgemeinen offene Ohren für Ihre Ideen und Konzepte.

Z

Der Kunde ist ein großer Waschmittelhersteller und hatte ursprünglich einen Vertrag mit einer anderen Werbeagentur, die nicht in der Lage waren den Auftrag ordnungsgemäß abzuwickeln, so daß sie kurzfristig einspringen mußten. Damit ergeben sich Perspektiven auf eine zukünftige lukrative Zusammenarbeit.

I

Der Weichspüler liegt in konzentrierter Form vor. Dies ermöglicht ganz neue Perspektiven für die Verpackungsgestaltung und damit zusammenhängende Werbeargumente. Rein technisch sind fast alle gängigen Verpackungsformen für flüssige Waschmittel möglich.

S

Die Konkurrenz verfügt noch nicht über ein Produkt, daß als Konzentrat vorliegt. Die großen Anbieter werben v.a. mit dem Argument der Weichheit der Wäsche, die Gestaltung der Plastikbehälter in denen die verschiedenen Weichspüler angeboten werden ähnelt sich stark. Das Konzentrat ist billiger bei richtig dosierter Anwendung (die allerdings bei den bisherigen Flaschen sehr schwierig ist)

O

Sie verfügen über die notwendige technische Ausrüstung Ihre Ideen zu dem Thema in angemessener Form zu präsentieren.

Nachfragen zu Szenario S9: Weichspülerverpackung

Wie stellen Sie sich Ihre Rolle im Unternehmen vor, z.B. welche Befugnisse Sie haben und wie Ihre Beziehungen zu den anderen Mitarbeitern sind?

Nachfrage nur, wenn Sozialaspekte in der Antwort nicht enthalten sind:
Wie stellen Sie sich die Situation in Ihrem Unternehmen vor?

Wenn Sie sich in die beschriebene Situation hineinversetzen, haben Sie das Gefühl, unter Zeitdruck zu stehen? Wenn ja, worin äußert sich das?

Was haben Sie für Vorstellungen über Ihren Auftrag: Über das Produkt, Ihren Kunden und die Möglichkeiten, Weichspüler zu verpacken?

Wie müßte das Ergebnis Ihrer Arbeit aussehen, damit Sie das Gefühl haben, daß Sie die Situation zu Ihrer persönlichen Zufriedenheit bewältigt haben?

Gibt es Handlungsmöglichkeiten, die Ihnen während der Problemlösung durch den Kopf gegangen sind und die Sie später nicht mehr weiterverfolgt haben?

Gibt es eine Geschichte aus Ihrer eigenen Praxis oder kennen Sie sonst einen Fall, an dem Sie sich bei der Problemlösung orientiert haben?

Sie haben möglicherweise neue Ideen bekommen, als Sie meine Fragen beantwortet haben und würden jetzt vielleicht etwas an Ihrem Lösungsvorschlag ändern. Sie können jetzt noch einmal Fragen stellen und Änderungsvorschläge unterbreiten. Vergessen Sie nicht, dabei laut zu denken!

(...)

Falls anderer Lösungsvorschlag gekommen ist: Kreuzen Sie bitte auf dem Beiblatt die Fragen unter B an.

Szenario 10: HiFi-Einzelhandel (MrzS)

Sie sind Einkaufschef einer großen Einzelhandelskette für Hifi- und Kleinelektrogeräte. Ihre Sortimentsentscheidungen sind wichtig für das Image des Unternehmens. Der Repräsentant eines renommierten Markenartiklers im HiFi-Bereich möchte seine Produkte an zentraler Stelle in Ihren Regalen positionieren. Wie stehen Sie dazu?

Zusatzinformationen:

R

Die Verhandlungen mit dem Anbieter verlaufen in ruhiger und sachlicher Weise.

Z

Ihr Verhandlungspartner ist an einer grundsätzlichen Einigung und langfristigen Zusammenarbeit interessiert und setzt Ihnen keine Termine hinsichtlich Ihrer Entscheidung.

S

Es drängen immer mehr Discounter in den HiFi- und Elektrogerätehandel, andererseits orientieren sich immer mehr Kunden weg von Billigprodukten.

I

Ihr Sortiment ist auf bekannte kostengünstige japanische Geräte aufgebaut, daneben haben Sie eine eigene noch günstigere Handelsmarke, die Sie in Korea und Taiwan produzieren lassen. Ihr Angebot ist sehr breit, und deshalb nicht sehr differenziert.

O

Sie sind als Einkaufschef Vorstandsmitglied, die anderen Vorstände haben Ihnen - trotz der Bedeutung der Entscheidung für die strategische Ausrichtung des Unternehmens - in dieser Angelegenheit völlig freie Hand gelassen.

Szenario 11: Abmahnung (MrZO)

Sie sind Sachbearbeiter in einer Werbeagentur und erhalten die Nachricht, daß ein wichtiger Kunde wegen einer Werbeanzeige ihres Unternehmens abgemahnt wurde. Was tun Sie?

<u>Zusatzinformationen:</u>

R

Sie selbst haben diese Angelegenheit nicht zu verantworten - der Vorgang ist von eienm Kollegen bearbeitet worden, der z.Zt. im Urlaub und nicht zu erreichen ist.

Z

In der Abmahnung ist eine Frist gesetzt.

I

Der Kunde hat bisher gute Erfahrungen mit der Agentur gemacht, dieser Vorfall ist bisher einmalig. Der Kunde ist von der Abmahnung selbst überrascht worden. Die Abmahnung ist von einem Verbraucherschutzverband gekommen, der in letzter Zeit starke Aktivitäten in dieser Richtung entwickelt hat, um sich zu profilieren.

S

Die Werbeagentur ist erstmalig von solch einem Vorfall betroffen, an einer geräuschlosen Abwicklung der Angelegenheit und an der Vermeidung derartiger Vorfälle in Zukunft interessiert.

O

Sie haben völlig frei Hand in der Abwicklung dieser Angelegenheit.

Szenario 12: CD-Player (MrzO)

Als Produktmanager betreuen Sie CD-Player für einen führenden Hersteller von Konsumelektrogeräten. Ihre Firma hat in letzter Zeit nichts Neues mehr auf den Markt gebracht und eigentlich von ihrem guten Namen gelebt. Erarbeiten Sie die Grundlinien einer neuen Produktmarktstrategie.

Zusatzinformationen:

R

Sie sind erst vor kurzem neu in die Firma eingetreten. Ihr Vorgesetzter und Ihre Kollegen erwarten von Ihnen neue Impulse angesichts der stagnierenden Umsätze. Sie haben in dieser Angelegenheit freie Hand.

Z

Im Moment ist die Lage des Unternehmens noch so gut, daß in Ruhr grundsätzliche Konzepte für die weitere Entwicklung entwickelt werden können.

I

Ihr CD-Player war eines der ersten erfolgreichen Geräte auf dem Markt und ist seither nicht grundsätzlich modifiziert worden. Gewisse Standards wie z.B. die Fernbedienung fehlen. Die Forschungs- und Entwicklungsabteilung hat schon mehrfach Konzepte für Neuentwicklungen vorgelegt, auf die zurückgegriffen werden kann.

S

Es zeichnet sich eine Zweiteilung bei den Kunden ab. Einerseits eine große Gruppe, die auf einfach zu bedienende und kostengünstige Geräte wert legt, andereseits eine kleinere Gruppe von "High-Tech-Freaks", die auf immer ausgefeiltere technische Neuerungen aus sind.

O

Folgende Abteilungen in Ihrem Unternehmen können Ihnen bei der Planung behilflich sein: Forschungs- und Entwicklungsabteilung, Vertriebsabteilung, Produktion. Folgende externe Firmen können herangezogen werden: eine erfahrene Werbeagentur, ein Marktforschungsunternehmen.

Szenario 13: Weihnachtsfeier (VRZI)

Weihnachten steht vor der Tür. Sie sind der Außendienstcontroller eines Textilunternehmens. Ihr Vorgesetzter ruft Sie an und bittet Sie "doch mal schnell bis morgen die Vetreter durchzugeben, die 20% über dem Durchschnitt liegen, weil die eine Sondergratifikation auf der Weihnachtsfeier bekommen." Leider fehlen seit einigen Tagen durch einen EDV-Bedienungsfehler wichtige Daten, so daß Sie diese Information nicht beschaffen können. Sie haben die EDV-Panne Ihrem Chef und Ihren Kollegen bisher verheimlicht, weil Sie gehofft haben, die Sache schnell wieder beheben zu können, aber die Daten im Rechner sind effektiv weg. Was tun Sie nun?

Zusatzinformationen:

R

Sie haben in letzter Zeit öfters Fehler im Umgang mit der neuen EDV-Anlage begangen, was Ihnen spitze Bemerkungen von Ihrem Vorgesetzten und auch von Frau Kurbjuweit eingetragen hat.

Z

Ihrem Vorgesetzten liegt es sehr am Herzen, daß er bei der Weihnachtsfeier den Mitarbeitern in feierlichem Rahmen Preise verleihen kann.

I

Im zentralen Rechenzentrum liegen die entsprechenden Daten vor, es gibt dort einen Spezialisten, Herrn Maier, der in der Lage ist sie zu beschaffen. Unter den Außendienstmitarbeitern gibt es einen Herrn Kranjak, der als großer Pedant gilt und über fast alles, was den Außendienst betrifft, eine eigene Statistik führt. Frau Kurbjuweit, eine Kollegin die erst seit kurzem zusammearbeitet, ist vor allem wegen ihrer ausgezeichneten EDV-Kenntnisse eingestellt worden.

Ihre eigenen Kenntnisse in der Sache beschränken sich darauf, daß die drei ersten Preise in den letzten sieben Jahren immer an die gleichen Mitarbeiter vergeben wurden.

S

Ihr Chef braucht auf jeden Fall die Namen der Mitarbeiter. Ist in diesem Jahr ein neuer Rekord erreicht worden, legt er auch auf die Umsatzzahlen des Rekordhalters wert.

O

Folgende Kontaktmöglichkeiten haben Sie schon ausgelotet: Herr Maier ist zur Zeit wegen des nahenden Jahreswechsels mit wichtigen Projekten überlastet. Herr Kranjak hat Ihnen angedeutet, daß er schon lange einmal über seine neue Ideen für das Controlling, die er durch seine Auswertungen gewonnen hat, sprechen wollte. Frau Kurbjuweit ist die ganze Zeit schon neugierig, warum Sie die ganze Zeit so nervös sind.

Szenario 14: Anzeigenleiter (VRzl)

Sie sind Anzeigenleiter einer kleinen Fachzeitschrift und stellen fest, daß die Anzeigenkäufe drastisch zurückgegangen sind. Die finanzielle Gesamtlage des Unternehmens ist sehr ernst. Sie sollen die Ursachen für den Anzeigenrückgang ermitteln *(Ursache: unfähiger Akquisiteur mit Sozialproblemen).*

Zusatzinformationen:

R

Der Mitarbeiter, der für den Anzeigenbereich Nord zuständig ist, ist mehrmals in alkoholisiertem Zustand zu den Terminen mit Ihnen erschienen. Seine Kollegen haben sein Alkoholproblem bisher Ihnen gegenüber verschwiegen, weil sie hofften, daß der Mitarbeiter den Unfalltod seiner Frau doch noch würde.

Z

Da die Zeitschrift z.Zt. noch öffentlich gefördert wird, besteht für ihre Existenz keine unmittelbare Gefahr.

I

Kleine Fachzeitschriften haben in letzter Zeit mit einem ständigen Anzeigenrückständen zu kämpfen. Ihr Unternehmen hat jedoch in den letzten Monaten besonders große Schwierigkeiten. Die Rückgänge bei den Anzeigen sind regional verschieden.

S

Diese Entwicklung gefährdet langfristig die Existenz, weil die öffentliche Förderung aufgrund staatlicher Sparmaßnahmen in zwei Jahren vermutlich eingestellt wird.

O

Quelle	Information
Chefredakteur	Die fachliche Qualität der Beiträge ist durchweg gut
Lesermeinung	Rückmeldungen meist positiv
Mitarbeiter	Starkes Leistungsgefälle, Akquisiteur für Norddeutschland hat drastische Anzeigenrückgänge im letzten Jahr

Szenario 15: Herausforderung Ost (VRZS)

Sie sind 56 Jahre alt und haben in den neuen Ländern noch einmal eine neue Aufgabe in einem völlig neuen Tätigkeitsfeld übernommen. In einem Maschinenbauunternehmen, das Werkzeugmaschinen für spezielle Zwecke in kleinen Serien herstellt und noch der Treuhand gehört, sollen Sie möglichst schnell eine funktionierende Vertriebsorganisation aufbauen, damit das Unternehmen nicht abgewickelt werden muß. Bereits in wenigen Tagen sollen Sie den wichtigsten Mitarbeitern der Firma, die übrigens einen recht reservierten Eindruck Ihnen gegenüber machen, ein erste Konzept über die grundsätzliche Ausrichtung des Vertriebes vorlegen. Was tun Sie?

Zusatzinformationen:

R

Ihre Aufnahme bei der Belegschaft ist sehr frostig. Wie sie über Umwege erfahren haben, neiden die Mitarbeiter Ihnen das wesentlich höhere Gehalt und befürchten, daß Sie das bisherige Personal durch Leute aus dem Westen mit entsprechender Vertriebserfahrung ersetzt werden. Sie haben in der bisherigen Zeit noch keine privaten Kontakte im Unternehmen knüpfen können.

Z

Ist das Konzept nicht geeignet, wird das Unternehmen aufgelöst.

I

Sie haben aufgrund der mangelnden Kooperationsbereitschaft ihrer Kollegen nur eine grobe Übersicht über die Kunden. Dieser Kundenkreis ist sehr speziell und bedarf einer besonderen, individuellen Betreuung. Die Zuverlässigkeit der Lieferungen ist nach wie vor garantiert, es gibt jedoch keinen Außendienst, der Kunden betreut.

S

Mitarbeiter aus dem Westen mit den notwendigen Vertriebserfahrungen sind bisher nicht bereit in ihrem Unternehmen zu arbeiten. Von der Logistik aber auch aus der Fertigung können einige junge und flexible Mitarbeiter abgezogen werden, weil dort das Personal ohnehin gestrafft wird. Sie haben jedoch keine Kenntnisse und Erfahrungen auf diesem Sektor.

O

Ihnen stehen allgemeine Informationen über die Bedeutung des Vertriebs in der Marktwirtschaft zur Verfügung, Daten über Aus- und Weiterbildungsmaßnahmen, deren Kosten und Informationen über Subventionen für solche Ausbildungsmaßnahmen zur Verfügung. Neue Konzepte zur EDV-Unterstützung des Außendienstes liegen ebenfalls vor (Außendienstinformationssysteme).

Szenario 16: Automobilzulieferer (VRzS)

Sie sind Vertriebsleiter bei einem Automobilzulieferer und erhalten die Aufgabe sich über die Neugestaltung und Straffung des Vertriebes Gedanken zu machen, da der Außendienst bisher nicht sehr effizient arbeitet. Da der Vorstand, der für den Verkauf zuständig ist, bald ausscheidet, sehen Sie die Chance für einen Karrieresprung, wenn Ihr Konzept einschlägt. Wie gehen Sie vor?

<u>Zusatzinformationen:</u>

R

In der Vertriebsabteilung sind die Pläne zur Umorganisation teilweise ängstlich, in jedem Fall sehr reserviert aufgenommen worden. Auch Mitarbeiter, die bisher - von Ihrem Führungsstil begeistert - bedingungslos zu Ihnen gehalten haben, sind nicht mehr so offen zu Ihnen.

Z

Der Vorstand hat Ihnen für die Ausarbeitung des Konzeptes keinen besonderen zeitlichen Rahmen gesetzt.

I

Sie haben den Posten des Vertriebsleiters auch auf Grund Ihrer Forderung nach solchen Straffungen in der Vertriebsorganisation erhalten, v.a. sie effizientes Arbeiten in der vorher von Ihnen geleiteten Abteilung vorbildlich vorgeführt haben. Der Vertrieb ist in letzter Zeit mit immer härteren Konditionen der Automobilindustrie konfrontiert worden (Just in Time, Kostensenkung).

S

Sie müssen sich folgenden Entwicklungen anpassen: Immer schärfere Konkurrenz von Billiganbietern, immer besserer Service und Beratung durch inländische Konkurrenten, weltweite und wahrscheinlich dauerhafte Rezession der Automobilindustrie

O

Kontakte bestehen zu folgenden Institutionen, die Innovationen unterstützen können: Universitätslehrstühle für Absatzwirtschaft, die sich mit neuen Managementkonzepten im Vertrieb befassen, mehrere Beratungsunternehmen die Schulungen für Vertriebsmitarbeiter durchführen, Unternehmen, die neue EDV-Systeme anbieten, die den Mitarbeiter vor Ort mit aktuellen Informationen versorgen sollen.

Szenario 17: Sondermaschinenbau (VRZO)

Sie kommen als Außendienstmitarbeiter einer Sondermaschinenbaufirma zu einem wichtigen Kunden, der sich heftig über eine von Ihrer Firma gelieferte Maschine beschwert, die nicht in seinem Sinne funktioniert. Er ist sehr wütend und droht Ihnen an, "daß morgen die Abmahnung bei Ihnen auf dem Tisch liegt!" Sie sitzen ihm gegenüber, was tun Sie jetzt?

Zusatzinformationen:

R

Man weiß von diesem Kunden, daß er mit Klagen schnell bei der Hand ist. Eine Konventionalstrafe würde das Unternehmen empfindlich treffen.

Z

Sie haben von einem Mitarbeiter des Kunden gehört, daß die Abmahnung unterschriftsreif auf dem Tisch des Kunden liegt.

I

Der technische Fehler konnte lokalisiert werden und ist im Prinzip zu beheben, da es sich nicht um einen Konstruktionsfehler handelt. Es ist aber unklar, wie lange das dauert.

S

Mit dem Kunden ist vor diesem technischen Fehler bereits mit Aussicht auf Erfolg über weitere Aufträge verhandelt worden.

O

Das Serviceteam des Unternehmens kann schnell für diese Aufgabe bereitgestellt werden. Unklar ist, welche Teile für die Modifikation der Maschine benötigt werden und wie lange die Beschaffung dauert, die Lieferanten sind bekannt.

Anhang 3

Szenario 18: Lauter Kunde (VRzO)

Sie sind Kundenberater in der Bank, ein Kunde kommt in die Schalterhalle und beschwert sich lautstark bei Ihnen über Ihre schlechte Beratung bei der Zusammenstellung seines Aktienprotfolios. Was tun Sie?

Zusatzinformationen:

R

Mehrere andere Kunden sind auf den Beschwerdeführer aufmerksam geworden, die Aufmerksamkeit in der Schalterhalle hat sich auf den Kunden konzentriert.

Z

Die Aufregung des Kunden beginnt sich langsam zu legen.

I

Die Zusammenstellung des Portfolios ist nach den gängigen und im allgemeinen zuverlässigen Methoden der Bank durchgeführt worden. Die Verluste beruhen auf nicht vorhersehbaren Kursschwankungen, die durch die unsichere politische Rahmenlage verursacht. Zur Gesamtlage des Kunden ist zu sagen, daß er bei ihrer Bank in letzter Zeit mehrmals nach einem höheren Kredit gefragt hat und die Prüfung der Kreditwürdigkeit noch nicht abgeschlossen ist.

S

Die Bank ist vor allem daran interessiert, daß derartige Vorfälle, angesichts der allgemeinen Kritik an Banken, die in letzter Zeit immer stärker wird, nicht an die Öffentlichkeit kommen.

O

Sie haben hinsichtlich der Zusammenstellungen von Aktienpaketen die notwendigen Befugnisse. Bei der Kreditvergabe werden sie zu Rate gezogen, entscheiden aber nicht selbst.

Szenario 19: Ostdeutsche Molkereiprodukte (VrZI)

Sie arbeiten als Außendienstmitarbeiter für eine Grißmolkerei in Mecklenburg-Vorpommern mit einer angeschlossenen Produktion für Schmelzkäseprodukte. Sie sind beim Einkaufschef eines großen Lebensmitteldiscounters vorstellig geworden, der sich an Ihrem Angebot sehr interessiert zeigt, weil Ihn die Qualität des Produktes überzeugt. Es liegt ihm jedoch ein um 10% günstigeres Angebot eines Konkurrenten vor - was tun Sie?

Zusatzinformationen:

R

Ihr Kunde gilt als harter Verhandlungspartner, der aber ausschließlich nach sachlichen Gesichtspunkten entscheidet.

Z

Es ist stark zu bezweifeln, ob ein weiterer Kontakt mit diesem Kunden zustandekommt, wenn die jetzigen Verhandlungen ohne konkretes Ergebnis abgeschlossen werden.

I

Bei einem um 10% niedrigeren Angebot könnte man gerade noch die Herstellkosten decken. Nach Ihren ersten Eindrücken haben Sie auch Chancen Kunden im gehobenen Lebensmittelfachhandel zu gewinnen.

S

Das Unternehmen benötigt auf Grund seiner veralteten Produktionsanlagen dringend Geld für notwendige Innovationen.

O

Sie haben einerseits die Befugnis in dieser Sache selbständig zu entscheiden, andererseits müssen Sie in nächster Zeit ein gewisses Auftragsvolumen erwirtschaften. Sie haben nur grobe Informationen darüber, ob Ihr Unternehmen in der Lage ist, diesen großen Auftrag abzuwickeln. Nach Ihrer ersten Einschätzung könnte es klappen.

Nachfragen zu Szenario S19: Ostdeutsche Molkereiprodukte

Wie stellen Sie sich Ihre Rolle im Unternehmen vor, z.B. welche Befugnisse Sie haben und wie Ihre Beziehungen zu den anderen Mitarbeitern sind?

Nachfrage nur, wenn Sozialaspekte in der Antwort nicht enthalten sind:
Wie stellen Sie sich die Situation vor, die Sie bei Ihrem Kunden vorfinden?

Wenn Sie sich in die beschriebene Situation hineinversetzen, haben Sie das Gefühl, unter Zeitdruck zu stehen? Wenn ja, worin äußert sich das?

Was haben Sie für Vorstellungen über Ihre Ausgangssitation, also die Lage und die Möglichkeiten Ihres Unternehmens?

Wie müßte das Ergebnis der Verhandlung aussehen, damit Sie das Gefühl haben, daß Sie die Situation zu Ihrer persönlichen Zufriedenheit bewältigt haben?

Gibt es Handlungsmöglichkeiten, die Ihnen während der Problemlösung durch den Kopf gegangen sind und die Sie später nicht mehr weiterverfolgt haben?

Gibt es eine Geschichte aus Ihrer eigenen Praxis oder kennen Sie sonst einen Fall, an dem Sie sich bei der Problemlösung orientiert haben?

Sie haben möglicherweise neue Ideen bekommen, als Sie meine Fragen beantwortet haben und würden jetzt vielleicht etwas an Ihrem Lösungsvorschlag ändern. Sie können jetzt noch einmal Fragen stellen und Änderungsvorschläge unterbreiten. Vergessen Sie nicht, dabei laut zu denken!

(...)

Falls anderer Lösungsvorschlag gekommen ist: Kreuzen Sie bitte auf dem Beiblatt die Fragen unter B an.

Szenario 20: Regionalleiter im Vertrieb (Vrzl)

Sie sind Regionalleiter im Vertrieb und haben vier Außendienstmitarbeiter. Bei einem von Ihnen haben die Auftragsbestände stark abgenommen - Kümmern Sie sich darum. (Informationen -> Sachproblem)

<u>Zusatzinformationen:</u>

R

Ihre Mitarbeiter sind hoch motiviert und für seine Leistungsfähigkeit bekannt. Sie sind über die aktuelle Lage bedrückt und zu vermehrtem Einsatz bereit.

Z

Sie sind vom Produktmanagement um eine genaue und detaillierte Analyse des Sachverhaltes gebeten worden. Ihnen ist kein Termin dafür gesetzt worden.

I

Ihre Mitarbeiter sind für verschiedene Kundentypen zuständig (Großhandel, Verbrauchergroßmärkte, Fachhandel). Der Umsatz ist v.a. im Fachhandelsbereich eingebrochen.

S

Das Produktmanagement erhofft Informationen von Ihnen, um festzustellen, ob der Fehler im dortigen Bereich liegt und ob gegebenenfalls Gegenmaßnahmen möglich sind.

O

Quellen	Informationsart
Mitarbeiter	Kontakte zu jeweiligen Kunden, Sichtung des Konkurrenzangebotes vor Ort
Verkaufszahlen, Statistiken der letzten Jahre	Bisherige Marktentwicklung, Veränderungen im Verhalten der einzelnen Kundengruppen, Struktur und Umfang der einzelnen Kundengruppen
Marktforschung	Trends im Kaufverhalten der Endverbraucher, Trends im Handelsbereich

Anhang 3

Szenario 21: Liefertermin geplatzt (VrZS)

Sie sind Sachbearbeiter im Innendienst eines Automobilzulieferers und haben gerade einen großen Auftrag bearbeitet. Sie haben erfahren, daß der Liefertermin nächste Woche nicht eingehalten werden kann. Was tun Sie?

Zusatzinformationen:

R

Der Fehler ist bei der Produktionsplanung begangen worden. Sie haben die Angelegenheit nicht zu verantworten.

Z

Gerade für Automobilzulieferer sind pünktliche Lieferzeiten ein Muß.

I

Der Markt ist hart umkämpft. Auftragsverluste durch Unpünktlichkeit können langfristig zum Aus für Ihr Unternehmen führen, da mehrere Konkurrenten völlig identische Teile produzieren und auf teilweise auf ihren Beständen sitzen.

S

Können Sie nicht liefern, führt dies binnen eines Tages zum Produktionsstillstand beim Kunden.

O

Der Produktionsleiter sagt Ihnen, daß bei höchster Priorität die Teile möglicherweise doch noch bis einen Tag vor Liefertermin versandbereit sind. Die Logistik sichert Ihnen in diesem besonderen Fall eine Lieferzeit von einem Tag zu. Kauft man die identischen Teile bei einem Konkurrenten, dauerte die Lieferung wenn die Teile vorrätig sind drei Tage und ist sehr kostspielig.

Nachfragen zu Szenario S21: Liefertermin geplatzt

Wie stellen Sie sich Ihre Rolle im Unternehmen vor, z.B. welche Befugnisse Sie haben und wie Ihre Beziehungen zu den anderen Mitarbeitern sind?

Nachfrage nur, wenn Sozialaspekte in der Antwort nicht enthalten sind:
Wie stellen Sie sich die Situation vor, die Sie bei Ihrem Kunden vorfinden?

Wenn Sie sich in die beschriebene Situation hineinversetzen, haben Sie das Gefühl, unter Zeitdruck zu stehen? Wenn ja, worin äußert sich das?

Was haben Sie für Vorstellungen über die Ausgangssitation Ihres Unternehmens?

Wie müßte die Situation aussehen, damit Sie das Gefühl haben, daß Sie die Situation zu Ihrer persönlichen Zufriedenheit bewältigt haben?

Gibt es Handlungsmöglichkeiten, die Ihnen während der Problemlösung durch den Kopf gegangen sind und die Sie später nicht mehr weiterverfolgt haben?

Gibt es eine Geschichte aus Ihrer eigenen Praxis oder kennen Sie sonst einen Fall, an dem Sie sich bei der Problemlösung orientiert haben?

Sie haben möglicherweise neue Ideen bekommen, als Sie meine Fragen beantwortet haben und würden jetzt vielleicht etwas an Ihrem Lösungsvorschlag ändern. Sie können jetzt noch einmal Fragen stellen und Änderungsvorschläge unterbreiten. Vergessen Sie nicht, dabei laut zu denken!

(...)

Falls anderer Lösungsvorschlag gekommen ist: Kreuzen Sie bitte auf dem Beiblatt die Fragen unter B an.

Anhang 3

Szenario 22: Kugellagerhersteller (VrzS)

Sie arbeiten als Außendienstmitarbeiter im Vertrieb eines Kugellagerunternehmens. Bie einem Gespräch mit einem Kunden erfahren Sie, das der Interesse an einem speziellen Lager hat, daß Ihre Firma so noch nicht herstellt. Was tun Sie?

Zusatzinformationen:

R

Es handelt sich um einen großen Kunden, von dem man bereits viele Aufträge erhalten hat und mit dem von Ihrer Unternehmensleitung eine langfristige Zusammenarbeit angezielt ist.

Z

Der Kunde hat im Grunde nur eine Idee formuliert und teilt Sie Ihnen ohne irgendwelche Terminvorstellungen in einem informellen Gespräch mit.

I

Kundenorientierung ist ein zentraler Punkt der Unternehmensphilosophie Ihrer Firma. Es finden regelmäßige Zusammenkünfte statt bei denen Sie mit Vertretern des Produktmanagements, und der Forschung & Entwicklung und Ihren jeweiligen Vorgesetzten über Innovationsmöglichkeiten sprechen. Sie besitzen eine Palette technisch ähnlicher Produkte, die die speziellen Wünsche des Kunden jedoch nicht abdecken.

S

Nach Ihrer ersten Einschätzung wäre die Neuerung ohne großen Forschungsaufwand zu realisieren.

O

Sie sind vom Vertriebsleiter angehalten, solche Produktideen zu sammeln und weiterzuleiten. Sie sind auf Grund Ihres technischen Know-Hows ermächtigt, dem Kunden gegenüber erste Einschätzungen vorzunehmen. Endgültige Entscheidungen über Produktinnovationen liegen nicht in Ihrer Kompetenz.

Szenario 23: Gardine (VrZO)

Sie kommen als neuer Vertriebsleiter zu einem Gardinenhersteller in den neuen Ländern, das bisher keine eigene Vertriebsorganisation hatte. Um die Abwicklung des Unternehmens zu vermeiden, muß die Geschäftsleitung sehr schnell ein Konzept zur Sanierung vorlegen. Ihre Teilaufgabe ist es, ein Konzept zum Aufbau einer Warenverteilungsorganisation vorzulegen. Als Diskussionsgrundlage für eine Sitzung der Geschäftsleitung morgen sollen Sie ein stichpunktartigen Ablaufplan Ihres Vorgehens bei dieser Aufgabe vorlegen.

Zusatzinformationen:

R

Ihre Vorgesetzten und die Mitarbeiter setzen große Hoffnungen in Ihre Fähigkeiten als Vertriebsspezialist, das Unternehmen auf diesem Sektor noch keine eigene Erfahrung besitzt.

Z

Die Geschäftsleitung braucht dieses Konzept um am Tag nach sich am Tag nach Ihrer Konferenz bei einem Termin in der Treuhandanstalt Möglichkeiten zur Sanierung des Unternehmens zu zeigen.

I

Ihnen liegen Marktforschungsstudien vor, die die günstigsten Absatzchancen für Ihre Produkte im Fachhandel sehen. In ihrem Unternehmen existiert eine große Zahl von Mitarbeitern, die allerdings keinerlei Erfahrung auf dem Verkaufssektor verfügen. Ihr Unternehmen liegt in der Nähe der alten Bundesländer in Thüringen - es besteht auch möglicherweise die Möglichkeit erfahrenes Personal aus den alten Ländern zu engagieren. Die Kosten für die Ausbildung der eigenen Mitarbeiter sind kurzfristig höher, mittelfristig sind diese Mitarbeiter günstiger, langfristig ergeben sich keine Unterschiede.

S

Das Konzept kann nur vorläufigen Charakter haben und braucht nicht sehr detailliert zu sein, es darf aber keinesfalls unplausibel oder unrealistisch wirken.

O

Es gibt mehrere Schulungsunternehmen zur Ausbildung von Vertriebsmitarbeitern, die sich in letzter Zeit in Thüringen etabliert haben, die Qualität der Ausbildung ist sehr unterschiedlich. Über potentielle Kunden gibt von verschiedenen Firmen Informationen aus Datenbanken. Es gibt vereinzelte Versandhauskunden im Westen, die allerdings ihr Produkt vor allen wegen des nun nicht mehr billigen Preises abgenommen haben. Sie haben Kontakte zu Personalberatungsbüros, die Ihnen - allerdings mit hohen Kosten verbunden - relativ verläßlich erfahrene Vertriebsmitarbeiter vermitteln können.

Nachfragen zu Szenario S23: Gardine

Wie stellen Sie sich Ihre Rolle im Unternehmen vor, z.B. welche Befugnisse Sie haben und wie Ihre Beziehungen zu den anderen Mitarbeitern sind?

Nachfrage nur, wenn Sozialaspekte in der Antwort nicht enthalten sind:

Wie stellen Sie sich die Situation im Unternehmen vor, die Stimmung unter ihren Kollegen und Vorgesetzten?

Wenn Sie sich in die beschriebene Situation hineinversetzen, haben Sie das Gefühl, unter Zeitdruck zu stehen? Wenn ja, worin äußert sich das?

Was haben Sie für Vorstellungen über Ihre Ausgangssituation, also über die Personen und Mittel, die Ihnen für den Aufbau einer Vertriebsorganisation zur Verfügung stehen?

Wie müßte das Vertriebskonzept aussehen, damit Sie das Gefühl haben, daß Sie die Situation zu Ihrer persönlichen Zufriedenheit bewältigt haben?

Gibt es Handlungsmöglichkeiten, die Ihnen während der Problemlösung durch den Kopf gegangen sind und die Sie später nicht mehr weiter verfolgt haben?

Gibt es eine Geschichte aus Ihrer eigenen Praxis oder kennen Sie sonst einen Fall, an dem Sie sich bei der Problemlösung orientiert haben?

Sie haben möglicherweise neue Ideen bekommen, als Sie meine Fragen beantwortet haben und würden jetzt vielleicht etwas an Ihrem Lösungsvorschlag ändern. Sie können jetzt noch einmal Fragen stellen und Änderungsvorschläge unterbreiten. Vergessen Sie nicht, dabei laut zu denken!

(...)

Falls anderer Lösungsvorschlag gekommen ist: Kreuzen Sie bitte auf dem Beiblatt die Fragen unter B an.

Szenario 24: Spedition

Sie sind Leiter einer Spedition, die hauptsächlich auf große und schwierige Umzugsprojekte spezialisiert ist. In ihrem Unternehmen findet bald ein Generationenwechsel statt, weil ihre drei besten Akquisiteure in diesem Jahr in Rente gehen. Was tun Sie um auch danach die Qualität der Auftragsakquisition zumindest aufrechtzuerhalten?

Zusatzinformationen:

R

Ihr Unternehmen ist von einem guten Betriebsklima und großer Offenheit geprägt. Bei anstehenden Entscheidungen holen sie im allgemeinen viele Informationen von Mitarbeitern ein, um sich ein Bild zu machen.

Z

Der Wechsel findet in ca. 9 Monaten statt. Sie selbst haben in nächster Zeit die Möglichkeit, sich intensiv um die Angelegenheit zu kümmern.

I

Die drei Akquisiteure haben immer sehr gute Arbeit geleistet. Sie haben ihnen daher immer weitgehend frei Hand gelassen und sich nicht in die interne Organisation ihrer Arbeit eingemischt.

S

Ein Umsatzeinbruch aufgrund des Wechsels soll vermieden werden.

O

In ihre arbeiten zwei weitere Mitarbeiter im Bereich der Akquisition, die zwar gute Arbeit leisten, aber beim Weggang der Kollegen deren Arbeit nicht zusätzlich übernehmen können. Diese beiden Mitarbeiter haben bisher mit einem völlig anderen Kundenkreis und auch mit anderen Methoden gearbeitet. In der Region, in der Ihr Unternehmen angesiedelt ist, stehen genügend potentielle Mitarbeiter über die normale Arbeitsvermittlung auch kurzfristig zur Verfügung.

Anhang 4

Bewertung der Güte der Lösungsvorschläge in den Szenarien

Grundsätzliche Vorgehensweise

1. Als erstes muß überlegt werden, welche Elemente bzw. Bausteine eine gute Lösung enthalten muß.
2. Dann gilt es zu überprüfen, inwieweit die Lösungsvorschläge der Probanden diese notwendigen Elemente enthalten. Verschiedene Konkretisierungen der Bausteine werden dabei mit +1,-1 oder 0 bewertet (=> zur Begründung werden fachliche Anforderungen beschrieben). Liegt z.B. keine Konkretisierung vor, erfolgt eine Bewertung mit 0. Fehlen notwendige Bausteine schlägt sich dies negativ in der Beurteilung nieder. Liegen bei einem notwendigen Baustein zwei Konkretisierungen vor, wird der bessere Lösungsschritt bei der Bewertung berücksichtigt. Gibt es schließlich mehrere Konkretisierungen eines Bausteins, gehen sie mit ihrem Durchschnittswert in die Beurteilung ein.
3. Als nächstes wird dann der Summenwert der notwendigen Bausteine für jeden Probanden ermittelt. Dabei fließen auch folgende Kritierien in die Bewertung mit ein: Konkretheit, Kohärenz der Vorschläge (Aufeinander-Bezogenheit), Umfang des Lösungsspektrums und gute Zusatzideen.

Dieses Verfahren soll nun anhand zweier Beispiele veranschaulicht werden.

Beispiel 1:

Im Rahmen der Untersuchung sollten die Versuchsteilnehmer unter anderem für Szenario 20 Lösungsvorschläge entwickeln

> Sie sind Regionalleiter im Vertrieb und haben vier Außendienstmitarbeiter. Bei einem von ihnen haben die Auftragsbestände stark abgenommen. Was tun Sie?

1. Identifikation der notwendigen Lösungsbausteine

Welche Elemente muß hier eine gute Lösung enthalten? In der vorgegebenen Situation ist es sicherlich sinnvoll, ein *persönliches Gespräch* mit dem Außendienstmitarbeiter zu führen, um von ihm persönlich die Ursachen für das Absinken der Auftragsbestände zu erfahren. Da die Aufgabenstellung keine Hinweise auf mögliche Ursachen gibt, können diese entweder beim *Außendienstmitarbeiter* selbst (z.B. persönliche Probleme) oder auf der *Sachebene* (z.B. in den Bereichen Produkt, Markt, Wettbewerb, Unternehmen) liegen. Eine gute Problemlösung sollte beide Aspekte beinhalten.

Dies allein reicht jedoch nicht aus, um sich ein möglichst objektives Bild von der Problemsituation zu machen. Aus diesem Grund sollten bei der Ursachenforschung auch *andere Informationsquellen*, wie z.B. Statistiken und Marktforschungsdaten genutzt werden.

Neben angemessenen Methoden zur Informationsbeschaffung muß eine gute Problemlösung aber auch *konkrete Maßnahmen* zur Problembewältigung beinhalten. Diese müssen geeignet sein, sowohl den *persönlichen* als auch *sachbezogenen Ursachen* für den Rückgang der Auftragsbestände zu begegnen.

Eine gute Lösung muß also folgende Bausteine umfassen:
(1) Gespräch mit dem Außendienstmitarbeiter führen
(2) andere Informationsquellen nutzen
(3) personbezogene Maßnahmen
(4) sachbezogene Maßnahmen

2. Überprüfung, ob der Lösungsvorschlag die notwendigen Elemente enthält

Ob die Vorschläge der Probanden diese notwendigen Bausteine enthalten, kann nur eine detaillierte Analyse ihrer Aussagen zeigen. VP106 sagt z.B.:

„... also das erste wäre eine Analyse der Situation auf Basis der Daten, die mir zur Verfügung stehen. ... und dann im nächsten Schritt würde ich mir den Außendienstmitarbeiter vornehmen und als erstes seine Performance anschauen. Gut, dann würde ich mich mit Ihm besprechen und versuchen das herauszufinden. Würde erst mal die Situation mit ihm analysieren, würde mit ihm das „Ist" festlegen. Versuchen herauszufinden, was das „Soll" ist. Also wo die Entwicklung sein sollte. Und zu analysieren, warum die beiden Punkte voneinander abweichen, also eine Soll-Ist-Analyse. Und würde dann dazu vorschlagen, daß er dazu einen schriftlichen Bericht macht. Parallel dazu würde ich natürlich überprüfen, ob der Außendienstmitarbeiter die Kompetenz hat, die wir von ihm erwarten. .... dann muß ich mir überlegen, wie ich meine Produkte in diesem Bereich besser profilieren kann. Also ich würde diese Abweichung auch erst mal als Soll-Ist-Abweichung definieren. Dann müßte ich mir überlegen, ob ich das verbessern kann durch Maßnahmen in Preisgestaltung, über Rabatte, über Promotionsaktivitäten. ... dann muß man sehen, ob man das tut, also personelle Konsequenzen oder was auch immer. Gut ich würde mich natürlich auch mit meinem Vorgesetzten besprechen. Also bei uns heißen die Deutschlandsverkaufsleiter auch nur Regionalleiter. Aber wenn ich die Möglichkeit habe, die Situation mit anderen Kollegen zu vergleichen, würde ich das in meiner Analyse auch noch tun."

Die Lösung von VP106 beinhaltet also:
- die Durchführung einer Situationsanalyse auf Basis der vorhandenen Daten (Baustein b)
- die Überprüfung der Leistung des Außendienstmitarbeiters (Baustein b5)
- das Führen eines Mitarbeitergespräches, um die Soll-Ist-Abweichungen und ihre Ursachen zu bestimmen (Baustein a)
- das Anfertigen eines schriftlichen Berichtes durch den Außendienstmitarbeiter (Baustein s2)
- die Überprüfung der Kompetenz des Außendienstmitarbeiter (Baustein b5)
- Überlegung von Maßnahmen im Fachhandelsbereich: Preisgestaltung, Rabatte, Promotions, Produktplazierung (Baustein e4)
- eventuell das Ziehen personeller Konsequenzen (Baustein s1)
- die Absprache des Vorgehens mit dem Vorgesetzten (Baustein f1)

3. Ermittlung des Summenwertes

Nun gilt es zu überprüfen, inwieweit die von VP106 benannten Bausteine mit den notwendigen übereinstimmen. VP106 will zunächst eine Situationsanalyse auf Basis der vorhandenen Daten durchführen, die Leistung und Kompetenz des Außendienstmitarbeiters prüfen. Zur Ursachenforschung sammelt der Proband also Informationen, die nicht vom betroffenen Außendienstmitarbeiter selbst stammen. Dabei sind die gewünschten Informationen sowohl personen- als auch sachbezogen. Aus diesem Grund erhält VP106 bei Baustein 2 eine positive Bewertung (+1).

Darüber hinaus will der Proband ein Gespräch mit dem betroffen Außendienstmitarbeiter führen, um die Ist- und Soll-Werte zu ermitteln und die Ursachen für die Soll-Ist-Abweichungen zu klären. VP106 formuliert hier zwar nicht explizit personen- oder sachbezogene Ursachen. Da jedoch die Maßnahmen entsprechend differenziert sind, wird erreicht der Proband auch bei Baustein 1 einen Wert von +1.

Schließlich erwägt VP106 zum einen Maßnahmen im Fachhandelsbereich z.B. Preisgestaltung, Rabatte, Promotion oder Produktplazierung. Zum anderen zieht die Versuchsperson personelle Konsequenzen in Betracht. Aus diesem Grund bekommt der Probanden bei den notwendigen Bausteinen 3 und 4 ebenfalls eine positive Beurteilung (+1).

VP106 erzielt somit durchgängig positive Ergebnisse und einen Summenwert von +4. Durch eine Änderung der Skalierung ergibt sich dann ein Skalenwert von 9 (Skalenwert 1 = -4 (sehr schlechte Lösung) bis 9 = 4 (sehr gute Lösung)).

Auf Basis der Lösungsvorschläge identifizierte Bausteine zu Szenario 20:

Baustein a: Außendienstmitarbeiter (ADM) nach Ursachen fragen

In einem Gespräch mit dem Außendienstmitarbeiter will die VP die Ursachen für das Absinken der Auftragsbestände herausfinden. In der Regel werden auch mögliche Ursachen genannt. Diese lassen sich zum einen der Person des ADM zuordnen (z.B. persönliche Probleme), zum anderen beziehen sie sich auf sachbezogene Probleme (z.B. in den Bereichen Produkt, Markt, Wettbewerb, Unternehmen). Entsprechend kann man Baustein a zusätzlich spezifizieren.

+   a1:   personen- und sachbezogen
0   a2:   nur sachbezogen
0   a3:   nur personenbezogen

Werden im Zusammenhang mit dem beabsichtigten Gespräch mit dem ADM keine möglichen Ursachen genannt, so trifft lediglich „a" ohne Spezifikation zu. Dies darf jedoch nicht so interpretiert werden, daß die VP grundsätzlich nicht zwischen personen- und sachbezogenen Ursachen differenziert oder implizit beide Ursachentypen annimmt. Aussagen hierüber lassen sich erst aus den weiteren Bausteinen einer bestimmten Lösung ableiten, z.B. wenn eine VP bei den Maßnahmen differenziertere Vorschläge bringt.

Baustein b: andere Informationsquellen (als den betroffenen ADM) zur Ursachenforschung heranziehen

Die VP will zur Ursachenforschung solche Informationen sammeln, die nicht vom betroffenen ADM selbst stammen. Zum Teil werden mögliche Informationsquellen und gewünschte Informationen benannt. Die Infor-

Anhang 4

mationsquellen lassen sich in objektive Quellen einerseits (z.B. Statistiken, Marktforschungsdaten) und subjektive andererseits (z.B. Mitarbeiter des ADM) unterscheiden; die gewünschten Informationen können wiederum wie bei Baustein a personen- und sachbezogen sein.

0	b1:	objektive Informationsquellen)
0	b2:	subjektive Informationsquellen)
+	b3:	personen- und sachbezogen
0	b4:	nur sachbezogen
0	b5:	nur personenbezogen

Baustein c: je nach Ursache entsprechende Maßnahmen ergreifen
0   Die VP will je nach Ursache „entsprechende" Maßnahmen ergreifen, ohne diese Maßnahmen jedoch zu konkretisieren.

Baustein d: Maßnahmen zur Behebung von personenbezogenen Ursachen
Die VP benennt Maßnahmen, mit denen sie personenbezogenen Ursachen - sofern solche für das Problem verantwortlich sind - begegnen würde.

+/0	d1:	gemeinsam nach Lösung suchen (z.T. mit Angabe von Alternativen wie bspw. Verkaufshilfen, Überarbeitung von Kundenadressen, Einsatz von Werbung/Marketinginstrumenten)
0	d2:	Hilfe anbieten (nicht näher spezifiziert)
0	d3:	Lösung vorschlagen lassen
+	d4:	in zwei Wochen noch einmal nachfragen, eventuell Schulung
-	d5:	ADM muß sich ändern, sonst Entlassung
+	d6:	neues Ziel vereinbaren, späteres Gespräch zur Kontrolle
0	d7:	mit ADM zu Kunden gehen, ADM unterstützen, ihn motivieren
+	d8:	prüfen, ob richtiger ADM im richtigen Bezirk
0	d9:	ernstes Gespräch mit ADM
⍁	d10:	ADM entlassen, neuen suchen
+	d11:	(sofern d4 nicht wirksam) Innendiensttätigkeit anbieten, wenn keine Interesse: mit Betriebsrat über Versetzung sprechen
⍁	d12:	sich selbst nach Ursachen fragen

Baustein e: Maßnahmen zur Behebung von sachbezogenen Ursachen
Die VP benennt Maßnahmen, mit denen sie sachbezogenen Ursachen - sofern solche für das Problem verantwortlich sind - begegnen würde.

0	e1:	Produkt verändern
0	e2:	Gespräch mit Geschäftsleitung wegen entsprechender Maßnahmen

+	e3:	zusammen mit dem Produktmanagement eine ganzheitliche Vertriebsstrategie für Vertrieb mit schwerpunktmäßiger Stützung des Fachhandels entwickeln
+	e4:	Maßnahmen im Fachhandelsbereich überlegen: Preisgestaltung, Rabatte, Promotions, Produktplazierung bzw. Marketing, Vertrieb, Produkt
+/0	e5:	gemeinsam mit ADM Lösung erarbeiten (sehr operational, auf Bereich des ADM beschränkt)
+	e6:	umfassende Situations- und Ursachenanalyse unternehmens- und marktseitig, Ergebnisse an Gesamtvertriebsleiter berichten, im Vertriebsmeeting Chancen u. Risiken besprechen
⇨	e7:	warten und kontrollieren, ob Besserung (Annahme: Wegfall eines wichtigen Kunden o.ä.)
0	e8:	Verkaufsförderungsmaßnahmen

Auf einem höheren Aggregationsgrad lassen sich die Maßnahmen verschiedenen Ebenen des Marketingmanagements zuordnen: 1. Ebene: sehr operational und nur auf einen/wenige Aktionsbereiche beschränkt (e1, e5, e7, e8); 2. Ebene: Einsatz von Marketinginstrumenten, eher operational, aber umfassend (e4); 3. Ebene: strategisch ausgerichtete Planung (e3, e6).

Baustein f: Maßnahmen ohne Benennung von Bedingungen

Die VP benennt Maßnahmen, die sie ergreifen will bzw. die sie in Erwägung zieht, ohne diese an bestimmte Bedingungen zu knüpfen. Falls die Maßnahmen eindeutig der Behebung personen- bzw. sachbezogenen Ursachen dienen, ist der Lösungsvorschlag den Bausteinen d bzw. e zugeordnet.

0	f1:	sich mit Kollegen/Vorgesetzten besprechen
0	f2:	Produktmanager informieren
⇨	f3:	ADM fragen, was getan werden kann
⇨	f4:	nichts tun

Baustein s: Sonstiges

In dieser Kategorie sind solche Bausteine zusammengefaßt, die sich nicht unter andere subsumieren lassen, einmalig vorkommen und keine sinnvolle, eigenständige Kategorie ergeben (z.B. weil unklar ist, was Vp damit meint, bezweckt)

s1: „evtl. personelle Konsequenzen ziehen"
s2: schriftlichen Bericht vom ADM anfertigen lassen

Baustein 99: kein selbständiger Handlungs-/Planungsschritt

Beispiel 2:

Lösungsvorschläge zu Szenario S 17

> Sie kommen als Außendienstmitarbeiter einer Sondermaschinenbaufirma zu einem wichtigen Kunden, der sich heftig über eine von Ihrer Firma gelieferte Maschine beschwert, die nicht in seinem Sinne funktioniert. Er ist sehr wütend und droht Ihnen an, "daß morgen die Abmahnung bei Ihnen auf dem Tisch liegt!" Sie sitzen ihm gegenüber. Was tun Sie jetzt?

1. Identifikation der notwendigen Lösungsbausteine

Auch hier sind als erstes die notwendigen Lösungsbausteine zu identifizieren. Dabei empfiehlt es zunächst, auf den *Ärger des Kunden zu reagieren*, um dann in einer sachlichen und ruhigen Atmosphäre das Problem lösen zu können. Erst im Anschluß daran, ist es sinnvoll, nach den *Ursachen* für das Nichtfunktionieren der Maschine zu suchen. Diese könnten zum einen beim *eigenen Unternehmen* (z.B. Konstruktions- oder Funktionsfehler) oder beim *Kunden* (z.B. Anforderungen nicht richtig angegeben, Bedienungsfehler) liegen.

Entsprechend dieser beiden möglichen Fehlerquellen muß eine gute Problemlösung dann mögliche oder notwendige *Maßnahmen zur Behebung des Maschinenfehlers* beinhalten (z.B. Techniker anfordern). Ferner sollte die Lösung auch *Maßnahmen* für den Fall vorsehen, daß das Problem durch den *Kunden selbst verursacht* wurde (z.B. Kunde hat seine Anforderungen falsch definiert, Bedienungsfehler etc.).

Darüber hinaus muß der Außendienstmitarbeiter versuchen, die *Geschäftsbeziehungen zum Kunden langfristig* zu sichern. Hierzu eignen sich beispielsweise Kulanzleistungen in Form von Preisnachlässen oder eine anteilige Übernahme der anfallenden Kosten.

Eine gute Lösung muß also folgende Bausteine umfassen:
(1) direkte Reaktion auf Ärger des Kunden
(2) Problem-/Ursachenforschung
(3) Maßnahmen zur Behebung des Maschinenfehlers
(4) Maßnahmen für den Fall, daß Problem durch Kunden verursacht
(5) Maßnahmen zur langfristigen Sicherung der Geschäftsbeziehung

2. Überprüfung, ob der Lösungsvorschlag die notwendigen Elemente enthält

VP106 hat hier folgende Lösungsskizze entwickelt:

„... Das allererste, was ich tue, ist, daß ich mich entschuldige, daß die Maschine nicht funktioniert. Ich versuche im Gespräch herauszufinden, was jetzt wirklich sein Problem ist, ob jetzt akut damit nicht produziert werden kann oder ob er Verdienstausfall hat. Ich versuche herauszufinden, was das für ihn jetzt bedeutet. Ich versuche, ob ich trotz seines Maschinenproblems, ob ich da etwas daran tun kann. Das ist der eine Strang, und der andere Strang ist, ...daß ich versuche, mit ihm einen Rahmen zu finden, bis wann der Fehler behoben sein muß oder eine Kondition und daß ich versuche, den Fehler so schnell wie möglich zu beheben."

Die Lösung von VP106 beinhaltet also:
- die Entschuldigung, daß die Maschine nicht funktioniert (Baustein a4)
- ein Gespräch, um herausfinden, was wirklich sein Problem ist (Baustein b1)
- etwas am Maschinenproblem tun (Baustein c)
- eine Vereinbarung treffen, wann der Fehler behoben sein muß (Baustein c)
- die Vereinbarung einer Kondition (Baustein c)
- die schnellstmögliche Behebung des Fehlers (Baustein c)
  (siehe auch Bausteine aller Probanden für Szenario 5)

3. Ermittlung des Summenwertes

Dann gilt es also wieder zu überprüfen, inwieweit die von VP106 benannten Bausteine mit den notwendigen übereinstimmen. VP106 will sich zunächst dafür entschuldigen, daß die Maschine nicht funktioniert, bevor er zur Fehleranalyse übergeht. Der Proband reagiert somit angemessen auf den Ärger des Kunden und erzielt beim notwendigen Baustein 1 eine positive Wertung (+1).

Anschließend will VP106 in einem Gespräch herausfinden, was das eigentliche Problem des Kunden ist. Da er jedoch keine Hypothesen über mögliche Fehlerursachen formuliert, erhält der Proband beim notwendigen Baustein 2 nur einen Wert von 0.

Schließlich beabsichtigt VP106 die Fehlfunktion der Maschine zu beheben. Der Proband benennt jedoch keine dazu möglichen oder notwendigen Maßnahmen (z.B. Techniker kommen lassen) und erhält daher bei Baustein 3 eine Bewertung von 0.

Da VP106 schließlich ein Fehlverhalten des Kunden und Maßnahmen zur langfristigen Sicherung der Wettbewerbsfähigkeit überhaupt nicht in Betracht zieht, fehlen die notwendigen Bausteine 4 und 5 bei der Problemlösung, was sich in negativen Werten (-1) niederschlägt.

VP106 erzielte somit einen Summenwert von -1. Bei der Umrechnung auf ein anderes Skalenniveau ergibt dies einen Wert von +4 (Skalenwert von 1 = -5 (sehr schlechte Lösung) bis 11 = 5 (sehr gute Lösung)).

Auf Basis der Lösungsvorschläge identifizierte Bausteine zu Szenario 17:

Baustein a: direkte Reaktion auf Ärger des Kunden

Die VP beschreibt ihre erste Reaktion auf den Ärger des Kunden, die eine Verbesserung der Beziehung zwischen beiden bewirken soll (um in der Folge eine Atmosphäre der Ruhe und Sachlichkeit als Grundlage zur Lösung des Problems zu schaffen oder um Abmahnung abzuwenden).

+	a1:	Ärger des Kunden über sich ergehen lassen/Dampf ablassen lassen
+	a2:	Kunden anhören/reden lassen
+	a3:	Kunden beruhigen
+	a4:	sich entschuldigen/Betroffenheit bekunden
+	a5:	Reklamationsgespräch: Kunden reden lassen, Dampf ablassen
+	a6:	umgehende Behebung des Fehlers versprechen
+	a7:	sachliche/ruhige Atmosphäre schaffen
-/0	a8:	Kunden die Abmahnung bzw. Beschwerde an den Chef ausreden

Baustein b: Problem-/Ursachenforschung betreiben

0   Die VP will das Problem und seine Ursachen ergründen. Dabei benennt sie mögliche Vorgehensweisen oder auch Hypothesen, woran es liegen könnte, daß die Maschine nicht im Sinne des Kunden funktioniert. Der Fehler kann zum einen beim eigenen Unternehmen liegen (Konstruktions- oder Funktionsfehler) oder beim Kunden (Anforderungen nicht richtig angegeben, Bedienungsfehler).

0   b1:   Problematische Maschinenfunktion und seine Ursachen vom Kunden erklären/zeigen lassen

+   b2:   Ursache klären, warum Maschine nicht in seinem Sinne funktioniert; die VP berücksichtigt, daß der Fehler sowohl beim eigenen Unternehmen als auch beim Kunden liegen kann (mögliche Hypothesen über Kundenfehler: mangelhafte Anforderungsbe-

schreibung (z.T. Erwähnung des Pflichtenheftes), Bedienungsfehler, Probleme mit Mitarbeitern, Arbeiter an der Maschine zu dumm) => Achtung: qualitative Unterschiede in der fachliche Lösung
- b3: Sachverständigen oder unabhängiges Gremium einschalten, das die Funktion der Maschine begutachtet
- b4: bei Technik nachfragen, ob schon mal Probleme mit „diesen Maschinen" aufgetreten

Baustein c: Behebung des Maschinenfehlers
0   Die VP beabsichtigt, die Fehlfunktion der Maschine zu beheben und benennt dazu mögliche oder notwendige Maßnahmen. Ohne die Nennung von Maßnahmen trifft lediglich „c" ohne Konkretisierung zu.
+(0) c1: den Fehler durch einen Techniker/Ingenieur/Serviceteam aus dem eigenen Hause beheben lassen (z.T. will VP lediglich einen Termin vereinbaren)
+ c2: Ersatzteile bestellen (evtl. im voraus, schnellstmöglich, durch Kurierdienst, durch eigenen Mitarbeiter, Druck machen in Einkaufsabteilung)
+ c3: zeitliche Dauer einer Reparatur klären bzw. wie schnell Techniker geschickt, Ersatzteile beschafft werden können
+/0 c4: (zunächst) selbst versuchen, den Fehler zu beheben
- c5: Maschine zur Reparatur im eigenen Hause mitnehmen

Baustein d: Sicherung der Geschäftsbeziehung zu dem Kunden
0   Die VP beabsichtigt, die Abmahnung abzuwenden (kurzfristiges Ziel)
+   und/oder die Geschäftsbeziehungen zu sichern (langfristiges Ziel). Bei den in diesem Zusammenhang genannten Maßnahmen dominieren Kulanzleistungen in Form von Preisnachlässen oder einer anteiligen Übernahme anfallender Kosten.
+ d1: Preisnachlaß für die Maschine gewähren
+ d2: für den nächsten Auftrag/Wartung einen Preisnachlaß gewähren
0 d3: (einen Teil der) durch den Produktionsausfall eingetretenen Kosten übernehmen
- d4: ihn zum Essen einladen, Honig um den Mund schmieren
0 d5: später noch mal beim Kunden melden, damit er das Gefühl, daß man am Ball bleibt
+ d6: Kosten für die Reparatur der Maschine (anteilig) übernehmen (z.T. mit der Bedingung, daß Fehler *nicht* beim Kunden liegt)
- d7: Nachteile für Kunden „irgendwie geradebiegen"
  d8: sich vielleicht auch entschuldigen

Anhang 4 639

Baustein e: Maschine zurücknehmen *(als Alternative zu c⇒ Bewertung mit -)*

Baustein f: Maßnahmen, um Produktion des Kunden aufrechtzuerhalten
Idee: + Die VP benennt Möglichkeiten, wie die Produktion des Kunden trotz des Fehlers aufrechterhalten werden kann, um Produktions- und damit Umsatzausfälle zu vermeiden.
- f1: Austauschmaschine bereitstellen
- f2: Produktion verlagern in den eigenen oder einen Kundenbetrieb
- f3: prüfen, ob Produktion übrige Maschinen des Kunden möglich

Baustein g: Versprechungen statt Maßnahmen
- g1: zusichern, daß Fehler schnellstmöglich beseitigt wird
- g2: versprechen, in 2 o. 3 Tagen anzurufen, um dann definitiv zu sagen, wie und bis wann das Problem erledigt ist

Baustein h: Maßnahmen für den Fall, daß das Problem durch den Kunden verursacht wurde
Zu diesem Fall zählt bspw., daß der Kunde seine Anforderungen falsch definiert hat, daß er über die Funktionstüchtigkeit eine andere Einstellung hat oder das Problem durch Bedienungsfehler verursacht wurde. Hier benennt die VP spezielle Maßnahmen, z.T. neben anderen, die bspw. zur Reparatur der Maschine ergriffen werden (=> Kombination mit anderen Bausteinen).

+ h1: Kosten für Nachbesserung vom Kunden zahlen lassen, wenn Anforderungen an Maschine erfüllt (d.h. wenn Kundenfehler)
+ h2: Kunden überzeugen, warum Maschine so und nicht anders funktioniert
+ h3: Anforderungen noch einmal genau definieren
+ h4: Modifikation anbieten, günstiges Angebot machen
+ h5: Kunde bzw. dessen Mitarbeiter besser einarbeiten
0 h6: ganz von vorn anfangen, Monteur bestellen
- h7: an Lieferanten verweisen, der so eine Maschine hat

Baustein s: Sonstiges
In dieser Kategorie sind solche Bausteine zusammengefaßt, die sich nicht unter andere subsumieren lassen, einmalig vorkommen und keine sinnvolle, eigenständige Kategorie ergeben (z.B. weil unklar ist, was VP damit meint, bezweckt)
s1: wenn wichtiger Kunde: der Geschäftsleitung den Fall schildern
s2: verantwortlichen Mitarbeiter zur Verantwortung ziehen, eventuell auch materiell
s3: Juristen im Haus nach rechtlicher Bedeutung fragen
s4: mit Kunden zusammen Lösungsvorschlag erarbeiten
s5: Kunden über mutmaßliche Dauer informieren, damit er sich darauf einstellen kann

s6: alle Hebel in Bewegung setzen, Kunden zufriedenzustellen
s7: den Fehler angehen; gemeinsam Protokoll machen, wie es weitergeht; vor Ort reagieren und Aussagen vom Unternehmen einholen
s8: ihm ein Konzept anbieten, wie das Problem mittelfristig zu lösen ist (kurzfristig nicht lösbar)
s9: wenn keine Lösung erzielt wird, kann der Kunde das Geschäft ja rechtlich rückgängig machen
s10: Beratung mit Kollegen

Operationalisierung der Strategeme

Operationalisierung der Strategeme für die erste Untersuchung

LEGENDE

Indizes (Verhaltensmerkmale)

Index	Abk.	Operationalisierung
Aktivität	A	Anzahl Protokolleinheiten insgesamt
Fragenanteil	F	Zeit für Fragen/Gesamtzeit (= 1. Ebene ‚F')
Informationsverarbeitung	I	Zeit für Aussagen/Gesamtzeit (= 1. Ebene ‚A')
Maßnahmenanteil	M	Zeit für Maßnahmen/Gesamtzeit (= 1. Ebene ‚M')
Input/Output-Kohärenz	IK	(Aktivität – Übergänge auf der Input/Output-Ebene)/Aktivität
Thematische Kohärenz	TK	(Aktivität – Übergänge auf der Ebene der Handlungsbereiche)/Aktivität
Analytische Kohärenz	AK	(Aktivität – Übergänge auf der Ebene der Problemlöseschritte)/Aktivität
Anteil Vorgehensorganisation	VO	Häufigkeit Selbst- und Vorgehensreflexion/Aktivität
Differenziertheit der Informationssuche	FD	Kategorien zu denen Fragen gestellt wurden/mögliche Kategorien
Differenziertheit des Maßnahmenspektrums	MD	Anzahl Eingriffskategorien mit Entscheidungen/Anzahl mögliche Eingriffskategorien [Markstrat]
Vollständigkeit der Informationssuche	FV	Handlungsbereiche zu denen Fragen gestellt wurden/alle Handlungsbereiche
Vollständigkeit des Maßnahmenspektrums	MV	Handlungsbereiche zu denen Maßnahmen getroffen wurden/alle Handlungsbereiche
Zielsicherheit der Informationssuche	FZ	Handlungsbereiche mit Fragen und Maßnahmen/Handlungsbereiche Fragen + Handlungsbereiche Maßnahmen – Handlungsbereiche mit Fragen und Maßnahmen

Fortsetzung nächste Seite

Fortsetzung Operation der Strategeme

Indizes (Verhaltensmerkmale) Szenarien

Abk. (für Protokolleinheiten entsprechend dem Protokolliersystem Szenarien in Klammern, "?" bedeutet beliebiges Kürzel)

Planungsaufwand	**NA**	Anzahl der Protokolleinheiten
Planumfang	**NP**	Anzahl der Planschritte (mögliche und definitive) [definitive = 1. Ebene ‚1'v ‚2'v ‚3'v ‚4'; 2. Ebene ‚5'v ‚6'] [mögliche = 1. Ebene wie definiert; 2. Ebene ‚1'v ‚2']
Konditionalisierungsgrad	**ZP**	Plan verzweigt j/n [mindestens eine Verzweigung]
Plandeterminiertheit	**PD**	Definitive Planschritte/Mögliche Planschritte + Definitive Planschritte
Möglichkeitsraum	**PM**	Mögliche Planschritte/Mögliche Planschritte + Definitive Planschritte
Geplante Informationssuche	**PI**	Planschritte zur Informationssuche [1. Ebene ‚1'v ‚2'v ‚3'v ‚4'; 2. Ebene ‚I']
Kontrollierbarkeit	**BP**	Plan mit Begründungen j/n [mindestens 1 Begründung]
Planvollständigkeit	**KP**	Bei Plan alle problemkonstituierende Aspekte benannt [1. Ebene ‚1'v ‚2'v ‚3'v ‚4'; 3. Ebene ‚I'v ‚i'v ‚W'v ‚w'v ‚O'v ‚o' je nach Problemtyp]
Rollenübernahme	**RR**	Rolle als Gegenstand der Informationssuche [1.Ebene ‚E'v (1.Ebene ‚1'v ‚2'v ‚3'v ‚4' und 2. Ebene ‚I')]
Neuplanungsaufwand	**IS**	Anzahl der Informationsverarbeitungsschritte [1. Ebene ‚I']
Anzahl der Annahmen	**EX**	Anzahl neutraler Annahmen + Anzahl positiver Annahmen + Anzahl negativer Annahmen [EP ‚?', EN ‚?', EU ‚?']
Anteil der positiven Annahmen	**EP**	Anzahl der positven Annahmen/Anzahl aller Annahmen
Anteil der negativen Annahmen	**EN**	Anzahl negativer Annahmen/Alle Annahmen
Erkundungsaufwand VL/Szenario	**EV**	Anzahl Informationssuchen bei VL und im Szenario [EV ‚?', ES ‚?']

Anhang 5

Operationalisierungstabelle (1. Untersuchung)

Computersimulation Markstrat — Verhaltensmerkmale / Computersimulation

Strategem	A	F	I	M	IK	TK	AK	VO	FD	MD	FV	MV	FZ	Spezielle Indikatoren
C1: Planungsoptimismus														unterdurchschnittlich viele Äußerungen über zu große Schwierigkeit des Spiels im QP (n);
C2: Planungspessimismus														überdurchschnittliche Einschätzung der Schwierigkeit (n); unterdurchschnittliche Eingriffsstärke (z)
C3A: Bereichsorientierte Systematik					2 (n)	2 (n)								
C3B: Prozeßorientierte Systematik					2 (n)									
C3C: Analytische Systematik							2 (n)							
C4: Wissensbasiertes strategisches Handeln	-1 (z)	-1 (z)	-1 (z)	1 (z)	2 (n)*	2 (n)*	2 (n)*	-1 (w)					1 (n)	*) eines der drei Kohärenzmaße genügt
C5: Konzentration auf Kernbereiche	1 (z)	1 (z)	2 (w)	-1 (w)		1 (z)		-2 (z)	-1 (n)	-1 (n)	-1 (w)	-2 (w)	1 (z)	Langdauernde anfängliche Informationssuche (überdurchschnittlicher Fragenanteil in der ersten h) (n); unterdurchschnittlich starke Preiseingriffe (w)
C6: Effizienz-Divergenz-Streben	1 (z)	1 (z)	2 (w)			1 (z)		2 (w)	1 (w)		1 (w)		1 (z)	überdurchschnittliche Maßnahmenintensität (z)
C7: Bevorzugung von Breitbandoperatoren	-1 (z)							-1 (z)	-1 (w)	-2 (w)			2 (w)	Zeitdruck (nTakte<8) (w)
C8: Bevorzugung von Schmalbandoperatoren	1 (z)	1 (z)		1 (w)	1 (z)				1 (w)	2 (n)	1 (w)	2 (n)		Querverbindungen in Nachbefragung zu anderen Fällen benannt oder Erzählen von Episoden im QP (n); unterdurchschnittliche Selbstreflexion (z)
C9: Fallbasiertes Handeln	-1 (z)	-1 (z)	-1 (z)	1 (z)				-1 (z)						
C10: An Maximen orientiertes Handeln			-1 (z)					-1 (z)						Rating: Unterlagen wie in der Ausbildung gelernt (z); Benennung von Maximen und Regeln im QP und in der Nachbefragung (n); unterdurchschnittliche Selbstreflexion (2.Ebene=P) (z)

Fortsetzung nächste Seite

Fortsetzung **Operationalisierungstabelle für Computersimulation** (1. Untersuchung)

C11:	Fachwissensbasiertes Handeln		Falls aus Vertrieb: Überdurchschnittliche Außendienstaktivität (w); Überdurchschnittlich viele MaFo-Studien zu Handel: 3,9 (w); Falls Marketing: Überdurchschnittliche MaFo und Werbungsaktivität (w); Überdurchschnittlich viele MaFo-Studien zu Kunden und Konkurrenz: 1,2,4,5,7,8,10,12,13 (w)
C12:	Stützung durch externe Protokollierung		Unterlagen: fortlaufende Protokollierung von Systemdaten (n); Agenda (w); unterdurchschnittlich: gleiche Fragen (w)
C13:	Multiperspektivität	1 (w)	überdurchschnittliche MaFo Aktivität bei unterdurchschnittlicher Anforderung von MaFo-Studien 4,5 (n)
C15:	Situationsgebunden Flexibilität		Trendänderung bei zentralen Eingriffen (Werbung, Preis, Produktionsplanung) in einer kritischen Situation (Spielperiode 4)(w)
C16:	Marktanteilsorientierung		In der Nachbefragung Marktanteilserhöhung als Ziel benannt (w); überdurchschnittlich: 2.Ebene Controlling: Marktanteile (w), Thematisierung des Marktanteils im QP(w)
C17:	Deckungsbeitragsorientierung		In der Nachbefragung Deckungsbeitragserhöhung als Ziel benannt (w);3:Ebene: mehr Kontrolle: Unternehmensdaten (w), Thematisierung des Deckungsbeitrags im QP(w)
C18:	Kundenorientierung	1 (z)	Überdurchschnittlich hoher Zeitanteil MaFo Aktivität (z); bestellt überdurchschnittlich häufig Marktforschungsstudien: 1,2,4,5,7,8,10 (w); fertigt Unterlagen über Kunden an (w), Thematisierung der Kunden im QP(w)
C19:	Konkurrenzorientierung	1 (z)	Überdurchschnittlich hoher Zeitanteil MaFo-Aktivität (z); bestellt überdurchschnittlich häufig Marktforschungsstudien: 12,13 (w); fertigt Unterlagen über Konkurrenz an (w), Thematisierung der Konkurrenz im QP (w)
C20:	Kostenorientierung		Überdurchschnittlich häufig bei Fragen Protokolleinheit „Kontrolle" auf Ebene 3 und Handlungsbereich „Controlling" auf Ebene 2 (Budget) (FCK)(z); Unterlagen über Kosten (w), Thematisierung von Kosten im QP (w), keine überdurchschnittlichen Werbeausgaben (w)
C21:	Offensive Vorgehensweise	1 (z)	F&E-Projekte früher als Durchschnitt (w); überdurchschnittlich hoher Werbeaufwand (w)

Fortsetzung nächste Seite

Fortsetzung **Operationalisierungstabelle für Computersimulation** (1. Untersuchung)

Code	Merkmal	Werte	Beschreibung
C22:	Defensive Vorgehensweise		keine F&E oder später als Durchschnitt (w); unterdurchschnittliche Werbung (w); 2.Ebene überdurchschnittlich häufig Controlling (w)
C23:	Gewissenhaftigkeit	2(z) 1(z) 2(w) -1(z)	überdurchschnittlich Ebene 3 = Kontrolle Daten (w); überdurchschnittlich umfangreiche und saubere Unterlagen (Rating) (w)
C24:	Aufgabenorientierung	1(z) -1(z) 1(z) 1(z)	Verbalisierung von Ausgangszielen im qualitativen Protokoll (QP) (n)
C25:	Wissenserwerbsorientierung (Neugier)	1(z) 2(w) 1(z) -1(z) -2(z) 2(w) 2(w) -1(n)	überdurchschnittliche Maßnahmenintensität (z); Experiment (=einzelner Eingriff in Takt 1) (w)
C28A:	Kompetenzschutz (Einkapselung)	-1(w) -1 1(z) -1(z) -2(w) -2(w) -2(z)	negative emotionale Äußerungen im QP (w)
C28B:	Kompetenzschutz (überm. Datensammlung)	1(w) 2(n) 1(z) -1(z) -1(w) 2(z) -2(w) 1(z) -1(z) -2(w)	negative emotionale Äußerungen im QP (w); unterdurchschnittliche Maßnahmenintensität (w)
C29:	Impulsivität	-1(z) 2(z) -1(z) -1(w) -2(w) -1 -1(w)	überdurchschnittliche emotionale Äußerung im QP (n)
C30:	Reflexivität	1(z) 2(w) -1(z) 1(w) 1(w) 1(n) 1(z) 2(z) 1(z)	

Operationalisierungstabelle (1. Untersuchung)

Szenarien

Verhaltensmerkmale / Szenarien

Strategem	NA	NP	ZP	PD	PM	PI	BP	KP	RR	IS	EX	EP	EN	EV	Spezielle Indikatoren
S1: Planungsoptimismus												1 (n)	-1 (n)		unterdurchschnittliche Schwierigkeitseinschätzungen (w)
S2: Planungspessimismus												-1 (n)	1 (n)		überdurchschnittliche Schwierigkeitseinschätzungen (w)
S3B: Prozeßorientierte Systematik						1 (z)	1 (z)	1 (z)							überdurchschnittlich viele signifikante Korrelationen zwischen NP,EV,IS (w); Durchgängiges Anstreichen von Schlüsselwörtern in Unterlagen (w)
S4: Wissensbasiertes strategisches Handeln							1 (n)	1 (w)							überdurchschnittlich hohe Werte zwischen PI,EV,IS (w)
S5: Konzentration auf Kernbereiche	-1 (z)			1 (z)				-1 (w)							
S6: Effizienz-Divergenz-Streben	1 (z)	-1 (z)	2 (n)		2 (w)	1 (z)	1 (z)	1 (w)		1 (w)			1 (w)	1 (z)	
S7: Bevorzugung von Breitbandoperatoren		-1 (n)	-1 (n)												
S8: Bevorzugung von Schmalbandoperatoren		1 (n)													
S9: Fallbasiertes Handeln	-1 (z)	-1 (w)		1 (w)	-1 (w)					-1 (w)	2 (n)			-1 (w)	überdurchschnittlich häufige Benennung von Fallbeispielen (n)
S10: An Maximen orientiertes Handeln				1 (w)			2 (w)								überdurchschnittlich häufige Nennung von Maximen und Regeln (n)
S11: Fachwissensbasiertes Handeln															signifikanter Unterschied bei Problemen aus eigenem Bereich hinsichtlich NA,NP,ZP,PD,PM,PI oder EV (w)
S12: Stützung durch externe Protokollierung								-1 (w)							Markierungen in Aufgaben (w); Notizen (w)

Fortsetzung nächste Seite

Anhang 5

Fortsetzung **Operationalisierungstabelle für Szenarien** (1. Untersuchung)

S13: Multiperspektivität				2 (n)		2 (w)	überdurchschnittlich viele vom VL nicht beantwortete Fragen (w)
S14: Phantasiebasiertes Handeln							
S15: Flexibilität (aufgabenbezogen)							Signifikant mehr EV bei fachfremden Problemen (Vertrieb/Marketing) (w); Signifikant mehr EV,IS,PI bei Problemen mit fehlenden Ist- und Sollwertsinformationen (n)
S23: Gewissenhaftigkeit	1 (w)		1 (w)	1 (w)			PA nimmt über die Zeit von Problem zu Problem nicht ab (n); keine positive Korrelation zwischen Attraktivität des Problems und PA (n)
S24: Aufgabenorientierung			1 (z)	1 (w)			NA nicht fallend über die Zeit (w); Keine signifikante positive Korrelation zwischen Attraktivität der Aufgabe und NA (w)
S25: Wissenserwerbsorientierung (Neugier)	1 (z)	-2 (w)	1 (w)		2 (z)	2 (w)	überdurchschnittlich viele vom VL nicht beantwortete Fragen (n); Signifikant größerer Erkundungs- und Analyseaufwand im nicht vertrauten Arbeitsbereich (w)
S28: Kompetenzschutz		1 (n)	2 (w)				negative Korrelation zwischen Attraktivität und Schwierigkeit (n); keine anderen Korrelationen in Fragebogenitems (z); NP signifikant kleiner bei schwierigen oder unattraktiven Problemen (w)
S29: Impulsivität	-1 (w)	1 (w)	-1 (w)	-1 (z)	-1 (w)	-1 (z)	Anzahl der Protokolleinheiten vor erster definitiver Maßnahme unterdurchschnittlich (w), unterdurchschnittlich viel Reflexion des eigenen Vorgehens (n)
S30: Reflexivität	1 (w)	1 (w)	-1 (n)	2 (w)	1 (w)	1 (z)	überdurchschnittlich viel Reflexion des eigenen Vorgehens (n), Anzahl der Protokolleinheiten vor erster definitiver Maßnahme überdurchschnittlich (w)

Legende für spezielle Indikatoren: Überdurchschnittlich: > Median
Unterdurchschnittlich: < Median
Signifikant bei Einzelfall: α < 10%

für die Gewichtung: n: notwendiger Indikator
w: wichtiger Indikator
z: zusätzlicher Indikator

Operationalisierung der Strategeme für die zweite Untersuchung

LEGENDE

Indizes (Verhaltensmerkmale) — *Hinweis auf die jeweilige Datenbasis in Klammern*

Index	Abk.	Operationalisierung
Aktivität	A	Anzahl der Mausklicks *(Systemprotokoll)*
Fragenanteil	F	Zeit für Systemabfragen/Gesamtzeit *(Systemprotokoll)*
Informationsverarbeitung	I	Zeit für Aussagen/Gesamtzeit *(Laut-Denken-Protokoll)*
Maßnahmenanteil	M	Zeit für Systemeingriffe/Gesamtzeit *(Systemprotokoll)*
Input/Output-Kohärenz	IK	(Aktivität – Übergänge „Systemabfragen /Systemeingriffe")/Aktivität*(Systemprotokoll)*
Thematische Kohärenz	TK	(Anzahl der Protokolleinheiten – Übergänge auf der Ebene der Handlungsbereiche)/Anzahl der Protokolleinheiten *(Laut-Denken-Protokoll)*
Analytische Kohärenz	AK	(Anzahl der Protokolleinheiten – Übergänge auf der Ebene der Problemlöseschritte)/Anzahl der Protokolleinheiten *(Laut-Denken-Protokoll)*
Anteil Vorgehensorganisation	VO	Häufigkeit „Selbst- und Vorgehensreflexion"/Anzahl der Protokolleinheiten *(Laut-Denken-Protokoll)*
Differenziertheit der Informationssuche	FD	Kategorien zu denen Systemabfragen gemacht wurden/mögliche Kategorien *(Systemprotokoll)*
Differenziertheit des Maßnahmenspektrums	MD	Anzahl Eingriffskategorien mit Eingriffen/Anzahl mögliche Eingriffskategorien *(Systemprotokoll)*
Vollständigkeit der Informationssuche	FV	Handlungsbereiche, zu denen Systemabfragen gemacht wurden/alle Handlungsbereiche *(Systemprotokoll)*
Vollständigkeit des Maßnahmenspektrums	MV	Handlungsbereiche, zu denen Eingriffe getätigt wurden/alle Handlungsbereiche *(Systemprotokoll)*
Zielsicherheit der Informationssuche	FZ	Handlungsbereiche mit Systemabfragen und Systemeingriffen/Handlungsbereiche mit Systemabfragen + Handlungsbereiche Systemeingriffe – Handlungsbereiche mit Systemabfragen und Systemeingriffen *(Systemprotokoll)*

Fortsetzung nächste Seite

Fortsetzung Operationalisierung der Strategeme (2. Untersuchung)

Indizes (Verhaltensmerkmale) Szenarien	Abk.	Operationalisierung *Hinweis auf die jeweilige Datenbasis in Klammern*
Index		
Planungsaufwand	NA	Anzahl der Protokolleinheiten (*p_plauíw*)
Planumfang	NP	Anzahl der möglichen und definitiven Maßnahmen bzw. Entscheidungen (*definitive = p_ps_d, mögliche = p_ps_e*)
Konditionalisierungsgrad	ZP	Plan verzweigt (*p_verzw*)
Plandeterminiertheit	PD	Definitive Planschritte/Mögliche Planschritte + Definitive Planschritte (*p_pl_det*)
Möglichkeitsraum	PM	Mögliche Planschritte/Mögliche Planschritte + Definitive Planschritte (*p_moegl*)
Geplante Informationssuche	PI	Planschritte zur Informationssuche (*p_pl_inf*)
Kontrollierbarkeit	BP	Plan mit Begründungen (*p_kond*)
Planvollständigkeit	KP	Beim Plan je nach Strategem die Zeit und/oder die sozialen Aspekte der Aufgabe berücksichtigt (*p_v_zeit und p_v_soz*)
Rollenübernahme	RR	Übernahme der aufgabenspezifischen Rolle (z.B. Fertigungsleiter, Außendienstmitarbeiter) (*p_rolle1*)
Neuplanungsaufwand	IS	Anzahl der Informationsverarbeitungsschritte (*p_infver*)
Anzahl der Annahmen	EX	Anzahl neutraler Annahmen + Anzahl positiver Annahmen + Anzahl negativer Annahmen (*p_an_ges*)
Anteil der positiven Annahmen	EP	Anzahl der postiven Annahmen/Anzahl aller Annahmen (*p_an_pos / p_an_ges*)
Anteil der negativen Annahmen	EN	Anzahl negativer Annahmen/Alle Annahmen (*p_an_neg / p_an_ges*)
Erkundungsaufwand VL/Szenario	EV	Anzahl Informationssuchen bei VL und im Szenario (*p_e_vus*)

Operationalisierungstabelle (2. Untersuchung)

Computersimulation SchokoFin *Verhaltensmerkmale / Computersimulation*

Strategem	A	F	I	M	IK	TK	AK	VO	FD	MD	FV	MV	FZ	Spezielle Indikatoren
C1: Planungsoptimismus														Unterdurchschnittlich viele Äußerungen über zu große Schwierigkeit des Spiels im Laut-Denken-Protokoll (n), unterdurchschnittliche Einschätzung der Schwierigkeit im Rating (w)
C2: Planungspessimismus														Überdurchschnittliche Einschätzung der Schwierigkeit des Spiels im Laut-Denken-Protokoll (n), überdurchschnittliche Einschätzung der Schwierigkeit im Rating (w), unterdurchschnittliche Eingriffsstärke (z)
C3A: Bereichsorientierte Systematik						2 (n)								
C3B: Prozeßorientierte Systematik					2 (n)									
C3C: Analytische Systematik							2 (n)							
C4: Wissensbasiertes strategisches Handeln	-1 (z)	-1 (z)	-1 (z)		2 (n)*	2 (n)*	(n)*	-1 (w)					1 (n)	*) eines der drei Kohärenzmaße genügt
C5: Konzentration auf Kernbereiche						1 (z)		-2 (z)	-1 (z)	-1 (n)	-1 (w)	-2 (w)		
C6: Effizienz-Divergenz-Streben	1 (z)	1 (z)	2 (w)	1 (z)	1 (z)	1 (z)		2 (w)	1 (w)		1 (w)		1 (z)	Langandauernde anfängliche Informationssuche (überdurchschnittlicher Anteil der Systemabfragen in der ersten h) (n); überdurchschnittlicher Marktforschungsanteil in der ersten Stunde (Systemdaten) (w); überdurchschnittlicher Marktforschungsanteil in der ersten Stunde (Laut-Denken-Protokoll) (w); unterdurchschnittliche Eingriffsstärke (z)
C7: Bevorzugung von Breitbandoperatoren	-1 (z)							-1 (z)	-1 (w)	-2 (n)			2 (w)	Überdurchschnittliche Eingriffsstärke (z), überdurchschnittlicher Anteil Werbung allgemein (w), unterdurchschnittlicher Anteil Werbung speziell (w), unterdurchschnittlicher Anteil Rabatt (w), unterdurchschnittlicher Anteil Vertreteraktivität (w)
C8: Bevorzugung von Schmalbandoperatoren	1 (z)	1 (z)		1 (w)	1 (z)			1 (w)	2 (n)	1 (n)	(w)	2 (n)		Zeitdruck (nTakte<18) (w), überdurchschnittlicher Anteil Werbung speziell (w), unterdurchschnittlicher Anteil Werbung allgemein (w), überdurchschnittlicher Anteil Rabatt (w), überdurchschnittlicher Anteil Vertreteraktivität (w)

Fortsetzung nächste Seite

Anhang 5   651

Fortsetzung **Operationalisierungstabelle für Computersimulation** (2. Untersuchung)

Item	Werte	Beschreibung
C9: Fallbasiertes Handeln	-1 (z), -1 (z), -1 (z), 1 (z)	Benennung von Fällen und Erzählen von Episoden im Laut-Denken-Protokoll und oder in der Nachbefragung (n)
C10: An Maximen orientiertes Handeln	-1 (z), -1 (z)	Unterlagen wie in der Ausbildung gelernt j/n (z); Benennung von Maximen und Regeln im Laut-Denken-Protokoll und/oder in der Nachbefragung (n)
C11: Fachwissenbasiertes Handeln		Falls aus Vertrieb: überdurchschnittlicher Zeitanteil Vertriebsgestaltung (Vertreter) (w); überdurchschnittlicher Zeitanteil Rabatte (w), überdurchschnittlicher Zeitanteil Vertrieb im Laut-Denken-Protokoll (w), überdurchschnittlich viele MaFo-Studien zum Verkauf und Gesamtverkauf (w) Falls Marketing: überdurchschnittliche Aussagen zur Marktforschung und zur Werbung im Laut-Denken-Protokoll (w); Überdurchschnittlich viel Werbung und Marktforschung im Systemprotokoll (w), Überdurchschnittlich viele MaFo-Studien zu Kunden und Konkurrenz: Produktprofile, Kundenprofile, Kundensegmente (w)
C12: Stützung durch externe Protokollierung		Protokollierung von Systemdaten (n), Anfertigen einer Agenda (w)
C13: Multiperspektivität	1 (w)	Überdurchschnittlich viele Aussagen zu Kunden bei unterdurchschnittlicher Anforderung von Marktforschungsstudien zu Kundenprofilen und Kundensegmenten (w), Überdurchschnittlich viele Aussagen zur Konkurrenz bei unterdurchschnittlicher Anforderung von Marktforschungsstudien zu den Produktprofilen der Konkurrenz (w)
C15: Situationsgebunden Flexibilität		Starke Veränderung bei den Eingriffen bzw. Maßnahmen, so daß sich die Kapitalverlaufstrend ändert (w)
C16: Marktanteilsorientierung		In der Nachbefragung Marktanteilserhöhung als Ziel benannt (w); überdurchschnittliche Nennung des Marktanteils im Laut-Denken-Protokoll (w)
C17: Gewinnorientierung		In der Nachbefragung Gewinnerhöhung als Ziel benannt (w), Überdurchschnittliche Nennung des Gewinns im Laut-Denken-Protokoll (w)
C18: Kundenorientierung		Vp kauft überdurchschnittlich häufig Marktforschungsstudien zu Kundenprofilen und zu Kundensegmenten (w); fertigt Unterlagen über Kunden an (w), überdurchschnittlich viele Aussagen zu Kunden im Laut-Denken-Protokoll (w)
C19: Konkurrenzorientierung		Vp kauft überdurchschnittlich häufig Marktforschungsstudien zu den Produktprofilen der Konkurrenz (w); fertigt Unterlagen über Konkurrenz an (w), überdurchschnittlich viele Aussagen zur Konkurrenz im Laut-Denken-Protokoll (w)

Fortsetzung nächste Seite

Fortsetzung **Operationalisierungstabelle für Computersimulation** (2. Untersuchung)

C20: Kostenorientierung	2 (z)	1 (z)							Überdurchschnittlich häufig Kostenabfragen in SchokoFin (w); Unterlagen über Kosten (w), überdurchschnittlich viele Aussagen zu Kosten im Laut-Denken-Protokoll (w), keine überdurchschnittlichen Werbeausgaben (w)
C21: Offensive Vorgehensweise			1 (z)						Überdurchschnittlich hohe Werbeausgaben (w), überdurchschnittliche Preissenkungen und Rabatte (w)
C22: Defensive Vorgehensweise							-1 (z)	1 (z)	Unterdurchschnittlich hohe Werbeausgaben (w), unterdurchschnittliche Preissenkungen und Rabatte (w), überdurchschnittlicher Controllinganteil im Laut-Denken-Protokoll (w), überdurchschnittliche Abfrage von Lager, Kosten, Produktion, Verkauf, Kapital, Maschinen im System (Controlling) (w)
C23: Gewissenhaftigkeit					1 (n)	1 (w)	2 (w)	1 (w)	Überdurchschnittlich umfangreiche und saubere Unterlagen (Rating) (w)
C24: Aufgabenorientierung	1 (z)	-1 (z)	1 (z)				2 (z)	2 (w)	Beschäftigung mit den Ausgangszielen (Marktanteil, Gewinn, langfristige Wettbewerbsfähigkeit) als Zeitanteil im Laut-Denken-Protokoll (n), Benennung von mindestens 2 Ausgangszielen in der Nachbefragung oder Benennung von Zielen, die der Erhöhung der vorgegebenen Ziele dienen (w); Frage nach der Spielzeit (z)
C26: Systemanalyse	2 (w)	1 (z)	-1 (z)	-1 (z)	2 (w)			-1 (n)	In der Nachbefragung: Nennung der Erwerbs von Systemwissen als Ziel (w), Durchführung von Experimenten (einzelne oder extreme Eingriffe) zu Lasten der Ausgangsziele (n)
C27: Systemsteuerung	2 (w)	1 (z)	-1 (z)		2 (w)			-1 (n)	Benennung von mindestens 2 Ausgangszielen in der Nachbefragung (w), keine Durchführung von Experimenten (einzelne oder extreme Eingriffe) zu Lasten der Ausgangsziele (w), langandauernde anfängliche Informationssuche (überdurchschnittlicher Zeitanteil für Systemabfragen in der ersten Stunde) (w)
C28A: Kompetenzschutz (Einkapselung)	-1 (w)	-1 (z)	1 (z)	1 (z)	-2 (w)	-1 (w)	-1 (w)	-2 (z)	Negative emotionale Äußerungen im Laut-Denken-Protokoll (w)
C28B: Kompetenzschutz (überm. Datensammlung)	1 (w)	2 (n)	-1 (z)	-1 (z)	2 (z)	1 (z)	-1 (z)	-2 (w)	Negative emotionale Äußerungen im Laut-Denken-Protokoll (w); unterdurchschnittliche Eingriffsstärke (w)
C29: Impulsivität	-1 (z)	-1 (z)	-1 (w)	-2 (w)	-1 (w)	-1 (z)		-1 (w)	Überdurchschnittlicher Anteil emotionaler Äußerungen im Laut-Denken-Protokoll (n)
C30: Reflexivität	1 (z)	2 (w)	1 (z)	1 (w)	1 (w)	2 (z)	2 (z)	1 (w)	Überdurchschnittlicher Zeitanteil Handlungsanalyse, Aufgabenanalyse und Funktionsanalyse (3. Ebene „H", „A" und „F") im Laut-Denken-Protokoll (n)

Anhang 5

Operationalisierungstabelle (2. Untersuchung)

Szenarien — Verhaltensmerkmale / Szenarien

Strategem		NA	NP	ZP	PD	PM	PI	BP	KP	RR	IS	EX	EP	EN	EV	Spezielle Indikatoren
S1:	Planungsoptimismus												1 (n)	-1 (n)		unterdurchschnittliche Schwierigkeitseinschätzungen (w)
S2:	Planungspessimismus												-1 (n)	1 (n)		überdurchschnittliche Schwierigkeitseinschätzungen (w)
S3B:	Prozeßorientierte Systematik						1 (z)	1 (z)	1 (b)							konstant hoher Aufwand bei der Analyse und Planung (w)
S4:	Wissensbasiertes strategisches Handeln							1 (n)	1 (w) (b)							überdurchschnittlich hohe Werte zwischen PI,EV,IS (n)
S5:	Konzentration auf Kernbereiche	-1 (z)		1 (z)					-1 (w) (o)							
S6:	Effizienz-Divergenz-Streben	1 (z)	-1 (z)	2 (n)		2 (w)	1 (z)	1 (z)	1 (w) (b)		1 (w)			1 (w)	1 (z)	
S7:	Bevorzugung von Breitbandoperatoren		-1 (n)	-1 (n)												
S8:	Bevorzugung von Schmalbandoperatoren		1 (n)													
S9:	Fallbasiertes Handeln	-1 (z)		-1 (w)		-1 (w)					-1 (w)	2 (n)			-1 (w)	überdurchschnittlich häufige Benennung von Fallbeispielen (n)
S10:	An Maximen orientiertes Handeln			1 (w)				2 (w)								überdurchschnittlich häufige Nennung von Maximen und Regeln (n)
S11:	Fachwissensbasiertes Handeln				(w)											signifikanter Unterschied bei Problemen aus eigenem Bereich hinsichtlich NA,NP, ZP,PD,PM,PI oder EV (w)

Fortsetzung nächste Seite

Fortsetzung **Operationalisierungstabelle für Szenarien** (2. Untersuchung)

S13: Multiperspektivität					2 (n)	2 (w)	überdurchschnittlich viele vom VL nicht beantwortete Fragen (w)
S14: Phantasiebasiertes Handeln							signifikant mehr EV bei fachfremden Problemen (Vertrieb/Marketing) (w); signifikant mehr EV,IS,PI bei Problemen mit fehlenden Ist- und Sollwertsinformationen (n)
S15: (Aufgabenbezoge) Flexibilität							PA nimmt über die Zeit von Problem zu Problem nicht ab (n); keine positive Korrelation zwischen Attraktivität des Problems und PA (n)
S23: Gewissenhaftigkeit	1 (w)				1 (w)	1 (w) (b)	NA nicht fallend über die Zeit (w); keine signifikante positive Korrelation zwischen Attraktivität der Aufgabe und NA (w)
S24: Aufgabenorientierung					1 (z)	1 (w)	überdurchschnittlich viele vom VL nicht beantwortete Fragen (n); signifikant größerer Erkundungs- und Analyseaufwand im nicht vertrauten Arbeitsbereich (w)
S25: Wissenserwerbsorientierung	1 (z)	-2 (w)	1 (n)	2 (w)	1 (w) (b)	2 (z)	negative Korrelation zwischen Attraktivität und Schwierigkeit (n); keine anderen Korrelationen in Fragebogenitems (z); NP signifikant kleiner bei schwierigen oder unattraktiven Problemen (w), überdurchschnittlich viele negative emotionale Äußerungen (w)
S28: Kompetenzschutz							Anzahl der Protokolleinheiten vor erster definitiver Maßnahme unterdurchschnittlich (w), unterdurchschnittlich viel Reflexion des eigenen Vorgehens (n)
S29: Impulsivität	-1 (w)	-1 (w)	1 (n)	-2 (w)	-1 (w)	-1 (z)	-1 (z)
S30: Reflexivität	1 (w)	1 (w)	-1 (n)	2 (w)	1 (w) (z)	1 (w)	1 (z) überdurchschnittlich viel Reflexion des eigenen Vorgehens (n), Anzahl der Protokolleinheiten vor erster definitiver Maßnahme überdurchschnittlich (w)

Legende für spezielle Indikatoren: Überdurchschnittlich: > Median
Unterdurchschnittlich: < Median
Signifikant bei Einzelfall: $\alpha < 10\%$

für die Gewichtung: w: wichtiger Indikator
z: zusätzlicher Indikator
n: notwendiger Indikator